하이데거의 사회존재론

하이데거의 사회존재론

초판1쇄 펴냄 2022년 2월 25일

지은이 하피터
펴낸이 유재건
펴낸곳 그린비
주소 서울시 마포구 와우산로 180, 4층
대표전화 02-702-2717 | **팩스** 02-703-0272
홈페이지 www.greenbee.co.kr
원고투고 및 문의 editor@greenbee.co.kr

주간 임유진 | **편집** 홍민기, 신효섭, 구세주, 송예진 | **디자인** 권희원, 이은솔
마케팅 유하나, 육소연 | **물류유통** 유재영, 한동훈 | **경영관리** 유수진

學問思辨行: 배우고 묻고 생각하고 판단하고 행동하고

독자의 학문사변행을 돕는 든든한 가이드 _그린비 출판그룹

그린비 철학, 예술, 고전, 인문교양 브랜드
엑스북스 책읽기, 글쓰기에 대한 거의 모든 것
곰세마리 책으로 통하는 세대공감, 가족이 함께 읽는 책

이 저서는 2018년 대한민국 교육부와 한국연구재단의 지원을 받아 수행된 연구임(NRF-2018S1A6A4A01038284)

Heidegger's social ontology

하이데거의 사회존재론

하피터 지음

그린비

부모님께 이 책을 바칩니다.

차례

일러두기

1 이 책에 인용한 서지 가운데 자주 등장하는 마르틴 하이데거, 『존재와 시간』, 이기상 옮김, 까치, 1998은 본문에 서지명과 인용 쪽수만으로 표기했다.

2 단행본·정기간행물 등은 겹낫표(『』)로, 단편·논문·회화·영화 등은 낫표(「」)로 표시했다.

3 외국어 인명, 지명 등 고유명사는 2002년에 국립국어원에서 펴낸 외래어 표기법을 따랐다.

머리말

1927년 『존재와 시간』이 출간되자마자 이 저서는 사람들로부터 비상한 관심을 불러일으켰다. 이 책으로 인해 무명으로 있었던 하이데거는 한순간에 위대한 철학자의 반열에 오르게 된다. 이 저서가 성공적일 수 있었던 이유는 하이데거가 전통 존재론적 사유와는 근본적으로 구분되는 독창적인 존재사유를 개진했기 때문이다. 이 새로운 존재사유를 하이데거는 『존재와 시간』에서 '기초존재론'이라 부른다.

　하이데거의 독창적인 존재사유를 이해하기 위해서는 전통 존재론과 구분되는 기초존재론의 특징을 파악해야 한다. 사람들은 기초존재론의 새로운 관점이 고립된 자아에 대립되는 '세계-내-존재'로서의 현존재 개념에 있다고 생각한다. 하지만 현존재의 개념에서 '세계-내-존재'만을 강조해서는 기초존재론의 독창성이 드러나지 않는데, 그 이유는 후설 또한 선험적 의식은 세계 속에 존재한다고 주장하기 때문이다. 엄격하게 말해서 기초존재론의 고유한 관점은 '의식의 세계-내-있음$_{ist}$'과 구분되는 '현존재의 세계-내-실존$_{Existenz}$'에서 찾아져야 한다. 그런데 이제까지 진행된 하이데거 철학 연구에서 전통 존재론과 기초존재론을 구분 짓는 이 차이점이 명확하게 밝혀지지 않았다. 우리는 '있음'과 '실존'의 차이점을 '사회존재론'에 입각해 해명하고자 한다.

현존재분석에서 인간은 사회적 존재자로 규정된다는 사실에서 우리는 '있음'과 구분되는 '실존'의 의미를 파악할 수 있다. 동물과는 달리 인간은 태어나면서 사회공동체에 던져진 존재자이다. 다시 말해 인간은 실존하기 시작하면서 사회 속에서 이미 타자와 관계한다. 이렇게 볼 때 동물과 구분되는 인간의 고유한 특징은 전통 철학자들이 생각했던 것처럼 이성에만 있지 않고 인간이 사회적 존재자라는 사실에서도 찾을 수 있다. 사실 기초존재론을 구성하는 많은 주요 개념들이 인간이 사회적 존재자라는 사실을 보여 주는데, '경작된 토지에서의 인간'을 일컫는 '인간적 인간' homo humanus 개념에서 하이데거는 인간이 본질적으로 사회적 특성을 띠고 있다는 것을 분명하게 강조한다. 하지만 인간의 본질을 탐구하는 데 있어 이성만을 강조한 전통 존재론은 이 점에 대해 깊이 있는 고찰을 수행하지 않았다.

인간을 새로운 방식으로 규정하는 데 있어 하이데거가 자연적 존재자보다는 사회적 존재자의 의미를 해명하는 것에 중점을 둔 이유는 그가 20세기 초에 독일에서 활발하게 진행되었던 자연과학적 방법론에 환원되지 않은 고유한 정신과학의 인식 조건을 확립하는 데 큰 관심을 가졌기 때문이기도 하다. 그리고 정신과학적 인식은 사회적 세계에서 유래되는데, 이 사회적 세계에서 인간은 결코 홀로 있지 않고 타자와 더불어 존재한다. 이처럼 타자와 함께 존재하는 것을 가능케 하는 사회적 세계의 존재론적 토대를 탐구하는 학문이 바로

'사회존재론'이다. 사회존재론이 부각된다면, '있음'_{ist}은 자연세계 속에서의 존재방식으로 그리고 '실존'_{Existenz}은 사회세계 속에서의 존재방식으로 이해될 수 있다. 더 나아가 사회존재론은 이론적 사유보다는 자유에 근거해 있는 실천적 행위에 입각해 자연 세계에 있는 존재자의 존재방식과는 근본적으로 구분되는 사회적 세계에서 만나는 존재자의 존재방식을 탐구하는 학문을 의미한다.

이 책은 하이데거의 기초존재론을 '사회존재론'에 입각해 새롭게 해석하고자 한다. 필자는 하이데거의 기초존재론을 '사회존재론'의 관점에서 바라보는 순간 그동안 난해한 사상으로 다가왔던 하이데거의 철학적 사유와 주요 개념들을 조금씩 이해할 수 있었다. 필자는 하이데거 철학의 정상에 도달하려고 시도를 하는 과정에서 길을 잃었던 경험이 있는 사람들과 함께 이 경험을 공유하고 싶다. 하지만 전통 자연존재론과 기존에 널리 퍼져 있는 하이데거의 표준적인 해석에 익숙한 사람들에게 이 책이 소개하고자 하는 하이데거의 '사회존재론'은 낯선 개념으로 비춰질 수도 있다. 만일 하이데거 기초존재론을 처음 접해 보거나 또는 하이데거 존재사유를 사회존재론으로 해석하는 우리의 시도가 낯설게 느껴지는 독자들이 있다면, 이분들에게는 이 저서의 마지막 장인 6장부터 읽기를 권한다. 인간을 '이성적 동물'_{homo rationalis}이라고 규정한 전통 철학적 사유와는 완전히 구분되는 하이데거의 새로운 규정인 '인간적 인간'_{homo humanus}의 의미가 올바르게 파악된다면 하이데거 존재사유가 인간의 의식 또는 인간의 이성보다는 사회적 세계를 우위에 두는 사회존재론을 지향한다는 우리의 해석을 보다 쉽게 파악할 수 있을 것이다.

하이데거 철학을 연구하는 데 있어 그동안 많은 분들의 가르침과 조언이 있었기에 이 책은 완성될 수 있었다. 이 자리를 빌려 지금까지 필자에게 많은 가르침과 여러 방면에서 도움을 주신 모든 분들에게 감사의 마음을 표하고 싶다. 먼저 필자에게 엄밀한 철학적 사유와 더불어 하이데거 철학을 소개해 주신 롱비치 주립대학의 다니엘 게리에레 교수님과 벨기에 루벤 대학에서 석/박사학위 과정을 지도해 주신 마르틴 모어스 교수님께 감사드린다. 또한 하이데거 철학에 대한 필자의 해석에 대해 함께 토론해 주신 한국하이데거학회, 한국현상학회 회원 여러분들께도 따뜻한 감사의 뜻을 표하며, 인문학 저서가 외면당하는 현 국내 상황에서 이 책의 출판을 흔쾌히 허락하신 그린비 유재건 사장님과 고된 편집일을 맡아 수고해 주신 편집부 관계자님들께도 감사드린다. 마지막으로 이 책이 완성될 때까지 옆에서 많은 조언과 격려를 해준 가족들에게 고마움의 마음을 전한다.

들어가는 말

『존재와 시간』에서 확립된 현존재분석과 존재사유의 의의를 사회존재론에 입각해 해석하고자 하는 우리의 탐구는 두 가지 방향에서 이루어진다. 첫째, 우리는 하이데거 기초존재론에서 가장 핵심적인 개념들 중의 하나로 간주되는 '실존' 또는 '실존범주'의 의미를 인간의 존재 방식에만 국한하지 않고 인간의 존재 방식이 토대로 삼고 있는 타자와 더불어 존재하는 사회적 세계와 연관지어 밝히고자 한다. 현존재를 분석하는 데 있어 하이데거는 이론적 이성에서 파생되는 '범주'categorial와 실존에서 유래되는 '실존범주'existential를 구분하는데, 그동안 실존범주는 추상적 사유에 대비되는 인간학적 의미를 함축하고 있는 구체적인 사유의 토대로 이해되거나 또는 막연하게 존재가 드러나는 지평으로 해석되었다.

하지만 이와 같은 기존의 해석들을 보완하기 위해 우리는 실존범주를 자연세계에 대비되는 사회적 세계 속에 존재하는 현존재의 존재 방식, 즉 실존에서 유래되는 사유 방식으로 파악하고자 한다. 실존범주가 이처럼 사회존재론에 입각하여 해명되었을 때, 실존은 단순하게 인간의 존재 방식이 아니라 인간이 사회적 세계에 처해 있는 befindliche 존재방식 그리고 이 세계에 필연적으로 관여하고 있는 '정황적befindlich 사유'와 '정황적 자유'의 토대로 이해될 수 있다. 여기서 '실존'과 '실존범주'는 인간 이해에만 국한되어 있는 것이 아니라 인간이 거주하는 사회세계의 존재론적 근거를 밝히는 데에도 초점이 맞춰져 있기 때문에 인간학적 해석과는 차별화된다.

둘째, 사회존재론을 강조함으로써 우리는 『존재와 시간』에서 하이데거가 확립하고자 한 새로운 존재사유는 이론적 이성에 기초한 자연과학의 발전에 의해 주변부로 밀려나게 된 정신과학 또는 사회철학과 깊이 연관되어 있음을 제시하고자 한다. 즉, 기초존재론이 실천적 행위를 우선시하는 사회존재론으로 이해되었을 때, 우리는 20세기 초 독일에서 새로운 르네상스를 맞이한 사회철학으로부터 영향을 받은 하이데거가 자신의 존재사유에서 칸트의 선험철학으로부터 영향을 받은 후설 현상학이 주제화했던 자연과학의 가능조건이 아니라 사회(정신)과학의 가능조건을 확립하는 것임을 알 수 있다. 그러나 하이데거의 존재사유가 자연존재론과 대립되는 사회존재론을 지향하고 있음에도 불구하고 하이데거의 존재사유에 관한 기존 연구들에서는 이와 같은 사실, 즉 기초존재론과 사회존재론의 관계가 전혀 주목받지 못했으며 이로 인해 하이데거 철학은 여전히 난해한 사상으로 남아 있다.[1]

---

1) '사회존재론'이라는 용어를 처음으로 접해 본 대부분의 사람들은, 이 용어에 대해 다소 생소

하이데거 철학을 산에 비유하자면, 그의 철학은 높은 산이라고 할 수 있는데, 그동안 많은 연구자들이 산 정상에 오르고자 시도했다. 먼저 실존주의 철학을 유행시킨 사르트르가 산 정상을 최초로 정복했다고 전해진다. 그는 '자유', '대자', '불성실성', '세계', '죽음' 등과 같은 개념들을 사용하여 그 당시 아무도 올라가지 못했던 하이데거 사유의 정상에 올랐다고 생각했다. 그리고 그렇게 정상까지 길을 닦아 놓은 그는 다음에 오는 탐험자들이 산을 오르는 데 있어 길을 잃지 않도록 하기 위해 길목마다 '인간', '자유' 그리고 '실존주의'라는 커다란 이정표들을 세워 놓았다. 그래서 가장 선구적으로 하이데거 철학을 해석한 사르트르가 만든 길은 '실존주의의 길'이라고 불리며, 이 길의 이정표를 따라 수많은 사람들이 산 정상을 향해 올라갔다. 한국에서도 1970년대까지 사르트르에 의해 개척된 '실존주의의 길'이 하

한 느낌을 가질 수 있다. 국내에서는 최근에 『사회적 존재의 존재론』이라는 제목이 붙은 루카치의 저서가 출판되었는데, 사실 서양 철학자들 중에 루카치를 제외하고는 어느 누구도 자신의 존재사유를 사회존재론으로 규정하지 않았다. 그리고 이 저서에서 루카치는 사회존재론의 기원은 마르크스 철학에 있다고 주장한다. "마르크스만큼이나 그렇게 포괄적으로 사회적 존재의 존재론을 다루어 온 사람은 없다. 마르크스주의 거장들의 방법 및 사회적 존재의 주요 범주들에 대한 그들의 구체적인 입장에 대해서 자세히 분석하면 자명해 보이는 나의 이 주장이 올바르다는 것이 드러날 것이다." 게오르크 루카치, 『사회적 존재의 존재론 1』, 권순홍 옮김(아카넷, 2016), 21쪽 참조. 하지만 엄밀하게 말해서 마르크스의 사회존재론은 헤겔 철학으로부터 깊은 영향을 받았기 때문에, 사회존재론은 근원적으로 헤겔 철학에서 유래되었다고 볼 수 있다. 이 점에 관해서는 다음 책을 참조하길 바란다. 만프리드 리델, 『헤겔 사유 속의 이론과 실천』, 이병창 옮김(이론과실천, 1987). 그리고 나중에 보겠지만 「인식과 노동」이라는 부제가 달린 셸러의 지식사회학에 대해 잘 알고 있는 하이데거는 그의 연구들을 통해 마르크스주의의 중요성에 대해서도 인지하고 있다. 더 나아가 사회존재론이 부각되었을 때 하이데거 철학 연구에 많은 기여를 할 수 있었음에도 불구하고 주류 연구자들로부터 외면을 받았던 골드만의 『루카치와 하이데거』를 보다 잘 이해할 수 있는 발판을 마련할 수 있다. 뤼시엥 골드만, 『루카치와 하이데거』, 황태연 옮김(까치, 1983) 참조.

이데거 사유를 정복함에 있어 가장 확실한 길이라고 여겨졌기 때문에 하이데거 철학에 관심을 갖고 있는 많은 사람들이 이 길을 따라 걸었다.

하지만 1945년 사르트르 실존주의 철학을 논박한 하이데거의 『휴머니즘 서간』이 출판되자 사람들은 사르트르가 구축한 '실존주의의 길'에 대해 의구심을 갖게 된다. 특히 실존주의를 거부하는 젊은 학자들, 예를 들어 구조주의자들은 사르트르의 '실존주의의 길'은 정상으로 인도하는 올바른 길이 아니라고 생각했기 때문에, 하이데거 사유를 정복할 수 있는 새로운 길을 개척하고자 시도한다. 이 새로운 길을 그들은 실존주의와는 반대 방향에서 마련하는데, 여기서 대표적인 구조주의 철학자가 바로 데리다이다. 길을 만드는 과정에서 실존주의와는 다른 개념들, 즉 '차이', '해체', '불연속' 등을 사용하는 데리다는 그가 닦아 놓은 길목에 '반-주체주의'라는 이정표를 세워 놓는다. 실존주의 철학의 영향력이 크게 쇠퇴한 1960년대에 데리다에 의해 새롭게 만들어진 길은 큰 반향을 일으키며 많은 사람들의 관심을 끌었다. 그때부터 사람들은 '실존주의의 길'보다는 '반-주체주의의 길' 또는 '해체주의의 길'이 올바른 길이라고 생각하며, 그 길을 따라 산 정상을 향해 걷기 시작한다. 1990년대에 한국에서도 '반-주체주의의 길'이 소개되었으며, 많은 연구자들이 이 길을 따라 산의 정상에 오르고자 시도했다. 하이데거 사유의 정상으로 인도하는 길들 중에서는 '실존주의의 길'과 '해체주의의 길' 외에 '현상학의 길' 또한 존재한다.

잘 알려진 바와 같이 후설 조교를 지낸 하이데거는 『존재와 시간』이 출판될 때 이 저서를 후설에게 바친다. 더 나아가 그는 후설 현상학적 사유가 현존재분석에 끼친 영향에 대해 다음과 같이 말한다. "다음의 연구는 에드문트 후설이 놓은 토대 위에서만 가능할 수 있었다. 그의 『논리 연구』와 더불어 현상학이 돌출할 수 있었다."(『존재와 시간』, 62쪽) 이처럼 하이데거 자신이 기초존재론을 정초하는 데 있어 결정적인 영향을 끼친 철학적 사유는 다름 아닌 후설 현상학이라고 시인했기 때문에, 현존재분석은 많은 경우 후설 현상학과의 연관성 속에서 연구되었다. 특히 메를로-퐁티는 하이데거의 기초존재론과 후설 현상학을 동일한 계열의 철학으로 간주한다.

> 그럼에도 불구하고 후설은 그의 마지막 저술에서 '발생적 현상학'과 함께 '구성적 현상학'을 언급한다. 사람들은 이러한 모순을 후설의 현상학과 하이데거의 현상학을 구별함으로써 제거하기를 바랄 것인가? 그러나 『존재와 시간』은 전체적으로 후설에서 발원하며 궁극적으로 후설이 말년에 현상학의 근본 주제로 간주한 '자연적 세계 개념' 또는 '생활세계'의 설명일 뿐이다.[2]

후설 현상학뿐만 아니라 하이데거 철학에도 정통한 메를로-퐁티가 이와 같은 주장을 하기 때문에 현상학자들에 의해 구축된 '현상학의 길'은 큰 반향을 일으켰다. 그래서 지금도 하이데거 철학은 후설 현상학의 문맥 속에서 해명되었을 때 비로소 이해될 수 있다고 생

---

2) 메를로-퐁티, 『지각의 현상학』, 류의근 옮김(문학과지성사, 2002), 13~14쪽.

각하는 많은 연구자들이 '현상학의 길'을 따라 정상으로 올라간다. 그밖에도 독일에서는 빌헬름 폰 헤르만이 프랑스 철학자들과는 독립적으로 산 정상에 오르는 새로운 길을 개척하고자 했다.

하이데거의 마지막 제자로 여겨지는 폰 헤르만은 산 정상으로 올라가는 길을 닦는 데 필요한 도구들을 프랑스 철학자와는 달리 하이데거 사상 자체에서 도출한다. 폰 헤르만의 도구들은 하이데거 철학을 구성하고 있는 근본적인 개념들인 '존재', '생기' 그리고 '개시성' 등에 의해 구성되며, 그가 만든 길은 모든 길목마다 존재의 이정표가 붙어 있기 때문에 '존재의 길'로 지칭된다. 이 '존재의 길'은 헤르만이 하이데거가 인정한 마지막 제자라는 타이틀에서 오는 권위와 그리고 길을 닦는 재료들을 하이데거 사상에서 직접 가져왔다는 사실 때문에 많은 사람들의 주목을 받았다.

더 나아가 '존재의 길'은 후설 현상학적 사유와 뒤엉켜 있는 하이데거 사유의 길을 잘 정돈시켜 놓았기 때문에 하이데거 연구자들로부터 많은 지지를 받았다. 그래서 지금도 많은 연구자들은 이 길을 따라 걷고 있으며, 이 길만이 우리를 산의 정상으로 인도한다고 믿고 있다. 1980년대부터 독일에서 하이데거 연구를 수행한 많은 한국학자들에 의해 폰 헤르만의 '존재의 길'이 한국에 소개되었으며, 현재까지 진행된 국내 하이데거 연구는 대부분 '존재의 길'의 지평에서 이루어지고 있다고 볼 수 있다. 또한 가다머가 닦아 놓은 '해석학적 길' 또한 '존재의 길' 옆에 나란히 존재한다. 이 외에도 국내에서는 서양 학자들에 의해 확립된 연구 방향에 따르지 않고 독자적으로 불교 철학에 입각해 하이데거 사유를 정복하고자 하는 새로운 길이 제시되었는데, 이 새로운 길은 '불교 철학의 길'로 지칭된다.

　'불교 철학의 길'은 난해한 하이데거 철학을 불교 사상의 문맥에서 이해하고자 하는 시도이다. 하이데거의 철학적 사유가 난해하다고 평가받는 이유들 중 하나는 기초존재론에서 논의되는 개념들이 근대 철학적 사유와 부합되지 않기 때문이다. 중세 철학과 결별하는 근대 철학은 신앙 대신 이성을 그리고 신 대신 인간주체를 강조하지만, 기초존재론에서는 근대철학에서 가장 중요하게 여겨지는 인간주체와 이성 개념들이 오히려 비판된다. 따라서 근대 철학적 사유의 문맥에 익숙한 사람들은 하이데거 철학을 이해하는 데 어려움을 호소한다.

　이러한 점을 보완하기 위해 국내에서는 하이데거 철학을 불교 철학과의 연관성에서 해명하는 시도들이 있다.[3] 이 연구들에 따르면 인간(주체)중심주의에 기반을 두고 있는 근대 철학뿐만 아니라 더 나아가 이성중심주의를 표방하는 서양 철학 전체를 해체하고자 하는 하이데거의 철학적 사유는 서양 철학적 사유보다는 오히려 불교 철학적 사유에 더 근접해 있다. 그래서 이 연구들은 기초존재론을 구성하고 있는 개념들, 즉 '실존', '세계성', '일상세계', '비−본래적 자기성', '본래적 자기성', '피투성', '기투성', '기분', '불안', '죽음', '무' 등

---

3) 하이데거 철학을 불교의 관점에서 바라본 국내 저서들은 다음과 같다. 김형효, 『하이데거와 마음의 철학』(청계, 2000); 김형효, 『하이데거와 화엄의 사유』(청계, 2002); 김종욱, 『하이데거와 형이상학 그리고 불교』(철학과현실사, 2003); 김종욱, 『원효와 하이데거의 대화』(동국대학교출판부, 2013); 김진, 『하이데거와 불교』(울산대학교출판부, 2004); 권순홍, 『유식불교의 거울로 본 하이데거』(길, 2008); 박찬국, 『원효와 하이데거의 비교 연구』(서강대학교출판부, 2010).

은 서양 철학적 관점보다는 불교 철학적 관점에서 해석될 때 보다 더 잘 이해될 수 있다고 주장한다.[4] '존재'를 '무'와 동일시하는 하이데거 존재사유를 선불교의 관점에서 이해하고자 한 일본 교토학파로부터 영향을 받은 이러한 해석은 청송 고형곤의 『선의 세계』가 출판된 이래 국내 학자들에게 많은 영감을 주었다.

특히 국내에서 이와 같은 해석은 2000년에 출판된 김형효의 『하이데거와 마음의 철학』이 각광을 받으면서 새로운 르네상스를 맞는다. '『존재와 시간』을 소화하기 위한 해석'이라는 부제가 붙은 이 저서에서 김형효는 하이데거 철학과 불교의 관계를 다음과 같이 기술한다.

> 하이데거의 전기 사유를 불교의 유식학과 함께 음미하고, 전회Kehre 이후의 후기 사유를 불교의 화엄학 및 선학과의 연관 아래서 숙고해 보는 것이 통상적인 수준에서 알 듯 모를 듯한 하이데거 사유의 그윽한 깊이를 의구심 없이 확연하게 깨닫는 길이라고 여겨진다. 또 그렇게 사유해

---

4) 그런데 여기서 우리가 유의할 점은 비록 존재보다는 '무' 또는 '주체'보다는 '비-주체'를 강조하는 면에서 하이데거 철학과 불교 사이에는 유사성이 있을 수 있지만, 하이데거는 자신의 존재사유를 동양적(불교적) 관점에서 고찰하는 것을 부정적으로 생각했다는 사실이다. 1966년 『슈피겔』과의 인터뷰에서 하이데거는 이 점에 대해 다음과 같이 밝힌다. "그럴 수 있다. 동양의 사상이 유럽인들이 모르고 있던 많은 부분들을 논의해 왔으니 그것을 가지고 유럽과 인류가 처한 문제를 해결할 방향을 제시할 수도 있다. 그렇지만 그것은 가능성일 뿐 결코 그렇게 되지는 않을 것이다. 왜냐하면 동양인들이 설사 해결의 열쇠를 가지고 있다 하더라도 문제가 무엇인지 모른다면 그 열쇠를 어디에 어떻게 사용해야 하는지 모를 것이기 때문이다. 문제를 문제로 알지 못하는 한 동양 사상에 가능성이 있다고 해도 그 가능성이 실현될 수 없다는 말이다. 그러므로 결국 문제를 일으킨 서양인들이 해답을 찾을 수밖에 없을 것이다." 이기상, 『존재와 시간: 인간은 죽음을 향한 존재』(살림, 2008), 18~19쪽 참조.

야만, 존재를 망각한 인류의 문명이 자신의 파멸도 모른 채 공동의 역사적 위험에로 매진하고 있는 무명에 대해 사유의 높은 차원에서 그가 말하고 있는 구원Rettung을 이해하고 소화하여 드디어 우리 모두가 깨닫는 길이 열린다고 생각된다.[5]

이처럼 존재 망각을 강조하는 하이데거 철학과 무명에 바탕을 두고 있는 불교 사상은 서로 긴밀하게 연관되어 있다고 주장한 김형효와 그의 연구 방식을 따르는 사람들은 하이데거 사유의 정상으로 인도하는 길은 '불교 철학의 길'에 있다고 본다. 사실 주체를 중심으로 한 근대 철학적 문맥에서 바라볼 때 주체가 부재하는 하이데거 철학은 매우 난해한 사상으로 여겨질 수 있지만, 주체에 의해 왜곡되지 않은 우주 본연의 모습과 존재자 그 자체의 진리를 탐구하는 불교 철학의 관점에서는 오히려 쉽게 접근될 수 있는 면이 있다. 따라서 근대 철학적 사유와 정면으로 대치되는 하이데거의 철학적 사유와 용어들을 서양 철학적 문맥이 아니라 불교 철학에 기대어 설명하려는 시도는 한편에서는 의미 있는 작업이라고 여겨진다.

앞에서 지적한 바와 같이, 하이데거의 사유를 정복하고자 산에 도착했을 때 사람들은 이미 산 정상으로 인도하는 많은 길들이 눈앞에 펼쳐져 있는 것을 볼 수 있었다. 가장 먼저 눈에 띄는 길은 '실존주의의 길'이며, 그 옆에 '해체주의의 길', '현상학의 길', '존재의 길', '해석학적 길' 들이 차례로 사람들을 정상으로 인도한다. 더 나아가 이러

---

5) 김형효, 『하이데거와 마음의 철학』(청계, 2000), 12쪽.

한 길들 옆에 외국 학자들에 의해 닦여진 길을 따라 올라가서는 결코 정상에 이르지 못한다고 생각한 국내 학자들에 의해 '불교 철학의 길'이 독자적으로 만들어졌다. 이 길들의 안내자들은 서로 경쟁하며 자신들이 닦아 놓은 길을 따라 올라갈 때에만 산에서 해매지 않고 정상에 이를 수 있다고 산언저리에 도착한 연구자들에게 손짓을 보낸다. 이렇게 이미 만들어진 길들 중에는 더 이상 사람들이 다니지 않아 무성한 잡초들로 덮여 있는 길, 예를 들어 '실존주의의 길'이 있는가 하면, 지금도 많은 사람들이 걸어 다니고 있기 때문에 잘 정돈된 '해체주의의 길', '현상학의 길' 그리고 '해석학적 길' 들이 있다.

　이처럼 이미 하이데거 존재사유의 정상으로 우리를 인도하는 많은 길들이 존재함에도 불구하고 우리는 이 길들 옆에 '사회존재론'이라 불리는 또 하나의 새로운 길을 소개하고자 한다. 왜냐하면 이처럼 많은 길들이 이미 존재하고 있음에도 불구하고 기초존재론을 구성하는 여러 개념들, 예를 들어 기초존재론의 가장 핵심 개념인 현존재와 실존의 의미가 아직도 불분명하게 남아 있을 뿐만 아니라 이로 인해 하이데거 존재사유의 전체적인 윤곽이 아직도 명확하게 밝혀지지 않았기 때문이다. 사회존재론이라는 새로운 길을 개척하고자 한 가장 큰 이유는 이 길에서만 기초존재론에서 제시되는 여러 개념들을 일관성 있게 이해할 수 있는 관점을 발견할 수 있기 때문이다. 기초존재론을 해명하는 데 있어 사회존재론이 부각된다면 우리는 이제까지 끊임없이 논란을 야기했던 문제, 즉 하이데거 존재사유가 현존재(인간)분석에 중점을 두고 있음에도 불구하고 어떻게 인간중심주의적인 근대 철학적 사유와 차별화되는지를 분명하게 파악할 수 있는 토대를 마련할 수 있다.

하이데거 사유의 목적은 분명히 인간 또는 주체와는 무관한 존재물음을 해명하는 데 있다. 그럼에도 불구하고 존재물음은 존재를 유일하게 이해하고 있는 현존재를 전제로 하기 때문에 하이데거 존재사유의 탐구는 현존재분석에서 출발한다. 그리고 여기서 중요한 점은 하이데거에게서 현존재는 인간의 존재 방식도 의미한다는 사실이다. "학문들은 인간의 행동관계로서 이 존재자(인간)의 존재 양식을 가지고 있다. 이 존재자를 우리는 현존재라는 용어로 파악한다." (『존재와 시간』, 27쪽) 다른 곳에서도 하이데거는 용어 '현존재'가 인간을 일컫는다는 것을 다음과 같이 명시적으로 제시한다. "달리 말해서 이러한 (근대—인용자) 철학은 그저 인간에 대한 서-술Dar-stellung에만 이를 뿐, 정작 인간의 현존재에까지는 결코 이르지 못한다. 이러한 철학은 인간의 현-존재에 사실상 이르지 않고 있을 뿐만 아니라 필연적으로 거기에까지는 이를 수 없다."[6] 이 두 인용문에서 명확하게 볼 수 있듯이, 하이데거는 현-존재 개념을 인간과의 연관성 속에서 규정한다. 그래서 '실존주의의 길'과 '현상학적 길'은 현존재 개념을 인간과 연관지어 해명하고자 시도한다.

하지만 '해체주의의 길', '존재의 길', '해석학적 길' 그리고 '불교철학의 길'은 현존재를 해석하는 데 있어 '실존주의의 길'과 '현상학의 길'과는 다른 관점에서 접근한다. 그리고 하이데거 철학을 해명하는 데 있어 '해체주의의 길', '존재의 길', '해석학적 길' 그리고 '불교

---

6) 마르틴 하이데거, 『형이상학의 근본개념들』, 이기상·강태성 옮김(까치, 2001), 130쪽.

철학의 길'은 상이한 연구 방식을 취하고 있음에도 불구하고 이 길들은 하나의 공통점을 갖고 있다. 이 공통점이란 바로 현존재분석을 인간 또는 의식에 놓여 있는 근대적 주체와 무관한 반-주체성 철학의 원형으로 이해한다는 것이다. 물론 근대적 주체가 의식에 기반을 두고 있다면, 이 의식에 대립되는 현존재는 분명히 반-주체적인 성격을 띠고 있다. 그런데 앞에서 언급된 연구들은 의식에 대립되는 현존재의 반-주체성만 강조했을 뿐, 의식 철학으로부터 벗어나 있는 또 다른 근대 철학적 문맥에서 반-주체성 개념에 대한 고찰을 시도하지 않았다. 왜냐하면 그들은 근대 철학적 사유의 특징이 데카르트가 열어밝힌 '사유하는 자아'에 입각해 자연적 사물만을 파악하는 인식론 또는 존재론에 있다고 생각했기 때문이다. 기존의 연구자들은 '사유하는 자아'에 토대를 두고 있는 근대 주체에 반대하는 하이데거 철학을 반-주체성의 철학으로만 규정하며, 또한 반-주체성을 지향하는 사유가 하이데거에 의해 최초로 고안됐다고 생각한다. 하지만 근대 철학적 사유는 기존의 연구자들이 생각한 것처럼 이성적인 주체와 이 주체를 통해 자연세계에서 경험되는 사물만을 파악하는 일면적인 사유로 특징지어지지 않는다.

근대 철학의 발전을 엄밀하게 고찰할 때, 인간주체와 이성적 사유에 대한 비판은 하이데거 기초존재론이 등장하기 이전에 이미 18세기에 인간주체를 구성하는 사회성과 그리고 이론적인 이성에 선행하는 의지를 강조하는 철학자들, 예를 들어 헤겔, 쇼펜하우어 그리고 니체에 의해 제기되었다. 그리고 이론적 사유보다는 실천적 행위 또는 의지를 우위에 두는 이들 또한 하이데거의 현존재 개념에 앞서 인간의 본질은 모든 것을 이론적 이성에 의거해 장악하는 주체에 놓여 있지 않음을 역설한다. 여기서 우리는 근대 철학이 자연을 인식하고자 하는 이성(주체)중심주의 철학과 사회와 의지에 기초해 있는 반-주체주의 철학으로 나뉘어 있음을 볼 수 있는데, 후자의 철학은 전자와 비교했을 때 비주류의 철학으로 남아 있기 때문에 크게 부각되지 않았다. 그런데 이성중심주의 철학에 밀려 주변부에 남아 있었던 사회(역사)철학과 의지 개념에 관한 철학적 담론이 20세기 초 독일에서 자연과학적 담론의 독주에 반대하는 일군의 철학자들—셸러, 딜타이, 리케르트, 베버, 좀바르트, 슈펭글러, 클라게스, 슈미트, 예루살렘, 카시러 등—에 의해 각광을 받게 된다. 여기서 특이한 점은 다른 나라들, 예를 들어 영국이나 프랑스와 비교해 볼 때 유독 독일 학계에서만 역사적·사회적 세계에 대한 철학적 고찰이 활발하게 진행되었다는 사실이다.

이처럼 사회학에 대한 관심이 고조되는 분위기 속에서 하이데거는 현상학적 사유에만 머물러 있지 않고 자신만의 고유한 철학적 사유를 형성하게 된다. 보다 정확하게 말해 이와 같은 사회학적 담론들로부터 영향을 받은 하이데거는 근대 철학적 사유의 특징이 의식에 기초해 있는 주체 철학뿐만 아니라 이 주체로부터 벗어나 있는 반-주체 철학에 있다는 사실을 발견한다. 더욱이 역사적·사회적 세계에 관한 담론으로부터 그는 존재물음에 관한 새로운 관점을 얻는데, 이 새로운 관점은 이론적 이성에 의거해 자연세계의 고찰에만 중점을 둔 자연존재론과 구분되는 실천적 행위에 바탕을 두고 있는 사회존재론을 통해 열어 밝혀질 수 있다. 달리 설명하면, 행위보다는 '이론적 삶'vita contemplativa을 우위에 두는 자연존재론에서 탐구되는 대상은 의식에 일차적으로 주어지는 자연적 사물이라면 이론보다 '행위하는 삶'vita activa을 우위에 두는 하이데거 사회존재론에서 논의되는 대상은 의식에 앞서 주어지는 사회적 세계에서 만나는 존재자이다.

그러므로 하이데거 철학 연구에 있어서 비록 국내뿐만 아니라 국제적으로도 사회 철학과 하이데거 철학과의 연관성이 활발하게 논의되고 있지 않은 상황이지만, 하이데거의 존재사유와 반-주체성으로 규정되는 인간 현존재 개념의 본질적 특성을 이해하기 위해서는 이론적 이성보다 실천적 행위를 우위에 두는 사회존재론이 강조되어야만 한다. 이러한 관점에서 볼 때 '존재론'은 자세하게 살펴보면 자연세계에 있는 사물들을 탐구하는 자연존재론과 실천적 행위에 의해 형성된 사회적 세계에 존재하는 인간과 사물들을 고찰하는 사회존재론으로 나뉠 수 있다.

이 책은 크게 두 부분으로 구성되어 있다. 1부에서는 하이데거 사회존재론의 전제를 형성하는 주요 철학 사상들을 다루고, 2부에서는 하이데거 기초존재론이 어떻게 사회존재론으로 해석될 수 있는지를 하이데거의 주요 철학 개념들을 분석함으로써 제시하고자 한다.[7] 이 책 1부에서 우리는 하이데거 사회존재론이 암묵적으로 전제로 삼고 있는 철학적 문맥을 열어 밝히기 위해 막스 셸러의 지식사회학, 실용

---

7) 하이데거 존재 사유를 사회존재론으로 해석하고자 하는 이 책은 지면 관계상 하이데거의 기초존재론의 핵심 개념들을 『존재와 시간』 1부에 국한해 분석하고자 한다. 시간성 분석 역시 하이데거 기초존재론을 이루는 핵심 개념이지만 이 부분은 다음 연구에서 다룰 예정이다.

주의, 쇼펜하우어의 의지 철학, 딜타이의 정신과학 그리고 헤겔의 정신 개념을 심도 있게 분석할 것이다. 하이데거 철학을 이처럼 역사적으로 고찰함으로써 우리는 사회존재론으로 해석될 수 있는 하이데거의 기초존재론은 후설 현상학에서만 영향을 받은 것이 아니라 다른 철학적 문맥을 전제로 하고 있음을 밝히고자 한다.

2부에서는 현존재분석을 구성하는 핵심 개념들을 사회존재론적 관점에 입각해 해명할 것이다. 특히 우리는 사회존재론의 입장에 서서 현존재를 규정하는 '세계-내-존재'에서의 세계 개념을 사회적 세계로 그리고 주위세계의 사물, 즉 도구를 최초로 만나는 현존재의 실천적 행위는 다름 아니라 사회적 세계를 건축하는 노동과 행위에서 유래된다고 해석하고자 한다. 더 나아가 실천적 행위의 가능조건을 의미하기 때문에 현존재분석에서 가장 중요한 개념으로 간주되는 현존재의 자유에 그 기원을 두고 있다는 것을 보여 주고자 한다.

이뿐만 아니라 자립적인 자기(본래성)와 비-자립적인 자기(비-본래성)로 구분되는 현존재의 자기das Selbst는 사회적 세계에서 형성되는 자기의 두 가지 양태임을 제시하고자 한다. 현존재의 자기를 사회적 세계에서 타자와 함께 존재하는 자기로 해석함으로써 우리는 그동안 많은 논란을 야기했던 현존재의 '본래적 자기'solus ipse 개념을 명확하게 해명할 수 있다. 하이데거는 이 개념을 통해 모든 것을 자기 안으로 귀속시키는 자율적이고 원자적인 근대적 주체 철학으로 회귀하지 않는다. 그가 추구하는 것은 오히려 개인들이 타자와 연대성solum을 이루는 진정한 사회세계 구축의 근거를 마련하는 데 있다.

1부

하이데거 사회존재론의 철학적 배경

1장·사회존재론으로서의 하이데거 기초존재론

1. 자연존재론으로서의 전통 존재론

『존재와 시간』에서 하이데거는 존재물음을 새롭게 제기한다. 그리고 사람들은 그의 이러한 철학적 사유를 그 당시 인식론에만 관심을 기울였던 신칸트주의자들에 의해 망각된 존재론을 새롭게 부흥시키는 시도로 파악했다. 특히 칸트의 선험철학을 해석하는 데 있어 선험철학의 의도가 인식론의 토대를 확립함에 있지 않고 형이상학의 토대를 확립하는 데 있다고 주장한 『칸트와 형이상학의 문제』를 접한 사람들은 하이데거의 기초존재론의 의의가 인식론에 가려진 형이상학을 재건하는 데 있다고 생각했다. 그러나 엄격하게 말해서 하이데거가 20세기 독일에서 인식론을 중시하는 신칸트주의에 맞서 사물의 인식 대신에 존재의 의미를 해명하고자 시도한 유일한 철학자는 아니다. 하이데거의 존재물음에 훨씬 앞서 1921년에 출판된 저서 『인식의 형이상학의 개요』에서 이미 하르트만N. Hartmann은 인식론에 국한된 칸트의 선험철학을 존재론적 사유에까지 확장시킨 '비판적 존재론'을 확립함으로써 존재론을 새롭게 부흥시키고자 했다.[1] 그리고 하르트만의 이러한 시도로 인해 주변부로 밀려났던 존재론은 『존재와 시간』이 출판되기에 앞서 철학적 사유의 중심 주제로 자리매김하게 되었으며, 사람들은 다시 존재론에 관심을 갖기 시작했다. 이와 같은 문맥에서 볼 때, 하이데거 존재물음의 의의는 단순하게 사람들의 철학적 관심을 인식론에서 존재론으로 전환시키는 것에 있지 않다. 왜냐하면 이러한 전환은 이미 하르트만에 의해 수행되었기 때문이다. 존재물음에서 하이데거가 진정으로 추구하는 것은 하르트만의 비판적 존재론이 여전히 속해 있는 전통 존재론에서 망각된 존재의 의미를 새롭게 해명하는 것이다.

그리스 철학자들에 의해 확립된 전통 존재론은 존재자onta의 존

---

1) 하르트만의 '비판적 존재론'에 의해 존재사유가 다시 각광을 받게 되었다는 사실을 하이데거 또한 잘 알고 있다. "그러나 하르트만과 마찬가지로 셸러도, 그들의 현상학적 출발 토대의 상이함에도 불구하고 같은 방식으로 다음과 같은 점을 잘못 알고 있다. 즉 '존재론'은 전수된 방향 정립으로 현존재에 대해서 쓸모가 없으며, 인식함 속에 들어 있는 바로 그 '존재관계'가 존재론의 비판적 수정뿐 아니라 원칙적인 검토를 강요한다는 사실 말이다. 존재론적으로 설명되지 않은 존재관계의 정립이 암암리에 미치는 영향의 폭을 과소평가했기에 하르트만은 '비판적 실재론'으로 밀려갔지만, 이 비판적 실재론은 근본에서 그가 개진한 문제들의 수준에는 전혀 낯선 것이다." M. Heidegger, *Sein und Zeit*(Tübingen: Max Niemeyer Verlag, 1986), p.208 참조. 나중에 보겠지만, 하이데거의 존재론과 하르트만의 존재론은 근본적으로 다르다. 하이데거의 사회존재론과는 달리 하르트만의 비판적 존재론은 여전히 자연존재론으로 규정된다. 하르트만의 존재사유가 자연존재자의 탐구에 방향 잡혀 있다는 것을 루카치는 다음과 같이 밝힌다. "자연존재론은 그의 저작에서 가장 훌륭하고 가장 독창적이며, 가장 합당한 성과를 이루고 있는데, 이 점은 하르트만의 사상의 가장 탁월한 측면과 결부되어 있는 동시에 그의 가장 큰 약점과도 결부되어 있다. 여기에서 맑고 사려 깊은 그의 정신은 거칠 것 없이 (또는 우리가 곧 보겠지만 거의 거칠 것 없이) 겉으로 노정되며, 온갖 주관주의적 날조로부터 객관적 사태들을 순수하게 지키겠다는 열정으로 고양된다." 게오르크 루카치, 『사회적 존재의 존재론 1』, 권순홍 옮김(아카넷, 2016), 195~196쪽 참조.

재를 탐구하는 학문을 일컫는다. 그런데 그리스 철학자들이 관심을 갖고 탐구한 존재자는 일차적으로 자연세계에서 주어지기 때문에 전통 존재론의 존재자는 자연세계에 있는 사물을 지칭한다. 따라서 자연세계가 우선적으로 주어지며, 이 세계에서 경험되는 존재자를 탐구하는 전통 존재론은 '자연존재론'으로 규정될 수 있다. 전통 존재론이 자연적 존재자를 고찰한다는 사실을 하이데거는 다음과 같이 기술한다. "그 대신에 사람들은 세계를, 세계내부적으로 눈앞에 있는—더구나 우선은 전혀 발견되어 있지 않은—존재자의 존재에서부터, 자연에서부터 해석하려고 시도했다."(『존재와 시간』, 96~97쪽) 다른 곳에서도 그는 사회적 세계에서 만나는 존재자를 간과하고 자연적 존재자의 탐구에만 초점을 맞춘 전통 존재론의 특징을 다음과 같은 질문들을 통해 보여 준다.

> 1. 우리에게 결정적인 존재론적인 전통의 시원에—명시적으로 파르메니데스에게서—왜 세계의 현상이 건너뛰어졌는가? 이러한 건너뜀이 끊임없이 거듭되는 것은 어디에서 유래되는가? 2. 왜 건너뛰어진 현상의 자리에 세계내부적인 존재자가 존재론적인 주제로서 끼어드는가? 3. 이러한 존재자는 왜 우선 '자연'Natur에서 발견되고 있는가?(『존재와 시간』, 142쪽)

이 인용문에서 우리는 두 가지 점에 각별히 주목해야 한다. 하이데거는 전통 존재론에서 존재자는 우선적으로 '자연'에서 발견될 뿐 아니라 세계의 현상이 건너뛰어졌다고 주장한다. 사실 존재자가 우선적으로 자연에서 발견되었기 때문에 세계의 현상이 건너뛰어졌는데, 이 점에 대해 먼저 살펴보도록 하자.

기초존재론에서 하이데거는 현존재는 본질적으로 '세계-내-존재'In-der-Welt-sein로 있다고 주장한다.

현존재의 이러한 존재규정들이 이제는 선험적으로, 우리가 세계-내-존재라고 이름하고 있는 존재구성틀에 근거하여 고찰되고 이해되어야 한다. 현존재분석론의 올바른 단초는 이 구성틀의 해석에 달려 있다.(『존재와 시간』, 80쪽)

앞에서 언급된 인용문에서 하이데거가 전통 존재론에서 세계의 현상이 건너뛰어졌다고 했을 때 이 세계는 현존재의 세계를 일컫는다. 그런데 하이데거는 현존재분석에서 '세계-내-존재'만을 강조했을 뿐 이 세계가 어떤 세계를 의미하는지에 대해서는 전혀 언급을 하지 않았기 때문에, 하이데거의 주장은 불분명하게 남아 있다.

전통 존재론에서는 세계가 간과되었다고 하이데거는 주장하는데, 이 세계가 '자연적 세계'를 지칭하는 것이라면 그의 주장은 성립될 수 없다. 왜냐하면 전통 존재론 역시 자연세계에 대해 고찰했기 때문이다.

그 과제 속에는 한 가지 소망이 포함되어 있는데, 그 소망은 오랫동안 철학을 불안하게 해왔으며, 철학은 그 소망을 충족시키는 데에 언제나 거듭 실패만 했다. 그것은 곧 '자연적 세계 개념'의 이념을 정리 작업하

는 일이다.(『존재와 시간』, 79쪽)

그런데 사실 현존재는 두 종류의 세계 속에 존재한다. 현존재는 한편에서는 자연적 세계에 존재한다면 다른 한편에서는 사회적 세계에 존재한다. 나중에 보다 자세하게 설명되겠지만 하이데거가 '세계의 현상'을 말할 때, 이 세계는 사회적 세계를 의미한다. 그런데 모든 존재자들을 자연의 관점에서 고찰한 전통 존재론에서 이와 같은 현존재의 (사회적) 세계가 건너뛰어졌다. 현존재의 사회적 세계가 간과되었다는 점에서 전통 존재론은 자연존재론으로 특징지어졌다는 사실을 확인할 수 있다. 물론 그리스 철학자들도 사회적 현상들에 대해 탐구했다. 하지만 그들은 자연세계와 사회세계를 존재론적으로 구분하지 않았기 때문에 여기서 말하는 사회적 존재자들은 자연적 사물의 범주에 입각해 고찰되었다. "지금까지 논의해 나오면서 항상 우리는 전수된 존재론이 일차적·일방적으로 눈앞의 것에로, 말하자면 자연에로 방향 잡은 데에서부터 자라나 나왔다는 사실을 제시하는 데에 중점을 두지 않았는가?"[2] 결과적으로 모든 존재자들을 자연세계에서만 발견했기 때문에 현존재의 사회적 세계를 간과한 전통 존재론은 자연존재론과 동일시될 수 있다.

하이데거에 따르면 고대 존재론은 일차적으로 자연세계에서 경험되는 존재자의 탐구에 방향 잡혀 있다. 이와 같은 사실을 존재론을 '형이상학'meta-physics이라고 지칭하는 데서도 확인할 수 있다. 한국

---

2) 마르틴 하이데거, 『현상학의 근본문제들』, 이기상 옮김(문예출판사, 1994), 242쪽.

어 번역에서는 분명하게 드러나지는 않지만 용어 '형이상학'에서의 중심 단어는 '자연'phusis을 지칭한다. 따라서 직역하자면 형이상학은 '자연 너머'의 것을 탐구하는 학문을 의미한다. 그리고 자연 너머의 탐구를 위해서 전통 형이상학은 우선적으로 자연세계에서 발견되는 존재자를 필연적으로 전제해야 한다. 이처럼 원래 의미에서의 형이상학에서도 우리는 고대 철학자들이 자연세계에 입각해 존재자들을 고찰했다는 것을 발견할 수 있다. 더 나아가 하이데거가 전통 존재론을 자연존재론으로 규정하는 이유는 인간의 근원적인 본질을 망각한 전통 존재론에서는 인간 또한 자연세계에서 최초로 발견된다고 생각했기 때문이다.

기초존재론에서 하이데거가 전통 존재론에서 망각된 새로운 존재의 의미를 제기한다는 것은 잘 알려져 있다. 그런데 존재의 의미 외에 그는 전통 존재론에서 인간 존재의 의미 또한 망각되었다고 주장한다. "전통적 인간학의 중요한 근원들인 그리스의 정의와 신학적인 실마리가 보여 주고 있는 것은 '인간'이라는 존재자의 한 본질 규정 안에서 인간의 존재에 대한 물음은 망각된 채로 남아 있다."(『존재와 시간』, 76쪽) 기초존재론에서 하이데거는 인간 존재의 의미를 새롭게 밝히고자 한다. 그리고 그에 따르면 전통 존재론에서 인간 존재의 의미가 망각된 이유는 전통존재론에서 인간의 본질이 자연세계의 관점에서 고찰되었기 때문이다.

그리스 철학자들은 자연세계에서 발견되는 사물들뿐만 아니라 인간의 본질에 대해서도 탐구한다. 그리고 그들은 인간의 본질은 '이성적 동물'zoon echon logon에 있다고 주장한다. 이 정의에서 사람들은

'이성'에만 주목하지만 사실 여기서 중요한 개념은 '동물'이다. 즉 인간은 원칙적으로 자연세계에 살고 있는 동물이며, 이성의 능력은 동물성으로부터 파생된 이차적인 능력에 불과한 것이다. 그래서 이성보다는 '동물성'을 강조하는 하이데거는 인간에 대한 표준적인 정의와는 달리 그리스 형이상학에서 인간은 '동물적 인간'homo animalis으로 규정된다고 주장한다.

> 그러나 분명히 해두어야 할 점은, 이런 식으로 해서는, 비록 사람들이 인간을 동물과 동일시하지 않고 오히려 인간에게 하나의 종적인 차이를 인정한다 하더라도, 궁극적으로 인간은 동물성의 본질 영역 속으로 내버려진다는 사실이다. [생명의 원리인] 영혼anima이 [사고의 원리인] 영靈 또는 마음animus sive mens으로 그리고 이것들이 이후에 주체, 인격, 정신으로 정립될 때조차, 사람들은 원칙적으로 항상 동물적 인간만을 사유한다. 그러한 정립이 형이상학의 양식인 것이다.[3]

'동물적 인간' 개념에서 명확하게 볼 수 있듯이, 하이데거의 해석에 따르면 인간에 대한 전통 형이상학적 이해는 자연적 관점에서 이루어졌다. 따라서 인간에 대한 고찰 방식에서 우리는 전통 존재론은 자연존재론의 지평에 놓여 있음을 볼 수 있다. 그리고 이처럼 모든 존재자들을 자연적 세계에 주어지는 존재자로 환원시키는 고대 존재론적 사유 방식은 근대 철학적 사유까지 이어져 온다.

---

3) 마르틴 하이데거, 「휴머니즘 서간」, 『이정표 2』, 이선일 옮김(한길사, 2005), 135쪽.

인간 사회의 발전에 있어 혁명적 변화를 가져온 근대 시대에서 인간은 모든 존재자들과의 관계를 그 이전 시대와는 다른 방식으로 정초한다. 근대 시대에 새롭게 정립된 존재자들과의 관계에 관한 논의에서 하이데거는 17세기의 시대를 강조하는데, 그 이유는 이 시기에 서양에서는 다른 문화권에서는 찾아 볼 수 없는 새로운 '세계관'Weltanschauung이 확립되었기 때문이다. 그리고 그는 근대 이전에는 전혀 가능하지 않았던 새로운 관점, 즉 근대적 세계관이 확립될 수 있었던 것은 근대적 학문의 등장에 있다고 주장한다. "근대의 본질적 현상들에는 근대의 학문이 속한다."[4] 비록 하이데거는 분명하게 제시하지 않았지만, 여기서 말하는 근대 학문은 자연과학을 의미한다. 언뜻 보기에 근대의 본질을 학문적 활동에서 찾고자 하는 하이데거의 시도는 무리가 있어 보인다. 왜냐하면 고대 그리스 시대나 중세 시대에도 학문은 존재했기 때문이다. 하지만 여기서 중요한 것은 학문 활동 그 자체가 아니라 학문의 근대적 특징이다. 비록 학문은 그 이전에도 존재했지만, 근대 자연과학적 학문과 그 이전 시대의 학문이 근본적으로 다르다고 하이데거는 주장한다. "우리가 오늘날 '학문'Wissenschaft이라는 낱말을 사용할 경우에, 그것은 중세의 '교설'doctrina 및 '지식'scientia과 구분될 뿐 아니라, 그리스 시대의 '에피스테메'episteme와도 본질적으로 구분된다."[5] 근대 자연과학적 학문이 그리스 시대에서의 '인식'이나 중세에서 말하는 '지식'으로 환원될 수 없

---

4) 마르틴 하이데거, 「세계상의 시대」, 『숲길』, 신상희 옮김(나남, 2008), 132쪽.
5) 앞의 글, 133쪽.

는 이유는 근대 자연과학에서 획득된 지식은 수학적 정식에 토대를 둔 실험에 의해 도출되기 때문이다.

> 근대 물리학은 그 본질에 있어서 '수학적인' 것이기 때문에, 오직 이런 이유에서만 그것은 실험적일 수 있다. 그러나 중세 시대의 교설이나 그리스 시대의 에피스테메가 연구라는 의미에서의 학문은 아니기 때문에, 그 시대에는 그것이 실험으로 나타나지는 않았다.[6)]

그리고 이러한 실험 방법을 토대로 진행된 근대 자연과학은 고대 자연철학과는 질적으로 다른 큰 진보를 이룬다.

하지만 여기서 우리가 유의할 점은 그리스 자연철학과 비교했을 때 근대 자연과학은 사물을 정확하게 인식할 수 있는 방법론을 제시했음에도 불구하고 근대 자연과학자들에 의해 수행된 사물의 탐구는 여전히 그리스 철학자들의 경우처럼 자연세계에 초점이 맞추어져 이루어졌다는 사실이다. 근대 철학을 열어 밝힌 데카르트의 철학적 사유 또한 자연사물에 대한 탐구에 집중되어 있다고 하이데거는 다음과 같이 밝힌다. "데카르트는 세계에 대한 물음을 우선 접근 가능한, 세계내부적인 존재자로서의 자연사물성으로 축소시키는 것을 첨예화시켰다."(『존재와 시간』, 142쪽) 따라서 사물을 인식하는 방식에 있어서는 전통 존재론과 근대 존재론 사이에 근본적인 차이점이 있을 수 있지만, 탐구의 대상이 자연적 사물이라는 점과 인간의 본질이 '이

---

6) 앞의 글, 139쪽.

성적 동물'에 있다고 생각하는 점에서는 근대 존재론과 전통 존재론 사이에 유사성이 있다고 볼 수 있다.

그런데 하이데거는 이와 같은 자연적 사물만을 탐구 대상으로 삼는 존재론 일반을 비판적으로 보는데, 그 이유는 자연 존재자에 대한 고찰에 초점이 맞춰진 이러한 존재론은 근원적이지 않고 현존재의 '세계-내-존재'로부터 파생되었기 때문이다. "'자연'의 존재가 어떻게 해석되든, 세계내부적인 존재자의 모든 존재 양태들은 존재론적으로 세계의 세계성 안에 그리고 그로써 세계-내-존재의 현상 안에 기초를 두고 있다."(『존재와 시간』, 286쪽) 물론 이 인용문에서 하이데거는 현존재의 세계만을 강조할 뿐, 이 세계가 '사회적' 특성을 띠고 있다는 것에 대해서는 전혀 언급을 하지 않는다. 다음 장에서 자세하게 살펴보겠지만 기초존재론에서 말하는 현존재의 세계는 사회적 세계로 규정된다. 그리고 이처럼 자연적 존재자에 대한 고찰이 현존재의 사회적 세계에 기초해 있다면, 자연존재론적 사유는 근원적인 사유가 아니라 이차적인 사유이다.

더 나아가 하이데거가 자연존재론으로 특징지어지는 전통 철학적 사유를 비판적으로 보는 또 다른 이유는, 모든 존재자들을 자연적 관점에서 고찰하는 이 사유에서는 인간의 본질이 올바르게 파악될 수 없기 때문이다. 이 점에 대해 그는 다음과 같이 밝힌다.

인간이 무엇인가? 하는 질문은 언제나 있음은 어떻게 존재하는가? 라는 질문과의 본질적 연관성 안에서 질문되어져야만 하는 것이다. 인간에 대한 질문은 결코 인간학적 질문이 아닌 것이며, 이것은 오히려 역사적-형이상학적인 질문인 것이다. [이 질문은 그 본질에 있어서 '물리학'Physik으로 머물러 있는 전승된 형이상학Meta-physik의 영역 안에서는 충분히 질문되어질 수 없는 것이다.][7]

이처럼 하이데거는 인간을 자연적 관점에서만 고찰한 전통 형이상학적 사유에 문제를 제기하는데, 그 이유는 전통 형이상학에서는 인간 현존재가 동물의 경우처럼 순수한 자연적 존재자로 이해되고, 이를 통해 인간 현존재가 자연세계에 선행하는 사회적 세계 속에 존재한다는 사실이 간과되었기 때문이다. 그에 따르면 현존재의 본질은 사회존재론적 관점에서만 규명될 수 있으며, 이와 같은 관점에서 볼 때 현존재분석에 기반을 두고 있는 기초존재론은 사회존재론으로 해석될 수 있다.

2. 사회존재론으로서의 기초존재론

하이데거 연구에서 자연존재론과 사회존재론의 구분에 주목하지 않는 사람들은 기초존재론의 목적이 새로운 존재 개념을 정초하는 데 있음에도 불구하고 하이데거 존재사유가 여전히 자연을 중시하는 전통 존재론의 문맥에 속해 있다고 생각한다. 후설 현상학뿐만 아니라 하이데거 철학에도 정통한 프랑스 현상학자 메를로-퐁티 또한 예외가 아니다. 『지각의 현상학』에서 그는 하이데거 존재사유는 자연적

---

7) 마르틴 하이데거, 『형이상학 입문』, 박휘근 옮김(문예출판사, 1994), 229쪽.

영역에 속해 있다고 주장한다.

> 결론적으로, 따라서 진리인 것은 자연이 있다는, 과학들의 자연이 아니
> 라 지각이 나에게 제시하는 자연이 있다라는 것이고, 의식의 빛 자체
> 도, 하이데거가 말한 대로, 그 자신에 주어진 자연의 빛이라는 것이다.[8]

하지만 기초존재론에서 하이데거가 추구한 것은 자연의 빛에 입
각해 자연적 존재자의 의미를 해명하고자 하는 것이 아니다.

하이데거 철학에서 존재에 관한 사유는 전통 존재론과 기초존재
론으로 구분된다. 하지만 전통 존재론과 기초존재론의 차이점은 이
제까지 명확하게 해명되지 않았다. 물론 하이데거 철학이 전-주제적
영역을 열어 밝힌 후설 현상학으로부터 많은 영향을 받았다고 생각
한 연구자들은 기초존재론을 의식에 그 기원을 두고 있는 주제적 이
성을 중시하는 전통 존재론에 선행하는 근원적인 존재론으로 해석했
다. 그러나 근원적인 존재론의 의미가 불명확하게 남아 있는 한, 우리
는 기초존재론에서 하이데거가 확립하고자 하는 새로운 존재 의미를
올바르게 파악하고자 할 때 어려움에 봉착한다. 하이데거의 존재사
유를 사회존재론으로 규정했을 때 우리는 이 차이점을 보다 분명하
게 이해할 수 있다.

전통 존재론에서 탐구되어 온 존재 개념과는 근본적으로 다른
새로운 존재 개념, 즉 사회적 존재 개념을 정초하고자 하는 하이데거

---

8) 메를로-퐁티, 『지각의 현상학』, 류의근 옮김(문학과지성사, 2002), 645쪽.

는 이 새로운 존재 개념의 분석을 전통 존재론에서처럼 존재 그 자체에 대한 탐구에서 출발하는 것이 아니라 '존재이해'에서 시작한다. 그리고 그에 따르면 모든 존재자들 중에 현존재(인간)만이 존재이해를 가지고 있다. 이처럼 현존재에서만 존재가 드러나기 때문에 존재를 이해하기 위해서는 먼저 이러한 이해를 가능케 하는 현존재의 의미가 무엇인지를 파악해야 한다. 그래서 하이데거는 기초존재론에서 새로운 존재 개념을 제시하기에 앞서 현존재분석을 진행한다. 그런데 그에게서 현존재의 의미는 데카르트에서 시작되어 칸트를 걸쳐 후설 현상학에까지 전해져 내려온 근대 철학적 사유에서는 파악되지 않는다. 왜냐하면 인간의 본질을 규명하는 데 있어 '의식', 즉 '나는 사유한다'에서 출발한 근대 철학적 사유에서는 인간의 존재 방식이 간과됐기 때문인데, 이 같은 사실을 그는 다음과 같이 주장한다.

> 데카르트의 존재론적인 입장을 넘겨받음으로써 칸트는 하나의 본질적인 소홀을 함께 저지르게 되는데, 그것은 곧 현존재의 존재론의 소홀이다. 이러한 소홀은 데카르트의 가장 고유한 경향이라는 의미에서 하나의 결정적인 소홀인 셈이다. '코기토 숨'cogito sum, 즉 '나는 사유한다, 나는 존재한다'로써 데카르트는 철학에 하나의 새로운 확실한 토대를 제공하기를 요구한다. 그러나 이러한 '근본적인' 시작에서 규정되지 않은 채 내버려 둔 것이 있는데, 그것은 곧 레스 코기탄스res cogitans, 즉 사유하는 사물의 존재 양식, 더 정확히 말해서 '나는 존재한다'의 존재 의미이다.(『존재와 시간』, 43쪽)

근대 철학적 사유와는 달리 하이데거는 현존재의 본질을 분석함에 있어 '의식'보다는 존재 방식에 초점을 맞춘다. 그리고 데카르트에 의해 열려 밝혀진 이후 후설 현상학에까지 이어져 온 근대 철학적 사유가 망각한 '나는 존재한다'의 방식을 그는 '실존'으로 규정한다. 그런데 여기서 말하는 현존재의 실존은 무엇을 의미하는가? 더 나아가 기초존재론의 핵심적인 개념으로 간주되는 현존재의 존재 방식, 즉 실존은 왜 사회존재론에 입각해 해명되어야 하는가?

　　하이데거는 인간 현존재의 본질이 실존에 있다고 주장한다. "현존재의 '본질'은 그의 실존에 있다."(『존재와 시간』, 67쪽) '실존'은 다른 존재자들과는 다른 방식으로 세계 속에 있는 현존재의 존재 방식을 의미하는데, 1931년의 강의록인 『진리의 본질에 관하여』에서 하이데거는 『존재와 시간』에서는 발견되지 않은 실존의 새로운 의미를 제공한다. 이 강의록에서 그는 실존을 다음과 같이 정의한다. "실존의 의미에서의 거기-있음[현존재]은 근본적으로 자연의 존재 양식과는 다른 존재 양식이다."[9] 여기서 하이데거는 분명하게 실존은 자연세계에 있는 존재 방식이 아니라고 주장한다. 즉, '실존'은 자연세계에 존재하는 존재자들과는 다른 방식으로 존재함을 의미한다. 더 나아가 그는 현존재만이 가지고 있는 존재 방식을 일컫는 실존 개념을 자연과 대비시킨다.

---

9) 마르틴 하이데거, 『진리의 본질에 관하여: 플라톤의 동굴의 비유와 테아이테토스』, 이기상 옮김(까치, 2004), 248쪽.

그(사람―인용자)는 언제나 동물을 넘어서 실존하거나 아니면 그가 (우리가 흔히 말하듯이) '동물적'이 될 때 그는 이미 동물 아래로 떨어져버린 것인데, 이것도 그가 인간이기 때문에 가능한 것이다. 자연이 자기-자신을-넘어서-존재함인 인간-존재의 본질에 속하는 실존이라는 내적인 고양을 가지고 있지 않기 때문에, 그렇기 때문에 또한 어떠한 자연도 결코 떨어질 수조차 없다.[10]

그런데 『존재와 시간』에서뿐만 아니라 다른 강의록들에서도 하이데거는 자연세계에 존재하는 방식과는 근본적으로 다른 실존의 존재 방식에 대해 자세하게 논의하지 않았기 때문에 실존의 존재 방식이 도대체 무엇을 의미하는지를 파악하기는 쉽지 않다. 이 어려움을 우리는 현존재의 실존을 사회세계와 연관 지음으로써 해소할 수 있다. 자연세계에서 존재하는 방식과는 다른 현존재의 실존은 사실상 사회적 세계에 존재하는 방식을 의미하며, 이와 같은 사실을 우리는 실존과 세계 속에서의 '거주함'의 연관성 속에서 확인할 수 있다.

일반적으로 현존재의 실존은 의식 활동에서 인식되는 존재 방식이 아니라 의식으로부터 벗어난 '세계-내-존재'를 의미하는 것으로 해석된다. 그런데 비록 하이데거는 『존재와 시간』에서 사회적 세계라는 표현을 전혀 사용하지 않았지만, 여기서 말하는 세계는 자연적 세계가 아니라 사회적 세계를 지칭한다. 왜냐하면 '세계-내-존재'로 규정되는 현존재는 다른 사물들처럼 세계 속에서 단순히 있는 것이 아

---

10) 앞의 책, 248쪽.

니라 '거주'하기 때문이다.

이러한 의미의 안에-있음in-Sein이 귀속되고 있는 그 존재자를 우리는 내가 각기 그것 자체인 그 존재자라고 특징짓는다. 'bin'나는 있다이라는 표현은 'bei'… 곁에와 결부되어 있다. 'ich bin'나는 있다은 다시금 '나는 거주한다, 나는 …에 머문다, 이러저러한 친숙한 것으로서의 세계에 머문다'를 말한다. 'ich bin'의 부정형으로서의 Sein존재, 다시 말해 실존범주로서 이해된 Sein은 '…에 거주하다', '…과 친숙하다'를 뜻한다.(『존재와 시간』, 82쪽)

여기서 핵심적인 것은 현존재의 실존은 '거주함'을 의미한다는 사실이다.

더 나아가 1951년 다름슈타트에서 행한 강연 「건축함 거주함 사유함」에서도 하이데거는 현존재의 '나는 존재한다'의 의미를 '건축함'과 연관지어 설명한다.

즉 건축하다bauen란 나는 있다ich bin, 너는 있다du bist, 그리고 명령형 sei라는 어법에서 보듯, 우리의 용어로는 '있다'bin이다. 그렇다면 나는 있다ich bin라는 것은 무엇을 의미하는가? '있음'bin은 고대어의 건축함bauen에 귀속하는바, 그 고대어는 다음처럼 답한다. '나는 있다'ich bin 혹은 '너는 있다'du bist라는 것은 나는 거주한다 혹은 너는 거주한다를 의미한다.[11]

이 인용문에서 하이데거는 『존재와 시간』에서 발견되는 동일한 질문, 즉 "'나는 있다'라는 것은 무엇을 의미하는가"라는 질문을 제기하는데, 그는 이 질문에 대한 답이 "인간의 '거주함'에 있다"라고 말한다. 그리고 세계 속에서 현존재는 단순히 존재하지 않고 거주하는데, 여기서 거주함은 현존재가 사물의 경우처럼 자연적 세계에서 공간을 차지하고 있다는 사태를 보여 주는 것이 아니라 어떤 건축물에 살고 있다는 것을 일컫는다. 사실 인간은 집에서 거주하기 때문에 인간의 거주함은 건축함을 전제로 한다. 더 나아가 이와 같이 거주함이 강조되었을 때 세계-내-존재로 규정되는 현존재의 실존은 현존재가 자연세계에서의 존재 방식과는 구분되는 사회적 세계에 존재하는 방식을 의미한다. 왜냐하면 인간에 의해 인위적으로 건축된 집은 자연세계에서가 아니라 인위적인 사회적 세계에서만 발견되기 때문이다. 따라서 현존재의 존재 방식이 사회적 세계 속의 거주함에 있다면 현존재의 실존에 기초해 있는 하이데거의 존재사유는 사회존재론으로 이해되어야 한다. 하이데거의 존재사유가 사회존재론을 지향한다는 사실은 주위세계에서 만나는 도구의 분석에서도 확인할 수 있다.

존재의 의미를 새롭게 밝히기 위해서는 실제적으로 경험되는 존재자를 탐구해야 한다. 하지만 기초존재론에서 하이데거는 자연적 세계에 놓여 있는 존재자ₒₙₜₐ를 탐구하지 않는다. 이와 달리 기초존재론에서 하이데거의 중심 주제는 현존재의 주위세계를 둘러싸고 있는

---

11) 마르틴 하이데거, 「건축함 거주함 사유함」, 『강연과 논문』, 이기상·신상희·박찬국 옮김(이학사, 2008), 187쪽.

사물들이다. 그리고 현존재의 주위세계에서 일차적으로 만나는 사물을 하이데거는 존재자_onta가 아니라 인간에 의해 만들어진 '도구'_Zeug 또는 실천적인 행위에 대응하는 '실용적인 사물'_pragmata로 규정한다.

> 존재를 열어 밝히고 설명하는 데에서 존재자가 그때마다 앞서 주제가 되고 함께 주제가 되고는 있지만 본래적인 주제는 존재이다. 지금의 분석의 영역에서는 앞선 주제의 존재자로서 주위세계적 배려함에서 자신을 내보이고 있는 그런 것이 단초로 설정되었다. 이때 이러한 존재자는 어떤 이론적인 '세계'-인식의 대상이 아니라 사용된 것, 제작된 것 등이다.(『존재와 시간』, 99쪽)

현존재의 주위세계는 그와 같은 도구, 즉 실용적인 사물들에 의해 둘러싸여 있는데, 도구들은 인간에 의해 만들어졌기 때문에 자연세계에서가 아니라 인위적인 사회세계에서 발견된다. 그리고 자연적 세계의 필연성에 벗어나 있는 이러한 도구들은 현존재가 열어 밝힌 목적성 또는 기투성에 의해 비로소 사회세계에만 계시될 수 있기 때문에 현존재의 세계는 자연세계가 아니라 사회세계로 규정된다. 그러므로 우리는 자연적 사물이 아니라 도구들의 존재론적 분석에서 시작하는 하이데거의 기초존재론이 사회존재론을 지향한다는 것을 알 수 있다.

이처럼 우리가 하이데거의 존재사유를 사회존재론으로 규정하는 이유는 기초존재론에서 말하는 사물이 데카르트, 칸트 또는 후설이 주장하듯이 '사유하는 자아' 또는 '선험적 의식'에 대해 있는 사물에서가 아니라 현존재의 실천적 행위에서 주어지는 도구로 규정되기 때문이다. 그리고 나중에 보겠지만, 실천적 행위, 즉 노동을 통해 현존재는 사회적 세계와 타자와의 공동존재를 형성한다. 자연적 사물과 이론적인 사유를 강조하는 근대 철학적 사유에 익숙한 사람들에게는 사물이 우선적으로 실천적 행위에서 주어진다는 하이데거의 주장을 이해하기가 매우 어렵다. 그런데 사회존재론의 관점에서 바라볼 때 인간과 사물의 관계에서 실천은 본질적으로 이론적 사유보다 우위에 있기 때문에 현존재가 주위 사물을 실천적 행위에서 우선적으로 만난다는 사실이 자명하게 다가온다. 따라서 자연존재론과 사회존재론의 차이점은 자연적 존재자와 사회적 존재자의 구분 외에 사물을 인식함에 있어 전자는 이론적 이성을 그리고 후자는 실천적 행위를 중시한다는 데 있다. 그래서 자연존재론과 사회존재론은 다르게 표현하자면 전자는 '이성존재론'으로 그리고 후자는 '행위존재론'으로 지칭될 수 있다. 더 나아가 현존재의 주위세계만이 실천적 행위에 의해 제작된 도구에 둘러싸여 있는 이유는 인간의 본질이 행위하는 '정신'으로 규정되기 때문이다.

현존재를 규정함에서 있어 하이데거는 실존뿐만이 아니라 정신도 강조하는데, 이론적 이성에 선행하는 정신은 활동성으로 특징지어진다. 그런데 여기서 말하는 활동성은 세계를 인식하는 오성의 활동이 아니라 세계를 형성하는 행위를 의미한다. 그리고 정신으로 규정되는 인간만이 세계를 형성할 수 있기 때문에 하이데거는 동물세계와는 달리 인간의 세계가 정신적인 것이라고 주장한다. "세계는 언제나 정신적geistig 세계이다. 짐승들에게는 세계도 주위세계도 없는 것이다."[12] 이 인용문에서 우리는 두 가지의 중요한 사실들을 발견할 수 있다. 첫째, 여기서 말하는 세계, 즉 동물세계와 구분되는 세계는 자연적 세계가 아니라 사회적 세계라는 점이다. 만약 세계가 자연적 세계라면 동물은 세계를 지니고 있지 않다는 주장은 성립될 수가 없다. 둘째, (사회적) 세계의 토대는 이성이 아니라 정신에 기초해 있다. 그리고 나중에 자세하게 보겠지만, 정신Geist은 '함께-있음'ge-ist이라는 의미를 함축하고 있는데, 형용사 '사회적' 또한 고립된 자아보다는 타자와 함께 있음을 지칭한다. 따라서 하이데거가 '세계는 언제나 정신적'이라고 말할 때, 이 세계는 당연히 사회적 세계를 의미한다. 더 나아가 하이데거가 정신적 세계, 즉 사회적 세계를 강조하는 이유는 이 세계에서만 인간의 궁극적 완성이 이루어지기 때문이다. "정신적 세계는 문화로 전환되어, 이것을 창조하고 유지한다는 것 속에서 각 개인들은 동시에 그 스스로의 완성을 추구하는 것이다."[13] 정신적으로 규정되는 인간의 세계는 동물세계와는 달리 문화세계를 일컫는데, 이 세계는 정적인 세계가 아니라 역동적인 세계이다. 그리고 역동적인 문화세계는 자연세계에 대한 탐구에만 초점을 맞춘 근대 철학에서는 간과된 역사적·사회적 세계를 전제로 한다.

이성에 선행하는 '정신'에 의해 규정되는 현존재는 자연세계에 대립되는 역사적·사회적 세계 속에 존재한다. 그런데 이와 같은 역사적·사회적 세계가 전제로 하는 현존재의 역사성은 의식에 기반을

---

12) 하이데거, 『형이상학 입문』, 84쪽.
13) 앞의 책, 87쪽.

두고 근대 철학을 열어 밝힌 데카르트 철학과 이 철학 전통에 머물러 있는 후설 현상학에 의해 간과되었다고 하이데거는 주장한다. "후설이 의미하는 현상학은 데카르트, 칸트 그리고 피히테의 의해 예견된 특정한 철학적 입장 속에서 구축되었다. 이 입장에서는 사유의 역사성die Geschichtlichkeit des Denkens은 완전히 이질적인 것으로 남아 있다."[14] 이 인용문에서 우리는 근대 철학에서는 두 종류의 철학이 있음을 볼 수 있다. 한편에서는 데카르트에서 시작되어 후설 현상학까지 전해 내려온 사유의 역사성이 간과된 의식 철학이 있는 반면 다른 한편에서는 사유의 역사성을 강조하는 철학이 있다. 사유의 역사성이란 사유가 사회적 또는 역사적 세계에 밀접하게 관여되어 있는 사유를 의미한다. 더 나아가 하이데거는 오늘날 우리는 "형이상학으로부터 존재역사적 사유에로 이행하는 시대"[15]에 살고 있다고 주장한다. 여기서 형이상학은 전통 존재론인 자연존재론을 지칭한다면, 존재 역사적 사유는 사회존재론적 사유를 일컫는다고 볼 수 있다. 그러므로 사유의 역사성, 존재 역사적 사유를 이해하기 위해서 하이데거의 철학적 사유는 사회 존재론적 관점에서 고찰되어야 한다.

앞에서 제시된 사실들에 근거하여 비록 기초존재론에서 하이데거는 사회존재론이라는 표현을 사용하지 않았지만, 우리는 그의 존재사유를 사회존재론의 관점에서 재구성하고자 한다. 그런데 '사회

---

14) M. Heidegger, "Preface to Richardson," *Heidegger: Through Phenomenology to Thought*(The Hague: Martinus Nijhoff, 1974), p.16.
15) 마르틴 하이데거, 『철학에의 기여』, 이선일 옮김(새물결, 2018), 25쪽.

존재론'이라는 표현을 처음 접해 본 사람들은 우리의 해석에 의구심을 표할 수 있을 것이다.[16] 이 의구심을 해소하기 위해서는 용어 사회존재론의 의미가 분명하게 제시되어야 한다. 사실 그리스에서 유래된 전통 철학적 사유에서 사회존재론은 성립될 수 없는데, 그 이유는 그리스 언어에서는 '사회적'에 해당하는 단어가 존재하지 않기 때문이다. 철학적 담론에서 '사회적'이라는 표현이 대두된 것은 일찍이 세네카가 아리스토텔레스의 '정치적 동물'zoon politikon을 '사회적 동물'로 번역한 데서 기인한다.[17] 따라서 '사회적'이라는 단어는 로마어에 그 기원을 두고 있다. 그리고 '정치적'의 번역어라는 사실에서 볼 수 있듯이 라틴어 '사회적'은 일차적으로 자연적 세계와 대립된다는 의미를 지닌다.

이렇게 이해된 사회적 세계에 기초해 있는 하이데거의 사회존재론은 다섯 가지 면에서 자연존재론과 근본적으로 차별화된다. 첫째, 사회존재론에서는 인간의 의식보다 (사회적) 세계가 우위에 있다.[18]

---

16) 하이데거의 사유가 사회존재론으로 이해될 수 있다는 점은 하이데거 철학을 버거와 루크만의 사회학적 사유와 연관지어 해명할 때 보다 더 잘 파악할 수 있다. 1966년에 버거와 루크만은 사회학에서 고전으로 평가받는 『실재의 사회적 구성』을 출판한다. 이 책에서 버거와 루크만은 실재가 사회적으로 구성되는 과정을 자세하게 분석한다. 그런데 이들에 앞서 『존재와 시간』에서 하이데거는 이미 주위세계에서 만나는 도구의 실재, 타자의 실재, 자아의 실재, 사유의 실재 그리고 자유의 실재가 사회적 세계에 의해 어떻게 구성되는지를 사회학적 사유에 선행하는 존재론적 사유에 입각해 근원적으로 해명한다. 버거와 루크만의 사회학적 이론과 연관지어 고찰할 때, 우리는 하이데거의 존재사유가 사회존재론을 지향한다는 것을 보다 잘 이해할 수 있다. 피터 버거·토마스 루크만, 『실재의 사회적 구성』, 하홍규 옮김(문학과지성사, 2014) 참조.
17) 한나 아렌트, 『인간의 조건』, 이진우·태정호 옮김(한길사, 1996), 74쪽.
18) 사실 이 명제는 인간의 의식이 세계를 규정하는 것이 아니라 반대로 사회적 세계가 인간의 의식을 결정한다는 마르크스주의의 역사적 유물론과 구조주의의 주장과 유사하다는 사실

둘째, 사회존재론에서 우선적으로 탐구되는 대상은 자연적 사물과 구분되는 현존재의 주위세계, 즉 사회적 세계에서 만나는 인간에 의해 가공된 도구이다. 그런데 여기서 우리가 유의할 점은 현존재의 사회적 세계는 단순히 자연적 세계에 대립되어 있는 세계가 아니라 이 세계에 선행하는 근원적이고 전-주제적인 세계라는 사실이다. 셋째, 도구를 인식하는 데 있어 사회존재론은 이론적 사유보다는 실천적 행위를 우위에 둔다. 다시 말해 자연존재론에서 인간은 '이성적 동물'로 규정되지만, 사회존재론에서 인간의 본질은 근원적으로 '이론적 (관조적) 삶'vita contemplativa에서가 아니라 '행위하는 삶'vita activa에서 찾아진다. 넷째, 사회존재론의 주제는 균등한 실재성에 기초해 있는 자연세계에 환원되지 않은 질적으로 차이가 나는 현존재의 삶을 역사적·사회적 세계에 입각해 고찰하는 데 있다. 다섯째, 자연존재론에서는 서로 분리되어 있는 개별적 존재자가 최초로 주어지지만, 공동존재를 전제로 하고 있는 사회존재론에서 인간은 이미 타자와 함께 존재한다. 따라서 사회존재론에서는 근대 철학적 사유에서 난제였던 상호주관성의 문제가 성립되지 않는다.

하지만 엄밀하게 고찰할 때 사회존재론은 하이데거에 의해 최초로 확립된 학문이 아니다. 이론적 이성을 강조하는 철학적 사유에 밀

에 우리는 유의할 필요가 있다. 이러한 사상들과 하이데거의 사회존재론을 비교·연구하는 것은 유의미한 작업이지만 이 책에서 우리는 우선적으로 하이데거의 사회존재론을 규명하는 것에 초점을 맞추고자 한다. 왜냐하면 하이데거의 존재사유가 지향하는 바가 사회존재론이라는 것이 밝혀질 때 우리는 비로소 이와 같은 비교를 할 수 있는 발판을 마련할 수 있기 때문이다.

려 주변부에 남아 있었지만, 하이데거 이전에 이미 사회존재론의 전통은 존재했다. 그리고 후설 현상학에 머물러 있었던 그에게 사회존재론에 대한 관심을 일깨우는 데 결정적인 역할을 한 철학자들은 다름 아니라 셸러, 딜타이 그리고 헤겔이다. 셸러의 지식사회학, 딜타이의 정신과학 그리고 헤겔의 정신 개념을 접하면서 하이데거의 철학적 사유는 신칸트주의나 후설 현상학처럼 주제적 이성 또는 전-주제적 이성에 입각해 자연적 사물에 관한 고찰에 머물러 있지 않고 실천적 행위와 관계 맺고 있는 사회적 사물에 관한 고찰로 전환된다.

더 나아가 이처럼 실천적 행위를 강조하는 하이데거의 사회존재론은 사물을 인식함에 있어 실천적 행위를 이론적 이성보다 우위에 두는 실용주의와 쇼펜하우어의 의지 개념과도 연관을 맺고 있다. 이러한 철학적 사유의 문맥들이 부각되었을 때 기존 연구들에서 간과된 하이데거 존재사유의 새로운 면모, 즉 사회존재론적 사유에 접근할 수 있으며, 이를 통해 그동안 난해하게 여겨졌던 하이데거 철학의 중심 개념들이 보다 분명하게 이해될 수 있는 계기를 마련할 수 있다. 어떤 철학자도 다른 철학자들과의 교류 없이 고립된 채로 있으면서 자신의 독창적인 철학적 사유를 형성하지 않는다. 하이데거도 이 점에서 예외는 아니다. 물론 하이데거는 20세기에 가장 독창적인 철학자로 인정받지만, 그의 독창적인 철학적 사유 역시 다른 철학자들과의 대화 속에서 형성되었다. 그리고 이와 같은 철학적 문맥 속에서 살펴보았을 때 우리는 하이데거 존재사유가 사회존재론을 정초하는 데 방향 잡혀 있음을 볼 수 있다. 따라서 사회존재론을 지향하는 하이데거의 존재사유를 제대로 파악하기 위해서는 사회존재론을 정초하는

데 있어 영향을 끼친 셸러의 지식사회학, 실용주의, 쇼펜하우어의 의지 철학, 딜타이의 해석학 그리고 헤겔 철학이 우선적으로 해명되어야 한다.

2장 · 막스 셸러의 지식사회학

1. 하이데거의 기초존재론과 셸러의 지식사회학

지금까지 하이데거 존재사유에 대한 연구들은 주로 두 가지 관점에 의해 수행되었다. 첫 번째 관점은 기초존재론을 구성하고 있는 근본 개념들, 즉 '존재의 의미', '현존재', '진리', '세계-내-존재' 그리고 '죽음' 등이 함축하고 있는 독특한 의미를 기초존재론의 내재적인 문맥 속에서 해명하는 것이다. 두 번째 관점은 하이데거 존재사유가 개진된 기초존재론의 중심 개념들을 기초존재론에 영향을 끼친 20세기 초 유행했던 철학적 사조에 편입시켜 살펴보는 것이다. 그러나 그동안 이러한 관점에 입각해 하이데거 철학이 연구되었음에도 불구하고 기초존재론은 여전히 난해한 사상으로 간주된다. 특히 20세기에 가장 많은 영향력을 행사했던 후설 현상학과의 연관성 속에서 하이데거 철학의 고유성을 밝혀내는 작업이 하이데거 철학의 이해에 도움을 주기도 하지만 다른 한편에서 어려움을 가중시키는 것도 사실이다. 우선 철학사적 접근과 관련해서, 그 당시 기초존재론에 결정적인 영향을 끼친 철학 사조인 후설의 현상학에 대한 하이데거의 언급부터 살펴보아야 할 필요가 있다.

다음의 연구가 '사태 자체'를 열어 밝히는 데에 몇 걸음이라도 앞으로 나갔다면, 필자는 그것을 일차적으로 에드문트 후설에게 힘입은 것이다. 그는 프라이부르크 대학교 교수 시절, 세밀한 개인지도를 통해서 그리고 미발표된 연구들을 자유롭게 맡겨 주어 필자로 하여금 현상학적 탐구의 여러 상이한 분야들에 친숙하도록 만들어 주었다.(『존재와 시간』, 62쪽)

여기서 볼 수 있듯이 기초존재론에 제기된 존재물음은 후설이 열어 밝힌 현상학적 사유에 의해서만 가능했다고 하이데거 자신이 고백했기 때문에 실제로 국내외에서 이루어진 하이데거 철학에 대한 연구는 많은 경우 후설 현상학과의 연관성에서 고찰됐다.[1] 그리고 하

---

1) 하이데거 철학사상을 후설 현상학과의 관계에서 다룬 국내 그리고 국외 논문들과 저서들은 매우 많은데, 그 중 일부를 소개하면 다음과 같다. 박찬국, 「후설의 현상학과 후기 하이데거의 현상학에 대한 비교 연구」, 『철학』 제52집(한국철학회, 1997); 여종현, 「시간지평에서의 '세계'의 이해 ─후설과 하이데거의 현상학을 중심으로」(서울대학교 박사학위논문, 1992); 이기상, 「하이데거의 현상학적 방법 ─『존재와 시간』에 나타난 현상학적 분석의 세 단계」, 『철학』 제24집(한국철학회, 1985); 이남인, 「후설의 발생적 현상학과 하이데거의 해석학적 현상학」, 『철학』 제53집(한국철학회, 1997); 이남인, 「후설과 하이데거의 세계 개념」, 『낭만주의 해석학』, 한국해석학회 엮음(철학과현실사, 2003); 한충수, 「후설과 하이데거의 경험 개념 비교 연구」, 『철학사상』 제67호(서울대학교 철학사상연구소, 2018). E. Tugendhat, *Der Wahrheitsbegriff bei Husserl und Heidegger* (Berlin: Walter de Gruyter, 1970); T. Stapleton, *Husserl and Heidegger: The Question of a Phenomenological*

이데거 철학을 현상학적 문맥에서 파악하고자 한 이 같은 연구들은 하이데거 철학 사상을 규명하는 데 있어 많은 기여를 했다. 왜냐하면 이러한 연구들을 통해 우리는 생소하게 다가오는 하이데거의 독특한 개념들이 현상학이라는 철학사적 문맥 속에서 해명될 수 있는 것임을 볼 수 있기 때문이다.

그런데 이처럼 하이데거 철학에 대한 많은 연구들이 있었음에도 불구하고, 하이데거는 자신의 80회 생일을 기념하는 한 텔레비전 인터뷰에서 기초존재론에서 전개된 존재사유는 아직도 이해되지 못하고 있다고 말한다. "반세기 전의 『존재와 시간』은 아직도 이해되고 있지 않다. 존재 망각의 뿌리가 얼마나 깊은지는 내가 반세기 전에 던진 존재물음이 아직도 이해되지 않음을 볼 때에도 알 수 있다."[2] 하이데거 존재물음을 해명하는 데 있어 이 개념이 갖는 후설 현상학과의 연관성이 수많은 연구자들에 의해 여러 방식으로 연구되었음에도 불구하고 하이데거가 이와 같은 언명을 했다는 사실을 접할 때 우리는 하이데거 철학이 근본적으로 지향하는 바가 도대체 무엇인가를 다시

Beginning(Albany: SUNY Press, 1983); F. W. von Herrmann, *Der Begriff der Phänomenologie bei Heidegger und Husserl*(Frankfurt am Main: Vittorio Klostermann, 1988); P. Buckley, *Husserl, Heidegger, and the Crisis of Responsibility*(Dordrecht: Kluwer Academic Publishers, 1992); H. Schmitz, *Husserl und Heidegger* (Bonn: Bouvier, 1996); P. Keller, *Husserl and Heidegger on Human Experience*(Cambridge: Cambridge University Press, 1999); S. G. Crowell, *Husserl, Heidegger, and the Space of Meaning: Paths toward Transcendental Phenomenology* (Evanston: Northwestern University Press, 2001); L. Alweiss, *The World Unclaimed: A Challenge to Heidegger's Critique of Husserl*(Athens: Ohio University Press, 2003).
2) 이 인터뷰 내용은 다음 책에서 재인용되었음. 이기상, 『존재와 시간: 인간은 죽음을 향한 존재』(살림, 2008), 140쪽 참조.

한번 묻게 된다.

하이데거 존재사유를 이해하기 위해서 우리는 후설 현상학과의 연관성뿐만이 아니라[3] 그 차이성 역시 살펴보아야 한다. 예를 들어 후설 현상학에서 선험적 의식은 핵심적인 개념이지만, 현존재분석에서는 선험적 의식 대신 세계가 강조된다. 더 나아가 후설에게서 사물은 최초로 직관에서 경험되지만, 하이데거는 사물이 우선적으로 실천적인 행위에서 주어진다고 주장한다. 물론 후설 현상학과 하이데거의 기초존재론과의 차이점 또한 많은 연구들에 의해 규명되었다. 인식론을 강조하는 후설의 현상학이 의식 또는 주체 개념에 머물러 있다면, 하이데거의 해석학적 현상학은 의식으로부터 벗어나 있는 존재의 해명에 중점을 둔다. 그리고 이처럼 의식과 주체로부터 벗어난 하이데거의 해석학적 현상학은 후설 현상학과는 전혀 다른 새로운 철학적 사유로 간주된다. 독일 현상학의 전개 과정을 후설과 하이데거의 관점에서 고찰한다면 분명히 현상학적 사유는 의식의 현상학과 존재의 현상학으로 나뉠 수 있다.

하지만 하이데거의 철학적 의도를 철학적 문맥 속에서 해명하려는 우리의 시도와 관련해, 우리가 주목해야 할 점은 단순히 이러한 차이점을 해명하는 것이 아니다. 보다 중요한 점은 현존재분석을 이해하는 데 있어 어떻게 하이데거가 의식 현상학에서 존재 현상학으로 이행했는지를 밝히는 작업이다. 일반적으로 비-역사적인 관점에 의

---

3) 이 점에 관해서는 다음 저서를 참고할 것. 이남인, 『현상학과 해석학』(서울대학교출판부, 2004).

거해 하이데거 철학을 연구해 온 하이데거 연구자들은 이 이행이 하이데거의 독창적인 사유가 이루어 낸 업적이라고 평가한다. 그러나 후설로부터 시작된 독일 현상학 운동을 고찰함에 있어 직관적 인식에서 실천적 행위 또는 의식 현상학에서 존재현상학 또는 세계현상학으로의 전환이 철학사에서 볼 때 하이데거의 철학에서만 찾을 수 있는 독창적인 업적인가? 더 나아가 하이데거가 철학 공부를 한 그 당시 역사적 상황을 비추어 볼 때 하이데거가 후설 현상학으로부터만 영향을 받았는가? 물론 의식에 선행하는 존재물음 또는 세계물음에 초점을 맞춘 하이데거의 현상학은 후설의 의식현상학과 관련지어 본다면 독창적인 업적으로 간주될 수 있다. 하지만 역사적 고찰에 입각해 후설과 하이데거 외에 독일 현상학적 운동을 주도한 사상가로 막스 셸러Max Scheler가 포함된다면 이러한 평가는 달라진다. 후설 외에도 하이데거의 존재 사유에 결정적인 영향을 끼친 철학자가 있는데, 그가 바로 현상학자로 출발했지만 나중에 사회학자로 전환한 막스 셸러이다. 그러나 현존재분석에서 하이데거가 이 같은 사실을 명백하게 밝히지 않았기 때문에 하이데거 철학 연구에 있어서 셸러 철학은 미미한 위치를 차지하고 있다.

『존재와 시간』 출판 이후 하이데거에 관한 짧은 논문을 준비하고 있었던 루돌프 불트만R. Bultmann은 하이데거에게 기초존재론이 전제로 하고 있는 철학적 사유가 무엇인지를 알고 싶다는 내용이 담긴 편지를 보냈는데, 이 편지를 받은 하이데거는 다음과 같은 답장을 보낸다. "어거스틴, 루터, 키르케고르가 철학적 사유에서 본질적인 것은 그들은 현존재를 근본적으로 이해하는 데 있어 자양분을 제공했기 때문이다. 딜타이에서는 역사적 세계를 해석하는 단초를 발견했다. 아리스토텔레스와 중세 철학은 존재론적 문제를 구성하는 데 있어 중요하다. 여기서 제시된 바와 같이 이념과 과학 철학에 의해 관리되는 모든 방법론은 후설 현상학에 토대를 두고 있다.

더 나아가 이러한 방법론은 하인리히 리케르트와 에밀 라스크의 논리 연구와 과학 철학으로부터도 영향을 받았다. […] 나의 철학적 작업의 목표는 학문으로서의 기독교 신학에 존재론적 토대를 제공하는 것이다.”[4] 이 답장에서 하이데거는 자신의 철학적 사유에 영향을 끼친 많은 사상가들을 언급하지만, 이 목록에서 셸러의 이름은 빠져 있다. 이처럼 기초존재론을 구상하는 데 있어 영감을 준 많은 사상가들 중에 셸러가 전혀 부각되지 않았기 때문에 하이데거의 철학은 이제까지 셸러 철학, 특히 그가 후기 사상에서 많은 관심을 가졌던 지식사회학과의 연관성 속에서 전혀 연구되지 않았다. 그런데 ‘사유하는 자아’보다 세계를 우위에 두는 기초존재론을 확립함에 있어 하이데거의 존재사유에 결정적인 영향을 끼친 철학자는 이론적 사유가 사회적 세계에 기초해 있음을 ‘지식사회학’에서 열어 밝힌 셸러라고 볼 수 있다.[5]

---

4) Theodore Kisiel, *The Genesis of Heidegger's Being and Time*(Los Angeles: University of California Press, 1995), p.452. 이 책은 『존재와 시간』에서 제시된 존재사유의 길을 발생학적으로 고찰하는 연구 분야에서 국제적으로 최고의 저서라는 평가를 받고 있다. 1919년에 시작된 하이데거의 강의들을 세심하게 연구한 키지엘은 하이데거 존재사유가 전제로 하고 있는 여러 철학적 배경들을 명확하게 제시한다. 하지만 이 저서에서 키지엘은 전통 형이상학적 존재 개념과 엄격하게 구분되는 하이데거의 존재사유가 근본적으로 셸러의 지식사회학으로부터 결정적인 영향을 받았다는 사실에 대해서는 전혀 언급하지 않는다.
5) 셸러의 ‘지식사회학’ 외에 하이데거는 일반적인 ‘지식사회학’에 대해서도 잘 알고 있다.

독일 현상학 발전에 있어서 가장 중요한 철학자를 꼽는다면 현상학을 창시한 후설이지만, 1911년 후설과 함께 학술잡지『철학 및 현상학 탐구』의 공동 편집자로 참가한 셸러 또한 중요한 위치를 차지한다. 이 같은 사실을 우리는 셸러의 죽음에 대한 하이데거의 추도사에서 발견할 수 있다. 추도사에서 그는 그 당시 독일 철학계뿐만 아니라 전 유럽 철학계에서 가장 큰 영향력을 행사한 철학자가 다름 아닌 셸러라고 강력하게 말한다.

막스 셸러가 죽었다. 방대하고 다방면에 걸친 작업들을 수행하던 중에, 궁극적이고 전체적인 것 속으로 돌진하고자 하는 새로운 시도의 단계에, 그 스스로 많은 기대를 품었던 새로운 교수직을 시작할 즈음에. 그가 가진 생산성의 규모와 종류를 전체적으로 살펴보면 셸러는 오늘날 독일에서, 아니 오늘날의 유럽에서, 더 나아가 현재의 전 철학계에서 가장 강력한 철학적 능력을 보여 준 사람이었다. 그의 철학적 시작은 루돌프 오이켄R. Eucken을 통해 인도되었다. 그는 실증학문인 생물학으로부터 시작했다. 후설과『논리 연구』로부터 그는 결정적인 자극을 받았다. [⋯] 오늘날 진지하게 철학하는 사람들 가운데서 그 누구도 본

1931~1932년 강의록『진리의 본질에 관하여』에서 그는 '지식사회학'이 보편적인 지식에 대립된다는 것에 대해 언급한다. "사람들은 그에게 그가 일면적이라고, 그가 어디에서인지 모르는, 그들의 눈에는 우발적이고 자의적인 입각점을 가지고 왔다고 말할 것이다. 그리고 아마도 거기 그 아래에서 사람들은 이른바 '지식사회학'이라는 것도 가지고 있어서 그것으로 그가 이른바 세계관적인 전제를 가지고 작업을 한다고 해석할 것이다. 그리고 그것은 자연적으로 동굴에서의 공통적인 견해의 공통성[보편성]을 예민하게 방해하며 그래서 거부해야 한다고 말할 것이다." 마르틴 하이데거,『진리의 본질에 관하여: 플라톤의 동굴의 비유와 테아이테토스』, 이기상 옮김(까치, 2004), 95쪽 참조.

질적으로 그에게 빚을 지지 않은 사람은 없다. 그 누구도 그와 함께 사라져 버린 철학함의 생생한 가능성을 대신할 수 있는 사람은 없다. 이러한 대체 불가능성이 바로 그의 위대함을 보여 주는 표지이다. 그러한 실존의 위대함은 그것 자체가 제시해야 하는 척도에 의해서만 측정될 수 있을 뿐이다. 이러한 철학적 실존의 위대함은 가차 없는 도전에 직면한다. 이는 시대를 더 암울하게 만드는 것, 전수받은 것에 의해 상쇄될 수 없는 것, 피상적으로 고대 양식을 모방하는 인본주의 속에서 자신을 달랠 수도 없고 평준화할 수도 없는 어떤 인간성과 대면하는 것이다. 빌헬름 딜타이W. Dilthey와 막스 베버M. Weber가 각기 그들의 방식으로 대면했던 그것이 셸러에게는 완전히 독창적인 방식으로, 그리고 가장 강한 철학적 힘을 통해 논파되었다.[6]

이 추도사에서 하이데거는 놀랍게도 후설보다 셸러를 더 높게 평가한다. 이 외에도 그는 추도사에서 분명하게 "오늘날 진지하게 철학하는 사람들 가운데서 그 누구도 본질적으로 그에게 빚을 지지 않은 사람은 없다"라고 주장한다. 이 주장이 맞다면 비록 그동안 진행된 하이데거 연구에서는 잘 알려지지 않았지만, 하이데거 또한 셸러의 철학으로부터 많은 빚을 졌다고 볼 수 있다. 특히 하이데거의 기초존재론은 현상학자로 출발했지만 나중에 사회학자로 돌아선 후기 셸러의 지식사회학적 사유로부터 많은 영향을 받았다고 유추해 볼 수

---

6) 마르틴 하이데거, 『논리학의 형이상학적 시원근거들』, 김재철·김진태 옮김(길, 2017), 87~89쪽.

있다.

더 나아가 이 추도사에서 우리는 하이데거 철학에 관한 연구뿐만 아니라 셸러 현상학에 관한 기존의 연구에서 전혀 논의되지 않았지만 셸러의 후기 사유와 하이데거 철학의 관계를 보여 주는 매우 중요한 두 가지 사실들을 발견할 수 있다. 첫째, 하이데거는 그 당시 후설을 포함한 많은 현상학자와 다른 철학자들이 모르고 있었던 사실, 즉 셸러가 많은 기대를 품었던 새로운 교수직에 대해 잘 알고 있었다. 나중에 자세하게 설명되겠지만, 이 새로운 교수직은 다름이 아니라 프랑크푸르트 대학 철학과 정교수직을 말하는데, 이 교수직에 임명되기 위해서는 당연직으로 프랑크푸르트 사회연구소 소장직을 맡아야 한다. 프랑크푸르트 사회연구소는 마르크스주의를 강단 철학에 편입시켜 연구하기 위해 설립된 연구소이다. 하이데거가 전하는 바에 따르면 셸러는 이 새로운 연구 작업에 큰 기대를 가지고 있었다. 둘째, 딜타이와 베버를 언급한 부분에서 우리는 후기 사유에서 셸러가 자신의 연구 방향을 현상학에서 사회철학으로 전환한 것에 대해 하이데거가 잘 알고 있었다는 것을 볼 수 있다. 더 나아가 하이데거는 셸러가 베버의 사회학과는 다른 방향에서 사회학을 정초하려는 계획을 세우고 있었다는 것 또한 잘 인지하고 있었다.

20세기 초 독일에서 막스 베버에 의해 사회학이 정식으로 새로운 학문 분야로 확립된 이래 많은 사상가들이 사회학에 관심을 가지기 시작한다. 현상학적 영향의 그늘에 가려져 잘 알려지지 않았지만 셸러 또한 이와 같은 학문적 추세에 적극적으로 동참한다. 하지만 이성을 여전히 근원적인 토대로 간주하고 있는 베버의 사회학 또는 문화사회학과는 달리 셸러는 이성에 선행하는 새로운 사회학을 정초하고자 하는데, 그는 이 새로운 사회학을 '지식사회학'이라 지칭한다. 지식사회학에서 인식의 근원적인 토대는 이성 또는 주체에 놓여 있지 않다. 이와 달리 인식은 사회적 세계에 기초해 있다. 이렇게 볼 때 독일 현상학 운동에서 의식 또는 이성에 선행하는 '세계-내-존재'를 강조함으로써 이성과 주체를 비판한 최초의 현상학자는 하이데거가 아니다. 하이데거 이전에 이미 셸러가 1926년에 출판된 '지식사회학'에서 인식은 이성이 아니라 사회적 세계에서 파생된다고 주장한다.

『존재와 시간』이 출판된 시기에 독일에서 큰 영향력을 행사한 후설 현상학과 신칸트주의와 비교할 때 하이데거 철학의 독창성은 근대 철학에서 가장 중요한 선험적 의식 대신에 '세계'를 강조한다는 점에서 찾아진다. 즉 현존재분석에서 '사유하는 자아'는 '세계 속에 있는 현존재'로 대치되며, 사람들은 여기서 근대 철학적 사유로부터 완전히 단절된 새로운 철학이 도래했다고 생각했다. 하지만 하이데거가 의식에 선행하는 현존재의 '세계-내-존재'의 중요성을 역설하기 이전에 이미 막스 셸러가 '지식사회학'Soziologie des Wissens에서 의식에 앞서 사회적 세계가 주어지며, 이 세계에 의해 인식이 구성된다는 것을 강조했다.[7] 그리고 이러한 셸러의 지식사회학적 사유는 선험적 의

---

7) 사실 셸러에 의해 '지식사회학'(Soziologie des Wissens)이 창시됐음에도 불구하고, 일반적으로 지식사회학에 관한 논의에서 셸러보다는 만하임(Karl Mannheim)을 중요한 인물로 간주한다. 그 이유는 만하임의 저서는 영어로 쓰여졌거나 또는 영어 개정판으로 나왔으며, 이로 인해 영어로 번역이 안 된 셸러의 저서보다 만하임의 저서가 상대적으로 많은 사람들에게 더 많이 알려졌기 때문이다. "셸러가 지식사회학을 '발명'한 이래로, 독일에서는 이 새로운 학문 분야의 타당성, 범위, 적용 가능성에 대하여 폭넓은 논쟁이 있었다. 이 논쟁으로부

식에 머물러 있는 후설 현상학과는 무관하지만 현존재의 실존을 강조하는 하이데거의 기초존재론과는 깊은 연관을 지닌다.

후설은 셸러의 사회학적 사상에 대해 어떤 관심도 보이지 않았기 때문에 후설의 어느 저서에서도 셸러의 『지식의 형태와 사회』에 관한 언급은 찾을 수 없다. 하지만 후설과는 달리 하이데거는 셸러의 사회학적 철학에 대해 상세히 알고 있었는데, 이러한 사실을 우리는 『존재와 시간』에서 확인할 수 있다. 『존재와 시간』에서 하이데거는 세계의 실재성을 논의하는 과정에서 『지식의 형태와 사회』를 언급하며 이 저서의 핵심 개념인 '인식과 노동'의 중요성을 다음과 같이 증언한다. "셸러는 근자에 출간된 그의 논문집 *Die Wissensformen und Die Gesellschaft*(『지식의 형태와 사회』, 1926)에서 오래전부터 예고해 온 '인식과 노동'(같은 책, 233쪽 이하)에 대한 연구를 이제야 발표한 것이다."(『존재와 시간』, 284쪽)[8] 나중에 보겠지만, 사물의 인식

터 지식사회학을 보다 좁은 사회학적 맥락으로 위치를 옮기게 한 하나의 정식화가 생겨났다. 영어권에 도달한 지식사회학은 바로 이 정식화에 따르는 것으로, 카를 만하임에 의해 만들어졌다. 오늘날 사회학자들이 지식사회학을 옹호하든 반대하든 간에, 그들은 만하임의 지식사회학에 대한 정식화를 두고 그렇게 하는 것이라고 말해도 과언이 아니다. 미국 사회학계에서 만하임의 모든 저작을 영어로 읽을 수 있었던 반면, 셸러의 지식사회학에 대한 저작은 당시에 영어로 번역되지 않았다는 것을 상기한다면, 이 점을 쉽게 이해할 수 있을 것이다(만하임의 몇몇 저작은 독일에서 나치즘이 등장한 이후 만하임이 영국에서 강의하던 시기에 영어로 쓰였거나 영어 개정판으로 나왔다)." 피터 버거·토마스 루크만, 『실재의 사회적 구성』, 하홍규 옮김(문학과지성사, 2018), 22~23쪽 참조.

8) 『존재와 시간』 외에 1925년에 행한 강의록 『시간개념의 역사』에서 하이데거는 셸러의 다른 사회학 저서인 『인식의 형태와 교양』에 대해서도 잘 알고 있다고 말한다. M. Heidegger, *History of the Concept of Time*, trans. T. Kisiel(Bloomington: Indiana University Press, 1992), p.221 참고. 더 나아가 1928~1929년 강의록인 『철학 입문』에서 하이데거는 세계관에 대해 논의하는데, 이 논의에서 그는 딜타이와 야스퍼스에 비해 사회학적 관점에서 고찰한 셸러의 세계관이 훨씬 우수하다고 평가한다. "마지막으로 무엇보다도 사회학적인 측면에서

은 오성의 활동에서가 아니라 노동에서 유래된다는 셸러의 지식사회학으로부터 영향을 받은 하이데거 또한 주위세계에서 만나는 사물은 직관이나 이론적 사유에서가 아니라 실천적인 활동에 의해 파악된다고 주장한다. 이렇게 볼 때 선험적 자아보다 현존재의 '세계-내-존재'와 이론적 사유보다는 실천적 행위를 우위에 두는 하이데거의 기초존재론, 즉 사회존재론은 인식의 조건이 사회적 세계와 노동에 있다는 셸러의 '지식사회학'으로부터 결정적인 영향을 받았다고 볼 수 있다.[9]

물론 현존재의 '세계-내-존재'에 관한 분석에서 하이데거는 셸러의 '지식사회학'뿐만 아니라 용어 '사회적 세계'를 전혀 언급하지 않는다. 만약 이 용어가 사용되어 현존재가 사회적 세계 속에 있음이 강조되었다면, 하이데거 철학과 셸러 지식사회학의 연관성이 쉽게 이해되었을 것이다. 이런 문맥에서 고찰할 때, 우리는 셸러의 지식사회학은 사회존재론으로 이해될 수 있는 하이데거 존재사유에 깊은 영향을 끼쳤다고 유추해 볼 수 있다. 그러므로 자연존재론보다는 사

막스 셸러는 세계관의 본질에 대한 해명을 위해서 본질적인 점에서 기여했다." 마르틴 하이데거, 『철학 입문』, 이기상·김재철 옮김(까치, 2006), 238쪽 참조.

9) 이와 같은 연관성에서 고찰할 때, 우리는 왜 하이데거가 셸러의 철학을 높게 평가했는지를 이해할 수 있다. 하이데거는 자신을 방문한 셸러 철학의 전문가인 프링스에게 『존재와 시간』이 출판되었을 때 이 저서를 이해한 몇몇 사상가들 중에 셸러가 들어 있다고 고백한다. "하이데거의 『존재와 시간』이 1927년 봄에 출판되자마자, 그는 쾰른에 있는 막스 셸러에게 이 주요한 현대 사상 저서 1권을 보냈다. 셸러는 직접 이 저서의 문제성을 연구하기 시작하였다. 셸러는 그 당시에 『존재와 시간』이란 저술의 중요성을 인식한 유일한 철학자는 아니고, 겨우 몇몇 중에 한 사람이었다고 하이데거가 필자에게 말했다." 맨프레드 프링스, 『막스 셸러 철학의 이해』, 금교영 옮김(이문출판사, 1995), 20쪽 참조.

회존재론을 표방하는 하이데거의 존재사유를 파악하기 위해서는 우리는 먼저 하이데거의 사회존재론과 셸러의 지식사회학의 내적 연관성을 자세하게 살펴보아야 한다.

2. 셸러의 지식사회학과 마르크스주의

20세기 서양 철학에서 ― 적어도 소위 말하는 대륙철학에서 ― 가장 영향력을 끼친 철학사조는 한편에서는 현상학 그리고 다른 한편에서는 마르크스주의라는 주장을 많은 사람들이 이의 없이 받아들일 것이다. 하지만 이처럼 강력한 영향을 끼쳤음에도 불구하고 현상학과 마르크스주의 사이에는 어떤 학문적 교류가 이루어지지 않았다. 현상학과 마르크스주의 간에 어떠한 대화도 없이 두 철학 사조가 평행선으로 발전한 이유는 현상학은 순수의식을 탐구하는 철학으로 이해된 반면 마르크스주의는 사회 또는 역사의 물질적 토대를 철학적 사유의 중심 개념으로 삼았기 때문이다. 다시 말해 관념론을 지향하는 현상학과 유물론을 옹호하는 마르크스주의 사이에는 공통적인 토대가 부재하기 때문에 학문적 교류가 일어나지 않았다. 「휴머니즘 서간」에서 하이데거 또한 현상학과 마르크스주의 사이에 어떤 학문적 교류가 형성되지 않았던 이유는 이 두 철학들 사이에는 공통적인 지반이 없기 때문이라고 주장한다.

> 그러나 내가 이제까지 알기로는 후설이나 사르트르 역시 역사적인 것의 본질성을 존재 안에서 인식하지 못하고 있기에, 현상학과 실존주의

는 마르크스주의와의 생산적인 대화가 가능하게 되는 저 차원 안에 들어서지 못하고 있다.[10)]

나중에 보겠지만 현상학과 마르크스주의 사이에 어떤 학문적 대화가 없었다는 이러한 하이데거의 주장은 후설에게는 유효하지만, 셸러의 현상학에서는 적용되지 않는다. 더 나아가 현상학과 마르크스주의 사이에는 교류보다는 적대적인 관계가 형성되었는데, 그 이유는 마르크스주의자들은 후설 현상학을 부르주아 사상을 대변하는 철학으로 그리고 하이데거 현상학은 파시즘을 옹호하는 반동적인 철학이라고 간주했기 때문이다. 물론 마르크스주의자였던 마르쿠제가 『존재와 시간』을 읽은 후 하이데거 철학과 마르크스주의를 통합하고자 시도했지만 이러한 시도는 독일 철학계에서 큰 반향을 일으키지 못했다.

그런데 현상학과 마르크스주의와의 이와 같은 적대적 관계는 2차 세계대전이 끝난 프랑스에서 일군의 현상학자들, 즉 사르트르, 메를로-퐁티 그리고 베트남 현상학자인 트랜 덕 타오Tran Duc Tao에 의해 변하기 시작한다. 후설 현상학을 높게 평가했지만, 동시에 마르크스주의 또한 긍정적으로 받아들인 이들은 현상학과 마르크스주의 사이의 대화를 모색하고자 시도한다. 그러나 이 시도들에서 이들이 추구한 것은 마르쿠제의 경우처럼 현상학과 마르크스주의를 통합하는 것

---

10) M. Heidegger, "Letter on Humanism", ed. W. McNeil, *Pathmarks*(Cambridge: Cambridge University Press, 1998), p.259.

이 아니다. 오히려 사르트르와 트랜 덕 타오는 후설 현상학적 사유에 내재해 있는 모순, 즉 내재적 초월 개념을 마르크스주의를 통해 해결하고자 한다. 결과적으로 이 학자들에 있어서 현상학은 마르크스 철학에 의해 극복되었기 때문에 그들은 후에 현상학을 떠나 열렬한 마르크스주의자가 된다. 따라서 비록 프랑스 현상학자들이 현상학과 마르크스주의와의 대화를 시도했지만 두 사상 간의 진정한 학문적 교류는 이루어지지 않았다고 볼 수 있다. 하지만 프랑스 현상학자들에 의해 시작된 현상학과 마르크스주의와의 대화는 이탈리아 현상학자들에 의해 지속된다. 그리고 이와 같은 노력에 힘입어 이탈리아에서는 현상학적 마르크스주의라는 새로운 사상이 확립된다.

　현상학적 마르크스주의는 1960년 이탈리아의 저명한 현상학자임과 동시에 마르크스주의자인 엔초 파치Enzo Paci에 의해 정초된다. 스탈린의 독재체제와 러시아 공산체제에서 자행된 집단 수용소가 서구에 알려지면서 마르크스주의는 위기에 처한다. 이러한 위기를 극복하기 위해 파치는 마르크스 사상을 후설 후기 현상학적 이론, 특히 후설의 '생활세계' 개념과 접목시켜 현상학적 마르크스주의라는 새로운 철학적 체계를 파치의 주저인 『과학의 기능과 인간의 의미』에서 확립한다.[11] 그리고 파치가 현상학적 마르크스주의를 확립한 이후 현상학과 마르크스주의는 더 이상 적대적인 관계로 해석되지 않고 두 철학 사이의 대화가 적극적으로 모색된다. 지금까지 서술된 내용

---

11) Enzo Paci, *The Function of the Sciences and the Meaning of Man*(Evanston: Northwestern University Press, 1972).

이 일반적으로 학계에서 아무런 이의 없이 받아들이고 있는 현상학과 마르크스주의의 관계이다. 하지만 현상학과 마르크스주의와의 대화를 최초로 시도한 현상학자들은 프랑스 현상학자들이나 이탈리아 현상학자 파치가 아니다. 이들이 현상학과 마르크스주의 사이의 대화를 모색하기 훨씬 이전에 이미 현상학에서 사회학 연구로 전회한 셸러가 마르크스주의에 관심을 기울였다.[12]

하이데거의 철학적 사유와 유사하게 셸러의 철학적 사유 또한 전기 사유와 후기 사유로 나눌 수 있다. 전기 사유에서 셸러는 현상학의 운동에 동참했다면, 후기 사유에서 그는 사회학에 더 큰 관심을 가진다. 특히 1919년 쾰른대학교 사회학연구소 소장직을 맡으면서 그는 그 당시 독일 사회학을 지배하고 있었던 베버 그리고 트뢸로치와의 교류를 통해 사회학의 중요성을 깨닫는다. 그러나 그는 추상적 이성을 거부하고 있음에도 불구하고, 여전히 신칸트주의 철학의 영향력에 머물러 있는 베버에 의해 주도되는 사회학 운동으로부터 거리를 둔다. 이미 현상학적 감정 개념에 기초해 있는 윤리학을 정초함에 있어 칸트의 형식적 윤리학을 비판한 셸러는 사회학의 토대를 베버나 딜타이와는 다른 방식으로 정초하고자 한다.

셸러의 견해에 따르면 베버와 딜타이가 이성에 입각해 확립하고

---

12) 일반적으로 셸러는 현상학자로만 알려져 있다. 그래서 그의 사회학적 사유 또한 현상학의 연장선에 머물러 있다고 사람들은 생각한다. 하지만 일반적인 견해와는 달리 강단 철학자임에도 불구하고 셸러는 1차 세계대전 시기부터 마르크스주의에 대한 관심을 가지고 있었다. 이와 같은 사실은 그 당시 현상학자들 중에는 드물게 그가 혜성처럼 등장한 젊은 마르크스주의 학자 루카치와 친분이 있었다는 데서도 확인될 수 있다. 게오르크 루카치, 『사회적 존재의 존재론 1』, 권순홍 옮김(아카넷, 2016), 104쪽 참조.

자 한 '사회학'Sozio-logie은 이차적이다. 이러한 이성에 기초한 '사회학'에 선행하는 근본적인 사회학이 있는데, 셸러는 이 사회학을 '지식사회학'이라고 부른다. 나중에 자세히 고찰하겠지만, 지식사회학과 비교했을 때 베버의 사회학이 이차적인 것으로 간주되는 이유는 지식사회학에서는 이성보다 사회적 세계를 우위에 두기 때문이다. 그리고 이와 같은 근본적인 사회학의 이론적 원리를 셸러는 놀랍게도 그당시 강단 철학으로부터 철저히 외면당한 마르크스주의에서 가져온다. 그러나 셸러 철학에 관한 연구들에서 그의 사회학적 사유가 마르크스주의로부터 영향을 받았다는 사실은 전혀 주목을 받지 못했다. 사회학을 철학적 관점에서 연구하고자 하는 셸러가 강단 철학자로 있음에도 불구하고 현상학자들 중에는 최초로 마르크스주의에 큰 관심을 가졌다는 것을 그가 프랑크푸르트 철학과 교수로 부임하면서 동시에 1926년에 설립된 프랑크푸르트 대학 사회과학연구소 소장직을 맡았다는 사실에서 추정할 수 있다.

1926년에 프랑크푸르트 대학에서 사회과학연구소가 정식으로 설립되는데, 이 사회과학연구소는 다른 대학 사회과학연구소와는 본질적으로 구분되는 특징이 있다. 프랑크푸르트 대학 사회과학연구소의 목적은 그동안 주류 철학자들에 의해 외면받았던 마르크스주의를 강단 철학의 주제 또는 사회학의 한 분야로 삼아 대학에서 본격적으로 연구하는 데 있다. 독일에서 마르크스주의는 1919년 공산주의자들에 의해 촉발된 스파르타쿠스 혁명을 계기로 정치 영역뿐만 아니라 학문 영역까지 광범위하게 널리 퍼졌다. 하지만 마르크스주의를 사회 철학의 주제로 삼아 본격적으로 연구하는 대학 또는 연구소는 그 당시 독일에서는 아직 존재하지 않았다.

이와 같은 상황을 극복하기 위해 유럽에서는 최초로 프랑크푸르트 대학에서 마르크스 철학을 연구하는 데 중점을 둔 사회과학연구소를 설립했다. 그리고 이 사회과학연구소로 마르크스주의에 관심을 갖고 있는 유망한 젊은 연구자들이 모여드는데, 이 젊은 연구자들 중에는 나중에 프랑크푸르트학파의 주축이 되는 호르크하이머, 아도르노, 마르쿠제 등이 있었다. 하지만 그 당시 이들은 아직 젊은 연구자들에 불과했기 때문에, 프랑크푸르트 사회과학연구소에는 젊은 연구자들을 지도할 수 있는 능력과 더불어 연구소가 지향하는 방향에 동감할 수 있는 소장이 필요했다. 소장직을 맡을 교수를 초빙하기 위해 프랑크푸르트 대학 철학과에서 교수 초빙공고를 냈는데, 이 공고를 보고 1927년 셸러가 지원해서 프랑트푸르트 대학 철학과 정교수 및 사회과학연구소 소장으로 부임할 예정이었다.[13] 이처럼 프랑크푸르트학파에 관한 연구에서는 셸러의 이름이 거의 언급되지 않았지만, 마르크스주의를 강단 철학에 편입시키고자 시도한 프랑크푸르트학파의 첫 세대에 셸러 또한 속한다 볼 수 있다.

그런데 셸러가 마르크스주의를 지향하는 프랑크푸르트학파에 속해 있었다는 점이 중요함에도 불구하고 이 같은 사실은 일반 대중과 현상학 연구자들 그리고 프랑크푸르트학파 철학자들에게조차 잘 알려지지 않았다. 예를 들어 1930년부터 1958년까지 사회과학연구

---

13) 이 점에 관해서는 다음 저서를 참조할 것. 마틴 제이, 『변증법적 상상력: 프랑크푸르트학파의 역사와 이론』, 황재우·강희경·강원돈 옮김(돌베개, 1979), 52~55쪽.

소의 첫 소장직을 맡음으로써 프랑크푸르트학파의 중심인물이 된 호르크하이머조차 셸러가 마르크스 철학에 큰 관심을 가졌다는 것에 대해 전혀 언급한 바가 없다. 셸러가 프랑크푸르트 대학 사회과학연구소의 소장직에 최초로 예정되었음에도 불구하고, 이 사실에 대해 전혀 알지 못한 호르크하이머는 셸러를 후설 현상학을 정서적 도덕 이론에 적용한 철학자로만 간주했다. "후설이 무엇보다도 논리적인 범주들에 관해 사유했다면, 셸러와 다른 학자들은 후설의 학설을 도덕적인 구조로 확장시켰다."[14] 셸러가 프랑크푸르트학파에 속해 있었다는 사실을 사람들이 알지 못했던 결정적인 이유는 그가 프랑크푸르트 대학으로 부임하기 바로 직전인 1928년 봄에 심장마비로 갑작스럽게 사망했기 때문이다. 결과적으로 그는 서류상으로만 프랑크푸르트 대학 사회과학연구소 소장직에 임명되었을 뿐 실질적으로는 소장직을 수행하지 못한 채 생을 마감했다. 하지만 여기서 우리가 필히 주목해야 할 점은 셸러가 후기 사유에서 확립한 지식사회학은 내용적으로 마르크스주의와 밀접하게 연관되어 있다는 사실이다.

앞에서 언급한 바와 같이, 셸러의 철학적 사유는 전기와 후기 사유로 나뉘는데, 전기 사유가 현상학 운동에 중점을 두었다면, 후기 사유의 관심은 사회학에 있다. 셸러는 자신의 후기 사상이 사회학에 바탕을 두고 있다는 사실을 1926년에 출판된 저서 『지식의 형태와 사회』*Die Wissensformen und die Gesellschaft*의 서문에서 다음과 같이 말한다. "『지식의 형태와 사회』라는 제목으로 출간된 이 책은 최근 10년 동안

---

14) 막스 호르크하이머, 『도구적 이성 비판』, 박구용 옮김(문예출판사, 2006), 6쪽.

연구해 온 나의 사회학적·인식론적 연구성과의 핵심 부분을 담고 있다."[15] 여기서 제시된 바와 같이 『지식의 형태와 사회』가 10년간의 연구가 집약된 것이라면 셸러의 사회학 연구는 적어도 1915년까지 거슬러 올라간다. 이러한 그의 주장을 받아들인다면 우리는 현상학적 사회학을 개척했다고 알려진 알프레드 슈츠에 훨씬 앞서 셸러가 이미 사회학에 관심을 가지고 있었다는 사실을 확인할 수 있다.

그러나 비록 셸러가 사회학을 연구했지만, 그가 말하는 사회학은 슈츠의 경우처럼 후설 현상학 이론에 토대를 둔 현상학적 사회학을 의미하지 않는다. 선험적 주체에 선행하는 세계의 현상을 주제로 삼는 사회학을 연구하면서 셸러는 점점 의식에 기반을 두고 있는 현상학적 사유로부터 멀어진다. 더 나아가 그는 신칸트주의에 머물러 있는 베버를 중심으로 형성된 독일 주류 사회학과도 거리를 둔다.

사회학 연구에 있어서 독자적으로 '지식사회학'이라는 분야를 개척한 셸러는 이 사회학의 이론적 원리를 의식 철학으로부터 완전히 결별한 마르크스주의로부터 이끌어 온다. 이 같은 사실에 대해 그는 다음과 같이 주장한다. "현대인이 '노동'Arbeit이라는 말과 관련하여 생각하는 파토스는 고대와 그리스도교의 정신적 전통에서 벗어나 자신의 고유한 삶과 현존재에 전제된 세계상과 에토스를 만들어 내기 위해 노력할수록 점점 더 강렬해진다. 이런 파토스는 노동이 '모든 교양과 문화의 유일한 창조자'라는 『공산당선언』의 언표 속에 가장 예리하게 표현되어 있다. 또한 이런 파토스는 인식, 아니 인간 그 자

---

15) 막스 셸러, 『지식의 형태와 사회 1』, 정영도·이을상 옮김(한길사, 2011), 43쪽.

체의 본질에 대한 철학적 견해에도 심대한 영향을 미치고 있다."[16] 전기 사유에서는 현상학자로서 출발했지만 후기에 마르크스주의와 연관된 사회학을 새롭게 정초하고자 한 시도에서 우리는 후설 현상학과 구분되는 셸러의 독특한 사상을 발견할 수 있다.

후기 사유에서 셸러는 관념론적 사유를 지향하는 후설 현상학으로부터 완전히 벗어나 유물론을 지향하는 마르크스주의적 접근을 수용한다. 하지만 이러한 사실이 사람들에게 잘 알려지지 않았기 때문에, 셸러는 여전히 관념론자로 간주된다. 셸러와 친하게 지냈던 마르크스주의자 루카치 또한 셸러의 현상학을 언급하는 부분에서 그의 사상이 여전히 관념론에 머물러 있다고 주장한다. "여기에서 우리의 이목을 끄는 문제는, 후설의 제자들과 추종자들이, 누구보다 셸러와 하이데거가 현상학적 방법을 존재론의 토대로 개작하기 시작하면서 처음으로 구체적으로 등장했다. 이 자리에서 우리는 현상학 자체가 현상학적 '환원'을 통해서, 현실에 대한 '괄호 치기'를 통해서 상당히 위험할 만큼 자의적인 방법으로 기울고 있다는 것을 자세히 검토하고자 하지는 않겠다. 왜냐하면 본질이 현실적으로 현실로부터 독립해 있을 수 있으리라는 것은, 따라서 지향적 체험이 현실적으로 존재하는 것으로부터 방법론적으로 신중하게 동떨어져 있을 때에나 비로소 충전적充全的으로 파악될 수 있으리라는 것은 관념론적이고 비변증법적인 선입견이기 때문이다."[17] 셸러 철학에 관한 이 같은 루카치의 판

---

16) 막스 셸러, 『지식의 형태와 사회 2』, 정영도·이을상 옮김(한길사, 2011), 13쪽.
17) 게오르크 루카치, 『사회적 존재의 존재론 1』, 102~103쪽.

단은 그의 전기 사유에 적용되었을 경우에만 타당성을 지닌다. 왜냐하면 현상학에 경도되어 있는 셸러의 전기 사유는 당연히 관념론적 색채를 띠고 있기 때문이다. 하지만 마르크스 사상을 적극적으로 수용한 셸러의 후기 사유는 관념론보다는 유물론에 더 가까우며, 이 같은 사실에서 우리는 기존의 철학적 사유로부터 완전한 단절을 꾀하는 셸러 사상의 급진적인 면모를 발견할 수 있다.[18)]

　　독일 현상학자들 중에 셸러만이 유일하게 후기 사유에서 그 당시 가장 급진적인 철학이라고 간주되는 마르크스주의를 전격적으로 수용한다. '유럽 인간성의 위기'를 현상학적 사유를 통해 극복하고자 한 후설 또한 자신을 그 당시 가장 급진적인 사상가라고 주장하지만, 그의 저서 어디에도 마르크스주의에 관한 논의를 찾아볼 수가 없다. 생활세계에 기반을 두고 있는 역사학에 대한 탐구에서도 마르크스주의에 대한 언급이 전혀 없다. 후설과 마찬가지로 하이데거 또한 자신의 전기 사유에서 마르크스주의에 관해 전혀 논의하지 않는다. 다만 후기 저술인 「휴머니즘 서간」에서 마르크스 철학이 잠깐 언급될 뿐이다. 그런데 후설과 하이데거와 달리 후기 사유에서 사회학을 연구했던 셸러는 지식사회학 이론을 정립한 후 마르크스 철학에 대해 큰

---

18) 후기 사유에서 셸러의 철학적 사유가 관념론보다는 유물론에 더 가깝다는 사실은 그의 종교적 전향에서도 확인할 수 있다. 후기 사유에서 그는 전기 사유에서 지지했던 유신론적 입장을 철회한다. "나는 이 책의 제2판이 출판된 이래, 어떤 형이상학 및 종교 철학의 최고 물음에 대한 나의 입장을 상당히 진전시켰음을 숨길 수 없고, 또한 하나의 절대적 존재의 형이상학(이 존재를 나는 변함없이 견지한다)과 같은 본질적 문제에서 자신의 입장을 매우 근본적으로 변화시켰기 때문에, 내가 더 이상 (종래의 의미에서) '유신론자'로 지칭될 수 없다는 것은 널리 알려진 사실이다." 막스 셸러, 『윤리학에 있어서 형식주의와 실질적 가치 윤리학』, 이을상·금교영 옮김(서광사, 1998), 25쪽.

관심을 갖게 된다. 아마도 현상학자들 중에서뿐만 아니라 그 당시 강단 철학계를 주도한 주류학자들 중에 마르크스 철학에 관심을 갖고 연구한 학자는 셸러가 유일할 것이다. 독일 대학 강단에서 존경과 인정을 받고 있는 주류학자가 여전히 비주류로 남아 있는 마르크스 철학을 긍정적으로 평가하는 것은 쉬운 일이 아니다. 그런데 셸러는 이와 같은 일반적인 상식을 뒤엎으며 마르크스 철학을 높이 평가한다.

『지식의 형태와 사회』에서 제시된 셸러의 사회 철학이 마르크스주의와 깊은 연관이 있다는 점은 그가 의식보다는 사회적 세계를 우위에 두는 지식사회학을 강조한다는 사실에서 확인할 수 있다. 셸러는 사회학 연구에 있어서 '지식사회학'Die Soziologie des Wissens이라는 용어를 최초로 만든다. 지식사회학은 사회를 탐구하는 학문이지만 여기서 말하는 사회적 지식은 계몽주의자들이 생각한 것처럼 이성에 의해 조건 지어지지 않는다. 오히려 이성이 사회에 의해 조건 지어진다. 이성에 앞서 사회가 근원적인 토대라는 주장은 이미 역사적 유물론을 표방하는 마르크스주의자들에게는 당연한 사실로 받아들여진다. 더 나아가 『지식의 형태와 사회 2』의 첫 장은 "인식과 노동"이라는 제목을 갖고 있다. 마르크스 철학을 적극적으로 수용한 셸러는 인간 삶에서 중요한 것은 세계를 인식하는 것이 아니라 이 인식에 앞서 주어지는 노동 활동이라고 역설한다. 그리고 노동이 중요하다는 것을 파악한 그는 더 이상 의식과 세계를 연결해 주는 토대를 마련하는 후설의 지향성 개념에 매료되지 않는다. 다시 말해 지식사회학의 목적은 의식과 세계와의 관계를 해명하는 것이 아니라 의식의 활동을

사회적 세계에 입각해 설명하는 데 있다.[19]

---

19) 그런데 현상학자로 머물러 있었던 셸러가 마르크스주의에 관심을 보인 것은 갑작스럽게
이루어진 것이 아니다. 마르크스주의처럼 의식보다 사회적 세계를 우위에 두는 셸러의 지
식사회학의 단초를 우리는 이미 후설 현상학에서 유래된 '실질적 아프리오리'(die materiale
a priori) 개념에서 찾을 수 있다. 사실 후설 현상학의 의의는 칸트의 '형식적 아프리오리'
(die formale a priori)와는 근본적으로 다른 '실질적 아프리오리' 개념을 발견한 데 있다. 실
질적 아프리오리에 기초해 있는 후설 현상학이 유물론적 사유의 특성을 지니고 있다는 것
은 그동안 진행된 연구들에서는 제대로 부각되지 못했지만 최근에 미셸 앙리의 『물질 현
상학』(박영옥 옮김, 자음과모음, 2012)으로 인해 재조명받고 있다. 프랑스 현상학의 계보에
서 가장 근본적인 삶의 현상학자로 간주되는 미셸 앙리는 1990년에 출판된 저서 『물질 현
상학』에서 '후설의 복귀'(return to Husserl)를 역설한다. "지난 10년 동안 파리의 지적 유행
들, 그중에 특히 철학을 대신하고자 하면서 인문학의 중심에서 가장 피상적인 것이기에 가
장 널리 퍼진 그러면서도 인간에 대해 다만 외적인 관점만을 제시했던 구조주의가 붕괴되
면서, 현상학은 점점 더 우리 시대의 중심적인 사유의 운동으로 자리를 잡고 있다. 철학의
장에 '후설의 복귀'는 방법론의 발명, 특히 철학의 본질이 밝혀지는 질문의 발명에서 유지
되는 지성의 힘의 복귀이다."(앞의 책, 9쪽) 20세기 초에 독일에서 '칸트로의 복귀'라는 슬로
건을 내걸었던 칸트주의자들에 의해 '신칸트주의'가 확립되어 새로운 철학적 사조로 자리
매김했던 것처럼 앙리는 '후설로의 복귀'을 통해 '신후설주의'의 도래를 열어 밝히고자
한다. 하지만 '후설로의 복귀'에서 앙리가 추구하는 것은 지나간 과거의 사상을 단순히 다
시 전개시키는 것이 아니다. 그에게서 '후설로의 복귀'는 현상학의 근본화에 있다. "현상학
의 갱신은 오늘날 하나의 조건에서만, 현상학을 궁극적으로 결정하는 질문, 그 철학의 존재
이유이기도 한 질문 자체가 갱신된다는 조건에서만 가능하다. 여기서 갱신은 확장, 교정,
더 나아가 다른 것을 위해 현상학을 포기하는 것이 아니라 모든 것이 의존하는 것을 전복
해서 모든 것이 변화하는 방식으로 현상학을 근본화하는 것이다."(앞의 책, 10쪽) 그리고 앙
리는 이와 같은 근본적인 현상학은 과거의 '의식 현상학'과 대비되는 실질적 아프리오리에
기초해 있는 '물질 현상학'에 의해 비로소 가능하다고 주장한다. 그러나 여기서 간과되어서
는 안 될 사실은 앙리의 이러한 시도 훨씬 이전인 20세기 초에 현상학적 운동에서 물질 현
상학의 중요성이 셸러에 의해 인지되었다는 사실이다. 만약 현상학적 연구에 있어서 셸러
의 실질적(물질적) 아프리오리 개념이 일찍부터 주목받았더라면 물질 현상학에 대한 관심
이 이전에 이미 생겨날 수 있었을 것이다. 미셸 앙리, 『물질 현상학』, 박영옥 옮김(자음과모
음, 2012) 참조.

3. 셸러의 지식사회학

지식사회학의 형식적인 문제들

1924년에 출판된 저서『지식사회학의 문제들』에서 셸러는 '지식사회학'Soziologie des Wissens이라는 용어를 독일 철학계에 처음으로 소개하지만, 사실 이 용어는 빌헬름 예루살렘W. Jerusalem의 철학적 사상으로부터 차용된 것이다. 예루살렘은 1909년에「인식사회학」Soziologie der Erkenntnis이라는 제목을 단 논문을 출판했지만, 이 논문은 큰 반향을 불러일으키지 못했다. 하지만 철학계에서 별로 주목을 받지 못한 이 논문의 중요성을 간파한 셸러는 1921년에 자신이 소장직을 맡고 있던 쾰른대학 사회연구소에서 발행되는 사회학 잡지에 이 논문을 재발행한다. '지식사회학'과 '인식사회학'의 의미는 거의 동일하지만 그는 지식사회학이라는 용어를 새롭게 만들었고 더 나아가 예루살렘이 부분적으로 다루었던 문제들을『지식사회학의 문제들』에서 학문적으로 체계화하고자 시도한다.

그런데 엄격하게 말해서 지식사회학은 예루살렘의 사상에서 최초로 형성된 것이 아니다. 이미 19세기에 마르크스의『독일이데올로기』, 그리고 20세기에서 딜타이의『철학의 본질』, 베버의『프로테스탄트 윤리와 자본주의 정신』, 뒤르켐의『사회학과 철학』, 슈펭글러의『서구의 몰락』에서 본격적으로 주제화되지 않았지만 사물을 인식하는 데 있어 지식사회학적 접근이 이미 시도되었다. 그리고 비록 이제까지 잘 알려져 있지 않지만 이러한 지식사회학적 사유의 전통에 셸러의 『지식사회학의 문제들』과 하이데거의 『존재와 시간』 역시 속해 있다. 특히 셸러는 이들 사상가들에 의해 단편적으로 수행되었던 지식사회학의 체계를 자신의 사회학적 사유에서 집대성하려고 시도한다. 그런데 지식사회학에 관한 논의에서 유의할 점은 지식사회학과 사회학은 근본적으로 다르다는 사실이다. 따라서 셸러의 지식사회학을 이해하기 위해서는 지식사회학과 근대 학문에서 파생된 사회학과의 차이점이 먼저 해명되어야 한다.

일반적으로 우리가 알고 있는 '사회학'은 사회세계를 탐구하는 학문을 의미하는데, 이러한 사회학의 출발점은 주관과 객관의 이분법을 전제로 한다. 즉 사회를 탐구하기 위해서는 한편에서는 사유하는 주체가 그리고 다른 한편에서는 대상으로 존립하는 사회가 있어야 한다. 그리고 이렇게 주관과 객관의 이분법에 근거해 사회를 탐구하는 사유의 기원은 데카르트 철학에서 찾아진다. 왜냐하면 데카르트 철학에서 최초로 '인간은 모든 것의 근거인 주체'로 정초되며, 인간 외에 모든 존재자들은 주체에 대립되는 대상으로 규정되기 때문이다. "데카르트에서 '나는 생각한다'ego cogito는 모든 사유 작용들에서 이미 자신 앞에 그리고 자신 쪽으로 세워진 것das schon Vor- und Hergestellte, 현존하는 것, 의심할 수 없는 것, 언제나 이미 알려져 있는 것, 본래적으로 확실한 것, 모든 것에 앞서 확고한 것이며, 말하자면 모든 것을 자신sich에게로, 그러므로 다른 것에 대한 '맞은 편'gegen에로 세우는 것이다."[20] 여기서 우리는 사회학적 사유에까지 영향을 미친 근대 철학적 사유의 고유한 특징을 발견할 수 있다. 그리고 이 같은 철학적 원리를 바탕으로 하여 근대 철학자들은 인간과 모든 존재자들과의 관계를 그 이전 시대와는 다른 방식으로 정초한다. 그들에 따르면 주위세계에서 만나는 존재자들은 신에 의해 창조된 창조물이 아니라 주체 앞에 세워진 대상으로 인식된다. 더 나아가 그들은 이처럼 새롭게 정립된 세계와의 관계에 입각해 자연세계를 이해하는 것에만 중점을 두었다.

이 같은 상황은 20세기에 들어서서 서서히 변하기 시작한다. 20세기에 철학자들의 관심은 더 이상 자연세계만을 파악하는 것에 국한되지 않고 사회세계에 대한 탐구로까지 확장된다. 결과적으로 자연과학에 대비되는 사회과학이 탄생했으며 사회과학의 중심에는 사회학이 있다. 여기서 유의할 점은 사회적 현상을 탐구하는 데 있어 사회학은 자연과학적 사유처럼 대상보다는 사유하는 주체를 우위에 둔다는 사실이다. 다시 말해 주관과 객관의 이분법에 기초해 있는 사회학적 사유 또한 자연과학적 사유와 마찬가지로 의식과 대립되어 있는 외적인 대상이 주체에 의해서 인식된다는 사실을 전제로 한다. 하지만 셸러가 말하는 지식사회학은 이처럼 주체중심주의를 표방하는 근대 철학적 원리에 기반을 두고 있는 일반적인 사회학을 지칭하지 않는다.

더 나아가 셸러의 지식사회학을 올바르게 이해하기 위해서는 이 지식사회학을 사회학의 한 분과로 여겨서는 안 된다. 사회적 현상들 중에는 집단정신의 활동에 의해 구성된 언어, 종교, 지식, 예술, 기

---

20) 마르틴 하이데거, 「형이상학의 극복」, 『강연과 논문』, 이기상 · 신상희 · 박찬국 옮김(이학사, 2008), 93~94쪽.

술 등이 있다. 그리고 사회학에서는 이러한 현상들을 탐구하는 여러 분과들, 즉 종교사회학, 예술사회학 또는 언어사회학이 있다. 이렇게 볼 때, 지식사회학 역시 사회학의 한 분야로 간주될 수 있지만, 셸러의 지식사회학은 사회학의 한 분야로 결코 환원될 수 없다. 오히려 지식사회학에서 셸러가 추구하는 것은 단순히 사회적 현상을 규명하는 것이 아니라 새로운 인식론을 확립하는 것이다. 왜냐하면 지식사회학에서 사회적 세계는 주체에 선행하는 근원적인 토대를 의미하며, 이렇게 이해된 사회세계에서 셸러는 이전의 인식론에서 간과된 인식의 새로운 조건을 정초하고자 한다.

셸러에 있어서 지식사회학의 주제는 사회적 현상의 규명보다는 인식론과 연관을 맺고 있는데, 그 이유는 지식사회학은 지식의 조건과 기원을 사회적 구조에 입각해 밝히고자 하는 학문이기 때문이다. 그런데 여기서 말하는 인식론은 기존의 인식론과는 엄격하게 구분된다. 사실 칸트 이래로 다양한 철학적 사조들, 즉 논리주의, 실증주의, 심리주의, 현상학, 신칸트주의에 의해 인식론은 항상 새로운 방식으로 탈바꿈하며 전개되었다. 그러나 새로운 방식임에도 불구하고 칸트 이후에 전개된 철학 사조의 인식론은 많은 경우 의식에서 출발하는 선험적 방법을 전제로 하기 때문에 이들이 말하는 인식론은 여전히 칸트 비판 철학의 전통에 머물러 있다고 볼 수 있다.

그러나 셸러의 지식사회학에서 우리는 진정으로 새로운 인식론을 접하게 된다. 왜냐하면 셸러의 지식사회학에서 칸트의 코페르니쿠스적 전환은 다시 전환되기 때문이다. 지식사회학에서 셸러는 대상을 인식하는 데 있어 중요한 것은 선험적 의식이 아니라 사회적 세계라고 주장한다.

> 『지식의 형태와 사회』라는 제목으로 출간된 이 책은 최근 10년 동안 연구해 온 나의 사회학적·인식론적 연구성과의 핵심 부분을 담고 있다. 하나의 동일한 저작 속에 지식사회학의 논문과 그 연장선상에 있는 인식론적·존재론적 저작을 동시에 수록함으로써 언뜻 보면 놀라움을 금치 못할 것이다. 여기에는 그럴 만한 의미심장한 이유가 있다. 즉 인간적 지식과 인식의 최고 유형의 사회적·역사적인 발전을 동시에 탐구하지 않는 인식론적 연구는 공허할 뿐만 아니라 아무런 결실도 맺을 수 없다는 확신이 원칙적으로 나를 그렇게 인도해 갔던 것이다.[21]

의식에 바탕을 두고 있는 기존의 인식론은 공허하며, 이 같은 인식론을 극복하기 위해 셸러는 지식사회학이라는 새로운 분야를 개척한다. 그리고 지식사회학에서 셸러가 주장하는 명제를 따른다면 이제부터 인식의 조건은 합리론자들이 강조한 것처럼 '사유하는 자아'에서가 아니라 사회적 토대에 입각해 규명되어야 한다.

셸러에 따르면 데카르트에서 시작되어 후설의 현상학까지 이어져 온 인식론이 주장하는 것처럼 사물에 대한 인식이 의식의 활동에 의해서만 구성되는 것이 아니다. 사물의 인식은 사회적 토대를 전제로 한다고 셸러는 밝힌다.

---

21) 셸러, 『지식의 형태와 사회 1』, 43쪽.

그런데 지식사회학에 관한 이상의 법칙들로부터 무엇이 귀결하는가? 그것은 다음과 같다. 즉 첫째로 모든 지식, 모든 사고의 형식과 직관, 인식형식의 사회학적 성격은 더 이상 의심할 수 없는 것들이다. 그뿐만 아니라 모든 지식의 내용과 그 사상적 타당성도 의심할 수 없지만, 지식의 대상은 지배적인 사회적 관심 전망에 따라 선택된다. 나아가 지식을 획득하는 정신적 작용의 '형식들'은 언제나 필연적으로 사회학적으로 제약된다는 것, 다시 말하면 사회 구조에 의해 함께 제약된다는 것이다.[22]

이 인용문에서 우리는 지식사회학의 근본적인 특징을 발견한다. 지식사회학에 따르면 사물에 대한 인식은 직관이나 오성의 활동에 의해 구성되는 것이 아니다. 이와 달리 인식은 바로 사회적 구조에 의해 결정된다.

셸러가 주장한 바와 같이 인식의 토대가 시대와 문화에 따라 다른 사회적 구조에 놓여 있다면, 인식론에서 말하는 모든 시대에 모든 사람에게 보편타당한 논리적 사유는 허구에 불과하다. 왜냐하면 보편타당성을 지향하는 사유도 사실은 그 사유가 속한 사회에서 발생하며 더 나아가 그 사회에 의해 제약받기 때문이다. 이렇게 볼 때, 칸트의 인식론에서 핵심적인 개념인 오성의 범주 역시 보편타당한 것이 아니라 서양적 사고의 한 양식을 대변하는 것이다. 셸러에 앞서 슈펭글러 역시 이와 같은 주장을 다음과 같이 개진한다.

---

22) 앞의 책, 114쪽.

오늘날 우리는 모든 대륙에 걸쳐 생각한다. 다만 우리의 철학자와 역사가만이 아직 모를 뿐이다. 보편적 타당성을 요구하며 나타나고 있으면서도 실은 그 시야가 서유럽인의 지적 환경을 넘어서지 못하고 있는 개념과 전망은, 우리에게 어떤 의미가 있을까… 그러나 칸트가 예컨대 논리적 이상에 대해 논할 때에는 그것이 모든 시대의 모든 종류의 인간에게 타당하다고 주장한다. 단지 이것이 그에게나 독자에게 명백하기 때문에 그것을 언명하지 않은 것뿐이다. 그가 미학에서 법칙화하는 하는 것은 페이디아스의 예술, 혹은 렘브란트의 예술의 원리가 아니라 예술 일반의 원리이다. 그러나 그가 확립하는 사고의 필연적인 형식은 결국 서양적 사고의 필연적인 형식 바로 그것이다.[23]

그리고 이처럼 인식의 토대가 사회적 구조에 제약된다면, 칸트 인식론뿐만 아니라 자연의 진리를 발견한 뉴턴의 자연과학적 지식 또한 근대 서양 문화권에서만 가능하다. 그런데 여기서 우리는 하나의 중요한 문제에 봉착한다. 사물의 인식이 각기 다른 문화에서 형성된 사회에 의해 규정된다면, 지식사회학은 절대적인 진리를 부정하는 상대주의에 빠질 위험이 있지 않은가?

인식의 기원을 사회적 구조에 입각해 탐구하는 지식사회학은 사물의 인식이 상대화될 수 있다는 근본적 비판에 직면하게 된다. 사실 사물의 인식이 각기 다른 사회적 토대에 기반을 두고 있다면, 지식사회학에서는 절대적인 진리가 성립할 수 없다고 셸러는 주장한다. "따

---

23) 오스발트 슈펭글러, 『서구의 몰락 I』, 박광순 옮김(범우사, 1995), 50~51쪽.

라서 종래의 절대적이고 불변적인 자연적 세계관의 개념을 지식사회학은 단호히 거부한다. 그러나 지식사회학은 대신에 '상대적으로 자연적인 세계관'이라는 개념을 도입하지 않으면 안 되고 또한 도입을 허용한다."[24] 지식사회학에서의 인식은 절대주의보다는 상대주의에 가깝다. 하지만 여기서 유의할 점은 지식사회학에서 말하는 상대주의는 독특한 의미를 함축하고 있다는 사실이다. 먼저 셸러가 상대주의를 말할 때, 그가 의미하는 바는 극단적 상대주의, 즉 개개인의 사회구성원들이 자신들이 처한 환경에 따라 각자의 진리를 지니고 있다는 것이 아니다. 오히려 그의 상대주의와 관련하여 볼 때 사회는 한 개인만의 노력에 의해 만들어지지 않으며, 이와 달리 사회는 개인들의 상호교류를 통해 구성된 집단적인 의식에 의해 형성된다는 점이 중요하다.

그러므로 셸러에 있어서 상대주의는 집단의식에 기초해 있다. "상대적으로 자연적인 세계관의 개념은 다음 명제에 의해 정의된다. 즉 어떤 집단의 주체(일차적으로 종족의 통일)가 지닌 상대적으로 자연적인 세계관에는 일반적으로 그 집단 속에서 아무 의문의 여지없이 '주어진 것'으로서 통용되는 모든 것이 속한다."[25] 예를 들어 서양에서 기독교는 모든 유럽인들을 통합하는 보편적인 특징이 있지만 아랍 문명의 이슬람교와 인도의 힌두교와 비교했을 때 상대성을 띤다. 지식사회학에서의 상대주의는 바로 이러한 문화적 상대주의를

---

24) 셸러, 『지식의 형태와 사회 1』, 118~119쪽.
25) 앞의 책, 119쪽.

표방한다. 그리고 인간 삶에서 문화의 발전은 각기 다른 방식으로 진행되기 때문에 상대주의적일 수밖에 없다. 그런데 인간의 사유가 사회적 구조에 속해 있다는 문화적 상대주의는 한편에서 지식사회학을 극단적 상대주의에 빠지지 않게 하지만 다른 한편에서 지식사회학을 모든 인식이 사회세계로 환원된다는 '사회학주의'Soziologismus로 이끌 수 있다. 다시 말해 문화적 상대주의에서 지식사회학은 사회학주의로 환원될 수 있는 위험에 처할 수 있다. 하지만 셸러는 사회적 세계가 근원적인 토대로 간주됨에도 불구하고 지식사회학은 사회학주의의 오류에 빠지지 않는다고 주장한다.

역사주의가 모든 인식을 역사에 귀결시키는 것처럼 사회학주의에서 모든 인식은 사회적 구조에 귀속된다. 이렇게 볼 때 지식사회학의 입장과 사회학주의는 매우 유사한 점이 있다. 사회학주의에 따르면 뉴턴이 확립한 자연법칙들, 예를 들어 만유인력의 법칙은 모든 사회에 적용되는 보편타당한 법칙임에도 불구하고 이러한 법칙의 발견은 오로지 서양 근대사회에서만 가능하다. 따라서 뉴턴이 발견한 사물의 법칙은 그가 속한 사회적 구조의 파생물에 불과하다.

그러나 지식사회학과 사회학주의를 엄격하게 구분하는 셸러는 지식사회학은 사회학주의의 오류에 빠지지 않는다고 역설한다. 왜냐하면 그에 있어서 지식사회학은 인습주의Konventionalismus에 기초해 있는 사회학주의와 대비되기 때문이다. "이런 사회학주의에 토대를 부여하는 것이 논리학과 인식론의 '인습주의'다."[26] 인습주의란 사물의

---

26) 앞의 책, 114쪽.

진리는 모든 사회의 구성원이 올바르다고 합의에 도달할 때 성립된다고 하는 견해를 말한다. 이렇게 볼 때 사회학주의는 뉴턴의 법칙 또한 합의에 의해 도출된 것이라는 입장을 견지하게 된다. 그러나 뉴턴의 법칙은 모든 사회 구성원들의 약속에 의해 확립된 것이 아니다. 사실 그 당시 대부분의 대중들은 만유인력의 법칙을 이해할 수 있는 능력을 갖추고 있지 않았다. 따라서 뉴턴의 법칙은 사회학주의의 한 양상인 인습주의의 결과물이 아니다. 오히려 만유인력의 법칙은 뉴턴의 탁월한 정신을 통해서만 발견될 수 있었다.

비록 만유인력 법칙의 발견은 뛰어난 지성을 소유한 뉴턴의 업적이지만, 사회구성원으로 존재하는 뉴턴의 정신은 타자와 분리되어 고립된 개인적인 정신으로 존재하지 않는다. 셸러에 있어서 사회구성원으로 존재하는 인간은 본질적으로 고립된 개인으로 있기 이전에 이미 타자와 함께한다. "인간이 일반적으로 사회의 '구성원'이라고 알고 있는 모든 인간에 관한 지식은 경험적인 것이 아니라 '아프리오리한' 지식이다. 이런 아프리오리한 지식은 발생학적으로 볼 때 이른바 각자의 자기의식과 자기가치의식의 단계를 선행한다. '우리' 없이 '나'는 존재하지 않는다. '우리'는 발생학적으로 보아 언제나 '나'보다 앞서 내용적으로 완성되어 있다."[27] 한 개인의 노력에 의해 만들어지지 않는 사회는 개인들이 모인 집단적인 의식에 의해 형성된다.

셸러는 집단적인 의식을 '집단심성'과 '집단정신'으로 구분하는데, 사회적 현상인 민족방언, 민족의상, 민요, 습관, 관습 등은 집단심

---

27) 앞의 책, 106쪽.

성에 근거한다. 이와 달리 국가, 법, 교양언어, 예술, 학문 등 같은 사회에서 형성된 제도들은 공동으로 수행하는 집단정신에 기초해 있다. 만유인력을 발견한 뉴턴의 정신 또한 그 당시 영국 사회를 구성하는 집단정신에 속해 있다. 그리고 개인의 정신보다 집단정신은 사회적 구조에 더 깊이 뿌리박고 있다. 왜냐하면 사회의 집단정신은 한순간에 일어나는 것이 아니라 과거로부터 전승되어 온 전통적인 삶을 유지하면서 형성되기 때문이다. 셸러는 뉴턴의 정신이 집단정신에 속해 있는 한에서, 만유인력 법칙의 발견은 사회적 구조에 의해 조건지어진다고 주장하는 것이다. 만약 뉴턴이 17세기에 중국에서 살았다면, 뛰어난 지성을 지니고 있었음에도 불구하고 그는 결코 근대 물리학의 토대를 이루는 사물의 법칙을 발견할 수 없었을 것이다. 이 점에서 지식사회학은 사회학주의처럼 보일 수 있다. 하지만 지식사회학에서 셸러는 집단정신뿐만 아니라 개별정신도 강조한다. "첫째로 이런 욕정과 충동은 1차적으로 전체적인 집단의 충박Drang이며, 2차적으로 비로소 개별인격의 충박이다."[28] 그는 직접적으로는 주제화하지 않았지만 집단정신과 개별정신이 상호작용하는 변증법적 관계를 통해 지식사회학을 사회학주의로 빠지는 오류로부터 구한다.

셸러의 『지식의 형태와 사회 1』은 두 부분으로 나뉜다. 첫 번째 부분에서는 지식사회학의 근본이념과 형식적인 문제들이 논의되고, 두 번째 부분에서는 지식의 실질적인 문제들이 다루어진다. 지식의 실질적인 문제를 탐구하는 것은 지식을 사회적 토대에 입각해 고찰

---

28) 앞의 책, 124쪽.

하는 방법을 의미한다. 서양 역사에서는 여러 학문, 예를 들어 종교학, 형이상학, 실증과학, 공학 그리고 정치학 등이 존재한다. 따라서 셸러는 지식의 실질적인 문제들에 대한 논의에서 이와 같은 여러 학문들의 토대를 사회적 세계의 토대에 의거해 고찰하고자 한다. 다음 장에서 우리는 지식의 실질적인 토대를 형이상학과 실증과학에 국한하여 학문의 인식이 어떻게 사회적 세계의 구조와 밀접하게 관계하는지를 규명하고자 한다.

형이상학적 사유의 사회적 기원

지식사회학은 일반적인 사회학보다는 철학적 인식론에 더 가깝지만, 지식사회학에서 셸러가 궁극적으로 추구하는 것은 단순히 사물의 인식을 새롭게 정립하기보다는 학문의 토대를 사회적 세계에 입각해 해명하는 것이다. 그리고 그는 서양 문화에서 학문적 활동은 철학의 탄생, 즉 형이상학의 탄생과 더불어 시작되었다고 주장하는데, 이 주장은 사회철학을 열어 밝힌 오귀스트 콩트의 정신 발전 이론으로부터 영향을 받았다. 오귀스트 콩트에 따르면 인간 정신의 발전 과정은 3단계를 연속적으로 거치면서 주위 사물을 이해해 왔는데, 여기서 말하는 3단계란 신학의 단계, 형이상학의 단계 그리고 실증의 단계이다. "그 3단계는 이러하다. 처음은 신학의 단계로서, 이 단계에서는 어떠한 증거도 지니고 있지 못한 즉각적인 허구들만이 공공연하게 지배한다. 다음은 형이상학의 단계로서, 의인화된 추상이나 본체들의 통상적인 우위가 그 성격을 규정짓고 있다. 마지막으로 실증의 단계가 있는데, 이는 항상 외부 현실에 대한 정확한 평가에 기초하고 있다."[29] 정신의 발전에 있어서 초기 단계인 신학의 단계에서는 모든 현상의 원인을 초자연적인 절대자의 의지와 섭리 속에서 찾고자 하기 때문에 이성에 입각해 현상을 이해하고자 하는 학문이 제대로 확립되지 못했다. 학문의 성립은 모든 현상들을 지배하는 근원적 본질을 초월적 신에 의지하지 않고 이성적 사유를 통해 이해하려는 형이상학의 단계에서 비로소 이루어졌다.

　인간 정신이 3단계에 걸쳐 발전한다는 콩트의 사회학적 사상을 따르는 셸러 또한 사물에 대한 합리적인 인식은 형이상학자들에 의해 최초로 정초되었다고 주장한다. 예를 들어 플라톤이나 아리스토텔레스는 자신들의 형이상학적 체계에서 어떻게 인식이 성립할 수 있는가를 제시한다. 그리고 많은 사람들은 인식의 가능조건에 대한 형이상학적 이론이 플라톤이나 아리스토텔레스가 쓴 저서들을 연구함으로써 얻을 수 있다고 생각했으며, 지금까지 강단 철학에서 수행되어 온 인식론에 관한 연구는 이러한 방식으로 진행되었다. 물론 철학자의 사유는 저서에서 드러나기 때문에 어떤 형이상학자의 사유를 알기 위해서는 그가 저술한 저서를 읽어야 한다.

　하지만 플라톤과 아리스토텔레스 그리고 다른 모든 철학자들은 자신들만의 고유한 철학 체계 속에서 사물의 진리를 발견하기에 앞서 먼저 사회구성원으로 존재한다. 다시 말해 그들의 철학적 체계는 세계로부터 분리된 비관여적 사유에서 형성된 것이 아니라 사회적

---

29) 오귀스트 콩트, 『실증주의 서설』, 김점석 옮김(한길사, 2001), 64쪽.

세계를 전제로 한다. 그리고 철학자들이 살고 있는 사회적 세계는 그들의 철학적 사유에 영향을 끼친다. 따라서 철학자들의 형이상학적 사유를 보다 정확하게 이해하기 위해서는 기존의 방식처럼 그들의 저서만을 연구하는 것이 아니라 그들이 속한 사회적 구조와 신분에 대해 고찰해야 한다고 셸러는 주장한다.

그리스 철학자들, 예를 들어 플라톤이나 아리스토텔레스는 철학적 사유를 하기 전에 이미 사회구성원으로 그리스 사회에 속해 있으며, 사회구성원으로 존재하는 한 그들은 어떤 사회적 신분에 속해 있다. 고대 그리스 사회에서 사회적 신분은 귀족과 평민으로 나뉘었는데 정신적 엘리트로 규정되는 철학자들의 신분은 귀족 신분에 속해 있다. 귀족이란 삶을 영위하는 데 있어 절대적으로 필요한 경제적 노동으로부터 자유로운 사람을 지칭한다. 그래서 고대 그리스 사회에서는 귀족 신분에 있는 사람, 즉 정신적 엘리트만이 노동으로부터 자유롭기 때문에 명상적 삶을 유지할 수 있었으며 세계를 순수 이론적인 태도로 관찰할 수 있었다.

셸러의 지식사회학 이론에 따르면 이러한 사회적 신분은 철학자의 형이상학적 사유에 깊은 영향을 미친다. "형이상학자들이 속한 신분과 계급은 형이상학의 구조에 매우 중요한 의미를 지닌다. 종교적 인간이 평균적으로 좀 더 많은 하층계급의 출신인 데 반해, 형이상학자는 언제나 대부분 교양 있고 재산을 소유한 신분과 계급의 출신이다."[30] 다시 말해 형이상학자의 사유는 사회적 세계와 무관한 것이 아

---

30) 셸러, 『지식의 형태와 사회 1』, 159~160쪽.

니라 그가 속한 신분에 의해 제약받는다. 이와 같은 지식사회학 이론에 따르면, 만약 플라톤이 하층계급에 속해 있었다면, 뛰어난 지성을 가졌음에도 불구하고 그는 형이상학 체계를 확립할 수가 없었을 것이다. 더 나아가 하층계급에 속해 있는 사람들에게 철학적 사유를 할 수 있는 기회가 주어진다고 해도, 그의 형이상학 체계는 플라톤이 세운 체계와는 다른 양상을 띠었을 것이다. 사회적 신분이 사유에 영향을 끼친다는 것을 셸러는 상층계급과 하층계급이 서로 다른 방식으로 시간을 의식한다는 사실을 통해서 보여 준다.

　주제적인 의식 이전에 상층계급과 하층계급은 서로 다른 사고의 경향을 띠고 있다. 예를 들어 상층계급과 하층계급은 상반된 시간의식을 가지고 있다고 셸러는 주장한다. "1. 시간의식의 가치전망주의↔하층계급, 가치회고주의↔상층계급, 2. 생성을 고찰하는 것↔하층계급, 존재를 고찰하는 것↔상층계급."[31] 하층계급의 사람들은 사회에서 억압을 받으며 고달픈 삶을 영위하는 사람들이다. 그리고 이같이 힘든 삶을 영위하게 하는 신분은 자신이 선택한 것이 아니고 과거로부터 물려받은 것이다. 그러므로 하층계급은 의식적으로 또는 무의식적으로 항상 과거의 역사보다는 미래의 역사에 더 관심을 갖고 있는데, 그 이유는 그들이 과거의 역사로부터 전수되어 지금 겪고 있는 고달픈 삶을 미래에 벗어나고자 하기 때문이다. 더 나아가 현재의 삶에 만족하지 못하는 하층계급은 항상 변화된 삶을 꿈꾸기 때문에 그들은 고정적인 세계관 대신에 생성적인 세계관을 가지

---

31) 앞의 책, 282쪽.

고 있다.

이와 달리 사회에서 지배적인 위치에 있는 상층계급에 속해 있는 귀족의 삶은 여유롭고, 특권적인 삶이며, 이 같은 삶의 조건 역시 과거의 조상으로부터 물려받았다. 하지만 상층계급의 삶은 여유롭기 때문에 하층계급과는 달리 상층계급은 미래보다는 과거의 역사에 연연한다. 또한 특권적인 현재의 삶에 만족하는 그들은 생성보다는 고정된 존재에 토대를 둔 세계관을 선호한다. 인간의 본질이 이성에 있다고 보는 사람들은 이러한 세계관이 이성에 의해 세워진 것으로 생각한다. 하지만 셸러는 귀족계급에서 형성된 세계관은 사회적 조건에 바탕을 두고 있다고 주장한다.

이와 같은 시간 의식 외에 역사의 발전에 관한 세계관에서도 상층계급과 하층계급 사이에는 차이가 있다고 셸러는 주장한다. "미래에 대한 낙관주의, 과거에 대한 비관적 회고주의↔하층계급, 미래에 대한 비관주의, 과거에 대한 낙관적 회고주의(고대의 황금시기)↔상층계급."[32] 이처럼 역사를 보는 시각에서도 하층계급과 상층계급은 차이를 보이는데, 현재 상황에 불만을 가지고 있는 하층계급은 과거를 비관적으로 그리고 미래는 낙관적으로 보는 반면, 상층계급은 그 반대의 입장을 취한다.

더 나아가 실재에 관한 형이상학적 이해에서도 상층계급과 하층계급은 차이를 보인다. "실재론(세계를 오직 '저항'으로 생각하는 것)↔하층계급, 관념론(세계를 '관념의 왕국'으로 생각하는 것)↔상층

---

32) 앞의 책, 282쪽.

계급, 유물론↔하층계급, 유심론↔상층계급."[33] 이처럼 주제적인 의식에 앞서 상층계급과 하층계급은 그들이 처해 있는 사회적 조건에 의해 형성된 세계관에 입각해 대립적인 방향에서 세계를 고찰한다. 그리고 지식사회학적 관점으로 볼 때, 우리는 왜 플라톤의 형이상학 체계가 생성보다는 존재를, 실재론보다는 관념론을 그리고 과거 지향적 성격을 띠고 있는지를 알 수 있다. 그가 세계를 관념론적 방식으로 관조하고 사고한 것은 그의 신분이 하층계급이 아니라 상층계급에 속해 있었기 때문이다.

형이상학자들도 다른 사람들처럼 사회에 살고 있으며 그들이 속한 신분과 계급은 형이상학적 사유를 형성하는 데 있어 매우 중요한 의미를 지닌다. 사회적 신분 외에 형이상학자들이 살고 있는 사회적 환경 역시 형이상학적 사유에 영향을 끼친다. 셸러에서 세계를 관조함에 있어 서양 형이상학과 동양 형이상학은 근본적인 차이를 보이는데, 그 이유는 형이상학자들이 살고 있는 사회적 환경이 다르기 때문이다. 동양 형이상학자들은 자연에 가까운 농촌에 살면서 형이상학적 체계를 구축한 반면, 서양 형이상학자의 사유는 도시적 사유의 성격을 띠고 있다고 셸러는 주장한다.

인도의 형이상학은 (타고르가 그의 저서 『사다나』에서 적절하게 말한 것처럼) '산림'의 형이상학이다. 인도의 형이상학은 매우 직접적인 자연과의 교류, 생생하게 살아 있는 것 가운데서 영혼과의 일체감 및 영혼

---

33) 앞의 책, 282쪽.

속으로의 투입, 인간 이하의 모든 생물과 인간 사이의 거의 민주적이고 형이상학적인 통일의식을 전제하고 있다. […] 이에 반해 서구의 모든 형이상학은 거의 모두가 도시적 사고방식의 산물이다. […] 즉 서구 형이상학의 근저에는 처음부터 [인도의 형이상학과는] 전혀 다른 모든 자연을 넘어 주권적 존재자로서 사고하는 인간의 자기의식과 자기의미가 놓여 있다는 것이다.[34]

이 인용문에서 우리는 왜 근대 이후 서양은 형이상학에서 파생된 자연과학의 지식을 통해 자연을 지배할 수 있는 능력을 얻게 되었는지를 파악할 수 있다. 셸러의 지식사회학에 따르면 자연과학이 서양에서 확립된 것은 필연적인 결과이다. 왜냐하면 이미 농촌(자연)과 대립되는 도시적 성격을 띠고 있는 그리스 형이상학자들의 사유에서 자연은 지배될 수 있는 것으로 파악되었기 때문이다. 사실 근대 자연과학의 탄생과 더불어 서구적 인간은 자연을 지배할 수 있는 능력을 얻게 된다. 더 나아가 인간의 사유가 사회적 구조에 의해 조건 지어진다는 셸러의 지식사회학은 형이상학뿐만 아니라 근대 자연과학에도 적용될 수 있는데, 이 지식사회학에서 우리는 그동안 근대 과학적 인식에 관한 논의에서 주체(의식)중심주의 철학이 간과한 근대 과학적 인식의 새로운 특징을 발견할 수 있다.

---

34) 앞의 책, 160~161쪽.

근대 과학의 사회적 기원

개인보다는 사회적 집단이 우위에 있다는 기본법칙을 전제로 하는 셀러의 지식사회학에 따르면 모든 개인의 사유는 사회적 구조로부터 영향을 받는다. 근대 과학적 사유 또한 예외가 아니다. 17세기에 등장한 갈릴레이, 데카르트, 코페르니쿠스, 케플러 그리고 뉴턴 등에 의해 서양 과학의 역사는 전-근대와 근대 과학의 시대로 구분된다. 그런데 만약 중세 시대에 태어났다면 과연 이들은 근대 시대에서 확립된 똑같은 자연법칙을 발견할 수 있었을까? 셀러는 이 질문에 부정적으로 답한다. 왜냐하면 중세의 사회적 구조는 근대 시대의 사회구조와 근본적으로 다르기 때문이다. 교회와 국가가 유기적 관계를 유지했던 중세 전성기에 구축된 사회에서 성경의 권위를 위협하는 자연과학적 발견은 절대로 용납되지 않았을 것이다. 결과적으로 뛰어난 자연과학자가 존재했더라도 과학적 탐구의 자유가 보장되지 않았던 중세 사회에서는 자연과학이 발전할 수가 없다.

중세와 구분되는 근대 시대는 자연을 새롭게 탐구하는 과학적 사유에 의해 특징지어진다. 그리고 근대 자연과학을 발견함으로써 근대 사람들은 중세와는 전혀 다른 새로운 시대를 열어 밝힌다. 하지만 이러한 새로운 시대는 자연과학자들의 사유에 의해서만 성립되지 않는다. 지식사회학에 입각해 근대과학의 기원을 설명하고자 하는 셀러에 따르면 근대과학에 의해 야기된 이러한 급진적인 변화에 도화선을 당긴 것은 르네상스 시대의 도래이다. 잘 알려진 바와 같이, 이탈리아에서 시작된 르네상스는 중세 시대에서 근대 시대로 넘어가는 데 결정적인 역할을 한다. 중세 시대에서는 잊혀졌던 서양 고전들을 다시 접한 르네상스 학자들은 새로운 사상에 입각해 서양을 다시 부흥시키고자 한다.

이러한 과정에서 르네상스 시대에서의 자연은 중세 시대에서 경험했던 방식과는 다르게 열어 밝혀진다. "이 새로운 자연과학은 새로운 자연감정, 즉 새로운 자연에 대한 가치평가를 전제한다. 이 정서적인 것의 돌출은 르네상스에 와서 생겨난 것이다."[35] 중세의 사상을 지배했던 스콜라 철학의 관점에서 볼 때, 신에 의해 창조된 자연은 본질적으로 폐쇄적이고 정돈된 질서로 이루어졌다. 그런데 이러한 자연 개념은 르네상스 시대에 들어서서 변화되기 시작한다. 특히 르네상스 운동이 시작된 이탈리아에서 스콜라 철학이 말하는 신의 권능에 종속되는 자연 대신에 새로운 자연 개념이 대두된다. 그리고 이 새로운 자연은 신에 대한 믿음에서 파악되는 것이 아니라 신비롭지만 이성에 의해 인지되는 세계로 간주되는데, 이렇게 이해된 자연은 점성술을 통해 드러난다.

십자군 원정에 참가한 이탈리아는 아라비아 문명을 접하게 되는데, 이 과정에서 아라비아 점성술을 적극적으로 받아들인다. "점성술은 13세기에 와서 갑자기 이탈리아인의 생활 전면으로 강력히 들어왔다. 황제 프리드리히 2세는 언제나 자신의 점성가인 테오도루스를 데리고 다녔다. 에첼리노 다 로마노는 높은 급료를 주고 점성가들을 궁신으로 거느렸으며, 그중에는 구이도 보나토라는 유명 점성가와

---

35) 앞의 책, 182쪽.

긴 수염의 사라센 사람인 바그다드의 파울루스가 있었다. 이들은 에첼리노가 중요한 일을 계획할 때마다 날짜와 시간을 정해 주어야 했다."[36] 고대인들은 매번 변하는 태양과 달 그리고 행성의 위치가 인간사에 직접적인 영향을 미친다고 생각했다. 따라서 개인이나 국가의 운명을 알기 위해서는 행성들의 위치를 정확하게 파악해야 한다. 메소포타미아 문명에서 유래된 점성술은 개인이나 집단의 삶에 영향을 끼치는 행성들의 위치를 해석하는 기술 또는 학문을 의미한다. 그런데 중세 시대의 전성기에서 점성술은 큰 관심을 불러일으키지 못하고 고대로부터 전해 내려온 미신으로 취급받았다. 왜냐하면 기독교는 인간 삶에 있어 행성 위치의 강력한 힘보다는 이 행성을 만든 창조주의 전능이 훨씬 더 월등하다고 가르쳤으며, 또한 점성술의 결정론보다는 의지의 자유 또는 신의 은총이 더 중요하다고 생각했기 때문이다.

하지만 셸러에 의하면 이러한 중세의 세계관은 르네상스 시대가 도래하면서 크게 동요한다. 특히 14세기에 전 유럽을 휩쓸었던 흑사병과 같은 엄청난 불행을 겪었던 중세 사람들은 세계가 신의 전능한 힘에 의해 질서지어졌다는 가르침을 더 이상 신뢰하지 않게 되었다. 이와 달리 세계는 신의 권능으로부터 벗어난 어떤 신비로운 힘 또는 악령이 지배한다는 믿음이 르네상스 시대에 고개를 들기 시작한다고 셸러는 주장한다. "르네상스 운동은 외관상으로 원시적인 세계파악의 형태로 회귀함으로써 자연 전체가 심적·정신적으로 젊어지는 과

---

36) 야코프 부르크하르트, 『이탈리아 르네상스의 문화』, 이기숙 옮김(한길사, 2003), 600쪽.

정으로서 표현된 것이다. […] 스콜라 철학의 전성기 세계관에서 근대의 세계관으로 이행해 가는 과정은 중세의 최전성기에는 결코 알지 못했던 마녀의 환상, 미신, 신비주의, 유령과 악령의 신앙, 이와 유사한 종류의 것으로 충만되어 있었다. 자연은 갑자기 다시금 활력이 넘치고 거의 정돈되지 못한 강력한 힘이 표현현상이 되고, 이 힘은 점성술사, 연금술사, 또한 파라셀수스와 같은 유의 의사가 자신의 것으로 삼을 수 있다고 생각한 것이었다."[37] 여기서 볼 수 있듯이, 르네상스 시대에서의 세계 개념은 기독교 신앙보다는 미신에 더 가까우며, 사람들은 신비스러운 세계를 이해하기 위해서 스콜라 철학에 의지하는 것보다는 점성술을 익히는 것이 더 유용하다고 생각했다.

르네상스 시대에 널리 유포된 점성술에서 근대과학인 천문학이 탄생되었으며, 연금술에서는 화학이 유래됐다. 요약하자면 근대과학이 확립되기 위해서는 갈릴레이와 같은 뛰어난 학자의 능력도 필요하지만 이 외에 갈릴레이가 속한 사회적 환경 또한 중요하다. 셸러에 따르면 르네상스 시대에 살았던 갈릴레이는 중세 시대의 자연 개념과는 구분되는 신비로운 힘으로 드러나는 르네상스의 자연 개념에 익숙해 있었기 때문에 근대 천문학을 정초할 수 있었던 것이다.

더 나아가 셸러는 르네상스 시대에 널리 유포되었던 자연 개념뿐만 아니라 종교개혁 또한 근대과학의 탄생에 기여했다고 주장한다. 근대과학을 접한 근대인들은 더 이상 스콜라 철학에 의해 형성된 중세의 세계관에 머물러 있지 않는다. 그런데 셸러에 따르면 근대과

---

37) 셸러, 『지식의 형태와 사회 1』, 190~191쪽.

학 이전에 이미 종교개혁자들에 의해 중세 시대를 지배했던 스콜라철학은 큰 타격을 받는다. 다시 말해 근대과학 이전에 중세 시대에서 근대 시대로 전환되는 급진적인 변화를 주도한 것은 종교개혁이다. 기존의 교회 권력에 반기를 든 종교개혁이 성공함으로써 중세 사회는 더 이상 성직자들에 의해 지배를 받는 사회가 아니다. 그리고 셸러는 이러한 종교개혁과 근대과학 사이에는 친화성이 존재한다고 주장한다.

> 그러나 한편으로 종교개혁의 지도자들은 매우 형식적이지만 중요한 특징을 근대과학자들과 공유한다. 그것은 낡은 경직된 사상세계에 대항하는 모든 정신적 혁명과 결부된 유명론적 사고방식이다.[38]

역사적으로 볼 때 종교개혁은 근대과학에 앞서 일어났다. 따라서 갈릴레이가 지동설을 통해 지구가 우주의 중심이라고 믿었던 그 당시 지배적이었던 교회 권력에 큰 타격을 주었지만, 그 이전에 교회 권력은 이미 종교개혁자들에 의해 크게 위축됐다. 셸러에 따르면 중세 철학의 근간이었던 토마스의 실재론은 유명론에 의해 그리고 독단적이었던 중세 교리는 종교개혁자들에 의해 그 위상이 크게 흔들렸다. 따라서 종교개혁과 근대과학 모두 중세 시대를 지배했던 교회 권력에 비판적인 태도를 취했다는 점에서 이 둘 사이에는 유사점이 존재한다.

---

38) 앞의 책, 175쪽.

그러나 인용문에서도 제시된 바와 같이 낡고 경직된 중세적 사유로부터 벗어나고자 하는 근대과학의 자유로운 사유는 종교개혁에서 말하는 신앙의 자유와 유사한 면이 있지만, 여기서 말하는 유사성은 정신적인 영역에서 이루어진 것을 의미한다. 셸러는 종교개혁과 근대과학 모두 전제로 하는 자유로운 사유의 기원이 정신적인 영역에서뿐만 아니라 근대 사회적 구조에서도 찾아질 수 있다고 역설한다. 종교개혁자들과 근대과학자들이 추구한 정신의 자유는 사실상 사회적 토대를 전제로 하는데, 이 사회적 토대는 부르주아지계급에 의해 마련된다.

중세 시대에서의 신분제도는 성직자들을 포함한 귀족계급과 평민계급으로 나뉘었는데, 이러한 신분제도는 근대에 들어서서 부르주아지계급의 등장으로 새로운 변화를 겪는다. 서양에서 부르주아지계급은 16세기부터 형성되기 시작했는데, 그 당시 종교개혁자들과 근대과학자들이 속한 신분이 바로 부르주아지계급이다. 이 계급은 중세 사회를 지배해 온 성직자계급에 대항하면서 집단의식보다는 개인주의에 더 큰 가치를 둔다. 그리고 부르주아지계급이 내세운 개인주의의 옹호는 종교의 자유와 학문의 자유로 이어지며, 이러한 자유를 바탕으로 하여 종교가 개혁되었으며 근대과학이 성립될 수 있었다. 다시 말해 종교개혁과 근대과학을 사회학적으로 포괄하는 공통적인 구조가 존재하는데, 셸러는 이 구조가 부르주아지계급에서 발견된다고 역설한다.

즉 다른 경우에는 하늘과 땅만큼이나 다르게 추구해 온 종교개혁자와 근대과학자의 아버지에게 특유한 공통점이 있다는 사실은 무엇을 의미하는가? 그리고 이것은 사회학적으로 무엇을 의미하는가? 이에 대한 대답은 다음과 같다. 종교개혁자와 근대 과학자의 정신적 특징이 동일하다는 것은 의심의 여지가 없는 한 계급의 새로운 사고양식, 새로운 가치평가, 의지의 양식을 말한다. 그것은 바로 고양된 부르주아지 기업가의 계급을 말한다.[39]

셸러에 따르면 17세기에 근대과학이 가능할 수 있었던 것은 이미 16세기부터 부르주아지계급에 의해 성직자들로부터 간섭받지 않은 학문의 자유가 널리 펴져 있었기 때문이다. 이렇게 볼 때 종교개혁과 근대과학을 사회학적으로 포괄하는 공통적인 구조는 부르주아지 계급에서 발견된다. 만약 부르주아지계급이 형성되지 않았더라면 성직자들의 간섭을 받지 않은 학문의 자유도 가능하지 않았으며, 그렇다면 결과적으로 근대 자연과학도 성립될 수 없었을 것이다.

더 나아가 학문의 자유 외에 근대 자연과학적 지식의 특징은 가설에 입각해 자연을 탐구하는 데 있다. 근대과학에서 사물에 대한 정확한 지식이 가능한 것은 자연을 탐구함에 있어 근대과학자들은 고대 자연철학자들과는 달리 가설을 설정하기 때문이다. 근대과학은 고대과학처럼 자연을 있는 그대로 기술하는 데 만족하지 않고 먼저 가설을 설정한 다음 자연이 과연 가설에 따르는지를 검증한다. 그리고 근대 자연과학자들이 가설을 통해 자연을 탐구한다는 것은 그들

---

39) 앞의 책, 176쪽.

이 자연 바깥에 서서 자연을 고찰한다는 것을 의미한다. 즉 근대과학의 가설은 인간이 자유로운 영역에 서서 자연으로 하여금 물음에 답하도록 한다는 것을 의미한다. 가설에 기초해 있는 근대과학의 특징을 칸트는 다음과 같이 설명한다.

> 갈릴레이가 그 자신에 의해서 선택된, 무게를 가진 그의 공들을 경사면에서 굴렸을 때, 또는 토리첼리가 공기로 하여금 미리 알고 있는 물기둥의 무게와 똑같다고 생각한 무게를 지탱하도록 했을 때, 또는 훨씬 뒤에 슈탈이 금속에서 무엇인가를 뺐다가 다시 넣었다 하면서 금속을 회로, 이것을 다시금 금속으로 변화하게 했을 때 모든 자연 연구가들에게 한 줄기 광명이 나타났다. 그들이 파악한 것은 이성을 단지 그 자신이 그 자신의 기획에 따라서 산출한 것만을 통찰한다는 것, 곧 이성은 그의 판단의 원리들을 가지고 항구적인 법칙에 따라 앞서 나가면서 자연으로 하여금 그의 물음들에 답하도록 시킴에 틀림이 없지만, 이를테면 아기가 걸음마 줄을 따라서 걷듯 오로지 자연이 시키는 대로 걷는 것이 아니라는 것이다.[40]

이처럼 자연에게 답을 강요하는 가설은 실험을 통해서만 검증되는데, 셸러만이 최초로 근대 자연과학에서 수행된 실험의 중요성에 주목한다.

『유럽학문의 위기와 선험적 현상학』에서 후설은 실험의 중

---

40) 임마누엘 칸트, 『순수이성비판 1』, 백종현 옮김(아카넷, 2006), BXIII.

요성은 간과한 채 근대 자연과학의 특징을 '자연의 수학화함' Mathematisierung에서만 찾는다. "갈릴레이가 자연을 수학화함에 있어 자연 자체는 실로 새로운 수학의 주도 아래 이념화되고, 자연은 근대적으로 표현하자면, 그 자체로 수학적 다양체가 된다."[41] 다시 말해 고대 자연철학과 구분되는 근대 자연과학에서는 비로소 수학적 지표에 의거해 자연적 사물의 운동 법칙이 성립되며, 이로 인해 자연은 응용수학의 대상이 된다. 이 점에 대해 후설은 다음과 같이 기술한다.

> 따라서 '어떻게 하여 그(갈릴레이―인용자)가 이러한 사상으로 이끌어 갈 수 있었는가'를 물어야만 한다. 그 사상이란 종적 감각성질들에서 실재적으로 알려진 것으로서의 모든 것은 항상 자명하게 이미 이념화된 것으로 생각된 형태들의 영역에서 일어난 사건들에서 그 수학적 지표를 가져야만 한다는 것과 이것으로부터 간접적으로 수학화하는 가능성도 그 완전한 의미로 나타남에 틀림없다는 것, 말하자면 그것에 비해 (비록 간접적이고 특별히 귀납적 방법으로이지만) [질료적] 충족의 측면들에서 일어난 모든 사건이 주어진 것으로부터 구축하고, 따라서 객관적으로 규정하는 것이 가능함에 틀림없다는 것이다. 인간성이 지배하는 구체적 우주로서의 무한한 자연 전체―이것이 의아한 착상 속에 놓여 있었다―는 하나의 독특한 응용수학[의 대상]이 되었다.[42]

---

41) 에드문트 후설, 『유럽학문의 위기와 선험적 현상학』, 이종훈 옮김(한길사, 1997), 88쪽.
42) 앞의 책, 106~107쪽.

고대 자연철학자들, 특히 피타고라스학파 또한 소리의 높이가 수학적 지표를 지니고 있다는 사실에 고무되었지만, 그들은 결코 수학화함에 의거해 자연적 사물의 운동 법칙을 정초할 수 없었다. 결과적으로 그들에게 자연은 수학적 지표에 의해 규정되지 않는다. 후설이 갈릴레이의 사례를 들어 정확하게 지적한 바와 같이 근대 자연과학의 특징은 자연을 수학화하는 데 있다. 사실 물체의 낙하 및 관성법칙 등을 발견한 갈릴레이는 자연법칙을 수학화하는 것 외에 실험을 통해 이 법칙을 증명하지만, 후설은 근대 자연과학에 대한 논의에서 수학화에만 주목한다.

그러나 후설과는 달리 셸러는 근대 자연과학에 관한 논의에서 실험의 중요성을 강조하며 왜 실험이 근대 자연과학에서 중요하게 부각되었는지를 지식사회학의 관점에서 해명한다. 셸러의 지식사회학적 관점에서 고찰할 때, 근대 자연과학의 창시자들인 갈릴레이와 뉴턴이 실험, 즉 실천적 행위를 통해 자연에 관한 정확한 지식을 얻을 수 있었던 것은 노동이 부르주아지에 의해 긍정적으로 받아들여졌기 때문이다. 근대 시대에 등장하는 부르주아지는 귀족과 노예 신분 중간에 위치하고 있기 때문에 제3계급으로 특징지어지는데, 그들은 주로 상업 활동을 하면서 자신들의 삶을 유지한다. 그리고 상업이 직업인 부르주아지는 노예가 아님에도 불구하고 신체적인 활동(노동)을 어쩔 수 없이 해야 하는 처지에 있다. 여기서 우리는 고대 시대에서 바라본 노동과 근대 시대에서의 노동을 구별할 수 있는 근본적인 특징을 발견한다. 부르주아지, 즉 자유인에 의해 수행된 노동은 고대 시대의 노동처럼 경멸의 대상이 아니다. 근대 시대에서 노동은 오히려 긍정적으로 평가된다. 그리고 이렇게 이해된 노동은 상업 활동에만 국한되지 않고 근대과학의 발전에도 영향을 끼친다.

부르주아지처럼 노동을 긍정적으로 보는 근대과학자들은 자연을 고찰하는 데 있어 이론적인 사유에 실천적인 활동을 포함시킨다. 이 같은 사실은 그들이 실험을 한다는 사실에서 확인될 수 있다.[43] 자연을 연구함에 있어 근대과학자들은 여러 도구들을 이용하여 실험을 하는데, 이 실험하는 행위는 다름 아니라 노동의 한 양태이다. 그리고 자연에 대한 지식은 실험을 통해 보다 정확해진다. 그러므로 실험(노동)은 과학지식을 발견하는 데 큰 기여를 한다고 볼 수 있다. 실험이 노동이라는 사실은 '실험실'laboratory이라는 용어의 분석에서도 제시될 수 있다. 한국어에서는 '실험실'이라고 번역되었으나, 용어 'laboratory'는 어떤 것을 실제로 경험한다는 것을 의미하는 실험과는 무관하다. 이와 달리 한국어에서는 잘 드러나지 않지만 실험실이라고 번역된 'laboratory'를 직역하자면 이 용어는 '노동하는 장소'를 뜻한다. 이렇게 볼 때, 근대 과학적 인식이 실험을 통해 확립된다는 것을 다르게 표현하자면 근대 과학적 인식은 노동의 행위에서 유래됨을 뜻한다. 또는 자연 사물에 대한 실제적 경험은 노동의 행위에서만 가능하다. 따라서 정확하게 번역하자면, 'laboratory'는 실험실이 아니라 '노동을 통해 사물을 실제적으로 경험하는 장소'를 지칭한다.

---

43) 「세계상의 시대」에서 하이데거 또한 근대 자연과학의 특징은 실험에 있다고 주장한다. "그러나 중세 시대의 교설(doctrina)이나 그리스 시대의 에피스테메가 연구라는 의미에서의 학문은 아니기 때문에, 그 시대에는 그것이 실험으로 나타나지는 않았다." 마르틴 하이데거, 『숲길』, 신상희 옮김(나남, 2008), 139쪽 참조.

근대과학 발전에 있어 이러한 사실을 발견한 셸러는 근대과학에서의 지식이 오로지 순수 오성의 활동에서 기원하는 것이 아니라 오성의 활동과 노동의 결합에서 성립된다고 주장한다. "근대 초에—물리학, 화학, 생물학, 심리학, 사회학 등에서 순수 정신이 활동하기 훨씬 전부터—완전히 기계적으로 자연과 마음을 해석하려는 장대한 프로그램을 계획한 것은 '순수 오성'이나 '순수 정신'이 아니라, 자연을 지향하여 새롭게 용솟음치는 사회의 권력 의지와 노동 의지였다. 그것은 한편으로 봉건 시대와 봉건 사회에 지배적이었던 인간과 유기적인 것에 대한 인간의—세계를 노골적이고 광범위하게 이용하려는 것과 결합된—지배를 높이 평가하고, 다른 한편으로 세계의 본질과 형식을 이해하고 정신 속에 반영하려는 성직자 사회와 영주 사회의 관조적 인식 의지를 서서히 배척하기 시작한 근대의 권력 의지와 노동 의지다."[44] 이와 같이 근대사회에서 이론적인 사유(관조적인 삶)와 노동이 결합되었기 때문에 근대과학이 탄생할 수 있었던 것이다.

잘 알려진 바와 같이 고대 시대에서 아리스토텔레스 또한 자연세계에 대해 탐구했다. 하지만 천체 운동과 생물학에 관심을 갖고 깊이 있는 연구를 수행했음에도 불구하고 아리스토텔레스는 근대 자연과학적 인식에 도달하지 못했는데, 그 이유는 그가 수행한 연구 방식과 근대 과학자들의 연구 방식이 근본적으로 다르기 때문이다. 관조적인 태도에 입각해 자연 현상을 해명하고자 한 아리스토텔레스는 신체적 활동이 요구되는 실험 같은 것을 직접적으로 하지 않았다. 실

---

44) 셸러, 『지식의 형태와 사회 2』, 21쪽.

험을 가능케 하는 도구 또한 전혀 만들지 않았는데, 그 이유는 도구를 제작함에 있어 요구되는 신체적 활동은 귀족 신분에 속해 있는 학자가 하는 것이 아니라 노예에 귀속되어 있다고 생각했기 때문이다. 그래서 만약 신체 활동이 요구되는 실험이나 자연을 관찰하는 데 있어 도구들이 필요하다고 느꼈다면, 아리스토텔레스는 자신이 직접 하기보다는 노예에게 이 작업을 일임했을 것이다.

하지만 고대 철학자들과는 달리 근대 과학자들은 자연을 관조적인 태도를 가지고 고찰함과 동시에 자연 현상을 경험적으로 증명하기 위해 신체 활동이 요구되는 실험까지 마다하지 않았다. 예를 들어 뉴턴은 지구 주위를 도는 달의 움직임을 보다 정확하게 이해하기 위해 산에 올라가 정상에서 돌을 던지는 실험을 했다. 산 정상에서 던져진 돌은 포물선 궤도를 그리며 땅에 떨어진다. 그리고 이 실험을 통해 그는 달 또한 포물선 궤도에 따라 지구 주위를 돈다는 사실을 발견하게 된다. 더 나아가 빛을 연구하는 데 있어 뉴턴은 빛을 투사시키는 프리즘 같은 도구를 직접 만들어 빛의 속성을 밝히고자 했다. 뉴턴과 함께 근대과학을 열어 밝힌 갈릴레이 또한 물체의 자유낙하 법칙을 증명해 보이기 위해 피사의 사탑에 자신이 직접 올라가 물체를 땅에 떨어뜨리는 실험을 수없이 반복했다. 이처럼 근대 과학자들은 자연을 연구할 때 신체적 활동이 요구되는 실험을 반드시 했는데, 그 이유는 신체적 활동(노동)이 근대에 들어 고대에서처럼 경멸의 대상이 아니었기 때문이다. 결론적으로 근대과학적 지식은 오로지 오성의 활동에서만 유래되는 것이 아니라 제3계급인 부르주아지에 의해 긍정적으로 평가된 노동과 오성 활동의 결합 속에서 성립되었다.

요약하자면, 17세기에 들어서서 서양 사회는 급진적인 변화를 겪는다. 이 시기에 서양은 중세 사회와 단절하며 근대 시대로 접어든다. 그리고 근대 시대의 도래에 결정적인 역할을 한 것은 근대 자연과학의 탄생이다.[45] 물론 고대 그리스 시대나 중세 시대에서 자연을 탐구하는 학문들은 존재했다. 하지만 여기서 중요한 것은 학문 활동 그 자체가 아니라 학문의 근대적 특징이다. 근대 과학적 방법에서 뉴턴이나 갈릴레이는 그리스 시대에서의 '인식'episteme이나 중세에서 말하는 '교설' 및 '지식'에 환원될 수 없는 새로운 지식의 양태를 발견했다. 이 새로운 지식의 특징은 실험을 통해 입증된 수학적 원리에 의거해 자연적 사물의 운동을 파악함에 있는데, 이렇게 이해된 사물의 운동은 이론적 이성에 의해 모든 사람들이 공유할 수 있는 보편적이고 확실한 지식이 된다. 그래서 칸트 역시 자연과학적 인식의 가능조건을 오로지 이론적 이성에 초점을 맞춰 확립하고자 했다.

그러나 근대과학의 지식에 관한 사회학적 영향을 탐구하는 과정에서 셸러는 근대 자연과학적 지식은 이론적인 사유와 노동이 결합되어 형성되었다는 사실을 발견한다. 그에게서 실험하는 행위, 즉 노동은 근대 자연과학적 지식의 발생에 있어서 중요한 역할을 한다. 보다 정확하게 말해서 근대 자연과학적 지식은 경험론자나 합리론자들이 주장한 바와 같이 이론적 이성에서가 아니라 이론적 이성과 실천적 행위의 결합에 의해 성립된다. 여기서 우리는 셸러 지식사회학의

---

45) 하이데거 또한 근대 시대는 근대과학에 의해 규정된다고 주장한다. "근대의 본질적 현상들에는 근대의 학문이 속한다." 하이데거, 「세계상의 시대」, 『숲길』, 132쪽 참조.

의의를 발견한다. 더 나아가 노동이 단순히 고대 시대에서 노예가 했던 육체적 활동을 의미하는 것이 아니라 근대과학 지식의 탄생에 결정적으로 영향을 끼쳤다는 것을 인지한 셸러는 이와 같은 노동 개념을 확장시켜 인간의 본질은 이성이 아니라 노동에 근거해 있다고 주장한다. 인간을 규정하는 데 있어 새로운 본질을 지칭하는 노동 개념을 그는 지식사회학의 결론 부분에서 심도 있게 해명하고자 한다.

4. 지식사회학에서 인식과 노동 개념

고대 그리스부터 근대 철학적 사유에 이르기까지 인간은 이성적 동물로 규정되었다. 그런데 사물에 대한 지식은 근본적으로 오성의 활동에서가 아니라 사회학적 구조에 의해 조건 지어진다고 보는 지식사회학에서 셸러는 인간의 본질을 새롭게 정의한다. 인간의 본질이 이성에서 찾아진다는 전통 철학적 견해를 거부하는 그는 인간의 본질적 규정이 이성적 동물이 아니라 '도구적 인간'homo faber이라고 주장한다. "현대에 이르기까지 여전히 관조적인 그리스 민족의 생각에 완전히 종속되어 있는 철학에는 뿌리 깊은 오류가 존재한다. 즉 그것은 인간을 '호모 사피엔스'homo sapiens로 규정한 오류이고, 다시 말하면 동물 고유의 감각능력, 지각능력, 표상능력, 충동능력에 대해 독립적인 '순수'오성을 현실에 대한 인식을 지닌 존재로 규정한 오류다(가령 아리스토텔레스, 데카르트, 라이프니츠, 칸트가 오성을 인간에게 부여한 것처럼). 오히려 인간의 진정한 재능, 인간을 동물과 구별하는 재능에는 인간이 '호모 파베르'라는 규정이 더욱 잘 어울린다. ─인간은 이성이 아니라 '노동하는 존재'로 규정된다."[46] 셸러의 지식사회학에서 인간에 대한 전통적인 규정인 호모 사피엔스는 호모 파베르로 대체된다.

그런데 셸러는 이 구분을 통해 인간은 사물을 이성적으로 파악하는 능력뿐만이 아니라 주위 사물들을 도구로 만들 수 있는 능력도 갖고 있다는 사실을 보여 주려는 것이 아니다. 즉 그에 있어서 호모 파베르에서의 노동은 호모 사피엔스에 귀속되어 있는 부차적인 능력이 아니다. 이와 달리 인간을 규정하는 데 있어 호모 파베르는 호모 사피엔스에 선행하는 근원적인 토대를 의미한다. 여기서 우리는 셸러 지식사회학의 의의를 발견한다. 지식사회학에서 호모 사피엔스보다 호모 파베르를 우위에 둠으로써 셸러는 고대 그리스에서부터 근대 철학적 사유를 지배해 온 이성중심주의, 즉 주지주의 철학을 극복하고자 한다.

주지주의Intellektualismus에 따르면 인간 삶에서 가장 중요한 것은 세계를 인식할 수 있는 능력인데, 인간만이 이 능력을 지니고 있다. 왜냐하면 모든 존재자들 중에 인간의 본질만이 이성적으로 규정되기 때문이다. 그리고 인식의 최종 근거는 이성에 있다고 보는 이러한 주지주의적 입장은 고대 그리스 철학에서 유래되어 근대 인식론까지 전해져 온다. 비록 사물을 인식하는 방식에 있어서 근대 인식론은 지각의 능력을 우선시하는 경험론과 오성의 능력을 우위에 두는 합리론으로 나뉘지만, 양 진영은 모두 이성을 인식의 최종 근거로 본다는

---

46) 셸러, 『지식의 형태와 사회 2』, 386쪽.

점에서 여전히 주지주의적 지평에서 사유를 전개한다고 볼 수 있다. 칸트의 선험 철학 또한 예외가 아니다. 경험론과 합리론을 종합하여 인식론의 새로운 길을 개척했다는 점에서 칸트의 선험 철학은 위대한 철학으로 평가받을 수 있다.

하지만 선험적 인식론에서 오성의 활동을 강조하는 한, 칸트 역시 주지주의 철학 전통에 여전히 머물러 있다고 볼 수 있다. 그리고 이와 같이 모든 것의 최종 근거는 이성에 있다고 보는 주지주의 철학에서는 도구를 만드는 신체적인 활동(노동)보다 이성적 활동이 우위에 있다. 하지만 셸러는 이러한 주지주의 철학은 인간의 새로운 본질적 규정과 관련하여 볼 때 사태에 부합하는 철학이 아니라고 주장한다. 그의 지식사회학적 관점에 따르면 인식이 노동보다 중요하다고 보는 주지주의적 사유는 사실 근대에 새롭게 등장한 현실세계를 반영한 것이 아니라 관조적 삶이 노동보다 우위에 있다는 고대 시대의 편견으로부터 기인된 것이다.

인간에 대한 근대 철학적 논의에서 인간은 호모 사피엔스와 호모 파베르로 구분되는데, 이 구분은 근대에 최초로 정립된 것이 아니라 고대 그리스 시대에도 존재한다. 고대 철학자들에 의하면 인간 삶은 한편에서는 '관조적인 삶'vita contemplativa으로 그리고 다른 한편에서는 '활동적인 삶'vita activa으로 규정되는데, 전자는 호모 사피엔스에 그리고 후자는 호모 파베르에 상응한다고 볼 수 있다. 그런데 인간 삶의 근원적인 방식임에도 불구하고 활동적인 삶은 관조적인 삶과 비교되었을 때 높게 평가받지 못했다. 신분제도를 유지했던 그리스 사회에서 사람들은 귀족 신분과 노예 신분으로 나뉘는데, 귀족은 자연과 사회를 관찰하는 관조적인 삶을 누리는 반면 활동적인 삶은 노예의 몫이다. 신분 사회에서 귀족의 삶은 당연히 선망의 대상이 되는 반면, 노예의 삶은 낮게 평가되며, 이와 같은 사회적 구조에서 볼 때 귀족의 관조적인 삶, 즉 호모 사피엔스는 노예의 활동적인 삶, 즉 호모 파베르보다 우위에 있다. 셸러에 따르면 노동에 대한 인식의 우위를 주장하는 주지주의는 사실상 이 같은 신분제도를 유지한 고대 그리스 사회에서 유래된 것이다.

> 전통적인 인식의 개념은 사실상 그리스로 거슬러 올라간다. 전통적인 인식의 개념은 다만 그리스의 유명한 노동의 경멸, 그리스의 노예경제에 기초한 귀족정치적인 주지주의에서 표현된 것일 뿐이다.[47]

이처럼 셸러는 서양 철학적 사유를 지배해 온 주지주의의 기원이 사회적 조건에 있다고 보는데, 의식보다 사회적 조건을 우선시하는 지식사회학적 관점에서 볼 때 여기서 제시된 주장은 새로운 면이 없다. 그런데 「인식과 노동」이라는 짧은 논문에서 셸러는 지식사회학에 머무르지 않고 한 단계 더 깊이 사유를 개진해 나간다. 호모 사피엔스보다 호모 파베르가 우위에 있다고 보는 이 논문에서 그는 인식이 사회적 조건뿐만 아니라 노동에서도 유래된다는 것을 제시하고자 한다. 그리고 이 점을 보여 주기 위해 그는 우선적으로 오성의 활동에 기초해 있는 근대 인식론의 한계를 적극적으로 분석한다.

---

47) 앞의 책, 393쪽.

근대 인식론의 두 주류인 합리론과 경험론 모두 이성을 지닌 인간이 주위세계에서 만나는 사물들을 인식할 때 사물의 질료가 우선적으로 감각기관에 주어져야 한다는 사실을 강조한다. 그래서 인식에 관한 논의는 감각기관에 주어지는 질료의 분석에서 시작된다. 이성 또는 오성의 활동을 중시하는 합리론 또는 주지주의에 따르면 감각에 주어진 질료에서는 인식이 아직 성립되지 않는데, 그 이유는 감각에서 주어진 질료는 정돈되어 있지 않고 무질서 상태에 있기 때문이다. 사물이 인식되기 위해서는 무질서한 질료들이 정돈되어야 하는데 오성의 활동에 의해 감각적 질료들은 질서 지어진다. 그러므로 주지주의에 있어서 사물의 인식에는 최종점 또는 최종 근거가 있는데 이 최종점은 감각적 질료들부터 독립되어 있는 오성의 활동에 놓여 있다. 이와 같은 최종점, 즉 오성 활동의 전제하에 인간은 다른 신체적 활동, 예를 들어 노동을 할 수 있는 능력이 가능하다고 주지주의는 주장한다. 하지만 사물의 인식에 대한 분석에서 셸러는 오성에 귀결되는 최종점은 존재하지 않는다고 강조한다. "오히려 구심적인 신경 과정이 운동적인 신경 과정으로 전환되지 않는다면, 이른바 '최종점'에는 특수한 것이 아무것도 생겨나지 않는다는 사실은 분명하다. 좀 더 좋게 표현하자면, 이런 '최종점'은 없다."[48] 그런데 여기서 제시된 인식의 활동에 있어서 '최종점'이 없다는 셸러의 주장은 오해의 소지가 있는데, 이 오해를 피하기 위해서는 최종점의 의미를 올바르게 파악해야 한다.

[48) 앞의 책, 159쪽.

사물을 인식하기 위해서는 지각의 활동과 최종점으로서의 오성의 활동이 당연히 요구된다. 왜냐하면 이 최종점이 없다면 사물의 인식은 불가능하기 때문이다. 인식에 관한 주지주의적 입장을 비판함에도 불구하고 셸러 또한 이 점에 관해서는 동의하지만, 그가 지적하고자 하는 바는 세계와의 관계에서 오성의 활동에 선행하는 보다 근원적인 토대가 존재한다는 사실이다. 만약 인식을 가능케 하는 오성의 활동에 앞서 있는 근원적인 토대가 있다면, 오성의 활동은 인식의 능력들을 관장하는 최종점으로 규정될 수 없다. 그러므로 셸러가 최종점이 없다고 주장할 때, 그가 의미하는 바는 오성에서 유래되는 인식 활동이 인간 삶의 근원적인 토대가 아니라는 것이다.

셸러에 있어서 주지주의가 주장하는 것처럼 사물을 인식하는 데 있어 최종점은 오성의 활동에 놓여 있지 않다. 왜냐하면 인식의 활동은 이차적인 것이기 때문이다. 오성에 선행하는 근원적인 활동이 있는데, 셸러는 이 활동이 '이성적 동물', 즉 호모 사피엔스가 아니라 호모 파베르를 지칭하는 '도구적 인간'에서 기원한다고 주장한다.

> 그리하여 인간은 '이성적 동물'이 아니다. 오히려 '도구적 인간'이 된다.─인간은 이성적이기 때문에 손과 자유롭게 움직일 수 있는 엄지손가락을 소유한 것이 아니다. 오히려 손을 가지기 때문에 그리고 이 기관을 도구에까지 뻗쳐 적어도 가능한 한에서 상세하게 생산물과 기관을 분리시킬 줄 알기 때문에 인간은 이성적으로 된 것이다.[49]

---

49) 셸러, 『지식의 형태와 사회 1』, 199쪽.

잘 알려진 바와 같이 유일하게 직립보행을 하는 포유류인 인간은 다른 동물과는 달리 손을 자유롭게 사용할 수 있으며, 손의 활동은 자연적으로 노동으로 이어진다. 그리고 주지주의는 인간의 손이 자유로울 수 있는 것은 인간이 이미 이성적으로 존재하기 때문이라고 주장한다. 이와 달리 '인식과 노동'의 문제를 다루는 『지식의 형태와 사회 2』에서 셸러는 이러한 주지주의의 주장을 뒤집어 버린다. 이성에서 손의 자유가 유래된 것이 아니라 오히려 손을 자유롭게 움직일 수 있었기 때문에 인간은 이성적인 동물로 전환될 수 있었던 것이라고 그는 역설한다. 더 나아가 인간은 손의 자유로운 움직임을 통해서 주위 사물들을 도구로 만드는 행위, 즉 노동을 할 수 있게 된다. 이처럼 노동을 하는 도구적 인간이 이성적 동물에 선행하기 때문에, 세계 인식에 대한 최종적인 근거는 이성에서가 아니라 노동에서 찾아져야 한다.

셸러 지식사회학에 이론적 토대를 제공하는 '인식과 노동'을 이해하는 데 있어 중요한 점은 인간의 본질은 주지주의와는 달리 인식 또는 이성에 의해서가 아니라 노동을 하는 도구적 인간에서 찾아진다는 사실에 있다. 그리고 도구적 인간의 활동에서 이성이 유래하는 것이 맞다면 인식에 선행하는 것은 노동이며, 이와 같은 이유 때문에 셸러는 이성의 활동을 중시한 전통 철학적 사유에서 간과된 노동이야말로 세계와의 관계에서 근원적인 토대라고 주장한다.

각자의 감각에서 모든 인식과 모든 오성은 단지 우리 환경 속에서 실천적인 정위를 위한 우리의 욕구에서 사용되는 조명등 역할을 하는 의미만을 가지며, 우리 정신의 작용은 질료를 유용하게 변형시키는 방향을 향하는 그런 활동들에서—다시 말해 노동 활동—나타나는 오직 그런 활동의 조합에만 존재한다.[50]

노동을 강조하는 셸러는 인식의 조건을 새롭게 정초하고자 한다. 그에게서 인식은 이전의 경험론이나 합리론이 주장한 것처럼 지각 활동이나 오성의 활동이 아니라 노동에서 발생한다. 그런데 셸러에 앞서 후설 또한 인식의 조건은 오성의 활동에 놓여 있지 않다고 주장한다. 더 나아가 단순한 신체적 활동이 아니라 인식의 기원으로 이해되는 이와 같은 노동 개념에서 우리는 셸러의 철학적 사상이 후설 현상학, 특히 전-주제적 영역에서 기원하는 인식을 탐구하는 발생론적 현상학과 매우 근접해 있다는 사실을 확인할 수 있다.

후설의 발생론적 현상학이 등장하면서 근대 인식론은 일대 전환점을 맞는다. 후설 현상학 이전에도 철학자들은 인식의 발생에 대해 고찰했지만, 그들은 주로 인식의 발생 문제를 주제적인 차원에서 다뤘다. 하지만 이와 달리 후설은 발생론적 현상학에서 인식의 발생을 전-주제적인 차원에서 탐구한다. 전-주제적인 차원에서 인식은 더 이상 이론적인 활동에 국한되지 않고 실천적인 활동으로 확장된다. 그리고 실천적인 활동에서 드러나는 인식의 조건, 즉 시간과 공간은 근본적으로 다르게 이해된다. 주제적인 차원에서 사물을 인식하기 위해서는 시간과 공간이 전제되어야 하는데, 여기서 말하는 시간과

---

50) 셸러, 『지식의 형태와 사회 2』, 391쪽.

공간은 직관의 형식에서 주어진다. 더 나아가 직관의 형식으로서의 공간은 사물을 담지하고 있는 것으로 이해되며, 또한 이 사물이 위치하고 있는 특정한 점을 의미한다. 다시 말해 주제적인 차원에서의 공간은 정돈된 사물을 드러나게 해주는 가능조건으로 파악된다. 세계에서 만나는 사물들은 공간에 의해 정돈되어 있기 때문에 지각에 의해 인식될 수 있다. 만약 사물들이 공간에서 정돈되어 있지 않다면 우리는 어떠한 사물도 이론적으로 파악할 수 없을 것이다.

그런데 전-주제적인 차원에서의 공간은 정돈된 사물을 가능케 하는 공간과는 근본적으로 구분된다. 먼저 전-주제적인 차원에서 공간은 직관의 형식으로 규정되지 않는다. 왜냐하면 전-주제적인 차원에서 인간은 인식에 앞서 실천적인 활동을 하기 때문이다. 따라서 전-주제적인 차원에서의 공간은 인식과 관계하는 직관형식보다는 활동형식으로 주어진다. 그리고 이러한 공간은 사물들을 담지하고 질서를 부여하는 것이 아니라 신체가 활동할 수 있는 가능조건으로 이해된다. 따라서 후설에 의하면 사물의 인식은 지각에서가 아니라 실천적인 활동에서 최초로 발생한다. 이처럼 후설의 발생적 현상학에서도 셸러가 노동 개념에서 주장한 것처럼 인식의 근원적인 토대는 실천적인 활동에 있다. 하지만 비록 후설이 이미 발생적 현상학에서 이론적 사유보다 실천적 활동의 우위를 강조했지만, 이와 같은 사유를 담고 있는 강의록이 그 당시는 아직 출판되지 못했기 때문에 발생적 현상학은 셸러에게 많은 영향을 끼치지 못했다고 볼 수 있다. 후설의 발생적 현상학과는 독립적으로 셸러는 노동에 입각해 자신의 고유한 인식의 발생 이론을 정초하고자 하는데, 그는 이 이론을 확립함에 있어 후설 현상학에서가 아니라 미국 실용주의에서 영향을 받았다고 고백한다.

우리는 이제 실용주의로 방향을 돌려 보자! 우리는 이 거대한 사고 운동, 즉 미국에서 발원했지만 영국과 이탈리아, 프랑스에서 뿌리를 내린 사고 운동을 (또한 실러가 '휴머니즘'이라 부른 것도) 실용주의라는 명칭 아래 이해하며, 이 사고 운동은 모두 다음 세 가지로 언급된 형식에서 대답된다. 즉 모든 인식은 노동에서 발생하며, 단지 노동을 합목적적으로 주도하는 단 하나의 의미만을 지닌다.[51]

여기서 우리는 셸러의 발생적 인식론과 후설의 발생적 인식론의 차이점을 볼 수 있다. 인식의 발생조건으로 이해되는 셸러의 노동 개념은 후설 발생적 현상학에서 전혀 언급되지 않은 실용주의에 그 기원을 두고 있다.

20세기 독일 철학자들 중 드물게 셸러는 실용주의를 높게 평가한다. 세계와의 관계에서 인식보다는 노동으로 특징지어지는 실천적인 활동을 근원적인 토대로 간주하는 그는 이론적인 사유보다 실천적인 행위를 우위에 두는 실용주의를 지식사회학에 적극적으로 수용한다. "실증주의와 실용주의는 모든 노동과학Arbeitswissenschaft을—언제나 이를 명료하게 자각하고 있다고 말할 수는 없지만—유일하게 가능한 지식 일반으로 삼고 있다. 이 점을 자각했다는 점에서 실용주

---

51) 앞의 책, 392쪽.

의는 대단히 훌륭하다."[52] 실용주의 이론에 따르면 살아 있는 생명체의 핵심은 무엇보다 인식에 앞서 있는 의욕적이고 행위하는 활동성에 있으며, 이 활동성에 의거해 인식의 첫 단계인 감각내용이 성립한다. "우리는 행위를 수정하기 위하여 그것에 의존하는 한에서만 감각의 성분을 주목하거나 차별화한다."[53] 다시 말해서 감각작용은 주체로부터 독립되어 있는 현실적인 사물을 사변적으로 인식하는 활동을 위해 봉사하는 것이 아니라 삶을 촉진시키는 실천적인 활동에 결속되어 있다.

그런데 여기서 유의할 점은 실용주의에서 말하는 행위는 실천적인 이성이 아니라 원초적으로 충동에서 기원한다는 사실이다. 셸러는 사변적인 인식보다는 행위를 우위에 두는 실용주의 인식론에서 '충동' 개념이 차지하고 있는 중요한 위치를 다음과 같이 기술한다. "먼저 실용주의적 경향을 지닌 철학자들이 포괄적인 이론으로서 다양한 형식과 다양한 인식론적 전제 아래 가공한 충동운동적triebmotorisch인 감각이론과 지각이론의 일련의 의심할 수 없는 진리요소를 포함한다."[54] 실용주의에서는 인식보다는 삶을 촉진시키는

---

52) 앞의 책, 35쪽. 하지만 여기서 우리가 유의할 점은 비록 셸러가 실용주의를 높게 평가하지만, 그는 동시에 실용주의를 비판한다는 사실이다. "우리가 근본적으로 실천적이고 세계의 가능적 가공을 지향하는 시도의 목표설정에 저항하고, 그것을 어떤 '순수' 절대적인 지식이나 오직 인간에게만 가능한 지식으로 주장할 때 그것은 유지될 수 있을 것이다. 그러나—실제로 그런 것은 결코 있을 수 없다—둘 다 똑같이 사악한 것이다. 전자는 그릇되고 약한 정신을 지닌 낭만주의가 걸어가는 길이며, 후자는 그릇되고 피상적인 실증주의와 실용주의가 걸어가는 길이다."(같은 책, 40쪽)
53) 윌리엄 제임스,『실용주의』, 정해창 엮고 옮김(아카넷, 2008), 36쪽.
54) 셸러,『지식의 형태와 사회 2』, 147쪽.

행위가 중요하게 부각되는데, 그 까닭은 인간을 포함한 모든 생명체는 감각이 아니라 충동 활동에서 세계와의 관계를 최초로 맺기 때문이다.

충동을 강조하는 실용주의는 충동을 행위의 근본적인 동인으로 삼은 셸러의 정서적 윤리학과 깊은 연관성이 있지만, 현상학적 사유에 머물러 있었던 당시의 셸러는 이 사실을 간과했다. 충동에 연관된 감정에 기초해 있는 정서적 윤리학을 확립하는 데 있어 그는 후설의 현상학적 사유만 강조했을 뿐, 실용주의 철학과 여기서 유래되는 개념들에 관해서는 거의 언급을 하지 않았다. 그가 실용주의 철학에 관심을 갖고 연구하게 된 계기는 지식사회학을 접하고 난 이후이다. 셸러가 지적한 바와 같이 지식사회학과 실용주의 철학 사이에는 유사성이 존재하는데, 이 유사성은 다름 아니라 세계와의 관계에서 사변적인 인식보다는 실천적인 행위, 즉 노동을 우위에 둔다는 데 있다. 더 나아가 그는 세계와의 원초적 관계를 맺게 하는 노동의 기원을 실용주의 철학에서 말하는 충동 개념에서 발견한다.

실용주의 철학자들이나 셸러에 있어서 인간은 세계를 인식하기에 앞서 이미 세계 속에서 살고 있다. 그리고 인간의 삶을 지탱하는 것은 지각 활동보다 근원적인 것으로 간주되는 충동인데, 충동적인 삶에서 체험되는 세계는 지각 활동에서 경험되는 세계와 근본적으로 다르다. 세계 또는 사물을 주체로부터 독립되어 있는 외부적인 실재성으로 경험하는 지각의 목적은 이러한 실재적인 사물을 최대한 정확하게 모사하는 데 있다. 이 과정에서 지각이 외부에서 주어진 사물을 제대로 모사하는 데 성공했다면 이 사물은 대상이 된다. 따라서 지각에서 경험되는 사물은 주체에 대립되는 대상으로 특징지어지며, 이러한 대상세계는 잘 정돈되어 있고 질서 지어진 세계Kosmos로 규정된다.

하지만 전-주제적인 차원에 놓여 있는 충동에서 사물은 대상으로 주어지지 않는다. 충동적인 삶에서 인간을 포함한 생명체는 세계를 다른 방식으로 관계한다. 셸러는 충동에서 세계 또는 사물은 저항으로 주어진다고 주장한다. "오히려 그것은 모든 종류의 의욕하고 주의하는 작용 속에 있는 동일한 것인 근원에서 용솟음치는 자발성에 대해 저항Widerstand하는 존재다."[55] 그런데 여기서 중요한 점은 '저항'에서 주어지는 세계는 대상세계처럼 질서 지어져 있지 않다는 사실이다. 이와 달리 충동적인 삶과 상관관계에 있는 세계는 무질서하고 혼란스러운 세계로chaos 존재한다. 인간이 이론적 사유에 선행하는 충동적인 삶에서 최초로 만나는 세계가 바로 이러한 세계이다. 만약 저항으로서 주어지는 세계가 무질서하다면, 이 무질서한 세계에서 인간은 생존할 수가 없다. 그럼에도 불구하고 인간은 이 세계에서 삶을 유지하고 있다. 충동적인 삶에 던져져 있는 인간은 어떻게 무질서한 세계에 매몰되지 않고 생존할 수 있었는가?

---

55) 앞의 책, 257쪽. 셸러의 지식사회학에 대해 정통한 하이데거는 셸러에 있어서 실재성은 지각에서가 아니라 충동과 의지에서 최초로 경험된다는 것을 다음과 같이 기술한다. "과연 최근에 셸러가 딜타이의 실재성 해석을 이런 식으로 수용했다. 그는 일종의 '주지주의적 현존재이론'을 대변한다. 이때 현존재는 칸트의 의미로 눈앞의 존재로 이해되고 있다. '대상의 존재는 오직 충동 또는 의지와 연관해서만 직접적으로 주어질 뿐이다.' 셸러는 딜타이와 마찬가지로, 실재성은 일차적으로 결코 사유와 파악에 주어지지 않음을 강조할 뿐 아니라, 또한 무엇보다도, 인식 자체가 다시금 판단이 아니며, 앎은 일종의 '존재관계'임을 지적한다." M. Heidegger, *Sein und Zeit*(Tübingen: Max Niemeyer Verlag, 1986), p.210 참조.

인간은 충동적인 삶에서 주어지는 무질서한 세계에 머물러 있으면서 삶을 영위하지 않는다. 인간은 혼란스러운 세계에 질서를 부여하는데, 셸러는 충동적인 삶에서의 질서는 노동 활동에 의해 성립된다고 주장한다. "가능한 노동에 독립적으로 '주어졌던' 것들은 우리에게 이성적으로 통찰되고, 이념과 영원한 형식에 의해 지배되는 '코스모스'로 간주되어야 하는 것이 아니라, ('코스모스'의 반대말인) '카오스'—우리의 노동을 통해 점점 더 새로운 규정과 형식을 학수고대하는 카오스로서 간주되어야만 한다."[56] 비록 인간은 충동에서 혼란스러운 세계를 최초로 만나지만, 노동 활동을 통해 무질서한 세계를 질서 지어진 세계로 전환시킨다. 그리고 이러한 노동 활동 덕분에 인간은 질서가 형성된 세계 속에 살고 있다. 하지만 여기서 주목해야 할 점은 노동 활동에 기원을 두고 있는 질서는 지각 활동에서 경험되는 질서와 근본적으로 다르다는 사실이다.

주지주의 철학에 따르면 최초로 주어지는 감각내용은 아직 혼란스러운 상태인데, 이 혼란스런 내용은 오성의 활동에 의해 정돈되고 질서 지어진다. 그런데 여기서 말하는 질서는 감각기관에서 체험되는 현실적인 재료를 단순하게 정돈하는 수준에서 유래된 것이지 재료들의 근본적인 개조를 통해 구성된 질서를 의미하지 않는다. 이와 달리 충동 활동에서의 질서는 노동을 통해 감각내용이 개조되는 과정에서 발생하는 질서를 지칭한다. "우리는 주어진 재료가 어떤 방법으로든 개조되는 정신-육체적 양식의 모든 활동을 '노동'이라는 단

---

56) 셸러, 『지식의 형태와 사회 2』, 397쪽.

어로 이해하고자 한다."[57] 여기서 볼 수 있듯이, 감각재료들을 있는 그대로 받아들이는 지각 활동과는 달리 노동은 재료들을 가공한다.

그런데 셸러에게서 노동은 단순히 육체를 사용하여 주어진 자연적인 재료들을 가공하는 것을 의미하지 않는다. 이와 같은 활동은 동물들도 할 수 있다. 동물의 육체적 활동과는 달리 인간의 노동은 재료들을 창조적으로 개조한다. 셸러의 노동 개념에서 중요한 것은 바로 창조성이다. 실용주의 철학으로부터 영향을 받은 그는 인간과 세계와의 원초적 관계는 이성적인 활동에 선행하는 충동적인 삶의 영역에 놓여 있으며, 이 충동적인 삶에서 유래되는 창조적인 노동을 통해서 실천적 이성에서의 자유보다 근원적인 자유가 열어 밝혀진다고 주장한다. 이처럼 노동은 창조적인 활동이기 때문에 그는 육체적 활동뿐만 아니라 정신적인 활동 또한 노동으로 규정한다. 결론적으로 이러한 창조적인 노동 개념에서 우리는 궁극적으로 왜 셸러가 지식사회학에서 인식과 근대 자연과학의 지식이 노동에서 유래되었다고 주장하는지를 이해할 수 있다.

셸러의 지식사회학은 많은 통찰들을 담고 있는데, 그중에서 가장 중요한 통찰은 데카르트 이래로 근대 인식론을 지배해 온 철학적 사유, 즉 순수 오성의 활동만이 인식의 근원적인 토대라는 사유는 사실 오류라는 점을 밝힌 것이다. 물론 전기 사유에 해당되는 현상학적 감정 개념에서도 그는 이미 현실세계로부터 유리된 추상적인 오성의 한계를 지적한 바 있으나, 현상학적 감정 개념은 여전히 의식 차원에

---

57) 앞의 책, 387쪽.

머물러 있었다. 하지만 후기 사유에서 전개된 지식사회학에서 오성의 활동과 의식은 사회적 세계와 이 세계를 구성하는 노동과 비교했을 때 이차적인 것이라는 것을 발견함으로써 그는 선험적 의식 개념으로부터 완전히 벗어나게 된다. 이제부터 인식에 선행하는 근원적인 토대는 감정의 영역에서가 아니라 노동에서 열어 밝혀진다. 더 나아가 지각에 앞서 사물과 관계하는 노동은 의식 너머에 있는 세계에서 이루어진다. 그러므로 비록 지식사회학에서 이런 표현을 사용하지는 않았지만, 셸러에서도 노동하는 인간은 의식의 영역에 놓여 있는 것이 아니라 세계 속에 존재In-der-Welt-sein하는 존재자를 말한다.

인식론을 새롭게 정초하고자 하는 셸러의 지식사회학은 두 가지 점에서 근대 인식론과 대립된다. 첫째, 인식의 조건은 의식에 앞서 주어지는 세계에 놓여 있다. 둘째, 사물의 인식은 오성의 활동에 선행하는 실천적인 행위, 즉 창조적인 노동에 의해 비로소 가능하다. 이 같은 셸러 지식사회학의 관점에서 볼 때, 그의 영향을 받은 하이데거가 현존재분석에서 선험적 의식보다는 (사회적)세계-내-존재를 강조한 것은 결코 우연이 아니다. 더 나아가 현존재의 '세계-내-존재'의 의의는 단순히 후설의 선험적 주체를 극복하는 데 있지 않고 셸러의 지식사회학을 존재론의 영역으로 확대시켰다는 데서 찾을 수 있다. 또한『지식의 형태와 사회』에 대해 잘 알고 있는 하이데거 역시 현존재가 세계와 맺는 원초적 관계는 이론적인 사유에 앞서 있는 실천적인 행위에서 이루어진다고 주장하며, 이 실천적 행위에서 만나는 사물을 실용적 사물pragmata로 규정한다. 그런데 셸러와 하이데거에 앞서 실용주의 또한 이성에 선행하는 실천적 행위에서 인간은 세계와 원초적으로 관계한다고 주장한다. 따라서 하이데거 기초존재론이 의식보다는 세계와, 이론적 사유보다는 실천적 행위를 우위에 두는 사회존재론적 특성을 띠고 있다는 것을 이해하기 위해서는 셸러의 지식사회학뿐만이 아니라 실용주의에 대한 분석 역시 요구된다.

3장·실용주의

1. 현존재의 실천적인 행동과 실용주의

『존재와 시간』에서 하이데거 현존재는 이론적 사유보다는 사물을 다루는 실천적인 행위를 통해 주위 사물과 최초로 만난다고 주장한다. "왕래의 가장 가까운 양식은—제시된 바와 같이—그저 인지하기만 하는 인식함이 아니라, 오히려 자기의 고유한 '인식'을 가지고 있는, 다루며 사용하는 배려함이다."(『존재와 시간』, 98쪽) 이처럼 후설 현상학에서는 직관에서 주어지는 사물과의 관계를 맺게 하는 '지향성' 개념이 매우 중요한 위치를 차지하고 있다면, 하이데거의 기초존재론에서 핵심적인 개념은 현존재의 '실천적 행동관계'이다. 그런데 앞 장에서 논의한 바와 같이 셸러 또한 지식사회학에서 인식의 기원을 해명하는 과정에서 인간이 세계와 맺는 최초의 관계는 이론적인 이성이 아니라 실천적인 활동에 의해 이루어진다는 결론에 도달한다. 특히 그는 인류가 발전하는 과정에서 사물을 제작하는 '노동하는 인간'이 '이성적 인간'에 앞서 있다는 사실에 입각해 사변적인 이성의 능력은 노동 활동과 비교했을 때 이차적인 것에 불과하다고 역설한다. 셸러의 지식사회학을 높게 평가한 하이데거 역시 현존재분석에서 이론적 사유보다 실천적 행위를 강조한다. 하지만 근대 철학사에서 주위 세계에서 주어지는 사물과의 관계를 맺는 데 있어 이론적 사유보다는 실천적 행위를 우선시하는 인식론은 셸러의 지식사회학과 하이데거의 현존재분석에 앞서 이미 실용주의자들에 의해 철학계에 널리 알려졌다.

　사물을 인식하는 데 있어 실용주의자들 또한 이성보다는 실천적 행위를 우위에 두는데, 이 점에 대해 제임스는 다음과 같이 말한다. "사물에 관하여 의식이 최초로 던진 원초적 물음은 이론적으로 '그게 무엇이지'가 아니고 실천적으로 '누가 거기에 가는가' 또는 호비치 Horwicz가 그럴듯하게 말한 것처럼 '무엇이 되어야 할 것인가', '무엇을 할 것인가'이다."[1] 이 인용문에서 우리는 현존재의 이론적 사유보다 실천적 행위를 우위에 두는 하이데거의 기초존재론, 즉 사회존재론과 실용주의와의 공통점을 발견할 수 있다. 더 나아가 이처럼 행위를 이론보다 우선시하기 때문에 실용주의 철학적 사유 또한 하이데거의 현존재분석처럼 "반주지주의자적 경향"[2]을 띤다. 이와 같이 실천적 행위를 중시하는 하이데거의 철학적 사유와 실용주의와의 사이에 유사성이 존재하기 때문에 기초존재론에서 하이데거가 밝히고자 한 현존재의 실천적 행위에서 드러나는 존재사유를 이해하기 위해서 현존

---

1) 윌리엄 제임스, 『실용주의』, 정해창 엮고 옮김(아카넷, 2008), 35쪽.
2) 앞의 책, 264쪽.

재분석은 주지주의와 대립되어 있는 실용주의와의 연관성 속에서도 고찰되어야 한다.

위에서 살펴본 바와 같이 하이데거의 현존재분석뿐만 아니라 근대 철학적 사유에서의 '반주지주의적 경향'은 이론적 사유에 반대하는 실용주의 철학에서도 발견된다. 더 나아가 반주지주의적 입장에서 현존재분석을 수행하는 과정에서 하이데거가 사용하는 여러 개념들, 예를 들어 '작업세계', '프라그마타', '도구의 유용성', '행위의 목적' 그리고 '실천적 행위' 등은 사실 실용주의에서도 핵심적인 개념들이다. 따라서 반주지주의를 지향하는 하이데거 철학의 의의가 이론적 사유보다 실천적 행위를 강조하는 데에 있다면, 그의 철학에 대한 깊이 있는 이해를 위해서는 현존재의 실천적 행위는 실용주의에서 말하는 실천적 행위와의 연관성 속에서도 규명되어야 한다. 그리고 이러한 고찰을 통해 우리는 하이데거가 현존재분석에서 추구하는 '반주지주의적' 입장을 보다 올바르게 이해할 수 있다. 그런데 여기서 하이데거가 말하는 현존재의 실천적 행위와 실천을 강조하는 실용주의 철학 사이에 긴밀한 연관성이 존재하는지에 관한 질문이 제기될 수 있다. 다시 말해 현존재분석에서 이론적 사유보다 실천적 행위를 강조하는 하이데거는 과연 실용주의 철학을 염두에 두고 있었는가?

현존재의 실천적 행위를 강조함에도 불구하고, 『존재와 시간』에서 제시된 현존재분석에서 하이데거는 실용주의에 관한 논의를 전혀 하지 않는다. 비록 하이데거가 실용주의에 관해 언급을 하지 않지만, 셸러의 지식사회학에 영향을 받은 그는 간접적으로 실용주의 철학에 정통해 있다고 볼 수 있다.[3] 앞 장에서 밝힌 바와 같이 셀러의 지식사회학은 예루살렘의 사회학적 사유에서 파생되었는데, 예루살렘이 바로 실용주의 철학을 독일에 최초로 소개한 사상가다. 제임스와 개인적인 친분을 가지고 있었던 그는 이미 1895년에 실용주의에 관한 제임스의 글을 독일어로 번역하여 출판했다. 그리고 예루살렘이 실용주의에 주목하게 된 이유는 실용주의의 철학적 사유가 지식사회학에 기여하는 부분이 많이 있었기 때문이다. 예루살렘의 사회학적 사유를 높이 평가한 셀러 역시 이러한 실용주의 철학의 중요성을 잘 알고 있었다. 그래서 그는 자신의 지식사회학에서 실용주의 사상을 심도 있게 분석한다. 셀러가 그 당시 독일 철학자들 사이에서는 드물게 실용주의에 관심을 가지고 있었다는 사실을 우리는 『지식의 형태와 사회 2』에서 확인할 수 있다.

셀러는 새로운 철학 영역인 '지식사회학'을 1924년 출판된 저서 『지식사회학의 문제』에서 처음으로 소개한다. 그 이후에 지식사회학 이론을 더욱 더 정교하게 발전시킨 그는 새롭게 발전된 지식사회학 이론을 1926년에 출판된 『지식의 형태와 사회 1』과 『지식의 형태와 사회 2』를 통해 대중에게 알린다. 여기서 중요한 사실은 '인식과 노동'의 문제를 다루는 『지식의 형태와 사회 2』에서 실용주의 철학이 집중적으로 다루어졌다는 점이다. 사실 이 저서의 상당 부분이 실용

---

3) 셀러의 지식사회학 외에 프라이부르크 대학에서 하이데거를 가르친 E. 라스크를 통해 하이데거는 실용주의를 접하게 되었다고 하이데거 철학에 정통한 드레이퍼스는 주장한다. Hubert L. Dreyfus, *Being-in the World: A Commentary on Heidegger's Being and Time, Division I*(Cambridge: MIT Press, 1991), p.6 참조.

주의 분석과 비판에 할애됐다. 실용주의를 '철학적 실용주의'와 '방법적 실용주의'로 구분한 셸러는 실용주의 철학의 의미를 '실용주의 운동의 역사적 원천', '실용주의의 오류' 그리고 '실용주의의 상대적 옳음'의 관점에 입각해 심도 있게 분석한다. 그 당시 독일에서 실용주의에 관한 이와 같은 깊이 있는 분석은 아마도 셸러에 의해 처음으로 수행되었을 것이다. 하이데거는 이 저서에 대해 잘 알고 있었기 때문에, 현존재분석에서 실용주의가 언급되지 않았더라도, 우리는 하이데거가 셸러의 지식사회학을 통해 실용주의에 대한 지식을 습득했을 수 있음을 유추할 수 있다. 하지만 실용주의가 이처럼 중요함에도 불구하고 이제까지 진행된 하이데거 연구들에서 현존재분석은 거의 실용주의와의 연관성 속에서 해명되지 않았다.[4]

하이데거 연구에서 실용주의가 소홀히 다루어진 이유는 물론 현존재분석에서 실용주의가 언급되지 않았다는 사실에서 기인하지만,

---

4) 하이데거 연구에 있어서 현존재의 실천적 행동관계를 근원적인 관계로 파악함으로써 하이데거 철학의 본질은 실천이 이성보다 우위에 있다고 보는 해석이 단편적으로 시도되었다. 특히 현존재의 주위세계에서 일차적으로 만나는 '실용적인 사물'(pragmata)은 본질적으로 현존재의 실천적인 행동과 관계한다는 사실을 발견함으로써 실용주의로부터 영향을 받은 일부 미국 연구자들은 하이데거 철학의 독창성은 이론적 사유보다 실천적 행위를 중시하는 실용주의 철학을 재전유하는 데 있다고 주장한다. M. Okrent, *Heidegger's Pragmatism*(New York: Cornell University Press, 1988); R. Rorty, "Heidegger, Contingency, and Pragmatism", *Heidegger: A Critical Reader*(Oxford: Blackwell, 1992); R. Brandom, "Heidegger's Categories in Being and Time", *Heidegger: A Critical Reader*(Oxford: Blackwell, 1992) 참조. 그런데 사실 이러한 해석의 선구자는 칸트 철학의 전문가인 프라우스(G. Prauss)이다. 그는 칸트 철학에서 실천이성이 이론인인 이성보다 우위에 있다는 점에 착안하여, 하이데거 철학의 핵심은 궁극적으로 이성보다 실천을 우위에 두는 데 있다고 해석한다. G. Prauss, *Knowing and doing in Heidegger's "Being and Time"*, trans. G. Steiner and J. Turner(New York: Humanity Books, 1999) 참조.

이보다 더 중요한 이유는 독일 철학자들에게 실용주의는 진지한 철학으로 간주되지 않았기 때문이다. 앞에서 언급한 바와 같이 독일에서는 예루살렘과 셸러만이 실용주의 철학을 높게 평가했을 뿐 다른 철학자들은 실용주의에 대해 전혀 관심을 갖고 있지 않았다. 왜냐하면 그들에게 실용주의 철학은 천박한 상업주의와 밀접하게 관련되어 있다고 비춰졌기 때문이다. 하이데거 또한 통제되지 않은 상업주의와 기계 문명에 기반을 두고 있는 아메리카는 지구의 모든 영역을 기계 문명에 의해서 정복하고 경제적 수익을 최대한 짜내는 나라라고 비판한다.[5]

이와 같은 비판에 의거하여 하이데거 철학 연구자들은 하이데거 철학과 실용주의 철학과의 연관성에 대해 크게 주목하지 않았다. 그럼에도 불구하고 반주지주의 입장을 취하는 실용주의와 마찬가지로 기초존재론에서도 하이데거 또한 이론적 사유보다는 실천을 우위에 두기 때문에 현존재의 실천적 행위를 보다 깊이 있게 이해하기 위해서는 실용주의가 지향하는 철학적 사유가 무엇인지가 파악되어야 한다. 실용주의 철학의 분석을 통해 우리는 이론적 이성 또는 현상학적 직관에 앞서 사물을 우선적으로 만나는 현존재의 '실천적 행동관계'의 의미를 보다 넓은 지평에서 이해할 수 있는 계기를 마련할 수 있다. 더 나아가, 이를 바탕으로 하여 우리는 하이데거의 존재사유는 이론적 사유보다 실천적 행위를 우위에 두는 사회존재론을 정초하는 것에 방향 잡혀 있음을 보다 분명하게 파악할 수 있다.

---

5) 마르틴 하이데거, 『형이상학 입문』, 박휘근 옮김(문예출판사, 1994), 74쪽.

2. 실용주의의 인식론

1870년대에 보스턴에 위치하고 있는 하버드 대학에서 논리학 수업을 담당하는 퍼스와 심리학을 가르치는 제임스를 중심으로 젊은 지식인들이 '형이상학 클럽'을 만든 다음 정기적으로 모임을 가졌는데, 실용주의는 이 모임을 통해 탄생했다. 논리학, 수학 그리고 물리학에 정통한 퍼스는 형이상학 클럽에서 논의된 내용들을 정리하여 논문 「실용주의」를 발표하는데, 이 논문에서 '실용주의'라는 용어가 최초로 대중들에게 소개되었다. 여기서 중요한 점은 실용주의 철학은 어떤 독창적인 사상가의 방대한 철학적 체계에 의해 성립된 것이 아니라 젊은 학자들이 만든 철학적 모임에서 논의된 것을 정리하는 과정에서 유래되었다는 사실이다.

실용주의는 그 당시 많이 알려지지 않았던 젊은 학자 퍼스가 쓴 짧은 논문을 통해 소개되었기 때문에 많은 사람들로부터 크게 주목을 받지 못했는데, 이 점에 대해 제임스는 다음과 같이 말한다. "내가 캘리포니아대 하위슨 교수가 주관하는 철학 클럽에서 발표하여 그것을 다시 세상에 내놓고 종교에 특별히 적용하기 전까지, 이것(실용주의—인용자)은 20년간 아무도 전혀 주목하지 않았다."[6] 그런데 이러한 상황은 제임스에 의해 변하게 된다. 『심리학 원리』로 이미 명성을 얻은 그는 저서 『실용주의』를 출판하는데, 그 이후부터 실용주의는 대중으로부터 주목을 받게 된다.

---

6) 제임스, 『실용주의』, 258~259쪽.

일반적으로 새로운 철학 원리를 소개할 때 이 철학 원리를 최초로 확립한 창시자들은 자신들의 교의가 획기적인 발견이라고 주장한다. 그런데 놀랍게도 제임스는 실용주의를 소개하는 글 「실용주의가 의미하는 것」에서 "오래된 사유 방식을 위한 새로운 이름"A New Name for Some Old Ways of Thinking이라는 부제를 붙인다.[7] 사람들은 이와 같은 부제가 제임스의 겸손한 태도에서 기인했다고 생각하는데, 사실은 제임스가 고백한 바와 같이 실용주의적 사유는 이미 18세기 말에 사회 철학과 이것에 연관된 노동 개념을 통해 유럽에 널리 퍼져 있었다.

또한 실용주의가 유행하기에 앞서 실험과학의 철학적 의미를 밝히는 과정에서 E. 마흐는 사물에 대한 궁극적인 이해는 이 사물을 실천적으로 마음대로 다룰 수 있을 때 비로소 얻어질 수 있다고 주장한다. 한 예로 마흐의 이러한 사유에 대해 잘 알고 있는 화학자 오스트발트는 실험화학의 의의를 다음과 같이 말한다. "모든 실재는 실천에 영향을 미칩니다. 그런 영향이 우리에게 실재의 의미입니다."[8] 실용주의 원리를 설명하는 데 있어 제임스는 실험화학에 관한 이와 같은 오스트발트 견해에 전적으로 동의한다. 이 외에도 고전 심리학과는 다른 방식으로 인간 의식을 탐구하는 형태 심리학Gestalt psychology과 그리고 다윈의 진화 생물학 또한 실용주의에 앞서 실천적 행위는 이론에 선행한다는 점을 강조한다.

더 나아가 이론이성보다 실천이성이 우위에 있다는 칸트 철학의

---

7) 앞의 책, 255~285쪽.
8) 앞의 책, 259쪽.

교의를 따르는 독일 관념론 전통에서도 사변적인 이성보다는 실천적 행위를 가능하게 하는 의지가 더 중요한 개념으로 간주되었는데, 독일 관념론에 정통한 실용주의자 듀이는 이 점에 대해 다음과 같이 말한다.

> 피히테에게 이성은 의지의 표현이며, 칸트가 그러하듯이 의지는 이성을 행동에 적용한 것이 아니다. '태초에 행위가 있었나니' 이 구절은 피히테 철학을 함축적으로 요약해 준다. […] 피히테가 관심을 가졌던 세계와 인간 삶의 측면을 가장 잘 설명해 주는 철학적 공식은, 바로 온갖 난관과의 투쟁과 대립을 극복하는 자아실현을 향한 노력이다. 따라서 이성에 대한 그의 핵심적인 이해는 그것이 의지라는 것이다.[9]

여기서 제시된 바와 같이 실험화학과 형태 심리학 외에 피히테 철학에서도 실용주의에 앞서 이미 사변적인 이성보다는 실천적인 행위가 더 중요한 것으로 간주되었다. 따라서 제임스가 지적한 바와 같이 퍼스와 듀이만이 의지나 실천적 행위를 강조한 것이 아니다. 다만 실용주의자들이 기여한 바는 사물의 인식에 있어 주지주의자들이 간과한 행위의 중요성을 다시 부각시켰다는 데 있으며, 더 나아가 실천적 행위에 기반을 두고 있는 개별 학문의 탐구 방식을 철학적으로 정식화시켰다는 데 있다. 다시 말해, 제임스에 따르면 실용주의의 의의는 선구자들이 단편적으로 수행한 철학적 원리를 보편화시킨 데 있

---

9) 존 듀이, 『존 듀이의 독일 철학과 정치』, 조상식 옮김(교육과학사, 2016), 118~119쪽.

다. "그러나 실용주의의 이런 선두주자들은 그것을 단편적으로 이용했을 뿐이다. 즉 그들은 단지 개척자들일 뿐이었다. 우리 시대에 와서야 실용주의는 스스로를 일반화하였고, 보편적 사명을 의식하게 되었으며, 승리할 숙명을 자부하게 되었다."[10] 그리고 이와 같이 행위를 인식의 보편적 원리로 정초한 실용주의 철학에서 우리는 비로소 '사유하는 자아'를 강조한 데카르트 이래로 행위보다 이론적 이성을 우위에 두는 근대 철학적 사유로부터 벗어나 있는 새로운 사유의 길을 발견한다.

근대 철학을 열어 밝힌 데카르트 철학은 중세 철학의 비판에서 출발한다. 중세 철학에서는 사유의 최종 근거가 신적 사유에 있다. 하지만 유명론적 회의론에 입각해 기만적인 신deceitful God 개념을 상정해 볼 수 있다고 생각한 데카르트는 사유의 최종 근거가 가장 먼저 신적 사유에서 보장되지 않는다고 주장한다. 이와 달리 어떠한 회의에서도 결코 의심될 수 없는 토대가 있는데, 이 토대를 데카르트는 '나는 사유한다. 그러므로 나는 존재한다'라는 철학적 원리에서 발견한다. 그리고 사유의 출발점을 신에서 인간으로 옮긴 이 원리를 통해 그는 중세 철학으로부터 단절된 근대 철학적 사유의 토대를 확립한다. 그런데 실용주의자들에 따르면 신을 중시하는 중세 철학과 비교했을 때 인간 사유를 최종 근거로 삼은 데카르트 철학은 혁명적인 철학으로 보일 수 있지만, 데카르트는 여전히 전통 철학적 전통에 머물러 있다. 왜냐하면 전통 철학에서 인간의 본질은 이론적 이성에 있다고 보

---

10) 제임스, 『실용주의』, 261쪽.

는데, 그는 이러한 규정을 자신의 철학적 원리에 그대로 받아들이기 때문이다. 따라서 실천이성과 구분되는 이론적 이성이 인간의 근본적인 특징으로 강조되는 한 인간의 본질을 규정함에 있어 데카르트의 철학은 급진적이지 않다. 하지만 이와 달리 실용주의에서의 인간 개념은 전통 철학적 방식과는 완전히 다르게 규정된다.

실용주의에 따르면 인간의 본질은 이성이 아니라 '실천적 행위'에 놓여 있는데, 이 점에 대해 제임스는 다음과 같이 밝힌다. "실용주의라는 말은 행위를 의미하는 그리스어 프라그마에서 유래하였고, '실천'이나 '실질적'이라는 단어도 여기에서 나왔다. 이것은 1878년 퍼스가 처음 철학에 도입하였다. […] 퍼스는 우리의 신념은 실제로 행위를 위한 계획이라고 지적한 뒤, 사유의 의미를 발전시키기 위하여 우리는 사유가 어떤 행위를 산출하기에 적합한가를 결정하기만 하면 된다고 말하였다. 우리에게 행위는 사유의 유일한 의미이다. 우리의 모든 사유-구분들의 밑바닥에 있는 명백한 사실은, 아무리 미묘하다 해도 이 구분들이 실천에 관한 가능한 차이 이외의 것으로 구성될 수 있을 만큼 그렇게 세밀하지는 않다는 것이다."[11] 더 나아가 듀이는 실용주의 원리를 다음과 같이 정의한다. "우리가 따르는 노동의 원칙은 무언가를 시도하는 데 있다. 즉 시도하면서 무언가를 찾아내고, 관념이나 이론의 가치를 가늠하는 데에도 실제에의 적용 및 검증을 하는 것과 같은 성공적인 시도에 있다. 어떤 선험적인 원리보다 구

---

11) 앞의 책, 257~258쪽.

체적인 결과만이 우리를 안내하는 원리를 제공한다."[12] 이 두 인용문들에서 우리는 데카르트의 철학적 원리와 완전히 구분되는 실용주의 철학적 원리를 발견한다. 실용주의에 있어서 근본적인 철학적 원리는 '나는 사유한다. 그러므로 나는 존재한다'에 놓여 있는 것이 아니라 '나는 행위한다. 그러므로 나는 존재한다'에서 찾아진다.

실용주의에서 실천적 행위는 이론적 사유보다 우위에 있다. 더나아가 실용주의적 실천 개념은 추상적인 영역보다는 구체적인 영역에서 유래되는데, 이 점에 대해 제임스는 다음과 같이 기술한다. "실용주의는 추상과 불충분함, 언어적 해결, 나쁜 선천적 이유들, 고정된 원칙과 폐쇄된 체계, 그리고 전제된 절대 및 기원들로부터 돌아선다. 실용주의는 구체성과 적실성, 사실, 행동과 힘을 향해 나아간다."[13] 이 인용문에서 볼 수 있듯이 이성과 행위 외에 실용주의에서 추상성은 근본적으로 구체성과 구분된다. 그런데 중요한 점은 실용주의에서 구체적 행위와 추상적 사유의 구분이 근대 경험주의와 근대 합리주의의 대립을 반복하고 있지 않다는 사실이다. 이와 달리 실용주의에서 말하는 '구체적 행위'는 추상적 사유에 앞서 주어지는 근원적인 토대를 의미한다.

구체적 행위를 강조하는 실용주의는 반주지주의적 경향을 띠지만, 그렇다고 해서 실용주의가 사물의 인식을 전면적으로 부정하는 것은 아니다. 엄밀하게 말해서 실용주의에서의 행위 개념은 실천 철

---

12) 듀이, 『존 듀이의 독일 철학과 정치』, 199쪽.
13) 제임스, 『실용주의』, 262쪽.

학보다는 인식론에 더 가깝다. 그런데 인식의 구조를 해명하는 데 있어 실용주의는 전통 철학적 방법을 따르지 않는다. 그리스 철학 이래로 인간의 본질은 이성에서 찾아지며, 전통 철학적 사유는 이론적 이성에 입각해 사물의 인식을 정초하고자 한다. 그런데 사물의 인식을 규명함에 있어 실용주의 철학은 전통 철학적 방법처럼 이미 주어진 이성의 분석에서 출발하지 않고 오히려 이성의 발생적 조건에 대해 탐구한다.[14]

삶의 활동에 있어 인간을 포함한 모든 생명체들의 최대 관심은 외부에서 주어지는 자연환경에 적응하는 과정에서 도태되지 않고 생존하는 데 있다. 그리고 생존하기 위해서는 어느 정도의 지식이 필요하다. 인간의 생존 또한 예외는 아니다. 그런데 인간의 지식은 다른 생명체의 지식에서는 찾아 볼 수 없는 독특한 특징을 갖고 있다. 동물의 지식은 오직 자연적 본능과 욕망에 의해 결정되는 데 반해 인간의 지식은 한편에서는 본능의 영향권에 있지만, 다른 한편에서는 충동적인 행동이나 자연에서 부여되는 틀에 박힌 행동으로부터 벗어나

---

14) 사물의 인식 조건을 해명하는 데 있어 이성의 발생적 조건에 역점을 두고 있는 실용주의 철학의 방법은 다윈의 진화론에서 영향을 받았다. 다윈의 진화론이 등장하기 이전에 사람들은 인간은 본질적으로 동물과 구분된다는 확신을 가지고 있었다. 특히 기독교인들은 창세기에 근거하여 하느님은 이미 태초에 지금의 모습으로 있는 인간을 창조했다고 믿는다. 그런데 다윈의 진화론은 이러한 인간에 대한 이해를 뒤흔들어 놓았다. 다윈에 따르면 현재 인간의 모습은 신에 의해 창조된 영원불변한 것이 아니라 오랜 세월에 걸쳐 진화한 것이다. 다시 말해 그는 인간이 초월적인 신에 의해 창조된 것이 아니라 자연적 세계에 있는 동물적 삶에서 진행된 적자생존의 결과물이라는 사실을 진화론에서 증명했다. 그리고 진화론에 영향을 받은 실용주의자들은 결코 변하지 않고 완전한 형태로 있는 인간 개념을 거부한다. J. Dewey, "The Evolutionary Method as Appeal to Morality", *Philosophical Review*, vol. xi, pp.330~353; "Evolution and Ethics", *Monist*, vol. viii, pp.295~321 참조.

있다. 그리고 본능으로부터 벗어날 수 있는 이유는 현재에 머물러 있는 동물과는 달리 인간은 미래에 기투할 수 있는 능력이 있기 때문이며, 실용주의에 따르면 이 능력은 사고하는 능력에서 유래된다. 이 점에 대해 듀이는 다음과 같이 밝힌다.

> 동물은 비가 올 것 같을 때 유기체에 대한 즉각적인 자극 때문에 자기의 굴속으로 들어갈 것이다. 생각하는 행위자는 어떤 주어진 사실을 비가 올 신호로 자각하고, 미래에 대한 예상에 따라 조치를 취할 것이다.[15]

이처럼 사고 능력 덕분에 인간은 현재에 머물러 있는 본능적 삶에 귀속되지 않는데, 전통 철학적 사유 또한 이 점에는 동의할 것이다. 그런데 다음과 같은 질문을 제기함으로써 실용주의는 전통 철학적 사유보다 한 발 더 나아간다. 이와 같은 사고의 능력은 어디서 유래되는가? 사고하는 능력이 선천적으로 주어졌다고 생각하는 전통 철학적 사유에서 이와 같은 질문은 무의미할 수 있다. 하지만 실용주의자들이 인식론에서 추구하는 것이 바로 사고하는 능력의 기원을 해명하는 작업이다.

인간의 지식은 충동에 귀속되지 않는다. 하지만 이러한 사실 외에 인간의 지식과 동물의 지식 사이에는 또 다른 차이점이 있는데, 이 차이점은 갓 태어난 송아지의 지식과 갓난아이의 지식에 대한 비교

---

15) 존 듀이, 『하우 위 싱크』, 정회욱 옮김(학이시습, 2010), 19쪽.

에서 드러난다. 예를 들어 갓 태어난 송아지는 태어나자마자 어떤 도움 없이 곧바로 일어서서 걸을 수 있다. 그리고 걷기 위해서는 공간에 대한 지식이 필요한데, 이러한 지식은 학습되는 것이 아니라 송아지에게 선천적으로 주어져 있다. 하지만 갓난아이의 경우는 완전히 다르다. 듀이에 따르면 갓난아이는 모든 것을 배워야 한다.

> 아기의 주된 문제는 아기의 물리적이고 사회적인 환경에 편안하고 효과적으로 적응하는 도구로서의 자기 몸을 숙달하는 것이다. 아기는 보기, 듣기, 잡기, 다루기, 몸의 균형을 유지하기, 기기, 걷기 등 거의 모든 것을 배워야 한다.[16]

음식을 섭취하기 위한 거리 조정 행동도 비슷한 경로를 거친다. 갓 태어난 병아리가 앞에 놓인 곡식을 쪼아 먹기 위해서는 눈과 머리의 복잡한 조정력이 요구되는데, 병아리에게 이 조정력은 생득적이다. 이와 달리 갓난아이가 거리 조정을 하기 위해서는 연습이 필요하다고 듀이는 주장한다.

> 몇 달 된 젖먹이는 눈에 보이는 것을 향해 손을 뻗지만 거리 조정하는 방법을 습득하기 위해서는 몇 주 동안의 연습이 필요하다. 아기가 손을 뻗어 달을 잡으려 한다는 말은 진실이 아니겠지만, 아기가 어떤 사물이 잡을 수 있는 거리에 있는지를 알 수 있기까지는 많은 연습이 필요하다

---

16) 앞의 책, 181쪽.

는 것은 사실이다. […] 그러나 최종 숙달은 관찰하고 성공적인 움직임을 선택하고, 그것을 목적에 맞춰 배열하는 작업을 필요로 한다. 이러한 의식적 선택과 배열 작업이 초보적인 형태의 사고를 구성한다.[17]

요약하자면 인간의 지식은 선천적으로 완벽하게 주어진 이성으로부터 파생되지 않는다. 이와 달리 인간의 지식은 신체적 활동을 통해 습득되며, 이러한 신체 활동에서 이성이 유래된다고 실용주의자들은 주장한다. 그러므로 실용주의에 있어서 행위 또는 신체적인 활동에 비교했을 때 사고하는 능력이 인간의 근원적인 토대가 아니라 이차적인 것에 불과한데, 이 같은 사실은 언어의 현상에서도 확인할 수 있다.

사유하는 능력 외에 인간과 동물을 구분 짓는 또 다른 핵심적인 특징이 있는데, 이 특징이 바로 말할 수 있는 능력이다. 동물의 삶과는 달리 인간의 삶은 언어로 구성되어 있다. 물론 동물들도 의사소통할 수 있는 능력이 있다. 예를 들어 주인이 손을 흔들어 오라고 하면 강아지는 손을 보고 뛰어 온다. 하지만 주인이 손가락으로 강아지에게 멀리 떨어져 있는 먹이를 가리키면, 강아지는 손가락이 지시하는 대상은 외면한 채 손가락 자체에만 주의를 집중한다. 강아지가 이러한 행동을 하는 이유는, 강아지는 직접적으로 주어지는 감각, 즉 손가락의 가리킴에만 반응하기 때문이다.

이와 달리 어린아이에게 손가락으로 어떤 대상을 가리키면, 어린

---

17) 앞의 책, 182쪽.

아이는 손가락이 아니라 대상에 주의를 기울인다. 왜냐하면 어린아이는 감각적으로 존재하는 자극에만 반응하는 것이 아니라 감각 대상에 의해 암시되는 의미에 대해서도 반응하기 때문이다. 그리고 이러한 의미는 손의 제스처, 말, 그리고 문자 등을 모두 포함하는 인위적인 '기호'sign로 표현된다. 여기서 우리는 인간 삶에서만 이루어지는 독특한 의사소통 방식을 엿볼 수 있다. 인간의 의사소통은 많은 경우 기호로 이루어진 반면, 동물에게서는 이와 같은 의사소통이 존재하지 않는다.

그리고 주지주의자들에 따르면 인간 삶에서 직접적으로 주어지는 감각에서 벗어나 있는 기호에 의해 의사소통이 가능한 이유는 인간만이 사고하는 능력을 가지고 있기 때문이다. 즉 인간이 사고할 수 있기 때문에 언어를 사용할 수 있지만 동시에 역으로 언어 때문에 사고할 수 있다. 더 나아가 언어에 있어서 기호적 기능을 강조하는 주지주의 철학에서 언어의 목적은 정확한 개념을 통해 얻어진 사물의 지식을 잘 전달하는 데 있다.

하지만 사고하는 능력을 이차적인 것으로 간주하는 실용주의자들은 언어의 기능이 지식 전달에 있다는 주지주의적 견해에 반대하는데, 그 이유는 언어의 기원은 이성이 아니라 감정에 있기 때문이다. 그리고 감정에서 유래된 언어는 지식 전달보다 행위와 우선적으로 관계한다.

언어의 첫 번째 동기는 (욕망, 감정, 생각의 표현을 통해) 다른 사람의 활동에 영향을 주는 것이다. 두 번째 용도는 다른 사람과 보다 친밀한 사회적 관계를 맺는 것이다. 사고와 지식의 의식적 전달 수단으로 언어를 사용하는 것은 세 번째 용도로 비교적 나중에 형성된 것이다.[18]

이와 같은 실용주의적 언어 개념은 일상적인 삶의 경험을 통해 해명될 수 있다. 모든 사람들의 삶은 갓난아이의 삶에서부터 시작하는데, 사고의 능력이 아직 발달하지 않은 갓난아이는 우선적으로 문자화된 언어를 사용할 수 없다. 더 나아가 갓난아이는 말하는 것조차 불가능하다. 하지만 이성이 부재했다고 해서 갓난아이가 의사소통 능력이 없는 것은 아니다. 사고하는 능력 대신에 감정과 욕망으로 충족된 갓난아이는 몸의 제스처나 울음을 통해 부모와 소통을 할 수 있다. 그리고 갓난아이의 의사소통의 목적은 대부분 부모의 도움을 요청하는 데 있다. 갓난아이의 울음소리에 부모는 달려온다. 이처럼 갓난아이의 의사소통에서 볼 수 있듯이 언어의 원초적 동기는 행위를 유발하는 데 있다. 여기서 제시된 바와 같이 언어의 기원에 있어서도 행위는 이성에 선행한다고 실용주의자들은 주장한다. 더 나아가 그들에 있어서 언어뿐만 아니라 지각의 활동 또한 행위를 전제로 한다.

근대 인식론에서 사물에 대한 인식의 기원은 한편에서는 경험주의에 의해, 다른 한편에서는 합리주의에 의해 탐구되었다. 경험주의는 사물의 인식이 지각의 활동에 의해 구성된다고 본 반면 합리주의에 있어 인식의 토대는 오성의 활동에서 찾아진다. 그런데 사물의 인식에 있어 실용주의는 경험주의와 합리주의 모두를 따르지 않는데,

---

18) 앞의 책, 206쪽.

그 이유는 오성과 지각은 인식의 근원적인 토대가 아니기 때문이다. 물론 오성의 활동보다는 인간 삶을 강조하기 때문에 실용주의는 경험주의에 가깝지만 그렇다고 해서 지각을 인식의 최종 근거로 삼지는 않는다. 경험주의와 합리주의의 대립을 벗어나 있는 제3의 길을 열어 밝히고자 하는 실용주의에 따르면 인식의 토대는 오성의 활동뿐만 아니라 지각에 선행하는 행위에서 찾아진다.

> 귀와 눈에 대한 헬름홀츠의 불멸의 저작은 대체로 실질적 효용성이 우리 감각의 어느 부분을 인식하고 어느 부분을 무시할 것인가를 전반적으로 결정한다는 법칙에 관한 주석에 지나지 않는다. 우리는 행위를 수정하기 위하여 그것에 의존하는 한에서만 감각의 성분을 주목하거나 차별화한다.[19)]

오성의 활동처럼 지각 또한 행위에 의해 조건 지어진다. 지각이 이차적이라는 사실은 다음의 예에서 제시될 수 있다. 사자가 평야에서 먹잇감을 찾으려고 배회하다가 사슴들을 발견하고 공격한다. 이러한 현상을 놓고 주지주의자들은 사자가 사슴들을 감각작용을 통해 인지한 후 공격을 시작한다고 말한다. 사슴들을 인지하지 못한다면 사자는 결코 사슴들을 잡을 수가 없다.

그런데 사물의 지각을 이차적인 것으로 보는 실용주의자들은 사자의 공격에 대해 다르게 설명한다. 사자가 사슴들을 공격하기 이전

---

19) 제임스, 『실용주의』, 36쪽.

에 사자들을 움직이게 만든 동인은 사슴의 감각내용에 있는 것이 아니라 사냥감을 공격하라는 신호에 놓여 있다. 도망가는 사슴들의 움직임도 마찬가지다. 사슴들은 사자가 오는 것을 지각하고 도망가는 것이 아니라 도망가라는 신호를 인지했기 때문에 멀리 달아나는 것이다. 사실 사자가 공격했을 때 사슴들은 허둥지둥 도망가는데, 이때 무리를 지어 생활하는 모든 사슴들이 사자가 나타난 것을 지각했다고 볼 수 없다. 갑작스럽게 일어난 집단적 움직임에서 개개의 사슴들은 도망가라는 신호를 감지했기 때문에 사자를 직접적으로 지각하지 못해도 무리에 휩쓸려 달아나는 것이다. 감각작용에 앞서 주어지는 도망가라는 신호 또는 공격하라는 신호에 의해 사슴과 사자들의 움직임, 즉 행위가 시작된다. 여기서 언급되는 도망가라는 신호는 지각의 활동에 앞서 주어지는 도망가고자 하는 충동에서 유래된다고 실용주의는 역설한다. 이상에서 살펴본 바와 같이 이성은 삶으로부터 분리되어 있는 것이 아니라 삶의 활동에 기초해 있는 신체적 활동과 충동에서 유래된다. 더 나아가 신체적 활동을 전제로 하는 이성은 필연적으로 세계에 속해 있다.

실용주의 철학에 있어 인간 삶의 근원적 토대는 '나는 사유한다'가 아니라 '나는 행위한다'에 놓여 있다. 그리고 실용주의자들은 세계 속에서 이루어지는 인간의 행위는 시대적 상황 그리고 사회적 상황과 연관을 맺고 있다고 주장한다. 특히 순수한 이성을 부정하는 듀이는 사유의 활동이 사회적 구조에 의해 조건 지어진다는 점을 강조한다. "또한 어떠한 사유도 특정한 시간과 공간으로부터 산출된 것이기에 언제나 혼합된 성질을 띤 것임에 틀림없다. 또 경우에 따라서는,

탐색적이고 더 영속적으로 보이는 사유라고 특정한 시대와 유행이나 제도에 뿌리내리기도 한다."[20] 그리고 이러한 인식에 대한 사회학적 관점에 입각해 그는 다른 나라에 비해 왜 유독 미국에서 이론보다 행위를 우선시하는 실용주의가 각광을 받았는지를 설명하고자 한다.

근대 시대에 건립된 미국은 다른 유럽 국가들과는 다른 사회적 구조를 갖고 있다. 과거 전통에서 자유로운 미국 사회에서는 모든 사람들이 귀족과 평민으로 나뉘는 신분제도에 얽매이지 않고 평등한 권리를 갖는다. 이처럼 미국은 귀족 신분이 없는 평등한 사회였으며 미국으로 이민 온 사람들이 주로 평민 출신이었기 때문에, 미국에서는 노동이 경멸의 대상이 아니라 긍정적인 활동으로 받아들여졌다. 더 나아가 유럽에 비해 매우 넓은 땅을 개척해야 하는 상황에 놓여 있던 미국 사람들에게 노동은 선택사항이 아니라 필수 행위였다. 이처럼 노동이 긍정적으로 간주됐기 때문에 미국에서 자본주의 경제는 빠른 속도로 발전했다. 후발 주자로 출발했지만 19세기 초에 이미 미국의 산업 활동은 유럽의 수준과 대등하게 된다. 그리고 경제적 발전과 더불어 학문적 발전도 급속하게 이루어진다. 철학 분야에서 19세기 말에 실용주의라는 고유한 철학적 체계가 완성되는데, 듀이에 따르면 유독 미국에서 이론보다 행위를 우위에 두는 실용주의 철학이 확립된 것은 우연의 소치가 아니다. 노동을 중시하는 미국 사회에서는 사변적인 이성보다는 행위를 중시하는 철학이 각광받을 수밖에 없었다.

---

20) 듀이, 『존 듀이의 독일 철학과 정치』, 40~41쪽.

그리고 이처럼 사유가 사회적 구조에 의해 결정된다는 것을 직시한 듀이는 미국에서 확립되는 철학적 사유는 유럽에서 정초된 사유와는 다른 특징을 띠고 있다고 주장한다. 그에 따르면 과거로부터 전해져 내려온 전통적 유산을 가지고 있지 않은 신생 국가 미국은 다른 유럽 국가처럼 순수한 사변적 사유보다는 사회적 요구에 따라 행위에 기반을 둔 사유가 필연적으로 발전할 수밖에 없다.

미국은 신생 국가이기 때문에 선험 철학을 구축할 여력이 없다. 즉 우리에게는 법, 제도 및 구축된 사회조직에 기반이 되는 오래된 유산도 없다. 미국은 신생 국가이기 때문에 우리의 상상력에 적합한 독일 유형의 진화적인 철학도 제시할 수도 없다. 왜냐하면 우리의 역사는 너무도 분명하게 미래만을 갖고 있다. 아울러 우리 나라는 너무 크고 비형식적이어서 여기저기 이음새가 잘못 이어져 있고 산산이 부서져 버린 기계 부품과도 같다. 그렇다고 이를 수선하기 위해 골동품 같은 이성 개념에 기초해 있는 고전적 경험 철학을 신뢰할 수도 없는 노릇이다. 우리는 굉장히 기발한 상상력에서 분출하는 건설적인 방법이나, 성취된 결과에 비추어 과정의 각 단계를 면밀하게 검토하는 방법과 같은 어떤 체계를 필요로 한다.[21]

여기서 비록 주제화하지 않았지만, 듀이는 개인의 사고방식이 사회 조건에 의존되어 있다는 것을 보여 준다. 결과적으로 학문적 이론

---

21) 앞의 책, 204쪽.

을 정초하는 데 있어 많은 미국 사상가들, 예를 들어 철학자, 심리학자 그리고 사회학자 등이 사변적인 이성보다는 구체적인 행위를 우선시하는 이유는 그들이 전통적 유산을 물려받지 않은 신생 국가 미국이라는 특수한 사회적 조건에서 교육받고 사유를 했기 때문이다.

영국 경험론과 독일 관념론은 문화로부터 독립된 순수하게 철학적 이론으로 다루어지는 데 반해 실용주의는 미국의 정신을 대변하는 철학으로 간주된다. 사실 실용주의와 미국의 정신 사이에는 본질적인 공통점이 있는데, 이 공통점이란 바로 노동 개념이라고 셸러는 지식사회학에서 주장한다.

> 실용주의가 호흡하는 정신은 시카고의 12층짜리 건물에서 말하는 것과 동일한 정신이며, 휘트먼Walt Whitman의 시에서 울려나오는 정신이며, 먼저 현대 미국이 창조했으며, ─막스 베버가 말한 바와 같이─제네바와 네덜란드에서 '초기 자본주의의 영웅 시대'를 만들어 낸 무한한 청교도적인 노동정신에서 나온 그런 정신이다.[22]

유럽에서 산업주의가 태동되었을 때 미국은 이 산업주의를 빠르게 받아들인다. 그리고 신분제도가 아닌 평등한 조건에서 수행되는 미국의 경제 활동에서 부를 얻게 해주는 노동은 항상 긍정적으로 평가되었다. 이러한 노동 개념에 익숙한 실용주의자들은 고전 과학자들과는 달리 근대 자연과학자들이 자연의 진리를 탐구함에 있어 이

---

22) 막스 셸러, 『지식의 형태와 사회 2』, 정영도·이을상 옮김(한길사, 2011), 397~398쪽.

론적 사유뿐만 아니라 행위(노동)가 요구되는 실험을 했다는 사실에 주목하게 된다. 더 나아가 그들은 근대 산업 경제에서 노동을 중시하는 새로운 패러다임이 확립되었듯이 학문의 영역에서도 이성보다 행위를 우위에 둠으로써 새로운 패러다임을 정초하고자 한다. 이상에서 살펴보았듯이 셸러의 지식사회학에 앞서 실용주의자들 또한 사물을 인식하는 데 있어 실천적 행위와 사회적 조건을 강조한다. 그리고 근대 자연과학의 실험에서처럼 실용주의적 인식론 또한 사물에 대한 인식이 이성에 선행하는 행위에서 드러난다는 사실을 우리는 실용주의의 진리 개념에서 보다 분명하게 이해할 수 있다.

3. 실용주의의 진리 개념

합리론적 진리 개념 비판

비록 퍼스가 확립했지만 크게 주목받지 못한 실용주의 철학은 1898년 발표된 제임스의 논문 「실용주의가 의미하는 것」을 통해 대중에게 널리 알려지게 된다. 하지만 이렇게 알려진 실용주의에 대한 철학계의 반응은 호의적이지 않았다. 특히 실용주의는 유럽 합리주의 철학자들에 의해 "조야한 경험주의 혹은 물질주의적인 공리주의와 동의어"[23]로 비판받았다. 실용주의에 대한 오해에서 비롯된 이러한 비판에 대응하기 위해 제임스는 실용주의에 관한 또 다른 논문을 준비

---

23) 듀이, 『존 듀이의 독일 철학과 정치』, 198쪽.

하는데, 이 논문이 바로 1907년에 출판된 「실용주의의 진리 개념」이다. 이 논문에서 그가 추구하는 것 역시 실용주의를 대중에게 보다 널리 소개하는 것이다. 그러나 실용주의를 해명하는 데 있어 그는 이전 방식과는 다른 새로운 방식을 취한다. 「실용주의가 의미하는 것」에서 실용주의에 대한 분석은 단순히 주지주의와의 대비를 통해 수행된 반면, 「실용주의의 진리 개념」에서 주지주의는 적극적으로 비판된다. 근대 철학적 사유를 지배해 온 주지주의 철학은 생생한 현실을 이해하지 못하는 철학이라고 생각하는 제임스는 이와 같은 주지주의 철학의 한계를 실용주의의 진리 개념에 입각해 제시하고자 한다.

진리 개념은 모든 위대한 철학자들의 최대 관심 주제인데, 그 까닭은 위대한 철학자는 자신의 고유한 철학 체계에서 확립된 독창적인 진리 개념을 가지고 있기 때문이다. 실용주의 또한 예외는 아니다. 주지주의 철학에 반대하는 실용주의자들 또한 자신들의 고유한 철학적 사유를 보여 주기 위해 전통 진리 개념에 대립되는 새로운 진리 개념을 강조한다. 하지만 여기서 유의할 점은 새로운 진리 개념을 정초함에 있어 실용주의자들은 전통 진리 개념을 완전히 부정하는 것이 아니라는 것이다. 중세 스콜라 철학 이래로 전통 진리 개념은 '지성과 사물의 일치'adaequatio intellectus et rei로 정의되는데, 실용주의 진리 개념은 사물과의 일치에 기초해 있는 이 같은 전통 진리의 정의를 전제로 한다. 제임스는 이성을 강조하는 전통 진리에 바탕을 두고 있는 합리주의 진리 개념을 다음과 같이 정리한다.

진리는 만들어지지 않는다. 그것은 어떤 과정 위에서 기다리지 않지만,

경험의 꼭대기 위로 직접 쏘아서 항상 그 실재를 명중시키는 유일무이한 관계이기 때문에 절대적으로 얻어진다. 벽 위에 있는 저 사물이 시계라는 우리의 신념은, 설령 전 세계의 역사에서 아무도 검증하지 않는다 하더라도 이미 참이다. 저 초월적 관계에서 정립해 있는 추상적 성질은 검증 여부와 상관없이 그것을 소유하고 있는 모든 생각을 참되게 만든다.[24]

다시 말해 벽에 걸려 있는 사물, 즉 시계가 보편적 개념에 일치되면 진리가 성립되지만, 사물과 개념 사이에서 불일치가 일어나면 거짓이 생겨난다. 그리고 실용주의 진리 개념 또한 지성과 사물과의 일치에 기초해 있는 전통 진리의 정의를 전제로 한다고 제임스는 다음과 같이 밝힌다. "거짓이 '실재'와의 '불일치'를 의미하듯 진리는 '일치'를 의미한다. 실용주의자들과 주지주의자들은 모두 이 정의를 당연하게 받아들인다."[25] 그런데 여기서 유의할 점은 실용주의 진리 개념에서의 일치는 지성과 실재로 규정되는 사물의 일치를 의미하지 않는다는 것이다.

이성과 사물의 일치에 기초해 있는 합리주의의 진리가 전제로 하고 있는 것은 이성의 모사 능력이다. 이성이 고정된 실재로 있는 사물을 모사할 수 있기 때문에 이 모사에 근거하여 우리는 사물과의 일치를 말할 수 있으며 또한 명제로 표현할 수 있다. 이성이 실재적인

---

24) 제임스, 『실용주의』, 304~305쪽.
25) 앞의 책, 288쪽.

사물을 모사하는 활동에는 올바름과 그릇됨이라는 두 가지의 형식만이 존재한다. 만약 벽에 걸려 있는 동그란 시계를 이성이 네모난 시계로 모사한다면 이것은 그릇된 모사이고 따라서 이것을 표현한 명제는 거짓된 명제이다. 이와 달리 동그란 시계를 정확하게 모사했다면 이것은 올바른 모사이며 이것을 표현한 명제 또한 참된 명제이다. 그런데 지성과 사물이 일치되기 위해서는 사물은 특정한 방식으로 규정되어야 한다. 즉 사물은 고정적인 실재로 존재해야 한다. 그리고 사물이 이처럼 고정적 실재로 존재할 경우에만 합리론적 진리에서 말하는 지성과 사물의 일치가 성립될 수 있다.

그런데 제임스는 이러한 진리 개념에 이의를 제기한다. 그에 따르면 진리의 옹호자는 합리주의자가 아니라 실용주의자이다. "분명히 이 진리의 영역에서 우주의 합리성에 대해 더욱 성실히 옹호하는 자는 실용주의자들이지 합리주의자들은 아니다."[26] 제임스가 합리론자들을 비판하는 이유는 그들의 진리 개념은 서로 상이한 세계에 속해 있는 비-물질적인 지성과 물질적인 사물이 어떻게 일치될 수 있는지를 명확하게 규명하지 못하고 있기 때문이다. 더 나아가 그에 따르면 고정적 사물과의 일치만을 염두에 두고 있는 합리적인 진리 개념에서는 역동적 사물은 파악될 수가 없다.

지성의 활동은 지각에 주어지는 시계의 색깔과 형태에 의거해 벽에 걸린 시계를 모사할 수 있지만, 시계는 자연세계의 사물처럼 지각에서 경험되는 감각적 성질들의 합에 의해 구성되지 않는다. 다시

---

26) 앞의 책, 319쪽.

말해 시계는 단순한 자연사물이 아니다. 이와 달리 여러 부분들로 이루어진 시계는 시간을 알려 주는 기능을 가지고 있는 기계이다. 여기서 빠른 속도로 움직이는 시계의 초침을 가능케 하는 역동적 스프링의 탄성은 지각에서 주어지지 않기 때문에 모사될 수가 없다고 제임스는 다음과 같이 설명한다.

> 감각적 사물들에 관한 우리의 참 관념은 실제로 그것들을 모사한다. 눈을 감고 저쪽 벽 위의 시계를 생각해 보라. 그러면 여러분은 그 문자판에 관한 실물 그대로의 그림 또는 모사를 얻을 것이다. 물론 (여러분이 시계 제작자가 아닌 이상) 시계의 '작동'에 관한 여러분의 관념은 모사에는 훨씬 못 미치긴 하지만 괜찮다. 왜냐하면 그 관념은 실재와 충돌하지 않기 때문이다. 비록 시계가 '작동'이라는 단순한 말로 축약된다 하더라도 그 말은 여전히 여러분을 속이지 않을 것이다. 여러분이 시계의 시간 측정 기능이나 스프링의 탄성에 대해 얘기할 때는 여러분의 관념이 모사할 수 있는 것이 정확히 무엇인지 알기 어렵다.[27]

여기서 볼 수 있듯이 움직이는 스프링에 의해 작동되는 시계의 역동적 기능은 모사될 수 없다. 이렇게 볼 때 합리론적 진리에서 모사된 사물은 감각적 경험의 합으로 있는 사물인데, 이와 같은 사물의 진리는 생명력이 없는 진리다.

---

27) 앞의 책, 289쪽.

독립적인 진리, 우리가 단지 발견한 진리, 더 이상 인간의 욕구에 순종하지 않는 진리, 한마디로 수정할 수 없는 진리는 사실 무한히 존재한다. 아니면 합리적인 기질의 사상가들에 의해 존재한다고 가정된다. 그렇다면 그것은 살아 있는 나무의 죽은 중심부만을 의미한다.[28]

하지만 지성에 의거해 역동적 사물을 고정된 사물로 파악하는 합리론적 진리 개념과는 달리 제임스는 행위에 영향을 주는 역동적 기능이 드러나는 작동하는 시계에서 비로소 진정한 진리가 열어 밝혀진다고 말한다.

시계의 예에서 볼 수 있듯이, 사물은 한편에서는 고정된 실재로 있지만 다른 한편에서는 역동적인 기능으로 존재한다. 실용주의가 추구하는 것은 합리론적 진리에서 간과된 역동적인 기능으로 규정되는 사물의 진리다. 더 나아가 제임스는 시계의 본질이 감각성질들의 합에서가 아니라 시간을 알려 주는 역동적 기능에서 드러난다면, 이와 같은 본질은 합리주의 철학이 주장하는 것처럼 관조적인 활동에 의존하는 관념의 모사에 의해서는 파악되지 않는다고 주장한다. 예를 들어 못을 박는 데 사용되는 망치의 기능은 절대로 지각 또는 이성의 활동에 의해 파악되지 않는다. 무엇을 하기 위해 사용되는 망치의 기능은 못을 박는 행위에서 드러난다. 이와 마찬가지로 기능으로 규정되는 시계의 본질은 지성과의 일치가 아니라 행위와의 일치에서 드러난다.

---

28) 앞의 책, 272~273쪽.

이처럼 실용주의자들이 합리론적 진리를 비판하는 이유는 지성과 고정된 실재로 있는 사물과의 일치를 강조하는 이 진리 개념에서는 역동적인 기능으로서 존재하는 사물의 본질이 파악될 수 없기 때문이다. 사실 지성과 고정적 실재에 바탕을 두고 있는 합리론적 진리 개념은 사물을 고찰할 때 역동적인 기능은 염두에 두고 있지 않았는데, 이 점에 대해 제임스는 다음과 같이 말한다.

> 이 점에 대해서는 합리주의도 용납하겠지만, 실재 자체라든가 진리 자체가 변동될 수 있다는 것은 결코 용납하지 않을 것이다. 실재는 완전하고 태곳적부터 이미 만들어져 있으며, 실재와 관념의 일치는 바로 실재가 이미 우리에게 말해 준 관념 속에 내재하는 유일하고 분석되지 않는 덕성이라고 합리주의는 주장한다.[29)]

실용주의자들은 이러한 절대적 진리를 거부한다. 그런데 진리에 관한 논의에서 지성과 실재를 거부하는 실용주의적 진리 개념은 상대주의에 빠질 수 있다고 합리론자들은 비판할 수 있다. 물론 보편적 지성에 근거해 있는 진리 개념을 부정하는 실용주의적 진리는 상대주의적 특징을 띠고 있다. 그런데 여기서 중요한 점은 인간의 본질이 일원론uni-versum보다 다원론multi-versum에 놓여 있다고 보는 제임스는 상대주의를 긍정적으로 평가한다는 사실이다.

---

29) 앞의 책, 311쪽.

윤리적으로 휴머니즘의 다원적 형태는 내가 아는 어떤 철학보다 더 강력하게 실제적이다. 그것은 본질적으로 사회 철학, 연접들이 작동하는 공동의 철학이다. 그러나 내가 휴머니즘을 옹호하는 일차적인 이유는 그것이 가지고 있는 비교할 수 없는 지적 경제성이다. (다원론적—인용자) 휴머니즘은 일원론이 발생시키는 지속적 문제('악의 문제', '자유의 문제' 등)뿐만 아니라 다른 형이상학적 미스터리와 패러독스의 문제도 함께 제거한다.[30]

보편적이고 절대적인 진리를 옹호하는 합리론은 인간의 본질을 절대로 변화하지 않는 일원론의 관점에서 탐구하는 데 반해 실용주의자들은 일원론보다는 다원론의 관점을 선호한다.

실용주의에서의 진리 개념은 합리론적 진리 개념과 대립되지만 그렇다고 해서 실용주의가 비합리적인 사유를 지향하는 것은 아니다. 실용주의에서 진리는 근원적인 진리와 이차적인 진리로 구분된다. 그리고 실용주의가 절대적 이성을 중시하는 합리론적 진리 개념을 거부하는 이유는 이 진리가 이차적이기 때문이다. 실용주의자들은 이성에 선행하는 근원적인 진리를 자신들 사유에서 정초하고자 하는데, 이 진리는 충동에서 유래되는 행위에서 드러난다. 그들에 따르면 이론적 이성에 기초해 있는 절대적인 합리론적 진리 개념과 구분되는 실용주의의 진리 개념은 다원론에 기초해 있다. 그런데 전통 철학적 사유에서 비이성적으로 간주되는 충동에서 어떻게 진리가 성

---

30) 앞의 책, 325쪽.

립될 수 있는가? 실용주의 진리 개념의 자세한 분석에서 이 질문의
답을 찾을 수 있다.

실용주의의 진리 개념

앞 장에서 제시된 바와 같이 실용주의 진리 개념은 절대적인 일원
론보다는 다원론을 전제로 한다. 그리고 다원론의 관점에 볼 때, 인간
의 본질은 보편적이고 절대적인 이성이라는 하나의 형태가 아니라
여러 형태로 규정될 수 있는데, 이와 같은 실용주의적 인간 개념은 다
윈의 진화론으로부터 영향을 받았다. 인간의 본질은 절대적 이성에
있다고 생각하는 합리주의자는 여전히 다윈 이전의 인간 개념에 머
물러 있다고 볼 수 있다. 이와 달리 다윈의 진화론을 적극적으로 수용
한 제임스에 따르면 합리주의 철학자들이 절대적으로 주어진 것으로
생각하는 이성은 사실은 오랜 세월 동안 진행된 진화의 결과물에 불
과하다. 인간이 자연계에서 낮은 차원에 있는 동물로부터 진화했다
고 하는 것이 참된 이론이라면, 인류의 역사에서 인간은 이성이 발달
하기 이전에 동물의 삶과 비슷한 삶을 살았던 시기가 있을 것이다. 이
시기의 인간 삶에서 이성을 전제로 하는 합리주의적 진리 개념은 아
무런 의미를 지닐 수가 없는데, 그 까닭은 인간에게서 추론적으로 사
유하는 능력은 아직 발달되지 않았기 때문이다. 추론적 이성이 아직
형성되지 않은 이 시기에 인간의 삶을 지배한 것은 동물의 삶처럼 충
동이다. 하지만 제임스에 있어서 진화하는 과정에서 충동적 삶과 이
성적 삶은 완전하게 분리된 것이 아니다. 인간의 초기 삶을 지배한 이

러한 충동적인 삶은 이성이 발달한 이후에 인간 삶에 영향을 끼친다
고 그는 주장한다.

저차원 동물의 지능에 관한 모든 논의에서 우리가 사용하는 유일한 테
스트는 마치 목적을 향하는 것 같은 그들의 행위에 관한 것이다. 요컨
대 인식은 행위로 사출될 때까지는 미완성이다. 비대한 대뇌를 통하여
나중에 최대한에 도달한 인간의 정신적 발전은 실천에 즉각 도움이 되
는 것 이상으로 엄청난 양의 이론적 활동을 낳는다고 해도 초기의 주장
은 단지 지연될 뿐 삭제되지 않고, 능동적인 본성은 그 권리들을 끝까
지 주장한다.[31]

진화론에서 볼 수 있듯이 인간의 이성은 진화 과정의 결과물이
기 때문에 선천적으로 주어지는 절대적인 본질이 아니며, 이성의 이
면에는 근원적인 충동이 자리잡고 있다.

실용주의와 합리주의 모두 자신들의 철학 체계에서 진리 개념을
근본적인 토대로 삼는다. 그리고 진리 개념을 규정함에 있어 실용주
의와 합리주의는 사물과의 일치를 강조한다. 하지만 사물과의 일치
는 지성에서가 아니라 충동에서 유래되는 행위에서 이루어진다는 사
실에서 우리는 합리주의 진리 개념과 엄격하게 구분되는 실용주의
진리 개념의 특징을 발견할 수 있다. "사물에 관하여 의식이 최초로
던진 원초적 물음은 이론적으로 '그게 무엇이지'가 아니고 실천적으

---

31) 앞의 책, 35쪽.

로 '누가 거기에 가는가' 또는 호비츠가 그럴듯하게 말한 것처럼 '무엇이 되어야 할 것인가', '무엇을 할 것인가'이다."[32] 충동적인 삶에서 인간을 포함한 모든 동물들이 세계와 갖는 원초적 관계는 본질적으로 어떤 목적을 전제하는 행위에 근거해 있다. 가령 어떤 동물이 움직이는 것은 이 동물이 먹이를 찾고 있거나 아니면 공격자로부터 도망을 갈 때인데, 먹이와 도망이라는 목적이 있기 때문에 동물은 움직이는 행위를 한다.

충동적인 삶과 그리고 이성적인 삶에서 목적을 갖지 않는 행위는 없다. 인간은 끊임없이 목적을 설정하고 이 목적을 실현하고자 노력하는 동물인데, 어떤 목적이 정해졌다면, 이 목적을 달성하기 위해 수단이 강구된다. 목적을 성취하기 위한 좋은 수단을 얻지 못했다면, 목적에 이를 수 없다. 만약 수단이 좋아서 목적이 실현되었다면, 이 수단은 유용적인 수단으로 간주된다. 그러므로 제임스는 진리가 '유용성'으로 규정된다고 주장한다.

그렇다면 여러분은 진리에 대해 '그것이 참이기 때문에 유용하다' 아니면 '그것이 유용하기 때문에 참이다'라고 말할 수 있을 것이다. 이 두 구절은 정확히 같은 것이고, 말하자면 실현되고 검증될 수 있는 어떤 관념이 여기 있다는 것을 의미한다.[33]

---

32) 앞의 책, 35쪽.
33) 앞의 책, 293쪽.

실용주의에 따르면 진리는 행위와 유용적인 사물의 일치에서 성립된다. 다시 말해 우리의 행위에 벽에 걸린 시계가 유용하게 사용되었을 때 이 시계의 진리가 드러난다. 더 나아가 유용성으로 정의되는 실용주의적 진리를 올바르게 이해하기 위해서 우리는 유용성이 함축하고 있는 두 가지 의미에 주목해야 한다. 첫째, 유용성에서 우리는 인간의 사유뿐만 아니라 인간의 행위가 본질적으로 목적 지향적인 성격을 띠고 있다는 것과 유용성에서 드러나는 목적 지향적인 행위는 의식의 지향성처럼 현재성을 향해 있지 않고 미래에 기투되어 있다는 것을 확인할 수 있다. 둘째, 실용주의에서의 유용성은 어떤 목적을 지향하는 행위의 결과물을 지칭하는 것이 아니라 수단을 의미한다. 여기서 실용주의자들이 강조하고자 하는 바는 어떤 목적 지향적 행위를 위해서 여러 가지 수단들이 필요한데 이 수단들 중에는 유용한 것과 비유용한 것이 있으며, 또한 수단들 중에서는 도덕적이고 합리적으로 유용한 수단들이 있다는 것이다. 실용주의 진리 개념이 유용성에 놓여 있다고 제임스가 강조할 때 그가 의미하는 바는 이러한 유용성 개념이다.

제임스에 따르면 실용주의의 진리 개념은 이성보다는 행위 그리고 사물에 담지되어 있는 감각적 속성보다는 사물의 유용성으로 특징지어지는데, 유용성 개념은 사물에만 국한되지 않고 관념에도 적용된다. 다시 말해 관념이 산출해 내는 효과 또는 유용성이 중요하다. 앞에서 언급한 바와 같이 합리주의자들이 지성과 사물의 일치를 말할 때 그들이 의미하는 바는 정적인 상태로 주어진 관념과 부동적 실재의 합일이다. 그리고 일치 개념을 이 같은 방식으로 이해했기 때문에 그들은 관념의 결과나 또는 사물의 영향에 대해서는 관심이 없다. 더 나아가 그들은 관념의 결과는 진리에 어떤 영향을 끼치지 못한다고 주장한다. 이와 달리 제임스에 있어서 진리는 관념의 실질적 결과에 기초해 있다. "관념의 진리는 그 관념 안에 내재하는 정체된 속성이 아니다. 진리는 관념에서 발생한다. 관념은 사건들에 의해 참이 되며 참으로 만들어진다. 관념의 참은 사실상 사건, 과정, 말하자면 스스로를 참이게 하는 진리화 과정이다. 관념의 타당성은 정당화의 과정이다. 검증과 타당화라는 단어 자체는 실용주의적으로 무엇을 의미하는가? 이것들은 검증되고 타당해진 관념에 관한 실질적 결과를 나타낸다."[34] 이처럼 실용주의에서 관념은 추상적인 영역에 놓여 있는 것이 아니라 실질적 결과를 만들어 내는데, 이렇게 새로운 방식으로 이해된 관념에서 제임스는 이론적 이성에서는 풀 수 없는 형이상학의 난제들을 해결할 수 있다고 주장한다.

합리주의적 진리는 눈앞에 경험적으로 주어지는 실제적인 사물의 존재에만 관계 맺는다. 그리고 눈앞에 주어지는 시계를 올바르게 모사하면 진리가 성립되지만, 경험적으로 주어지지 않은 사물에 대해서는 합리주의인 진리는 어떠한 판단도 내릴 수 없다. 그런데 형이상학적 담론들은 경험적으로 주어지는 사물에만 국한되어 진행되지 않는다. 경험적인 세계를 벗어나 있는 초월적 존재 또한 형이상학에서 다루어진다. 예를 들어 초월적인 신에 대한 논의는 근대 형이상학적 사유에서 최대의 관심 주제이다. 절대적인 신은 과연 존재하는가?

---

34) 앞의 책, 290~291쪽.

신의 존재를 파악할 수 있는 것은 이성인가 아니면 믿음인가? 실용주의에 따르면 경험적인 사물의 진리만을 염두에 두는 합리주의적 진리는 이와 같은 초월적인 지평에서 주어지는 신의 문제에 대해서는 어떠한 해결책도 제시할 수 없다.

합리론자들과는 달리 실용주의의 진리 개념에서 초월적인 신의 문제를 적극적으로 해명하고자 하는 제임스는 인간 삶과는 무관하게 진행된 초월적 신에 대한 논의는 잘못된 것이라고 주장한다. 그에 따르면 초월적 신의 문제를 접근하는 데 있어 올바른 방식은 초월적 신을 인간 삶과의 연관성에서 고찰하는 것인데, 이와 같은 연관성은 다음과 같은 질문들에서 드러난다.

'우리가 믿기에 더 나은 것은 무엇일까?' 이것은 바로 진리의 정의처럼 들린다. 그것은 '우리는 무엇을 믿어야만 하는가?'라고 말하는 것에 매우 가깝다. 여러분 중 누구라도 이 정의에 대해서 아무런 이상함을 발견하지 않을 것이다. 우리에게 더 나은 것을 믿어서는 안 되는가? 우리에게 더 나은 것에 대한 관념과 우리에게 참인 것에 관한 관념을 영원히 분리해 둘 수 있는가?[35]

여기서 볼 수 있듯이 제임스는 초월적 신의 존재 그 자체에는 관심을 기울이지 않는다. 이보다 그에게는 신의 관념의 결과가 어떻게 인간 삶에 영향을 끼치는가를 해명하는 것이 더 중요하다. 그리고 이

---

35) 앞의 책, 282쪽.

처럼 신의 관념이 인간 삶에 영향을 끼친다면 신은 더 이상 초월적 영역에 존재하지 않고 인간 세상으로 내려온다. 실용주의에서 말하는 신의 진리는 신의 관념의 결과가 인간 삶에 영향을 미치는 데서 성립되는데, 제임스는 이와 같은 사실을 파스칼의 철학에 의거해 입증해 보이고자 한다.

실용주의가 오래된 사유 방식을 지칭하는 새로운 이름에 불과하다고 정의한 제임스에게 실용주의는 미국 철학자들에 의해서만 확립된 것이 아니고 긴 역사를 가지고 있다. 한 예로 실용주의 사유의 특징은 파스칼의 철학에서도 발견된다. 특히 그는 신의 믿음에 대한 문제를 실용주의적 관점에서 논의한다. 신에 대한 믿음의 출발점은 우선적으로 다음의 두 가지 질문들에서 한 가지를 선택하는 데 있다. 절대적인 신은 과연 존재하는가? 아니면 절대적인 신은 존재하지 않는가? 신앙을 갖기 위해서는 하나의 입장이 선택되어야 하는데, 전통 형이상학은 둘 중에 하나를 택해야 하는 이 상황에 어떤 도움을 줄 수 없다. 왜냐하면 이성을 통해 신의 존재는 증명될 수 없기 때문이다.

파스칼은 '신의 내기'로 표현될 수 있는 실용주의적 관점에서 신의 존재를 이성을 통해 알 수 없음에도 불구하고 올바른 선택을 할 수 있는 방법을 발견한다. 만약 누군가가 신의 존재에 모든 것을 걸었다면 여기서 이해득실을 따져 봐야 한다. 모든 사람은 죽으면 심판의 날을 맞이하는데, 이때 신의 존재에 모든 것을 건 사람은 영원한 행복을 누릴 것이다. 만약 신이 존재하지 않는다 해도 그는 잃을 것이 없다. 어차피 모든 사람은 무無로 돌아가기 때문이다. 그런데 누군가가 신이 존재하지 않는다는 것에 내기를 했다가 신이 존재한다면 그는 모든 것을 잃게 된다. 여기서 파스칼은 어떤 것이 현명한 선택인지 우리에게 묻는다. 신의 존재에 모든 것을 걸어서 영원한 생명을 얻는 것이 현명한가? 아니면 신이 존재하지 않는다는 것에 걸어서 모든 것을 잃어버리는 것이 현명한가? 당연히 파스칼에게서 현명한 선택은 전자에 속한다. 파스칼의 '신의 내기'에서 중요한 점은 신의 존재에 대한 관념이 단순히 추상적인 이성의 활동에 속해 있는 것이 아니라 인간의 삶에 영향을 끼친다는 사실이다. 그리고 우리는 삶에 영향을 끼친 관념의 결과에 따라 어떤 관념이 올바르고 어떤 관념이 거짓인지를 판단할 수 있는데, 영원한 삶을 외면한 것에 내기를 건 것은 그릇된 판단이다.

제임스의 견해에 따르면 이와 같은 실용주의적 관점에 입각해 파스칼은 사람들을 신앙적인 삶으로 이끌고자 시도하는데, 제임스는 파스칼의 이러한 시도를 높게 평가한다. "그렇다면 파스칼의 주장은 무기력한 것이 아니라 정상적인 논증으로 보이며, 미사와 성수에 대한 우리의 믿음을 완성하는 데 필요한 마지막 일격이다."[36] 파스칼의 '신의 내기'에서 확인된 바와 같이 관념의 결과 또한 인간 삶에 유용한 것으로 작용될 수 있는데, 실용주의 진리는 바로 이 점을 강조한다. 더 나아가 실용주의의 진리와 합리주의의 진리를 구분하게 해주는 요소 중에 사물과 관념의 '유용성' 외에 사물의 '친숙함'acquaintance 이 있다.

인류의 초기 시기에 인간의 행동에 우선적으로 영향을 끼치는

---

36) 앞의 책, 170쪽.

것은 충동과 욕망이며, 이러한 충동적인 삶에서 인간의 일차적인 목표는 삶의 보존에 있다. 그런데 삶을 보존하는 데 있어 인간은 현재에 주어지는 충동적 감각에만 의존하지 않는다. 충동으로부터 벗어나 있는 인간은 삶을 보존하는 데 있어 동물의 삶에서는 발견되지 않는 새로운 수단을 창조한다. 즉 자연적인 세계에만 머물러 있지 않는 인간은 자연적인 세계에서 주어지는 사물들을 가공하여 도구를 만든다. 그리고 많은 경우 동물과는 달리 인간 삶은 도구에 의해 유지된다. 인간의 주위세계를 구성하고 있는 도구를 자연적 사물과 구분시키는 두 가지의 특징들이 있다. 첫째, 자연적 사물의 본질은 관조적 삶에서 드러나는 반면, 도구의 본질은 행위에서 드러난다. 사용하지 않고 바라만 보아서는 도구를 이해할 수 없다. 둘째, 자연적 사물을 경험함에 있어서 행위가 동반되는 수련이 필요 없지만, 도구를 사용하는 데 있어서는 수련이 요구된다. 따라서 도구에 대한 경험의 차원에서 볼 때 한편에서는 수련이 아직 안 되어서 도구를 사용할 줄 모르는 초급자와 다른 한편에서는 많은 경험을 갖춘 전문가가 있다. 그리고 초급자는 도구를 대할 때 낯설게 느끼지만 전문가에게 도구는 친숙하게 다가온다고 제임스는 주장한다.

> 우리는 사물에 대해서 어떻게 행동해야 하는지 또는 그것으로부터 우리가 기대하는 행동에 어떻게 대체하는가를 알면 곧 그 사물과 친숙해진다. 그 시점까지 그것은 아직도 우리에게 '낯설다'.[37]

37) 앞의 책, 36쪽.

더 나아가 그는 전문가만이 느낄 수 있는 도구의 '친숙함'은 합리주의의 진리에서는 경험될 수 없다고 주장한다. 그 까닭은 자연적 사물의 감각적 속성을 모사하는 데 초점을 맞춘 합리론적 진리 개념에서는 행위에서 드러나는 도구의 '친숙함'이 파악되지 않기 때문이다.

실용주의에 있어서 어떤 것을 사용하면서 느끼는 친숙함은 이성의 활동에서가 아니라 실천적 행위에서 드러난다. 보다 정확하게 말해 망치라는 도구의 사용법을 알기 위해서는 우선적으로 망치질이라는 행위를 해야 한다. 물론 망치의 사용법을 책을 통해 배울 수도 있지만, 제대로 된 망치질을 하기 위해서는 행위가 동반되는 수많은 시행착오들을 거쳐야 한다. 더 나아가 최고 경지에 있는 도구의 사용법과 친숙함은 합리적인 이성으로부터 완전히 벗어나 있다. 결과적으로 사물의 감각적 속성을 모사하는 이성의 활동에만 의존해 있는 합리주의의 진리 개념에서는 도구의 친숙함이 결코 파악될 수 없다. 도구를 사용하는 행위를 통해서만 습득되는 도구의 친숙함과 유용성은 행위를 우선시하는 실용주의 진리에서만 열어 밝혀진다. 더 나아가 실용주의의 진리와 합리주의의 진리의 차이점은 마지막으로 근대 자연과학에서 핵심적인 개념인 '검증'에서 찾아질 수 있다.

진리를 확립하는 데 있어 합리주의자는 이성에 의한 사물의 모사만을 강조하는 데 반해, 실용주의자는 이와 같은 모사의 검증을 강조한다. "이제 합리주의자의 오류는 정확히 감상주의자의 오류와 같다. 둘 다 모두 진흙탕 경험의 개별자로부터 어떤 성질을 추출한 뒤, 그 성질이 추출될 당시 너무도 순수하다고 본 결과 그 성질을 반대되며 고차원적 본성으로서 각각의 모든 진흙탕의 사례들과 대조시킨다. 그동안 내내 그 성질은 그것들의 본성으로 남아 있는다. 진리의 본성은 타당화되고 검증되는 것이다."[38] 다시 말해 실용주의자들에 있어서 진리는 궁극적으로 검증을 거친 후에야 비로소 성립된다. 그런데 진리를 확보하기 위해서 이성과 사물의 일치를 검증해야 한다는 발상은 원래 실용주의 철학에서가 아니라 근대 자연과학적 방법에서 기원했다. 이미 근대 자연과학자들이 말하는 진리 개념은 실험 과정을 통해 검증된 것을 의미한다.

실용주의는 근대 철학적 사유에서뿐만 아니라 근대 자연과학에서도 많은 영향을 받았다. 서양은 17세기에 코페르니쿠스, 갈릴레이 그리고 뉴턴의 연구에 의해 확립된 근대 자연과학의 탄생을 경험한다. 그런데 여기서 유의할 점은 근대 자연과학의 탄생에 결정적으로 기여한 갈릴레이와 뉴턴의 업적은 오직 자연적 질서를 수학적 원리에 의거해 밝힌 것에서만 찾아지지 않는다는 사실이다. 자연세계에서 경험되는 사물의 운동을 연구함에 있어 그들은 실험의 방법을 처음으로 사용하여 자연법칙들을 발견했다. 그리고 자연과학적 연구에서 실험을 통해 자연의 비밀이 밝혀지자 자연과학 이후에 성립된 다른 과학들, 예를 들어, 생리학, 생물학, 심리학 또한 자신들의 연구방법에 실험을 도입하게 된다. 결과적으로 실험생리학, 실험심리학 등과 같은 학문들이 생겨나게 된다. 이처럼 실험에 기초해 있는 자연과학에서 검증은 핵심적인 개념이다. 더 나아가 실험에서 수행되는 검증 과정을 거치면서 과학자는 단지 물체의 추상적인 관념에만 머물

---

38) 앞의 책, 314쪽.

러 있지 않고 물체의 움직임을 조절할 수 있는 능력을 얻는다. 그러므로 올바르게 이해된 실험물리학에 있어서 과학자가 물체의 속성을 이해했다는 것은 물체를 조절할 수 있다는 사실과 동일한 사태를 의미하는데, 이 점에 대해 제임스는 다음과 같이 밝힌다.

나는 물리학의 가장 병적인 개념은 어떤 학생이 그 개념을 이해하더라도, 물리학이 '물체, 분자, 에테르의 과학이다'라는 것이라고 생각하는 것이다. 그리고 가장 건전한 개념은 어떤 학생이 그것을 전적으로는 이해하지 못한다 하더라도, 물리학은 물체를 이해하고 움직여 보는 방법에 대한 과학이라고 생각한다.[39]

예를 들어 물리학 수업에서 한 조각의 납에 대한 비중을 규정하는 과제를 수행할 때 학생이 납의 개념이나 수학적 비중에 신경을 쓴다면 그는 이 과제를 성공적으로 수행할 수 없다. 오히려 납을 기술적인 지식에 의거해 여러 가지 방식으로 처리할 수 있는 능력을 통해 학생은 비로소 납의 비중이라는 개념을 획득할 수 있다.[40] 이처럼 실험물리학이 실험을 통해 이론의 검증과 그리고 이론보다는 물체를 처리할 수 있는 능력을 강조한다는 사실에서 우리는 실용주의와 근대 자연과학 사이의 유사점을 발견할 수 있다.

엄격하게 말해서, 고대과학과 구분되는 근대과학은 실험에 의

---

39) 앞의 책, 260쪽.
40) 셸러, 『지식의 형태와 사회 2』, 389쪽 참조.

해 특징지어진다. 하지만 이처럼 실험이 근대과학의 근본적인 특징을 의미함에도 불구하고 많은 철학자들은 실험의 방법을 심도 있게 다루지 않는다. 다시 말해 자연과학의 형식적인 사유의 의미만을 해명하고자 하는 철학자들은 자연과학의 실험의 방법에는 크게 관심을 두지 않았다. 이와 달리 이론보다 행위를 우위에 두는 실용주의자들은 근대 자연과학적 탐구에 있어서 실험이 중요한 위치를 차지하고 있다는 사실을 깨닫는데, 이 같은 점을 퍼스는 다음과 같이 기술한다.

> 실험적 방법 이외에 다른 것이 아니다. 이 방법에 따라 모든 성공적인 학문들은 (어느 누구도 여기에 자신이 생각하는 의미에서 형이상학을 포함시키지 않을 것이다) 일정한 정도의 확실성에 도달한다. 확실성의 정도는 오늘날 성공적인 학문들 각자에게 개별적으로 주어진다. 이때 이러한 실험적 방법 자체는 오래된 논리의 규칙의 특수한 적용 이상의 것이 결코 아니다―너희는 그 열매에서 그 규칙을 알게 될 것이다.[41]

실험의 중요성을 강조하는 이 인용문에서 우리는 실용주의 철학의 근본적인 원리를 발견한다. 실용주의에 따르면 사물의 인식은 경험에 앞서 주어지는 것이 아니라 경험의 결과물이다. 다시 말해 실험을 통한 결과에서 자연의 법칙이 도출된다.

더 나아가 경험보다는 결과를 강조하는 이와 같은 새로운 방법

---

41) C. Peirce, *Collected Papers of Charles Sanders Peirce*, Bd. V(Cambridge: MIT Press, 1934), p.272.

론은 근대 자연과학에 의해 확립됐는데, 실용주의자들은 이 방법론을 적극적으로 수용한다. 특히 듀이는 실용주의를 실험적인 철학과 동일시한다.

예를 들어 우리가 발사 추진 기계를 제작하여 발사 경로를 고안하는 것과 같이 대상에 대한 탐색과 관련한 모든 자원들을 신중하게 고려해야 하는 경우에 그냥 유유자적한 방식으로 목표를 설정하게 되면, 실험적인 철학은 성공보다는 오히려 실패할 가능성이 큰 철학이다. 결국 이러한 작업은 구상에서 행동에 이르기까지 단지 가설적이고 임의적인 과정이 필수적이기 때문에 더욱 그러하다. 그러나 그렇다고 실험주의 철학이 무작위 방식으로 하는 추측 작업에 불과하다고 주장하는 것은 옳지 않다. 오히려 그것이 의미하는 바는, 우리가 특정한 시점에서의 성공과 실패에 충분히 주의를 기울인다면 다음 기회에는 훨씬 더 잘할 것이라는 믿음이다.[42]

이처럼 사물의 관념보다는 사물의 운동을 통제하는 방법론을 제시하는 실험철학을 실용주의자들은 높이 평가하기 때문에 그들은 실용주의 진리 개념에서 자연과학자처럼 검증을 강조한다. 더 나아가 이론 그 자체보다는 실험에서 드러나는 결과를 중요시 여기는 실용주의에 따르면 실험이나 경험에 의해서 검증되지 않거나 또는 검증에 실패한 이론이나 관념은 무의미하다. 그런데 여기서 유의할 점은

---

42) 듀이, 『존 듀이의 독일 철학과 정치』, 203~204쪽.

비록 실용주의가 실험물리학처럼 경험적인 검증을 강조하지만, 실용주의는 경험주의와 동일하지 않다는 사실이다.

물론 경험적인 영역에서 이론을 검증하는 실험을 강조함에 있어서는 실용주의와 경험주의 사이에 유사한 면이 있다. 그럼에도 불구하고 사물의 경험을 이해하는 데 있어 서로 다른 입장을 취하고 있는 실용주의와 경험주의는 엄격하게 구분된다. 실용주의에 따르면 경험주의적 사유에서 말하는 이론은 현재 또는 과거의 경험에서 얻어진 지식이 축적된 것을 의미한다. "즉 경험의 진리라는 개념의 일반화는 이미 발생한 사건들의 총합이다."[43] 그리고 이렇게 과거의 선행된 사건에 머물러 있는 경험주의에서는 미래에 일어나는 현상에는 크게 주목하지 않는다. 그러나 과거에 머물러 있는 경험주의와는 달리 실용주의에서의 경험은 미래로 향해 있다.

이와 달리, 삶을 실험하는 철학은 지난 과거 혹은 선행하는 사건 및 기원의 문제를 다룰 때, 미래에 있을 수 있는 수많은 가능성들을 염두에 두고 행해지는 선견pre-vision, 지도, 통제에 전적으로 기반하고 있다. 선행하는 사건보다는 오히려 실제적인 결과들이 이론의 가치를 결정짓는다.[44]

실용주의에서 인간 삶을 이끄는 원리는 선험적 관념보다는 구체

---

43) 앞의 책, 204쪽.
44) 앞의 책, 201쪽.

적인 결과에서 찾아지는데, 구체적인 결과는 미래에서만 나타나기 때문에 실용주의적 사유는 본질적으로 미래 지향적일 수밖에 없다. 그리고 이와 같이 미래로 열려 있기 때문에 실용주의 진리는 변하지 않는 절대적인 진리가 아니라 끊임없이 발전하는 진리로 규정된다.

> 진리는 한편으로는 눈을 뿌리고 다른 한편으로는 소년으로 하여금 계속해서 밀어 가도록 몰아가서, 이 요소들이 끊임없이 서로를 공동 결정하도록 하는 덕분에 커져 가는 눈덩이와 같다.[45]

이와 달리 경험주의는 미래에 닫혀 있기 때문에 변화하지 않고 정태적 상태로 남아 있다. 요약하자면 실용주의 진리와 전통 철학적 진리의 차이점은 다음과 같다. 불변하는 절대적인 이성에서 진리의 토대를 두고 있는 합리주의적 사유와 과거의 경험만을 종합하고자 하는 경험주의적 사유는 닫힌 세계로 향하고 있는 반면, 미래로 끊임없이 기투하는 '행위'와 '유용성'에 근거하는 실용주의의 진리는 열린 세계를 지향한다. 더 나아가 전통적 진리 개념에 따르면 우리의 관념이 진리이기 때문에 우리의 행동이 성공적이라고 말할 수 있는 반면, 실용주의자들은 우리의 행동이 성공적이기 때문에 우리의 관념이 진리라고 주장한다.

사람들은 흔히 하이데거 사유의 독창성은 사물과의 관계에서 현존재의 실천적인 행위를 강조함으로써 플라톤 이래로 서양 철학을

---

45) 제임스, 『실용주의』, 310쪽.

지배해 온 이성중심주의를 전복시킨 데 있다고 보는데, 앞에서 살펴본 바와 같이 실용주의 철학 역시 행위가 이론적 사유보다 우위에 있다고 주장한다. 즉, 실용주의 또한 현존재분석에서 하이데거가 주장한 것처럼 이성중심주의를 배격한다. 그리고 실용주의가 부각된다면, 우리는 근대 철학적 사유가 두 줄기의 방향으로 발전했음을 발견할 수 있다. 근대 철학 한편에는 데카르트에서 시작되어 칸트를 걸쳐 후설 현상학에 도달한 이성중심주의 철학이 있다면, 다른 한편에는 행위에 기반을 두고 있는 근대 실험과학과 근대 사회 철학에서 시작되어 실용주의까지 이어져 온 행위중심주의 철학이 있다.

하이데거의 기초존재론은 당연히 후자의 전통에 속해 있다. 특히 현존재분석에서 주제적 대상보다는 사물의 유용성을 그리고 실천적인 행위를 이성의 활동보다 우위에 두는 하이데거의 철학은 실용주의와 유사한 면을 지닌다. 그리고 근대 철학을 지배해 온 이성중심주의 철학에 비해 상대적으로 덜 알려진 행위중심주의 철학의 문맥 속에서 하이데거의 철학적 사유를 고찰할 때 우리는 현존재분석의 의미를 보다 더 잘 이해할 수 있을 것이다.

하지만 상세한 부분에서는 두 철학 사이에 차이점 또한 존재한다. 하이데거는 모든 학문들이 기술적-실천적으로 이해되었을 때 정신의 부재가 일어난다고 주장한다.

이와 같은 정신부재의 혼란은, 학문을 기술적-실재적technisch-praktisch으로 이해하는 해석인 동시에 학문을 문화가치로 인정하여, 정신부재라는 공통분모 안에서 그 둘이 끼리끼리 서로 잘 상통할 수도 있는, 이렇

게까지 심해질 수도 있는 것이다.[46]

그리고 여기서 말하는 '정신의 부재'는 모든 지식을 기술적-실천적 학문을 통해 얻음으로써 세계를 개조하고 조작하는 상황을 의미한다. 하지만 실용주의에서 이 상황은 긍정적으로 받아들여진다. 실용주의가 실천적 행위에 기반을 두고 있는 학문의 지식을 통해 세계를 조작한다는 점을 하이데거는 근대 철학사를 기술하는 과정에서 다음과 같이 말한다. "확실성$_{certitudo}$-사유하는 사물$_{res\ cogitans}$ […] 자유의지-표상되어 있음, 실천적 이성의지-절대지로서의, 헤겔, 사랑의 의지로서의, 셸링, 힘에의 의지-영원회귀, 니체, 행동$_{Aktion}$과 조직-실용주의"[47] 더 나아가 실용주의자들은 근대 자연과학적 인식을 가능케 하는 실험하는 행위, 즉 노동을 긍정적으로 받아들인다. 그런데 하이데거는 인간의 본질이 '노동하는 인간'에서 찾아질 수 있다고 생각하지만 실용주의자들이 파악하는 무제약적 의지에 놓여 있는 노동하는 인간 개념은 배격한다.

이성적 동물$_{animal\ rationale}$로서의 인간, 즉 이제는 노동하는 생물$_{das\ arbeitende\ Lebewesen}$로서의 인간이 대지를 황폐하게 만들면서 황무지를 헤매야만 한다는 사실은, 형이상학이 존재 그 자체로부터 일어나고, 형이상학의 극복이 존재의 치유로서 생기한다는 사실에 대한 한 징표일

---

46) 하이데거, 『형이상학 입문』, 88쪽.
47) 마르틴 하이데거, 『니체 II』, 박찬국 옮김(길, 2012), 445~446쪽.

수 있을 것이다. 왜냐하면 노동은 이제 의지에의 의지 안에서 현성하는 모든 현존하는 것들을 무제약적으로 대상화하는 형이상학적인 지위에 올랐기 때문이다.[48]

하이데거는 이론적 이성보다 노동이 근원적이라는 것을 강조한다. 하지만 그에게서 '노동하는 인간'은 두 종류로 나누어진다. 한편에서는 무제약적인 의지에 바탕을 두고 있는 노동하는 인간이 있다면, 다른 한편에서는 의지가 제약되어 있는 노동하는 인간이 있다. 전자를 하이데거는 실용주의자라고 부를 것인데, 그 이유는 진리를 탐구하는 데 있어 자연과학의 실험을 적극적으로 수용한 그들이 전제로 하고 있는 것은 바로 실천적 행위를 통해 모든 사물을 무제약적으로 대상화하고 관리하는 근대 자연과학적 진리이기 때문이다. 하지만 실용주의자들과는 달리 무제약적인 의지를 바탕으로 하여 모든 존재자를 통제하고자 하는 노동하는 인간을 하이데거는 부정적으로 생각한다.[49]

---

48) 마르틴 하이데거, 「형이상학의 극복」, 『강연과 논문』, 이기상·신상희·박찬국 옮김(이학사, 2008), 90~91쪽.
49) 하이데거 철학과 실용주의 사이에는 유사한 점이 있지만 동시에 차이점 또한 존재한다. 그리고 이 차이점은 하이데거의 독특한 노동하는 인간 개념에서 찾아진다. 그에 있어서 노동하는 인간은 한편에서는 전통으로부터 뿌리 뽑힌 채 존재하지만, 다른 한편에서는 전통에 뿌리박혀 있다. 그는 과거로부터 전수된 전통과는 무관한 '계산적 사유'에 바탕을 두고 있는 노동하는 인간의 행위와 전통에 뿌리박고 있는 '숙고적 사유'에 관련되어 있는 노동하는 인간의 행위를 구분한다. 하이데거가 말하는 독특한 노동하는 인간은 후자를 의미하는데, 이와 같은 노동하는 인간 개념을 우리는 이 책 2부 5장 5절에서 논의되는 본래적인 현존재에서 보다 분명하게 파악할 수 있다.

인간중심주의를 표방하는 제임스와 더불어 다른 실용주의자들의 목적은 유용성으로 규정된 모든 사물을 실천적 행위에 의해 완전히 거머쥘 수 있는 인간을 세계의 중심에 놓는 데 있다. 이와 같이 인간중심주의를 지향하기 때문에 분석 철학의 대가인 에이어$_{Ayer}$는 『실용주의의 기원』이라는 저서에서 실용주의는 '인간이 만물의 척도'라고 주장한 프로타고라스의 철학 사상에서 유래되었다고 주장한다.[50]

그러나 실용주의와는 달리 모든 것을 통제하려는 근대적 주체를 비판적으로 고찰하는 하이데거는 현존재분석에서 인간중심주의를 지향하지 않는다. 존재사유에 있어서 인간은 만물의 척도가 아니라고 그는 적극적으로 주장한다. "인간은 존재자의 주인이 아니다. 인간은 존재의 목자牧者다."[51] 사실 근대 시대에서 자연과학자들이 수학적 지표에 의거해 자연법칙을 발견함으로써 자연을 수학적 사유의 대상으로 삼은 이래로 인간은 모든 사물들을 무제약적으로 지배하는 존재자의 주인이 되었다. 그리고 이와 같이 자연을 수학적 사유의 대상으로 간주하는 근대적 주체를 긍정적으로 평가하는 실용주의자들은 인간이 존재자의 주인이 되는 것을 추구한다. 하지만 실용주의자들과는 달리 모든 현존하는 것들을 통제하려는 근대적 주체를 부정적으로 생각하는 하이데거가 현존재분석에서 추구하는 것은 존재의 목자로서의 인간이다. 그리고 이와 같은 인간을 이해하기 위해서는 새로운 자기성 개념이 요구되는데 실용주의자들은 이 자기성 개념에

---

50) A. J. Ayer, *The Origin of Pragmatism* (London: Macmillan Press, 1968), p.13.
51) 마르틴 하이데거, 「휴머니즘 서간」, 『이정표 2』, 이선일 옮김(한길사, 2005), 157쪽.

대한 논의를 완전히 간과했다.

사물의 인식은 필히 인간의 자기성을 전제로 하는데, 실용주의자들과 하이데거에 있어 이 자기성은 역시 이론적 사유에서가 아니라 실천적 행위에서 최초로 드러난다. 그런데 실용주의자들은 유용성으로 규정되는 사물의 인식을 실천적 행위에서 구성하는 것에만 관심을 가졌을 뿐 자기성을 새롭게 확립하는 것에는 전혀 주목하지 않았다. 이와 달리 『존재와 시간』에서 하이데거가 가장 심혈을 기울여 해명하고자 한 것은 근대 주체의 자기와는 구별되는 현존재의 자기성이다. 왜냐하면 존재자를 무제약적으로 지배하고자 하는 근대 주체를 극복하기 위해서는 새로운 자기성이 정초되어야 하기 때문이다.

그런데 근대 철학사에서 무제약적인 행위를 지향하는 근대 이성적 주체에 대한 비판은 하이데거에 의해 최초로 제기되지 않았다. 그에 앞서 쇼펜하우어 또한 자신의 반-인간중심주의 철학에서 그와 같은 무제약적인 근대 주체를 비판한다. 더욱이 이성적 사유보다 실천적 행위를 우위에 두었음에도 불구하고 실용주의자들은 실천적 행위의 토대인 의지 개념을 적극적으로 주제화하지 않았지만, 쇼펜하우어는 자신의 철학적 사유에서 의지를 중심 개념으로 삼았다. 그리고 비록 하이데거는 『존재와 시간』에서 명시적으로 주제화하지 않았지만, 이론적 사유보다 우위에 있는 현존재의 실천적 행위는 쇼펜하우어의 의지 개념으로부터 영향을 받았다. 그러므로 인간중심주의를 지향하는 실용주의의 행위 개념과는 엄격하게 구분되는 현존재의 실천적 행동관계를 이해하기 위해서 우리는 하이데거 철학에 영향을 끼친 쇼펜하우어의 의지 개념 역시 살펴보고자 한다.

4장 · 쇼펜하우어의 의지 개념

1. 반-이성주의자로서의 하이데거와 쇼펜하우어

하이데거와 쇼펜하우어의 반-이성주의

데카르트 이래로 근대 철학에서 인간의 본질은 의식을 전제로 하는 '사유하는 자아'로 규정되는데, 이와 같은 근대 철학적 전통은 칸트를 거쳐 후설의 선험적 의식까지 이어져 온다. 이처럼 '의식'Bewußt-sein 개념은 근대 철학적 사유에 있어서 가장 중요한 개념으로 여겨지지만, 기초존재론에서 하이데거는 인간을 정의하는 데 있어 의식 개념을 의도적으로 사용하지 않는다. 그 대신에 그는 '현존재'Dasein라는 다소 생소한 단어에 입각해 인간을 규정한다. 그리고 그는 근대 철학적 문맥에서 볼 때 생소하게 다가오는 현존재의 의미를 근대 형이상학적 사유의 토대인 의식과의 대비를 통해 해명하고자 한다. "철학함에게 과제로 주어진 것은 인간의 의식Bewußt-sein을 기술하는 일이 아니라 오히려 인간에서의 현존재를 불러내는 일이다."[1] 여기서 볼 수 있듯이 근대 철학에서 인간의 본질은 의식으로 규정되지만, 하이데거는 인간의 본질을 현존재에서 찾는다. 그리고 근대 철학에서 어떤 철학자도 현존재에 입각해 인간의 본질을 해명하고자 시도하지 않았기 때문에 사람들은 현존재는 근대 철학적 사유의 전통에 속해 있지 않다고 생각한다. 이로 인해 근대 철학적 사유에 익숙해 있는 사람들에게 현존재는 난해한 개념으로 다가온다. 하지만 과연 하이데거의 현존재는 근대 철학적 사유의 전통에 전혀 속해 있지 않은 개념인가?

하이데거에 있어서 현존재는 당연히 의식 또는 이성으로 특징지어지는 근대적 주체와 대립된다. 하지만 근대적 주체는 의식 또는 이성으로만 규정되지 않는다. 비록 이성적 주체보다 주목을 덜 받았지만 근대적 주체의 또 다른 특징은 '행위하는 자아'에서 찾아지는데, 이 행위하는 자아는 바로 의지에 기초해 있다. 그리고 만약 의지 개념이 부각된다면 표준적인 해석과는 달리 우리는 현존재가 근대 철학적 문맥 속에 있다는 것을 발견할 수 있다. 왜냐하면 하이데거는 주

---

1) 마르틴 하이데거, 『형이상학의 근본개념들』, 이기상·강태성 옮김(까치, 2001), 293쪽. 하이데거의 '현존재' 개념은 사유하는 자아의 토대인 '의식'과 대비되는 개념으로 이해되어야 하는데, 아쉽게도 우리는 이 두 개념의 관계에 관한 분석을 그의 저서에서 찾아볼 수가 없다. 만약 이러한 작업이 수행되었다면 현존재에 관한 오해는 많이 해소되었을 것이다. 『졸리콘 세미나』에서도 하이데거는 현존재와 의식의 관계를 세밀하게 분석하는 대신 단지 이 두 개념의 관계가 매우 중요하다는 것만 언급한다. "현존재와 의식과의 관계는 특별한 논의가 요구된다. 이 논의는 '세계-내-존재'로서의 현존재와 의식의 지향성이라는 근본적인 관계의 문제 속에 윤곽이 잡혀 있다." M. Heidegger, *Zollikon Seminars*(Frankfurt am Main: Vittorio Klostermann, 1975), pp.120~121 참조. 이 장에서 보겠지만 의지 개념이 강조된다면, 우리는 '현존재'는 사유하는 자아의 토대로 간주되는 '의식'과 근본적으로 구분된다는 것을 파악할 수 있다.

위세계에서의 사물은 우선적으로 실천적 행위에서 만난다고 주장하는데, 실천적 행위는 의지를 전제로 하기 때문이다. 더 나아가 현존재의 본질을 일컫는 '때문에'Um-willen를 해명하는 과정에서 하이데거는 '때문에'는 필연적으로 의지에서 발현된다고 역설한다. "이 '때문에'Um-willen는 어떤 의지Wille 속에서 어떤 의지를 위해 존재하는 것이다."[2] 한국어 번역에서는 '때문에'와 '의지'의 상관관계가 전혀 발견될 수 없다. 하지만 이 용어들을 독어 원문으로 읽을 경우 우리는 'Um-willen'은 'Wille'와 밀접하게 연관되어 있음을 볼 수 있다. 그리고 하이데거가 분명하게 밝힌 바와 같이 'Um-willen'이 'Wille'를 전제로 한다면, 'Um-willen'에서 드러나는 현존재의 본질은 또한 의지Wille에 의해 규정된다고 볼 수 있다.[3]

현존재의 의지 개념에서 우리는 하이데거의 철학이 한편에서는 이성을 중시하는 근대 철학과는 단절을 꾀하지만 다른 한편에서는 의지를 강조하는 근대의 다른 철학적 문맥 속에 있다는 것을 알 수 있다. 근대 철학에서 칸트는 자신의 주저 중의 하나인 『실천이성비판』

---

2) 마르틴 하이데거, 『논리학의 형이상학적 시원근거들』, 김재철 · 김진태 옮김(길, 2017), 280쪽.

3) 현존재에 대한 연구에서 의지는 중요한 개념으로 다뤄지지 않았다. 더욱이 하이데거 철학 전문가로 인정받는 아렌트는 『정신의 삶』에서 현존재분석에서 '의지함'이 전혀 언급되지 않았다고 주장한다. "'의지하기'나 '사유하기'란 말은 1930년대 중반의 전환 이전 하이데거의 초기 저작에는 등장하지 않는다. 그리고 니체의 이름은 『존재와 시간』 어디에도 나타나지 않는다." 한나 아렌트, 『정신의 삶』, 홍원표 옮김(푸른숲, 2019), 552쪽 참조. 물론 용어 '의지함'은 언급되지 않았지만, 우리가 지적한 바와 같이 'Um-willen'는 'Wille'를 전제로 하기 때문에 현존재를 이해하는 데 있어 의지는 핵심적인 개념이라고 볼 수 있다. 더 나아가 『존재와 시간』에서 하이데거는 니체의 역사 개념을 높게 평가한다. "니체는 「생에 대한 역사학의 유용성과 해에 대하여」라는 그의 두 번째 『반시대적인 고찰』(1874)에서 본질적인 것을 인식하고 명확하고 박력 있게 말했다."(『존재와 시간』, 516쪽)

에서 이론이성보다 우위를 점하는 의지를 중심 개념으로 주제화했고, 그 이후 의지를 우위에 두는 철학적 사유는 피히테를 거쳐 쇼펜하우어 철학에까지 이어져 온다. 그런데 의지를 강조하는 철학 사상들 중에서도 쇼펜하우어의 철학 사상은 독특한 위치를 차지한다. 비록 의지를 강조하지만, 쇼펜하우어 이전의 철학자들의 의지 개념은 여전히 합리적인 이성을 전제로 한다. 예를 들어 칸트의 의지 개념은 실천이성과의 연관성에서 고찰되며, 피히테의 행위 개념 또한 근원적인 학문을 정초하는 데 방향이 잡혀 있기 때문에 이성과 연관되어 있다. 이와 달리 쇼펜하우어의 의지 개념은 이 같은 합리적인 철학 전통으로부터 완전히 결별한다. 그가 말하는 의지 개념은 이론적인 이성과 실천적인 이성으로부터 완전히 벗어나 있는 맹목적인 의지를 의미한다. 그리고 오성의 활동은 맹목적인 의지에서 유래되었기 때문에 이차적인 것에 불과하다. 이렇게 이해된 의지 개념을 통해 쇼펜하우어는 합리적인 철학적 사유에서 망각된 근원적인 토대를 열어 밝힌다.

현존재분석에서 합리적인 사유를 이차적으로 간주하는 하이데거 역시 이론적 이성을 거부한다. 하지만 근원적인 의지 개념은 적극적으로 수용하기 때문에 현존재의 의지 개념은 쇼펜하우어의 의지 개념과 연관을 맺고 있다. 다시 말해 하이데거 철학과 쇼펜하우어 철학 사이에 공통점이 존재하는데, 이 공통점이란 이들 모두 이성에 선행하는 의지에 인간의 본질이 놓여 있다고 주장한다는 사실이다. 그럼에도 불구하고 현존재분석을 연구함에 있어 쇼펜하우어의 사상이 하이데거 철학에 끼친 영향은 많이 부각되지 않았는데, 그 이유는 현존재분석에서 쇼펜하우어의 이름은 실존적 양심 개념분석을 다루는 장에서 관념론적 양심을 고수하는 철학자로서 칸트, 헤겔과 더불어 단 한 번 언급되었기 때문이다. 따라서 사람들은 현존재분석을 이해하는 데 있어 쇼펜하우어의 철학은 그렇게 중요한 위치를 차지하고 있지 않다고 생각했다.

하지만 이처럼 현존재분석에서 쇼펜하우어 철학이 큰 비중을 차지하지 않고 있음에도 불구하고, 하이데거는 쇼펜하우어의 철학에 대해서 잘 알고 있다. 쇼펜하우어 철학에 대한 하이데거의 해박한 지식은 쇼펜하우어의 첫 저서 『충족근거율의 사중적 뿌리에 대하여』에 대한 상세한 분석에서 확인된다.

> 아르투어 쇼펜하우어는 처음으로 충족근거율을 그 문제에 관해 지금까지 등장한 모든 이해에서 통일적으로 제시하고자 했다. 이는 공적으로 남아 있으며 특히 그의 학위논문에서 시도되었다. 「충족근거율의 사중적 뿌리에 대하여」라는 제목의 그의 학위논문은 1813년에 제출되었으며, 1847년에 쇼펜하우어 자신에 의해 제2판이 출판되었고, 1864년에는 제3판이 율리우스 프라우엔슈테트J. Frauenstädt에 의해 출판되었다. […] 그러나 초고는 전적으로 불충분하다. 이는 일반적이고 학문적인 견고함을 갖춘 역사학적 서술이라는 측면에서뿐만 아니라 철학적인 근거 제시라는 측면에서도 그러하다. 이러한 점에서 이 초고는 평이한 칸트주의이며 단적으로 피상적인 것이다.[4]

---

4) 하이데거, 『논리학의 형이상학적 시원근거들』, 173~174쪽.

이처럼 하이데거는 쇼펜하우어의 철학에 대해 정통할 뿐만 아니라 이론적 이성보다는 의지에 기초해 있는 그의 현존재분석은 쇼펜하우어의 의지 개념과 연관성을 지닌다. 그럼에도 불구하고 지금까지 국내 또는 국제적으로 진행되어 온 연구들에서 이론적 이성보다 의지를 우위에 두는 하이데거 철학과 쇼펜하우어의 철학의 관계는 거의 다루어지지 않고 있다.

인간을 규정함에 있어 쇼펜하우어는 이성 대신에 의지를 강조한다. 현존재의 본질은 이성이 아니라 '실존'에 놓여 있다고 주장하는 하이데거 역시 현존재분석에서 근대 철학적 사유의 토대인 이성을 거부하는데, 그렇다고 해서 인간을 비-이성적인 존재자로 규정하지는 않는다. 그는 비-이성을 결코 옹호하지 않는다. 하이데거가 이성적 인간 개념을 거부하는 이유는 이성은 근대 철학적 사유가 주장한 바와 같이 근원적인 토대가 아니라 의지로 규정된 현존재로부터 파생된 이차적인 능력으로 간주되기 때문이다. 그런데 여기서 주목해야 할 점은 근대 철학에서 하이데거 이전에 쇼펜하우어가 이미 의지에 비해 이성의 활동은 이차적인 능력에 불과하다고 역설했다는 것이다. 그리고 이처럼 이성을 비판하는 데 있어 쇼펜하우어와 하이데거가 서로 의견을 공유하고 있는데, 이러한 사실을 우리는 칸트 철학을 해명함에서 있어 기존의 해석과는 정반대로 칸트 철학의 본질이 이성을 파괴하는 데 있다고 보는 그들의 해석에서 발견한다.

하이데거의 전기 사상을 이해하는 데 있어 중요한 저서는 『존재와 시간』뿐만 아니라 『칸트와 형이상학의 문제』도 포함된다. 『칸트와 형이상학의 문제』가 중요하게 다루어져야 하는 이유는 이 저서에서 하이데거는 그 당시 신칸트주의에 의해 독일 철학계를 지배해 온 인식론적 사유로부터 탈피하여 존재론적 사유로 나아가는 계기를 마련하기 때문이다. 하이데거는 칸트의 비판 철학을 새롭게 해석함으로써 이러한 전환을 일으킨다.『칸트와 형이상학의 문제』에서 제시된 칸트 해석에 따르면 칸트 비판 철학이 의도하는 바는 신칸트주의가 강조하는 것처럼 인식론의 토대를 마련하는 데 있지 않고, 오히려 형이상학을 정초하는 데 있다.

칸트의 철학이 형이상학을 지향한다는 이 같은 주장은 그 당시 엄청난 반향을 일으켰으며, 이로 인해 인식론을 강조하는 신칸트주의는 서서히 영향력을 잃게 된다. 결과적으로 칸트 철학에 대한 하이데거의 새로운 해석은『존재와 시간』과 더불어 그 당시 독일 철학계를 지배했던 인식론적 사유로부터 형이상학적 사유로 전환하는 데 결정적인 역할을 한다. 그리고 사람들은『칸트와 형이상학의 문제』에서 제시된 하이데거의 급진적인 칸트 해석이 후설 현상학적 사유와 밀접하게 연관 지어졌다고 해석하는데, 그 까닭은 1929년에 출판된『칸트와 형이상학의 문제』는 사실 1927~1928년에 걸쳐 강의한『칸트의 '순수이성비판'의 현상학적 해석』을 요약한 저서이기 때문이다. 하지만 이러한 표준적인 해석과는 달리 칸트를 형이상학자로 이해하는 데 있어 하이데거에게 깊은 영향을 끼친 철학적 사상은 후설 현상학이 아니라 쇼펜하우어의 철학이다.

『칸트와 형이상학의 문제』의 근본적인 주제는 단순히 인식론에 대비되는 형이상학의 정초 작업을 해명하는 것이 아니다. 하이데거가 진정으로 추구하는 것은 칸트의 형이상학을『순수이성비판』의 초판을 토대로 하여 재구성하는 것이다. 따라서 그는 재판에 비해 초판이 더 중요하다고 생각한다.

> 초월적 상상력은 자신의 분열 불가능한 근원적 구조를 근거로 존재론적 인식 및 형이상학을 정초하는 작업의 가능성을 열어 주기 때문에, '초판'이 형이상학의 정초 작업의 논점의 가장 내적인 특징에 더욱 가까이 남아 있다. 따라서 작품 전체의 가장 중심적인 물음을 고려해 볼 때, '초판'은 원칙적으로 '재판'보다 우위를 확보할 자격이 있다.[5]

여기서 우리는 하이데거의 칸트 해석이 함축하고 있는 '강압성' Gewaltsamkeit을 엿볼 수 있다. 왜냐하면 칸트 철학에 대한 일반적인 해석은 심리학적 사유에 치우친 초판보다는 논리적인 사유에 더 가까운 재판을 더 중요하게 여기기 때문이다. 그러나 이 같은 일반적인 해석에 반대하여 하이데거는 재판보다 초판이 우위적인 위치를 차지한다고 주장한다. 사실 재판을 강조하는 일반적인 해석과는 달리 이성의 토대를 부정하는 현존재의 형이상학을 정당화하기 위해『순수이성비판』의 초판을 선호하는 하이데거의 해석은 칸트 철학을 의도적으로 왜곡한 대표적인 사례로 간주될 수 있는데, 우리의 의도는 하이데거의 이와 같은 왜곡된 해석을 변호하는 데 있지 않다. 우리가 강조하고자 하는 것은 이러한 해석이 하이데거에 의해 자의적으로 수행된 것이 아니라 철학사적 문맥을 전제로 하고 있다는 사실을 보여 주

---

5) 마르틴 하이데거,『칸트와 형이상학의 문제』, 이선일 옮김(한길사, 2001), 276쪽.

는 데 있다.

『순수이성비판』의 재판보다 초판을 더 강조하는 하이데거의 칸트 해석은 자의적인 해석이 아니라 사실 철학사적 문맥을 전제로 하는데, 이 철학사적 문맥이란 다름 아닌 쇼펜하우어의 칸트 해석이다. 철학적 문맥 속에서 고찰할 때, 하이데거의 칸트 해석은 쇼펜하우어의 해석으로부터 영향을 받았다. 칸트의 의도와는 달리 이들은 『순수이성비판』의 재판보다 초판을 더 우선시한다. 더 나아가 하이데거와 쇼펜하우어의 칸트 해석의 유사성은 이들 모두 독일 관념론자들과는 달리 칸트의 실천 철학을 평가절하하고 있다는 사실에서도 찾을 수 있다. 이들은 칸트가 『실천이성비판』에서 『순수이성비판』에서 발견되는 이성중심주의적 형이상학을 전복시킬 수 있는 잠재력을 배반했다고 비판한다. 그러므로 재판보다 초판을 우위에 두는 이와 같은 해석은 하이데거에 의해 최초로 수행된 것이 아니다. 하이데거에 앞서 쇼펜하우어가 이미 이러한 해석을 시도하였다. 하이데거와 마찬가지로 쇼펜하우어 또한 그 당시 철학 교수들에 의해 칸트 철학에 대한 연구가 매우 활성화됐음에도 불구하고, 칸트 철학은 여전히 잘못 이해되고 있다고 주장한다.

칸트 철학에서의 참된 위대함, 본래적인 깊이는 이제 극히 소수에게 알려져 있다. 왜냐하면 그의 저술에 대한 진지한 연구가 중단됨으로써 그것에 대한 이해도 멈추어야 했기 때문이다. 칸트의 저술은 칸트 이후에 사실상 비로소 어떤 옳은 것이 왔다고 착각하는 이들에 의해 역사적 지

식을 목적으로 피상적으로 읽힐 뿐이다.[6]

칸트 철학이 피상적으로 이해된 이유는 철학 교수들에 의해 『순수이성비판』의 초판보다는 재판이 더 선호되기 때문이다. 하지만 이러한 추세에 반해 쇼펜하우어는 칸트 철학을 제대로 이해하기 위해서는 재판보다는 초판을 읽어야 한다고 역설한다. "내가 나중에 이미 희귀본이 되어 버린 칸트의 가장 중요한 저서의 초판을 읽었을 때, 나는 내 눈앞에서 모든 모순들이 사라지는 것을 경험했다."[7] 따라서 비록 『칸트와 형이상학의 문제』에서 하이데거는 쇼펜하우어를 전혀 언급하지 않지만, 위에서 살펴본 바와 같이 재판보다 초판을 중시하는 그의 칸트 해석과 쇼펜하우어의 칸트 해석 사이에는 유사한 면이 존재한다.

하이데거의 칸트 해석

『칸트와 형이상학의 문제』에서 하이데거는 칸트 비판 철학의 의의를 설명하고자 하는데, 이 해설서는 칸트 사상에 대한 일반적인 해설서와는 근본적으로 구분된다. 일반적인 해설서는 칸트 사상 그 자체를 칸트가 말한 것에 의거해 문헌학적으로 밝히는 데 그 목적을 두는 데

---

6) A. Schopenhauer, *On the Fourfold Root of the Principle of Sufficient Reason*, trans. E. Payne(La Salle: Open Court Publishing Company, 1988), p.177.

7) A. Schopenhauer, *The World as Will and Representation*, vol. 1, trans. E. Payne(New York: Dover Publication, 1969), p.434.

반해 『칸트와 형이상학의 문제』는 칸트 철학 자체를 해명하는 것이 아니라, 칸트의 사상을 빌려 하이데거 자신의 철학, 즉 기초존재론을 정당화하는 데 그 목적을 두고 있다. 하이데거의 해석에 따르면, 칸트 철학은 기초존재론적 사유와 동일한 기획을 하고 있는데, 이 동일한 기획이란 형이상학의 가능조건을 새롭게 정립하는 것이다. 전통 형이상학을 극복하고자 하는 칸트의 새로운 형이상학은 전승된 형이상학의 경우처럼 논리적인 이성에 기반을 두고 있지 않고 시간성 위에 기초해 있다고 하이데거는 주장한다.

> 시간은 초월적 상상력과 본질적 통일을 이루는 가운데 『순수이성비판』에서 중심적인 형이상학적 기능을 획득한다. 그러므로 시간 자신이 이성과 지성의 지배를 뒤흔들어 놓는다. '논리학'이 예부터 지녀 온 형이상학에서의 우위는 탈취된다. 논리학의 이념은 의심스러워진다.[8]

이처럼 칸트 철학을 해석하는 데 있어 이성의 활동보다 시간성을 강조하는 하이데거는 칸트 철학에 대한 표준적인 해석과는 달리 비판 철학에서 칸트가 추구하는 것은 이성주의로부터 결별하는 데 있다고 역설한다.

---

8) 하이데거, 『칸트와 형이상학의 문제』, 326쪽. 칸트 비판 철학에 대한 이러한 평가는 『존재와 시간』에서도 발견된다. "존재시성(Temporalität)의 차원을 향하여 탐구하는 도상의 구간을 간, 다시 말해서 현상 자체의 강요에 의하여 스스로를 그리로 밀려가도록 놔둔 첫 번째이자 유일한 사람은 칸트이다." M. Heidegger, *Sein und Zeit* (Tübingen: Max Niemeyer Verlag, 1986), p.23 참조.

하이데거의 칸트 해석은 쇼펜하우어의 해석처럼 칸트가 이성주의를 비판한다는 사실에 초점을 맞추어 전개된다. 그리고 이러한 해석을 정당화하기 위해 하이데거 역시 쇼펜하우어의 칸트 해석과 마찬가지로『순수이성비판』의 재판보다 초판을 선호하는데, 그 까닭은『순수이성비판』의 재판에서 칸트는 비판 철학에서 정초한 급진적인 형이상학적 사유로부터 후퇴하여 다시 전통 이성중심주의로 회귀하기 때문이다. 이 점에 대해 그는 다음과 같이 밝힌다.

> 하지만! 칸트는『순수이성비판』의 '재판'에서는 지성(오성—인용자)에게 그 지배력을 다시 복원시키지 않았던가? 이 결과 헤겔에서의 형이상학은 유례없을 정도로 철저히 '논리학'이 되고만 것이 아닌가?[9]

다시 말해 칸트는 논리학에 기초해 있는 전승된 형이상학과는 본질적으로 구분되는 새로운 형이상학, 즉 현존재의 형이상학의 가능성을『순수이성비판』의 초판에서 발견했음에도 불구하고 이러한 형이상학적 사유로부터 후퇴한다.

이로써 칸트는 스스로 자신의 철저함을 통해 하나의 입장을 갖게 되었으나, 이 입장 앞에서 물러나야만 했다. 이 입장의 의미는 이렇다. 이제까지 서구 형이상학의 토대들의 와해(정신, 로고스, 이성). 이 입장이 요구하는 바는, 인간의 자연적 소질인 형이상학의 가능근거를 철저히 새

---

9) 하이데거,『칸트와 형이상학의 문제』, 327쪽.

롭게 개현하는 작업, 즉 형이상학 그 자체의 가능성을 겨냥한 현존재의 형이상학이다.[10]

하이데거의 해석에 따르면 이성중심주의에 환원되지 않은 현존재의 형이상학은 칸트에 의해 최초로 확립되었지만, 이 같은 사실은 초판보다 재판을 우선시하는 표준적인 해석에서는 망각되었다. 그래서 그는 『칸트와 형이상학의 문제』에서 칸트의 근원적인 입장, 즉 이성을 근원적인 토대로 받아들이지 않은 입장을 되찾고자_{Wiederholung} 한다. 그리고 하이데거에 따르면 칸트는 이 같은 형이상학의 가능조건을 오성에 선행하는 직관 개념에서 발견한다.

존재자를 인식하는 인간의 표상 활동은 두 능력을 토대로 하는데, 이 능력이란 직관과 오성(개념)을 말한다. 직접적으로 대상과 관계하는 직관의 표상은 개별적인 데 반해, 오성의 표상은 다수의 사물에 공통적일 수 있는 보편적인 것이다. 전통 형이상학적 사유에서 보편적인 표상을 산출하는 오성의 능력은 직관에 비해 우위를 점한다. 다시 말해, 이성을 강조하는 전통 형이상학에서 '직관'은 '사유'에 봉사하는 능력으로 이해된다. 그런데 칸트의 비판 철학에서 최초로 이 관계가 역전된다. 이 같은 사실을 하이데거는 다음과 같이 기술한다.

『순수이성비판』을 총체적으로 이해하기 위해 이를테면 머릿속에 주입해야 할 점은, 인식 활동은 일차적으로 직관 활동이다라는 사실이다.

---

10) 앞의 책, 358쪽.

이로써 분명해지는 점은 인식을 판단(사유)으로 바꿔 해석하는 것은 칸트적 문제의 결정적 의미에 어긋난다라는 사실이다. 왜냐하면 모든 사유는 오로지 직관에 봉사하는 역할만을 맡기 때문이다.[11]

그리고 형이상학의 정초 작업에서 이성이 직관에 비해 부수적인 이유는 인간은 본질적으로 유한한 존재자이기 때문이다. 즉, 사물을 인식하는 데 있어 유한한 인식주관은 사물들을 단지 수용할 수만 있을 뿐 창조하지는 못한다. 이러한 수용성은 감성의 직관에서 이루어지며, 오성의 활동은 필연적으로 이러한 수용성을 전제로 한다. 만약 직관에 사물들이 주어지지 않는다면 오성의 활동은 공허한 채로 남아 있다. 이처럼 유한한 인식은 일차적으로 수용성에 기초해 있기 때문에 사유는 직관에 의존한다.

칸트의 비판 철학을 해석하는 데 있어 하이데거는 쇼펜하우어가 주장한 바와 같이 오성의 활동보다는 직관의 능력을 더 높이 평가한다.[12] 그리고 만약 오성이 직관에 의존한다면, 오성의 개념들은 추상

---

11) 앞의 책, 88쪽. 이처럼 직관을 오성의 활동보다 우위에 두는 하이데거는 칸트 철학에 대한 해석에 있어서 신칸트주의가 범한 근본적인 결함을 다음과 같이 기술한다. "첫째, 인식의 본질은 직관에 있다는 사실이다. 이러한 비판의 첫 번째 명제는 근본적으로 신칸트주의의 이해와 대립한다. 사람들은 신칸트주의의 근본 결함이 이러한 비판의 첫 번째 명제를 읽지 못한 것에 있다고 말할 수 있다. 마르부르크 학파에서는 칸트에 의하면 인식의 본질이 사고에 있다는 사실이 과장되게 주장되었다." 마르틴 하이데거, 『철학 입문』, 이기상·김재철 옮김(까치, 2006), 259쪽 참조.

12) 하이데거에 있어 '직관'은 『순수이성비판』을 이해하는 데 핵심적인 개념이다. "그리고 칸트의 『순수이성비판』은, 아니 보다 낫게는 그의 전체적 철학함은 사람들이 칸트에서의 본래적 인식이란 직관이라는 사실을 알고 또 그것을 끝까지 붙잡고 있을 때에만 이해될 수 있다." 마르틴 하이데거, 『논리학: 진리란 무엇인가?』, 이기상 옮김(까치, 2000), 119쪽 참조.

적인 차원에 놓여 있지 않다. 오히려 오성에 선행하는 직관에서 "순수 개념들의 감성화"가 형성된다. 그리고 하이데거에 따르면 칸트는 이러한 "순수 개념들의 감성화"를 도식론에서 다룬다. "순수감성화는 '도식화작용'으로서 발생한다."[13] 그러므로 하이데거는 칸트의 형이상학의 정초 작업에 대한 해명을 도식론에 초점을 맞추어 전개한다. 그에게 있어 『순수이성비판』의 핵심은 11쪽에 불과한 도식론의 분석에 있다. 도식론의 주제는 어떻게 서로 각기 다른 능력인 직관과 오성이 매개될 수 있는지를 해명하는 데 있다.

그런데 이 같은 해명을 함에 있어 칸트는 도식론의 분석을 초판과 재판에서 서로 다르게 제시한다. 초판에서 그는 '순수 개념들의 감성화'에 의거해 직관과 오성의 종합을 시도하지만, 재판에서는 이러한 종합을 순수 개념들의 지성화에서 찾는다. 다시 말해 재판에서 제시된 도식론에서는 직관에 대한 오성의 우위가 강조된다. 재판에서의 도식론이 이처럼 상반된 결과를 산출하게 된 결정적인 이유는 재판에서 칸트가 초월적 상상력을 초판과는 근본적으로 다른 방식으로 규정하기 때문이다.

감성적 직관에서 주어지는 다양성을 오성의 범주에 포섭시키는 상상력은 수동성 또는 능동성으로 규정되지 않는다. 선험적 상상력은 독특한 특징을 함축하고 있다. 상상력은 수동적인 동시에 능동적인데, 하이데거는 이 같은 상상력의 특징을 '자기촉발'Selbstaffektion로 규정한다. "내적인 촉발은 순수한 수용 활동을 통해 순수한 자기

---

13) 하이데거, 『칸트와 형이상학의 문제』, 162쪽.

로부터 유래해야 한다."[14] 그리고 자기촉발은 근원적으로 시간성에 기초해 있다. 그러므로 한편에서는 수용적이며 다른 한편에서는 자발적인 초월적 상상력의 본질은 근본적으로 시간성에서 열어 밝혀질 수 있다. "근원적 시간은, 그 자신 본질적으로 자발적 수용성인 동시에 수용적 자발성이기도 한 초월적 상상력을 가능케 한다."[15] 여기서 우리는 순수 개념의 감성화—하이데거 용어로는 현존재의 시간성—가 어떻게 도식론에서 형성되는지를 분명히 볼 수 있다. 만약 상상력이 칸트가 주장한 바와 같이 수용적 자발적인 능력이라면, 상상력에서 '개념'과 '직관'의 대립은 성립될 수 없다. 이와 달리 상상력에서 '오성'과 '감성'은 일치하여 개념은 감성화로 전환된다. 그런데 하이데거에 따르면, 서로 다른 이질적인 능력인 오성과 감성을 종합하여 수용적 자발적인 것으로 규정되는 선험적 상상력을 해명하는 데 있어 칸트는 자신의 비판 철학에서 일관된 논의를 전개하지 않는다.

『칸트와 형이상학의 문제』에서 하이데거는 선험적(초월적) 상상력에 관한 칸트의 비일관적인 입장을 다음과 같이 지적한다.

> 그렇지만 고유한 근본 능력으로서의 초월적 상상력이 '재판'에서처럼 삭제되고, 그것의 기능이 단순한 자발성인 지성으로 옮겨 가게 된다면, 순수감성과 순수사유를 유한한 인간 이성 안에서의 그것들의 통일성을 고려하여 개념 파악하려는 가능성뿐 아니라, 그것들을 단지 문제로

---

14) 앞의 책, 269쪽.
15) 앞의 책, 275쪽.

제기하려는 그 어떤 가능성도 소멸한다. 초월적 상상력은 자신의 분열 불가능한 근원적 구조를 근거로 존재론적 인식 및 형이상학을 정초하는 작업의 가능성을 열어 주기 때문에 '초판'이 형이상학의 정초작업의 논점의 가장 내적인 특징에 더욱 가까이 남아 있다.[16]

이미 앞에서 언급한 바와 같이 도식장에 관해 초판은 근본적으로 재판과 구분되는데, 이러한 차이의 핵심은 상상력 개념에서 찾아질 수 있다. 초판에서의 선험적(초월적) 상상력은 감성과 오성의 뿌리로 규정된다. 따라서 추론적 오성의 뿌리로 있는 상상력은 오성의 범주들과는 무관하게 독립적인 것으로 간주된다. 하지만 『순수이성비판』의 재판에서 칸트는 하이데거가 주장한 바와 같이 이 같은 입장을 고수하지 않고 이성을 옹호하는 전통적 입장으로 회귀하는 것처럼 보인다.

칸트는 자신의 물음에 철저하게 형이상학의 '가능성'을 이 심연 앞으로 가져왔다. 그는 미지의 것을 보았다. [그러나] 그는 물러서야만 했다. 왜냐하면 그것은 단지 초월적 상상력이 그의 간담을 서늘케 했기 때문이 아니라, 그러는 사이 이성으로서의 순수이성이 그를 더욱 강력하게 자신의 궤도 쪽으로 이끌어갔기 때문이다.[17]

---

16) 앞의 책, 276쪽.
17) 앞의 책, 244쪽.

다시 말해 상상력은 더 이상 두 줄기의 근원적인 차원으로 규정되는 것이 아니라 '지성의 기능'으로 환원된다. 그러므로『순수이성비판』재판에서의 선험적 상상력은 '순수 개념들의 감성화'를 산출하는 자신의 고유한 능력을 상실한 채 단지 오성의 인지적 종합을 수행하는 이차적인 역할을 떠맡는다.

선험적(초월적) 상상력을 오성의 활동보다 우위에 두는 하이데거는『순수이성비판』의 초판을 재판보다 더 중요하게 여긴다. 그런데 비록 하이데거가 언급을 하고 있지 않지만, 그의 이러한 강압적인 칸트 해석은 쇼펜하우어의 칸트 해석과 밀접하게 관련되어 있다. 쇼펜하우어가 제시한 길을 따라가는 하이데거는 초판에 의거해 칸트의 비판 철학의 의의는 궁극적으로 '순수 개념의 감성화'에 있다고 주장한다. 하지만 이러한 유사성에도 불구하고 두 사상가들의 칸트 해석에서도 근본적인 차이가 존재한다. 쇼펜하우어는 순수 개념의 감성화 개념을 인식론적 지평에서 다룬 반면, 하이데거는 이 개념을 형이상학적 지평으로 확대한다. 이러한 차이점에도 불구하고 쇼펜하우어와 하이데거 모두 칸트를 위대한 철학자로 간주하는데, 그 이유는 그가 근대 서양 철학사에서 이성에 선행하는 근원적인 뿌리에 입각해 인식론을 정초하고자 시도한 사상가이기 때문이다.

『칸트와 형이상학의 문제』에서 하이데거는 칸트 철학을 인식론이 아니라 형이상학으로 해석하는데, 이 해석은 신칸트주의자들로부터 큰 반발을 불러일으켰다. 그런데 사실 하이데거의 칸트 해석이 신칸트주의 철학자들을 격분케 한 것은 인식론보다는 형이상학이 강조되어서가 아니다. 그들이 하이데거의 칸트 해석을 격렬하게 비판한 이유는 『칸트와 형이상학의 문제』에서 하이데거가 칸트를 이성의 파괴자로 규정했기 때문이다. "이로써 칸트는 스스로 자신의 철저함을 통해 하나의 입장을 갖게 되었으나, 이 입장 앞에서 물러나야만 했다. 이 입장의 의미는 이렇다. 이제까지 서구 형이상학의 토대들의 와해 (정신, 로고스, 이성)."[18] 인간의 삶에서 절대적으로 요구되는 것은 이성과 합리적인 사유이며 이 같은 사유를 철학적으로 체계화한 사상가가 바로 칸트라고 믿는 신칸트주의 철학자들에게 칸트가 이성의 파괴자라고 보는 하이데거의 해석은 도저히 받아들일 수 없는 해석이다. 하지만 신칸트주의와는 달리 하이데거는 칸트를 이성의 파괴자로 해석하는데, 그 까닭은 이성을 중시한다면 칸트 비판 철학이 독일 관념론으로 나아가는 것을 피할 수 없기 때문이다. 그에 따르면 칸트 비판 철학이 철학적 사유를 잘못된 방향으로 이끈 독일 관념론, 특히 헤겔 철학으로 흡수되지 않기 위해서는 칸트는 이성의 파괴자로 해석되어야 한다. 그런데 하이데거에 앞서 쇼펜하우어 또한 독일 관념론을 거칠게 비판한다.

> 이와 같이 나의 저서는 솔직함과 공명함이 특징인데, 그것만으로도 칸트 이후 시기의 세 명의 유명한 궤변가들의 그것과는 현격한 차이가 난다고 할 수 있다. 나는 언제나 반성, 즉 합리적인 사유와 솔직함 전달의 입장에 있으며, 지적인 직관으로 불리거나 절대적인 사유로도 불리는, 적당한 이름으로 부른다면 허풍과 협잡으로 불리는 영감의 입장은 결

---

18) 앞의 책, 358쪽.

코 아니다. 나는 이러한 정신으로 작업해 오면서, 그동안 줄곧 그릇된 것과 나쁜 것이 일반적으로 인정받고, 그러니까 허풍(피히테와 셸링)과 협잡(헤겔)이 최고로 존경받는 것을 보아 왔기 때문에, 나는 동시대인 들의 갈채를 받는 것을 일찌감치 포기해 버렸다.[19]

여기서 우리는 하이데거 철학과 쇼펜하우어 철학과의 공통점을 발견한다. 그들의 철학은 독일 관념론과 대척점에 서 있다. 그리고 독일 관념론을 강하게 비판하는 하이데거와 쇼펜하우어 모두 『순수이성비판』 초판에 의거해, 이성을 근원적인 토대로 간주하지 않은 칸트 비판 철학이야말로 이성을 중시하는 독일 관념론과 완전히 다른 철학이라는 것을 제시한다.

하이데거 전기 철학에서 『존재와 시간』과 함께 중요한 저서로 간주되는 『칸트와 형이상학의 문제』의 의의는 이성을 절대시하는 신칸트주의 해석과는 달리 『순수이성비판』 초판에 입각해 칸트를 이성의 파괴자로 해석하는 데서 찾을 수 있다. 언뜻 보기에 칸트 철학에 대한 표준적인 해석과는 완전히 다른 이 해석은 자의적일 수 있지만, 하이데거에 앞서 이미 쇼펜하우어가 『순수이성비판』 초판에 의거해 독일 관념론자들과 맞서 칸트를 반-이성주의자로 해석한 바 있다. 따라서 하이데거가 수행한 칸트 해석이 자의적인 것이 아니라는 것을 보여 주기 위해서는 우리는 쇼펜하우어의 칸트 해석을 살펴보아야

---

19) 아르투어 쇼펜하우어, 『의지와 표상으로서의 세계』, 홍성광 옮김(을유문화사, 2009), 22~23쪽.

한다.

쇼펜하우어의 칸트 해석

칸트의 『순수이성비판』은 다른 철학적 저서들과 비교해 볼 때 독특한 특징을 지니고 있는데, 이 독특한 특징이란 바로 『순수이성비판』이 초판과 그 이후에 내용이 대폭 수정된 재판을 동시에 포함하고 있다는 점이다. 이러한 편집은 재판의 출판과 동시에 자동적으로 이루어진 것이 아니다. 역사적으로 고찰할 때, 내용이 많이 수정된 재판이 1787년에 출간된 이후로는 초판은 더 이상 출간되지 않았다. 그래서 1787년 이후부터 칸트 철학 사상은 재판을 통해서만 전해진다.

하지만 이러한 상황은 로젠크란츠_{Rosenkranz}가 1838년에 새롭게 편집한 칸트 전집에서부터 바뀌게 된다. 로젠크란츠의 칸트 전집 이후부터 『순수이성비판』은 초판과 재판을 동시에 포함하는데, 이 같은 로젠크란츠의 결정에 쇼펜하우어가 큰 영향을 끼쳤다. "내가 제안한 것에 따라 로젠크란츠 교수는 1838년에 재판과 더불어 『순수이성비판』의 최초의 형태인 초판을 복구하여 출판했다. 이 같은 작업을 통해 그는 철학에 엄청난 기여를 했다."[20] 쇼펜하우어에 따르면 『순수이성비판』의 초판은 재판보다 더 중요하다. 그래서 그는 재판만을 읽어서는 칸트 철학을 제대로 파악할 수 없다고 주장한다. "만약 누군가가 재판만을 읽었다면, 그는 결코 칸트의 철학 사상에 대한 명확한

20) A. Schopenhauer, *The World as Will and Representation*, vol. 1, p.435.

이해를 획득할 수 없다."[21] 쇼펜하우어가 초판과 비교해 볼 때 『순수이성비판』의 재판이 왜곡된 저서라고 주장하는 이유는 재판에서 칸트가 감성(직관)의 역할보다 오성의 역할을 더 중시했기 때문이다.[22]

칸트 비판 철학을 해명하는 데 있어 초판과 재판에 제시된 사물의 인식이 근본적으로 다르다고 최초로 주장한 쇼펜하우어는 재판에서 칸트 인식론의 핵심 사상이 드러난다고 보는 표준적인 해석과는 달리 재판에서 제시된 직관과 오성의 통일을 거부한다. 사실 초판과는 달리 재판에서 오성을 감성보다 우위에 놓은 칸트는 대상의 인식이 지각(감성)의 활동이 아니라, 감성에서 주어지는 다양성을 종합하고, 통일하는 오성의 역할에 의해 산출되는 것이라고 주장한다.

내가 (범주들에 의한) 모든 사고를 경험적 인식에서 떼어내면, 전혀 아무런 대상에 대한 인식도 남지 않는다. 왜냐하면 순전한 직관에 의해서는 전혀 아무것도 사고되지 않고, 내 안에 감성의 이러한 촉발이 있다는 것이 그러한 표상을 어떤 객관과 관계 맺도록 해주지는 못하기 때문이다.[23]

---

21) *Ibid.,* p.435.
22) 이 외에도 쇼펜하우어가 『순수이성비판』 재판보다 초판을 우위에 두는 이유는 재판에서는 모든 사물들을 '현상'으로 보는 관념론과 '물자체'를 인정하는 실재론의 모순적인 구조가 첨예하게 드러나기 때문이다. 그런데 재판과는 달리 관념론을 지향하는 초판에서는 이 같은 모순은 해소된다. "그러나 칸트가 『순수이성비판』 초판 348~392쪽에서 분명하게 해명한 관념론은 재판에서 억압되고 만다." *Ibid.,* p.435.
23) 임마누엘 칸트, 『순수이성비판 1』, 백종현 옮김(아카넷, 2006), B. 309.

여기서 볼 수 있듯이 객관적인 대상의 인식을 가능케 하는 재료의 결합은 오로지 오성에서 이루어지기 때문에, 감성보다는 '개념들의 자발성'이 상위의 능력으로 간주된다. 하지만 쇼펜하우어는 칸트의 이 같은 견해는 잘못된 것이라고 주장한다. "(인식의 통일은 오성의 역할이라고 하는) 이 같은 문장은 칸트의 모든 잘못을 극히 간결하게 보여 준다. 왜냐하면 이 문장은 그가 잘못 이해한 감각, 지각, 그리고 사유의 관계를 분명하게 드러내 보이기 때문이다."[24] 쇼펜하우어에 있어서 감성은 칸트가 재판에서 주장한 것처럼 오성의 활동에 귀속되지 않는다. 이와 달리 감성(직관)이 오히려 오성의 활동에 선행하여 사물 인식의 원천을 이룬다. 이와 같은 이유로 그는 칸트의 비판 철학에서 선험적 분석론보다 선험적 감성론을 더 높게 평가한다.

쇼펜하우어의 해석에 따르면 선험적transzendental 감성론은 "위대한 발견임과 동시에 부인할 수 없는 진리를 내포하고 있다."[25] 따라서 그는 선험적 감성론에서 제시된 어떤 이론들도 제거되어서는 안 된다고 주장한다. 나중에 보겠지만, 선험적 감성론이 이처럼 높이 평가된 이유는 감성론에서 칸트가 기존의 유클리드적인 증명에 반대하여 기하학의 명증성은 이미 오성의 능력에 앞서 지각에서 드러날 수 있다는 단초를 제공하기 때문이다. 그런데 선험적 감성론을 이와 같이 높게 평가한 데 반해 사고의 구조를 해명하는 선험적 분석론에 대한 쇼펜하우어의 평가는 매우 인색하다. 그는 선험적 분석론은 뒤죽박

---

24) A. Schopenhauer, *The World as Will and Representation*, vol. 1, p.475.
25) *Ibid.*, p.437.

죽으로 전개되었고, 이와 같은 혼란은 칸트가 『순수이성비판』 재판에서 선험적 연역론의 2장과 3장을 거의 새롭게 다시 썼음에도 불구하고 결코 해소되지 않았다고 지적한다. 오히려 재판에서 선험적 분석론을 다루는 칸트의 사유는 더 일관되지 않으며, 따라서 칸트의 인식론은 불명확한 이론으로 남아 있다고 쇼펜하우어는 주장한다. 왜냐하면 적어도 초판에서는 인식의 두 원천인 '직접적인 직관'과 '추론적인 개념'이 선험적 상상력의 매개를 통해 상호보완적인 관계를 맺었으나, 재판에서는 추론적인 개념이 직접적인 직관에 비해 상위적인 위치를 차지하기 때문이다. 다시 말해 재판에서 제시된 연역론에 따르면 인식의 원천이 어디에 놓여 있는지가 불분명하다.

더 나아가 칸트의 인식론에서 발견되는 이러한 불명확성은 칸트 비판 철학 이후 전개된 독일 관념론의 왜곡된 해석으로 인해 더 가중된다. 이성을 인간의 본질로 생각하는 피히테 이후의 독일 관념론에서는 직관의 능력보다는 오성의 능력이 훨씬 과장되게 강조되었으며, 따라서 오성의 능력을 분석하는 선험적 논리학이 선험적 감성론보다 더 우위에 있다. 결과적으로 재판을 토대로 한 독일 관념론의 해석으로 인해 칸트 인식론의 본질은 직관이 아니라 오성적 사고에 있다는 관점이 표준적인 해석으로 기정사실화됐다. 하지만 쇼펜하우어에 따르면 이러한 독일 관념론적 해석은 근본적인 결함을 지니고 있다. 독일 관념론의 해석에 반대하여 그는 선험적 감성론이 더 중요하다고 주장한다. 우리는 재판에서 칸트가 선험적 분석론의 중요성을 강조했음에도 불구하고 쇼펜하우어가 이 같은 사실을 무시하고 선험적 분석론보다는 선험적 감성론을 선호하는 이유에 대해 고찰해 볼 필요가 있다.

쇼펜하우어는 주석가의 입장에 서서 칸트 비판 철학을 해석하는 것이 아니라 칸트 철학을 통해 자신의 철학적 사유를 정당화하고자 한다. 잘 알려진 바와 같이 이성의 활동을 강조하는 독일 관념론에 대항하는 쇼펜하우어는 자신의 철학 토대를 이성으로부터 벗어나 있는 맹목적인 의지에 위치시킨다.[26] 그리고 이성을 부정하는 철학적 원리에 상응하여 그는 인식의 근원은 오성이 아니라 지각에 있다고 주장한다. "다른 한편 나에 있어서 대상들은 최초로 사유의 대상이 아니라 지각의 대상이며, 모든 대상의 인식은 근원적으로 지각에 기원을 두고 있다."[27] 이처럼 칸트와는 달리 쇼펜하우어는 인식의 원천을 오로지 인상들의 수용성, 즉 지각의 활동에서 찾는다. 이와 같은 이유 때문에 그는 선험적 감성론을 더 중요하게 생각한다. 그런데 여기서 중요한 점은 쇼펜하우어가 말하는 지각 개념은 전통 철학적 지각 개념을 의미하는 것이 아니라는 사실이다.

칸트가 선험적 감성론에서 인식의 출발점이 직관에 있다고 한 것처럼 쇼펜하우어 또한 인식의 기원을 지각의 활동에서 찾는다. "지각은 모든 인식의 원천이다."[28] 지각을 강조한다는 점에서 쇼펜하우

---

26) 이성에 대립되는 쇼펜하우어의 의지 개념에 대한 상세한 논의는 다음 저서들을 참고할 것. 크리스토퍼 제너웨이, 『헤겔의 관념론에 대항한 염세주의 철학자: 쇼펜하우어』, 신현승 옮김(시공사, 2001); 랄프 비너, 『유쾌하고 독한 쇼펜하우어 읽기』, 최흥주 옮김(시아, 2009).

27) A. Schopenhauer, *The World as Will and Representation*, vol. 1, p.475. 쇼펜하우어에 따르면 칸트 비판 철학에서 범주를 사유하는 능력 또는 '지성 그 자체'를 의미하는 '통각'(apperception) 역시 어원적으로 볼 때 '지각'(perception)에서 기원한다. A. Schopenhauer, *The World as Will and Representation*, vol. 1, p.440 참조.

28) *Ibid.*, p.77.

어의 인식론은 경험론에 가깝다고 볼 수 있지만, 엄격하게 말해서 그의 지각이론은 전통 경험론적 지각이론과는 근본적으로 다르다. 감성과 오성의 구분을 전제로 하는 전통 경험론적 지각이론과는 달리 그의 지각이론에서는 이러한 구분이 존재하지 않는다. 오히려 감성과 오성의 구분은 근본적인 오류라고 쇼펜하우어는 지적한다.[29] 만약 감성이 오성으로부터 절대적으로 분리되었다면, 감성에서 이루어지는 지각Wahrnehmung은 감각Empfindung과 동일시된다. 그리고 기존의 인식론에 따르면, 감각은 혼돈스러운 상태에 놓여 있는 재료들을 받아들이는 능력이며, 이 혼돈스런 재료들은 오성의 개념에 의해 질서 지어진다. 그러나 기존의 인식론에 반대하여 쇼펜하우어는 지각은 감각으로 환원되지 않는다고 주장한다. 그에게서 감각으로부터 독립되어 있는 지각 개념은 시각에 대한 분석에서 보다 분명하게 이해될 수 있다.

지각의 활동에서 시각은 매우 중요한 위치를 차지한다. 그런데 쇼펜하우어에 따르면 시각에서 주어지는 재료는 감각의 혼란스런 느낌과 동일하지 않다. 이 같은 사실은 실증적으로 플루랑스Flourens의 생리학에서 증명될 수 있다고 그는 주장한다. 시각의 활동에 대한 연구에서 감각과 지각이 엄밀하게 구분되어 있다고 한 플루랑스의 사유를 높이 평가하는 쇼펜하우어는 플루랑스의 생리학적 발견을 다음과 같이 인용한다. "뇌의 결절을 제거하는 것은 감각의, 즉 시력의 상실을 초래한다. 망막은 무감각해지고, 홍채는 움직이지 않게 된다. 뇌

---

29) *Ibid.*, p.438.

엽을 제거하는 것은 감각, 감관, 망막의 감수성, 홍채의 유동성을 남아 있게 한다. 그것은 단지 지각을 파괴한다. 어떤 경우에는 감각적 사실이, 다른 경우에서는 지적 사실이 다루어진다. 또 어떤 경우에서는 감각이, 다른 경우에서는 지각이 상실된다. 지각과 감각의 구분은 중요한 결과이며, 그 증거는 명백하다. 시각을 두뇌에 의해 사라지게 하는 두 가지 방법이 있다. 1) 뇌의 결절에 의해서는 감관, 즉 감각이 상실된다. 2) 뇌엽에 의해서는 지각, 즉 오성이 상실된다. […] 따라서 표상은 감각과는 다른 어떤 것이다."[30] 다시 말해 감각이 상실되지 않는 망막에 비춰진 대상들은 지각될 수 있지만, 만약 뇌엽이 제거되었다면 망막에 맺힌 상들은 지각될 수 없다. 따라서 플루랑스에 따르면 감각과 '지각'이 구분되는데 그 이유는 감각은 오성의 활동과 무관한 반면, 지각은 이미 오성과 연관지어져 있기 때문이다.

감각과 구분되는 쇼펜하우어의 지각 개념은 이미 오성의 활동을 전제로 하기 때문에 전통 철학적 지각 개념으로 환원될 수 없다. 오성과 연관되어 지각이 이미 지적 활동으로 규정된다면, 감각과는 달리 지각의 활동에서는 혼돈스런 내용이 주어지지 않는다. 오히려 지각에서 인식의 자료들은 이미 자발적으로 결합되어 있다. 그리고 이러한 결합이 가능한 이유는 지각의 활동은 '경험적 직관'이 아니라 '지적 직관'에 의해 규정되기 때문이라고 쇼펜하우어는 주장한다.

말하자면 감관은 조악한 재료들만을 제공한다. 오성이 처음으로 공간,

---

30) A. Schopenhauer, *On the Fourfold Root of the Principle of Sufficient Reason*, p.102.

시간, 인과성이라고 언급된 순수한 형식들을 매개로 하여 이 재료를 합법칙적으로 돌아가는 물질세계에 대한 객관적 이해로 전환시킨다. 따라서 우리의 일상적인 경험적 직관empirical intuition은 지적 직관intellectual intuition이다.[31]

그런데 중요한 점은 쇼펜하우어의 '지적 직관'은 피히테나 셸링의 선험적 관념론에서 발견되는 지적 직관을 의미하는 것이 아니라는 사실이다. 피히테나 셸링이 말하는 지적 직관은 인식의 형식뿐만 아니라 재료까지 산출하는 능력으로 이해된다. 그런데 이처럼 인식의 재료까지 산출하는 것으로 파악되는 피히테와 셸링의 지적 직관을 쇼펜하우어는 "독일의 철학적 허풍선이가 몽상의 세계에 대해 만들어 낸 허위의 직관"이라고 부른다.[32] 그가 말하는 지적 직관은 독일 관념론자들이 주장한 것처럼 결코 인식의 재료를 선험적으로 연역하지 못한다. 비록 현상학자들은 주목하지 못했지만, 지적 직관이란 단지 오성의 기능이 이미 지각의 활동과 함께 작동하는 것을 의미하는 '범주적 직관'과 유사하다.

전통 철학자들과는 달리 이성은 인간의 근원적인 토대가 아니라 이차적인 것에 불과하다고 생각하는 쇼펜하우어는 칸트 철학을 새롭게 해석한다. 그의 칸트 해석에 따르면 비록 『순수이성비판』의 재판에서는 칸트가 입장을 바꾸지만, 직관을 인식의 원천으로 생각한 초

31) *Ibid.*, p.177.
32) *Ibid.*, p.78.

판에서 칸트 역시 이성을 이차적인 능력으로 간주한다. 그리고『순수이성비판』의 초판에 의거하여 칸트 철학의 핵심 사상은 독일 관념론자들이 생각한 것처럼 이성의 완성이 아니라 이성의 해체에 있다고 주장하는 쇼펜하우어의 해석은 하이데거의 칸트 해석에 결정적인 영향을 끼쳤다. 이성비판 외에 쇼펜하우어에 있어 인간의 본질은 이성이 아니라 의지에 놓여 있는데, 하이데거 역시 현존재분석에서 의지가 이성에 비해 우위에 있다고 주장한다. 더 나아가 하이데거 철학에서 우리는 인간이 존재자의 주인이 아니라는 반-인간중심주의 사상을 발견하는데, 쇼펜하우어 또한 자신의 의지 철학에서 반-인간주의를 표방한다.

2. 쇼펜하우어의 반-인간중심주의와 의지 개념

쇼펜하우어의 반-인간중심주의

1818년에『의지와 표상으로서의 세계』가 출판되었을 때만 해도 쇼펜하우어는 독일 관념론, 특히 헤겔의 관념론의 영향에 가려져 크게 주목을 받지 못한 철학자로 남았지만, 19세기 중반부터 이러한 상황이 변화하면서 그는 중요하고 영향력 있는 사상가로 인정받게 된다. 특히 쇼펜하우어의 철학적 사유는 철학 외에 다른 학문, 예를 들어 정신분석학에 결정적인 영향을 끼쳤다. 합리적 판단 능력 이전에 인간의 삶을 움직이는 실제적인 동력은 무의식의 영역에 있는 맹목적인 의지라는 쇼펜하우어의 견해는 정신분석학의 기본 명제와 유사한 면이 있다. 그러므로 무의식의 영역을 열어 밝힌 프로이트는 정신분석에서 말하는 의식 이전의 충동이 쇼펜하우어의 의지에서 유래했으며 따라서 쇼펜하우어가 정신분석의 선구자라고 고백한다.

하지만 정신분석가들과 그리고 니체 외에 쇼펜하우어 철학은 다른 사상가들로부터 전혀 주목을 받지 못했는데, 그 이유는 20세기 들어서서 이성을 강조하는 신칸트주의가 독일 철학계를 주도하게 되면서 이성을 비판하는 쇼펜하우어의 철학은 다시 철학자들의 관심 밖으로 밀려났기 때문이다. 이성이 강조되는 시기에 맹목적인 의지에 기초한 쇼펜하우어 철학이 관심을 못 받았다는 것은 어쩌면 당연한 것 일수도 있다. 그러나 20세기 중반에 이성주의 철학이 한풀 꺾이면서 이성주의를 비판하는 구조주의나 해체주의 철학이 등장했음에도 불구하고 그의 철학은 여전히 각광을 받지 못하고 있다.

여기서 의아한 점은 이성을 비판하는 니체 철학은 해체주의에서 높게 평가되었으며, 이로 인해 많은 연구들이 있었던 반면 동일하게 이성을 비판했음에도 불구하고 쇼펜하우어 철학은 전혀 주목을 받지 못했다는 사실이다. 이처럼 해체주의 시대에서도 쇼펜하우어 철학은 무시되었는데, 아마도 그 이유는 생을 긍정적으로 보는 니체와는 달리 쇼펜하우어의 철학은 생을 부정하는 염세주의를 지향하는 것으로 해석되었기 때문일 것이다. 하지만 쇼펜하우어의 철학을 단순히 염세주의로만 해석하는 것은 그의 철학을 부분적으로만 이해하는 것이다. 염세주의 외에 그의 철학은 해체주의와 마찬가지로 인간 또는 주체가 모든 사물의 중심이라는 것을 부정하는 반-인간중심주의 사상을 지니고 있다.

이성 비판과 더불어 이성을 인간의 본질로 이해하는 전통 철학적 인간 또는 주체 개념을 거부하는 해체주의에 있어서 인간은 더 이상 세계의 중심이 아니다. 그리고 이렇게 이해된 해체주의는 반-인간중심주의 철학으로 규정될 수 있다. 해체주의가 반-인간중심주의를 표방한다는 사실을 우리는 해체주의 선구자로 간주되는 하이데거의 철학에서 발견할 수 있다. 왜냐하면 그에게서 인간은 존재자들의 지배자가 아니기 때문이다. 하지만 해체주의와 하이데거 철학에 앞서 쇼펜하우어가 이미 자신의 의지 철학에서 인간이 만물의 주재자라는 사상에 근본적으로 이의를 제기한다. 그리고 맹목적인 의지에 기초해 있는 인간을 전제로 하는 이러한 반-인간중심주의 사상을 우리는 인도 종교 철학에 입각해 정초된 그의 도덕 이론에서 보다 분명하게 이해할 수 있다.

서양 문화는 한편에서는 그리스 철학과 다른 한편에서는 기독교라는 두 개의 기둥 위에 기초해 있기 때문에 서양에서 형성된 도덕 이론을 포함한 모든 사상들은 그리스 철학과 기독교적 사상에서 유래되었다. 이와 같은 관점에서 볼 때 쇼펜하우어의 도덕이론은 생소하게 다가올 수 있다. 왜냐하면 쇼펜하우어는 자신의 도덕이론의 기원을 그리스 철학 또는 기독교 전통에서 찾지 않기 때문이다. 그는 우선적으로 모든 서양 철학자들이 학문의 기원이라고 절대적으로 신뢰하는 그리스 철학의 권위를 인정하지 않는데, 그 이유는 그리스 철학은 인도 철학에서 유래되었기 때문이다.

이 민족(인도인—인용자)은 이제 사방으로 흩어져 변질되고 말았지만,

그 가르침은 아직 일반적인 민속 신앙으로 남아, 4천 년 전과 마찬가지로 지금도 삶에 결정적인 영향을 미치고 있다. 그 때문에 피타고라스와 플라톤도 이미 그러한 더할 나위 없는 신화적 서술을 인도인이나 이집트인으로부터 전해 듣고 경탄을 금치 못했고, 이것을 받아들이고 존중하고 응용했으며, 그들 자신도 어느 정도까지인지는 몰라도 믿었다.[33]

그리스 철학뿐만 아니라 기독교의 사상 또한 쇼펜하우어에 따르면 인도 종교에서 유래했다. "따라서 인간이 된 아바타에 관한 사상이 그렇듯이, 기독교 도덕이 인도에서 유래하여 이집트를 거쳐서 유대로 왔다는 것은 의심할 여지가 거의 없다. 그래서 기독교는 마치 이집트의 몰락에 대한, 인도의 원광이 반사된 것과 같다. 그러나 애석하게도 그것은 유대의 땅에 떨어졌다."[34] 물론 이 같은 주장은 역사적으로 증명되지 않았기 때문에 논란을 불러일으킬 수 있음에도 불구하고 쇼펜하우어는 과감하게 서양 문화를 지탱해 온 그리스 철학과 기독교의 기원은 인도 종교 사상에 있다고 생각한다.

더 나아가 이렇게 인도 종교 철학을 높게 평가한 쇼펜하우어는 의지에 기초해 있는 자신의 도덕이론의 토대를 인도 철학과 불교 철학에서 도출하고자 한다. 이와 같은 시도는 유럽 철학 전통에서는 전혀 없었고 그 당시 철학계 분위기와도 맞지 않음에도 불구하고 그는 도덕이론만큼은 인도 철학이 우위에 있다고 주장한다. "인도인의 윤

---

33) 쇼펜하우어, 『의지와 표상으로서의 세계』, 588쪽.
34) 아르투어 쇼펜하우어, 『도덕의 기초에 관하여』, 김미영 옮김(책세상, 2004), 201~202쪽.

리에는 다음과 같은 것이 규정되어 있다. 즉 거기에는 모든 자기애를 완전히 부정한 이웃에 대한 사랑, 인류에만 한정하지 않고 일반적으로 모든 생물을 포함하는 사랑, 매일 힘겹게 얻은 것까지 기꺼이 내어 주는 자선, 모욕하는 모든 사람에 대한 무한한 인내, 아무리 사악할지라도 모든 악을 선이나 사랑으로 갚기, 모든 치욕을 자진하여 즐거이 참아 내기, 모든 육식을 삼가는 것, 참된 성스러움을 얻으려는 자의 완전한 동정과 온갖 육욕의 단념, 모든 소유물을 버리고 모든 거주지며 식솔을 떠나는 것 […] 등이 쓰여 있다."[35] 그리고 이처럼 서양 도덕이론보다 인도인의 윤리이론이 높게 평가받는 이유는 이 윤리는 이성이 아니라 의지에서 파생되는 동정심에 기초해 있기 때문이다.

자연세계에서 맹목적인 의지에 의해 규정된 모든 생명체의 행위는 필연적으로 어떤 동기가 주어진 경우에만 일어난다. 그리고 의지를 움직이게 하는 근원적인 동기는 가장 넓은 의미에서 쾌락을 추구하는 것과 고통을 피하는 것이다. 인간을 포함한 모든 생명체의 행위의 목적은 자신만을 위한 쾌적한 삶을 얻는 것이다. 이렇게 볼 때 자연에서 일어나는 모든 행위들은 이기주의로 환원될 수 있다. 그러나 쇼펜하우어에 있어서 이기주의와 도덕적 가치는 서로 배타적이기 때문에 양립될 수 없다. "어떤 행위가 이기적 목적을 동기로 갖는다면, 그것은 어떤 도덕적 가치도 지닐 수 없다. 어떤 행위가 도덕적 가치를 지니기 위해서는, 어떤 이기적 목적도, 그것이 직접적이든 간접적이

---

35) 쇼펜하우어, 『의지와 표상으로서의 세계』, 635~636쪽.

든, 가깝든 멀든 그 행위의 동기일 수 없다."[36] 따라서 인간 행위뿐만 아니라 모든 생명체의 행위에서 공통적으로 존재하는 이기주의로 인해 자연에서는 도덕적 가치가 성립될 수 없다.

그런데 인간의 행위에는 이기주의 외에 두 가지의 다른 동인이 존재한다고 쇼펜하우어는 말한다. "타인의 고통을 원하는 악의(극심한 잔인성에까지 이른다); 타인의 쾌를 원하는 동정심(고결함과 관용에까지 이른다)."[37] 여기서 놓쳐서는 안 될 핵심은 그에게서 동정심은 실천이성의 정언적 명령에서 유래되는 것이 아니라 자연적 본성에 본질적으로 주어져 있다는 사실이다. "이 동정심 자체는 인간 의식의 부정할 수 없는 사실로서 인간 의식에 본질적으로 고유한 것이며, 전제, 개념, 종교, 독단, 신화, 교육과 양육에 기인하지 않고, 근원적이고 직접적인 것으로서 인간의 본성 자체에 놓여 있다."[38]

이처럼 쇼펜하우어는 도덕적 행위는 '동정심'에서 유래된다고 주장한다. "이 동정심이 전적으로 유일하게 모든 자유로운 정의와 참된 인간애의 실제적 토대다. 행위는 동정심에 기인하는 한에서만 도덕적 가치를 갖는다. 그리고 다른 동기에 기인하는 행위는 어떤 도덕적 가치를 갖지 않는다."[39] 인간에게서 이성에 의지하지 않고서도 도덕적 행위를 가능케 하는 동정심은 쇼펜하우어에서 최고의 도덕적 가치를 지닌다. 그 까닭은 타인의 쾌를 원하며 또한 고통에 연민을 느

---

36) 쇼펜하우어, 『도덕의 기초에 관하여』, 93~94쪽.
37) 앞의 책, 159쪽.
38) 앞의 책, 162~163쪽.
39) 앞의 책, 157쪽.

끼는 동정심에서 가장 비도덕적인 이기주의가 궁극적으로 극복될 수 있기 때문이다. 결과적으로 동정심에서 쇼펜하우어는 기존 도덕이론에서 찾아볼 수 없는 새로운 기초를 확립하고자 시도한다. 그리고 동정심에 기초해 있는 새로운 이론을 통해 쇼펜하우어가 추구하는 것은 실천적인 이성에 기반을 두고 있는 칸트의 도덕이론을 극복하는 것이다.

쇼펜하우어가 칸트의 도덕이론을 문제 삼는 이유는 칸트가 『실천이성비판』에서 인간중심주의를 지향하기 때문이다. 칸트의 도덕이론에 따르면 동물과는 달리 인간의 본질은 스스로에게 도덕 법칙을 부과하는 자율적 행위에 놓여 있다. 그리고 칸트에게서 인간의 존엄성은 실천이성에 의해 구성되는 자율성에 기초해 있으며, 자율적인 주체는 결코 수단으로 사용될 수 없고 목적 그 자체로 존재한다. 그래서 자율성에서 드러나는 '인간의 존엄성' 개념에서 다음과 같은 도덕 법칙의 정언명법이 성립된다. "네가 너 자신의 인격에서나 다른 모든 사람의 인격에서 인간(성)을 항상 동시에 목적으로 대하고, 결코 한낱 수단으로 대하지 않도록, 그렇게 행위하라."[40] 이 인용문은 자율적이지 않고 인격적이지 않은 동물은 목적 그 자체가 아니라 사물처럼 수단으로 취급될 수 있음을 간접적으로 보여 준다. 따라서 인간의 존엄성에 기초해 있는 칸트의 도덕 철학은 인간 외에 다른 존재자들을 수단으로 간주하는 인간중심주의로 특징지어질 수 있는데, 이와 같은 인간중심주의적 도덕 이론은 인간과 동물이 절대적으로

---

40) 임마누엘 칸트, 『윤리형이상학 정초』, 백종현 옮김(아카넷, 2005), B67.

구분된다는 전제하에서만 가능하다. 하지만 이성보다 의지를 그리고 실천이성보다는 모든 존재자에 해당되는 동정심에 입각해 도덕 원리를 확립하고자 하는 쇼펜하우어 철학에서 인간과 동물은 본질적으로 구분되지 않는다.

쇼펜하우어에 따르면 모든 생명체의 근원적인 토대를 지칭하는 물자체는 의지로 규정된다. 그리고 의지의 관점에서 볼 때 모든 존재자들은 구별되지 않고 하나의 동일한 본질 자체를 지니고 있다. 쇼펜하우어는 이처럼 모든 존재자들은 동일한 본질을 가지고 있기 때문에 인간은 타인이나 동물의 상태에 대해 동정심을 느낄 수 있다고 주장한다. "산스크리트에서 'tat-tvam asi', 즉 '이것은 나다'라는 형식에서 상투적으로 표현되는 이 인식은 동정심으로 표출되고, 따라서 그것에서 모든 참된, 말하자면 사심 없는 덕이 유래된다."[41] 그리고 자아와 타자를 구분하지 않는 동정심이 지배하는 인도 종교 철학에서 인간은 본질적으로 동물과 구별되지 않는다. 이와 달리 인간과 동물 사이에는 차이점보다는 공통적인 부분이 더 많다고 쇼펜하우어는 주장한다. "반면에 동물과 인간에게 공통적인 것은 심리적으로나 신체적으로나 비교할 수 없이 더 많다. 그래서 서양과 유대교의 동물학대자와 이성 숭배자에게 상기시켜야 하는 것은, 그가 그의 어머니의 젖을 먹었듯이, 개도 자기 어머니의 젖을 먹었다는 것이다."[42] 이와 같이 인간과 동물 사이에 본질적인 차이점이 없기 때문에 인간은 자

---

41) 쇼펜하우어, 『도덕의 기초에 관하여』, 240쪽.
42) 앞의 책, 201쪽.

연에서 특별한 위치를 차지하지 않는다. 인간은 그저 다른 생명체와 마찬가지로 자연의 한 부분일 뿐이다.

여기서 제시된 바와 같이 인도 종교 철학으로부터 영향을 받아 인간과 다른 생명체를 동정심에 입각해 동일하게 간주하는 쇼펜하우어의 자연주의적 윤리학에서 우리는 인간이 만물의 주재자가 결코 아니라는 반-인간중심주의 사상의 단초를 발견할 수 있다. 더 나아가 그에 있어서 인간이 만물의 중심이 아니라는 반-인간중심주의가 가능한 것은 인간의 본질 또한 전통 철학자들이 강조한 이성에서가 아니라 다른 존재자의 본질처럼 맹목적인 의지에 놓여 있기 때문이다.

쇼펜하우어 철학에서 표상과 의지

전통 철학에 따르면 인간이 동물과 본질적으로 구분되는 이유는 인간의 본질만이 이성에 의해 규정되기 때문이다. 또한 추상적 사유를 통해 자기의식을 가지고 있는 인간은 맹목적 의지에 종속되어 있는 동물의 삶과는 달리 자연세계로부터 독립되어 있는 자기 세계를 구성할 수 있다. 그리고 전통 철학자들은 이성과 자기의식에 의해 구축된 세계에 살고 있는 인간이 동물과는 달리 모든 사물의 중심이라고 생각한다. 하지만 앞 장에서 지적한 바와 같이 이성과 자기의식을 갖고 있기 때문에 인간은 근본적으로 동물과 구분된다고 보는 이러한 전통 철학적 이론을 쇼펜하우어는 거부한다. 그가 동물과 인간의 차이점을 부정하는 이유는 동물 또한 사물을 인식하는 능력을 갖추고 있기 때문이다. 이 점에 대해 쇼펜하우어는 다음과 같이 밝힌다.

그리고 아무튼 처음으로 떠진 게 곤충의 눈이었을지 모르지만, 세계 전체의 존재는 이 최초의 눈에 의존하고 있다. 이때 눈은 인식을 매개하는 데 필수적인 것이고 […] 세계는 바로 표상이고, 그 자체로, 그 세계 존재의 담당자로 인식하는 주관을 필요로 하기 때문이다.[43)]

여기서 우리는 인간을 규정하는 데 있어 전통 철학과 대립되는 쇼펜하우어의 독창적 사유를 발견한다. 전통 철학에 있어서 인간만이 사물을 인식할 수 있는데, 그 까닭은 경험적 세계로부터 독립되어 있는 선험적 이성이 인간에게만 속해 있기 때문이다. 하지만 쇼펜하우어에 있어서 선험적 영역에 놓여 있다고 생각되어 온 오성의 활동은 실제적으로는 뇌에서 유래한다. "물론 지성은 대체로 가장 먼저 뇌신경계에 의존한다."[44)] 그리고 인간과 마찬가지로 뇌를 가지고 있는 동물들 또한 사물을 표상할 수 있으며, 이 표상된 사물을 인식할 수 있다. 이와 같이 사물을 인식할 수 있는 능력이 인간뿐만 아니라 동물에 속해 있는 한 인간과 동물 사이에는 근본적인 차이가 없기 때문에 쇼펜하우어는 이성적 인간만이 만물의 중심이라는 전통적 입장을 거부한다. 하지만 비록 사물의 표상이 뇌에서 파생되지만 인간이 경험하는 표상은 동물의 표상과 동일한 것이 아니다.

쇼펜하우어는 사물은 '물자체'가 아니라 표상으로 주어진다고

---

43) 쇼펜하우어, 『의지와 표상으로서의 세계』, 84쪽.
44) 아르투어 쇼펜하우어, 『자연에서의 의지에 관하여: 저자의 철학이 그 출현 이후 경험과학을 통해 획득한 증명에 대한 논의』, 김미영 옮김(아카넷, 2012), 111쪽.

주장하는데,『의지와 표상으로서의 세계』의 서문에서 밝힌 바와 같이 이와 같은 그의 철학적 사유는 칸트 철학으로부터 영향을 받았다. "나는 이미 초판의 서문에서 나의 철학이 칸트 철학에서 출발했으며, 따라서 독자가 칸트 철학을 철저히 알고 있다는 것을 전제로 삼는다고 설명했는데, 이런 사실을 여기서 다시 되풀이하고자 한다. 칸트의 철학은 그것을 파악한 모든 사람들의 머리를 근본적으로 변화시키는데, 그 변화가 너무 커서 정신적인 재탄생이라고 일컬을 만하다."[45] 쇼펜하우어가 칸트 철학을 이처럼 높게 평가하는 이유는 근대 철학자들을 고민에 빠뜨렸던 실재론의 문제가 칸트 철학에서 비로소 해결되었기 때문이다. 시간과 공간을 직관의 형식으로 파악한 칸트에게서 모든 사물들은 인간으로부터 독립된 실재적인 사물로 존재하는 것이 아니라 직관과 오성의 활동의 종합에 의해 구성된 현상Erscheinung에 불과하다. 이와 같은 칸트의 현상 개념을 진리라고 받아들인 쇼펜하우어 또한 세계를 주관에 대해서만 존재하는 '표상'Vorstellung으로 규정하는데, 인간 앞에 놓여 있는 표상 개념 역시 직관과 오성의 통일에 그 기원을 두고 있다.

하지만 '표상'과 '현상' 사이에는 미묘한 차이점이 존재한다. 칸트에 있어서 객관적인 현상이 구성되는 데 있어 재료를 제공하는 직관은 감각적인 데 반해 쇼펜하우어의 직관은 지적인 특징을 지니고 있다.[46] 그는 직관이 지적이라는 사실을 "두 눈에 이중으로 느껴지는

---

45) 쇼펜하우어,『의지와 표상으로서의 세계』, 27쪽.
46) 사실 현상학자들은 이 점에 대해 간과했지만 후설이 발견한 '범주적 직관'은 쇼펜하우어의

것을 하나로 보는 것, 감각기관이 보통의 위치를 변경한 경우 이중으로 보이거나 두 개로 감지된다는 것, 대상의 상이 눈에는 거꾸로 서 있는 것으로 보이는데 실제로는 똑바로 서 있는 현상"[47]에서 보여 준다. 그리고 이 지적 직관에서 우리는 동물과 인간 모두 뇌 활동에 의거해 사물을 인식할 수 있는 능력을 가지고 있음에도 불구하고 동물의 인지적 활동과 인간의 인지적 활동의 차이점을 볼 수 있다.

사물의 인식이 동물과 인간에게 공통적으로 뇌의 활동을 전제로 하고 있음에도 불구하고, 인간이 사물을 표상하는 방식은 동물과는 다르다. 쇼펜하우어는 인간의 표상은 직관적인 표상과 추상적인 표상을 모두 포함하고 있는 데 반해 동물의 표상은 직관적(감각적) 영역에만 머물러 있다고 주장한다. "그런데 이와 마찬가지로 이성이 없는 동물의 인식은 시간 속에서 그들이 직접 대하고 있는 직관적인 표상, 즉 실재하는 객관에 한정되어 있다. 반면에 우리는 추상적인 인식의 덕분에 협소한 현실적인 현재 말고도 과거 전체와 미래와 가능성의 영역을 포괄한다."[48] 그리고 직관적 표상에 의해 규정되는 동물의 인식은 현재에 주어지는 사물에만 국한된다. 이에 반해 인간의 추상적 인식은 현재 현실적으로 주어지는 것으로부터 벗어나 과거와 미래의 광범위한 영역을 포괄한다. 다시 말해 추상적 인식으로 인해 인간에 게서는 현실과 현재를 훨씬 넘어서서 삶을 모든 방면으로 조망할 수

'지적 직관'과 밀접하게 관련지어져 있다.
47) 쇼펜하우어, 『의지와 표상으로서의 세계』, 55쪽.
48) 앞의 책, 166~167쪽.

있는 능력이 있는 반면 감각적 인식에만 머물러 있는 동물의 삶에는 이러한 능력이 부재하다.

하지만 여기서 우리는 추상적 인식과 감각적 인식의 차이가 인간과 동물을 본질적으로 구분시키는 것이 아니라 정도의 차이라는 것에 유의할 필요가 있다. 쇼펜하우어에 있어서 동물세계에서도 눈을 지닌 동물의 인식과 눈을 가지고 있지 않은 동물의 인식 사이에도 차이가 있다. 눈이 없는 동물은 촉각을 통해서만 공간 속에서 자기 몸에 직접 닿는 것만을 인식할 수 있기 때문에 현재에 갇혀 있는 데 반해 눈이 있는 동물은 자신에 근접해 있는 것과 멀리 있는 것을 광범위하게 인식할 수 있기 때문에 상대적으로 현재에서 벗어나 있다. 이처럼 동물의 인식 또한 어떤 면에서는 추상적인 특징을 띠고 있다.

또한 그는 인간의 인식 또한 추상적 인식과 직관적 인식으로 나눌 수 있다고 주장한다. 인류 발전의 초기 단계에 있어서 원시인은 추상적 개념보다는 직접적이고 직관적으로 인식되는 것에 더 많은 가치를 둔다. 그리고 이러한 원시인의 직관적 인식은 동물의 직관적 인식과 크게 구분되지 않을 수 있다고 쇼펜하우어는 생각한다. 따라서 그는 비록 동물과 인간 사이에서 추상적 인식과 감각적 인식 또는 감각적 직관과 지적 직관의 차이점이 존재하지만, 이 차이점은 본질적인 것이 아니라고 역설한다. "따라서 인간과 동물의 관계는 해도, 나침반 및 사분의에 힘입어 자신의 항로는 물론 바다 위에서 그때그때 위치를 정확히 알고 있는 선장과 그저 파도와 하늘만을 쳐다보는 뱃

사람(자연인—인용자)의 관계와 같다."[49] 추상적 지식을 가지고 있는 선장과 감각적 지식만을 가지고 있는 뱃사람은 서로 다른 방식으로 항해를 한다. 하지만 배를 운항하는 데 있어 선장과 뱃사람이 다른 방식을 취하고 있음에도 불구하고 선장과 뱃사람 모두 동일한 인간으로 규정된다.

이와 유사하게 인간과 동물은 서로 상이한 방식으로 사물을 인식하지만 그렇다고 해서 인간과 동물 사이에 본질적인 차이가 존재하는 것은 아니다. 이 차이는 단순히 사물을 인식하는 데 있어 나타나는 정도의 차이일 뿐이다. 더 나아가 인간은 동물과 근본적으로 구분된다는 전통적 입장을 쇼펜하우어가 강력하게 거부하는 이유는 이성은 의지에 비해 이차적이기 때문이다. 그에게 인간과 동물은 모두 맹목적 의지로 규정되는 근원적인 토대에 기초해 있다.

비록 인간만이 사물을 추상적으로 인식할 수 있는 능력을 가지고 있지만, 이로 인해 인간이 동물보다 우월한 존재자가 되는 것은 아니다. 왜냐하면 이성은 전통 철학이 주장하는 바와 같이 인간의 근원적인 토대가 아니라 "이차적인 것"[50]에 불과하기 때문이다. 쇼펜하우어에 있어서 이차적인 이성에 선행하는 근원적인 토대가 있는데, 이 토대는 의지에 놓여 있다. "또한 참으로 이 의지는 유일한 물자체로서, 즉 유일하게 참된 실재로서, 유일하게 근원적이며 형이상학적인 것으로서 다른 모든 것이 현상, 즉 단순한 표상일 뿐인 세계에서 모든

---

49) 앞의 책, 168쪽.
50) 쇼펜하우어, 『자연에서의 의지에 관하여』, 113쪽.

사물에 현존하고 작용할 수 있게 하는 힘을 부여한다는 것이다."[51] 의지가 근원적으로 존재하며 그 이후에 의지의 목적에 봉사하도록 이성이 생성되는 것이다. 따라서 이성은 의지와 비교했을 때 이차적인 것으로 규정되는데, 그 까닭은 이성적 사유의 조건인 뇌를 포함한 신체적인 활동은 다름 아니라 의지의 발현이기 때문이다.

사물에 대한 인식의 출발점은 감각적 경험에 있다고 보는 경험주의에서 지각의 활동은 신체를 전제로 한다. 그래서 경험주의에 따르면 신체는 인식의 최종 근거이다. 하지만 쇼펜하우어는 이 같은 견해를 받아들이지 않는다. 그에 있어서 신체는 인식을 기초하는 데 절대적인 출발점이 아니다. 신체에 선행하는 더 근원적인 토대가 존재하는데, 이 토대가 바로 의지라고 그는 주장한다.

> 따라서 개별적인 행위와 이와 마찬가지로 그 행위의 조건도, 행위를 실행하는 신체 전부 자체도, 따라서 신체가 성립하고 존재하는 과정도, 의지의 현상, 의지가 가시적으로 되는 것, 즉 의지의 객관성에 지나지 않는다.[52]

동물들의 삶에서처럼 인간의 삶에서도 신체와 지각 활동이 아직 형성되기 이전에 맹목적인 의지는 우리에게 작용하고 있으며, 맹목적인 의지의 목적은 바로 자기보존에 있다. 이처럼 자기를 보존하려

---

51) 앞의 책, 39쪽.
52) 쇼펜하우어, 『의지와 표상으로서의 세계』, 201쪽.

는 강력한 의지가 있기 때문에 생명체의 신체 또한 이 목적에 맞게 형성된다고 쇼펜하우어는 주장한다. 이와 같은 사실을 그는 다음과 같은 예에서 설명한다.

> 물새와 포유류는 헤엄치면서 발가락을 따로따로 뻗음으로써 서서히 물갈퀴를 획득했고, 붉은 뇌조는 물 위를 걸어서 건넘으로써 긴 다리와 긴 목을 얻었다. 뿔 달린 가축은 쓸모 있는 치아 없이 머리로만 싸웠고 이 투지가 서서히 뿔을 만들었으므로 비로소 서서히 뿔을 얻었다.[53]

여기서 우리는 쇼펜하우어의 급진적인 인식론을 발견한다. 이 이론에 따르면 사슴을 공격할 때 사자를 원초적으로 움직이는 것은 사슴의 지각이 아니라 살고자 하는 맹목적인 의지이다. 다시 말해 사자가 날카로운 이빨을 가지고 있어서 사슴을 공격하는 것이 아니라 이미 공격하려는 맹목적인 의지가 있기 때문에 날카로운 이빨이 있는 것이다. 비슷한 예로 황소는 뿔을 가졌으므로 들이받는 것이 아니라 자신을 보호하려는 의지 때문에 뿔을 갖고 있다. 그런데 여기서 유의할 점은 쇼펜하우어가 신체를 산출하는 '의지'를 말할 때, 그것은 전통 철학적 의지 개념을 의미하는 것이 아니라는 사실이다.

쇼펜하우어는 자신의 독특한 의지 개념을 설명하기 위해 '의지' Wille와 '자의'Willkur를 구분한다. "무엇보다 우리는 의지를 자의로부터 구분할 줄 알아야 하며, 전자가 후자 없이 성립할 수 있음을 통찰해야

---

53) 쇼펜하우어, 『자연에서의 의지에 관하여』, 101쪽.

한다."[54] 그리고 전통 철학적 의지를 지칭하는 자의를 그는 다음과 같이 정의한다. "자의란 인식이 의지를 밝혀 주는 곳에서의 의지를, 따라서 의지를 움직이는 원인이 동기, 즉 표상일 때의 의지를 말한다. 즉 객관적으로 표현한다면, 행동을 일으키는 외부의 작용이 뇌를 통해 매개되는 곳에서의 의지를 자의라고 한다."[55] 인간의 행위는 의지와 자의를 전제로 하는데, 후자에서 유래되는 행위는 항상 어떤 동기를 전제로 한다. 그런데 쇼펜하우어에 있어서 행위를 가능케 하는 동기는 두 종류가 있다. 표상에 의해 야기되는 동기가 있다면, 다른 한편에 표상이 배제된 동기가 있다. 자의에서 파생된 행위는 전자에 그리고 의지의 행위는 후자의 의해 유발된다. 그리고 표상에 의존하는 동기에서 유래된 행위, 즉 자의의 행위와 표상으로부터 독립된 동기에 의해 수행되는 행위, 즉 의지의 행위의 차이점은 인간이 집을 짓는 행위와 새들이 보금자리를 만드는 행위가 근본적으로 다르다는 데서 보여질 수 있다.

자신들을 외부의 환경으로부터 보호하기 위해 인간이 집을 짓는 것처럼 새 역시 자신과 새끼들을 보호하기 위해 보금자리를 만든다. 그런데 인간이 집을 짓는 것과 새가 보금자리를 만드는 행위는 근본적으로 다르다. 집을 짓는 과정에서 인간은 자식들의 편안함과 집 구조의 유용성을 표상하면서 집을 완성한다. 즉, 집을 짓는 데 있어 인간의 행위는 여러 가지 표상들을 필연적으로 수반한다. 이와 달리 보

---

54) 앞의 책, 68~69쪽.
55) 앞의 책, 69쪽.

금자리를 만드는 과정에서 새의 행위는 어떤 표상도 갖고 있지 않다고 쇼펜하우어는 주장한다.

> 알을 위해 둥지를 짓는 생후 일 년 된 새는 그 알에 대해 아무런 표상을 갖고 있지 않다. 먹이를 위해 거미줄을 치는 어린 거미는 그 먹이에 대한 표상을 갖고 있지 않다. 개미를 잡으려고 처음으로 함정을 파는 개미귀신도 이와 마찬가지이다. 변태를 하려고 나무에 구멍을 파는 하늘가재의 유충에겐 아직 뿔에 대한 표상은 없지만, 수컷이 되는 경우 뿔을 넣을 공간을 마련하기 위해 암컷이 되는 경우보다 두 배 크기의 구멍을 판다. 동물들의 이러한 행동에는 그들의 다른 행동과 마찬가지로 의지가 작용하고 있는 것이 분명하다.[56]

이 인용문에서 볼 수 있듯이 인간과 구분되는 동물의 행위는 맹목적인 의지에 의해 규정된다. 그럼에도 불구하고 인간 행위와 동물 행위 모두 근본적으로 자기보존에 방향 잡혀 있다는 점에서는 동일하다는 사실에 유의할 필요가 있다. 다시 말해 표상에 입각해 집을 짓는 인간 행위와 어떤 표상도 갖고 있지 않은 상태에서 보금자리를 만드는 새의 행위 이면에는 자기보존을 하기 위한 근원적인 충동이 존재한다. 그리고 이와 같이 쇼펜하우어에 있어서 의지는 자의와 표상에 연관되어 있는 행위에 선행하는 모든 사물의 근원적인 토대를 의미하는데, 이러한 의지 개념은 칸트의 물자체Ding an sich 개념과 연관

---

56) 쇼펜하우어, 『의지와 표상으로서의 세계』, 210쪽.

지어 해명될 때 보다 잘 이해될 수 있다.

칸트의 선험 철학에서 인간 경험에 주어지는 모든 사물들은 현상과 물자체로 구분된다. 현상은 직관의 형식인 시간과 공간 안에 놓여 있는 데 반해 물자체는 시간과 공간의 밖에 있다. 그리고 시간과 공간 밖에 있기 때문에 물자체는 결코 인간에 의해 인식될 수 없다고 칸트는 주장한다. 하지만 이와 달리 쇼펜하우어에 있어서 인간은 물자체를 알 수 있는데, 그 까닭은 물자체가 바로 표상의 형식인 시간과 공간의 바깥에 존재하는 맹목적인 의지를 의미하기 때문이다. "그리고 이 의지야말로 세계에서 모든 사물의 존재 그 자체an sich이며, 모든 현상의 유일무이한 핵심을 나타내는 것이다."[57] 이렇게 이해된 의지를 쇼펜하우어는 인간을 포함한 모든 사물의 존재를 가능케 하는 맹목적인 충동으로 규정한다.

순수하게 그 자체로 고찰하면 의지는 인식이 없고, 단지 맹목적이고 제어할 수 없는 충동에 불과하다. 우리는 이러한 충동이 우리 자신의 삶의 식물적인 부분에서뿐만 아니라 무기적이고 식물적인 자연이나 그것의 법칙에서도 나타나는 것을 본다.[58]

이 인용문에서 우리는 실천적인 영역에서만 논의되는 전통 철학적 의지 개념, 즉 자의는 인간 행위의 근원적인 토대로 간주되는 반

---

57) 앞의 책, 216쪽.
58) 앞의 책, 461쪽.

면, 인간 이성으로부터 완전히 벗어나 있는 칸트의 물자체를 일컫는 쇼펜하우어의 형이상학적 의지 개념은 인간뿐만 아니라 모든 사물의 존재를 지탱하는 근원적인 힘을 의미한다는 것을 볼 수 있다.

근대 철학적 담론에서 19세기 이전까지는 뉴턴의 물리학이 지배했던 시대였다면 쇼펜하우어가 활동했던 19세기는 그 당시 급속도로 발전한 생리학과 생물학의 시대로 규정될 수 있다. 그리고 다윈이 나중에 과학적으로 증명한 바와 같이 생물학자와 생리학자들은 그 당시 이미 기독교 교리에 반대하여 인간만이 우주에서 고유한 위치를 차지하고 있지 않다고 주장한다. 그들에 있어서 인간의 본질은 이성이 아니라 다른 생명체들처럼 살고자 하는 의지에 있다. 뉴턴의 자연과학의 성공에 자극을 받아 칸트가 선험 철학을 전개했다면, 쇼펜하우어의 의지 철학은 생리학과 생물학, 특히 다른 철학자들이 주목하지 않은 라마르크의 생물학으로부터 많은 영향을 받았다. 더 나아가 인간과 동물의 차이점을 인정하지 않는 생리학 이론처럼 인간의 본질을 규정하는 데 있어 의지를 강조하는 쇼펜하우어의 철학에서도 인간은 본질적으로 동물과 구분되지 않는다. 결론적으로 비록 정도의 차이는 있지만, 맹목적인 의지에 그 기원을 두고 있는 행위의 궁극적인 목적이 자기보존을 하는 데 있는 한 인간과 동물 사이에는 근본적인 차이점이 없다.

이상에서 살펴본 바와 같이 쇼펜하우어는 서양 철학적 사유를

---

59) 2부에서 자세하게 고찰하겠지만, 사실 하이데거 역시 현존재분석에서 인간이 존재자들의 주인이라는 인간중심주의 사상을 비판한다.

지배해 온 인간이 만물의 영장이라는 주장과 여기서 유래된 인간중심주의 사상을 거부한다.[59] 특히 쇼펜하우어에게서 살고자 하는 맹목적인 의지에 기초해 있는 한 인간은 동물처럼 자연의 일부분으로 규정되기 때문에 인간은 더 이상 모든 사물을 지배하는 주체가 아니다. 그런데 반–인간중심주의와 인간의 본질이 이성에 선행하는 의지에 놓여 있다는 것에서 쇼펜하우어 철학과 하이데거 철학 사이에는 공통점이 있지만, 그들이 말하는 의지 개념은 근본적으로 다르다. 하이데거의 의지 개념과는 달리 쇼펜하우어의 의지 개념은 전적으로 자연세계에서 유래되며 이 세계에 속해 있다.

쇼펜하우어의 자연적 의지 개념

앞에서 우리는 '… 그 때문에'Um-willen에 의해 규정되는 현존재의 본질이 이성에 선행하는 의지에 놓여 있음을 보았다. 그런데 '… 그 때문에' 외에 현존재가 의지에 의해 규정된다는 사실은 현존재가 주위세계와 맺는 관계에서도 제시될 수 있다. 현존재의 주위세계는 이론적 대상들이 아니라 실천적 행위에서 만나는 도구들에 의해 둘러싸여 있다. 그리고 하이데거에 있어서 도구와 관계를 맺는 현존재의 실천적 행위는 당연히 의지를 전제로 한다. 이와 같이 현존재분석에서 의지는 이성보다 우위에 있는데, 하이데거에 앞서 의지를 인간의 근본적인 토대로 삼은 철학자가 바로 쇼펜하우어이다. 이에 우리는 앞 장에서 쇼펜하우어의 이성 비판과 의지 개념에 대해 고찰했다.

하지만 하이데거와 쇼펜하우어 모두 의지를 자신들의 철학적 사유에서 중심 개념으로 삼고 있지만, 두 철학자가 말하는 의지 개념에는 차이 또한 존재한다. 이러한 차이점은 칸트의 철학적 방법을 충실히 따르는 쇼펜하우어의 의지 개념이 근대 철학적 사유의 또 다른 지평을 열어 밝히는 사회 철학적 사유와는 무관한 채 자연세계에만 연관되어 해명되었다는 데서 볼 수 있다. 의지 개념이 자연세계와의 관계에서만 고찰되었다는 사실은 『의지와 표상으로서의 세계』와 더불어 쇼펜하우어 철학에 있어서 중요한 저서로 간주되는 『자연에서의 의지에 관하여』의 제목에서도 확인될 수 있다. 여기서 명확하게 볼 수 있듯이 쇼펜하우어 철학에서 의지 개념은 자연적 세계에서만 경험되는 것을 의미하기 때문에 그의 의지 개념은 오로지 자연과학과의 연관성 속에서만 고찰되었다. 그러므로 이성보다는 의지를 강조함으로써 전통 존재론과 결별하고 있음에도 불구하고 자연세계에 놓여 있는 의지에 기초해 있는 그의 형이상학은 전통 존재론처럼 자연 존재론으로 규정될 수 있다.

독일 관념론, 특히 헤겔 철학이 막강한 영향력을 행사했던 19세기 전반에 쇼펜하우어 철학은 거의 무시되었지만, 이 같은 상황은 1850년에 들어서 서서히 변하기 시작한다. 19세기 중반의 학문적 특징은 헤겔 철학의 쇠퇴와 자연과학들, 즉 생리학, 병리학, 비교해부학 등의 현격한 발전에 있다. 그리고 현저하게 발전하는 자연과학에 힘입어 인간의 본질은 전통 철학적 사유와는 다른 방식으로 규정된다. 쇼펜하우어 철학과는 독립적으로 생리학과 병리학에 관한 연구들에서 과학자들은 또한 인간의 본질은 이성보다는 자기 보존에 방향 잡혀 있는 근원적인 의지에 놓여 있다는 결론에 도달한다. 그리고 이와 같은 연구들을 접한 쇼펜하우어는 의지에 관한 자신의 형이상학적 이론이 자연과학이 발견한 사실과 일치함을 확인한다.

> 이를 통해 나의 형이상학은 실제로 자연학과 공통의 경계점을 갖는 유일한 것으로서 입증된다. 자연학들은 이 경계점에 이르기까지 자신의 방법으로 형이상학을 향해 가며, 실제로 거기서 완결되고 형이상학과 일치한다. […] 경험과학과 형이상학은 약속하지 않고 저절로 그 지점에서 만난다.[60]

인간의 본질을 규정하는 의지에 대한 분석에서 형이상학과 자연과학의 일치점이 중요한 이유는 자연과학은 사변적으로만 논의되었던 형이상학적 의지 개념을 경험적으로 증명하기 때문이다. 예를 들어 인체의 운동을 연구하는 데 있어 생리학자들은 두 종류의 운동이 있다는 것을 발견한다. 한편에서는 의식적인 의지에 의해 움직이는 팔, 다리의 운동이 있는 반면 다른 한편에서는 심장, 혈관의 운동, 그리고 분비를 돕는 의식적인 의지에 의존하지 않은 자율적 운동이 있다. 신체가 이처럼 두 종류의 운동에 의해 구성되어 있다는 사실에 착안하여 무의식적인 의지가 생명의 최초 동인이라고 저명한 생리학자 브란디스Brandis는 주장한다. 더 나아가 그는 신체 내부에 있는 심장, 혈관의 운동을 가능케 하는 이와 같은 의지에서 병든 상태뿐 아니라 건강한 상태에 있는 유기체의 모든 활동이 기원한다는 것을 경험적

---

60) 쇼펜하우어, 『자연에서의 의지에 관하여』, 38쪽.

으로 입증하였다.[61]

병리학에 관한 연구에서도 과학자들은 뇌의 활동에서 발견되는 이성에 앞서 의지가 더 근원적이라고 주장한다. 그들은 곤충과 파충류 그리고 다른 낮은 단계의 동물들에게서 머리로부터 절단된 부분들이 계속 움직인다는 사실과 더 나아가 몇몇 파충류는 뇌를 제거한 후에도 몇 주일, 혹은 몇 개월까지도 계속 산다는 사실에서 근원적인 의지는 이성에 선행한다는 것을 제시한다.[62] 이와 같은 자연과학의 발견에 고무된 쇼펜하우어는 그래서 의지가 생명의 근원적인 토대라는 것은 부인할 수 없는 것이라고 주장한다.

이제 우리가 가장 확실한 경험으로부터, 의식에 동반되고 신경계의 중심에 의해 조종되는 행동에서 본래적인 동인은 우리에게 가장 직접적인 의식에서 그리고 외부 세계와는 완전히 다른 방식으로 알려진 의지라는 것을 안다면, 바로 그 신경계에서 나오지만 그것에 종속된 중추의 지배를 받는, 생명 과정을 지속적으로 유지시키는 행동들도 마찬가지로 의지의 표현임을 받아들이지 않을 수 없다.[63]

그런데 엄격하게 말해서 의지에 관한 자연과학적 연구 방법은 인간과 동물은 본질적으로 동일하다는 잘못된 전제에 놓여 있는데,

---

61) 앞의 책, 50쪽 참조.
62) 앞의 책, 73쪽 참조.
63) 앞의 책, 73쪽.

쇼펜하우어는 이 점을 인지하지 못했다. 결과적으로 의지를 자연세계의 관점에서만 고찰한 그 또한 자연과학자들과 똑같은 오류를 범한다.

인간의 신체 구조를 과학적으로 밝히고자 하는 생리학, 병리학 그리고 해부학에서 인간의 신체와 동물의 신체의 차이는 단순히 정도의 차이로만 여겨질 뿐, 이 두 신체가 본질적으로 다르다고 간주되지 않는다. 인간의 신체를 탐구하는 데 있어 쇼펜하우어 또한 이와 같은 자연과학적 견해에 동의한다. 왜냐하면 그에 있어서 인간의 신체와 동물의 신체 모두 생명의 근원인 동일한 의지에서 유래되었기 때문이다.

> 삶에의 의지의 첫째가는 단순한 긍정은 자신의 신체를 긍정하는 것, 즉 행위를 통해 시간 속에서 의지를 나타내는 것에 불과하고, 그러한 한에 있어서 이미 신체는 자신의 형식과 합목적성 속에서 같은 의지를 공간적으로 나타내는 것이고, 그 이상은 아니다.[64]

물론 인간의 신체와 동물의 신체 사이에는 구분되는 점이 있다. 예를 들어 초식 동물을 포획하는 맹수들에게는 날카로운 이빨과 발톱 그리고 강한 근육이 있는 반면 인간의 신체는 그렇지 않다. 쇼펜하우어에 의하면 이러한 차이는 의지의 목적과 외적 생활관계의 적합성에서 기인한다. 생존하기 위해 사냥을 해야 하는 맹수들에게 강한

---

64) 쇼펜하우어, 『의지와 표상으로서의 세계』, 553쪽.

발톱과 근육이 요구되지만, 오성의 능력에 의존하는 인간은 그런 신체가 필요하지 않다. 따라서 의지의 목적에 종속되어 있다는 점에서는 인간의 신체와 동물의 신체 사이에는 본질적인 차이점이 존재하지 않는다고 쇼펜하우어는 생각한다.

그러나 앞에서 상술된 실용주의의 논의에서 밝혀진 바와 같이 인간의 신체는 동물의 신체와는 본질적으로 구분된다. 생존하기 위해서는 신체를 움직여야 하지만 동물은 신체를 움직이는 데 있어 훈련이나 반복 연습을 할 필요가 없다. 동물은 태어나자마자 어떠한 훈련도 없이 걸을 수 있다. 더 나아가 쇼펜하우어가 제시한 예에서 볼 수 있듯이 생존하는 데 있어 뿔을 넣을 공간을 마련하기 위해 암컷의 경우보다 두 배 크기의 공간을 파는 수컷 하늘가재는 이미 자연으로부터 부여받은 완벽한 신체 지식을 가지고 있다. 이와 달리 인간은 태어나면서 신체에 관한 어떤 선천적 지식도 가지고 태어나지 않는다. 더 나아가 인간의 신체적 운동은 한편에서는 충동적으로 움직이는 면도 있지만 다른 한편에서는 반복적인 연습을 통해서만 가능하다. 다시 말해 갓난아기가 걷기 위해서는 부단한 연습을 해야 한다. 그래서 동물의 신체와는 달리 인간의 신체는 반복과 연습을 통해서만 움직일 수 있다. 그리고 이러한 반복을 통해 인간의 신체는 습관을 형성하며, 이와 같은 습관을 통해 사회성을 획득한다. 여기서 우리는 동물의 신체와는 근본적으로 구분되는 인간 신체의 특징을 발견한다. 인간의 신체는 동물의 신체와는 달리 자연세계로부터 독립된 사회적 특성에 의해 규정된다.

쇼펜하우어의 신체 개념과 자연과학자의 신체 개념의 한계는 그들의 연구에서는 이러한 인간 신체의 사회학적 특성이 간과되었다는 것이다. 다시 말해 신체에 관한 논의에 있어서 쇼펜하우어는 철저하게 자연주의자로 남아 있다. "그러나 자연은 그릇됨이 없고, 자연의 진행은 확실하며, 자연은 그것을 숨기지 않는다. 모든 것이 자연 속에 있고, 자연 속에 모든 것이 있다."[65] 신체 개념 외에 쇼펜하우어의 철학적 사유가 사회성이 배제된 자연주의에 머물러 있다는 사실은 그가 말하는 의지 개념에서도 확인될 수 있다. 인간의 본질이 이성보다는 의지에 있다는 쇼펜하우어의 주장에 많은 철학자들은 동의하며, 또한 의지에 근거하기 때문에 인간은 원초적으로 이성보다는 행위에서 세계와 관계한다는 사실 또한 받아들인다. 하지만 쇼펜하우어는 인간 신체에 관한 논의에서처럼 인간 행위와 동물의 행위를 동일시하는 오류를 범한다. 그는 인간 행위와 동물의 행위 모두 근원적으로 살고자 하는 맹목적인 충동에서 유래된다고 주장한다. 결과적으로 이와 같이 인간 의지와 동물 의지를 근원적으로 동일하게 보는 쇼펜하우어의 의지 개념은 사회적 세계와는 무관한 자연적 의지로 규정된다고 볼 수 있다.

앞에서 살펴본 바와 같이 쇼펜하우어의 철학과 하이데거 현존재 분석 사이에는 두 가지의 유사점들이 존재한다. 첫째, 전통 철학적 사유에서 주장하는 것과는 달리 이성은 이차적인 활동에 불과하다고 생각하는 쇼펜하우어와 하이데거 모두 세계와의 원초적 관계는 이성에서 이루어지지 않는다. 이와 달리 이성에 선행하는 의지에 의해 규

---

65) 앞의 책, 470~471쪽.

정되는 인간은 실천적인 행위에서 세계와 최초로 관계 맺는다. 둘째, 쇼펜하우어와 하이데거 모두 서양 철학적 사유를 지배해 온 인간이 만물의 영장이라는 주장과 여기서 유래된 인간중심주의 사상을 거부한다. 그리고 이와 같은 유사성에서 우리는 왜 하이데거가 존재물음을 새롭게 정초하는 데 있어 '의식' 또는 '이성'보다는 의지로 규정되는 '현존재'를 강조하는지를 이해할 수 있다. 이성을 의지에 비해 이차적인 것으로 파악한 쇼펜하우어의 철학으로부터 영향을 받은 하이데거 철학에서 이성에 기초해 있는 존재물음은 더 이상 근원적이지 않다. 존재물음은 이성에 선행하는 보다 더 근원적인 토대, 즉 의지로 규정된 현존재를 통해서만 밝혀질 수 있다.

하지만 이와 같은 유사한 점이 존재함에도 불구하고 쇼펜하우어 철학에서의 의지 개념은 현존재의 의지와 근본적으로 다르다. 쇼펜하우어의 의지 개념은 자연세계에 그 기원을 두고 있지만, 하이데거에서 사회적 세계를 구성하는 노동과 연관되어 있는 현존재의 의지는 자연세계로부터 벗어나 있다. 비록 인간 행위와 동물 행위 모두 의지에서 유래되지만, 인간 행위에서 우리는 동물 행위에서는 찾아볼 수 없는 독특한 특징을 발견한다. 인간을 포함한 모든 생명체는 행위를 통해 자기보존을 하는데, 인간만이 충동에서 벗어나 있는 노동을 통해 자기보존을 한다. 그리고 자연세계에서 주어진 사물을 변화시키는 행위를 의미하는 노동을 통해 인간은 자연으로부터 독립된 사회세계를 형성한다. 따라서 의지에 기초해 있는 인간의 본질을 해명하기 위해서는 의지와 자연세계와의 관계뿐만 아니라 의지와 사회적 세계와의 관계 또한 강조되어야 하는데, 의지와 행위에 대한 분석에서 쇼펜하우어는 후자에 대한 고찰을 간과했다. 다시 말해 사회적 세계를 주목하지 않은 그는 인간 의지와 동물 의지를 구분하지 않고 의지 개념을 오로지 자연세계와의 연관성에서 고찰했다.

이와 달리 하이데거는 현존재의 의지를 사회적 세계와 연관 지어 해명한다. 왜냐하면 그에게 현존재를 규정하는 세계-내-존재에서의 '세계'는 현존재의 실천적인 행위를 통해 제작된 도구들에 둘러싸여 있는 사회적·역사적 세계를 의미하기 때문이다. 여기서 우리는 쇼펜하우어의 의지 개념과 하이데거의 의지 개념의 차이점을 볼 수 있다. 쇼펜하우어 철학에서의 의지는 자연세계에 국한되어 있는 반면 하이데거가 말하는 현존재의 의지는 자연으로부터 벗어나 사회세계까지 확장해 나간다.

더 나아가 현존재의 의지가 발현되는 세계가 사회적 세계라는 것은 딜타이 철학과의 연관성에서도 볼 수 있다. 사회적·역사적 세계에서 경험되는 사물과 관련되어 있는 정신과학의 인식은 자연과학적 인식에 환원되지 않은 고유한 인식이 요구된다는 딜타이의 철학에 큰 관심을 가졌던 하이데거는 정신과학에서 경험되는 인식의 가능조건을 사회적 세계에 입각해 정초하고자 한다. 그러므로 이론적 이성보다는 실천적 행위를 우위에 둔 기초존재론에서 하이데거가 목표로 삼은 것은 쇼펜하우어의 경우처럼 단순히 이성 비판이 아니다. 이와 달리 현존재의 실천적 행위에서 그가 추구하는 것은 자연과학적 방법에 환원되지 않은 정신과학에서의 인식을 사회적 세계에 입각해 정초하는 것인데, 이러한 사실을 우리는 현존재분석과 딜타이 철학과의 연관성에서 보다 분명하게 볼 수 있다.

5장 · 딜타이의 정신과학과 해석학

1. 하이데거에서 정신(역사·사회)과학과 자연과학의 차이

『존재와 시간』에서 제시된 존재자에 대한 분석에서 하이데거는 자연적 존재자와 사회적 존재자를 구분하지 않았고 또한 현존재의 '세계-내-존재'에 대한 분석에서 '사회적 현존재' 또는 '사회적 세계'라는 표현을 전혀 사용하지 않았다. 이러한 점들을 고려할 때 하이데거 존재사유를 사회존재론으로 해석하고자 하는 우리의 시도를 무리한 것으로 생각할 수 있다. 하지만 '이론적 사물'과 구분되는 '실용적 사물' 또는 자연적 세계에 존재하는 것에 대비되는 '역사적 현존재'라는 표현이 부각된다면, 우리의 해석은 결코 하이데거의 사상에 반하는 것이 아님을 볼 수 있다. 사실 『존재와 시간』 2부 8장은 현존재의 역사성에 관한 분석에 초점이 맞추어졌는데, 이 장에서 '자연적 존재자'와 '사회적 존재자'의 구별 대신에 하이데거는 '존재자적인 것'과 '역사적인 것'을 구분한다. "존재적인 것은 존재자의 단지 한 구역일 뿐이다. 존재의 이념은 '존재적인 것'Ontisches이 '역사[학]적인 것'Historisches

을 포괄한다."(『존재와 시간』, 525쪽) 전통 존재론의 주제는 '존재자' onta를 탐구하는 것인데, 하이데거가 지적한 바와 같이 존재자는 존재자적인 것 외에 역사적인 존재자도 포함된다. 하지만 (자연적) 존재자를 탐구하는 것에 초점이 맞춰진 전통 존재론에서는 '역사적인 존재자'에 대한 물음이 간과됐다. 나중에 보겠지만 존재자적인 것과 역사적인 것의 구분은 '이론적 사물'Ding과 '실용적 사물'pragmata의 구분에 상응하는데, 기초존재론에서 하이데거가 탐구하고자 하는 존재자는 역사적 세계에 속해 있는 '실용적 사물'을 일컫는다.

기초존재론에서 하이데거가 자연세계에서 주어지는 존재자적인 것보다는 역사적인 것을 해명하는 것에 더 중점을 두었다는 것은 그가 해석학에 큰 관심을 가졌다는 데서도 확인할 수 있다. 존재물음을 탐구하는 방법론에 관한 논의에서 그는 자연과학의 가능조건을 탐구하는 현상학적 방법뿐만 아니라 사회적·역사적 세계와 연관성을 지닌 정신과학의 가능조건을 고찰하는 해석학적 방법 또한 강조한다. 그는 역사학적 정신과학의 방법론이 현존재의 해석학에 기초해 있다고 주장한다.

현존재 현상학의 로고스는 헤르메네우에인(해석함)의 성격을 가지며, 그 해석함을 통해서 현존재 자체에 속하는 존재이해에 존재의 본래 의미와 현존재의 고유한 존재의 근본구조들이 알려지게 된다. 현존재의 현상학은 낱말의 근원적인 의미에서 해석학인데, 그 의미에 따르면 그것은 해석의 업무를 지칭하고 있다. […] 그럴 경우 이러한 해석학을 통해서 우리가 현존재의 역사성을 존재론적으로 역사학의 존재적 가능조건으로서 정리 작업하는 한, 오직 도출된 방식으로만 '해석학'이라고 명명될 수 있는 그것, 즉 역사학적 정신과학의 방법론은 이러한 현존재 분석론으로서의 해석학에 뿌리를 박고 있다.(『존재와 시간』, 61쪽)

여기서 볼 수 있듯이 후기 사유에 이르러서 비로소 생활세계에 근거해 있는 역사성 개념에 천착한 후설과는 달리 하이데거는 일찍부터 역사성에 대한 관심을 가지고 있었다. 그리고 존재자적인 것과 역사적인 것의 구분 또는 이론적 사물Ding과 실용적 사물pragmata의 구분이 하이데거 철학에서 중요한 구분으로 간주된다면 하이데거 존재사유를 자연존재론에 대비되는 사회존재론으로 해석하고자 하는 우리의 시도는 쉽게 정당화될 수 있다.

사실「휴머니즘 서간」에서 하이데거는 현존재의 '실존'을 이해하기 위해서는 이 개념을 현존재의 '역사성'과 연관 지어 파악해야 한다고 주장한다. "우리는 현존재의 실존에 대해 사유하기 때문에,『존재와 시간』에서 제시된 사유는 본질적으로 현존재의 역사성의 경험과 관계한다."[1] 하지만 이처럼 현존재의 실존이 역사성과의 연관성속에서 이해되어야 함에도 불구하고, 지금까지 하이데거 연구에 있어서 이 연관성은 크게 주목받지 못했다. 그리고 이러한 사정으로 인해 현존재의 실존에 의거해 있는 새로운 존재 개념은 아직도 제대로 이해되지 못했다고 볼 수 있다. 하이데거가 현존재의 '실존'에 기초한

---

1) M. Heidegger, "Letter on Humanism", ed. W. McNeil, *Pathmarks*(Cambridge: Cambridge University Press, 1998), p. 256.

새로운 존재 개념에서 추구하는 것은 역사적인 존재자의 궁극적인 근거를 마련하는 것이다. 다시 말해 『순수이성비판』에서 칸트가 자연 세계에서 주어지는 대상의 인식 조건을 선험적 자아에서 마련하고자 하였다면, 『존재와 시간』에서 하이데거가 추구한 것은 현존재의 실존에 입각해 역사적인 존재자가 드러나는 가능조건을 밝히는 작업이다. 그리고 이와 같은 역사적 현존재 개념은 하이데거의 철학이 신칸트주의나 후설의 현상학처럼 자연과학적 인식의 가능조건만을 해명하는 데 국한되어 있지 않고 이미 18세기 중엽에 독일 낭만주의에 의해 형성된 역사의식과 역사과학을 철학적으로 정초하는 작업의 연장선상에 있다는 것을 보여 준다.

독일에서만 활발하게 진행된 역사과학의 철학적 정초 작업은 헤르더에서 시작하여 훔볼트, 사비니 그리고 헤겔과 마르크스를 거쳐 전해져 오다가 잠시 침체기를 거친 다음 20세기에 들어서서 유독 독일 철학자들에 의해 새로운 르네상스를 맞는다. 현존재분석에서 하이데거가 현존재의 역사성에 대해 관심을 갖게 된 이유도 그 당시 독일 철학계에서 자연과학에 대립되는 정신(역사)과학의 인식에 대한 가능조건에 대한 논의가 활발하게 진행되었기 때문이다. 정신과학에 관한 철학적 논의는 헤겔에 의해 주도된 독일 관념론이 붕괴된 이후 침체기를 겪은 다음 20세기 초반에 딜타이, 베버, 리케르트, 빈델반트, 카시러, 루카치에 의해 새롭게 부활하게 된다. 그리고 후설 현상학으로부터 깊은 영향을 받았지만, 현상학자들 중에는 드물게 일찍부터 자연과학에 대립되는 정신과학적 방법론에 관한 철학적 담론에 관심을 둔 하이데거가 기초존재론에서 추구한 것은 역사과학의 철학적 토대를 확립하는 것이다. 자연적 현존재에 대비되는 사회적 또는 역사적 현존재에 대한 분석은 그 당시 활발하게 진행됐던 이러한 철학적 상황을 전제로 하며, 이 같은 상황을 염두에 둔다면 사회적 현존재는 낯선 개념이 아니다. 더 나아가 하이데거에 앞서 정신과학의 철학적 정초에 관심을 가졌던 딜타이는 1895년에 『정신과학 입문』을 출판하는데 이 저서의 부제는 '사회와 역사 연구의 토대를 구축하기 위한 시도'이다. 여기서 볼 수 있듯이 정신과학의 철학적 정초에 관한 논의는 사회적 세계에 대한 분석이 필히 요구된다. 역사적 현존재 또는 사회적 현존재 개념을 정립하는 데 있어 딜타이의 정신과학 방법론 외에 하이데거는 자신의 교수 자격 논문지도교수였던 리케르트의 역사철학으로부터도 깊은 영향을 받았다.

딜타이의 철학 외에 자연과학과 정신과학의 대립은 프라이부르크 대학을 중심으로 한 '서-남학파'에 의해 잘 알려졌는데, 이 서-남학파의 대표적인 철학자가 바로 리케르트이다. 정신과학의 존재론적 토대를 마련하고자 한 하이데거의 사회존재론은 정신과학의 방법론을 자연과학적 방법론과 근본적으로 구별하려고 시도한 이와 같은 철학적 분위기 속에서 형성되었다. 하이데거는 이미 1916년부터 역사 철학을 철학적 사유의 중심 주제로 삼은 서-남학파의 거두이자 그 당시 매우 영향력 있는 철학자로 인정받은 리케르트의 지도하에 교수 자격 논문을 준비하면서 역사 철학의 중요성을 인지하게 된다. 리케르트의 역사 철학에 따르면, 목적론적 판단의 원리에 근거하는 역사 법칙은 단순히 인과적 설명의 원리에 기초해 있는 자연법칙과는 구분되는데, 이러한 구분에 입각하여 그는 역사학이 가지고 있는 고유한 방법론을 확립하고자 한다. 더 나아가 그는 역사 법칙과 자연법칙의 구분에 입각하여 자연적 사물을 인식하는 이론적 이성에 선행하는 것이 역사세계에서 이루어지는 실천적 행위라고 주장한다. 후설이 프라이부르크 대학에 부임하기 이전에 리케르트 밑에서 철학적 수련을 쌓은 하이데거는 한쪽으로 치우친 자연과학적 인식에 대한 리케르트의 비판을 받아들이며, 역사학에는 자연과학에 환원되지 않은 고유한 방법론이 요구된다는 주장에 동의한다. 그래서 리케르트 철학의 주제인 자연과학과 역사과학의 대립으로부터 깊은 영향을 받은 그는 교수 자격 취득 강연의 주제를 「역사학에 있어서 시간 개념」으로 삼는다.

이 강연에서 하이데거의 의도는 시간 개념에 입각해 자연과학의 방법론으로부터 독립된 역사학의 방법론을 제시하는 것이다. 그에 있어서 역사학은 역사적인 세계에서 일어나는 사건들을 탐구하는 학문인데, 역사적 세계에서 관찰되는 운동에 대한 측정에서는 자연과학에서 사용되는 시간 개념과는 다른 시간 개념이 요구된다. "이 같은 사실은 이미 분명해졌다: 역사에서의 시간은 독창적인 의미를 가지고 있다."[2] 역사학의 시간 개념은 자연과학에서의 시간 개념과 비교할 때, 보다 분명하게 파악될 수 있다. 따라서 역사학의 시간 개념을 이해하기 위해서는 먼저 자연과학적 시간 개념의 의미를 살펴보

---

2) M. Heidegger, "The Concept of Time in the Science of History", ed. I. Kisiel and T. Sheehan, *Becoming Heidegger: on the Trail of His Early Occational Writings 1910~1927*(Evanston: Northwestern University Press, 2007), p. 69.

아야 한다.

자연과학에서 경험되는 시간 개념을 해명하는 데 있어 하이데거는 근대 자연과학의 특징은 물리학에 있다고 주장한다. 물리학의 대상은 고대 자연과학과는 달리 법칙에 지배받는 운동이다. 하이데거에 따르면, 이와 같은 운동 개념을 처음으로 주제화한 사상가는 갈릴레이이며, 그에 의해 정초된 물리학으로서의 근대 자연과학은 모든 자연 현상의 운동을 이미 확립된 수학적 법칙에 귀속시키는 데 그 특징을 가지고 있다. 이렇게 근대과학의 본질적 특성을 기술한 뒤, 그는 다음과 같은 결정적인 질문을 제기한다. "이러한 과학에서 시간의 기능은 무엇인가?"[3] 모든 자연현상에서 일어나는 운동을 수학적 법칙으로 환원시켜 설명하는 근대 물리학에서는 전통 시간 개념에서는 찾을 수 없는 새로운 기능이 요구되는데, 하이데거는 이 새로운 기능이 무엇인지를 밝히고자 한다.

근대과학에서 발견되는 시간의 기능은 수학적 법칙에 지배받는 운동을 정확하게 측정하는 것이다. 그리고 이러한 기능이 충족되기 위해서 근대과학은 새로운 시간 개념을 전제로 하는데, 이 시간 개념을 하이데거는 다음과 같이 정의한다. "시간은 단순히 직선적인 연결점과 같다. 이 연결점에서 시간의 개별적인 점들은 재어진 위치에 의해 차별화된다."[4] 그리고 직선적인 연결점으로 규정된 근대과학적 시간은 모든 현상들의 운동을 양적quantitative으로만 측정하며 더 나

---

3) Ibid., p.65.
4) Ibid., p.66.

아가 모든 운동을 균등적인 질서로 파악한다. "시간의 흐름은 얼어붙으면서 조각으로 변한다. [⋯] 시간은 점들의 동질적인 질서로 전환된다."[5] 이 인용문에서 우리는 근대 자연과학적 시간의 본질을 볼 수 있다. 수학적 법칙을 중시하는 근대 자연과학에 있어서 양적 수량의 측정에 의거한 시간은 동질적으로 분리될 수 있는 하나의 특정 양 quantum을 의미한다. 그리고 근대 자연과학에서 정립된 이와 같은 시간 개념은 자연세계에서 일어나는 운동뿐만 아니라 역사적인 세계에서의 운동을 측정하는 데에도 적용되었다. 그러나 모든 운동을 하나의 특정 양으로 환원시키는 이러한 견해에 맞서 하이데거는 근대 자연과학적 시간 개념은 역사학의 대상을 파악하는 데 적용될 수 없다고 주장한다.

하이데거는 먼저 역사학에서 드러나는 시간은 자연과학적 개념을 특징짓는 '동질성'에 의해 규정될 수 없다고 역설한다. "따라서 역사학에서의 시간 개념은 자연과학적 시간의 본질적인 특징인 동질성을 가지고 있지 않다."[6] 그렇다면 동질적으로 규정되지 않는 역사학의 시간 개념은 어떤 방식으로 파악되어야 하는가? 역사학의 대상은 인간이다. 여기서 말하는 인간은 주어진 자연세계에 존재하는 생물학적 인간이 아니라, 자신이 만들어 낸 문화세계에 존재하는 인간을 의미한다. 문화세계는 발전과 쇠락을 경험하고 끊임없이 변화하면서 진행되는데, 이러한 진행은 역사에서 일어나는 운동 또한 연결점

---

5) Ibid., p.66.
6) Ibid., p.71.

의 질서로 이해되는 시간의 흐름을 전제로 하고 있음을 보여 준다. 역사학에서도 시간의 흐름은 연속적인 점으로 구성되었다고 생각하기 때문에 역사학자들은 특정한 시대에 발생한 기근—예를 들어 750년에 풀다Fulda시에서 발생한 기근—을 탐구할 수 있다. 그러나 역사학의 시간 개념이 자연과학적 시간처럼 연속적인 점으로 구성되는 시간을 전제함에도 불구하고, 역사학에서 시대를 지칭하는 시간의 점은 자연과학적 시간의 점과 동일시될 수 없다. 왜냐하면 역사세계에서 진행되는 사건은 수학적으로 측정할 수 있는 양적인 수량으로 표시될 수 없기 때문이다. "그러므로 역사학은 양적인 것과 관계하지 않는다. […] 750년에 풀다시에서 발생한 기근을 논할 때, 역사학자들은 단순한 숫자인 750에는 어떤 주목도 하지 않는다. 다시 말해서 그들은 하나에서 무한대로 나가는 연속 과정에서 하나의 위치에 있는 숫자 개념에는 어떤 관심도 보이지 않는다."[7] 이와 같이 역사학은 수적인 또는 양적인 관점에서 고찰되지 않기 때문에 역사세계에서 발생한 특정한 사건의 시점은 자연과학적 방식과는 근본적으로 다르게 측정된다.

비록 역사학에서도 사물의 운동이 탐구되지만, 자연과학에서 경험되는 운동과는 달리 한 시대에서 다른 시대로 이행하는 역사적 운동의 시점은 질적으로qualitative 측정된다고 하이데거는 주장한다. "이와 같은 사례들은 역사에서의 시간 개념에 대한 본질적인 특성을 제

---

7) Ibid., p.71.

시하는 데 충분하다. 역사적 시대들은 질적으로 구분된다."[8] 다시 말해서 역사적 사건에서 어떤 시점은 어떤 문맥도 고려하지 않은 무차별적인 양적인 시점이 아니라 역사적인 문맥에서만 경험할 수 있는 하나의 질적인 시점을 의미한다. 그리고 역사세계에서 일어나는 사건은 질적으로만 측정될 수 있기 때문에, 역사학에서 경험되는 시간의 계기들은 동질적이지 않고 그 자체에 고유성을 간직하고 있다. 여기서 우리는 역사학의 시간 개념이 함축하고 있는 독특한 특징을 발견할 수 있다. 역사학의 시간 개념은 질적으로 서로 다른 고유한 계기들로 구성되어 있는 흐름을 의미한다.

역사학에 있어서 시간 개념을 다룬 하이데거의 교수 자격 취득 강연은 하이데거 철학 연구에서 별로 주목을 받지 못했지만, 그의 철학사상을 이해하는 데 있어서 매우 중요한 글이다. 왜냐하면 이 강의에서 보여 준 역사학에서의 시간 개념과 자연과학적 시간 개념의 차이에서 우리는 그 후에 『존재와 시간』에서 하이데거가 말한 '역사적인 것'과 '존재자적인 것'의 구분에 관한 최초의 원형을 발견할 수 있기 때문이다. 이 강의에서 그는 시간 흐름을 한편에서는 동질적이고 양적인 흐름으로 그리고 다른 한편에서는 질적으로 고유한 흐름으로 규정하는데, 전자는 자연과학에서 경험되는 존재자적인 것 그리고 후자는 역사적인 것과 관계한다고 볼 수 있다. 이러한 관계 속에서 현존재의 '실존'이 함축하고 있는 일차적 의미는 질적으로 고유한 시간 흐름에 존재함으로 간주될 수 있다. 그런데 질적으로 고유한 시간

---

8) Ibid., p.71.

흐름에 입각해 역사학을 정초하고자 함에도 불구하고, 이 강의에서 하이데거는 역사학에 대한 자신의 독창적인 사유를 펼치지 못했다. 그 이유는 비록 하이데거가 양적인 시간과 질적인 시간의 대비를 통해 질적인 시간에 근거하는 역사학을 강조했음에도 불구하고, 이성을 중시하는 리케르트의 영향 속에 아직도 머물러 있었던 이 시기에 그는 역사학을 평범하게 주제적인 차원에 입각해서 다루었기 때문이다. 그리고 여전히 이론적 대상으로 간주되는 역사에서 고유한 질적인 시간 흐름은 보편적인 사유에 의해 얼어붙는다. 이러한 모순을 극복하기 위해 하이데거는 새로운 유형의 역사 개념을 확립하고자 하는데, 그는 새로운 역사 개념의 토대를 전-주제적인 세계 개념에서 발견한다.

하이데거는 주제적인 차원 이면에 있는 현존재의 실존에 기초해 있는 전-주제적vor-thematisch인 일상세계를 발견한 이후 주제적 차원thematisch에 놓여 있는 역사학을 확립하고자 하는 시도를 단념한다. "즉 그 용어[역사]는 '역사적 현실'뿐만 아니라 또한 그것에 대한 가능한 학문까지도 의미한다. 역사과학(역사학)에서 의미하는 '역사'의 뜻은 우리는 잠시 배제한다."(『존재와 시간』, 495쪽) 그리고 주제적인 차원에 있는 역사학을 배제함으로써 하이데거는 그 당시 자신의 스승이었던 리케르트를 중심으로 형성된 이성중심주의적 역사 철학의 전통으로부터 완전히 벗어난다. "비록 '역사' 문제의 학문 이론적인 취급 양식이 단지 역사학적 파악의 '인식 이론적'(짐멜) 해명을 겨냥하거나 또는 역사학적 서술의 개념형성의 논리(리케르트)를 겨냥할 뿐만 아니라 또한 '대상 측면'에도 방향을 잡고 있다고 하더라도,

이러한 물음 제기에서는 역사는 원칙적으로 그저 한 학문의 객체로서 접근 가능해질 뿐이다."(『존재와 시간』, 492쪽) 주제적인 역사학의 정초에만 심혈을 기울인 리케르트의 이성중심주의적인 또는 합리적인 역사이론은 역사를 여전히 주관과 객관의 이분법적 관점에서 접근하는데, 이와 같은 역사 철학 담론에서는 주제적인 인식 이전에 있는 전-주제적인 역사는 망각되었다. 주제적인 영역에 있는 리케르트의 합리적인 역사이론에 반하여 하이데거는 이성에 선행하는 현존재의 실존에 입각해 역사성을 정초하고자 시도하는데, 그의 이러한 시도는 이성보다 삶을 강조하는 딜타이의 정신과학으로부터 결정적인 영향을 받았다.

하이데거가 『존재와 시간』에서 확립하고자 한 사회존재론을 전제로 하고 있는 실존적인 역사성의 본질적 특징은 우선 전-주제적인 역사와 주제적인 역사의 구분에서 찾을 수 있다. 그는 전자를 '역사'Geschichte로 그리고 후자를 '역사학'Historie으로 부른다. "역사성에 대한 물음이 우리를 이러한 '근원들'로 소급시키고 있다면, 그로써 이미 역사 문제의 장소에 대해서도 이미 결정이 내려진 셈이다. 그 장소는 역사Geschichte에 대한 학문으로서의 역사학Historie에서 찾아져서는 안 된다."(『존재와 시간』, 492쪽)[9] 이 구분에서 우리는 『존재와 시간』에서 하이데거가 확립하고자 한 실존적인 역사 개념이 교수 자격 취득 강연

---

9) 하이데거 철학 연구자인 티머시 클라크는 'Geschichte'를 주제적인 역사학의 배후에서 일어나는 '심층역사'(deep history)라고 부르며, 이 개념은 기초존재론에서 매우 중요한 위치를 차지한다고 역설한다. 티모시 클라크, 『마르틴 하이데거, 너무나 근본적인』, 김동규 옮김(엘피, 2008), 61~77쪽 참조.

에서 제시된 역사 개념보다 한 단계 발전되었음을 볼 수 있다. 이 강연에서 자연과학에 대비되는 역사학의 고유한 특징을 하이데거는 시간의 질적인 흐름에서 파악했으며, 이와 같은 시간 개념을 다른 철학자들과 마찬가지로 오직 주제적인 차원에서 규명하고자 시도했다. 그러나 딜타이가 주장하는 삶에 기초해 있는 해석학적 정신과학으로부터 깊은 영향을 받은 하이데거는 현존재의 역사를 전-주제적인 차원에서 해명하고자 한다. 그에 따르면 현존재의 역사가 전-주제적인 역사 차원에서 열어 밝혀질 때 비로소 다른 시대와 질적으로 구분되는 고유한 역사의 흐름이 이해될 수 있다.

칸트 선험 철학의 전통에 서서 자연과학적 인식의 가능조건을 새로운 방식으로 확립하고자 하는 후설과는 다르게 일찍부터 정신과학 또는 역사과학의 가능조건에 관심을 갖고 있는 하이데거는 이미 전기 사유에서 자신의 현상학적 방법을 해석학적 방법론으로 확장시킨다. 그리고 여기서 말하는 하이데거의 해석학적 방법론은 20세기 초에 딜타이에 의해 새롭게 조명된 해석학으로부터 결정적인 영향을 받았는데, 이 같은 사실을 그는 다음과 같이 기술한다. "근본적으로 다음의 분석에서 문제되는 것은 오로지, 오늘날의 세대에게도 여전히 당면한 과제인 딜타이의 탐구를 내 것으로 만드는 일을 부분적으로 길을 예비하면서 촉진하는 것이다."(『존재와 시간』, 494쪽) 여기서 볼 수 있듯이 기초존재론의 목적과 딜타이의 탐구를 동일한 것으로 간주하는 하이데거 역시 현존재의 역사를 전-주제적 영역에서 고찰하고자 한다.

더 나아가 하이데거는 기초존재론을 이해하는 데 있어 중요한 개념으로 여겨지는 '존재자적인 것'과 '역사적인 것'의 구분은 사실 딜타이의 '삶의 철학'에서 유래되었다고 주장한다. "역사성을 이해하려는 관심이 '존재적인 것과 역사[학]적인 것 사이의 종적인 차이'를 끄집어내는 과제로 이끌고 온다. 이로써 '삶의 철학'의 기초 목표가 확정되었다."(『존재와 시간』, 524~525쪽) 이렇게 볼 때 하이데거 존재사유는 딜타이의 해석학적 정신과학으로부터 결정적인 영향을 받았다. 왜냐하면 딜타이의 해석학에서 그는 현존재의 전-주제적 역사 개념뿐만 아니라 역사에 대한 존재론적 관점 또한 발견했기 때문이다. 그러므로 존재자onta만을 탐구하는 자연존재론보다는 역사적 존재자의 토대를 제공하는 사회존재론을 지향하는 하이데거의 존재사유에 영향을 끼친 철학은 셸러의 지식사회학, 실용주의 그리고 쇼펜하우어 철학 외에도 삶에 기초해 있는 딜타이의 해석학적 정신과학도 포함된다. 그리고 현존재의 역사성을 중요한 개념으로 간주하는 기초존재론을 전-주제적 영역에 놓여 있는 삶의 체험에서 기원하는 딜타이의 정신과학과의 연관성 속에서 고찰할 때, 우리는 하이데거의 존재사유와 사회존재론의 연관성을 보다 분명하게 볼 수 있는 단초를 마련할 수 있다. 먼저 전-주제적 영역에 놓여 있는 삶의 체험에 기초해 있는 딜타이의 정신과학에 대해 살펴보기로 하겠다.

2. 딜타이와 정신과학의 철학적 정초

딜타이의 정신과학과 자연과학의 구분

기초존재론에서 하이데거가 해명하고자 하는 존재물음은 자연적 존재자보다는 역사적·사회적 존재자의 의미를 해명하는 것에 방향이 잡혀 있다는 점을 우리는 그가 해석학적 사유에 입각해 자연과학과 구분되는 정신과학의 철학적 정초를 위해 노력을 기울였다는 사실에서 보여 주었다. 그의 해석학적 사유는 딜타이의 철학으로부터 큰 자극을 받았다. 하이데거의 해석학적 사유에 영향을 끼친 딜타이는 원래 개신교 목사인 아버지의 권유로 신학을 전공했으나 슐라이어마허의 해석학과 헤겔 철학을 접하면서 신학 공부를 포기하고 역사 철학에 심취하게 된다. 그리고 자연과학의 방법론과 근본적으로 구분되는 정신과학의 방법론을 확립하는 데 크게 기여한 딜타이의 철학은 현재에도 진행 중인 역사의식에 관한 논의에 지속적으로 영향을 미치고 있다. 따라서 오늘날 딜타이의 철학을 접할 때 가장 먼저 떠오르는 딜타이의 이미지는 해석학자 또는 정신과학의 철학적 토대를 마련한 철학자이다.

사실 정신과학의 방법론을 철학적으로 근거하고자 한 딜타이의 시도는 칸트의 비판 철학으로부터 영감을 받았다. 뉴턴의 자연과학적 인식을 진리라고 생각한 칸트는 『순수이성비판』에서 근대과학의 인식론적 기초를 놓았다. 칸트가 비판철학에서 자연과학적 진리의 가능조건을 확립했던 것처럼 딜타이는 해석학적 사유를 통해 정신과학의 방법론을 확실한 토대 위에 정초하고자 한다. 딜타이는 이러한 작업이 '역사이성비판'을 통해 가능하다고 주장한다. "언젠가 우리들이 처음으로 나눈 즐거운 대화에서 나는 당신에게 이 책의 계획을 이미 피력한 적이 있습니다. 그때에 나는 이 책을 '역사이성비판'으로 명명했을 것입니다."[10] 『정신과학입문』을 역사이성비판으로 명명하고자 했을 정도로 딜타이는 신칸트주의자는 아니지만 칸트 비판철학으로부터 깊은 영향을 받았다. 유비적으로 말하자면, 근대 자연과학의 가능조건을 마련하고자 한 칸트에게 '순수이성비판'의 작업이 필요했다면 딜타이가 확립하고자 하는 정신과학에는 역사이성비판의 작업이 요구된다. 그리고 딜타이의 역사이성비판은 정신과학적 인식에 대한 탐구에서 출발한다.

17세기가 자연과학의 시대였다면 딜타이가 활동했던 19세기는 정신과학의 시대로 규정될 수 있는데, 그 이유는 19세기 들어서서 사회학, 경제학, 언어학, 심리학, 문학, 역사학 등에 대한 논의가 활발하게 진행됐기 때문이다. 하지만 이러한 학문들이 등장하여 활발하게 연구되고 있었음에도 불구하고 이 학문들의 인식론적 조건은 아직 마련되지 못했다. 이와 같은 상황을 극복하기 위해 딜타이는 이 학문들을 모두 포함하는 정신과학의 인식 조건을 철학적으로 정초하는 작업에 들어간다. 다시 말해 그는 사회학, 언어학, 문학 등에 관한 논의들이 단순히 주관적 견해를 반영하는 것이 아니라 엄격한 과학적 진리를 내포하고 있다는 것을 보여 주고자 한다. 그리고 여기서 말하

---

10) 빌헬름 딜타이, 『정신과학입문』, 송석랑 옮김(지만지, 2014), 31쪽.

는 과학적 진리란 개별적인 사물들을 규정하는 보편적인 법칙을 의미하는데, 정신에 관한 학문들 또한 과학적 지위를 확보하기 위해서는 보편적인 법칙에 근거해야 한다. 따라서 딜타이는 비록 정신과학과 자연과학은 근본적으로 구별되지만, 보편적인 법칙을 추구하는데 있어서 이 과학들 사이에는 공통점이 존재한다고 주장한다.

> 이때 이 두 영역을 구분하지 않고 공히 사용되는 논리가 하나 있다. 그것은 바로, 특수한 것들을 일반적인 것들에다가, 개별적인 것들을 하나의 전체 관계망에다가, 다양한 것들을 분류된 집단들에다가 귀속시키는 작업이다. 즉 이러한 작업조차 자연과학이나 정신과학 모두에서 출현하고 있는 것이다.[11]

이 인용문에서 볼 수 있듯이 과학적 지식을 추구하는 한 자연과학과 정신과학 모두 전제로 하고 있는 것이 있는데 이것은 바로 특수한 것들의 일반화 과정이다.

인간은 한편에서는 자연세계에 그리고 다른 한편에서는 역사·사회세계에서 살고 있지만, 사물에 대한 과학적 탐구는 먼저 자연적 사물에 대한 관찰에서 시작되었다. 자연세계에서, 예를 들어 천체에서 인간은 수많은 별들과 행성들의 운동 그리고 이 운동의 반복을 경험하면서, 이 개별적인 별들이 단순히 우연적으로 움직이는 것이 아니라 어떤 법칙에 의해 움직인다는 사실을 인지하게 된다. 그래서 많

---

11) 빌헬름 딜타이, 『정신과학과 개별화』, 이기흥 옮김(지만지, 2011), 45쪽.

은 철학자들이 행성 운동의 법칙을 발견하고자 시도했지만, 행성들의 반복적인 운동을 가능케 하는 보편적인 법칙은 근대 시대 이전에는 밝혀지지 않았다. 천체에서 움직이는 행성의 보편적인 법칙은 자연세계에 있는 모든 사물의 운동이 질량의 곱에 비례하고 거리의 제곱에 반비례한다는 만유인력 법칙을 뉴턴이 발견함으로써 비로소 확립되었다. 자연세계뿐만 아니라 사회세계에서도 인간은 사회적 제도 즉 법, 종교, 정치, 경제, 예술 등과 이 제도들을 수립하는 인간의 행위에서 반복되는 유형을 경험한다. 그리고 이러한 반복적인 유형에서 특수한 것들의 일반화된 원리를 찾고자 하는 한에서 정신과학은 자연과학과 유사한 면이 있다.

하지만 여기서 유의할 점은 정신과학에서 말하는 일반 원리는 자연과학에서의 일반 원리와 동일하지 않다는 사실이다. 자연과학에서의 일반 원리는 실재하는 것의 불변적 형식에 기초해 있는 고정적이고 추상적인 법칙으로 규정되는 반면 일회적이고 삶의 흐름 속에서 기원하는 정신과학의 일반 원리는 어떠한 형식에 갇혀 있지 않은 역동적인 법칙으로 특징지어진다. 이 점에 대해 딜타이는 다음과 같이 말한다. "자연과학들은 자신들이 분류해야 할 현상들을 구성 수단들을 이용하는 가운데 추상화시킨다. […] 반면 그 자신의 종횡무진 펼쳐지는 역사-사회적 현실을 우선적이고 주된 대상으로 삼는 정신과학들은, 역사-사회적 현실이 비록 우리들에게 피상적 형태로, 어떤 것들의 영향 및 산물의 형태로 주어지더라도, 그리고 또한 객관화된 삶 표현의 형식으로 나타난다고 하더라도, 그것들로부터 그것들의 본래 모습을 다시 일깨워 우리 앞에 그것들이 원래의 생생하게 살아 있는 모습으로 출현하도록 해준다."[12] 여기서 제시된 바와 같이 정신 과학에서의 일반 원리는 추상화된 원리에 환원되지 않기 때문에 자연과학적 원리와 동일시될 수 없다.

정신적인 것에 관한 연구의 목적이 특수한 것으로부터 벗어나 있는 일반(보편) 원리를 찾는 데에 있다는 점에서 정신과학과 자연과학 사이에는 공통점이 있을 수 있지만, 이러한 목적에 도달하는 과정과 그리고 연구의 내용들을 고찰해 볼 때 정신과학은 자연과학과 근본적으로 구분된다. 먼저 자연과학과 정신과학의 차이점은 다음과 같다. 자연과학은 사물의 보편적인 법칙을 발견함에 있어 실험을 한다. 딜타이에 따르면 근대 자연과학에 이르러서 비로소 행성 운동의 일반 원리가 확립되는데, 그 이유는 고대 자연 철학자들과는 달리 근대 자연과학자들은 특정한 조건에서 사물을 관찰하는 실험을 수행했으며 이 실험 과정에 수학적 원리를 적용했기 때문이다. "그렇게 해서 관찰 및 실험에서 찾아볼 수 있는, 경험들에서 반복적으로 나타나는 동형의 구성인자들이 수리-역학 이론적 구성 수단들을 통해 잘 정돈될 수가 있게 되었다. 그러한 과정을 밟았기에, 하늘의 천체 운동들이 이해되었다."[13] 이처럼 근대 자연과학자들은 실험을 통해 일반화에 도달하기 때문에 자연과학의 방법론에 있어서 실험은 핵심적인 위치를 차지한다.

정신과학 또한 특수한 사물에 대한 관찰을 통해 일반 원리에 도

---

12) 앞의 책, 58쪽.
13) 앞의 책, 55쪽.

달하고자 한다. 하지만 정신과학에서 이루어지는 관찰에서는 실험이 동반되지 않는다고 딜타이는 주장한다. "반면 역사적, 사회적 과정들은 실험 방법을 통해서는 제대로 연구될 수 없다. 거기서는 연구 대상의 특성상 순수 과학적 연구 목적을 위한 접근 가능성이 아예 차단되어 있기 때문이다. 마찬가지로 수학을 활용하는 것조차 정신과학의 영역에서는 부적절할 뿐이다."[14] 이 인용문에서 볼 수 있듯이, 딜타이는 실험뿐만 아니라 자연과학의 법칙을 합리적으로 이해하게 해주는 수학적 원리마저 정신과학에서 배제시키는데, 이 같은 사실에서 우리는 정신과학의 방법론은 자연과학의 방법론과 근본적으로 다르다는 것을 알 수 있다. 정신과학에서 실험과 수학이 적절하지 않은 이유는 정신과학에서 다루는 대상과 자연과학의 대상은 전혀 다른 영역에 놓여 있기 때문이다. 먼저 자연과학의 대상의 특성을 살펴보자.

자연과학이 탐구하는 대상은 의식 외부에 있는 세계에 놓여 있는 사물들이다. 이 사물들은 공간 속에 존재하는데 그 이유는 이 사물들은 물질적인 특성을 지니고 있기 때문이다. "자연과학은 더 이상 독립적으로 실존할 어떤 능력이 없는, 그리고 단지 분자를 이루는 성분들이 그러하듯 소립자로서만 사유 가능한, 작은 원소 조각들을 가지고 물질을 구성한다."[15] 공간 속에서 사물들은 한 위치에서 다른 위치로 움직이는데, 여기서 진행되는 모든 운동은 필연적으로 인과율의 법칙을 따른다. 더 나아가 사물의 운동에 대한 과학적 측정은 수학

---

14) 앞의 책, 49쪽.
15) 딜타이, 『정신과학입문』, 114쪽.

적 원리뿐만 아니라 모든 운동의 계기들을 동질적으로 그리고 양적으로 규정하는 근대적 시간 개념에 의해서만 가능하다. 사물의 운동 외에 공간을 차지하고 있는 사물의 부피 또한 양적으로만 측정될 수 있다고 자연과학자들은 주장한다. 여기서 우리는 물질적인 사물로 규정되는 자연과학적 대상이 함축하고 있는 세 가지의 특징들을 발견할 수 있다. 첫째, 자연과학적 대상의 운동에는 기계론적인 인과율이 적용된다. 둘째, 자연과학적 대상들은 양적으로만 규정된다. 셋째, 양적인 대상들은 수학적 원리에 의해서만 파악될 수 있다. 하지만 정신과학에서 경험되는 대상들은 이러한 속성을 띠고 있지 않다.

정신과학과 자연과학 모두 사물의 인식이 감각에서 출발한다는 것에는 동의한다. 하지만 감각을 정의함에 있어 두 과학들은 의견을 달리한다. 자연과학에 있어서 주관적인 차원에 있는 사물의 감각, 예를 들어 공의 푸른색은 두뇌의 활동에 대한 분석에서 규명될 수 있다. 하지만 자연과학적 방법론이 유일하게 사물의 인식을 제공한다는 입장을 거부하는 딜타이는 푸른색의 본질은 두뇌의 활동에서 드러나지 않는다고 주장한다. "'나'는 두뇌 속의 과정을 통하여 부정적 판단을 설명할 수 없는 것처럼 푸른빛에 적합하게 상응하는 파동의 수를 통하여 푸른빛을 설명할 수가 없다. 물리학은 감성에 잡히는 푸른 감각의 질을 설명하는 일을 생리학에게 맡기기 때문에, 그러나 생리학 또한 물질적인 부분들의 움직임으로부터 감각의 '푸른 질'에 대한 설명을 해낼 수가 없다."[16] 여기서 중요한 점은 비록 이 인용문에서 딜타

---

16) 앞의 책, 67쪽.

이는 괴테를 직접적으로 언급하지 않지만, 18세기와 19세기에 진행됐던 독일 사상들에 관해 정통한 그가 자연과학적 방식으로 이해되는 색의 감각을 비판하면서 염두에 둔 것은 괴테의 『색채론』이라는 사실이다.

괴테의 색채이론과 딜타이의 정신과학은 유사한 점이 있다. 왜냐하면 자연과학적 인식에 환원되지 않는 정신과학의 인식을 딜타이가 정초하고자 하듯이, 색깔을 경험하는 데 있어 괴테 또한 뉴턴의 물리학적 광학으로부터 독립된 새로운 이론을 정립하고자 한다. 그에게서 사물의 색채는 한편에서는 자연과학에 기초해 있는 뉴턴의 광학적 방식과 다른 한편에서는 딜타이의 용어를 빌리자면 정신적인 방식으로 인식될 수 있다. 뉴턴의 광학에 따르면 관찰자로부터 독립된 단색 광선들의 결합을 지각할 때 인간은 사물의 색깔을 경험한다. 여기서 우리는 색깔에 대한 물리학적 이론의 두 가지의 특징을 볼 수 있다. 첫째, 색채는 인간 관찰자로부터 독립된 객관적인 실체이다. 둘째, 일상적인 삶에서 경험되는 사물의 색은 수동적인 감각의 활동에서 구성된다. 그런데 괴테는 이와 같은 물리학적 색채이론은 사태에 부합하지 않다고 비판한다. 왜냐하면 인간의 감각을 수동적으로 보며, 더 나아가 인간과 자연을 분리시키는 자연과학적 사유에서는 인간 삶이 본래 능동적으로 보다 높은 곳을 향해 나아가며 또한 자연과 총체성을 이룬다는 사실이 드러나지 않기 때문이다.

사물의 색이 감각에 주어지기 위해서는 빛을 전제로 해야 한다. 만약 빛이 없는 어두운 세계에 존재한다면 인간은 색을 지각할 수 없을 것이다. 그래서 자연과학은 색의 본질을 규명하는 작업을 빛을 연구하는 광학의 원리에 입각해 수행하는데, 광학의 원리에 따르면 빛은 관찰자로부터 독립된 객관적인 실체를 의미한다. 하지만 괴테는 이러한 자연과학적 빛의 개념을 거부한다. 그에게서 빛은 객관적인 실체가 아니라 관찰자의 눈과 상호관계 속에 존재한다. "눈의 존재는 빛으로 인해 생겨난 것이다. […] 그리하여 눈은 빛과 만나면서 빛을 위한 기관으로 형성되며, 이로써 내부의 빛과 외부의 빛은 서로 감응하게 되는 것이다."[17] 색채론의 연구에 있어서 괴테의 중요성은 그가 인간과 무관하게 존재하는 빛 자체를 거부하는 데 있다. 빛의 경우처럼 사물의 색 또한 인간과 상호 연관 지어져 있다. 그래서 괴테는 사물의 색의 지각은 외부에 존재하는 색채를 수동적으로 감각한다는 자연과학적 견해를 비판한다.

이와 달리 빛과 이미 상호관계를 맺고 있는 눈의 기관은 색을 지각할 때 수동적이지 않고 작용과 반작용으로 특징지어지는 능동적인 능력으로 규정된다고 그는 주장한다. "우리는 우선 색채를 눈에 속하는 것으로, 그리고 눈의 작용과 반작용에 기인하는 것으로서 관찰하였다."[18] 이처럼 능동적으로 이해되는 눈의 감각은 자연과학적 감각 개념과 구분된다. 사물의 색이 두뇌의 활동에서 유래된다고 생각하지 않은 딜타이 또한 이 점에 대해서는 괴테에 동의한다. 그리고 딜타이는 이와 같은 능동적 감각을 전통적 감각 개념과는 구분되는 내적 경험으로 규정한다.

---

17) 요한 볼프강 폰 괴테, 『색채론』, 장희창·권오상 옮김(민음사, 2003), 40쪽.
18) 앞의 책, 42쪽.

경험론에 바탕을 두고 있는 자연과학에서의 인식은 외부 사물의 인상을 받아들이는 신체적 감각의 활동에서 출발한다. 그래서 자연과학적 감각은 수동적이고 외적 감각으로 특징지어진다. 그런데 이와 달리 정신과학의 인식은 내적 경험에 기초해 있다고 딜타이는 주장한다. "정신과학의 경우, 그때의 전체 연관에 해당되는 것은 내적 경험에서 주어지는 심적 연관으로, 이는 구체적인 인간 삶의 상황들에서 형성된다."[19] 그리고 정신과학과 자연과학의 구분은 외적 감각과 차이 나는 내적 경험의 의미를 파악할 때 보다 분명하게 이해될 수 있다. 감각 영역이 놓여 있지만 외적 감각에 환원되지 않은 내적 경험의 의미를 우리는 오랜 훈련을 통해 형성된 운동선수의 기술에서 파악할 수 있다. 게임을 잘하기 위해 필요한 기술의 내적 경험은 과거에 있었던 훈련과 경험을 통해서만 축적될 수 있다. 과거의 많은 경험을 가지고 있는 숙련된 운동선수는 게임에 임하는 데 있어 초보자처럼 수동적인 태도에 머물러 있지 않고 능동적인 기투를 한다. 여기서 우리는 외적 감각과 내적 경험의 차이점을 발견한다. 숙련된 운동선수와 초보자 모두 감각적 영역에 있음에도 불구하고 과거 훈련에 의해 축적된 내적 경험을 가지고 있는 숙련된 운동선수의 감각은 수동적이지 않고 능동적인 특징을 띠고 있다. 결과적으로 사물은 외적 감각과 내적 경험에서 주어지는데, 과거의 경험으로부터 형성되는 내적 경험에서만 정신과학적 탐구의 대상으로 간주되는 정신적 사물이 구성된다.

---

19) 딜타이, 『정신과학과 개별화』, 57쪽.

딜타이에 있어서 자연과학과 구분되는 정신과학의 대상은 인간 삶과 무관한 사실들이나 의식으로부터 독립되어 있는 외적인 사물이 아니다. 이와 달리 정신과학은 내적인 영역에 있는 정신적인 사실들을 대상으로 삼는데, 이 대상들은 인간과 밀접하게 관련되어 있는 삶의 의미와 가치들을 의미한다. "결국 삶의 모든 가치와 목적은 인간의 내부에서 독립적으로 작용하는 정신적 세계 속에 놓여 있으며, 인간의 모든 행위는 정신적인 사실들을 생산해 내는 일을 목표로 삼게 된다."[20] 정신적인 사실을 지칭하는 가치와 자연과학에서의 물질적 사물의 차이점은 주위세계에서 흔히 발견되는 책의 예를 통해 볼 수 있다. 우리 앞에 놓여 있는 책은 물질적인 속성을 지니고 있다. 그리고 이러한 물질적 속성은 미세한 원자 조각까지 탐구하는 자연과학적 사유에서 완전히 해명될 수 있다.

하지만 책은 단순하게 물질적 종이로만 이루어져 있지 않다. 책에는 인간 삶에 연관되어 있는 내용들이 들어 있으며, 이 내용들로 인해 책은 물질적인 사물에서 정신적인 또는 가치를 지닌 사물로 전환된다. 정신과학이 대상으로 삼는 것은 책 그 자체가 아니라 가치를 지닌 책의 내용이다. 그런데 여기서 우리는 정신과학에서 말하는 사물의 가치는 자연과학에서 얻어지는 사물의 인식처럼 모든 사람들에게 동일하게 주어지는 것이 아니라는 사실에 유의할 필요가 있다. 사물의 가치는 각각의 사람들에 의해 다르게 경험된다. 예를 들어 앞에 놓인 책이 철학책이라면 내용을 이해할 수 있는 철학 전공자에게는 가

---

20) 딜타이, 『정신과학입문』, 56~57쪽.

치 있는 사물로 경험되지만 내용을 전혀 모르는 비전공자는 같은 책에서 어떤 가치도 느끼지 못할 것이다. 더 나아가 내적인 영역에서 경험되는 정신적인 사물로 규정되는 사물의 가치를 강조함으로써 딜타이는 모든 것을 물리주의로 환원시키는 자연과학적 방법론의 한계를 제시하고자 한다.

자연과학자들 또한 외적 영역에 놓여 있는 물질적인 사물과 내적 경험에서 주어지는 정신적인 사물을 구분하지만, 그들에 있어 이러한 구분은 근본적인 것이 아니다. 모든 것을 물리주의와 인과율의 법칙으로 이해하는 그들에게서 내적 경험 또한 물질적인 뇌에서 유래된다. 다시 말해 물리적인 뇌가 원인이고 정신적인 사물은 결과물에 불과하다. 그래서 만약 뇌의 모든 구조들이 세세하게 밝혀진다면, 철학자의 사유가 어떻게 생성됐는지 또한 명확하게 규명될 수 있다고 자연과학자들은 주장한다. 하지만 딜타이는 이와 같은 견해에 동의하지 않는다. 그에 있어서 한 사상가의 사유는, 예를 들어 괴테의 사유는 물질적 뇌에서 유래되지 않는다. "그리고 어떤 누구도 격렬한 열정, 시적 조형의 창조성, 사려 깊은 고안 등 괴테의 삶으로써 표현할 수 있는 것들의 총합을 그의 두뇌 구조와 육체의 특성들로부터 끌어내고, 또 그렇게 함으로써 그것들을 더 잘 해명할 수 있다고 주장할 수 없다."[21] 만약 문학작품이 단순하게 뇌의 활동에서 나왔다면 비슷한 뇌 구조를 가진 독일인들 또한 괴테처럼 훌륭한 문학작품들을 출판할 수 있었을 텐데 현실은 그렇게 진행되지 않는다. 괴테 이후에 괴

---

21) 앞의 책, 62쪽.

테에 버금가는 독일 문학자는 소수에 불과하다. 더 나아가 문학작품이 자연과학의 대상이 될 수 없는 이유는 역사세계에서 발생하는 문학작품의 생성은 뇌의 활동으로부터 독립되어 있는 작가의 내적 경험에 근거해 있기 때문이다. 그러므로 딜타이에 있어서 자연과학과 근본적으로 구분되는 정신과학의 인식 조건은 외적인 영역에 놓여 있는 물질적인 사물로부터 벗어나 있는 내적 경험에서 찾아진다.

앞 장에서 제시된 바와 같이 비판 철학에서 칸트가 자연과학적 인식의 가능조건을 철학적으로 정초하고자 했다면 해석학에서 딜타이는 정신과학적 인식의 철학적 토대를 마련하고자 한다. 그리고 딜타이에 따르면 정신과학과 자연과학의 구분은 탐구되는 대상에서뿐만 아니라 대상을 경험하는 방식에서도 찾을 수 있다. 괴테의 색채이론에서 볼 수 있듯이 동일한 사물도 서로 다른 내적 경험 방식에 따라 물질적 대상과 정신적 대상으로 규정될 수 있다. 사물을 인식함에 있어 이처럼 내적 경험 방식이 중요하기 때문에 칸트는 비판 철학에서 자연과학의 철학적 성초 작업을 객관적 대상에서가 아니라 인식의 주관적 조건을 분석하는 데서 출발한다. 그리고 사물의 인식은 내용을 수용하는 감각과 형식을 부여하는 오성의 종합에서 이루어진다고 칸트는 주장한다. 칸트의 철학적 방법을 따르는 딜타이 또한 정신과학의 철학적 토대를 마련함에 있어 인식의 조건을 해명하는 작업이 중요하다고 생각하며, 따라서 내적 경험을 강조한다. 하지만 내적 경험에서 형성되는 정신적 사물의 인식은 칸트의 비판 철학에서처럼 외적 감각과 오성의 활동과의 통일에 의해 성립되지 않는다. 딜타이는 정신과학적 인식의 가능조건으로 간주되는 내적 경험을 오성의 활동으로부터 벗어나 있는 삶의 영역에서 기초하고자 한다.

정신과학의 토대로서의 삶

일반적으로 딜타이의 철학적 업적은 자연과학에 대립되는 정신과학적 인식의 토대를 확립한 것에 있다고 평가된다. 그런데 사실상 딜타이 이전에 여러 철학자들이 객관적 지식만을 중시하는 자연과학적 방법론에 환원되지 않은 정신과학을 정초하고자 시도했다. 헤겔은 사변 철학에서 자연세계에 환원되지 않은 역사이성의 중요성을 강조했으며, 딜타이와 비슷한 시기에 활동했던 빌헬름 빈델반트, 하인리히 리케르트 또한 자연과학적 방법론으로 환원되지 않은 역사과학의 고유한 방법론을 정초하고자 했다. 하지만 정신과학의 철학적 토대를 마련하는 데 있어 딜타이를 제외한 다른 철학자들에게는 하나의 공통점이 존재한다. 헤겔을 위시한 다른 철학자들은 언어학, 문학, 사회학, 역사학, 정치학, 그리고 경제학 등을 포함한 정신과학이 과학적 학문이 되기 위해서는 이성의 활동이 전제되어야 한다고 주장한다. 특히 정신과학 대신 '도덕과학'이라는 표현을 사용하는 밀J. S. Mill 은 '도덕과학의 논리'에서 합리적인 사유의 입각해 도덕과학의 토대를 마련하고자 하였다.[22]

---

22) 독일어 '정신과학들'(Geisteswissenschaften)은 밀의 '인간(도덕)과학'(moral science)을 번역하는 과정에서 생겨났는데, 이 사실에 대해 가다머는 다음과 같이 말한다. "'정신과학들'이란 단어는 존 스튜어트 밀의 『연역 논리학과 귀납 논리학의 체계』 독일어 번역자가 처음 도입했다. 밀은 그의 저서에서 귀납 논리를 인간과학에서 적용할 가능성에 대해 부록 형식

하지만 이성 중심적 철학자들과는 달리 딜타이는 정신과학의 가능조건을 확립하는 데 있어 이성의 활동을 강조하지 않는다. 여기서 다른 철학자들의 시도와는 차별화된 딜타이의 철학적 업적을 발견할 수 있다. 또한 정신과학의 가능조건을 확립함에 있어 합리적인 사유에 대립되는 '실존'을 강조하는 하이데거가 왜 다른 철학자들의 정신과학 개념보다 딜타이의 정신과학 개념을 높게 평가하는지를 파악할 수 있다. 딜타이의 정신과학의 중요성은 단순하게 정신과학을 자연과학으로부터 구별시키는 데 있지 않다. 정신과학과 자연과학의 구분도 중요하지만, 딜타이의 고유한 철학적 업적은 이성을 강조하는 다른 철학자들, 즉 '서-남학파'와는 달리 정신과학의 철학적 정초를 이성의 이면에서 작동하는 인간 삶의 영역 위에 기초하는 데 있다.

사람들은 주위세계에서 경험되는 사물에 대한—자연적 사물과 정신적 사물을 포함하여—인식이 과학적 지위를 얻기 위해서는 이성의 활동이 필히 요구된다는 것을 당연한 사실로 받아들인다. 만약 이성이 배제된다면 사물들에 관한 연구는 과학적인 것으로 간주될 수 없으며, 따라서 학문으로도 성립될 수 없다. 그런데 정신과학이라는 새로운 학문을 정초하는 데 있어 딜타이는 이성의 활동을 배격한다. 그는 정신과학에서 이성의 활동을 삶으로 대치시킨다.

그러므로 삶, 삶의 경험, 정신과학은 지속하는 내적 연관과 상호적인

으로 약술하는데, 밀의 번역자가 이 단어를 '정신과학'이라고 옮긴 것이다." 한스 게오르크 가다머, 『진리와 방법 1』, 이길우 외 옮김(문학동네, 2012), 19~20쪽 참조.

교통을 위해 존립한다. 정신과학의 기초를 형성하는 것은 개념적 사유 과정이 아니라, 그 전체성에 있어서의 심적 상태의 내면화이고, 추체험에서의 이의 재발견이다. 여기서는 삶이 삶을 파악한다.Leben erfaßt hier Leben.[23)]

딜타이의 정신과학적 방법론을 이해함에 있어 근대 인식론자들에게는 낯설게 다가오는 '삶이 삶을 파악한다'라는 명제는 매우 중요하다. 왜냐하면 이 명제에서 우리는 다른 철학자들이 말하는 정신과학과 구분되는 딜타이의 고유한 정신과학의 방법론, 즉 삶 그 자체를 삶을 통해 이해하는 방법론을 파악할 수 있기 때문이다. 여기서 우리는 그의 정신과학 개념이 독특한 특징을 띠고 있다는 것을 발견한다. 정신과학을 정초하고자 노력함에도 불구하고 딜타이는 이성의 활동보다는 삶을 강조한다. 그리고 이처럼 삶의 영역 위에 정신과학을 정초하고자 하기 때문에 사람들은 그의 시도가 비합리적인 성격을 띠고 있다고 비판한다. 더 나아가 합리주의자들은 과학적 인식, 즉 객관적 인식은 결코 삶으로부터 파생되지 않기 때문에 딜타이의 정신과학은 과학으로 간주될 수 없다고 주장한다. 하지만 합리주의자들의 이러한 비판은 딜타이가 말하는 삶 개념을 제대로 파악하지 못한 데에서 기인한다. 따라서 딜타이의 정신과학을 합리론자들의 비판으로부터 방어하기 위해서는 딜타이의 삶 개념이 올바르게 해명되어야 한다.

---

23) 빌헬름 딜타이, 『정신과학에서 역사적 세계의 건립』, 김창래 옮김(아카넷, 2009), 333쪽.

삶의 영역에서 인간은 사유에 앞서 행동하며, 행동은 의지에서 기원한다. 그래서 모든 사물들은 최초로 충동과 의지에서 경험된다. 그런데 맹목적인 의지에서 경험되는 사물 또는 세계는 '대상' Gegenstand이 '저항'Widerstand으로 규정된다고 딜타이는 주장한다. "의욕은 그때마다의 형편 안에서 특정한 형식으로 출현한다. 그러면 형편은 자신 안에 포함된 지향을 저지하게 된다. 즉 저항의 의식이 생겨나고, 외부세계로부터 압박이 가해진다."[24] 그리고 저항으로 경험되는 세계에서 인간은 세계와 통일되어 있다. 왜냐하면 저항은 앞서 기투하는 의지의 상관관계에서만 느껴질 수 있기 때문이다. 만약 의지가 부재한다면, 의지에 저항하는 세계 또한 존재하지 않는다. 이처럼 정신과학은 세계와 통일되어 있는 삶의 활동에 기초해 있기 때문에 딜타이는 자신의 정신과학에서 삶 그 자체를 인식할 수 있다고 주장한다. 더 나아가 의지에서 드러나는 세계와의 통일 외에 딜타이의 정신과학적 사유가 삶의 경험에 기초해 있는 이유는 그가 정신과학에서 말하는 정신은 신체에서 유래되기 때문이다.

인간에 대한 근대 철학적 정의에 따르면 인간은 정신과 신체로 이루어졌다. 그리고 정신의 활동인 이성은 신체의 활동으로부터 분리되었는데, 근대적 이성이 세계로부터 분리되어 있는 고립된 주체에 그 기원을 두고 있는 것은 바로 이러한 사태에 기인한다. 이와 달리 딜타이는 정신은 신체와 분리되지 않고 오히려 신체에서 기원한

---

24) 앞의 책, 166쪽.

다고 주장한다. "신체적인 것의 바탕으로 정신적인 삶이 출현한다."[25] 물론 여기서 말하는 신체는 자연세계에 있는 물질적인 신체가 아니다. 딜타이에게서 신체는 역사적인 세계에서 전수되는 과거의 경험을 담지하고 있는 신체Leib를 의미한다. 그리고 이 신체는 세계를 독특한 방식으로 경험하는데, 그는 이러한 독특한 방식을 '체험'Erlebnis으로 지칭한다. 신체에 본질적으로 연관되어 있는 정신은 '경험'Erfahrung과 구분되는 '체험'을 통해 정신적 사물과 만난다.

앞에서 언급한 바와 같이 이성을 강조하는 다른 철학자들과는 달리 딜타이는 정신과학을 삶 위에 정초하고자 한다. 그리고 삶의 영역에서 정신적 사물들은 자연적 사물과는 달리 원래의 그 모습 자체가 체험에 주어진다. "정신적 사실들이 주어지는 방식은 자연 인식에서 외적 사실들이 주어지는 방식과는 다르다. 정신적 사실들은 매개를 거치지 않고 원래의 있는 모습 그대로 체험에 주어진다."[26] 그래서 딜타이는 자신의 정신과학적 방법론은 체험에 토대를 두고 있다고 주장한다.

하지만 우리는 체험과 더불어 물리적[신체적 또는 육체적] 현상들에서 정신적인 현실성의 제국으로 들어간다. 그 제국은 정신과학들의 대상이며, 이 대상과 그것의 인식 가치에 대한 성찰은 전적으로 그것의 물

---

25) 빌헬름 딜타이, 『체험·표현·이해』, 이한우 옮김(책세상, 2002), 25쪽.
26) 딜타이, 『정신과학과 개별화』, 53쪽.

리학적 조건들에 대한 연구와는 독립된다.[27]

딜타이의 철학이 등장하기 이전에는 감각기관을 통해 사물과 만나는 사태를 표현하기 위해 용어 '경험'만이 사용되었다. 하지만 삶에 기초해 있는 딜타이의 정신과학에서는 사물의 경험과 사물의 체험이 구분된다. 더 나아가 딜타이가 말하는 체험 개념은 삶과 밀접하게 연관 지어져 있는데, 이 점에 대해 가다머는 다음과 같이 지적한다. "'erleben'_{체험하다}이란 우선 '어떤 무엇이 일어난다면, 아직 살아 있다 _{noch am Leben}'는 것을 뜻한다. 이로부터 'erleben'은 어떤 현실적인 것이 포착되는 직접성의 어조를 지니게 된다."[28] 이처럼 이성에 선행하는 삶에 기초해 있는 딜타이의 정신과학에서 체험 개념이 중시되는 이유는 체험에서 현실적 사물은 직접적으로 주어지기 때문이다. 딜타이의 정신과학에서 핵심적인 개념인 체험을 이해하기 위해서는 먼저 체험과 경험의 차이점이 파악되어야 한다.

추상적 이성을 전제로 하는 자연과학적 인식과 정신과학적 인식은 감각에서 주어지는 사물의 경험을 중요시하는 반면, 삶의 영역에 기초해 있는 딜타이의 정신과학적 인식은 체험을 강조하는데, 이 점에 대해 가다머는 다음과 같이 밝힌다. "칸트주의 철학에서, 그리고 에른스트 마흐에서 이르는 19세기의 실증주의적 인식론에서 자명하게 인식의 궁극적인 단위로 보았던 감각 대신, 딜타이가 '체험'을 언

---

27) 딜타이, 『체험·표현·이해』, 25쪽.
28) 가다머, 『진리와 방법 1』, 97쪽.

급한다는 점이 그의 사유에서 얼마나 중요한 의미를 지니는가를 우리는 보게 될 것이다."[29] 감각에 의해 형성된 '경험'과 '체험'의 구분은 음식을 경험하는 데 있어 이 음식을 처음 접해 본 외국인의 경험과 이 음식에 익숙한 내국인의 경험이 근본적으로 다르다는 사실에서 제시될 수 있다. 외국인과 내국인 모두 자연적 소질로서 있는 외적 미감에서 전해져 오는 감각의 내용을 통해 음식 맛을 느낄 수 있다. 그런데 음식을 처음 접해 본 외국인은 이 음식을 먹으면서 외적 감각에서 전해지는 매운맛 또는 짠맛만을 느낄 뿐 이 음식에서 전해 오는 고유한 맛을 경험할 수 없다. 다시 말해 감각에만 의존해 있는 외국인에게 음식은 맛있는 것과 맛없는 것으로 구별되지 않는다. 딜타이에 따르면 경험은 이와 같이 감각에만 의존해 사물의 인식을 구성하는 방식을 의미한다. 하지만 외국인과는 달리 내국인은 음식을 먹을 때 감각을 통해 매운 것을 느끼지만 동시에 매운 감각에서 전해 오는 고유한 맛을 인지할 수 있다. 즉 내국인은 감각에서 맛있는 음식과 맛없는 음식을 구별할 수 있는데, 그 이유는 일상생활에서 같은 음식을 자주 먹은 내국인은 그 음식에 익숙해 있기 때문이다. 그리고 익숙함이란, 다르게 표현하여, 이미 몸에 습관화된 것을 말한다.

여기서 우리는 체험이 경험과 구분되는 세 가지의 특징을 발견할 수 있다. 첫째, 체험이란 일상생활을 통해 신체에 축적된 습관에 입각해 사물을 만나는 방식을 의미한다. 둘째, 경험은 주체에 대립되어 있지만, 체험은 주체에 속해 있다. 셋째, 몸에 배어 있는 습관은 과

29) 앞의 책, 103쪽.

거의 삶을 전제로 한다. 따라서 습관에서 과거의 시간은 흘러 지나간 것이 아니라 현재에 머물러 있는데, 딜타이는 체험에서 바로 이러한 시간의 통일성이 이루어진다고 주장한다. "왜냐하면 이런 현재성을 통해 기억된 것은 현재에 포함되기 때문이다. 이처럼 시간의 흐름 속에서 현재에서의 통일성을 형성하는 것은 우리가 체험이라고 부를 수 있는 가장 작은 통일성이다."[30] 그리고 딜타이는 이렇게 이해된 체험에서 비로소 삶은 형상이 아니라 그 자체로 인식될 수 있다고 주장한다.

역사적 사물을 인간과 분리된 것으로 파악하는 합리주의적 정신과학과는 달리 체험에 정초된 딜타이의 정신과학은 인간 삶과 통일되어 있는 역사적 사물을 탐구의 대상으로 삼는다. 그런데 이와 같은 역사적 사물을 체험하기 위해서 우리는 이 사물의 실재성을 전제해야 한다. 만약 사물이 실재하지 않는다면 이 사물에 대한 체험도 할 수 없다. 근대 철학적 사유에서는 사물의 실재성은 형이상학 범주인 실체성 또는 연장성에 의해 특징지어진다. 하지만 체험에서 드러나는 정신적 사물의 실재성은 이와 같은 범주에 의해 규정되지 않는다. 딜타이에 있어서 정신적 사물의 실재성은 가치에 놓여 있다. "가치의 광활한 왕국은 우리의 정신적 삶의 사실로서 자신의 영토를 넓혀 간다."[31] 다시 말해 정신적 사물이란 가치를 지닌 사물을 의미하며, 이 가치는 체험에서만 구성된다. 예를 들어 철학 비전공자는 딜타이의

---

30) 딜타이, 『체험·표현·이해』, 22쪽.
31) 딜타이, 『정신과학에서 역사적 세계의 건립』, 560쪽.

책에 대해 가치 평가를 내릴 수 없지만 딜타이의 책에 대해 많은 체험을 한 철학 전공자는 이 책이 가지고 있는 엄청난 가치를 발견할 수 있다. 따라서 정신과학에서 중요한 것은 경험에 대립되는 체험 외에 '실재성'에 대립되는 가치 개념이다.

딜타이에 따르면 정신과학에서 주제로 삼는 대상이 바로 이 사물의 가치이다. 이 점에 대해 그는 다음과 같이 말한다. "다시 말해, 정신과학은 지금껏 발전해 온 모습을 통해 볼 때 [⋯] 가치판단들과 정언명령들의 연관구조에 대한 의식을 가치들, 이념들, 규칙들 그리고 미래의 형상을 향한 어떤 하나의 반향 지침 등이 서로 교차된 형국으로서 자신 속에 함축하고 있다."[32] 그런데 사물의 가치가 정신과학에서 탐구의 대상이 된다면, 심각한 문제가 발생할 수 있다. 가치는 사물을 체험하는 데 있어 각각의 인간들이 느끼는 주관적인 평가인데, 이 같은 평가에서는 객관적인 인식이 가능하지 않다. 그리고 가치에 대한 객관적인 인식이 성립될 수 없다면, 정신과학 또한 과학적 지위를 얻지 못한다. 따라서 주관적 체험에서 드러나는 가치에 기초해 있는 딜타이의 정신과학은 객관적 인식을 담보할 수 없는 사이비 과학이라고 비판받을 수 있다. 정신과학의 논의에서 딜타이는 어떻게 이러한 문제를 극복하는가? 다시 말해 그는 어떻게 정신과학이 주관적 가치에 근거해 있다고 주장함에도 불구하고 정신과학에서 객관적 인식을 정초할 수 있는가?

사물의 가치는 인간으로부터 독립되어 있는 자연세계의 사물에

---

32) 딜타이, 『정신과학입문』, 109쪽.

서가 아니라 사회적 세계에서 인간과 관계하는 사물에서 체험된다. 사회적 세계에서는 자연적 사물인 꽃도 가치를 지닌 사물로 간주된다. 그리고 만약 인간이 원자론적 자아로 존재한다면, 사물의 가치는 당연히 주관적으로 규정된다. 그런데 딜타이에 있어서 사회적 세계에서 체험되는 사물의 가치는 주관적인 성격을 띠지 않는데, 그 까닭은 사회적 세계에서 인간은 타자와 분리된 원자론적 자아로 존재하지 않기 때문이다. 그는 사회적 세계에서 인간은 고립된 자아로부터 벗어나 공동체에 속해 있다고 주장한다.

> 아이는 가정의 질서와 규범 속에서 자라난다. 그 가족의 다른 구성원들도 그런 질서와 규범을 함께 나눠 갖는다. 어머니의 지시나 명령도 이런 맥락에서 아이에게 수용된다. 아이는 말하는 것을 배우기도 전에 이미 공통적인 것들의 매개체 속에 흠뻑 젖는다.[33]

공동체로부터 고립된 개별적 주체는 추상적 사유의 결과물이다. 삶의 영역에서 인간은 본질적으로 공동체에 속해 있다. 가족 공동체 외에 공공의 세계에서, 예를 들어 꽃을 심은 공터에서 또는 길의 방향을 가리키는 표시판을 통해 인간은 타인과 함께 있음을 체험한다. 그리고 이처럼 타인과 함께 있는 공공의 세계에서 모든 사람들에게 타당한 객관적인 규범이 형성되는데, 이 규범을 따르는 과정에서 인간의 주관적인 정신은 객관적인 정신으로 전환된다. 이러한 관점에서

---

33) 딜타이, 『체험·표현·이해』, 45~46쪽.

딜타이가 체험에서 느끼는 사물의 가치를 말할 때, 그가 의미하는 바는 타인으로부터 고립되어 있는 개별적 인간의 가치 평가가 아니다. 이와 달리 가치는 타인과 더불어 있으면서 형성된 객관적인 정신에 기초해 있는 인간이 사물을 체험함을 통해 형성된다. 그러므로 비록 딜타이의 정신과학은 가치에 기초해 있지만, 객관적인 정신으로 인해 과학적 지위를 확보할 수 있다.

하지만 여기서 중요한 점은 딜타이의 객관적인 정신 개념은 헤겔이 사변적인 철학에서 성공적으로 확립한 객관적 정신과 동일하지 않다는 사실이다. 『청년 헤겔』을 출판한 딜타이는 개별적 인간보다는 공동체를 강조하는 헤겔 철학에서 객관정신이 중요한 개념이라는 사실을 잘 알고 있다. 그리고 헤겔에 있어서 주관정신과 절대정신 사이에 위치해 있는 객관정신의 운동은 모든 정신의 운동의 결과를 하나의 개념으로 포괄하는 보편적 이성에서 실현된다. 하지만 딜타이는 헤겔과 달리 객관정신의 토대를 보편적 이성이 아닌 삶의 통일체에서 찾는다. "그러므로 우리는 객관정신을 이성으로부터 이해할 수는 없다. 오히려 우리는 공동체들 안에서 스스로를 전개해 나가고 있는, 삶의 통일체들의 구조 연관으로 되돌아가 가지 않으면 안 된다."[34] 여기서 볼 수 있듯이 딜타이 철학에서 객관정신 또한 이성에서가 아니라 체험에서 이루어지는 삶의 통일에 기초해 있다.

정신과학을 확립하는 데 있어 딜타이는 이성의 활동보다는 삶을 강조하는데, 그 이유는 이성은 인간의 본질을 구성하는 근본적인 토

---

34) 딜타이, 『정신과학에서 역사적 세계의 건립』, 366쪽.

대가 아니기 때문이다. "로크와 흄, 그리고 칸트가 구성한 인식 주체의 혈관을 흐르는 것은 '진정한 피'가 아니다. 그것은 그저 단순한 사유 행위의 묽은 즙에 불과하다."[35] 여기서 유의할 점은 딜타이는 인간이 삶을 유지하는 데 있어 반드시 필요한 피 그 자체, 즉 이성의 활동을 비판하는 것이 아니라는 사실이다. 인간이 살아가기 위해서는 당연히 피가 필요하다. 하지만 그에게서 인간의 삶에는 두 종류의 피 또는 이성이 존재한다. 한편에서는 진실한 이성이 있다면 다른 한편에서는 거짓된 이성이 존재한다. 정신과학을 정초하는 데 있어 이성보다는 삶을 강조할 때 그가 비판하는 이성은 후자에 해당된다. 그리고 묽은 즙과는 달리 진정한 피(이성)는 삶에 근거해 있다. 따라서 이처럼 삶은 진정한 이성의 토대로 간주되기 때문에 삶에 기초해 있는 딜타이의 정신과학을 비합리적이라고 비판하는 것은 타당하지 않다. 하지만 딜타이의 정신과학과는 달리 기존의 정신과학적 탐구는 삶에 기초해 있는 이성에 입각해 이루어지지 않았다. 기존의 정신과학 담론에서 정신적인 사물은 삶으로부터 분리된 묽은 즙과 같은 추상적인 이성에 의해 고찰되었다.

근대 시대에 들어서서 정신과학의 한 분야로 간주되는 역사학은 과거를 탐구하는 학문이다. 그리고 역사학의 목적은 이성에 입각해 발굴된 사물을 연구함으로써 과거의 시대를 재구성하는 것에 있다. 그런데 이와 같은 근대적 역사학에서는 진정한 역사적 삶이 드러나지 않는다고 딜타이는 역설한다. "옛 이집트의 도시 사이스에서 발굴

---

35) 딜타이, 『정신과학입문』, 41쪽.

된 청년조각상이 보여 주는 것은 [삶의] 형상이지 삶이 아니다."[36) 근대 이성에 기초해 있는 역사학에서 삶 그 자체가 간과되고 삶의 형상만이 인식되는데, 그 이유는 고립된 의식에 기원을 두고 있는 근대적 이성은 구체적인 세계로부터 분리되었기 때문이다. 이와 같은 주관과 객관의 이분법적 사유에서 이루어지는 역사학적 탐구는 구체적인 세계와는 무관한 추상적 특징을 띨 수밖에 없다. 딜타이가 이집트의 청년조각상이 삶의 형상을 표방하는 것뿐이라고 비판할 때, 그가 의미하는 바는 조각상은 추상적인 이성에 의해 이해된 사물이라는 것이다. 더 나아가 그가 정신과학적 인식을 구성하는 데 있어 적합하지 않다고 규정한 삶으로부터 유리된 이성은 바로 이러한 추상적인 이성을 의미한다.

정신적 사물과 자연적 사물은 서로 다른 방식으로 인식된다는 사실 외에 정신과학에서 딜타이가 추구하는 것은 정신적 사물의 형상이 아니라 사물 그 자체를 이해하는 방식을 확립하는 것이다. 그리고 그에 있어서 정신과학에서 경험되는 정신적 사물 그 자체는 추상적 이성 이면에 있는 삶에 의해 파악된다. "체험과 이해에서 우리에게 드러나 주어지는 것의 총개념이 '인류 전체를 포괄하는 연관으로서의 삶'이다. 이제 우리는 정신과학뿐 아니라 철학의 출발점이기도 한 이 거대한 사실(삶)에 접근해 가면서 이 사실에 대한 과학적 조작의 배면으로 들어가서, 이 사실을 자신의 생생한 상태로 파악해야만

---

36) 딜타이, 『체험 · 표현 · 이해』, 23쪽.

한다."[37] 여기서 볼 수 있듯이 정신과학에서 딜타이가 추구하는 것은 과학적 조작 또는 합리주의적 사유에 의해 변조되지 않은 정신 사물의 원래적 사태를 인식하는 것이다. 그리고 삶에 기초한 정신과학에서만 정신적 사물 그 자체가 인식될 수 있는데, 그 이유는 삶에서 인간은 세계와 분리되지 않고 통일되어 있기 때문이다. 딜타이의 정신과학 개념을 이해하는 데 이 인용문은 매우 중요하다. 왜냐하면 여기서 우리는 다른 철학자들이 말하는 정신과학과 구분되는 딜타이의 고유한 정신과학의 방법론, 즉 삶 그 자체를 삶을 통해 이해하는 방법론을 볼 수 있기 때문이다.

사실 딜타이가 자연과학에 환원되지 않는 정신과학의 고유한 인식 토대를 확립하고자 하기에 앞서 다른 철학자들 또한 자연과학과 구분되는 정신과학의 방법론을 정초하고자 시도한다. 그런데 딜타이의 정신과학적 방법론은 다른 철학자들의 방법론에서 찾아볼 수 없는 독특한 특징을 지니고 있다. 정신과학에서의 인식의 가능조건을 정초하는 데 있어 다른 철학자들은 단순하게 딜타이가 묽은 즙으로 명명한 추상적 이성에 입각해 물질적 사물과는 다른 정신적 사물을 이해하는 방법론을 제시하고자 한다. 그리고 추상적 이성에 의존해 있기 때문에 이들의 방법론에서는 합리성과 비합리성의 대립 또는 주체와 객체의 대립이 전제되어 있다. 하지만 정신과학적 인식에 있어서 추상적 사유(묽은 즙)를 삶의 체험(진정한 피)으로 대체하고자 하는 딜타이의 정신과학에서 이러한 대립은 해소된다. 즉, 삶의 체험

---

37) 딜타이, 『정신과학에서 역사적 세계의 건립』, 323쪽.

에는 비합리적인 요소가 본질적으로 포함되어 있다. 그럼에도 불구하고 그의 정신과학에 대한 논의는 비합리주의로 빠지지 않는다. 왜냐하면 여기서 말하는 삶의 체험은 비합리적인 것까지 포괄하는 확장된 이성을 의미하기 때문이다. 딜타이는 삶의 체험과 밀접하게 연관되어 있는 이와 같은 확장된 이성 개념을 해석학적 사유에서 보다 분명하게 보여 준다.

딜타이의 정신과학과 해석학

앞 장에서 언급한 바와 같이 자연과학적 사물은 지각에서 주어지는 실체성으로 규정되는 반면 정신과학적 사물은 가치에 의해 규정되며 이 사물의 가치는 내적 체험에서 인식된다. 하지만 정신과학적 사물은 가치에 의해서만 특징지어지지 않는다. 가치 외에 정신적 세계에서 만나는 사물은 기호로도 구성되어 있다. 그리고 기호 속에는 필연적으로 인간에 의하여 부여된 내적 '의미'가 들어 있는데, 이 의미는 다른 사람들과 함께 공유된다. 기호에 대한 가장 좋은 예는 언어의 현상에서 찾을 수 있다. 우리는 언어를 우선적으로 청각과 지각에서 경험한다. 그런데 언어에 함축되어 있는 의미는 감각적 청각과 지각에서는 파악되지 않는다. 이와 달리 정신의 활동에서 비로소 언어의 의미는 이해될 수 있다.

　자연과학이 물리학, 화학, 생물학 등으로 이루어졌다면 정신과학은 역사학, 문학, 신학 등으로 구성되었다. 그리고 각 분야들의 주제는 언어를 매개 삼아 우리에게 주어진다고 딜타이는 주장한다. "정신적 삶과 역사의 이해에서 문헌이 얼마나 중요한지에 관해서는 언어 안에서만 오직 인간의 내면이 가장 안전하며, 완전히 객관적으로 이해 가능한 표현을 발견할 수 있다는 점에서 알 수 있다."[38] 그런데 언어의 의미는 감각적 경험에서는 결코 드러나지 않기 때문에 자연과학적 대상이 될 수 없다. 기호 또는 언어의 의미는 정신과학적 대상이며 이 대상은 이해에 의해서만 파악될 수 있다. 그러므로 딜타이에 있어서 사물의 가치의 가능조건을 제공하는 체험 개념과 더불어 기호의 의미를 파악하는 이해 개념은 정신과학을 떠받치는 핵심적인 토대를 의미한다. "정신과학은 체험 · 표현 · 이해Verstehen의 관련 위에 근거한다. 따라서 정신과학의 발전은 체험의 심화뿐 아니라, 체험 내용의 충분한 해명에로의 점증하는 방향 잡음에 의존적이며, 동시에 이해를 정신의 전객관화로 확장하는 작업과 다양한 삶의 표출들로부터 정신적인 것을 더욱 완전하게, 더 방법적으로 추출해야 한다는 과제에 의해 규정된다."[39] 그리고 그에 따르면 근대 철학에서 이해의 기술을 주제화한 학문은 해석학이다. "이해의 기술은 먼저 해석의 거장이나 작품과의 개인적 접촉으로부터 다른 것으로 전이된다. […] 해석학은 문서로 기록된 유품에 대한 해석의 기술이다."[40] 여기서 제시된 바와 같이 이해의 기술을 전제로 하는 정신과학적 방법론은 해석학적 사유와 밀접하게 관련되어 있다. 그러므로 딜타이의 정신과학을

---

38) 빌헬름 딜타이, 『해석학의 탄생』, 손승남 옮김(지만지, 2011), 38쪽.
39) 딜타이, 『정신과학에서 역사적 세계의 건립』, 323쪽.
40) 딜타이, 『해석학의 탄생』, 39쪽.

이해하기 위해서는 해석학의 의미를 먼저 파악해야 한다.

슐라이어마허의 해석학으로부터 결정적인 영향을 받은 딜타이 또한 정신과학적 방법론을 해석학에 입각해 마련하고자 한다. 정신적 삶에 대한 이해의 기술을 밝히는 해석학은 그리스어 '헤르메이오스'hermeios에서 유래됐는데, 헤르메이오스는 델피 신탁의 사제를 지칭한다. 그리스 종교에 있어서 신탁의 사제는 인간의 운명에 대해 말해 주는 신의 메시지를 사람들에게 전해 주는 역할을 맡고 있다. 그런데 인간의 운명을 말해 주는 신의 메시지는 주로 인간의 이해 능력에서 벗어나 있다. 따라서 신의 메시지를 이해하기 위해서는 초월적 영역에 있는 메시지가 인간의 지성이 파악할 수 있는 언어로 전환되어야 한다. 신탁의 사제들이 하는 일이 바로 초-자연적인 신의 언어를 잘 해석하여 인간이 이해할 수 있도록 인간의 언어로 전환하는 작업이다. 이와 같이 인간의 운명을 결정하는 신의 계시는 해석이 요구되기 때문에 그리스 철학에서는 해석학이 중요한 학문으로 다뤄졌다. 한 예로 아리스토텔레스는 「해석에 관하여」peri hermeneias라는 논문을 썼다. 하지만 일신교인 기독교의 영향으로 인해 그리스의 다신교 전통이 쇠퇴하면서 신탁의 사제들도 사라지고 해석학 또한 철학자의 관심에서 멀어졌다. 중세 시대까지 지속되어 왔던 이러한 상황은 종교개혁 이후에 등장한 개신교 신학에 의해 급격하게 변한다.

아리스토텔레스의 형이상학 체계에서 절대적 신의 본질을 해명하고자 한 중세 가톨릭 신학자들과는 달리 종교개혁자들은 신의 본질을 알기 위해서는 성경의 말씀으로 되돌아갈 것을 요구한다. 특히 루터는 성경을 통해서만 신의 본질이 올바르게 해명될 수 있다고 강조한다. 성경의 말씀을 해석하는 데 있어 그는 성경이 교회의 전통적인 교리에서가 아니라 그 자체에서부터 이해되어야 한다고 주장한다. 그리고 종교개혁자들에 의해 촉발된 성경에 관한 연구는 계몽주의 사상을 거치면서 커다란 전환점을 맞는다. 개신교 신학자 슈트라우스는 그 당시 유행한 계몽주의 합리성에 근거하는 '역사적-비판적 방법'에 입각해 『예수의 생애』(1836)를 출판하는데, 이 저서에서 그는 성경 말씀의 대부분이 합리적 사유에 반하는 신화에 속해 있다고 격렬하게 비판한다. 하지만 성경을 연구하는 데 있어 슐라이어마허는 '역사적-비판적 방법'에 토대를 두고 있는 슈트라우스의 성경 해석을 받아들이지 않는다. 그는 성경의 가르침을 이해하는 문제를 계몽주의의 합리성에 기반을 두고 있는 역사적이고 비판적인 방법보다 더 광범위한 지평에서 해명하고자 시도하는데, 이 시도는 해석학에서 이루어진다. 정신과학을 정초하는 데 있어 추상적인 사유를 거부하는 딜타이는 역사적-비판적 방법을 반대하는 슐라이어마허의 해석학적 사유를 적극적으로 수용한다. 따라서 그는 해석학에서 말하는 '이해'Verstehen를 규명함에 있어 슐라이어마허처럼 추상적인 영역에 있는 '오성'ratio에 대립되는 '이성'intellectus을 강조한다.

성경을 이해하는 데 있어 계몽주의의 합리적인 사유의 대안으로 확립된 슐라이어마허의 해석학과 그리고 이 해석학으로부터 결정적인 영향을 받은 딜타이의 정신과학적 사유가 추구하는 것은 이해의 기술을 밝히는 것이다. 일반적으로 이해는 감각적 경험과 대립되는 이성의 작용을 의미하지만, 이성 개념은 사실 서양 철학에서 다의적인 의미를 함축하고 있다. 이성은 한편에서는 개념을 사용하여 합리적이고 논리적으로 추론하는 능력을 그리고 다른 한편에서는 직접적으로 주어진 것에 관한 내적인 통찰을 의미한다. 내적인 통찰을 통해 우리는 추상적인 영역에 머물러 있는 사유로부터 벗어나 있는 사물의 의미를 파악할 수 있다. 전자에서 가리키는 이성 개념이 오성이라면 후자의 경우에는 이성을 지칭한다. 해석학 또는 정신과학의 정초에 있어서 이해가 문제시될 때, 여기서 말하는 이해는 오성이 아니라 이성에서 유래되는 이해를 의미한다. 더 나아가 이처럼 논리적인 사유로만 규정되는 오성의 능력 너머에 있는 해석학적 이해 개념은 이론적인 사유에 국한되지 않고 실천적인 활동까지 포괄한다.

계몽주의 이래로 오성과 이성의 구별은 사라지고, 사물에 대한 인식 또는 이해는 오성의 능력에만 연관되어 고찰되었다. 그런데 이와 같은 협소한 사유에 반대하는 해석학적 이해는 전통적 이성 개념을 재정립하고자 시도하는데, 이 이성 개념은 사실 이론적인 것에 제한되지 않고 이론과 실천을 모두 포함한다. 그래서 실천적인 이해까지 포함한 해석학적 이해에서 '나는 무엇을 이해한다'라는 표현은 '나는 무엇에 정통해 있다' 또는 '어떤 일을 주관할 수 있다'die Sache vorstehen können의 뜻으로도 사용될 수 있다. 다시 말해 해석학적 이해는 실천적인 사용물, 예를 들어 도구를 사용하는 데 있어 이 도구를 실천적인 의미 연관성과 목적 연관성에 관련지어 능숙하게 다루는 능력을 의미한다. 이와 같이 이론적인 사유에서 벗어나 있음에도 불구하고 도구를 능숙하게 다룰 수 있는 실천적 행위에서도 사물의 이해가 존재한다.

일반적으로 이해 개념은 이론적 영역에만 존재하는 것으로 생각 되었지만, 해석학에서 사물의 이해는 이론적 이해와 실천적 이해로 구분된다. 그리고 이 구분은 도구를 사용하는 데 있어 전문가와 비-전문가의 차이점에서 볼 수 있다. 전문가와 비-전문가 모두 도구를 사용하는 데 있어 이 도구의 의미를 알고 있다. 예를 들어 전문가와 비-전문가 모두 망치의 의미를 파악하고 있다. 그런데 비-전문가의 의해 파악된 망치의 의미는 오랜 기간 동안 수행된 실천적 행위에서가 아니라 이론적으로만 이해된 것이다. 그리고 이론적 이해에서 망치는 다른 도구들과의 연관성에 있는 사물로 주어지지 않고 고립된 사물로 주어진다. 그래서 비록 비-전문가는 망치의 의미를 알고 있지만, 망치를 능숙하게 다룰 수가 없다. 왜냐하면 그는 망치의 사용이 전제로 하고 있는 전체적 문맥을 모르기 때문이다. 이와 달리 전문가는 망치를 능숙하게 다룰 수 있는데, 그 이유는 그는 망치의 의미를 다른 도구들과의 전체적 문맥에서 이해하기 때문이다. 딜타이에 있어서 이와 같은 한 사물의 전체적인 문맥은 '유의미성'에서 드러난다. "유의미성이란 '작용 연관의 기초 위에서 생성된, 하나의 부분이 전체에 대해 갖는 의미의 규정성'이다."[41]

이 '유의미성' 개념에서 우리는 전문가의 망치 이해를 지칭하는 '실천적 이해'와 비-전문가의 망치 이해를 일컫는 '이론적 이해'가 서로 다르다는 것을 볼 수 있다. 망치를 오랫동안 사용함으로써 얻어진 실천적 이해에서 전문가는 망치의 의미와 더불어 이 망치가 전제로 하고 있는 전체적 문맥에서 드러나는 유의미성을 모두 이해하고 있

---

41) 딜타이, 『정신과학에서 역사적 세계의 건립』, 555쪽.

는 데 반해 비-전문가는 오성의 활동에만 의거해 망치의 의미만을 이해하고 있다. 이렇게 볼 때 도구를 전체적 문맥에서 조망할 수 있는 전문가만이 망치의 실천적 이해, 즉 해석학적 이해를 지녔다고 볼 수 있다. 왜냐하면 딜타이에 있어서 이론적 사유에 선행하는 실천적 행위에 바탕을 두고 있는 해석학적 이해란 바로 사물의 전체적 문맥, 즉 사물의 유의미성을 파악하는 능력을 의미하기 때문이다. 그리고 이처럼 개별적 사물을 전체적 문맥에 입각해 인식하는 것을 의미하는 해석학적 이해는 언어의 현상에서 보다 분명하게 파악될 수 있다.

딜타이에 따르면 문자로 표현되는 삶을 이해하기 위해서는 해석학이 요구된다. "문자로 고정된 삶의 표현에 대한 기술적 이해를 우리는 해석이라 부른다."[42] 사실 동물 삶과는 달리 인간의 정신적 삶은 문자 또는 언어로 둘러싸여 있다. 그리고 각각의 낱말에는 인간에 의하여 정립된 '의미'가 들어 있는데. 이 낱말의 의미만을 나열해서는 언어가 성립되지 않는다. 더 나아가 개별적인 낱말의 의미는 전체 문장으로부터 고립되어 있지 않다. 만약 개별적인 단어들이 모두 고립되었다면, 우리는 이 단어의 의미 내용을 제대로 파악할 수 없다. 이와 달리 언어는 각각의 단어가 연결되어 전체가 형성되었을 때 비로소 성립된다. 다시 말해 개별적인 단어의 의미는 전체적인 문장 속에서 파악되며, 문장은 더 큰 전체적인 문맥, 즉 특정 언어 공동체에서 이해될 수 있다.

---

42) 딜타이, 『해석학의 탄생』, 69쪽.

하나의 문장은 공통성에 의해, 즉 특정 언어공동체 내에서 단어들과 활용 규칙의 의미, 그리고 구문론적 분절의 의미와 관련해서 성립하는 공동체에 의해서만 이해될 수 있다.[43]

단어가 고립되어 있지 않고 다른 단어들과 의미 연관성을 지닐 수 있는 것은 단어에는 의미 외에 유의미성이 존재하기 때문이다. 그러므로 우리가 일상생활에서 사용하는 단어는 다른 단어와의 의미 연관성, 즉 유의미성을 통해서만 의미를 획득할 수 있다. 이처럼 언어 또한 의미 연관성을 지칭하는 유의미성을 통해 형성되는 전체적 문맥을 전제하고 있다는 점에서 다른 기호, 예를 들어 교통신호 또는 도구들과 유사한 면이 있다. 하지만 언어는 동시에 다른 기호에서는 찾아볼 수 없는 독특한 특징이 있다. 언어는 우리에게 타자의 내적 체험을 이해할 수 있는 토대를 제공한다.

자연과학과 구분되는 정신과학을 철학적으로 정초하는 작업에 관심을 가진 딜타이는 해석학에서 자연과학적 방법론에 환원되지 않는 정신과학의 고유한 방법론을 제시하고자 한다. 그리고 그는 해석학적 이해를 해명함에 있어 언어 외에 인간 삶의 중요성을 강조한다. 자연과학과 정신과학의 차이점은 전자는 사물을 탐구하는 학문이라면 정신과학은 인간을 탐구하는 학문이다. 이 점에 대해 그는 다음과 같이 말한다. "나는 정신과학에서 삶이라는 표현을 인간세계에 국한

---

43) 딜타이, 『정신과학에서 역사적 세계의 건립』, 492쪽.

하여 사용한다."[44] 그리고 정신과학에서 인간 삶의 모든 영역이 연구되기 때문에 정신과학은 인문학Humanities으로도 표현된다. 물론 자연과학, 예를 들어 생리학, 의학 또한 인간을 대상으로 연구한다. 여기서 유의할 점은 정신과학에서 탐구되는 인간 삶은 절대로 생명이 없는 추상적 사유의 대상으로 간주되지 않는다는 사실이다. 정신과학에서 인간 삶은 생생한 현실로 체험되는데, 딜타이에 있어서 그와 같은 인간 삶은 전기die Biograph에서 드러난다고 주장한다.

> 전기는 그럴 때 비로소 기초적인 역사적 사실들을 이 사실들의 현실성 속에서 순수하고 온전하게 서술할 수 있다. 삶의 통일체들 혹은 개체들로부터 역사를 구축하는 역사가, […] 그리고 세대들이라는 개념을 통해 삶의 이력들을 상호 연관 짓는 역사가, 오직 이러한 역사가만이 옛 문서들로부터 추측된 죽은 추상들과 대립되는 자리에서 역사적 전체의 현실성을 파악하게 될 것이다.[45]

사실 정신과학에서의 핵심 개념인 생생한 삶의 표현과 통일성이 전기에서 드러나기 때문에 딜타이는 또한 슐라이어마허의 전기를 저술한 바 있다. 그리고 전기에서 인간 삶이 생생한 현실로 체험되는 이유는 여기서 탐구되는 대상은 바로 인간(주체) 자신이기 때문이다. 인간의 삶을 탐구하는 정신과학 또는 해석학적 이해에서 인간은 비록

---

44) 앞의 책, 531쪽.
45) 딜타이, 『정신과학입문』, 128쪽.

연구의 대상임에도 불구하고 대상이 아니라 주체로 주어지는데, 딜타이에 따르면 이와 같은 주체로서의 대상 개념은 사상가들이 자신들의 삶을 기록한 자서전에서 분명하게 제시될 수 있다.

해석학적 이해를 규명함에 있어 딜타이는 아우구스티누스, 루소 그리고 괴테의 자서전에 주목한다. 그리고 저자가 자신의 삶을 소재로 삼아 이야기하는 것을 의미하는 자서전은 다른 저서들과 비교했을 때, 특별한 특징을 띠고 있다. 다른 저서들에서 이야기의 대상은 저자와 분리되어 있지만 자서전에서 진행되는 이야기의 주제 또는 대상은 저자 자신이다. "여기서(자서전) 이 삶의 흐름을 이해하는 자와 산출하는 자는 동일한 사람이다."[46] 이 인용문에서 우리는 '주관과 객관의 일치'가 자서전에서 구성됨을 볼 수 있다. 더 나아가 이러한 일치는 해석학적 이해의 가장 기본적인 특성인 삶의 통일 또한 제시한다. 자서전은 저자가 살아온 과거의 삶을 회상하면서 시작한다.

그런데 여기서 말하는 과거의 삶은 흘러 지나간 것이 아니라 현재의 삶과 여전히 연관된 삶을 의미한다. 따라서 자서전에서 과거의 삶은 현재의 삶과 만나 하나의 통일성을 이룬다고 딜타이는 주장한다. "그의 삶의 통일은 '현재적인 것과 과거의 것이 하나의 공동의 의미에 결속되어 있는 체험의 개념'을 통해 형성된다."[47] 여기서 볼 수 있듯이, 과거를 회상하는 과정에서 저자는 과거의 삶과 현재의 삶은 통일성을 이루고 있다는 것을 체험한다. 그리고 해석학적 이해에서

---

46) 딜타이, 『정신과학에서 역사적 세계의 건립』, 473쪽.
47) 앞의 책, 474쪽.

자서전 또는 역사책이 중요한 이유는 이 책들은 과거에 있었던 삶의 흐름을 과거와 현재의 통일성에서 고찰할 수 있는 관점을 제시하기 때문이다. 다시 말해 루소 그리고 괴테는 사라졌지만 그들이 체험한 삶의 흐름은 과거의 것이 아니라 자서전을 통해 현재까지 전해져 온다. 딜타이는 해석학적 이해에서 자서전에서 드러나는 주관과 객관의 일치와 그리고 삶의 통일성에 대한 체험을 개별적 주체의 체험에만 국한하지 않고 타자의 이해로까지 확장시킨다.

정신과학의 주제는 우선적으로 역사적 세계에서 경험되는 인간 삶이다. 정신적 사물 또한 인간과 관계하기 때문에 정신과학의 대상이 될 수 있다. 그런데 인간을 탐구하는 데 있어 정신과학이 추구하는 것은 주체에 대립되어 있는 대상으로서의 인간을 파악하는 것이 아니다. 인간에 대한 이와 같은 탐구 방식은 자연과학에서 찾아진다. 이와 달리 해석학적 이해에 기초해 있는 정신과학에서 연구자는 대상, 즉 타자에서 자신을 재발견한다.

이해는 '너' 안에서 '나'를 재발견하는 것이다. 정신은 항상 연관의 더 높은 단계에서 자신을 재발견한다. 이 동질성이, 나에 있어서, 너에 있어서, 하나의 공동체의 모든 주체에 있어서, 모든 문화 체계에 있어서의, 그리고 최종적으로 정신의 총체성과 보편사에 있어서의 동질성이 정신과학에서 상이한 여러 실행들의 공동 작용을 가능하게 한다. 여기서 앎의 주체는, 그의 대상과 하나이다.[48]

---

48) 앞의 책, 452쪽.

이 인용문의 마지막 부분에서 언급된 "앎의 주체는, 그의 대상과 하나이다"라는 표현은 잘 이해되어야 한다. 이 표현에서 말하는 것은 단순히 주관과 대상의 일치를 의미하는 것이 아니다. 왜냐하면 이러한 주관과 객관의 일치는 자연과학에서도 성립되기 때문이다. 이 표현에서 딜타이가 말하고자 하는 바는 '앎의 주체는 주체로 규정되는 그의 대상과 하나이다'라는 것이다. 그리고 타자에서 나 자신을 발견하는 해석학적 이해의 의미는 음악적 이해의 분석에서 보다 분명하게 파악될 수 있다.

딜타이는 예술의 한 분야인 음악 또한 정신과학의 주제로 간주될 수 있다고 생각한다. 그리고 그에 있어서 음악가는 삶에서 느끼는 고통과 축복을 리듬, 멜로디 그리고 화음으로 표현한 사람을 지칭한다. "음악가가 만난 모든 것들이 이 세계 안으로 변화되어 들어가고, 영혼의 심연으로부터 이 세계로 유입되어 영혼의 심연에 무엇이 있었는지를 말해 준다. 운명, 고통, 축복—예술가에게 이 모든 것은 무엇보다 자신의 멜로디 안에 현존하고 있는 것이다."[49] 한 예로 베토벤은 피아노 소나타 「비창」에서 삶의 슬픔 내지는 고통을 음악적으로 표현한 음악가이다. 그런데 여기서 표현되는 고통은 감각적인 차원에서 경험되는 개인의 고통을 의미하지 않기 때문에 우리는 「비창」을 들으면서 느껴지는 고통의 표현 때문에 연주자를 동정하거나 그와 함께 괴로워하지 않는다. 이와 달리 「비창」이 우리에게 전해 주는 것은 고통에 관한 음악적 의미이다.

---

49) 앞의 책, 521쪽.

그와 같은 지각적 경험에서 결코 주어지지 않는 음악적 의미는 감각적 경험의 대상이 아니라 체험의 대상 또는 해석학의 대상이다. 그래서 음악적 의미는 해석학적 이해에서만 파악될 수 있다. 더 나아가 베토벤이 작곡한 「비창」이 함축하고 있는 음악적 의미의 해석을 통해 우리는 고립된 자아가 아니라는 사실을 파악하게 된다. 왜냐하면 베토벤의 피아노 소나타 「비창」에 대한 체험에서 우리는 타자의 삶에서 느끼는 슬픔을 재발견할 수 있기 때문이다.

그러므로 딜타이에 있어서 인간과 동물의 차이점은 단순히 이성의 능력에서만 찾아지는 것이 아니라 이와 같은 타자의 이해에 있으며, 이러한 이해가 존재하기 때문에 사회적 세계가 성립될 수 있다. "인간에 있어서의 내면적인 사건과 과정들이 동물의 그것과 구별될 수 있는 이유는 첫째로 한 사람이 다른 사람을 이해할 때 진정한 전위가 일어날 수 있기 때문이며, 둘째는 사고의 친화와 보편성이 '사회적-역사적 세계'를 상정할 수 있고 구축할 수 있기 때문이다."[50] 결론적으로 주관과 객관의 분리를 전제로 하는 자연과학과는 달리 정신과학에서 주관과 객관은 근원적으로 결합되어 있다. 그리고 역사적·사회적 세계에서 이루어지는 이 결합은 삶의 체험, 표현 그리고 언어에 근거해 있는 해석학적 이해에서 열어 밝혀진다.

이상에서 살펴본 바와 같이 표준적인 해석과는 달리 하이데거의 존재사유가 사회존재론을 표방한다는 우리의 해석을 이해하기 위해서는 자연과학과 정신과학의 구분이라는 우회로를 거쳐야 한다. 칸

---

50) W. Dilthey, *Gesammelte Schriften V*(Stuttgart: Teubner Verlag, 1975), p.250.

트가 선험 철학에서 자연과학의 가능조건을 확립하고자 했다면, 20세기 초 다른 나라들에서와는 달리 유독 독일에서만 딜타이를 위시한 여러 철학자들이 자연과학 인식에 귀속되지 않는 정신과학적 인식의 가능조건에 대해 고찰했다. 그런데 정신과학의 인식에 대한 탐구는 두 가지 면에서 딜타이 해석학적 철학에 의해 한층 복잡해진다. 첫째, 그의 철학적 관심은 사물에 대한 자연과학적 인식과는 구분되는 정신과학적 인식만을 철학적으로 정초하는 데 있지 않다. 즉, 그의 관심은 인식론에만 국한되지 않는다. 『정신과학에서 역사적 세계의 건립』*Der Aufbau der geschichtlichen Welt in den Geisteswissenschaften* 의 제목에서 볼 수 있듯이 딜타이는 정신과학뿐만 아니라 이 과학의 토대를 제공하는 역사적 세계의 건립에 관해서도 관심을 갖고 있다. 둘째, 정신과학에 관한 논의에서 전-주제적 인식과 주제적 인식을 구분하는 그는 정신과학의 방법론을 전-주제적 영역에 있는 신체의 체험, 표현 그리고 삶에 대한 해석학적 이해에 입각해 기초 짓고자 한다. 기초존재론에서 정초하고자 한 현존재의 역사 개념은 이와 같은 딜타이의 정신과학으로부터 깊은 영향을 받았다. 그러나 여기서 우리가 유의할 점은 딜타이가 해석학적 이해에서 시도한 역사적 세계의 건립은 하이데거가 기초존재론에서 제시하고자 한 현존재의 사회적 또는 역사적 세계의 발생과는 근본적으로 구분된다는 사실이다.

나중에 자세하게 보겠지만 현존재의 본질을 규정하는 세계-내-존재에서 '세계' 개념은 사회적 세계를 의미한다. 현존재의 세계를 '사회적 세계'로 그리고 하이데거의 존재사유를 사회존재론으로 해석하고자 하는 우리의 시도에 많은 사람들이 의아해할 수 있지만, 만약 사회존재론이란 용어 대신 '역사존재론'을 사용했다면 이러한 의구심은 훨씬 줄어들 수 있을 것이다. 왜냐하면 『존재와 시간』에서 하이데거는 현존재의 역사적 세계에 관해서 시간성 개념과 연관 지어 심도 있게 논의할 뿐 아니라, 전통 철학적 사유에서도 역사존재론은 자연존재론과 대립되는 것으로 이해되기 때문이다. 이와 같은 상황임에도 불구하고 군이 역사존재론이라는 표현 대신 사회존재론이라는 표현을 고집하는 까닭은 역사존재론은 이미 사회적 세계를 전제로 하기 때문이다.

더 나아가 사회존재론이 강조되는 이유는 딜타이가 자신의 정신과학에서 주장한 바와 같이 세계가 인간 삶 또는 인간 이해에 기초해 있는 것이 아니라 역으로 인간 삶 또는 인간 이해가 현존재의 사회적 세계에 의해 구성되기 때문이다. 이 점에 대해 가다머는 다음과 같이 밝힌다. "이해라는 것은 딜타이가 생각하듯 정신적 원숙기에 접어든 인간이 삶을 이상적인 달관의 경지에서 경험하는 그런 것이 아니다. […] 그 반대로 이해라는 것은 현존재의 근원적인 실현형식, 세계-내-존재이다."51) 여기서 볼 수 있듯이 기초존재론에서 세계와 인간 삶의 관계는 전도된다. 이와 같은 사실이 부각된다면 우리는 하이데거의 역사적 세계 개념과 딜타이의 역사적 세계 개념의 차이점을 보다 분명하게 볼 수 있다. 또한 사회적 세계에서 우리는 자연과학과 정신과학의 대립에 선행하는 보다 근원적인 토대를 발견한다.

사물의 인식조건을 해명하는 데 있어 현상학과 신칸트주의 철학

---

51) 한스 게오르크 가다머, 『진리와 방법 2』, 임홍배 옮김(문학동네, 2012), 128쪽.

이 비슷하다는 지적을 많이 받은 후설은 집을 짓는 비유를 통해 현상학과 신칸트주의 철학의 차이를 다음과 같이 설명한 바가 있다. 집을 짓는 데 있어 신칸트주의자들은 지붕에서 시작하여 밑으로 내려오는 반면, 현상학자들은 밑에서 토대를 다진 후 위로 올라간다. 이 비유를 통해 후설이 보여 주고자 하는 바는 학문(집)을 정초하는 데 있어 신칸트주의자들은 여전히 이성을 전제로 하는 반면, 현상학자들에게 학문의 토대는 이성 이면에 있는 전-주제적 의식, 즉 직관에 놓여 있다는 것이다. 그리고 이 전-주제적 의식에서 주관과 객관적 대상의 근원적인 통일이 성립되는데, 잘 알려진 바와 같이 하이데거 철학은 딜타이의 해석학뿐만 아니라 후설 현상학으로부터도 영향을 받았다.

삶의 체험을 중요하게 여긴 딜타이의 해석학처럼 후설 또한 현상학에서 자연과학의 객관성을 극복하는 '생활세계'Lebenswelt를 강조한다. 하지만 후설에게서 생활세계는 딜타이의 경우처럼 자연과학과 구분되는 정신과학의 방법을 새롭게 정초하는 것에 국한되지 않는다. 이와 달리 생활세계에서 그가 추구한 것은 자연과학과 정신과학의 인식 조건을 모두 아우르는 보편적인 토대를 확립하는 것이다. 엄격하게 말해 역사성에 대한 하이데거의 철학적 사유는 딜타이의 해석학적 삶 개념보다는 후설의 현상학적 생활세계에 더 가깝다고 볼수 있다. 이 점에 대해 가다머는 다음과 같이 말한다.

딜타이는 정신과학의 방법론적 특성을 인식론적으로 규명하기 위하여 역사적 존재와 자연적 존재를 서로 대립시켰지만, 후설은 그러한 대립

을 지양했고, 그런 측면에서 하이데거는 후설을 따랐다.[52]

정신과학과 자연과학의 대립보다는 이 과학들의 보편적 토대를
정초하고자 한 후설 현상학으로부터 영향을 받은 하이데거는 딜타이
와는 전혀 다른 관점에서 정신과학의 문제를 탐구할 수 있었다. 딜타
이는 삶의 체험에 입각해 정신과학의 이론과 역사적 세계를 구성하
고자 한다면, 하이데거는 삶의 체험에 선행하는 역사적·사회적 세계
에서 정신과학의 토대를 마련하고자 한다. 다시 말해 인식론보다는
존재론적 탐구에 연관되어 있는 현존재의 역사성에서 하이데거가 해
명하고자 한 것은 정신과학의 새로운 이론이 아니라 자연과학적 인
식과 정신과학의 인식을 가능케 하는 근원적인 토대이다.

알다시피 이미 딜타이는 정신과학을 위하여 자연과학적 모델을 포기
했다. 그리고 후설은 심지어 자연과학의 객관성 개념을 정신과학에 적
용하는 것은 '난센스'라 단정했으며, 모든 역사세계와 역사인식의 본질
적 상대성을 고수했다. 그렇지만 하이데거는 인간존재의 실존적 미래
지향성에 근거하여 역사적 이해의 구조를 처음으로 온전히 그 존재론
적 기초까지 규명한다.[53]

더 나아가 하이데거가 말하는 정신과학과 딜타이의 정신과학이

---

52) 앞의 책, 127~128쪽.
53) 앞의 책, 130쪽.

다르다는 것은 이들이 각기 다른 방식으로 헤겔 정신을 전유하는 데서 확인할 수 있다.

자연과학보다는 정신과학을 우위에 두는 하이데거와 딜타이는 모두 인간의 본질은 세계 속에 존재하는 정신에 있다고 생각한다. 그리고 하이데거와 마찬가지로 딜타이 역시 이와 같은 인간 규정은 헤겔 철학에서 유래되었다는 것에 대해 잘 알고 있다. 신칸트주의자들과는 달리 일찍부터 헤겔 철학에 관심을 갖고 연구한 딜타이는 헤겔 철학에 대해 정통해 있는데, 이 같은 사실을 우리는 1895년에 출판된 딜타이의 『청년 헤겔』에서 발견할 수 있다. 이 책은 독일에서 그 당시 오랫동안 잊혀져 있던 헤겔 철학의 르네상스를 불러일으키는 데에 결정적인 계기를 마련한다. 하지만 청년기 헤겔 철학의 발전 과정을 분석하는 이 저서에서 마르크스 철학에 전혀 관심을 가지고 있지 않았던 딜타이는 청년 헤겔 철학의 의의가 신학적 사유에 의거해 칸트의 분열된 유한성의 철학을 극복하는 사변적 철학을 확립하는 데 있다고 강조할 뿐 헤겔 철학과 그 당시 유행했던 정치경제학과의 연관성에 대해서는 전혀 언급하지 않는다.[54]

이처럼 정치경제학 또는 마르크스주의에 관심을 두지 않았던 딜타이는 해석학적 이해에서 실천적인 행위를 강조함에도 불구하고 정신과학적 인식을 정초하는 데 있어 인간을 자연으로부터 분리시켜

---

54) 딜타이처럼 헤겔 철학에 관심을 갖고 있는 루카치는 청년 헤겔에 대한 이러한 딜타이의 해석을 거부한다. 따라서 1938년에 출판된 『청년 헤겔』에서 그는 젊은 시절에 헤겔이 자신의 철학적 사유를 형성하는 데 있어 결정적인 영향을 끼친 것은 신학적 사유이기보다는 정치경제학이며, 경제학의 관점에서 볼 때 인간 정신의 시작은 노동에 있다고 주장한다.

정신세계로 이끌어 주는 인간 노동에 대한 분석을 전혀 하지 않는다. 결과적으로 그는 정신과학의 기초를 확립하기 위해서 전-주제적 영역에 있는 삶의 체험만을 중시했을 뿐, 인간 노동이 정신과 역사세계 형성을 위한 핵심 동인이라는 사실은 간과했다. 이와 같은 이유로 인해 세계로부터 분리된 오성적 사유보다 정신을 우위에 두고 있음에도 불구하고 딜타이의 정신 개념은 세계보다 의식의 우위를 표방하는 근대 철학적 전통에 여전히 머물러 있다고 볼 수 있다.

하지만 딜타이의 정신 개념과는 달리 하이데거의 정신 개념에서 노동은 중요한 위치를 차지한다. 헤겔 정신 개념과 셸러의 지식사회학적 사유를 통해 마르크스주의를 간접적으로 접한 하이데거는 현존재의 역사적·사회적 세계는 삶의 체험에서가 아니라 실천적 행위, 즉 노동에 의해 우선적으로 성립된다고 주장한다. 이처럼 인간 정신의 활동에 기초해 있는 역사적·사회적 세계를 구축하는 데 있어 하이데거 철학의 출발점은 의식 철학에 방향 잡혀 있는 딜타이의 철학적 사유와 근본적으로 다르다. 그 당시 마르크스 철학에 전혀 관심을 두지 않았던 딜타이를 포함한 다른 강단 철학자들과는 다르게 노동 개념을 중시하는 하이데거는 이론적 사유보다는 인간의 실천적 행위를 강조하는 역사적 유물론을 자신의 철학적 사유에 어느 정도 반영한다. 그래서 그는 현존재분석에서 삶의 체험보다는 실천적 행위에 의해 형성된 '세계-내-존재'를 강조하는 것이다.

그런데 엄격하게 말해서 노동이 인간 정신의 토대라는 주장은 마르크스에 의해 최초로 정립된 것이 아니다. 마르크스에 앞서 이미 헤겔이 인간 정신은 노동에 의해 형성된다고 역설한다. 더 나아가 헤겔에 따르면 인간 노동에 의해 성립된 역사적·사회적 세계에서 인간은 본질적으로 타자와 함께 존재한다. 그동안 진행된 하이데거 연구에서는 전혀 주목을 받지 못했지만 사회존재론의 구축에 방향 잡혀 있는 하이데거의 존재사유는 그와 같은 헤겔의 철학으로부터 큰 영향을 받았다. 왜냐하면 기초존재론에서 하이데거 또한 현존재는 본질적으로 (사회적) 세계 속에서 고립된 점으로 있는 것이 아니라 타자와 공동존재로 있으면서 실천적 행위(노동)를 통해 자신의 세계를 형성한다고 주장하기 때문이다. 이처럼 하이데거 존재사유는 사실 헤겔의 사변적 철학과 밀접하게 연관되어 있다. 그리고 이와 같은 사실을 잘 알고 있는 가다머 또한 『진리와 방법』에서 새로운 해석학적 사유를 확립하기 위해서는 딜타이 철학에 영향을 끼친 슐라이어마허보다는 헤겔을 따라야 한다고 주장한다. "슐라이어마허보다는 헤겔의 입장을 따르는 것이 우리의 과제임을 인식할 때 해석학의 역사는 전혀 새로운 관점에서 강조되어야 한다."[55] 그러므로 헤겔의 사변적 철학과의 연관성에서 고찰할 때 우리는 자연과학적 방법론에 환원되지 않은 정신과학적 인식의 토대를 열어 밝히는 해석학과 밀접하게 연관되어 있는 하이데거의 존재사유가 자연존재론보다는 사회존재론을 지향한다는 사실을 보다 분명하게 이해할 수 있다.

---

55) 가다머, 『진리와 방법 2』, 13쪽.

6장 · 헤겔의 정신 개념과 역사성

1. 하이데거, 헤겔 그리고 후설 현상학

하이데거의 존재사유는 현존재분석에 초점을 맞추고 있다. 그리고 현존재분석에서 제시된 많은 개념들 중에 '실존'과 '세계'는 가장 중요한 개념들로 간주된다. 왜냐하면 실존과 세계를 통해 하이데거가 여전히 선험적 의식에 머물러 있는 후설 현상학을 뛰어넘는 새로운 사유를 열어 밝혔다고 생각하기 때문이다. 그러나 하이데거가 자신의 독창적인 철학 체계를 확립하는 데 있어서 극복의 대상으로 삼은 철학은 단지 선험적 주체에 기초해 있는 후설 현상학만이 아니라 헤겔 철학도 포함된다. 이 점에 대해 그는 다음과 같이 말한다. "그러나 여기의 이 시간분석이 근본적으로 이미 단초에서 헤겔과 구별되고 그 목표, 다시 말해서 기초존재론적 의도에서 그와 정반대되게 방향 잡고 있다."(『존재와 시간』, 528쪽) 하이데거 철학에 대한 표준적인 해석에 따르면 기초존재론에 대립되는 철학은 후설 현상학이다. 그런데 인용문에서 볼 수 있듯이, 하이데거가 진정으로 극복하고자 한 철학은 후설 현상학만이 아니라 헤겔 철학도 포함된다. 왜냐하면 후설 자신은 의식하지 못했지만 후설 현상학이 헤겔 철학의 연장선상에 있기 때문이다. 따라서 기초존재론에서 하이데거가 근본적으로 의도하는 바는 단순히 후설 현상학을 넘어서는 것이 아니라, 후설 현상학의 배후에 있는 헤겔 철학 역시 극복하는 것이다. 그리고 후설 현상학과 헤겔 철학과의 연관성을 우리는 '확장된 이성' 개념에서 발견할 수 있다.

20세기 초에 후설의 『논리연구』 출판과 더불어서 시작된 현상학 운동은 그 당시 독일 철학계를 지배했던 사유의 형식만을 강조했던 신칸트주의의 '형식주의'를 벗어날 수 있는 대안적 철학 사상으로 각광 받았다. 그런데 세계로부터 분리된 추상적인 이성에 근거한 신칸트주의의 형식주의적 사유와는 구분되는 구체적 사유를 확립하고자 하는 후설의 현상학은—적어도 메를로-퐁티의 해석에 따르면—새로운 철학적 사유가 아니라, 의식적이건 무의식적이건 헤겔 철학에 그 기원을 두고 있다. 「헤겔의 실존주의」라는 논문에서 메를로-퐁티는 그 당시부터 지금에 이르기까지 후설 현상학에 대한 연구에 있어서 제대로 탐구되지 않은 새로운 지평을 제시했다. 그는 이 논문에서 과감하게 후설의 현상학은 헤겔 철학에 그 기원을 두고 있다고 주장한다.

지난 세기의 모든 위대한 철학적 사고들—예를 들어 마르크시즘, 니체의 철학, 현상학, 독일 실존주의, 그리고 정신분석학—은 헤겔에 그 기원을 두고 있다. 비합리적인 것을 탐색하여 우리 시대의 임무로 남아

있는 확장된 이성에 통합시키려는 시도를 시작한 이가 바로 그였다.[1]

일반적으로 사물을 인식하는 데 있어 현상학의 독창성은 '본질 직관'을 발견함으로써 신칸트주의가 주장하는 '경험적인 것'과 '아프리오리한 것'의 이분법을 벗어나는 데 있는데, 여기서 말하는 본질직관은 '합리적인 것'과 '비합리적인 것'을 포괄하는 '확장된 이성'으로 파악할 수 있다. 그런데 놀랍게도 이 논문에서는 후설 현상학뿐만 아니라, 헤겔 철학도 정통한 메를로-퐁티는 오성의 활동에만 의존해 있는 것이 아니라, 비합리적인 것도 포함시키는 '확장된 이성' 개념이 사실은 후설에 의해 처음으로 창안된 것이 아니라, 이미 헤겔에서 제시되었다고 주장한다. 다시 말해 메를로-퐁티에 의하면, 신칸트학파

---

1) M. Merleau-Ponty, "Hegel's existentialism", ed. R. Stern, *G. W. F. Hegel: Critical Assessments*(London: Routledge, 1993), p.426. 후설의 현상학뿐만 아니라 2차 세계대전 이후 프랑스에서 전개된 철학 사상을 이해하는 데 있어서 이 논문은 매우 중요하다. 왜냐하면 이 논문을 통해 우리는 왜 전후 세대 철학자들이 '현상학' 또는 '반-후설주의'에 머무르지 않고 '반-헤겔주의' 사상에 경도되었는지를 알 수 있기 때문이다. 사르트르의 실존 철학과 후설의 현상학으로부터 돌아선 전후의 새로운 철학자들인 푸코, 데리다 그리고 들뢰즈는 현상학과 실존주의의 기원이 사실 헤겔 철학에 있다고 주장하는 이 논문을 접함으로써 새로운 철학 사상은 반-실존주의나 반-후설주의에 머물러서는 안 되고 반-헤겔주의로 나아가야 한다는 확신을 가지게 된다. 전후에 많은 사상가들이 반-헤겔주의에 경도되어 있던 그 당시의 철학적 분위기를 『차이와 반복』에서 들뢰즈는 다음과 같이 기술한다. "여기서 다루는 주제는 분명 이 시대에 널리 공유되어 있다. 이를 말해 주는 조짐들은 많다. 하이데거는 점점 더 심각하게 존재론적 차이의 철학으로 향하고 있다. 구조주의의 실천은 공론의 공간에 분배된 변별적 특성에 기초한다. 현대소설은 가장 추상적인 성찰뿐 아니라, 실제적인 기법에서까지 차이와 반복의 주위를 맴돈다. 모든 영역에서 반복의 고유한 역량이 발견되고 있으며, 또한 이는 무의식, 언어, 예술의 힘으로서 나타난다. 이 모든 조짐들은 반-헤겔주의로 집약될 수 있다. 즉 차이와 반복이 동일자와 부정적인 것, 동일성과 모순의 자리를 대신 차지하고 있다." 질 들뢰즈, 『차이와 반복』, 김상환 옮김(민음사, 2004), 17쪽 참조.

가 주장한 '경험적인 것'과 '아프리오리한 것'의 이분법을 '본질직관'으로 넘어서고자 한 후설의 현상학적 시도는, 이미 모든 것을 이분법으로 나누는 칸트의 비판 철학을 사변적 이성으로 통일시키고자 하는 헤겔 철학에서 찾아질 수 있다. 더 나아가 헤겔과 후설 모두 자신들의 철학 체계에서 칸트의 비판 철학에서 유래된 '형식주의'와 이 '형식주의'에 반대하는 낭만주의 또는 생철학Lebensphilosophie을 극복하고자 한다. 이뿐만 아니라 헤겔은 자신의 사변적 철학에서 낭만주의를 비합리주의 철학으로 간주하고 비판하는데, 후설 또한 헤겔과 유사한 관점에서 생철학적 사유를 '나태한 이성의 합리성'으로 비판한다.

> 또 [오늘날] 찬양되고 우리가 기대하는 비합리주의의 합리성은 사정이 어떠한가? […] 결국 이 비합리성은 도리어 편협하고 조악한 합리성이거나 고대 합리주의의 합리성보다 더 불량한 합리성이 아닌가? 게다가 이것은 궁극적으로 미리 주어져 있는 것과 이것으로부터 궁극적으로 참으로 합리적으로 지시된 목표의 방향을 위해 고군분투하는 작업을 회피하는 '나태한 이성'의 합리성이 아닌가?[2]

이렇게 볼 때, 후설 현상학과 헤겔 철학은 다른 철학 체계임에도 불구하고 경험으로부터 분리된 칸트의 형식주의와 이 형식주의에 대립하여 근원적 이성을 도외시한 채 생만을 강조하는 비합리주의, 즉

---

2) 에드문트 후설, 『유럽학문의 위기와 선험적 현상학』, 이종훈 옮김(한길사, 1997), 78~79쪽.

생철학을 극복하고자 하는 데 있어 유사한 점을 지니고 있다.

후설 현상학과 헤겔 철학의 공통점은 '확장된 이성'에 있다는 사실을 통해 메를로-퐁티가 보여 주고자 하는 것은 후설 현상학이라는 나무를 제대로 이해하기 위해서는, 이 나무가 전제하고 있는 헤겔주의라는 숲이 파악되어야 한다는 것이다. 그는 한발 더 나아가 후설의 현상학은 엄밀하게 볼 때 헤겔 철학의 연장선상에 있지만,[3] 이와 같은 관계가 주목받지 못했기 때문에 사람들에게 후설 현상학의 기원이 헤겔 철학에 있다는 사실을 환기시키는 것이야말로 가장 시급한 철학적 과제라고 역설한다. "만약 우리가 다양한 관점들을 넘어서 어떤 진리에의 희망을 포기하지 않는다면 또 가장 날카로운 주관성의 감각을 유지하면서도 새로운 고전주의와 위기에 직면한 문명에 대한 소망을 간직한다면 문화의 질서에 있어 헤겔적 기원을 망각하려고 하는 이론들을 그 기원에 연결시켜 주는 것보다 급한 일은 없다."[4] 그리고 후설 현상학과 헤겔 철학의 친밀성은 후설이 현상학에서 확립하고자 한 진정한 의미의 합리주의, 즉 세계로부터 분리된 오성의 활동에서가 아니라 생활세계Lebenswelt에 기초해 있는 '초합리주

---

3) 메를로-퐁티와는 다른 문맥에서 20세기 최고의 역사 철학자로 간주되는 푀겔린(E. Voegelin) 역시 후설 현상학은 헤겔 철학의 연장선상에 있다고 주장한다. 특히 그는 인류 역사 과정은 세 단계인 '전-역사성', '근원적인 건립'(Urstiftung, 그리스 철학의 시대), 그리고 '필연적인 시작'(apodiktischer Anfang, 후설 현상학의 시대)으로 구분되는 계기를 거치면서 발전한다는 후설의 역사성 개념이 계몽주의의 진보사관과 이것을 완성시킨 헤겔의 역사성 개념과 일치된다고 본다. E. Voegelin, *Anamnesis*, trans. E. Niemeyer(London: University of Missouri Press, 1978), pp.9~10 참조.

4) M. Merleau-Ponty, "Hegel's existentialism", p.426.

의'$_{\text{Überrationalismus}}$개념에서 보다 분명하게 볼 수 있다.[5]

후설은 『유럽학문의 위기와 선험적 현상학』에서 유럽학문의 위기는 합리주의를 제대로 파악하지 못한 데서 기인한다고 주장한다.

그러면 '위기'란 합리주의가 외견상 좌초한 사실로서 명백히 이해될 수 있을 것이다. 하지만 이제까지 말한 바와 마찬가지로 합리적 문화가 좌절된 근거는 합리주의 자체의 본질에 있는 것이 아니라, 오히려 오직 합리주의가 외면화된 것 즉 합리주의가 자연주의와 객관주의 속에 매몰된 것에 있다.[6]

후설에 있어서 유럽학문의 위기를 불러일으킨 합리주의는 세계를 오로지 수학화된 세계로 인식하는 자연주의 또는 객관주의를 의미하는데, 이렇게 파악된 세계에서는 이 세계를 인식하는 선험적 자아와 주제적인 활동 이전에 주어지는 생활세계가 망각된다. 그리고 생활세계가 망각된 객관주의의 학문적 태도에서는 인간 이성은 삶의 영역과는 유리된 수학적 이성으로 축소된다. 그러나 후설은 이렇게 수학적 이성으로 축소된 이성에 의해 구성된 객관주의에서는 합리주

---

5) 후설은 현상학에 대한 오해를 피하기 위해 프랑스 철학자 뤼시앙 레비 브륄(L. Bruehl)에게 보낸 편지에서 현상학적 사유를 '초합리주의'로 특징짓는다. "신비주의와 비합리주의에 대항하여 부적합한 낡은 합리주의를 넘어서는 그러나 그것이 지닌 내적인 목적을 옹호하는 일종의 '초합리주의'(Überrationalismus)를 확립하는 그 방법론." H. Spiegelberg, *The Phenomenological Movement: A Historical Introduction*(Dordreht: Kluwer Academic Publishers, 1994), p.84 참조.
6) 후설, 『유럽학문의 위기와 선험적 현상학』, 468쪽.

의의 진정한 의미가 드러날 수 없다고 주장한다. 그에게 진정한 합리주의는 한편에서 근대 철학이 추구한 객관주의적인 학문 태도를 유지하면서도, 다른 한편에서는 근대 철학이 망각한 인간 삶의 영역, 즉 생활세계를 포함시킬 때에 가능하다.

칸트가 비판 철학에서 밝히고자 한 것이 순수이성의 한계라면, 후설이 현상학에서 해명하고자 한 것은 생활세계에 기초해 있는 확장된 이성의 활동, 즉 '초합리주의'이다. 그리고 후설이 현상학에서 확립하고자 한 초합리주의의 철학적 목표는 그 당시 독일 철학계를 지배하고 있었던 두 가지의 철학 사상을 극복하는 것이다. 그가 넘어서고자 하는 두 가지 철학 사상이란 실증과학에 경도되어 모든 것을 균질화시키는 객관주의적 이성에 기초해 있는 사상과 이성을 외면한 채 구체적인 삶의 영역만을 강조하는 생철학의 비합리주의이다. 그리고 실증과학과 생철학으로부터 벗어나 있는 진정한 합리주의 개념을 확립하는 데 있어서 후설은 세계 개념을 생활세계와 '객관적-학문적 세계'로 구분한다.

> 생활세계의 주관적인 것과 객관적, 참된 세계 사이의 대조는 실로 다음과 같은 점에 있다. 말하자면 후자[객관적 세계]는 원리적으로 결코 지각될 수 없는 것 즉 원리적으로는 그것의 고유한 자기 존재에서 경험할 수 없는 이론적-논리적 구축물인 반면, 생활세계에서 주관적인 것은 실제로 경험할 수 있다는 점을 통해 모든 점에서 각각 구별된다.[7]

---

7) 앞의 책, 229쪽.

후설에게 인간은 세계를 사유하기에 앞서, 이미 세계 속에서 살고 있다. 따라서 여기서 말하는 생활세계란 인식 또는 오성에 의해 매개되기 이전의 삶의 영역, 즉 직관에 의해 주어진 '선-술어적' 또는 '전-주제적' 영역에서 경험되는 근원적인 세계를 의미한다. 그리고 그는 객관적 세계는 이처럼 근원적으로 주어진 생활세계에서 파생된 이차적인 세계라고 주장한다.

더 나아가 오성의 활동에 선행해서 주어지는 생활세계에서 인간의 본질은 사유하는 자아로서가 아니라 육체를 지닌 구체적인 자아로 규정되며, 이 구체적인 자아에서 세계는 '생생한 현재'die lebendige Gegenwart로 특징지어지는 시간성을 통해 경험된다. "생활세계는 근원적 명증성의 세계이다. 명증적으로 주어진 것은 사정에 따라 직접적 현전Präsenz을 통해 '그것 자체'es selbst로 경험된 것으로서 지각 속에 있거나, 그것 자체가 기억된 것으로서 기억 속에 있다."[8] 이렇게 볼 때, 생활세계는 전-주제적으로 주어지는 세계이면서 동시에 생생한 현재에 의해 구성되는 세계를 의미하는데, 이러한 생생한 현재는 과거로부터 단절되어 있지 않고, 과거로부터 전해 오는 전통과 관계한다. 그리고 이러한 연유로 생활세계는 역사성을 전제로 한다. 그리고 역사적인 세계에서 현상학적으로 이해된 구체적인 자아는 고립된 자아로 존재하지 않고, 본질적으로 상호주관적인 공동체를 형성한다. 결과적으로 후설 현상학에서의 '확장된 이성'은 객관적 세계뿐만 아니라 역사적인 생활세계까지도 포함하는 이성을 의미한다. 그런데 엄

---

8) 앞의 책, 229쪽.

밀하게 말해서 생활세계에서 유래하는 초합리주의 이성 개념은 후설 현상학에 앞서 헤겔 철학에서도 찾을 수 있다.

후설 현상학이 생활세계로부터 분리된 형식에 기반을 두고 있는 신칸트주의의 합리주의를 비판한 것처럼 헤겔 또한 객관적인 세계와 관계하는 추상적인 사유의 형식주의를 '죽은 지성의 산물'이라 부르며, 이와 같은 형식주의를 강력하게 거부한다. "이런 형식주의가 도식상에 나타난 차이를 부끄럽게 여기며 이를 반성의 탓으로 돌리면서 모든 것을 절대의 공허 속으로 몰아넣고 나서는 순수한 동일성과 같은 형식 없는 백색을 덧칠하는 수법을 씀으로써 결국 단색의 절대화를 완성해 놓는다는 데 대해서는 이미 얘기한 대로이다. 앞에서 본 단색으로 된 도식이나 이에 준하는 생명 없는 상표와 지금 말한 절대적 동일성 그리고 어느 한쪽에서 다른 쪽으로의 이행은 그 모두가 하나같이 죽은 지성의 산물이다."[9] 그리고 헤겔이 형식주의의 사유를 죽은 지성의 산물로 부르는 이유는 형식주의에서는 내재적인 삶의 구체성이 배제되었기 때문이다. "형식적인 오성은 내재적인 생명을 인식한다는 긴요한 일을 스스로 떠맡으려 하지 않고 어디엔가 떠넘기고 만다. 사태 자체가 안고 있는 내용 속으로 파고드는 대신 언제나 위로부터 전체를 넘나보듯 하면서 정말로 따져 봐야 할 개별적인 대상은 스쳐 지나가 버리는 까닭에 결국은 대상을 제대로 보고 있지는 않은 것이다."[10] 여기서 제시된 바와 같이 헤겔에게서 사변적 이성

---

9) 게오르그 빌헬름 프리드리히 헤겔, 『정신현상학 1』, 임석진 옮김(한길사, 2005), 89~90쪽.
10) 앞의 책, 91쪽.

개념은 전-주제적인 영역, 즉 구체적인 삶의 영역을 포함하는 확장된 이성을 의미하기 때문에, 그의 철학적 사유 또한 전통 합리주의로부터 벗어나 있는 초합리주의를 지향한다고 볼 수 있다. 그리고 그에게 있어서 초합리주의 개념은 객관적 세계 또는 주제적 세계와 관계하는 것이 아니라 후설의 경우처럼 전-주제적 세계에 그 기반을 두고 있다.

『정신현상학』에서 헤겔은 절대이성의 고찰을 후설처럼 감각적 확실성에서 시작한다. 감각적 확실성 속에서 절대이성은 세계와 직접적인 방식으로 관계한다. 여기서 세계는 아직 이성 자신의 고유한 세계로 이해되지 않고 낯선 방식으로 존립하는데, 절대이성은 감각적 확실성을 넘어 지각, 오성 그리고 자기 의식의 단계를 거치면서 종국에 가서는 직접적인 자연세계가 아니라 자신의 고유한 인류적 세계를 형성한다. 이때 고유한 세계란 주관과 대상이 서로 분리되지 않고 하나의 통일로 있음을 나타내는데, 이 점에 대해 헤겔은 다음과 같이 밝힌다. "이성은 이제 세계의 전체에 관심을 갖게 되는데, 왜냐하면 이성은 자기가 세계 속에 현존에 있다는 것, 또는 세계의 현재가 이성적이라는 것을 확신하게 되었기 때문이다."[11] 그리고 자신이 대상과 통일되어 있다는 것을 확신하는 이성은 자기 운동의 과정을 통해 진리로 고양되어 간다. 헤겔에게서 진리란 이성의 의식적 측면과 대상 세계가 일치를 이루는 단계이며, 이 일치는 궁극적으로 이성이 자연세계를 토대로 하여 인간의 인류세계, 즉 생활세계를 확립해 나

---

11) 앞의 책, 279쪽.

아감을 의미한다.

> 그러나 인륜적인 것이 여러 개인의 현실생활과 단순한 동일성을 이루
> 고 있을 경우에는 이들 개인의 보편적 행동양식을 뜻하는 습속으로 나
> 타난다. 즉 이 습속이란 단초적인 한낱 자연적 의지를 대신하여 정립되
> 는 가운데 이들 개인의 현존재를 관통하는 정수이며 또한 그 의의와 현
> 실성이기도 한 제2의 자연 천성으로서의 인륜적 관습이며 더 나아가
> 서는 하나의 세계를 이룬다.[12]

이 인용문에서 볼 수 있듯이, 자연적 세계와는 달리 인륜적 세계
는 개개인들의 의지 또는 현존재를 이어 주는 습속의 세계이며, 이 습
속은 역사적인 성격을 띠고 있다. 그리고 제2의 자연으로서의 인륜세
계 속에서 구체적인 자아는 타자로부터 분리되어 고립된 자아로 있
지 않고 공동세계를 형성한다. "나는 모든 사람이 타자와 자유로운
통일을 이루고 있음을 직관하며, 더 나아가서는 이로써 만인이 나를
포함한 타인의 힘에 의해서 살아가고 있음을 알게 된다. 만인이 나이
며, 내가 만인인 것이다Sie als Mich, Mich als Sie."[13] 이와 같은 관점에서 메
를로-퐁티는 헤겔 철학의 위대성은 이성의 활동을 객관적인 세계를
인식하는 데 국한하지 않고 전-주제적인 영역에 있는 인간 삶의 여러
경험들까지도 포함하는 인륜세계와 관계 짓기 때문에 생활세계를 전

---

12) 게오르그 빌헬름 프리드리히 헤겔, 『법철학』, 임석진 옮김(지식산업사, 1996), 271쪽.
13) 헤겔, 『정신현상학 1』, 373쪽.

제로 하는 후설의 합리주의는 헤겔 철학의 연장선상에 있다고 주장한다.[14]

　　메를로-퐁티가 주장한 것과는 다른 문맥이지만 하이데거 또한 후설 현상학은 헤겔 철학의 연장선상에 있다고 생각한다. 하이데거는 후설 현상학이 헤겔 철학에 그 기원을 두고 있다고 직접적으로 언급하지는 않았지만, 1927년 강의에서 그는 놀랍게도 후설의 『논리연구』를 제대로 이해하기 위해서는 이를 헤겔의 『대논리학』과 연관 지어 분석해야 한다고 역설한다. "19세기는 헤겔의 문제 제기 수준도 제대로 고수하지 못하고, 또다시 강단 논리학 속으로 빠져들어 가 버리고 만다. 그것도 인식이론적인 심리학의 성격을 띤 물음들을 특수한 논리학적 문제들과 결합시키는 방식으로 말이다. […] 후설에 와서야 비로소 그의 『논리연구』에서 논리학 및 그 문제들이 다시 빛을 보게 되었다."[15] 헤겔 논리학이 후설의 『논리연구』와 밀접하게 연관되어 있다는 이와 같은 언급에서 우리는 하이데거 역시 메를로-퐁티가 주장한 바와 같이 후설 현상학의 독창성은 구체적인 삶의 통일을 파괴하는 형식적인 오성적 사유보다 높은 단계에 있는 확장된 이성을 정초하는 데 있다고 보며, 또한 이렇게 이해된 확장된 이성은 이미 헤겔의 사변적인 이성에 의해 시도되었다는 사실에 대해 잘 알고 있음을 확인할 수 있다. 그리고 이처럼 후설이 말하는 확장된 이성은 이미 헤겔의 사변 철학에 그 기원을 두고 있기 때문에 기초존재론에서

---

14) M. Merleau-Ponty, "Hegel's existentialism", p.428.
15) 마르틴 하이데거, 『현상학의 근본문제들』, 이기상 옮김(문예출판사, 1994), 259쪽.

하이데거가 궁극적으로 극복하고자 한 철학적 사상은 후설 현상학뿐만 아니라 헤겔 철학도 포함한다고 볼 수 있다.

후설 현상학에 대한 연구에 있어서 후설 현상학과 헤겔 철학은 서로의 연관성 속에서 연구되어 오지는 않았지만 앞에 제시된 확장된 이성의 관점에서 볼 때, 메를로-퐁티와 하이데거의 주장은 상당히 설득력이 있어 보인다. 그리고 우리가 확장된 이성 개념에 입각해 후설 현상학과 헤겔 철학을 비교한 이유는 후설의 초합리주의에 정통한 하이데거는 주관과 객관의 근원적인 통일을 지향하는 헤겔의 사변적 이성에 관해서도 잘 알고 있다는 사실을 보여 주기 위해서이다.

그런데 이와 같은 유사성에도 불구하고 하이데거는 후설 현상학과 헤겔 철학에 관한 연구에서 메를로-퐁티가 간과한 두 가지의 근본적인 차이점들을 발견한다. 첫째, 후설에게서 역사적(사회적) 세계에 관한 고찰은 중심 주제가 아니었기 때문에 후기 사유에서 부분적으로 다루어진 반면, 헤겔은 초기 사유에서부터 역사세계를 핵심적인 주제로 삼았다. 둘째, 전-주제적 경험을 포함하는 확장된 이성을 후설은 이론적인 사유에 중점을 두고 고찰했지만, 헤겔은 확장된 이성을 실천적 영역으로까지 확대한다. 왜냐하면 세계와의 관계에서 인간은 사유에 앞서 행위하기 때문이다.

또한 헤겔에게서 실천적 행위에 놓여 있는 인간의 본질은 이성이 아니라 정신으로 규정된다. 따라서 그는 정신으로 존재하는 인간의 본질은 전-주제적인 세계에서 경험되는 실천적 행위, 즉 노동에서 드러난다고 주장한다. 현존재분석 역시 이론보다는 실천적 행위를 우위에 두고 있기 때문에 하이데거가 헤겔 철학을 극복하고자 시도함에도 불구하고 그의 철학적 사유는 셸러의 지식사회학뿐만이 아니라 노동하는 행위에 기초해 있는 헤겔의 정신 개념으로부터도 많은 영향을 받았다고 볼 수 있다. 사실 이론적 사유보다 실천적 행위를 우위에 두는 정신 개념과 전-주제적인 실천적 행위를 지칭하는 노동 개념을 최초로 주제화한 철학자는 셸러에 앞서 헤겔인데, 이 점에 대해 하이데거는 잘 알고 있다. "헤겔의 『정신현상학』에서 노동의 근대적-형이상학적 본질은—주관성으로 경험된 인간이 현실적인 것을 대상화한다는 의미의—무제약적 생산이 자신을 스스로 조절하는 과정으로서 앞서 사유된다."[16] 여기서 볼 수 있듯이 헤겔 철학에서도 노동은 중요한 개념으로 간주되며, 이와 같은 이유로 인해 헤겔 철학은 사실상 근대 철학사에서 사회존재론의 원조로 평가될 수 있다. 나중에 보다 자세하게 고찰되겠지만 헤겔의 사회적 세계를 건축하는 노동 개념으로부터 영향을 받았기 때문에 현존재분석에서 하이데거 역시 자연세계보다는 사회적 세계를 강조하며 더 나아가 이론적 사유보다 우위에 있는 실천적 행위를 노동과 동일시한다. 그러므로 자연세계보다는 사회적 세계와 관련되어 있는 현존재의 실천적 행위를 이해하기 위해서 우리는 먼저 헤겔의 사변 철학에서 논의되는 정신과 노동의 의미를 살펴보고자 한다.

---

16) 마르틴 하이데거, 「휴머니즘 서간」, 『이정표2』, 이선일 옮김 (한길사, 2005), 155쪽.

2. 헤겔에서 정신과 노동

앞 장에서 제시된 바와 같이 하이데거의 철학은 후설 현상학뿐만 아니라 헤겔 철학의 전통 역시 전제하고 있다. 그리고 이 같은 이유 때문에 그는 헤겔 철학을 배격하는 신칸트주의에 의해 형성된 그 당시 시대정신과는 달리 헤겔 철학에 의해 완성된 독일 관념론을 높게 평가한다. "바로 이 시기에 우리들에게는 사람들이 짧게 그리고 즐겨 말하는 '독일 관념론의 붕괴'Zusammenbruch des deutschen Idealismus라는 것이 진행되었다. 이와 같은 관용어야말로, 그 후반에 이미 오래전에 시작된 정신력의 해이, 정신적 힘의 와해, 근본에 대한 모든 원래적이고 고유한 질문의 거부 그리고 이와 같은 근본과의 연결에 대한 가장과 은폐를 감추고 있는 방패인 것이다. 이것은 독일 관념론이 붕괴된 것이 아니라, 오히려 이 시대가 이와 같은 이상주의가 지니고 있는 정신적 세계의 넓고 웅장함 그리고 그 원래적 고유성 속에 머물러서 필적하기에, 다시 말해서 독일 관념론을 그저 이것의 문구나 관점들을 적용하는 것과는 늘 다른 것을 의미하는, 진정한 의미에서 실현시키기에, 이미 더 이상 충분한 힘을 지니지 못했다."[17] 이처럼 신칸트주의에 의해 야기된 독일 관념론의 붕괴를 부정적으로 보는 하이데거는 정신적 세계의 위대함을 세우기 위해서는 독일 관념론의 철학으로 다시 돌아가야 한다고 주장한다. 그리고 기초존재론이 독일 관념

---

17) M. Heidegger, *An Introduction to Metaphysics*, trans. R. Manheim(New Haven: Yale University Press, 1959), p.45.

론을 완성한 헤겔 철학 전통에 속해 있다는 사실을 우리는 헤겔처럼 하이데거 또한 자신의 기초존재론에서 몇 가지 개념들, 즉 정신, 노동 그리고 공동존재를 중요하게 다룬다는 사실에서 확인할 수 있다.

먼저 정신 개념에서 우리는 하이데거와 헤겔의 공통점을 발견한다. 인간의 본질은 이성에 놓여 있다고 주장하는 합리주의와는 달리 하이데거 또한 현존재의 본질은 '정신'에 의해 규정된다고 주장한다.

우리들이 세계를 뒤덮는 듯한 음울한 기운에 대해서 이야기할 때, 세계라는 것은 무엇을 말하는 것인가? 세계는 언제나 정신적geistige 세계이다. 짐승들에게는 세계도 주위세계도 없는 것이다. 음울한 기운이 세계를 덮는다는 것은 그 안에 정신적 힘이 거세되는 것Entmachtung des Geistes, 그와 같은 정신적 힘의 와해를, 정신적 힘의 소모를, 정신적 힘의 억압을 그리고 정신적 힘의 몰이해를 내포하는 것이다. 우리는 이제 이 정신의 거세 현상을 그 한 측면에서, 즉 정신을 곡해한다는 그 관점에서 뚜렷하게 하고자 한다.[18]

사실 현존재분석에서 '실존'만이 강조되었기 때문에 하이데거 철학 연구에서 현존재의 본질은 실존에 있다고 보는 것이 표준적인 해석이다. 그래서 많은 경우 현존재에 관한 연구가 실존에 초점을 맞춰 진행됐지만, 인용문에서 제시된 바와 같이 실존 외에 하이데거는 현존재의 본질을 정신에 입각해 정의하기도 한다. 그런데 여기서 유

---

18) 마르틴 하이데거, 『형이상학 입문』, 박휘근 옮김(문예출판사, 1994), 84쪽.

의할 점은 근대 철학에서 현존재(인간)의 본질을 정신으로 최초로 파악하고 주제화한 철학자는 하이데거에 앞서 헤겔이라는 사실이다. 헤겔 철학에서 가장 핵심적인 개념인 정신은 다양한 의미를 함축하고 있다. 하지만 헤겔이 자신의 철학에서 '절대정신'의 차원으로 고양되는 정신의 발전 과정만을 강조하였기 때문에 상대적으로 정신의 다른 의미들이 부각되지 못했다. 우리는 하이데거가 말하는 정신 개념과의 연관성에서 헤겔의 정신 개념이 함축하고 있는 여러 의미에 주목하고자 한다. 이 의미들을 우리는 행위, 공동존재 그리고 역사성에서 발견할 수 있다. 먼저 행위에서 드러나는 정신의 의미에 대해 살펴보기로 하겠다.

헤겔에 있어서 인간의 본질은 정신에서 드러나며, 이 정신은 행위 그 자체로 정의된다. "정신은 그 본질상 행위하는 것이고, 자기 본래의 모습을 행위 내지 작품으로 나타낸다."[19] 사실 '사유하는 자아'에 철학적 원리의 기초를 놓은 데카르트 철학 전통에서 볼 때 헤겔의 정신 개념은 이해하기가 어렵다. 왜냐하면 정신을 규정하는 데 있어 헤겔은 이론적 사유보다는 행위를 우위에 두기 때문이다. 그런데 비록 데카르트의 전통에 속해 있지 않지만, 행위하는 정신 개념에서 우리는 다른 근대 철학적 문맥을 발견한다. 헤겔의 행위하는 정신은 칸트의 실천 철학을 전제로 한다.[20]

---

19) 게오르그 빌헬름 프리드리히 헤겔,『역사철학강의』, 권기철 옮김(동서문화사, 2008), 81쪽.

20) 칸트의 실천 철학 외에 헤겔의 행위하는 정신은 스피노자의 '코나투스'(conatus) 개념으로부터도 영향을 받았다. 이 점에 관해서는 다음 책을 참조할 것. 피에르 마슈레,『헤겔 또는 스피노자』, 진태원 옮김(그린비, 2010).

독일 관념론의 길을 열어 준 칸트의 선험 철학에서 인간 이성의 본질은 한편에서는 이론적으로 그리고 다른 한편에서는 실천적으로 규정된다. 다시 말해 인간 이성은 자신을 포함한 세계와의 관계를 이론적 사유와 실천적 행위에서 확립한다. 하지만 이론이성과 실천이성 모두 세계와의 관계를 맺는 데 있어 중요한 역할을 맡고 있음에도 불구하고, 이론이성과 실천이성은 동일한 지평에 놓여 있지 않다. 칸트에게서 실천이성은 이론적 이성보다 우위에 있다. 실천적 행위에 바탕을 두고 있는 헤겔의 정신 개념은 이와 같은 이론적 사유보다 실천적 행위의 우위를 강조하는 칸트의 철학을 계승하지만, 동시에 그는 칸트의 실천이성 개념을 넘어서고자 한다. 헤겔은 칸트의 실천이성의 한계를 지적하는데, 그 이유는 칸트가 말하는 인간 실천 활동이 지향하는 세계는 구체성이 결여된 이념적이고 당위적인 도덕적 세계로만 머물러 있기 때문이다. 이와 달리 실천적 활동성으로 규정되는 헤겔의 정신 개념에서 열어 밝혀진 세계는 우선적으로 구체적이고 전-주제적인 삶의 영역에서 구축된 세계를 의미한다.

행위로 규정되는 정신 개념을 통해 헤겔은 당위의 세계를 지향하는 칸트의 실천이성에 기초한 도덕의 세계를 구체적인 삶의 세계로 확장시키고자 할 뿐만 아니라, 실천적 행위의 기원을 실천이성에 선행하는 전-주제적 삶의 영역에서 밝히고자 한다. 그에 있어서 감각적 세계 너머에 있는 이념에 의해 규정되는 칸트의 실천이성과는 달리 실천적 정신은 전-주제적 세계, 즉 감각적이고 구체적인 삶의 세계에서 활동한다. 그리고 구체적인 삶의 세계에서 수행되는 정신의 활동은 일차적으로 '욕망'Begierde에서 시작된다고 그는 주장한다. "그리하여 단일한 자아, 즉 자기의식은 자립적인 생명으로 나타나는 타자를 무화함으로써 비로소 자기의 존재를 확신하는데, 이것이 욕망의 활동이다. 타자를 무화시킬 수 있다는 확신 아래 자기의식은 무화되는 것이 타자의 진실한 모습이라고 여김으로써 자립적인 대상을 무화시키는 것이 곧 자기의 확신이 객관적으로도 입증된 참다운 확신이라고 여긴다."[21] 그러므로 전-주제적 영역에 있는 구체적 삶에 기원을 두고 있는 활동적인 정신 개념을 이해하기 위해서는 먼저 헤겔 철학에서 욕망이 어떤 의미를 함축하고 있는지 살펴보아야 한다.

전통 철학에 따르면 인간은 이성적 동물로 규정되며, 이론적 이성을 통해 세계와 관계한다. 그런데 헤겔에 따르면 인간은 구체적인 삶의 영역 속에서 이론적 이성에 선행하는 실천적 태도로서의 욕망에 의거해 세계와 최초로 관계한다. "하천은 다만 인간이 그것을 넘어가려고 할 때만 인간의 관심을 끈다. 이론적 관심은 여기에서 전혀 현존하지 않는다. 현존하는 것은 다만 우연적 욕망에 있어서의 실천적 태도일 뿐이다."[22] 다시 말해 하천을 넘어가려고 하는 욕망이 있어야만 하천은 관심의 대상이 될 수 있으며, 따라서 지각에 의해 경험될 수 있다. 만약 욕망이 부재하다면, 관심 밖에 있는 하천은 눈에 들어오지 않으며 이로 인해 인간은 하천을 그냥 지나쳐 버린다. 이처럼 욕망에서 인간은 사물을 최초로 경험한다.

---

21) 헤겔, 『정신현상학 1』, 217쪽.
22) 헤겔, 『종교철학 I』; 만프리드 리델, 『헤겔 사유 속의 이론과 실천』, 이병창 옮김(이론과실천, 1987), 137쪽에서 재인용.

그런데 사물을 경험할 때 수동적인 지각과는 달리 욕망의 행위는 능동적인 활동으로 규정된다. 왜냐하면 욕망이 충족되기 위해서는 욕구의 대상은 부정 또는 파괴되거나 아니면 최소한 가공되기 때문인데, 이 같은 사실에 대해 헤겔은 다음과 같이 기술한다. "욕망이라는 것은 대상을 전적으로 부정하며, 그럼으로써 티 없는 자기감정을 확보하는 것이다."[23] 사물을 단순히 모사하는 지각과는 달리 능동적인 욕망에서 사물은 부정된다. 그리고 욕망에서 사물이 부정된다는 것은 배고픔의 예에서 제시될 수 있다. 음식을 욕망하는 배고픔을 충족하기 위해서 인간은 앞에 놓여 있는 음식물을 섭취하여 없애 버리는데, 음식의 부정을 통해 욕구는 충족되며, 이와 같은 충족에서 인간은 만족감에 도달한다. 그리고 이러한 만족감에서 인간은 대상으로부터 독립된 자기감정과 자립적인 자기를 형성한다고 헤겔은 주장한다. 그런데 엄밀하게 말해 욕망이 충족되었을 때 느끼는 자기감정은 동물의 삶에서도 경험된다. 그렇다면 동물의 본질 또한 정신으로 규정될 수 있는가?

정신의 활동은[24] 우선적으로 욕망을 통해 드러난다고 주장함으로써 헤겔은 당위에 머물러 있는 칸트 실천 철학을 극복하고자 한다. 그런데 인간뿐 아니라 자연적인 세계에 살고 있는 동물 또한 욕구를

---

23) 헤겔, 『정신현상학 1』, 231쪽.
24) 헤겔은 『정신현상학』에서 정신 활동의 여러 형태에 대해 깊이 있게 분석한다. 이 형태들은 '감각적 확실성', '지각', '오성', '자기의식', '이성' 그리고 '정신'으로 특징지어진다. 그는 이성의 전 단계인 자기의식 장에서, 즉 자기에 관한 실천적 의식에서 욕망 개념을 심도 있게 다룬다.

가지고 있다. 하지만 자세히 살펴보면 인간의 욕망과 동물의 욕구는 근본적으로 구분되는데 이 점에 대해 헤겔은 다음과 같이 기술한다.

> 동물적 욕망은 동물적 의식으로서, 여기서는 부정행위가 저지되며, 대립의 항들은 지양될 수 있는 것으로만 정립된다. […] 이와 반대로 인간적인 욕망은 지양 행위 자체 속에서 관념적으로 지양되어 있어야 하고, 대상도 마찬가지로 지양되면서도 아울러 지속돼야 하며, 매개항은 욕망과 대상 양자가 지속적으로 지양되는 과정으로서 이 양자에 대립하여 실존해야 한다.[25]

다시 말해 자기-감정에 의해 규정되는 동물의 욕망은 여전히 자연적 욕구에 머물러 있으며, 이로 인해 욕망을 가지고 있음에도 불구하고 동물은 정신으로 규정될 수 없다. 이와 달리 자기-의식에 기초해 있는 인간의 욕망은 자연적 욕구로부터 벗어나 있기 때문에 정신의 영역에 놓여 있다. 그리고 헤겔에 있어서 이러한 차이점은 인간의 삶에서만 발견되는 노동 개념에서 더욱 분명하게 드러난다.

동물의 삶처럼 자연세계에서 인간의 욕망이 추구하는 최우선의 가치는 자기보존이다. 그리고 자신의 생명을 보존하기 위해서는 인간은 동물과 마찬가지로 주위 사물들을 섭취하고자 하는 욕망이 있다. 하지만 인간의 욕망은 동물의 욕구와는 달리 억제되어 있는데, 이

---

25) 게오르그 빌헬름 프리드리히 헤겔, 『헤겔 예나 시기 정신철학』, 서정혁 옮김(이제이북스, 2006), 51쪽.

억제된 욕망은 노동에서 드러난다고 헤겔은 주장한다.

하지만 그러니만큼 또 거기서 얻어지는 만족감은 그대로 소멸될 수밖에 없다. 왜냐하면 이때 욕망에는 대상의 존립이라는 측면이 결여되어 있기 때문이다. 이에 반하여 노동의 경우는 욕망을 억제함으로써 사물이 탕진되고 소멸되는 데까지 밀어붙이지 않고 사물의 형성으로 나아간다. 여기서 대상에 대한 부정적인 관계란 대상의 형식을 다듬어 가며 그의 존재를 보존하는 쪽으로 나아간다.[26]

이 인용문에서 우리는 동물의 욕망과 인간의 욕망의 또 다른 차이점을 볼 수 있다. 동물의 욕망은 억제되지 않으며, 이러한 욕망을 만족시키는 데 있어 동물은 주위 사물들을 완전히 부정하고 소멸시킨다. 그리고 주위 사물들이 부정되는 한, 욕구가 충족된 이후의 동물의 주위세계는 예전의 세계와 동일한 상태로 남아 있다. 다시 말해 욕구를 통해 주위 사물을 부정함으로써 동물은 자연세계를 넘어서고자 하지만 이러한 욕구가 충족되자마자 동물은 예전의 자연세계로 다시 돌아간다.

이와 달리 인간은 사물에 대한 억제된 욕망gehemmte Begierde을 지니고 있다. 그리고 욕망이 억제되었기 때문에 사물은 동물의 경우에서처럼 전적으로 부정되거나 파괴되지 않고 자립성을 띤다. 이와 같은 자립성에서 우리는 동물의 욕망에서는 볼 수 없는 독특한 현상을

---

26) 헤겔, 『정신현상학 1』, 232쪽.

발견한다. 인간은 억제된 욕망을 통해 사물을 전적으로 부정하지 않고 노동을 통해 사물을 가공한다. 그리고 노동하는 인간은 자립적인 사물을 자신의 방식대로 가공하고 형성함으로써 자연으로부터 벗어난 자신만의 고유한 세계를 형성한다. 그리고 헤겔은 이와 같이 완전히 부정되지 않고 단지 변화된 사물에 대한 직관에서 인간의 자립성은 성립된다고 주장한다. "이렇게 해서 노동하는 의식은 사물의 자립성을 곧 자기 자신의 자립성으로 직관하기에 이른다."[27] 다시 말해 완전히 부정되지 않고 가공된 자립성을 유지하는 사물과의 관계를 통해 인간의 자립성은 자기-감정으로부터 벗어나 주체적인 자기의식에 도달한다. "그리하여 의식은 타율적으로밖에는 느껴지지 않는 노동 속에서 오히려 자력으로 자기를 재발견하는 주체적인 의미eigner Sinn를 이끌어내는 것이다."[28] 여기서 우리는 동물의 자립성과는 구분되는 인간의 자립성을 발견한다. 헤겔에 있어서 억제된 욕망과 노동의 행위를 통해 자연 사물을 변화시키는 인간만이 자기의식, 즉 활동적인 정신에 기초해 있는 자립성에 의해 규정된다. 그리고 이 자립성을 바탕으로 하여 인간은 자연세계로부터 벗어나 자신만의 고유한 세계인 정신의 영역으로 나아간다.

헤겔은 인간의 의식이 노동이라는 실천적 과정을 통해 실제적인 실존을 획득하며, 더 나아가 대자적인 정신으로 발전한다고 말한다. "의식은 실천적 과정에서 스스로 총제적인 것이 되고 그렇게 해서 노

---

27) 앞의 책, 232쪽.
28) 앞의 책, 233쪽.

동하는 가운데 도구Werkzeug라는 매개항이 되며, 이전의 관념적인 실존에 대립되는 실제적인 실존을 유지한다. [...] 여기(노동)에서는 자연에 대한 자신의 실재적인 지배력을 드러내며, 자연에서 대자적으로 벗어난 정신으로 자신을 구축하고 대자적인 형태를 갖추게 된다."[29] 이 인용문에서 우리는 노동의 세 가지 특징들을 발견한다. 첫째, 노동을 통해서만 인간은 의식에서 경험되는 관념적인 실존에 대립되는 실제적인 실존을 획득한다. 둘째, 인간이 자연을 지배할 수 있는 것은 계산적 이성을 통해서가 아니라 바로 노동을 통해서이다. 셋째, 인간의 의식은 노동을 통해 대자적인 정신이 되며, 여기서 대자적인 정신은 자연세계를 벗어난 인간에 의해 형성된 인간 고유의 세계를 구성한다.

사물을 가공하고 형성하는 노동을 통해 인간은 자연에 대한 지배력을 행사할 수 있는데, 그 까닭은 노동에서 전통 철학에서 간과된 새로운 자기관계, 즉 인간의 주체성이 확립되기 때문이다. 이 점에 대해 헤겔은 다음과 같이 밝힌다. "그리고 저녁에 인간은 하나의 구조물을 완성하게 된다. 다시 말하면 그것은 내적인 태양, 의식의 태양이며, 이것을 인간은 그의 노동을 통해 산출하였으며, 인간은 이것을 외부에 있는 태양보다 고귀한 것으로서 평가한다. 이런 그의 구조물 속에서 인간은 그의 노동을 통하여 산출된 정신에 대하여, 그가 최초에 외부에 있는 태양에 대해 맺었던 관계와 동일한 관계, 아니 오히려 자유로운 관계를 맺을 수 있게 되었다. 왜냐하면 이 두 번째의 대상은

---

29) 헤겔, 『헤겔 예나 시기 정신철학』, 31쪽.

인간에게 고유한 정신이기 때문이다."[30] 헤겔 철학을 이해하는 데 있어 노동의 중요성을 강조하는 이 인용문은 매우 중요하다. 왜냐하면 이 인용문을 통해 우리는 헤겔 이전의 철학과 헤겔 철학의 차이점을 분명하게 볼 수 있기 때문이다.

1930년대에 프랑스에서 헤겔 철학의 르네상스를 불러일으킨 알렉상드르 코제브는 그리스 철학에서 시작되어 현대까지 이어져 온 서양 철학의 역사를 헤겔 이전의 철학과 헤겔 이후의 철학으로 나눈다. "파르메니데스와 스피노자를 제외해 버리면 철학사에 있어서 위대한 두 시기가 있다고 말할 수 있는데, 그 중의 하나가 플라톤으로부터 시작되어 칸트까지 이르는 시기이고 다른 하나는 헤겔로부터 시작되는 시기이다."[31] 물론 여기서 코제브는 헤겔 이전 철학과 헤겔 이후 철학에 대한 차이점은 논의하지 않았지만, 우리는 노동 개념에서 이 차이점을 파악할 수 있다. 플라톤의 철학에서부터 시작되어 칸트까지 이어져 온 철학적 사유가 실천적 노동이 아니라 이성에서 유래된 외적 태양에 근거한 사유라면 헤겔의 철학적 사유는 노동에 의해 형성된 내적 태양에 기초해 있는 사유를 의미한다. 외적 태양의 사유는 내적 태양의 사유와 어떻게 구분되는가?

헤겔은 『역사철학』에서 고대 그리스에서 철학이 확립된 이후 철학자들은 자연을 탐구의 대상으로 삼는데 여기서 자연은 더 이상 신화적 사유가 아니라 사유하는 의식에 의해 고찰되었다고 주장한다.

---

30) 『역사철학 I』, 242쪽; 리델, 『헤겔 사유 속의 이론과 실천』, 76쪽에서 재인용.
31) 알렉상드르 꼬제브, 『역사와 현실 변증법』, 설헌영 옮김(도서출판한벗, 1981), 156쪽.

"현상하고 있는 것은 우리들의 조력 없이 현실적인 형체에로 되었다. 이런 현상하고 있는 것을 파악하기 위해서 필요한 것은 다만 의식, 그 것도 사유하는 의식일 뿐이다."[32] 그리고 사유하는 의식에서 경험되는 자연은 인간의 활동에 의해 만들어진 것이 아니라 인간으로부터 독립되어 있는 것으로 규정되며, 이렇게 이해된 자연에 대한 고찰에서 고대 자연 철학자들이 추구하는 것은 우주 또는 자연의 불변하는 법칙성을 정초하는 것이다.

그런데 이와 같은 불변적인 법칙은 끊임없이 변화하는 현상계에서 유래되지 않는다. 불변적인 법칙의 조건은 자연세계 너머에 있는 초우주적 세계에 놓여 있으며, 이러한 초우주적 법칙의 전제하에 철학자들은 자연적 사물의 질서를 관찰할 수 있다. 그리고 초우주적 법칙은 신으로부터 유래하기 때문에, 그리스 철학자들, 특히 아리스토텔레스에 따르면 우주의 세계는 성스러운 신의 세계이다. 이와 같이 어둠에 싸여 있는 자연법칙을 이해하기 위해서는 신의 빛이 요구되는데, 그들은 자연의 질서를 우리에게 드러내 비추는 이러한 신의 빛을 태양이라 표현한다.

여기서 우리는 헤겔이 말하는 외적 태양의 의미를 파악할 수 있다. 외적 태양이란 바로 자연적 세계에서 이루어지는 모든 운동의 질서를 구성하는 신적 사유를 지칭한다. 그리고 자연적 사물을 탐구하는 자연철학자들에 있어서 철학적 사유의 궁극적인 목표는 신적인 것에 대한 '관조'theoria다. 다시 말해 철학자의 최고의 삶은 신적인 것

---

32) 『역사철학 I』, 49쪽; 리델, 『헤겔 사유 속의 이론과 실천』, 82쪽에서 재인용.

을 '관조하는 삶'vita contemplativa이다. 왜냐하면 자연철학자들에 있어서 신적 사유는 모든 사유 가운데 가장 완벽하고 순수한 사유이며 동시에 모든 이론의 근원적인 토대이기 때문이다. 더 나아가 관조하는 삶은 세계와 관계함에 있어 수동적인 태도를 유지하는데, 그 이유는 세계에 대한 관조는 세계를 있는 그 자체로 바라보는 것을 의미하는 것이기 때문이다. 여기서 우리는 외적 태양에 의존하는 철학적 사유가 함축하고 있는 두 가지 특징을 발견할 수 있다. 첫째, 이 같은 사유를 통해 철학자들이 추구하는 것은 자연적인 우주의 법칙을 열어 밝히는 것이다. 둘째, 외적 태양에 기대어 세계를 관조하는 철학적 사유는 수동적인 성격을 띤다. 서양 철학사에 대한 코제브의 해석에 따르면 헤겔 철학 이전의 철학적 사유는 이와 같은 외적 태양에 의존해 있는 사유를 말한다.

그런데 이론적 사유보다 노동을 우위에 두는 헤겔은 이와 같은 외적 태양에 의거해 자연세계만을 수동적으로 고찰하는 전통 철학적 사유와 결별한다. 이와 달리 활동적인 정신에 의해 규정되는 인간은 세계와 능동적으로 관계한다. "정신은 동물과 같이 자연적인 사물은 아니다. 자연적 사물은 있는 그대로 직접적으로 존재한다. 정신은 바로 자신을 산출하며, 자신을 그에게 본래 있던 것으로 만들어 간다는 것이다. 그렇기 때문에 정신이 현실적이기 위해 이루는 그의 최초의 형체는 다만 자기운동성으로 인한 것이다. 그의 존재는 활력적인 것이지, 어떤 휴지하고 있는 존재가 아니다."[33] 앞에서 언급한 바와 같

---

33) 『역사철학 I』, 74쪽; 리델, 『헤겔 사유 속의 이론과 실천』, 79쪽에서 재인용.

이 동물과 달리 인간만이 이러한 활동적인 정신의 영역에 존재하기 때문에 인간은 자신의 세계를 구축해 나간다. 다시 말해 억제된 욕망을 가지고 있는 인간은 주위 사물을 단순히 부정하여 소멸시키지 않고 변형시키며, 이러한 노동을 통해 인간은 자신의 외부에 놓여 있는 자연세계로부터 벗어난 인간 고유의 내적 세계, 즉 정신의 세계를 구성한다.

이처럼 헤겔에 따르면 인간의 본질은 원초적으로 주지주의가 주장하는 바와 같이 이론적 이성에서가 아니라 실천적 행위에 기초한 정신에 있다. 기초존재론에서 현존재를 정신으로 규정하는 하이데거 또한 사물과의 관계에서 이론적 사유보다 실천적 행위를 우위에 둔다. 그에게 주위세계에서 만나는 사물은 오성의 활동 또는 직관에서가 아니라 실천적 행위에서 최초로 주어지는데, 그 이유는 현존재의 주위세계에서 일차적으로 만나는 사물은 '대상'이 아니라 '사용된 것'으로 규정되기 때문이다. "이때 이러한 존재자는 어떤 이론적인 '세계'-인식의 대상이 아니라 사용된 것, 제작된 것 등이다."(『존재와 시간』, 99쪽) 어떤 것을 사용하는 행위는 곧 실천적 행위를 지칭하는데, 이 점에 있어서 정신으로 규정되는 현존재와 헤겔의 정신 개념 사이에는 공통점이 존재한다. 그리고 도구를 제작하는 현존재는 '호모 파베르'homo faber로 지칭될 수 있다. 물론 『존재와 시간』에서 하이데거는 호모 파베르라는 표현을 전혀 사용하지 않는다. 하지만 만약 현존재분석에서 하이데거가 이 표현을 사용했다면, 우리는 하이데거 철학과 헤겔 철학 사이의 유사성을 보다 쉽게 파악할 수 있었을 것이다. 더 나아가 한국어 번역에서는 전혀 드러나지 않지만 '가공'을 의미하는 독일어 'Bearbeiten'은 'Arbeiten'노동에서 유래되었다. 이 연관성에 비추어 볼 때 도구를 제작하는 호모 파베르는 '노동하는 인간'으로도 이해될 수 있다. 그리고 나중에 자세히 살펴보겠지만, 하이데거의 기초존재론에서 정신에 근거해 있는 현존재의 실천적 행위, 즉 사물을 제작하는 행위는 헤겔 철학에서처럼 활동하는 정신에 기초해 있는 노동을 의미한다.

인간의 본질을 규정하는 데 있어 이성보다는 정신을 강조하는 하이데거와 헤겔은 활동적인 정신이 일차적으로 노동에서 열어 밝혀진다고 주장한다. 하지만 인간을 규정함에 있어 노동 개념이 이처럼 중요함에도 불구하고, 독일 관념론이 붕괴된 이후 20세기 초 강단 철학자들, 특히 신칸트주의자들은 헤겔 철학에 큰 관심을 기울이지 않았기 때문에 노동 개념은 철학적 담론에서 전혀 부각되지 않았다. 이러한 상황을 변화시킨 철학자가 바로 셸러이다. 앞에서 상술된 바와 같이 지식사회학에서 셸러는 사물의 인식은 이성에서가 아니라 노동에서 유래된다고 역설한다. 그리고 셸러의 지식사회학으로부터 영향을 받은 하이데거 역시 사물은 최초로 직관에서가 아니라 실천적 활동에서 주어진다고 강조한다. 그런데 엄밀하게 말해서 셸러의 노동 개념에 앞서 독일 근대 철학사에서 노동을 철학적으로 최초로 주제화한 철학자는 바로 헤겔이다. 이 점에 대해 잘 알고 있는 하이데거는 헤겔 철학에서 노동이 차지하고 있는 중요성에 대해 다음과 같이 밝힌다.

헤겔의 『정신현상학』에서 노동의 근대적-형이상학적 본질은—주관

성으로 경험된 인간이 현실적인 것을 대상화한다는 의미의—무제약
적 생산이 자신을 스스로 조절하는 과정으로서 앞서 사유한다.[34]

더 나아가 헤겔과 마찬가지로 하이데거 또한 노동을 단순히 경
제적인 행위가 아니라 정신의 활동으로 규정한다.

'노동자'는 마르크스주의가 규정하듯이 단순한 착취대상이 아니다. 노
동자 계층은 보편적인 계급투쟁에 떨쳐 나서야 하는 무산계급이 아니
다. 그리고 노동은 단순히 타자를 위한 재화생산도 아니다. 또한 노동
은 단순히 임금을 버는 기회와 수단에 불과한 것도 아니다. 오히려 '노
동'은 우리들에게 있어서 개인, 단체, 나아가 국가의 책임에 의해 담당
되고 그리하여 민족에게 이바지할 수 있는 모든 규칙적인 행위와 행동
에 대한 명칭이다. 노동은 인간의 자유로운 결단력과 끈기가 의지의 일
부의 관철을 위해 발휘되는 바로 그곳에서 존재하지만, 또한 그러한 곳
이면 어디에나 존재한다. 따라서 노동으로서의 노동은 어디까지나 정
신적인 것이다.[35]

이 인용문에서 우리는 하이데거가 노동을 강조할 때, 그의 노동
개념은 마르크스주의보다는 셸러와 헤겔로부터 깊은 영향을 받았다

---

34) M. Heidegger, "Letter on Humanism", ed. W. McNeil, *Pathmarks*(Cambridge:
    Cambridge University Press, 1998), p259.
35) M. Heidegger, *Nachlasse zu Heidegger*(Bern: Buchdruck Suhr, 1962), p.201~202.

는 것을 볼 수 있다. 그런데 헤겔에 따르면 노동은 정신의 활동성을 보여 줄 뿐만이 아니라 더 나아가 인간이 노동을 통해 세계로부터 고립된 의식으로부터 벗어나 세계 속에 있다는 사실 또한 제시한다. 그리고 세계-내-존재로 규정되기 때문에 타자와 함께 존재하는 현존재와 마찬가지로 노동을 통해 형성되는 헤겔의 정신적 존재로서의 인간 또한 세계 속에서 타인과 더불어 존재한다. 그러므로 노동 개념 외에 우리는 하이데거의 현존재와 헤겔이 말하는 정신적 존재로서의 인간이 갖고 있는 또 다른 유사성을 세계 속에서의 타인과 더불어 있음을 지칭하는 공동존재 개념에서 발견할 수 있다.

3. 헤겔에서 정신과 공동존재

인식의 조건을 '사유하는 자아' 위에 정초하고자 하는 데카르트 철학의 특징은 세계에 있는 사물이 의식으로부터 독립되어 있다고 믿는 소박한 객관주의로부터 선험적 주관주의로 전환하는 데 있다. 후설은 주관주의를 강조하는 이와 같은 데카르트의 철학을 높게 평가한다. 그래서 그는 자신의 현상학적 사유를 다소 오해의 소지가 있는 '신데카르트주의'라고 지칭한다.[36] 이 표현이 오해의 소지가 있는 이유는 엄격하게 말해서 육화된 선험적 자아로 이해되는 후설의 자아 개념은 데카르트가 말하는 자아와는 근본적으로 다르기 때문이다. 그럼에도 불구하고 사물의 근거를 객관주의보다는 선험적 주관성에

---

36) 에드문트 후설 · 오이겐 핑크, 『데카르트적 성찰』, 이종훈 옮김 (한길사, 2002), 39쪽.

서 찾는다는 점에서 후설 현상학과 데카르트 철학 사이에는 공통점이 존재한다고 볼 수 있다. 후설은 자연적 사물에 대한 현상학적 판단중지를 통해 선험적 주관성에 도달한다. 여기서 그는 심각한 철학적 문제에 봉착하게 되는데, 이 문제란 바로 고립된 의식으로부터 야기된 '독아론'을 말한다. 그는 현상학적 판단중지에 기초해 있는 선험적 주관성이 독아론에 빠질 수 있다는 것을 다음과 같이 기술한다. "만약 성찰하는 자아인 내가 현상학적 판단중지를 통해 나 자신을 나의 절대적인 선험적 자아로 환원할 때, 나는 이 경우 고립된 자아solus ipse가 되는 것은 아닌가?"[37] 후설에게서 현상학적 사유의 과제는 여기서 제시된 '선험적 독아론'으로부터 벗어나는 길을 제시하는 데 있는데, 하이데거 또한 기초존재론에서 후설과는 다른 방식으로 선험적 독아론을 극복하고자 한다.

하이데거에 있어서 현존재는 의식에 선행하는 세계 속에 이미 존재한다. 그리고 '세계-내-존재'로 규정되는 한 현존재는 본질적으로 타인과 더불어 세계 속에 존재한다고 하이데거는 주장한다. "현존재의 세계는 공동세계Mitwelt이다. 안에-있음은 타인과 더불어 있음Mitsein이다. 타인의 세계내부적인 자체존재는 공동현존재Mitdasein이다."(『존재와 시간』, 166쪽) 현존재의 '더불어 있음'이 함축하고 있는 의미는 현존재가 고립된 의식에 있는 것이 아니라 세계 속에서 이미 타인과 함께 존재한다는 것을 말한다. 하이데거 철학을 옹호하는 사람들은 하이데거 철학이 20세기에 독보적인 위치를 차지하고 있

---

37) 앞의 책, 151쪽.

는 이유는 현존재의 공동존재에서 비로소 데카르트의 '사유하는 자아'에서 유래되어 근대 철학의 난제로 남아 있었던 세계로부터 고립된 선험적 주체 개념, 즉 선험적 독아론이 극복되었기 때문이라고 주장한다. 근대 철학사에서 하이데거만이 유일하게 고립된 자아에 앞서 주어지는 공동존재를 강조하지 않았다. 하이데거에 앞서 이미 헤겔은 『정신현상학』에서 정신의 본질은 공동존재에 있다고 주장한다. "여기에 이미 '정신'의 개념이 떠오르고 있다. 이제부터 전개되는 의식의 경험은 세계의 절대적 실체인 정신이란 어떤 것인가를 밝혀 주게 될 것이다. 그것은 독자적으로 존재하는 각기 상이한 자기의식이 완전한 자유와 자립성을 지니고 대립해 있으면서도 여기에 통일이 형성되어 있다는 데 대한 경험이며, '나'가 '우리'이고 '우리'가 '나'Ich, das Wir, und Wir, das Ich라고 하는 그러한 경험이다."[38] 여기서 분명하게 볼 수 있듯이 헤겔 또한 정신의 본질은 고립된 의식에서가 아니라 공동존재에 있다고 역설한다.

정신과 노동의 관계 외에 정신에 바탕을 두고 있는 공동존재에서도 우리는 헤겔과 하이데거의 공통점을 발견한다. 헤겔과 하이데거 모두 정신의 본질을 타자로부터 고립된 주체가 아니라 공동존재에 입각해 규정한다. 사실 헤겔 철학에서 가장 중요한 개념은 다의적인 의미를 함축하고 있는 '정신'Ge-ist인데, 정신의 여러 의미들 중에서 우리가 가장 주목해야 하는 것은 바로 공동존재이다. 한국어 번역에서는 드러나지 않지만 독일어 'Ge-ist'는 엄격하게 말해서 두 단어가

---

38) 헤겔, 『정신현상학 1』, 220쪽.

합성된 용어로 이해될 수 있다. 용어 'Ge-ist'는 한편에서는 '공동'을 의미하는 'Ge'와 다른 한편에서는 '존재'를 의미하는 'ist'가 합성되어 있다. 따라서 정신을 직역하면 이 용어는 공동존재를 나타낸다고 볼 수 있다. 그리고 이렇게 볼 때, 헤겔이 인간의 본질을 새롭게 밝히기 위한 용어로 정신을 사용한 것이 우연이 아니다. 인간의 본질이 공동존재Ge-ist에 있다면, 인간은 필히 정신으로 규정되어야 한다. 그런데 여기서 중요한 점은 헤겔이 공동존재를 말할 때, 그가 의미하는 공동존재는 신칸트주의의 상호주관성 개념처럼 주제적인 의식의 영역에서 성립되는 것이 아니라는 사실이다.

앞에서 제시된 바와 같이 세계로부터 분리된 데카르트의 '사유하는 자아'에서 파생된 근대 주체 개념은 선험적 독아론이라는 문제에 봉착하는데, 철학자들은 상호주관성이론에 의거해 이러한 문제를 해결하고자 시도한다. 예를 들어 현상학적 상호주관성이론에서 후설은 육화된 선험적 주체는 필연적으로 타자와 공동의식을 형성하기 때문에 독아론으로부터 벗어날 수 있다고 주장한다. 그리고 헤겔이 말하는 정신의 공동존재를 이와 같은 상호주관성 문맥에서 고찰할 때, 그가 추구한 것 역시 인간은 고립된 주체로 있는 것이 아니라 타자와 함께 있음을 제시하는 데 있는 것처럼 보인다.

하지만 정신의 공동존재를 강조함으로써 헤겔이 보여 주고자 한 것은 단순히 근대 철학에서 난제로 남아 있었던 선험적 독아론의 해결책이 아니다. 엄격하게 말해 헤겔이 말하는 정신의 공동존재와 상호주관성이론은 동일하지 않다. 상호주관성이론에 따르면 일차적으로 주어지는 주체는 세계와 타자로부터 분리된 고립된 주체이며, 공동존재는 그 이후 상호주관적 관계를 통해 형성된다. 이렇게 볼 때, 고립된 주체가 우선적으로 주어지고 공동존재는 이 주체에서 유래되는 이차적인 것으로 간주된다. 그런데 이와 달리 헤겔에게 있어서 일차적으로 주어지는 것은 고립된 주체에 선행하는 공동존재이다. 인간이 이미 사유하는 자아에 앞서 주어지는 전-주제적인 영역에 있는 공동존재 속에서 살고 있으며, 이 공동존재를 통해서만 자신의 정체성을 형성한다. 그러므로 헤겔이 정신의 공동존재에서 궁극적으로 밝히고자 한 것은 의식에 놓여 있는 선험적 주체와 타자와의 관계가 아니라, 공동존재가 고립된 사유하는 자아에 앞서 주어진다는 사태이다.

헤겔에서 정신으로서의 공동존재는 사물이 다른 사물 옆에 있듯이 고립된 의식으로부터 벗어난 주체가 단순히 타자와 함께 존재하는 방식을 의미하지 않는다. 그에 따르면 '인륜적 실체'sittliche Substanz 또는 '인륜적 현실성'sittliche Wirklichkeit이라고 지칭되는 정신에 의해 성립된 공동존재는 고립된 의식에 앞서 개개인들이 이미 공동으로 존립하는 근원적인 토대를 일컫는다. 왜냐하면 고립된 의식에 선행하는 근원적 토대로서의 인륜적 실체 또는 인륜적 현실성은 만인의 행위와 공동작업을 통해 산출된 결과물이기 때문이다.

여기서 우리가 주목해야 할 두 가지 사실은 첫째, 정신으로서의 공동존재는 헤겔에서 개개인들이 서로 관계하면서 행위하는 전-주제적인 공동지평으로 이해된다. 인륜적 실체로서의 공동지평은 개개인의 행위의 출발점과 목적을 이루는데, 이는 달리 표현하면 인륜적 실체가 하나의 지평으로서 개개인의 행위에 선행한다는 의미이다.

헤겔은 이러한 인륜적 실체를 '개인들의 보편적인 행동양식으로서의 습속das Sittliche'이라고 지칭한다. 그리고 보편적 행동양식은 개인에게 제2의 자연으로서의 습관으로 정착되며, 이때 정신은 하나의 세계로서 생명이 깃들어 있는 정신이 된다고 헤겔은 강조한다.[39] 둘째, 공동존재는 이미 공동의식 속에서 결속되어 있는 개개인들의 상호관계와 공동작업을 통해 만들어진다. 이와 같은 개별적인 의식에 앞서 주어지는 공동의식에 의해 형성된 공동존재를 우리는 피히테의 인정이론으로부터 영향을 받은 헤겔의 상호인정이론에서 파악할 수 있다.

헤겔에 의하면 인간은 타자의 인정을 통해 상호주관성에 선행하는 근원적인 공동존재로 존재한다. 그리고 그는 인정이론을 1802년에 나온 『인륜성의 체계』System der Sittlichkeit에서 논의하는데, 이 인정이론은 헤겔에 의해 최초로 정립된 것이 아니다. 헤겔에 앞서 이미 피히테는 칸트의 『도덕형이상학』이 나오기 이전인 1796년에 출판된 『자연법론』에서 인정 개념을 근대 시민사회에서 등장한 개인의 자유를 정당화하는 법적 관계의 근원적인 토대로 파악한다. 피히테에 있어서 근대법은 모순적인 특징을 지니고 있다. 근대법은 한편에서는 개인의 내적 자유를 가능케 하지만 다른 한편에서는 타자와의 공존을 위해서 개인의 자유를 강제적으로 제약한다.

그러나 이렇게 이해된 법의 강제성은 개인의 자유와 모순되지 않는데, 그 이유는 개인이 자발적으로 법의 강제성을 인정하고 받아들이기 때문이다. 그리고 이러한 법적 관계는 개인들이 서로 자유롭

---

39) 헤겔, 『법철학』, §152 참조.

게 행위하는 것을 가능케 함과 동시에 타인의 자유를 위해 각자의 자유로운 행위를 제한한다. 개인들이 서로 각자의 자유와 그리고 자유의 제한성을 인정하는 이와 같은 법적 관계에서 서로 독립해 있는 개인들 사이에서 공동의식이 유래되는데, 피히테는 이 공동의식에 입각해 법의 객관적 타당성을 확립한다. 여기서 제시된 바와 같이 피히테 또한 근대법에서 파생된 인정이론을 통해 개인은 고립된 주체가 아니라 타자와 공동의식을 지니고 있는 공동존재로 있다고 주장한다. 『인륜성의 체계』에서 제시된 정신의 공동존재에 관한 논의에서 헤겔은 이 같은 피히테의 인정이론을 수용한다.

만약 공동존재가 세계로부터 분리된 자아에 갇혀 있지 않고 타자와 더불어 있는 집단적 존재방식을 의미한다면, 동물 삶도 공동존재로 규정될 수 있다. 왜냐하면 동물도 집단생활을 영위하기 때문이다. 특히 동물 삶 또한 집단생활의 기초가 되는 가족에서 출발하는데, 가족구성원들은 자신이 홀로 있지 않고 타자와 있음을 필히 느끼게 된다. 하지만 헤겔이 말하는 정신의 공동존재는 단순히 고립된 자아로부터 벗어나 타자와 함께 있는 상태를 지칭하는 것이 아니라 타자로부터 인정을 받으면서 존재하는 방식을 의미한다. 동물의 공동존재와는 달리 정신으로 규정되는 인간의 공동존재에게는 타자의 인정이 필히 요구되는데, 이 점에 대해 헤겔은 다음과 같이 밝힌다.

보편적 자기의식은 자기 자신을 다른 자기 속에서 확정적으로 아는 것이다. 이 다른 자기를 각자는 자유로운 개별자로서 절대적 자립성을 가지지만, 자신의 직접성 혹은 욕망을 부정할 수 있는 능력으로 인해 타

자와 구별되지 않으며, 보편적(자기의식)이자 객체적이다. 그리고 각자
는 실제적 보편성을 상호성으로 가지며, 따라서 자유로운 타자 속에서
자기 자신으로 인정된다는 사실을 안다. 그리고 각자가 타자를 인정하
고 타자가 자유롭다고 아는 한에서 각자는 이러한 사실을 안다.[40]

이처럼 타자의 인정이 중요하기 때문에 인간만이 생존하는 데
있어 완전히 무익한 대상, 예를 들면 훈장 같은 것을 욕망하는 것이
다. 그런데 비록 공동존재에 관한 논의에서 헤겔이 피히테의 인정이
론을 수용하지만, 동시에 그는 이 이론이 함축하고 있는 한계 또한 지
적한다.

『자연법론』에서 피히테는 근대 사회에 도래한 개인의 자유를 법
적으로 정당화시키고자 한다. 칸트의 도덕 철학으로부터 결정적인
영향을 받은 피히테의 법적 관계에서 개인은 타자로부터 분리되어
홀로 있는 자유주의적인 개인으로 규정되는데, 그 이유는 무한한 내
적 자유를 갖고 있는 근대적 개인은 타자의 간섭으로부터 절대적으
로 독립되어 있기 때문이다. 하지만 원자적인 자유주의적 개인으로
규정됨에도 불구하고, 근대적 개인은 홀로 있지 않다. 이와 달리 타인
의 권리를 위해 근대적 개인은 각자의 자유를 제한해야 하는데, 근대
적 개인은 이 과정에서 생기는 타자를 전제로 하는 공동의식에 속해

---

40) G. W. F. Hegel, *Gesammelte Werke*, Bd. 20, Enzyklopädie der philosophischen
   Wissenschaften im Grundrisse(1830), eds. von W. Bonsiepen and H.-C.
   Lucas(Hamburg: Felix Meiner Verlag, 1992), p.436.

있다. 그리고 원자적 주체에 의해 필히 동반되는 공동의식을 바탕으로 하여 근대 사회는 성립된다.

그러나 비록 피히테도 상호인정을 통해 개인은 공동의식에 속해 있다고 주장하지만, 그의 공동존재와 헤겔이 말하는 정신의 공동존재는 근본적으로 다르다. 원자적이고, 자유주의적인 주체에 기반을 두고 있는 피히테의 공동존재는 여전히 데카르트 철학에서 유래되는 '사유하는 자아'가 일차적으로 주어진다는 전통에 머물러 있으며, 공동존재는 원자적 주체들의 합일에 의해 성립된다. 그러나 정신의 공동존재는 원자적 주체의 합일을 의미하는 것이 아니다. 이와 달리 헤겔에게서 정신으로 규정되는 인간은 원자적 주체에 앞서 이미 타자와 더불어 존재하며, 이렇게 이해된 공동존재에서 타자와의 진정한 연대가 성립된다. 여기서 우리는 피히테의 공동의식과 구분되는 헤겔의 공동존재가 함축하고 독특한 의미를 발견한다.

공동존재에 관한 헤겔 사유의 고유성은 정신은 본질적으로 고립된 주체가 아니라 타자와 함께 존재한다는 사실에서 드러나지 않는다. 왜냐하면 피히테의 인정이론에서 확인된 바와 같이 인간은 더 이상 고립된 주체가 아니라 타자와 공동의식을 형성하기 때문이다. 헤겔은 자신의 인정이론에서 피히테가 성취한 공동의식으로부터 한발 더 나아가고자 한다. 정신의 공동존재에서 중요한 점은 단순히 인간이 고립된 의식으로부터 벗어나 타자와 더불어 존재한다는 것을 보여 주는 데 있지 않고, 타자와의 진정한 연대가 어떻게 가능한가를 제시하는 데 있다. 공동존재에 관한 논의에서 진정한 연대가 부각되었을 때 우리는 왜 헤겔이 피히테의 공동의식을 비판하는지를 알 수 있다. 원자적 주체들의 상호인정을 통해 성립된 공동의식에서는 흩어져 있는 개인들의 통합만 있을 뿐 진정한 연대는 구성되지 않는다. 왜냐하면 원리적으로 타자로부터 분리된 원자적 주체로 있는 한 공동의식은 언제든지 개별적인 자아로 다시 분열될 수 있기 때문이다.

이와 달리 헤겔의 인정이론에서 확립된 공동존재에서는 진정한 연대가 성립된다. 『정신현상학』 「정신」 장에서 헤겔은 정신의 공동존재에서만 드러나는 이러한 진정한 연대의 예를 개인과 공동체가 완전한 조화를 이루었던 고대 그리스 공동체에서 제시한다. 하지만 그는 근대 시대가 도래되면서 진정한 연대감으로 이루어졌던 공동체 사회가 다시 붕괴의 과정을 겪게 된다고 주장한다. 다시 말해 근대 시대에 개개인들의 권리에 대한 의식이 등장하게 되면서 개인과 공동체 사이에 이루어졌던 완전한 조화는 붕괴되기 시작한다. 왜냐하면 개개인의 권리만이 주장되는 근대의 평등한 사회에서 개인은 더 이상 공동체에 속한 일원이 아니라 원자적 개인들로 산산이 흩어지게 되기 때문이다.

하지만 여기서 우리가 유의할 점은 헤겔에 있어서 고대 그리스 사회에서 구현되었던 공동체의 붕괴는 부정적인 측면만 갖고 있는 것이 아니라는 사실이다. 이 붕괴를 통해 공동체와 공동체 속의 개인들은 다시 변증법적인 매개 과정 속으로 들어가게 되는데, 이 과정을 통해 인륜성에 기반을 두고 있는 새로운 근대적 공동체가 확립될 수 있다고 헤겔은 주장한다. 우리는 이와 같은 고대 사회와 근대 사회를 매개하는 인륜적 공동체의 구조를 헤겔의 『법철학』에서 발견한다. 『법철학』의 주제는 추상법, 도덕성 그리고 인륜성으로 구분되는데,

인류성은 다시 가족, 시민사회 그리고 국가로 나뉜다. 인류성의 이 세 가지 구분은 사실상 인간의 공동존재가 세 가지 방식으로 있다는 것을 보여 준다. 그러므로 인류적 실체로서의 정신에 기초해 있는 헤겔의 공동존재가 의미하는 바가 타자와의 진정한 연대라는 것을 보다 분명하게 이해하기 위해서는 우리는 이 세 가지 공동존재의 방식에 대해 살펴보아야 한다.

인간 삶에서 고립된 자아로부터 자발적으로 벗어나 타자와 더불어 존재하는 방식은 일차적으로 혼인에서 이루어진다. 『법철학』에서 헤겔은 혼인에 기초한 가족에서 인류성이 시작된다고 주장한다. 여기서 중요한 점은 그가 말하는 혼인은 근대 혼인법을 철학적으로 함축하고 있는 칸트의 혼인 개념과 근본적으로 다르다는 사실이다. 칸트에게서 서로 다른 성을 가진 두 원자적인 인격 또는 개인의 결합을 의미하는 혼인은 계약에 의해 성립되는데, 이 점에 대해 그는 다음과 같이 밝힌다.

무릇 자연적 성공동체는 순전한 동물적 자연본성에 따른 것이거나 법칙에 따른 것이다. 후자는 혼인 다시 말해서 서로 다른 성의 두 인격이 그들의 성적 속성을 평생토록 교호적으로 점유하기 위한 결합이다. […] 곧 또한 쾌감을 전제하여 그들의 성의 속성들을 교호적으로 사용하기 위한 것이라 하더라도, 혼인계약은 임의적인 것이 아니라, 인간성의 법칙에 의한 필연적 계약이다.[41]

---

41) 임마누엘 칸트, 『윤리형이상학 정초』, 백종현 옮김(아카넷, 2005), 216쪽.

여기서 말하는 계약은 무한한 내적 자유를 지닌 개인들이 서로 간의 자유를 제한한다는 합의를 가리키는데, 이러한 이성적 사유에 의해 도출된 합의하에 두 개인의 결합, 즉 혼인은 성립된다. 그런데 헤겔에 있어서 혼인은 계약에 의해 성립되지 않는다. "부부 각자의 의식이 총체성의 형태로 존립하는 연대는 그렇기 때문에 신성하며, 계약의 개념과는 아주 거리가 멀다. 그러나 사람들은 지금까지 혼인을 흔히 계약으로 보고 싶어 했다."[42] 더 나아가 그는 칸트의 혼인 개념을 다음과 같이 비판한다. "그러나 또한 혼인을 시민적 계약으로만 이해하는 것도 이에 못지않게 어설픈 생각인데 심지어 칸트에게서조차도, 이러한 견해가 엿보인다. 즉 칸트의 경우에는 두 사람의 자의 Willkür가 서로 합치하여 계약이 맺어지는 까닭에 결국 혼인이란 계약에 따라서 서로를 사용하는 형식이라는 데까지 비하돼 버렸던 것이다."[43] 헤겔이 계약에 의거한 칸트의 혼인 개념을 비판하는 이유는 계약은 필연적으로 개인의 자율성을 전제로 하며, 이와 같은 자율적인 주체가 유지되며 형성되는 공동존재에서는 타자를 외적으로만 관계할 뿐 타자와의 내적인 결속성이 형성되지 않기 때문이다.

칸트와는 달리 헤겔은 『법철학』에서 각자 독립적으로 있는 개인들을 결합해 주는 혼인의 가장 중요한 전제 조건은 계약에서가 아니라 인륜성Sittlichkeit에 놓여 있다고 주장한다. "혼인이란 본질적으로 하

---

42) 헤겔, 『헤겔 예나 시기 정신철학』, 55쪽.
43) 헤겔, 『법철학』, 94쪽.

나의 인륜적인 관계이다."[44] 헤겔에게서 '인륜적인 관계'란 '인륜적 실체'로 규정되는 두 개인들의 결합에 주어지는 공동체적 관계를 의미한다. 그리고 혼인을 통해 형성된 가족공동체에서 인륜성의 첫 번째 단계가 드러난다고 그는 역설한다.

> 결국 인륜성이란 개념에 어울리는 의지와 개별자, 즉 주관의 의지와의 통일된 상태이다. 이때 다시금 인륜성을 지닌 최초의 현존재는 하나의 자연적인 것, 즉 사랑과 감정의 형식을 지닌 것이니, 이것이 곧 가족이다. 여기서 개인은 그의 꼿꼿하고 거추장스러운 인격성을 지양하고 그 스스로가 전체 속에 몸담고 있다는 의식을 지니게 된다.[45]

이 인용문에서 꼿꼿한 인격성이 지양된다는 것은 가족 속에서 개인은 타자로부터 분리된 독자적인 주체가 아니라 구성원으로 존재하는 방식을 의미한다. 그리고 구성원은 타자와 상호의존적이며 동시에 가족공동체 전체의 일부분으로 간주되기 때문에 독자성을 띨 수가 없다. 여기서 우리는 왜 헤겔이 계약에서가 아니라 인륜성에 기초해 있는 혼인에서만 타자와의 진정한 내적 결속이 성립된다고 주장하는지를 이해할 수 있다. 인륜성의 첫 단계를 의미하는 가족공동체에서 개인은 독자적인 인격체가 아니라 전체에 속해 있는 구성원으로 존재하기 때문에 타자와 필연적으로 내적인 결속을 다진다. 원

---

44) 앞의 책, 279쪽.
45) 앞의 책, 94쪽.

자적 주체에 기반을 두고 있는 피히테의 인정이론과 비교했을 때, 이 내적 결속성은 필히 강조되어야 할 중요한 개념이다. 더 나아가 가족 공동체 외에 인륜적 세계에서 타자와 내적으로 결속되어 있다는 것을 의미하는 공동존재를 헤겔은 시민사회의 분석에서 제시한다.

헤겔이 말하는 공동존재의 두 번째 방식은 시민사회에서 드러난다. 앞에서 다루었던 가족의 구성원들은 자립적인 개인으로 존재하는 한 시민사회의 구성원이기도 하다. 헤겔은 시민사회의 구성원으로서의 개개인들은 자기 자신의 이익을 목적으로 추구하는 사적인 인격체라고 주장한다.[46] 그런데 여기서 중요한 사실은 시민사회라고 하는 공동체 속에서 사적 인격체들은 자신들의 이익을 추구하고 있기 때문에 개개인들은 서로 공동존재 속에서 매개되어 있다고 하는 점이다. 영국의 국가 경제학의 영향을 받은 헤겔은 이 문맥에서 모든 개개인들은 자신의 욕구와 타인의 욕구를 만족시키기 위해서 노동한다고 설명한다. 다시 말해, 근대적 노동 분업이 이루어지는 시민사회 속에서 모든 개인들은 자신의 욕구와 보존을 위해서 노동하지만 이 노동은 결국 타인들의 욕구를 만족시키게 된다.

이처럼 근대 시민사회에서는 개인의 노동이 단순히 개인의 차원에 머물지 않고 자기 자신과 타인의 욕구를 충족시키기 위한 사회적 노동으로 이해된다는 것이다. 따라서 근대적 노동 분업이 이러한 사회적 노동의 중요한 징표로 이해될 수 있다. 여기서 우리는 개개인들의 욕구와 노동이 이미 시민사회라고 하는 공동존재의 토대 위에서

---

46) 앞의 책, 187쪽 참조.

타인들의 욕구 및 노동과 매개되고 상호 의존되어 있음을 알 수 있다. 그리고 근대 시민사회에서 이루어지는 이러한 타인과의 사회적 매개는 위에서 상술했던 타인과의 상호 인정을 전제로 하고 있다.

그런데 근대 시민사회에서 형성된 노동 분업 외에 우리는 개개인들이 사회적으로 매개되어 있는 상호 인정을 통해 타자와 본질적으로 함께 있다는 사실을 또 다른 관점에서 확인할 수 있다. 인간의 욕구는 단지 자기보존을 위한 자연적 욕구뿐만이 아니라 사회 속에서 타인과 동등해지려는 모방의 욕구와 동시에 타인과의 차별화 욕구를 포함하고 있다. 이러한 모방과 차별화의 욕구는 인간의 욕구가 사회적이고 문화적인 욕구이며 여기서 타인의 인정을 추구한다는 점을 보여 주고 있다. 이와 같은 사회적 욕구의 특징을 우리는 사치에 대한 욕구와 생물학적인 자기보존에 전혀 도움을 주지 않는 훈장 또는 적군의 깃발을 욕구하는 행위에서도 발견한다. 이 점에 대해 코제브는 다음과 같이 설명한다.

> 마찬가지로 자연적인 객체를 지향하는 욕구는 동일한 객체와 관계하고 있는 어떤 타자의 욕구에 의해서 '매개되어지는' 정도만큼만 인간적이다. 즉 타자들이 그것을 욕구하기 때문에 그들이 욕구하는 것을 욕구하는 것이 인간적인 것이다. 그러므로 생물학적 입장에서 볼 때 완전히 무익한 대상이 (예를 들자면 훈장이나 적군의 깃발) 다른 욕구들의 대상이라는 이유 때문에 욕구될 수 있는 것이다.[47]

---

47) 꼬제브, 『역사와 현실 변증법』, 31쪽.

여기서 살펴본 바와 같이 헤겔은 근대 시민사회라는 공동존재 속에서 모든 개인들이 법적으로 상호 인정된 관계 속에 있다는 점뿐만이 아니라 이미 살아가는 데 전혀 도움이 되지 않은 무익한 대상을 욕구하는 데에서도 서로 사회적으로 매개되어 있음을 강조한다.

가족으로부터 시작된 인륜성으로서의 공동존재는 타자와의 상호 인정을 통해 형성된 시민사회를 거쳐 국가로 발전하는데, 국가에서 우리는 헤겔이 말하는 공동존재의 세 번째 방식을 발견한다. 헤겔은 '국가란 인륜적 이념의 현실태이다'[48]라고 말하며, 국가에서 인륜적 정신der sittliche Geist은 명확하고 확실한 실체적 의지로 나타난다고 설명한다. 다시 말해 국가는 처음에 습속과 개개인들의 의식과 행위 속에서 간접적으로 드러나지만, 가족과 시민사회를 거치면서 개개인들의 실체적 자유를 부여하는 보편적 의지 또는 객관적 정신으로 나타난다.

헤겔은 이러한 보편적 의지 또는 객관적 정신으로서의 국가의 구성원으로서만 개인은 자신의 객관성과 인륜성을 갖는다고 말하면서 "개개인의 최고의 의무는 국가의 성원이 되는 데 있다"[49]고 주장한다. 사실 헤겔의 이 같은 주장은 그동안 많은 오해를 불러일으켰는데, 그 까닭은 개인의 자유보다 국가라는 공동존재만이 부각될 때 헤겔의 주장은 전체주의적인 사고를 옹호하는 것처럼 보이기 때문이다. 이 오해를 피하기 위해서 우리는 헤겔이 자신의 국가 개념에서 강

---

48) 헤겔, 『법철학』, 257쪽 참조.
49) 앞의 책, 258쪽.

조하고자 하는 바로 '보편성과 개별성의 상호 침투하는 통일'이라는 점에 유의할 필요가 있다. 즉, 국가 또는 공동존재의 객관적 자유와 개인의 주관적 자유의 통일이다. 이 관점에서 헤겔은 개인들이 자유와 권리를 갖는 한에서 국가에 대한 의무를 지닌다고 강조한다. 그렇기 때문에 헤겔에서 국가는 전체주의적인 공동존재를 의미하지 않는다. 이처럼 국가라는 공동체에서 개인들은 서로 상호 침투되어서 완전한 매개를 이루게 되며, 이로 인해 개인들은 진정한 의미의 공동존재로 이해되는 국가에서만 상호 인정된 개인들로 존재할 수 있는 것이다. 따라서 헤겔에 의하면 타자로부터 고립되어 있는 원자적 주체의 합일이 아니라 타자와의 진정한 연대를 의미하는 인륜적 공동존재는 개인들이 서로 상호 침투되어 있는 국가에서 비로소 실현된다.

인간의 본질을 자기의식으로 규정한 데카르트는 이 자기의식에 입각해 근대 철학적 원리를 확립한다. 그리고 고립된 자기의식에서 경험되는 자아는 세계뿐만 아니라 다른 자아로부터도 분리되어 있다. 이와 같은 이유로 인해 자기의식을 인간의 본질로 간주하는 데카르트에게서 일차적으로 주어지는 것은 의식에 갇혀 있는 자아인 반면 타자와 함께 있는 공동존재는 이 고립된 자아로부터 파생된 이차적인 것으로 간주된다.

그런데 인륜성에 기반을 두고 있는 정신의 공동존재에서 헤겔은 데카르트에서 칸트에 이르기까지 근대 철학자들이 믿어 의심치 않았던 이 명제를 뒤집는다. 그에게서 최초로 주어지는 것은 자기의식에서 주어지는 고립된 자아가 아니라 이미 사회적 관계를 맺고 있는 공동존재이다. 하지만 자아중심적인 데카르트 철학에서 성립된 상호주관성 개념과는 완전히 다른 인륜적 정신에 바탕을 두고 있는 공동존재를 헤겔은 구체성이 결여된 절대 정신의 관점에서 사변적인 방식으로 해명했기 때문에 결과적으로 공동존재로서의 정신의 의미가 이제까지 잘 부각되지 않았다. 이를 보완하기 위한 공동존재에 관한 구체적인 논의를 우리는 미드G. Mead의 사회심리학에서 발견할 수 있다. 헤겔과 마찬가지로 사회심리학에서 미드 또한 고립된 자아보다 공동존재가 일차적으로 주어진다고 주장한다. 하지만 공동존재를 설명하는 데 있어 헤겔의 사변적인 방식과는 달리 미드의 사회심리학에서는 공동존재 개념을 이해하기 위한 커뮤니케이션과 같은 구체적인 사례들이 제시된다.[50]

이론적 사유보다 실천적 행위를 우위에 두는 실용주의와 정신의 존재를 행동을 통해 설명하고자 하는 행동주의 그리고 헤겔 상호주관성이론으로부터 영향을 받은 미드는 타자와 세계로부터 분리된 자아 개념을 부정한다. 미드에서 자아는 필연적으로 다른 자아와 함께 존재한다. 그리고 이러한 사실을 바탕으로 하여 그는 심리학의 새로

---

50) 독일의 저명한 비판이론가인 호네트에 따르면 미드의 사회심리학은 사변적인 방식으로 전개되었기 때문에 이해하기 어려운 청년 헤겔의 상호주관성이론을 경험적인 이론 속에서 재구성할 수 있는 최적의 수단을 지니고 있다. "인간 주체들이 자신의 정체성을 상호주관적 인정이라는 경험 속에서 형성한다는 사상을 미드의 사회심리학처럼 자연주의적 사고 전제 아래서 일관되게 발전시킨 이론은 없다. 미드의 저작들은 오늘날까지도 청년 헤겔의 상호주관성이론적 직관들을 탈형이상학적 이론 속에서 재구성할 수 있는 최적의 수단을 지니고 있다. [...] 대부분 강의 노트 형식으로 전해지는 미드의 사회심리학은 분명 간과할 수 없으며, 우리의 관심을 자아내는 핵심적 부분에서 청년기 헤겔의 저작과 일치하고 있다." 악셀 호네트, 『인정투쟁』, 문성훈·이현재 옮김(사월의책, 2011), 144쪽 참조.

운 분야인 사회심리학을 열어 밝히는데, 그는 사회심리학을 다음과 같이 정의한다. "사회심리학은 특히 개인 구성원의 경험과 행위를 결정하는 데 사회적 집단이 어떤 효과를 지니는지에 관심을 둔다. 우리가 태어날 때부터 자아에 부여된 영혼의 개념을 버린다면, 자아 발달과 경험의 장 안에서의 자의식을 사회심리학의 특별한 연구관심으로 끌어들일 수 있다."[51] 사회심리학의 주제는 의식에 주어지는 자아를 분석하는 것인데, 이 자아는 고립된 의식으로부터 벗어나 다른 자아와 함께 있다. 그리고 미드의 사회심리학에서 우리는 근대 철학적 자아와 구분되는 새로운 자아 개념을 발견한다.

자아가 태어날 때 이미 영혼과 더불어 존재한다는 사상을 미드는 거부한다. 이와 달리 그에게서 자아는 발달 과정을 거치면서 형성되는데, 이 발달 과정은 필연적으로 타자와의 상호 교류를 전제로 한다. 그래서 그는 자아 개념은 고립된 의식에서가 아니라 다른 자아와의 관계 속에서 존재한다고 역설한다.

우리는 모든 사람들의 태도를 통제하는 공동체의 구성원이 되지 않는한, 우리 자신이 될 수 없다. 또한 우리가 공통의 태도들을 지니지 않는한, 우리는 권리를 지닐 수 없다. […] 자아들은 다른 자아들과의 분명한 관련 속에서만 존재할 수 있다. 우리 자신의 자아와 타인들의 자아사이에 확고한 선이 그어질 수 없다. 왜냐하면 다른 사람들의 자아가존재해 우리 경험 속으로 들어올 때만 우리 자신의 자아가 존재하기 때

---

51) 조지 허버트 미드, 『정신·자아·사회』, 나은영 옮김(한길사, 2010), 75쪽.

문이다. 개인은 자기가 속한 사회적 집단의 다른 구성원들의 자아와 관련해서만 자아를 소유한다.[52]

이 인용문에서 우리는 미드 사회심리학에서 주장되는 핵심 내용을 발견한다. 그런데 독일 관념론과 비교했을 때 미드의 사회심리학적 자아는 전혀 새로운 개념이 아니다. 공통의 태도에서 모든 개인들의 권리가 유래된다는 사상은 자연법에 대한 논의에서 이미 피히테에 의해 심도 있게 분석되었다. 더 나아가 자아가 다른 자아와의 관련성 속에서 존재한다는 것은 이미 청년 헤겔의 상호주관성이론에서도 찾아질 수 있다. 그럼에도 불구하고 타자와의 공동존재에서 출발하는 미드의 사회심리학적 자아가 주목받아야 하는 이유는 이 자아 개념이 독일 관념론과는 달리 타자와의 공동존재를 일상생활에서 경험되는 자연주의적 관점에 의거해 해명하기 때문이다.

미드 사회심리학이 전제로 하고 있는 것은 인간이 다른 자아와 더불어 집단생활을 하고 있다는 사실이다. 그리고 집단생활에서 가장 중요한 점은 집단 속에 있는 구성원들이 서로 상호커뮤니케이션을 한다는 것이다. 집단생활을 하는 동물의 삶 역시 예외는 아니다. 예를 들어 병아리에게 위험을 알리거나 먹이가 있다는 신호를 보내는 어미 닭의 소리에서 볼 수 있듯이 집단으로 사는 닭들 또한 커뮤니케이션을 한다. 그런데 비록 인간과 동물 모두 집단생활을 영위하지만, 인간 삶에서 수행되는 커뮤니케이션은 동물의 커뮤니케이션과

---

52) 앞의 책, 254쪽.

근본적으로 구분된다. 왜냐하면 동물과 달리 인간의 커뮤니케이션에서는 보편적 의미가 수반되기 때문이다. 그리고 보편적 의미가 있다는 것은 다른 자아와 커뮤니케이션을 할 때, 인간은 타인의 태도를 자신에게 부여할 수 있는 능력을 지니고 있음을 나타낸다. 다시 말해 보편적 의미에 바탕을 두고 있는 인간의 커뮤니케이션은 자기성을 필히 전제로 한다고 미드는 주장한다.

> 커뮤니케이션에 필수적인 것은 그것이 다른 개인에게서 불러일으키는 것을 스스로에게도 불러일으켜야 한다는 것이다. 상징은 스스로 같은 상황에 있다는 것을 알게 되는 누구에게나 그런 종류의 보편성을 지니고 있어야 한다.[53]

그런데 여기서 유의할 점은 미드에게서 자기성 또는 자기의식은 고립된 주체 또는 타인의 의식으로부터 분리되어 있는 의식을 의미하지 않는다. 미드에 있어서 자기의식은 필연적으로 다른 자아와의 관계 속에서 형성된다.

> 결국 자기의식self-consciousness이라는 말에서 의미하는 것은 우리 자신 안에서 우리가 타인에게서 불러일으키는 태도들의 집합을 일깨우는 것이다.[54]

---

53) 앞의 책, 239쪽.
54) 앞의 책, 253쪽.

요약하자면 사회적 과정의 한 활동으로 간주되는 인간의 커뮤니케이션은 동물의 삶에는 부재하는 자기의식을 전제로 하지만, 보편화된 타인의 태도를 지닌 이 자기의식은 역설적으로 사회적 구성원으로 있는 다른 자아들에 의해 형성된다. 내면적인 의식에서 경험되는 데카르트적 자기정체성과는 달리 헤겔과 미드에 있어서 인간의 자기정체성은 타자와 함께 있는 공동체에 의해 형성된다. 그리고 이렇게 이해된 자아정체성은 사회적 자아정체성으로 규정된다.

이상에서 살펴본 바와 같이 헤겔의 인륜성 개념과 미드의 사회심리학 이론에서 우리는 정신으로 규정되는 인간은 본질적으로 타자와 더불어 존재$_{ge-ist}$한다는 것을 볼 수 있다. 앞에서 상술된 바와 같이 헤겔에서 정신의 공동존재는 자기의식에 앞서 주어지는 인륜적 세계에서 타자와의 사회화 과정을 거치면서 형성된 것이다. 인간은 본질적으로 인륜적 세계에서 타자와 함께 있다는 헤겔의 상호주관성이론으로부터 영향을 받은 미드는 심리학을 연구하는 데 있어 의식에 초점을 맞춘 기존의 심리학과 구분되는 사회심리학이라는 새로운 분야를 세운다. 우리가 헤겔의 공동존재와 연관지어 미드의 사회심리학을 분석한 이유는 타자와의 관계에 관한 논의에서 미드는 사회적 과정을 구체적인 문맥에서 제시하기 때문이다.

근대 철학에서 핵심적인 개념으로 간주되는 의식을 거부하는 기초존재론에서 하이데거가 확립하고자 하는 현존재의 '더불어 있음'은 이와 같은 전통에 속해 있다. 나중에 보다 자세히 제시되겠지만, 자기의식에 앞서 주어지는 현존재의 '자기성'과 '더불어 있음' 또한 사회적 과정 속에서 성립된다. 그리고 정신으로서의 공동존재의 문맥 속에서 하이데거의 존재사유를 사회존재론으로 해석하는 우리의 시도 또한 정당성을 얻을 수 있다. 더 나아가 정신의 공동존재 외에 사회존재론을 정초하는 데 방향 잡혀 있는 하이데거의 존재사유와 헤겔 철학과의 유사성은 역사성 개념에서도 찾을 수 있다.

4. 헤겔에서 정신과 역사성

『존재와 시간』에서 하이데거는 '사태 자체'를 열어 밝히는 데 있어 후설 현상학으로부터 깊은 영향을 받았다고 고백하지만, 그럼에도 불구하고 하이데거의 존재사유는 후설 현상학과는 근본적으로 구분된다. 이 구분은 여러 방식으로 설명될 수 있지만 우리는 하이데거가 말한 차이점에 주목하고자 한다. 후설 현상학과 자신의 존재사유가 근본적으로 다르다는 것에 대해 그는 다음과 같이 주장한다.

> 그사이에 후설이 말하는 현상학은 데카르트, 칸트, 그리고 피히테에 의해 정초된 양상을 따르는 독특한 철학적 입장 속에서 구축되었다. 이러한 입장에서는 사유의 역사성die Geschichtlichkeit des Denkens은 완전히 낯선 것으로 남아 있다(이 점에 관해서는 1910/1911년에 출판된 『엄격한 학문으로서의 철학』을 참조할 것).『존재와 시간』에서 전개된 존재사유는 이와 같은 입장과는 반대된다.[55]

---

55) W. Richardson, "Preface by M. Heidegger", *From Phenomonology to Thought*(The Hague: Martinus Nijhoff, 1967), xiv 참조.

후설은 철학이 엄격한 사유로 나아가기 위해서는 상대주의에 빠져서는 안 된다고 생각한다. 그래서 그는 철학적 사유를 상대주의로 이끄는 역사성을 현상학에서 단호히 배제시킨다. 하지만 후설 현상학과 달리 하이데거는 기초존재론에서 전개된 존재사유는 역사적인 특징을 지니고 있다고 주장한다. 이를 해명하기 위해 그는 『존재와 시간』 제5장에서 현존재의 역사성 개념에 대해 심도 있게 분석한다.

시간의 지평에서 드러나는 존재사유는 현존재의 역사성을 필히 전제로 한다. 그런데 하이데거가 현존재의 역사성을 말할 때, 그가 의미하는 바는 일반적인 역사 개념이 아니다. 현존재의 역사성은 독특한 의미를 함축하고 있는데, 이 의미를 해명하기 위해 그는 우선적으로 존재론적 '역사'Geschichte와 이론적 '역사'Historie를 구분한다.

> 가장 흔한, 자주 지적되지만 결코 '대충'은 아닌, '역사'Geschichte라는 용어의 애매함은 다음의 사실에서 드러난다. 즉 그 용어는 '역사적 현실'뿐만 아니라 또한 그것에 대한 가능한 학문까지도 의미한다. 역사과학(역사학)에서 의미하는 '역사'Historie의 뜻은 우리는 잠시 배제한다.(『존재와 시간』, 495쪽)

하이데거 철학을 접해 본 많은 사람들은 그의 사유가 난해하다고 한다. 하이데거 철학의 이해를 어렵게 만드는 요인들이 많이 있는데, 그 중에 하나는 언어 사용의 혼동에 있다. 한국어를 포함한 다른 언어들에서는 라틴어에서 유래된 '역사'History를 지칭함에 있어 하나의 용어가 사용된다. 이와 달리 독일어에서는 역사를 지시할 때

'Historie'와 더불어 'Geschichte'라는 용어가 사용되는데, 이 두 개의 용어는 서로 다른 의미를 함축하고 있다. 'Historie'와 'Geschichte'가 서로 다른 의미를 가지고 있는 용어임에도 불구하고, 이 두 단어가 일괄적으로 일반적인 하나의 용어로 번역됐을 때 현존재의 역사성의 논의에서 비롯되는 혼란은 피할 수가 없다. 그렇다면 하이데거가 말하는 'Historie'와 'Geschichte'의 차이점은 무엇인가?

하이데거에 있어서 'Historie'는 일반적인 의미에서처럼 인간을 포함한 모든 사물들의 지나간 과거의 사건들을 탐구하는 학문을 지칭한다. 이와 달리 'Geschichte'는 '생기'生起, Geschehen, 즉 자유로 향한 근원적인 운동에 기초해 있는 현존재의 존재방식을 탐구하는 학문을 나타내며, 이 학문을 바탕으로 '이론적 역사'Historie가 성립되는데, 이 점에 대해 그는 다음과 같이 밝힌다. "생기에 의해서 비로소 처음으로 현존재의 존재가 구성되고, 그래서 오직 현존재가 그의 존재에서 역사적이기에, 여러 사정들, 발생 사건들, 운명들과 같은 것이 존재론적으로 가능하게 되는가?"(『존재와 시간』, 496쪽)

또한 여기서 제시된 바와 같이 'Geschichte'가 근원적인 토대를 의미하기 때문에 그는 'Geschichte'를 일차적인 것으로 그리고 'Historie'는 이차적인 것으로 정의한다. "일차적으로 역사적인 것은 현존재라고 우리는 주장했다. 그러나 이차적으로 역사적인 것은 세계 내부적으로 만나는 것, 가장 넓은 의미에서의 손안에 있는 도구뿐 아니라, '역사적인 지반'으로서의 주위세계 자연이다."(『존재와 시간』, 499쪽) 다시 말해 자유로운 현존재가 이미 역사적인 방식으로 존재하기 때문에, 현존재에 의해 구성되는 주위세계에서 만나는 사물들 또한 역사 세계에 편입될 수 있다. 그리고 현존재가 역사적 세계에 존재하기 때문에 주위세계 사물들은 역사학의 대상으로 고찰될 수 있다. 요약하자면 '이론적 역사'$_{\text{Historie}}$와 구분되는 '존재론적 역사'$_{\text{Geschichte}}$는 자연과 대립되는 현존재의 자유로운 행위에 의해 구축된 세계를 바탕으로 한 역사학에 선행하는 근원적인 토대를 의미한다.

하이데거가 존재사유를 해명하는 과정에서 후설과 칸트가 역사성 개념에 주목하지 못했다고 말할 때, 그가 의미하는 역사는 현존재의 '역사성'$_{\text{Geschichtlichkeit}}$에 바탕을 둔 것이다. 그에게서 실존과 더불어 정신으로 규정되는 현존재는 의식으로부터 벗어나 세계 속에서 존재하는데, 자유로 향하는 운동, 즉 생기에 기초해 있는 현존재의 세계는 자연세계에 대립되는 사회적 또는 역사적 세계를 지칭한다. 역사적인 특징을 띠고 있는 존재사유는 이와 같은 역사적 세계에 바탕을 두고 있기 때문에, 기초존재론에서 역사는 핵심적인 개념으로 간주된다. 그런데 근대 철학사에서 역사에 관한 논의를 이론적 사유에 선행하는 존재론적 차원에서 고찰하고자 최초로 시도한 사상가는 하이데거가 아니다. 전 장에서 제시된 역사성을 낯선 것으로 간주하는 철학자들의 명단에서 헤겔의 이름이 빠져 있는데 우리는 이러한 사실에 주목해야 한다. 하이데거는 의도적으로 헤겔을 이 명단에서 제외시킨다. 왜냐하면 헤겔 또한 역사를 존재론적 차원에서 다루기 때문이다. 하이데거에 앞서 헤겔은 자신의 사변 철학에서 일차적 역사와 이차적 역사를 구분하며, 이 일차적인 역사 개념에 의거해 존재사유를 가능케 하는 정신의 본질을 해명하고자 한다.

비코$_{\text{G.Vico}}$ 이래로 근대 철학 사상에서 역사성에 대한 논의는 많았지만, 이를 철학적으로 집대성한 사상가는 바로 헤겔이다. 그에 있어서 역사에 대한 철학적 이해는 세계사에서 일어난 사건들의 나열이나 혹은 이 나열을 기술하는rerum gestarum memoria 데에 있지 않다. 『역사철학』 강의에서 그는 역사를 다루는 방법론을 세 가지로 구분하는데, 이는 '사실의 역사', '반성적 역사' 그리고 마지막으로 '철학적 역사'이다. "역사를 고찰하는 방식에는 일반적으로 다음 세 가지가 있다. a) 사실 그대로의 역사, b) 반성적 역사, c) 철학적 역사."[56] 여기서 헤겔은 역사학을 근본적으로 새롭게 규정한다. 하이데거의 용어를 빌리자면, 이 새로운 규정에서 헤겔은 역사학을 일차적인 것과 이차적인 것으로 구분하는데, 전자는 Geschichte로 그리고 후자는 Historie로 지칭한다. 헤겔의 역사성에 대한 논의에서 현존재의 '역사성', 즉 Geschichte에 해당되는 것이 바로 철학적 역사이다.[57] 그런데 헤겔 철학에서 철학적 역사는 어떤 의미를 지니고 있는가?

앞 장에서 제시된 바와 같이 동물과 구분되는 인간의 본질은 정신에 놓여 있다. 그리고 정신으로 규정되는 한 인간은 자연세계뿐만 아니라 자신이 창출한 역사세계 속에서도 존재하며, 이 역사세계, 즉 세계사는 정신에 의해 이끌려진다. 그러므로 헤겔은 반성적 역사가

---

56) 헤겔, 『역사철학강의』, 11쪽.

57) 역사학(Historie)과 구분되는 이와 같은 헤겔의 '역사'(Geschichte) 역시 '일어남'(Geschehen)에서 유래된다는 사실에 대해 하이데거는 잘 알고 있다. "또 철학이 역사에 대해서 갖고 있는 그런 관계에 대한 지적들은 무엇을 의미해야 하는가? 이러한 지적들은, 헤겔에게서 사유의 사태는 그 자체 역사적이라는 사실을, 하지만 그것은 일어남(Geschehen)이라는 의미에서 역사적(geschichtlich)이라는 사실을 암시하고 있다." 마르틴 하이데거, 『동일성과 차이』, 신상희 옮김(민음사, 2000), 37쪽 참조.

전제로 하고 있는 철학적 역사를 다음과 같이 정의한다. "왜냐하면 이념은 영혼을 이끄는 헤르메스 같아서 이념이야말로 민족과 세계를 이끄는 진정한 손이고, 정신이 지니는 이성적이고 필연적인 의사는 어느 시대에나 현실 사건을 이끌기 때문이다. 정신이 세계를 이끄는 모습을 인식하는 것이 우리의 목적이다. 이리하여 세 번째의 역사, 철학적 역사가 등장한다."[58] 이 인용문에서 우리는 사변 철학에서 헤겔이 말하는 철학적 역사의 의미를 분명하게 파악할 수 있다. 그에게서 자연과 대립되는 세계사는 우연적인 힘에서가 아니라 정신에 의해 진행되는데, 철학적 역사는 바로 이러한 진행을 이성적으로 파악하는 방법론을 의미한다. 따라서 일반적인 역사학과 구별되는 철학적 역사를 보다 분명하게 이해하기 위해서는 세계사를 이끄는 정신의 의미가 파악되어야 한다.

일반적인 역사학 개념과 구분되는 헤겔의 철학적 역사를 해명하는 데 있어 우리는 세계사에 대한 고찰이 단순히 과거의 사건들을 탐구함에 있지 않고 정신의 운동을 해명하는 데 있다는 사실에 주목해야 한다. 『역사철학강의』에서 헤겔은 철학적 역사의 근본적인 주제인 정신의 본질은 자유에 놓여 있다고 주장한다. "정신의 본성을 인식하려면 반대 극에 있는 물질과 대비해 보는 것이 좋다. 물질의 실체가 무게라고 한다면 정신의 실체 내지 본질은 자유이다."[59] 이처럼 정신을 규정함에 있어 헤겔은 이론적 이성보다 실천적 이성에서 드러

---

58) 헤겔, 『역사철학강의』, 18쪽.
59) 앞의 책, 27쪽.

나는 자유를 강조하는데, 이 자유 개념은 사실 철학사적 문맥에서 볼 때 칸트의 우주론적 자유 개념으로부터 유래되었다. 하지만 칸트와는 달리 헤겔은 자유 개념의 이론적 분석을 넘어서서 이 우주론적 자유 개념 또는 자유 이념이 구체적인 현실세계의 역사 속에서 실현되는 과정에 더 주목한다.

자유로 규정되는 정신의 활동은 세계사에서 진행된다. 그리고 세계사에서 이루어지는 정신의 발전은 유기체의 형식적인 자기 발전이 아니라 특정한 목적을 향해 나아가는데, 이 목적은 다름 아닌 자유라고 헤겔은 주장한다. "이 목적은 애초부터 확정되어 있는데 그것이 정신이고, 더구나 자유를 본질 내지 개념으로 하는 정신이다. 자유로운 정신이야말로 역사의 근본적인 대상이며 그 때문에 또한 발전의 지도 원리이기도 하고, 그것이 발전에 의미와 가치를 준다."[60] 그런데 여기서 우리가 유의할 점은 세계사가 목표로 삼고 있는 자유 개념은 도덕철학에서 말하는 일반적인 자유 개념과 구분된다는 사실이다. 헤겔에게서 세계사의 목적으로 있는 자유는 내적 의식에 머물러 있는 주관적 자유가 아니라 현실세계에서 실제적으로 경험되고 실현되어야만 하는 객관적 자유를 의미한다.

철학적 원리를 의식에서가 아니라 정신에 입각해 확립하고자 하는 헤겔 철학에서 가장 중요한 개념은 자유로운 정신 활동이다. 그리고 정신의 자유를 분석함에 있어 헤겔은 인간 자유의 조건은 주관적인 실천이성에서뿐만 아니라 객관적인 현실세계에도 놓여 있다

---

60) 앞의 책, 64쪽.

고 주장한다. 왜냐하면 세계사를 진행시키는 지도 원리로 있는 정신의 자유는 의식에만 머물러 있지 않고 인간 역사, 즉 세계사에서 실현되기 때문이다. 세계사에서 정신의 자유가 의식으로부터 벗어나 현실적 세계 속에서 실현된다는 사실에 대해 그는 다음과 같이 서술한다. "세계사란 정신이 스스로를 자유라고 의식하는 자유의식의 발전 과정과 이 의식에 의해서 산출되는 자유의 실현 과정을 나타낸 것이다."[61] 이 인용문에서 우리는 왜 사변 철학에서 헤겔이 자연 개념보다는 역사성 개념을 중요하게 다루는지를 알 수 있다. 자연보다 역사성이 우위에 있는 까닭은 자유로서의 정신은 인간을 통해 세계사에서 실현되기 때문이다. 그리고 이와 같이 정신의 본질을 구성하는 자유는 세계사에서 실현되기 때문에 정신을 파악하기 위해서는 역사에 대한 분석이 필히 요구된다. 더 나아가 세계사가 중요한 이유는 이 세계사에서 주관적으로 이해된 자유와는 근본적으로 다른 새로운 자유 개념, 즉 객관적 세계에서 경험되는 자유의 현실태가 드러나기 때문이다.

사실 인간의 자유를 철학적 중심 주제로 삼은 철학자는 헤겔에 앞서 칸트이다. 칸트의 『실천이성비판』에 따르면 인간의 본질은 자유에 있다. 그런데 실천이성에서 열어 밝혀진 자유는 여전히 예지계의 이념으로만 존립한다. 여기서 우리는 칸트의 자유 개념의 본질이 아직 관념에만 머물러 있다는 것을 볼 수 있다. 왜냐하면 비록 칸트가 실천을 통해 예지계의 이념으로서의 자유 개념을 현실 속에서 실천

---

61) 앞의 책, 71쪽.

할 수 있음을 강조했다 하더라도, 그는 자유 개념이 어떻게 구체적인 현실세계, 즉 세계사 속에서 구현되는지의 문제를 도외시했기 때문이다.

사변 철학에서 헤겔은 이 같은 주관적 관념 또는 이념에 머물러 있는 칸트의 자유 개념을 두 가지 관점에서 비판한다. 첫째, 실천이성에 의해 규정되는 칸트의 자유는 아직도 주관적 의식에 의해 규정된 것이다. 둘째, 칸트의 자유 개념은 여전히 가능태로서의 이념에 머물러 있는 자유를 의미한다. 칸트와는 달리 헤겔이 세계사에서 실현되는 자유를 말할 때, 그가 의미하는 자유는 관념에서 드러나는 가능태로 있는 자유가 아니다. 헤겔이 세계사와 연관 지어 정초하고자 한 자유는 주관적 관념에서 벗어나 있는 객관적인 세계에서 현실태로 있는 자유를 나타낸다. 그리고 현실화된 자유의 관점에서 볼 때, 우리는 세계사에서 이루어진 자유의 '실현'의 의미를 보다 분명하게 파악할 수 있다. 자유의 실현이란 아직 발전되지 않은 채 자기 내에 가능태로 있는 자유가 현실태로 전환되는 '과정'을 지시한다. 이 과정이 바로 세계사의 발전 과정이며, 자유의 현실태는 세계사의 발전 과정에 따라 점진적으로 이루어진다. 더 나아가 헤겔에 따르면 세계사의 발전 과정이 중요한 이유는 이 과정 속에서 한 사람의 자유가 모든 사람의 자유로 확대되어 나가기 때문이다.

비록 칸트의 『실천이성비판』으로부터 영향을 받았지만, 헤겔 역사철학에서 중요한 것은 이념으로서의 자유 개념이 아니라 모든 사람들이 누릴 수 있는 실제적 자유 개념이다. 그리고 이러한 자유의 현실태는 3단계의 과정을 거치면서 실현된다고 그는 주장한다.

즉 제1단계는 이미 말한 것처럼 정신의 자연성 안에 몰입한 상태이고, 제2단계는 정신이 자연성을 탈출하여 자유를 의식한 상태이다. 그러나 제2단계에서 이루어지는 자연성으로부터의 첫 분리는 불완전하고 부분적이다. 왜냐하면 그것은 직접적인 자연성에서 곧바로 파생해 나온 것이기 때문에 아직도 자연성과 관계가 있고, 또 자연성을 계기로 상반하고 있기 때문이다. 제3의 단계는 이와 같은, 아직 특수한 상태에 있는 자유로부터 순수한 보편적 자유로 상승하여 정신의 본질이 자기의식 및 자기감정으로 파악된 상태이다.[62)]

여기서 말하는 제1단계에서는 전제군주로 있는 한 사람만이 자유롭다. 그리고 제2단계는 한 집단, 즉 귀족집단만이 자유를 누리는 시기를 의미하는데, 헤겔에 있어서 제2단계는 그리스 사회에서 발견된다. 비록 자유의식이 등장했으나, 사회를 귀족과 노예로 구분하고 있는 한에서 그리스 사회에서는 아직 모든 사람들이 실제적으로 누리는 자유의 현실태가 도래하지 않았다. 세계사의 발전에 있어 제3단계는 모든 사람들이 자유를 누릴 수 있는 시기를 말하는데, 헤겔은 이와 같은 시기가 근대 유럽에서 최초로 등장했다고 역설한다.

게르만 국가가 받아들인 그리스도교 안에서 인간이 그 자체로서 자유이며, 정신의 자유야말로 인간의 가장 고유한 본성을 이룬다는 의식이

---

62) 앞의 책, 64~65쪽.

생겼다.[63]

　이 인용문에서 헤겔은 다소 오해의 소지가 있는 '게르만 국가'라는 표현을 쓰지만, 엄격하게 말해서 게르만 국가는 독일을 지칭하는 것이 아니라 전체 유럽을 표현한다.[64] 그리스도교에 따르면 모든 인간은 신 앞에서 평등한데, 그리스도교를 국가종교로 받아들인 유럽에서 신분제도를 폐지시킨 프랑스 혁명을 거치면서 드디어 모든 사람들이 자유를 경험할 수 있는 제3단계가 도래되었다. "게르만 국가가 받아들인 그리스도교 안에서 인간이 그 자체로서 자유이며, 정신의 자유야말로 인간의 가장 고유한 본성을 이룬다는 의식이 생겼다."[65] 그리고 관념 속에 이념으로만 머물러 있는 선험적 자유는 세계사의 제3단계에 도달한 유럽에서 드디어 '모든' 사람들이 현실세계에서 누릴 수 있는 실제적인 자유, 즉 자유의 현실태가 되었다.

　앞에서 살펴본 바와 같이 헤겔 역사 철학에서 우리는 현실에서 진행되는 세계사에서 실현된 새로운 자유 개념, 즉 자유의 현실태를 발견한다. 여기서 우리는 현실적 세계로부터 분리된 이성에 기반을 두고 있는 칸트 철학에서 간과된 자유의 새로운 토대를 발견한다. 자유의 현실태는 역사적 또는 사회적 조건에 의해 성립된다. 역사 철학

---

63) 앞의 책, 28쪽.
64) "세계사는 동에서 서로 향한다. 유럽은 세계사의 끝자락을 쥐고 있음에 불만이 없으며, 아시아는 세계사의 시작이기 때문이다. […] 동양은 과거로부터 현재에 이르기까지 한 사람이 자유인 것을 인식하는 데 지나지 않고, 그리스와 로마 세계는 특정인들이 자유라고 인식하며, 게르만 세계는 만인이 자유임을 인식한다." 앞의 책, 109쪽 참조.
65) 앞의 책, 28쪽.

에서 헤겔이 추구하는 것은 자유의 현실태로 규정되는 새로운 자유 개념을 제시하는 것뿐만 아니라 이 자유의 가능조건을 실질적 토대, 즉 역사적 세계 위에 정초하는 것이다. 그리고 그에게서 객관적인 자유를 가능케 하는 조건은 국가에서 찾아진다.

국가가 객관적 자유의 토대를 의미한다는 헤겔의 주장은 자연 상태에서 경험되는 자유와의 비교를 통해 보다 분명하게 이해될 수 있다. 일반적으로 사람들은 인간의 자유는 자연 상태에 있을 때 완벽하게 실현된다고 믿는다. 왜냐하면 사회적 구속이 부재하는 자연 상태에서 인간은 태어나면서 부여받은 자신의 자연적 권리를 무제한적으로 행사할 수 있기 때문이다. 하지만 자연에서 인간은 결코 홀로 있지 않고 타자와 함께 존재하는데, 내가 무제약적인 권리를 지니고 있다면, 타자 또한 나와 똑같은 권리를 갖고 있다. 그리고 다수의 인간들이 서로 자신들의 자유, 즉 권리를 무제한적으로 행사하게 되면 대립은 불가피하게 발생되며, 사회적 구속 또는 법이 부재하는 이와 같은 자연 상태에서 대립의 해소는 폭력을 통해서만 해소될 수 있다. 이러한 이유 때문에 헤겔은 루소의 주장과는 달리 자연 상태에서 인간은 자유를 누릴 수 있는 것이 아니라 자유에 반대되는 폭력에 노출되어 있다고 주장한다. "따라서 자연 상태는 오히려 불법과 폭력 그리고 비인간적 행위와 방종한 자연 충동의 감정 상태에 불과하다."[66] 폭력이 난무하는 자연 상태에서는 인간의 자유는 결코 보장될 수 없다. 인간이 자유를 누리기 위해서는 우선적으로 서로 간의 폭력이 저지

---

66) 앞의 책, 50쪽.

되어야 하는데, 법이 제정되었을 때 비로소 폭력은 방지될 수 있다.

그리고 자유를 가능케 하는 법의 제정, 특히 모든 사람들의 자유를 아우르는 보편적인 법의 제정은 필연적으로 국가를 전제로 한다. 따라서 헤겔은 인간이 자연 상태에서 난무하는 폭력으로부터 벗어나 객관적 자유를 누릴 수 있는 조건은 국가에서 찾아진다고 주장한다. "자유가 객관적으로 존재한다 함은 국가의 각 요소가 관념적으로가 아니라 독자적 위치를 부여받아 실재하고, 독자 권능을 지닌 것으로서 힘을 발휘하여, 전체의 혼인 개체로서의 통일체를 결실시키는 힘이 되기 때문이다. 국가는 정신적 이념이 인간의 의지와 자유의 힘에 의해 눈에 보이는 외형을 띤 것이다."[67] 이처럼 세계사의 발전 과정에서 드러나는 인간의 객관적 자유는 보편적 법을 제정하는 국가가 성립되었을 때 비로소 실현될 수 있다.[68]

그런데 객관적 자유를 정초하는 데 있어 보편적 법을 제정하는 것 외에 국가가 중요한 또 다른 이유가 있다. 헤겔에 따르면 인간의 자유가 객관적인 성격을 지니기 위해서는 이 자유는 개인에서 유래되는 주관적 자의에 의해 규정되어서는 안 된다. 인간의 객관적 자유는 개인으로부터 벗어난 보편적 의지를 원리로 삼는데, 이 의지는

---

67) 앞의 책, 55쪽.
68) 인간의 객관적 자유뿐만 아니라 학문의 행태를 갖춘 철학, 시, 그리고 예술 또한 국가가 세워졌을 때 비로소 활성화된다고 헤겔은 주장한다. "왜냐하면 정신은 마침내 국가를 형성하기에 이르고, 국가라는 문명의 기초 위에 분석적 사고와 법률 같은 모든 일반관념을 낳기 때문이다. 국가생활 속에 형식적인 교양을 낳는 필연적 힘이 있고, 이리하여 학문과 형태를 갖춘 시나 예술이 탄생한다. 조형예술이라는 이름으로 뭉뚱그려지는 예술이 등장하려면 확실히 인간의 공동생활이 문명화되고, 일정한 기술적 수준에 도달할 필요가 있다. [⋯] 철학 역시 국가생활에서 비로소 무대에 등장한다." 앞의 책, 76쪽 참조.

인륜적 공동체에서 드러난다. 그리고 앞에서 제시된 바와 같이 사적인 개인적 인격이 지양되는 최초의 인륜적 공동체는 가족에서 형성된다. 하지만 감정에 의해 형성된 가족 공동체에서 구성원들은 감각적인 통일로 있을 뿐, 이성적 통일, 즉 보편적 통일에는 이르지 못한다. 헤겔에 있어서 이 보편적 공동체는 국가에 의해 비로소 확립된다. "그러나 이 국가야말로 비로소 제3의 단계를 이루는 것, 즉 인륜성이며 또한 개인의 독립성과 보편적 실체성의 거대한 통합을 이루는 정신을 의미한다."[69] 보편적 공동체가 국가에서만 형성될 수 있는 것은 모든 시민의 안녕을 책임지는 국가에서 부여되는 의무는 개개인들의 권리와 자유의 공존을 가능케 하며, 국가에 대한 의무를 수행하는 과정에서 사적인 영역에 머물러 있는 개인의 인격성은 지양되기 때문이다.

인륜적인 공동체에 기반을 두고 있는 헤겔의 국가 개념은 근대 시민 사회에서 대두된 개인권만을 보호하는 데 역점을 두고 있는 시민사회적인 정부를 의미하는 것이 아니다. 헤겔은 국가를 인륜성의 완성으로 보고 있다. 그리고 그는 인륜성을 개인적인 도덕성과 구분한다. 개인적 도덕성은 근대에 대두된 것으로 개인의 주관적 확신에 그 뿌리를 두고 있는 반면, 인륜성의 원형은 고대 그리스의 도덕 개념과 연관된 것으로서 국가에 대한 의무에 의존된 원칙에 근거하고 있다. 그런데 이 의무는 외적으로 부과된 강요가 아니라 개인의 권리와 자발성을 포함하고 있는 것이다. 더 나아가 인륜성이란 개인적인 확

---

69) 헤겔, 『법철학』, 95쪽.

신에 근거한 도덕성이 아니라 한 민족이 공유하는 전통에 뿌리를 둔 관습과도 밀접하게 연관되어 있다. 이러한 인륜성의 완성으로 존립하는 국가에서 진정으로 권리와 의무가 통일되고, 이 통일 속에서만 자유 이념의 실현이 궁극적으로 이루어진다.

헤겔에 따르면 세계사에서 진행되는 자유의 실현은 국가가 성립됨으로써 이루어진다. 여기서 우리는 그의 고유한 국가 개념을 발견한다. 한편에서는 헤겔의 국가 개념은 한 민족의 지형적이고 인류학적인 특성을 통해 제약된 실정적인 법체계에 의거하고 있지만, 다른 한편에서는 보편적인 세계정신의 자유 이념에 근거하고 있다는 점이다. 이를 달리 표현하면, 세계사를 주도하는 세계정신은 한편에서 각 민족의 특수하고 고유한 국가 형태나 법체계에 현현하지만, 세계정신은 이러한 특수성에 매몰되지 않고 이 특수성을 초월한다. 이와 관련하여 헤겔은 『법철학』에서 다음과 같이 서술하고 있다. "이들 국가, 민족, 개인은 다만 세계정신의 전개 및 현실성을 의식하면서 바로 이 현실의 이익에 몰두하는 가운데 모름지기 그 내밀적 작업을 위한 무의적인 도구와 분지의 역할을 하지만 역시 이러한 도구의 제 형태는 그 내밀적 작업 속에서 자취를 감추고 만다. 이에 반하여 즉자대자적인 정신은 오직 그가 추구하는 더 높은 단계로의 이행을 준비하여 이를 이루고자 한다."[70]

또한 헤겔은 『법철학』 347절에서, 한 민족이 세계사에서 주도적인 역할을 했다 하더라도 세계사의 전개 과정 속에서 이 민족은 잊혀

---

70) 앞의 책, 517쪽.

져 가고 이 민족의 역할이 다른 민족으로 이행해 간다고 지적한다. 이와 같은 과정을 그는 '이성의 간지' List der Vernuft 라고 부른다.[71] 이처럼 보편적인 세계사의 자유 이념은 구체적인 국가나, 민족들 또는 개인들을 통해 구체적으로 실현되지만, 자유 이념은 동시에 이러한 특수한 형태 속에 매몰되지 않고 자신을 전개시켜 나간다. 요약하자면 헤겔의 역사성은 자유 이념으로서의 세계정신이 실현되는 세계사의 발전 과정으로 이해된다. 이 발전 과정 속에서 보편적 자유 이념은 특수한 국가 개념이나 민족 개념에서 일차적으로 구현되지만, 특수한 국가에 머물러 있지 않고 보편적 이념으로 나아간다.

헤겔의 정신에서 드러나는 '노동', '더불어 있음' 그리고 '역사성'에서 우리는 헤겔 사변 철학과 하이데거 기초존재론과의 유사성을 확인할 수 있다. 사실 1930~1931년 강의록 『헤겔의 정신현상학』에서 하이데거는 『존재와 시간』의 문제 제기가 이미 헤겔 철학에 있다고 주장한다. "존재와 시간의 문제 제기는 이미 헤겔 안에 존재한다."[72] 여기서 볼 수 있듯이 하이데거의 존재사유는 헤겔의 사상과 깊은 연관성을 지닌다. 또한 헤겔 정신 개념에서 자연세계보다 사회적 세계가 중요하다는 것을 우리는 헤겔 철학으로부터 영향을 받은 미드의 사회심리학에 대한 분석에서도 제시했다. 그래서 하이데거의 사회존재론의 철학적 문맥을 제시하고자 하는 이 책의 1부에서 우리는 셸러

---

71) 헤겔, 『역사철학강의』, 42쪽.
72) M. Heidegger, *Hegel's Phenomenology of Spirit*, trans. P. Emad and K Maly(Bloomington: Indiana University Press, 1994), p.144.

의 지식사회학, 실용주의, 쇼펜하우어 철학, 그리고 딜타이의 정신과학을 다루었지만 하이데거의 사회존재론에 결정적인 영향을 끼친 철학적 사상은 다름 아닌 행위하는 정신에 바탕을 두고 있는 헤겔의 사변 철학이라고 볼 수 있다. 그리고 자연세계를 원초적으로 주어지는 세계로 간주하는 신칸트주의, 실증주의 또는 후설 현상학과는 달리 역사세계를 강조하는 헤겔 철학에서 완성된 독일 관념론을 긍정적으로 평가하는 하이데거는 기초존재론에서 헤겔 철학을 재건하여 역사적·사회적 세계에서 열어 밝혀지는 존재의 의미를 새롭게 제기하고자 한다.

하지만 이와 같은 유사성이 있음에도 불구하고 하이데거의 기초존재론과 헤겔의 사변 철학 사이에는 차이점 또한 존재한다. 이 차이점은 자유가 실현되는 역사적 과정을 하이데거와 헤겔은 각기 다른 방식으로 이해하는 데서 확인될 수 있다. 헤겔에 있어서 역사적 과정은 자유의 실현이라는 궁극적인 목적이 있지만 하이데거에게서 역사적 과정에는 궁극적인 목적이 부재한다. 더 나아가 과거 세계의 지양을 주장하는 헤겔과는 달리 과거로부터 전수된 토착적인 세계로부터 멀어져 가는 근대 세계에서 열어 밝혀지는 자유 개념을 부정적으로 보는 하이데거는 자유의 실현으로 나아가는 역사 과정을 진보로 생각하지 않는다.

역사적 과정에 관한 논의에서 하이데거는 '지양'Aufhebung보다는 '뒤로 물러섬'der Schritt zurück을 강조한다. "헤겔에게서 앞서 흘러간 철학사와의 대화는, 지양의 성격을, 즉 절대적으로 정초한다는 의미에서의 매개하는 파악이라는 성격을 지니고 있다. 우리에게서 사유의

역사와 나누는 대화의 성격은 더 이상 지양이 아니라 뒤로 물러섬이
다. 지양은 자기를 인식하는 앎의 완전히 전개된 확실성이라는 의미
에서의 절대적으로 정립된 진리를 향해 [지금까지 사유된 모든 것을]
고양시키며 — 모아들이는 그런 [절대적으로 정립된] 진리의 구역 속
으로 나아간다. 뒤로 물러섬은 지금까지 간과된 영역을 향해 그 속으
로 들어가는데, 이러한 영역으로부터 진리의 본질은 처음으로 사유
할 만한 것이 된다."[73] 이처럼 지양보다는 뒤로 물러섬에 중점을 두고
있는 하이데거의 역사 개념에서는 헤겔이 강조했던 진보도 그리고
궁극적인 목적도 없다.

　　더 나아가 하이데거는 헤겔이 강조하는 근대 시대에서 이루어진
자유의 실현이 근대 주체에게 모든 사물들을 지배할 수 있는 지위를
확보해 주고 근대 주체를 세계 중심으로 만들어 주었다고 말한다.

　　근대역사에서, 더 정확히 말하면 근대적 인간 유형의 역사에서 인간은
도처에서 그리고 항상 자기 자신으로부터 자기 자신을 중심과 척도로
서 내세우면서 지배적인 지위를 차지하려 한다. 다시 말해 그러한 지
배적인 지위의 확보를 추구한다. 이를 위해서는 인간이 갈수록 더 많
이 자신의 고유한 능력과 지배 수단을 확보하고 그것들을 무조건적으
로 이용할 수 있도록 항상 새롭게 마련해 두는 것이 필요하다. 근대인
의 이러한 역사가 갖는 법칙성은 20세기에 이르러서야 비로소 저항할
수 없는 것으로서 의식적으로 추구되면서 완전히 공공연하게 지배하

---

73) 하이데거, 『동일성과 차이』, 41쪽.

고 있다.[74]

하지만 20세기에 들어서면서 가속화된 기계 문명을 접한 하이데거는 이와 같이 자유의 실현에 의거하여 모든 것을 지배하는 근대 주체의 능력을 부정적으로 본다. 왜냐하면 이와 같은 근대 주체는 인류를 "능동적 허무주의"[75]의 시대—신에 더 이상 의존하지 않도 '계산적 사유'에 의거해 인간이 만물의 주재자가 된 시대—로 이끌기 때문이다.

이상에서 살펴본 바와 같이 사회존재론으로 해석될 수 있는 하이데거의 기초존재론은 하이데거 자신이 독창적으로 정초한 것이 아니라 이전에 있었던 철학적 문맥 속에서 형성된 것이다. 특히 하이데거의 존재사유는 역사적·사회적 세계에서 활동하는 정신에 바탕을 두고 있는 헤겔 사변 철학의 전통에 속해 있기 때문에 그의 존재사유는 사회존재론의 관점에서 접근되어야 한다. 그리고 이 철학적 문맥을 염두에 두었을 때 사람들은 하이데거 존재사유를 표준적인 해석과는 달리 사회존재론으로 해석하고자 하는 우리의 시도가 자의적인 것이 아니라는 것을 이해할 수 있을 것이다.

물론 하이데거 존재사유가 사회존재론을 지향한다는 것을 생각하지 못한 이전 연구들에서는 이 철학적 문맥의 중요성이 근본적으로 간과되었다. 또는 역으로 하이데거의 (역사적·사회적) 존재사유에

---

74) 마르틴 하이데거, 『니체 II』, 박찬국 옮김 (길, 2012), 133쪽.
75) 마르틴 하이데거, 「존재물음에로」, 『이정표 1』, 신상희 옮김 (한길사, 2005), 327쪽.

깊은 영향을 끼친 이와 같은 철학적 문맥이 간과되었기 때문에 하이데거 철학 연구에 있어서 사회존재론은 전혀 주목을 받지 못했다. 사람들은 전통 존재론을 비판함에도 불구하고 하이데거 존재사유의 주제는 여전히 자연적 존재자를 탐구하는 것이라고 생각했다. 결과적으로 자연존재론의 관점에서 바라본 하이데거 기초존재론은 여전히 난해한 철학으로 여겨진다. 하지만 사회존재론이 부각되었을 때, 이 상황은 달라진다. 기초존재론을 구성하는 개념들은 더 이상 난해한 개념으로 다가오지 않는다. 그리고 앞에서 제시된 바와 같이 하이데거 존재사유가 셸러의 지식사회학, 실용주의, 쇼펜하우어 철학, 딜타이 해석학 그리고 헤겔 사변 철학의 전제하에서 접근된다면, 하이데거 존재사유가 사회존재론을 지향한다는 것은 부인할 수 없는 사실이다. 그러므로 다음 장에서부터 전개되는 이 책 2부에서 우리는 기초존재론을 구성하는 여러 개념들에 입각해 하이데거 존재사유가 사회존재론을 정초하는 것에 방향 잡혀 있다는 것을 보다 구체적으로 제시하고자 한다.

2부

하이데거의 사회존재론

1장 · 사회존재론으로서의 기초존재론

1. 기초존재론의 존재사유와 전통 존재론의 해체(Destruktion)

『존재와 시간』에서 하이데거가 추구하는 것은 전통 존재론에서 망각된 존재의 의미를 해명하는 것이다. 그리고 존재의 의미에 대한 고찰은 전통 존재론에서처럼 존재 그 자체에 대한 탐구에서 출발하는 것이 아니라 현존재분석에서 시작하는데, 그 이유는 오로지 존재자들 중에 현존재(인간)만이 존재의 이해를 통해 존재와 관계하기 때문이다. 하이데거에 따르면 존재의 의미를 이해하기 위해서는 먼저 존재의 물음과 이해를 가능케 하는 현존재의 본질이 무엇인지를 파악해야만 한다. 더 나아가 그는 이와 같이 존재의 의미를 현존재분석에 입각해 해명하는 존재론을 '기초존재론'이라 부른다. "따라서 거기에서부터 다른 모든 존재론이 비로소 발원할 수 있는 기초존재론은 현존재의 실존론적 분석론에서 찾아져야 할 것이다."(『존재와 시간』, 30쪽) 이처럼 전통 존재론에서 망각된 존재 의미를 밝히고자 하는 하이데거의 존재사유는 전통 존재론과 구분되는 기초존재론으로 특징지어진다.

　기존에 진행된 하이데거 철학에 관한 연구에서 현존재분석에 바탕을 두고 있는 기초존재론의 의의는 크게 두 가지의 방향에서 논의되어 왔다. 첫째, 인식의 가능조건을 제공하는 선험적 주체 대신 세계 속에 있는 현존재분석을 전제로 하고 있는 기초존재론은 엄밀성이 결여된 철학적 인간학을 정초하는 것에 방향 잡혀 있는 것으로 이해되었다. 후설과 사르트르를 중심으로 한 실존주의 철학자들은 기초존재론을 이런 방식으로 해석했다. 둘째, 해석학자들과 데리다를 위시한 해체주의 철학자들에 따르면 기초존재론의 목적은 자기동일성을 고수하는 선험적 주체에 환원되지 않는 새로운 존재의 의미를 열어 밝히는 존재론을 정초하는 데 있다.

　그런데 기초존재론에 대한 이와 같은 표준적인 연구방식과는 달리 우리는 기초존재론을 사회존재론으로 해석하고자 한다. 만약 하이데거가 세계에서 경험되는 모든 것을 자연적 존재자로 환원시키는 전통 존재론에서 망각된 존재의 의미를 밝히는 새로운 존재론을 정초함에 있어 기초존재론 대신 사회존재론이라는 표현을 사용했다면, 그의 존재사유는 보다 쉽게 우리에게 이해되었을 것이다. 물론 자연과학의 방법론과 정신과학의 방법론 모두를 포함하는 근원적인 토대를 전-주제적인 영역에서 확립하는 것에 초점이 맞춰진 하이데거의 존재사유는 기초존재론으로 파악될 수 있다. 그러나 이 근원적인 토대는 자연세계가 아니라 사회적 세계에서 열어 밝혀진다는 사실에 우리는 유의할 필요가 있다. 사회존재론을 정초하기 위해 하이데거는 기초존재론에서 자연 존재자의 탐구에만 방향 잡혀 있는 전통 존재론의 해체Destruktion를 주장하는데, 이 해체 개념에서 우리는 기초존재론이 사회존재론적 함의를 띠고 있다는 것을 볼 수 있다.

기초존재론을 확립하기에 앞서 선행 작업으로 하이데거는 전통 존재론적 사유를 비판적으로 고찰하는데, 그 이유는 전통 존재론에서는 존재의 의미가 망각되었기 때문이다. "서두(제1절)에서 제시한 바처럼, 존재의 의미에 대한 물음은 끝나지 않았고, 충분히 제기되지도 않았을 뿐만 아니라 '형이상학'에 대한 그 모든 관심에도 불구하고 망각에 빠져 버렸다."(『존재와 시간』, 40쪽) 그런데 자세히 고찰해 보면 전통 존재론에서 존재의 의미가 망각되었다고 하는 하이데거의 주장은 사태에 부합되지 않은 것처럼 보인다. 왜냐하면 그리스 철학자들에 의해 존재론이 확립된 이래로 존재의 의미는 중세 스콜라 철학을 거쳐 근대 철학에서도 끊임없이 철학적 주제로 다루어졌기 때문이다. 특히 존재론이 모든 학문의 근원적인 토대로 받아들여졌던 근대 철학에서는 학문의 가능조건을 마련하기 위해서 존재의 의미는 필히 고찰되어야 한다. 물론 하이데거가 말하는 존재의 의미는 전통 존재론에서의 존재 의미와는 엄격하게 구분된다. 하지만 존재의 의미를 논하는 데 있어 그는 기초존재론과 전통 존재론의 차이점을 분명하게 밝히지 않았기 때문에 전통 존재론에서 망각된 존재의 의미는 불분명하게 남는다. 따라서 존재의 의미를 이해하기 위해서는 기초존재론과 전통 존재론의 차이점이 우선적으로 파악되어야 하는데, 이러한 차이점을 우리는 역설적으로 『존재와 시간』 맨 마지막 부분에서 발견한다.

존재물음에 있어 기초존재론과 전통 존재론은 구분되는데, 이러한 차이점에 대해 하이데거는 다음과 같이 기술한다.

고대 존재론이 '사물개념'을 가지고 작업을 했다는 사실, 그리하여 '의식을 사물화시킬 수 있는' 위험이 있다는 사실을 사람들은 일찍부터 알고 있었다. 그러나 사물화가 무엇을 의미하는가? 그것은 어디에서 발원하고 있는가? 왜 존재가 하필이면 '우선적으로' 눈앞에 있는 것에서부터 '개념 파악되고' 분명히 더 가까이 놓여 있는 손안의 것에서부터 개념 파악되지 않는가? 왜 이러한 사물화가 언제나 거듭 지배하게 되는가? […] 이러한 물음에 대한 대답이 길 위에 놓여 있는가?(『존재와 시간』, 566~567쪽)

여기서 언급되는 고대 존재론의 '사물 개념'은 정적이며 실체적 존재를 전제로 하는데, 인간을 포함한 모든 존재자들의 궁극적인 근거, 즉 존재를 규명하고자 하는 고대 존재론적 사유는 이와 같은 실체성의 관점에서 존재의 의미를 탐구했다. 다시 말해 의식(인간)과 사물은 다른 존재방식을 띠고 있음에도 불구하고 (자연적) 사물 개념에 고착되어 있는 고대 존재론에서는 인간과 사물의 존재방식은 동일하게 다뤄졌다. 이와 달리 하이데거는 인간의 존재방식과 사물의 존재방식 사이에는 근본적인 차이가 있다고 주장한다. 전통 존재론에서 말하는 사물의 실체성과는 달리 인간의 존재방식은 역동성에 의해 특징지어진다. 그러므로 의식 또는 인간을 실체적 사물 개념이 아닌 역동성으로 파악하는 기초존재론과 모든 존재자들을 실체적 사물 개념으로 환원시키는 전통 존재론 사이에는 근본적인 차이가 존재한다.

비록 전통 존재론 또한 이성에 의거해 인간과 사물을 구분하지만, 기초존재론에서 정초하고자 하는 자연적 사물과 구분되는 현존재(인간)의 존재방식은 전통 존재론적 사유에서처럼 이성만을 강조해서는 드러나지 않는다. 기초존재론의 일차적인 목적은 전통 존재론적 사유와는 본질적으로 다른 방식으로 인간 현존재의 의미를 밝히는 데 있다. 하이데거에게서 현존재는 이성에 선행하는 보다 근원적인 토대에 놓여 있는데, 이 근원적인 토대는 행위를 통해 구성된 사회적 세계를 의미한다. 그리고 현존재의 근원적인 토대, 즉 사회적 세계를 열어 밝히는 데 있어 선행되어야 하는 것이 있는데, 이것이 바로 현존재의 사회적 세계를 간과한 채 이성에 기초한 자연적 세계관에만 머물러 있으면서 인간과 사물의 구분을 시도한 전통 존재론의 해체이다.

기초존재론에서 하이데거는 전통 존재론은 해체되어야 한다고 주장한다. "존재물음 자체를 위해서 그 물음의 고유한 역사에 대한 투명성이 획득되어야 한다면, 이 경우 경직화되어 버린 전통을 느슨하게 풀고 전통에 의해서 시간화된 은폐들을 헤쳐 풀어내는 일이 필요하다. 이러한 과제를 우리는 존재물음을 실마리로 삼아서 전수된 고대 존재론의 요소(장치)를 근원적인 경험―여기에서 첫 번째의 그리고 그 후의 주도적인 존재의 규정들이 획득되었다―을 찾아 해체Destruktion해 들어가는 일을 수행하는 것이라고 이해한다."(『존재와 시간』, 41쪽) 그런데 여기서 중요한 점은 하이데거가 전통존재론의 'Destruktion'을 말할 때, 그가 의도하는 바는 과거의 철학적 유산을 모두 분쇄하는 것이 아니라는 사실이다. 하이데거의 철학적 사유에서 Destruktion은 역설적으로 긍정적인 의미를 띠고 있다. "해체 Destruktion는 과거를 무無 속에 파묻어 버리려는 것이 아니다. 그것은 긍정적인 의도를 가지고 있다."(『존재와 시간』, 42쪽) 사실 용어 'De-struktion'은 이중적인 뜻을 함축하고 있다. De-struktion은 한편에서는 어떤 것을 무화하는 것으로 이해될 수 있지만, 다른 한편에서는 '건설'struktion이라는 어간으로 인해 무엇을 다시 건립한다는 긍정적인 의미도 갖고 있다.[1] 이 점에 대해 하이데거는 다음과 같이 말한다.

> 철학의 구성 작업은 필연적으로 해체 작업Destruktion이다. 다시 말해 전통에로 역사적으로 소급해 올라가면서 수행되는 전수된 것의 해체이다. 그러나 이 일은 결코 전통을 부정하거나 전통을 무효로 선고하는 것이 아니라, 오히려 반대로 그야말로 전통을 긍정적으로 자기 것으로 만드는 것을 뜻한다.[2]

이 인용문에서 볼 수 있듯이 하이데거가 주장하는 전통 존재론의 '해체'는 전통의 부정과 전통을 자기 것으로 만드는 이중적인 의미를 함축하고 있다. 이처럼 Destruktion에는 이중적인 의미가 존재하

---

1) 가다머 역시 하이데거의 'De-strucktion'은 단순히 어떤 것을 파괴하는 행위가 아니라 '해체구성'이라는 이중적인 의미를 함축하고 있다고 주장한다. "해체는 당시의 독일어 어감에서 볼 때 파괴를 의미하는 것이 절대 아니다. 그것은 어떤 목표를 가지고 건물을 부수는 것, 즉 근원적인 사고경험에 도달할 때까지 그것을 덮고 있는 층들을 벗겨 내는 작업을 의미한다." H. Gadamer, "Heidegger und Sprache", *Gesammelte Werke*, Bd. 10 (Tübingen: J.C.B. Mohr, 1995), p.17 참조.
2) 마르틴 하이데거, 『현상학의 근본문제들』, 이기상 옮김(문예출판사, 1994), 47쪽.

기 때문에 한국어 번역에서는 '파괴'가 아니라 해체로 의역되었다. 그리고 해체로 의역된 한국어 번역에서 우리는 De-struktion이 함축하고 있는 긍정적인 의미를 보다 분명하게 이해할 수 있다. 왜냐하면 해체는 어떤 사물을 완전히 없애는 것이 아니라 느슨하게 분해한 후 다시 재조립하거나 또는 재건설할 수 있는 가능성을 남겨 놓기 때문이다. 요약하자면 하이데거에게서 Destruktion은 '해체'와 '건설'이라는 이중적인 의미를 함축하고 있다. 하지만 이처럼 이중적인 의미가 부각되었음에도 불구하고, Destruktion은 여전히 이해하기 어려운 개념으로 남아 있는데, 그 까닭은 하이데거가 Destruktion를 말할 때 그는 파괴의 의미 또한 강조하기 때문이다.

사실 일반적으로 독일어 Destruktion은 어떤 것을 무화시키는 파괴를 의미한다. 그리고 이성을 중시하는 전통 존재론을 강력하게 비판하는 하이데거는 전통 존재론의 해체_{Destruktion}라는 표현 외에 명시적으로 전통 존재론의 파괴_{Zerstörung}라는 표현을 쓴다. "이것이 함축하는 바는 정신, 로고스, 이성에 기초해 있는 이전의 서양 형이상학의 토대를 파괴_{Zerstörung}하는 것이다."[3] 이 인용문에서는 명시적으로 해체 대신에 파괴가 사용되었으며, 기초존재론에서 하이데거가 의도하는 바는 분명하게 이성에 기반을 두고 있는 전통 형이상학의 파괴이다. 이런 문맥에서 볼 때 해체_{Destruktion}는 파괴로도 직역될 수 있다. 하지만 Destruktion을 파괴로 직역했을 경우, 또는 앞의 문단에서 언

---

3) M. Heidegger, *Kant and the Problem of Metaphysics*, trans. R. Takt(Bloomington: Indiana University Press, 1990), p.171.

급된 문장 "해체는 과거를 무 속에 파묻어 버리려는 것이 아니다"를 "파괴는 과거를 무 속에 파묻어 버리려는 것이 아니다"로 읽었을 경우 우리는 당혹감에 빠진다. 전수된 고대 존재론을 파괴하는 행위가 어떻게 과거를 무 속에 파묻어 버리는 행위가 아닌가? 또는 이성에 기초해 있는 전통 형이상학을 무화시키는 '파괴' 행위가 어떻게 긍정적인 의미를 띨 수 있는가? 특히 하이데거 자신이 Destruktion에 대한 긍정적인 의미가 있다고만 했을 뿐 이 의미에 대해 자세하게 설명하지 않았기 때문에 우리는 여전히 혼란에 빠져 있다. 여기서 우리는 하나의 딜레마에 봉착한다. 기초존재론에서 수행되는 전통 존재론의 Destruktion을 해체로 이해한다면 해석의 폭력성이 함축하고 있는 하이데거의 급진적인 사유가 퇴색될 수 있고, 반면 파괴로 이해할 경우에는 이러한 작업의 긍정적인 의도를 파악할 수 없다. 전통 존재론의 해체를 통해 구축되는 하이데거의 기초존재론을 제대로 파악하기 위해서는 이 딜레마를 직시해야 하는데, 이 딜레마는 해체 또는 파괴의 표현에만 집착해서는 극복될 수 없다.

기초존재론에서 하이데거가 말하는 '전통의 해체'die Destruktion der Tradition는 분명히 파괴적인 의미를 띠고 있는데, 파괴로서의 Destruktion은 전통 존재론을 '이성에 기초해 있는 존재론' 또는 '자연존재론'으로 이해했을 때 성립된다. "그러나 이는 우리가 이 근본문제들, 즉 현존재 자체에 놓여 있는 '자연의 형이상학'metaphysica naturalis에 변화의 기회를 마련해 주려는 노력을 통해서만 일어난다.

이것을 나는 전통의 해체die Destruktion der Tradition로 이해하려고 한다."[4] 여기서 볼 수 있듯이 세계에서 자연적 존재자가 최초로 주어진다는 전제하에 이성에 기초하여 존재자를 탐구하는 전통 존재론은 해체되어야 한다. 이 점에서 Destruktion은 당연히 파괴적인 의미를 함축하고 있다. 더 나아가 Destruktion이 해체보다는 파괴에 더 가깝다는 사실을 우리는 하이데거가 "모든 해석은 필연적으로 폭력이 사용되어야 한다"[5]라고 주장하는 데서도 볼 수 있다. 하지만 여기서 우리는 '해석의 폭력성'은 이중적인 의미를 띠고 있다는 것에 유의할 필요가 있다.

기초존재론에서 하이데거는 전통 존재론을 파괴하면서 동시에 재구성하고자 하는데, 이를 위해서는 전통 존재론을 구성하고 있는 단어의 의미를 제대로 파악해야 한다고 주장한다. 그리고 그에 의하면 전통 존재론을 구성하고 있는 단어들은 역사적인 특징을 띠고 있다. "이러한 근본 단어는 다소간의 명료함과 함께 우리들에게 하나의 주도적인 의미를 통해서 말을 걸어오는 것인데, 그러한 의미는 우리들이 습관적으로 생각하는 것처럼 결코 자명한 것이 아니다. 근본 단어들은 역사적이다."[6] 더 나아가 그는 과거로부터 전수된 전통 철학적 사유는 두 가지의 방식으로 해석될 수 있다고 역설한다. "그럼에도 우리가 역사적 존재와 앎에 대한 척도들을 일상으로부터만 구한

---

4) 마르틴 하이데거, 『논리학의 형이상학적 시원근거들』, 김재철·김진태 옮김(길, 2017), 232쪽.
5) M. Heidegger, *Kant and the Problem of Metaphysics*, p.138.
6) 마르틴 하이데거, 『니체 I』, 박찬국 옮김(길, 2010), 169쪽.

다면, 우리는 항존적으로 시끄러운 어리석음 안에 머물러야 한다. 그렇다면 우리는, 예를 들어 소포클레스가 언젠가는 다르게 해석될 수 있다는 사실, 칸트가 다르게 파악될 수 있다는 사실, 그리고 그래야만 한다는 사실, 프리드리히 대제가 언젠가 다르게 묘사될 수 있고 그래야 한다는 사실을 결코 파악하지 못한다. 일상적인 생각은, 마치 저기 있는 책상이 책상이고 백묵이 백묵이듯이, 하나의 소포클레스 그 자체, 칸트 자체, 프리드리히 대제 자체가 존재해야 한다고 생각한다. 예를 들어 소포클레스의 시 자체에 대한 단 하나의 해석과 묘사만이 존재한다면, 그리고 이러한 해석이 소포클레스를 볼 수 있게 한다고 전제한다면, 그는 이러한 해석에 매우 지루해할 것이며, 또 그래야만 한다."[7] 이 인용문에서 우리는 하이데거가 말하는 파괴와 재구성을 나타내는 해체Destruktion의 의미를 보다 정확하게 이해할 수 있다. Destruktion에서 그가 추구하는 것은 플라톤 철학 또는 칸트 철학을 단순히 무화시키는 것이 아니다. 그가 Destruktion에서 추구한 것은 한편에서는 플라톤 철학 또는 칸트 철학이 항상 동일한 것으로 남아 있다고 비역사적으로 생각하는 일반적인 사유의 파괴이지만, 다른 한편에서는 일반적인 사유에서 망각된 플라톤 철학의 진정한 의미를 재정립하는 것이다. 그리고 이와 같은 '해석의 폭력성'은 필연적으로 현존재가 역사적·사회적 세계에 존재해 있음을 전제로 하기 때문에, 현존재의 세계에 기반을 두고 있는 하이데거 존재사유는 사회존재론

---

7) 마르틴 하이데거, 『횔덜린의 송가: 게르마니엔과 라인강』, 최상욱 옮김(서광사, 2009), 203~204쪽.

을 지향함을 알 수 있다.

하이데거는 사회존재론에 입각해 전통 존재론을 구성하는 단어들뿐만 아니라 이 단어들을 고찰하는 인간의 사유 또한 필연적으로 과거로부터 전수된 역사적·사회적 세계에 기원을 두고 있다고 주장한다.

> 현존재는 자신의 고유한 실존에 따라 역사적으로 존재하고 있기에, 존재자 자체에 대한 접근 가능성들과 해석 방식들은 상이한 여러 역사적 상황들마다 상이하다. 말하자면 가변적이다.[8]

역사적·사회적 세계에 기초해 있는 한 인간의 사유는 필히 가변적이다. 그리고 인간의 사유가 필연적으로 역사적·사회적으로 조건 지어져 있다고 생각하는 하이데거는 소포클레스의 시나 플라톤 철학이 사람들이 흔히 생각하는 것처럼 항상 그 자체로 있는 것이 아니라 각각의 시대에 따라 다르게 해석될 수 있다고 역설한다. 다시 말해 가변적인 특성을 띠고 있는 소포클레스의 시적 언어는 역사적 과정을 거치면서 형성된 침전에 의해 덮여진 층들이 벗겨 내어졌을 때 비로소 이전에 간과된 새로운 의미를 부여받는다. 따라서 하이데거에 따르면 파괴와 재구성을 나타내는 Destruktion은 한편에서는 역사적 과정에 의해 침전되었거나 또는 고정된 관념을 파괴하는 것을 뜻하지만, 다른 한편에서는 고정된 관념 이면에 있는 철학적 언어 또는 문

---

8) 하이데거, 『현상학의 근본문제들』, 46쪽.

학적 언어의 근원적인 의미를 근대적 관점에서가 아니라 그 언어가 속해 있는 역사적 상황에 입각해 '재구성'하는 것을 의미한다. 이 점에 대해 그는 다음과 같이 말한다.

> [사실상] 해체Destruktion는 통속화되고 공허해진 표상들을 허물어뜨리는 가운데 형이상학의 근원적인 존재경험을 다시 획득하는 것 이외에는 아무런 다른 관심도 가지고 있지 않습니다.[9]

그리고 과거로부터 전수된 침전된 층을 벗겨 냄을 의미하는 전통 존재론의 해체Destruktion는 현존재가 역사적·사회적 세계 속에 있다는 것을 전제로 하는데, 현존재의 사회적 세계의 토대는 사회존재론을 통해 마련될 수 있다. 요약하자면 '전통 존재론의 해체'가 함축하고 있는 파괴와 재구성이라는 모순적인 의미를 하이데거 존재사유를 해명함에 있어 자연존재론과 구분되는 사회존재론이 부각되었을 때 비로소 명확하게 파악할 수 있다.

이처럼 전통 존재론의 해체, 즉 파괴와 재구성을 통해 하이데거가 기초존재론에서 추구하는 것은 전통 존재론에서 망각된 사회존재론을 확립하는 것이다. 그런데 여기서 우리가 유의해야 할 점은 하이데거가 Destruktion을 과거로부터 전승된 전통의 층을 벗겨 내고 재구성하는 것으로 말할 때, 그가 의미하는 바는 보존과 파괴를 모두 포함하고 있는 헤겔의 '지양'Aufhebung이 아니라는 것이다. 기초존재론

---

9) 마르틴 하이데거, 「존재물음에로」, 『이정표 1』, 신상희 옮김(한길사, 2005), 360쪽.

에서 하이데거가 추구하는 것은 고대 존재론의 지양이 아니다. 이 점에 대해 그는 다음과 같이 말한다. "헤겔에게서 앞서 흘러간 철학과의 대화는 지양의 성격, 즉 절대적으로 정초한다는 의미에서의 매개하는 파악이라는 성격을 지니고 있다. 우리에게서 사유의 역사와 나누는 대화의 성격은 더 이상 지양이 아니다."[10] 헤겔에게서 지양은 필연적으로 더 나은 것으로서의 고양을 목적으로 삼고 있는 목적지향적 운동을 의미한다. 따라서 지양에서는 목적이 중요하며, 이 목적을 향해 나아가는 운동은 '진보적인'progressive 성격을 띤다. 하지만 이 목적은 이미 시원에서 유래된다. 그리고 전통 존재론의 해체Destruktion에서 하이데거가 탐구하고자 하는 것이 바로 역사의 목적이 아니라 역사의 시원이다. "[…] 이로써 새로운 종류의 인간이 필연적으로 억지로 강요된다는 사실은 단지 이러한 발생 사건에 대응하는 결과일 뿐, 그러나 결코 '목적'이 아니다. 그러나 아직 '목적들'이 있을까? 목적-정립은 어떻게 발원할까? 시원에서 생겨난다. 그렇다면 시원이란 무엇인가?"[11] 그리고 시원으로 향해 가는 사유는 지양과는 달리 결과에서 원인으로 거슬러 오르는 '회귀적'regressive 또는 '반복적' 특징을 지니고 있는데, 이와 같이 과거로 회귀하는 사유 역시 현존재의 세계가 역사적·사회적 세계로 규정됐을 때 보다 분명하게 이해될 수 있다.

　　이상에서 살펴본 바와 같이 파괴와 재구성이라는 모순적인 의미

---

10) 마르틴 하이데거, 『동일성과 차이』, 신상희 옮김(민음사, 2000), 41쪽.

11) M. Heidegger, *Beiträge zur Philosophie*(Frankfurt am Main: Vittorio Klostermann, 1989), p.143.

를 지닌 '전통의 해체Destruktion'는 이제까지 제대로 이해되지 않았지만, 하이데거의 존재사유를 사회존재론으로 해석할 때 우리는 비로소 Destruktion이 함축하고 있는 파괴와 재구성의 모순을 해소할 수 있다. 한편에서는 Destruktion을 통해 하이데거는 자연존재론 또는 이성을 중시하는 존재론으로 규정될 수 있는 전통 존재론과 비역사적인 성격을 띠고 있는 일상적인 사유를 파괴하고자 하지만, 다른 한편에서는 역사적 과정에 의해 침전된 개념들을 새롭게 재구성함으로써 전통 존재론적 사유가 소홀히 한 사회존재론을 정립하고자 한다. 그리고 하이데거 존재사유가 전통 존재론에서 간과된 사회존재론을 확립하는 것에 방향 잡혀 있다는 사실을 우리는 현존재의 '실존'에 그 기원을 두고 있는 '실존적인 사유'에 대한 분석에서 보다 분명하게 볼 수 있다.

2. 사회존재론의 실존적인 사유와 자연존재론의 범주적 사유

근대 철학을 주도했던 모든 위대한 철학자들은 전통 철학적 체계와 구분되는 자신들만의 고유한 철학을 보여 주기 위해 새로운 사유방식을 고안한다. 예를 들어 칸트는 비판 철학에서 '선험적'transzendental 사유를, 헤겔은 사변 철학에서 '변증법적' 사유를, 그리고 후설은 현상학에서 '범주적 직관'의 사유를 발견함으로써 다른 철학자들과 차별화되는 자신들만의 고유한 철학적 사유를 정초할 수 있었다. 20세기의 위대한 철학자로 간주되는 하이데거 또한 전통 철학적 사유와 구분되는 자신만의 고유한 사유, 즉 '실존적인 범주'를 고안한다.

현존재의 분석론에서부터 발원한 모든 설명내용explicata들은 그의 실존구조를 고려하여 획득된 것들이다. 그것들이 실존성에서부터 규정되고 있기에 우리는 현존재의 존재성격을 실존범주Existentialien라고 이름한다. 이것을 우리는 현존재적이지 않은 존재자의 존재규정—이것을 우리는 범주Kategorien라고 이름한다—과는 날카롭게 구분해야 한다.(『존재와 시간』, 70쪽)

하이데거에 있어서 범주적인 사유는 이성에 기원을 두고 있는 근대 형이상학적 사유를 지칭한다면, '실존적인 범주'는 인간의 실존에서 유래된 사유를 의미한다.[12] 그리고 칸트 비판 철학을 알기 위해서는 '선험적' 사유가 무엇을 의미하는가에 대한 이해가 필히 요구되듯이, 하이데거의 기초존재론을 파악하기 위해서는 이 존재론이 바탕을 두고 있는 '실존적 사유'의 의미가 반드시 해명되어야 한다. 하이데거가 말하는 실존론적 사유의 의미를 우리는 우선적으로 '범주

---

12) 『존재와 시간』에서 전개된 '실존적인 사유'와 '범주적인 사유'의 구분은 하이데거의 전-후기 사유를 관통한다. 후기 사유에서 하이데거는 범주적인 사유에 상응하는 '계산적인 사유'(das rechnende Denken)와 실존적인 사유에 상응하는 '본질적인 사유'(das wesentliche Denken) 또는 '시원적인 사유'(das anfängliche Denken)를 구분한다. M. Heidegger, "Postscript to What is Metaphysics?", ed. W. McNeil, *Pathmarks*(Cambridge: Cambridge University Press, 1998), p.235~237 참조. 또한 이러한 구분은 후기 사유에서 하이데거가 제시한 두 종류의 사유, 즉 '계산적 사유'와 '숙고적 사유'에서도 발견된다. "각자의 방식에 따라 정당화되고 필요한 두 종류의 사유가 존재한다: 계산적 사유와 숙고적 사유." M. Heidegger, *Discourse on Thinking*, trans. M. Anderson and E. Freund(New York: Harper&Row Publishers, 1966), p.46 참조. 여기서 제시된 바와 같이 『존재와 시간』에서 이미 발견되는 실존적인 사유와 범주적인 사유의 구분이 하이데거의 후기 사유에서도 역시 유효하다면 흔히 사람들이 말하는 '전회'(Kehre)를 통해 형성됐다는 하이데거의 후기 사유는 사실상 전기 사유로부터 완전히 단절되지 않았음을 확인할 수 있다.

적 사유'와의 비교에서 제시할 수 있다.

근대 철학적 사유의 토대가 되는 범주적 사유의 뿌리는—적어도 하이데거의 해석에 따르면[13]—'사유하는 실체'res cogitans에 입각해 철학의 원리를 확립한 데카르트의 철학적 사유에서 찾아진다. 데카르트의 철학이 이전 철학과 비교해 볼 때 아직도 근대성을 띠는 이유는 그가 급진적이고 획기적인 방법에 의거해 인식의 근원적인 근거를 마련했기 때문이다. 인식의 근원적인 근거를 확립하는 데 있어서 신은 '기만적인 신'deceitful God일 수도 있다고 주장하는 유명론적인 회의주의에 영향을 받은 데카르트는 중세 철학적 방법과 근본적으로 결별하면서, 인식의 최종근거를 신에서 찾지 않는다. 만약 신이 더 이상 중세 사상가들이 절대적으로 확신했던 것처럼 정직한 신이 아니라, 기만적인 신일 수도 있다면, 신에게서 인식함의 확실성을 보장받을 수가 없다. 기만적인 신은 거짓을 진리로 교묘히 바꿔 우리를 속일 수 있기 때문이다. 새로운 인식의 근거를 신이 아닌 다른 곳에서 찾는 과정에서 데카르트는 절대로 의심할 수 없는 영역이 사유의 활동에 있다는 것을 발견한다.

왜냐하면 생각하고 있는 바로 그때에 생각하는 주체가 존재하지 않는다고 해석한다면 모순이기 때문이다. 따라서 '나는 생각한다. 고로 나

---

13) M. Heidegger, *Sein und Zeit*(Tübingen: Max Niemeyer Verlag, 1986), pp.24~25; M. Heidegger, "Die Zeit des Weltbildes", *Holzwege*(Frankfurt am Main: Vittorio Klostermann, 1980), p.96~98.

는 존재한다'고 하는 인식은 모든 인식에 앞서서 철학하는 이가 맨 처음 부딪치는 가장 확실한 인식이다.[14]

이러한 의심할 수 없는 사유하는 주체 위에 데카르트는 인간(현존재)을 포함한 모든 존재자들에 대한 존재규정 내지는 그것의 설명 내용들을 기술하는 범주적 사유의 정당성을 기초짓는다. 여기서 우리는 범주적인 사유가 함축하고 있는 두 가지의 특징을 발견할 수 있다. 첫째, 범주적인 사유는 세계로부터 분리된 내재적인 의식에 갇힌 원자론적 자기 실체, 즉 사유하는 실체에 기반을 두고 있는 사유이다. 따라서 세계와 무관한 이 사유는 '무세계적 사유' 또는 '비-관여적 사유'freischwebende로 특징지어진다. 둘째, 범주적인 사유는—이론적인 활동의 경우이건 또는 실천적인 활동의 경우이건—모든 것을 주제적으로 파악하는 이성적인 활동에서 유래되기 때문에 '주제적 사유'를 의미한다. 이와 달리 하이데거에 있어서 '실존적인 사유'는 이성에 기원을 두고 있지 않다. 그렇다면 그가 말하는 실존적인 사유는 어디에서 유래되는가?

기초존재론에서 범주적 사유보다는 실존적 사유가 강조되는데, 그렇다고 해서 하이데거가 범주적 사유의 중요성을 완전히 부정하는 것은 아니다. 그는 다만 사물을 인식하는 데 있어 범주적 사유가 근원적인 토대라는 주장만을 거부한다. 하이데거에게서 사물에 대한 인

---

14) 르네 데카르트, 『방법서설/성찰/철학의 원리/정념론』, 소두영 옮김(동서문화사, 2007), 185쪽.

식에는 여러 방식이 있는데, 범주적 사유는 그러한 방식들 중 하나에 불과하다. 더 나아가 이성을 인식의 최종근거라고 생각하는 주지주의자들은 범주적 사유를 근원적인 토대로 주장하지만, 이에 반하여 하이데거는 실존적 사유와 비교했을 때 범주적 사유는 이차적이라고 역설한다. 왜냐하면 범주적 사유는 오성의 활동에 기초해 있는 주제적 사유가 있는 반면, 실존적 범주는 이 사유에 선행하는 전-주제적 사유이기 때문이다. 그런데 여기서 우리는 전-주제적 사유의 원형으로 이해된 실존적 범주는 사실 하이데거에 앞서 '생활세계'Lebenswelt에 의거해 전-주제적 사유를 열어 밝힌 후설 현상학으로부터 영향을 받았다는 점을 유의할 필요가 있다. 따라서 후설 현상학적 사유와의 연관성에서 고찰할 때 우리는 하이데거의 범주적 사유에 앞서 주어지는 전-주제적 사유를 지칭하는 실존적 범주의 의미를 보다 잘 이해할 수 있다.

사실 하이데거의 실존적 범주에 앞서 후설 또한 주제적인 차원에 있는 오성의 명증적인 사유와 직관에서 주어지는 보다 근원적인 전-주제적인 명증적 사유를 구분한다. "여기에서 [연구는] 객관적-논리적 명증성(가령 연구하면서 정초하는 수학자 등이 수행하는 바와 같은 수학적 통찰이나 자연과학적 통찰, 실증적-과학적 '통찰'의 명증성)으로부터 생활세계가 항상 미리 주어져 있는 근원적 명증성Urevidenz에로 길을 되돌아가는 것이다."[15] 여기서 객관적 명증성은 범주적 사유에 상응하는 반면, 생활세계에 기초해 있는 근원적 명증성은 전-주제

---

15) 에드문트 후설, 『유럽학문의 위기와 선험적 현상학』, 이종훈 옮김(한길사, 1997), 230쪽.

적 영역에 있는 실존론적 사유와 일치된다고 볼 수 있다. 그리고 이와 같이 반성적 오성에 선행하는 생활세계에 기초해 있는 후설의 전-주제적인 사유의 특징을 메를로-퐁티는 다음과 같이 기술한다.

> 어망이 바다 밑에서 꿈틀꿈틀하는 어류와 해초를 끌어올리듯 후설의 본질은 그와 함께 경험의 살아 있는 모든 관계를 도로 데려온다.[16]

이 인용문에서 볼 수 있듯이 후설의 근원적 명증성에서 열어 밝혀진 전-주제적인 사유, 즉 실존적 사유가 중요한 이유는, 이 사유에서 우리는 분석적이고 추상적인 사유에 의해 망각된 구체적인 삶을 인식할 수 있는 근거를 마련할 수 있기 때문이다. 더 나아가 '사태 그 자체'를 인식하는 전-주제적 사유는 의식으로부터 벗어나 있는 세계와 필연적으로 관계한다. 따라서 하이데거 철학이 후설 현상학으로부터 깊은 영향을 받았다고 생각하는 사람들은 하이데거의 실존적인 사유 역시 사물을 추상적으로 구성하는 오성의 활동 이면에 있는 사물의 사실성을 규명하는 전-주제적인 사유의 한 부류라고 해석한다.[17] 하지만 되돌아보았을 때 직관에서 주어지는 '사태 그 자체'를 밝히는 후설의 전-주제적인 사유는 하이데거 철학에 분명히 영향을

---

16) 모리스 메를로-퐁티, 『지각의 현상학』, 류의근 옮김(문학과지성사, 2002), 25쪽.
17) 하이데거의 철학을 후설 현상학의 아류로 생각한 메를로-퐁티는 실존적인 사유를 이처럼 추상적 사유에 선행하는 전-주제적 사유로 이해했다. 국내에서 이남인 또한 하이데거의 실존적인 사유는 후설의 발생적 현상학에서 정초된 전-주제적 사유의 연장선에 놓여 있다고 해석한다. 이남인, 『현상학과 해석학』(서울대학교출판부, 2004) 참조.

끼쳤지만, 인식의 조건에 관한 두 철학자들의 입장은 근본적으로 다르다. 비록 지향성을 통해 후설의 전-주제적인 사유는 세계와 관계하지만, 세계에서 주어지는 사물의 인식이 궁극적으로 선험적 주체에 의해 구성되는 한 이 사유는 세계와 떨어진 '비-관여적 사유'로 간주될 수 있다. 이와 달리 하이데거에게서 사물은 최초로 선험적 주체의 직관에서가 아니라 세계 속에 있는 선험적 주체의 실존에서 주어지며, 실존에서 유래되는 현존재의 사유는 이미 세계와의 관여 속에서 형성된다.

세계와 관여되어 있는 실존적인 사유는 이미 언급된 바와 같이 오직 실존에서만 유래되기 때문에, 이 사유의 특징을 알기 위해서는 먼저 기초존재론에서 하이데거가 말하는 실존이 정확하게 무엇을 의미하는지가 밝혀져야 한다. 『형이상학은 무엇인가?』의 서론에서 하이데거는 실존은 의식에 앞서 세계 속에 존재하는 방식 외에 인간의 고유한 존재방식을 의미한다고 주장한다.

> 실존의 방식으로 존재하는 존재자는 바로 인간이다. 인간만이 실존하고 있을 뿐이다. 바위는 존재ist하지만 실존하지는 않는다. 나무는 존재ist하지만 실존하지는 않는다. 말은 존재ist하지만 실존하지는 않는다.[18]

여기서 분명하게 볼 수 있듯이 하이데거는 실존의 존재방식과 '있음'의 존재방식을 엄격하게 구분한다. 그런데 인간만이 실존한다

---

18) 하이데거, 「'형이상학이란 무엇인가'의 들어가는 말」, 『이정표 1』, 138쪽.

는 것은 인간만이 실재하는 존재자이고 다른 존재자들은 가상으로 있다는 것을 의미하지 않는다. 실존의 의미에 관해 하이데거는 다음 과 같이 구체적으로 말한다.

'인간이 실존한다'는 명제는, 인간이라는 존재자는 그의 존재가 존재의 비은폐성 안에 열려 있는 상태로 내존해 있음을 통해, 그 존재로부터 그리고 그 존재에 있어서 뛰어난 존재자라는 것을 의미한다.[19]

인간의 실존은 존재와 관계할 수 있는 조건을 지칭하지만 여기 서 제시된 실존의 의미 또한 불명확하게 남아 있다. 왜냐하면 전통 존 재론 또한 유일하게 이성을 지닌 인간만이 존재와 관계를 맺을 수 있 다고 주장하기 때문이다. 따라서 하이데거 철학을 해명하는 데 있어 자주 반복되는 인간만이 실존을 통해 존재의 비은폐성에 열려 있다 고 하는 것은 실존의 의미를 이해하는 데 있어 크게 도움이 되지 않는 다. 실존의 의미를 보다 분명하게 밝히기 위해서는 다음과 같은 질문 이 필히 해명되어야 한다. 왜 다른 존재자와는 달리 인간의 존재방식 만이 있음이 아니라 실존으로 규정되는가?

기초존재론에서 있음ist과 실존Existenz은 구분되는데, 하이데거는 인간 외에 존재자들, 즉 바위, 나무, 그리고 말은 단순히 있음의 방식 으로 존재한다고 주장한다. 우리는 있음과 실존의 차이점을 '현실성' Aktualität과 구분되는 '존재가능'Seinkönnen에서 찾을 수 있다. 하이데거

---

19) 앞의 글, 138쪽.

에 있어서 존재자들 중에 인간 현존재만이 실존의 방식으로 존재할 수 있음은 인간 현존재만이 존재가능으로 규정되기 때문이다. "이러한 존재가능Seinkönnen에서 정확히 현존재의 본질이 드러난다. 나는 항상 가능성으로서의 나의 존재가능으로 있다."[20] 현존재는 일차적으로 존재가능 또는 가능존재로 존재한다.[21] 그리고 존재가능은 미래로 나아가는 '기획투사'Entwurf에 의해서 열려 밝혀진다. "기획투사는 기획투사함에서 자신을 위하여 가능성을 가능성으로 앞에 던지며 가능성으로 존재하도록 해준다."(『존재와 시간』, 202쪽) 더 나아가 이처럼 기획투사에 의거해 존재가능으로 있다는 것은 현존재의 세계가 필연적인 현실세계로부터 벗어나 있는 자유세계에 향해 있음을 의미한다. "그에 따라 '세계-내-존재' 자체는 자유 이외에 다른 것이 아니다."[22]

현존재와는 달리 있음으로 규정되는 바위, 나무, 그리고 말은 필연적인 현실세계에 속해 있다. 현존재가 자유세계 속에 있다는 것을 우리는 'Ex-istenz'에서도 볼 수 있다. 사실 용어 'Ex-istenz'를 직역하자면 이 용어는 '있음의 바깥'을 의미하는데, 여기서 '바깥'은 다름 아니라 가능성 또는 자유세계를 일컫는다. 하지만 여기서 중요한 점은 현존재의 자유, 즉 존재가능은 "허공freischwebende을 떠다니는 존재

---

20) M. Heidegger, *Zollikoner Seminare*(Frankfurt am Main: Vittorio Klostermann, 1987), p.209.
21) '존재가능' 외에 하이데거는 현존재를 규정함에 있어 '가능존재'(Möglichsein)라는 표현을 사용한다. "현존재는 어떤 것을 할 수 있는 능력을 추가로 소유하고 있는 어떤 눈앞의 것이 아니라 오히려 그는 일차적으로 가능존재이다." M. Heidegger, *Sein und Zeit*, p.142 참조.
22) 하이데거, 『논리학의 형이상학적 시원근거들』, 282쪽.

가능"(『존재와 시간』, 200쪽)을 의미하는 것이 아니라는 사실이다. 하이데거에게서 현존재의 존재가능은 세계 속에 '내던져진 가능성'을 일컫는다. "그러나 이것은 현존재가 그 자신에게 떠맡겨진 가능존재이며 철두철미 내던져진 가능성임을 말하는 것이다."(『존재와 시간』, 200쪽) 다시 말해 "모든 기획투사는―또한 인간의 모든 창조적 행위도―내던져진 기획투사이다."[23]

하이데거 철학 연구에서 현존재의 가능성은 세계 속에 내던져진 가능성을 지칭한다는 것은 잘 알려져 있다. 사실 하이데거 철학으로부터 결정적인 영향을 받은 사르트르의 자유개념 또한 이렇게 이해된 가능성을 의미한다. 그러나 여기서 말하는 세계의 의미가 모호하게 남아 있기 때문에 현존재의 내던져진 가능성의 의미 또한 불명확하다. 현존재의 내던져진 가능성을 명확하게 이해하기 위해서는 우리는 하이데거가 세계 속에 내던져진 가능성을 말할 때, 이 세계는 자연적 세계가 아니라는 점에 유의할 필요가 있다. 왜냐하면 현존재의 가능성이 자연적 세계에 내던져져 있다면―다시 말해 현존재의 가능성이 자연적 세계에 무력하게 의존되어 있다면―현존재의 자유는 이 세계에서 결코 성립될 수 없기 때문이다.

비록 기초존재론에서 하이데거는 이 주제에 대해 명시적으로 분석하지는 않았지만, 현존재의 가능성이 내던져진 세계는 자연세계에 대립되는 사회적 세계를 의미한다. 그리고 현존재에 관한 논의에서 사회적 세계가 강조된다면, 우리는 있음과 실존의 차이점을 보다

---

23) M. Heidegger, *Kant and the Problem of Metaphysics*, p.161.

분명하게 이해할 수 있다. 바위, 나무, 그리고 말에게서 각각의 본질은 다르게 규정되지만 존재방식에는 하나의 공통점이 있다. 이들은 오로지 이성과 직관에서 주어지는 자연세계에서만 존재한다. 그런데 이들과 달리 자유로운 인간은 한편에서 자연세계에 있지만 다른 한편에서 자연세계로부터 독립된 사회세계에서 존재한다. 비록 이 점은 기존의 연구들에서 완전히 간과되었지만, 하이데거에게서 오로지 인간의 존재방식을 일컫는 실존은 사회적 세계에 존재하는 방식을 의미한다. 따라서 인간의 본질이 '현실성'에 결코 환원되지 않는 내던져진 존재가능으로 규정될 수 있는 것은 인간만이 자연세계로부터 벗어나 있는 사회적 세계 속에 존재하기 때문이다. 요약하자면 세계와 관계하는 실존범주는 사회적 세계 속에 존재하는 방식을 일컫는 실존으로부터 유래된 사유의 방식을 뜻한다. 더 나아가 실존범주가 사회적 세계에 뿌리박고 있다는 점을 실존범주가 '비-관여적 사유'와 대립되는 '정황적 사유'befindliches Denken로 규정된다는 사실에서 찾을 수 있다.[24)]

하이데거에 있어서 의식으로부터 벗어나 세계에 일차적으로 존재하는 현존재의 존재방식은 실존 외에 '정황성'으로도 규정된다. 실

---

24) 잘 알려진 바와 같이 가다머의 해석학은 하이데거 철학으로부터 결정적인 영향을 받았다. 그리고 비록 『진리와 방법』에서 가다머는 이 점에 대해 명시적으로 주제화하지 않았지만, 그의 해석학에서 중요한 개념인 '선입견'과 '정황적 사유' 사이에는 유사성이 있다. 왜냐하면 가다머에 따르면 선입견 역시 정황적 사유처럼 역사적·사회적 세계에 기초해 있기 때문이다. "그렇기 때문에 개개인이 갖는 선입견은 개개인의 올바른 판단보다 훨씬 더 강력하게 개인적 존재의 역사적 현실성을 규정한다." 한스 게오르크 가다머, 『진리와 방법 2』, 임홍배 옮김(문학동네, 2012), 152쪽 참조.

존은 우선적으로 현존재가 세계에 있는 방식을 나타내는데, 하이데 거는 이와 같이 "'거기에'서 존재하는 두 가지의 동일근원적인 구성 방식들을 우리는 정황성Befindlichkeit과 이해Verstehen에서 본다".[25] 그리 고 정황성으로 규정되는 현존재는 세계에 이미 관여적으로 있으며, 이 관여적인 관계 속에서 사물의 인식을 얻는다. 하지만 엄격하게 말 해 칸트의 선험적 주체 또한 정황성의 관점에서 규정될 수 있다. 왜냐 하면 직관에서 주어지는 감각적 재료의 전제하에서만 사물의 인식 을 구성할 수 있는 선험적 주체는 오성 활동에 앞서 이미 세계와 관여 하고 있기 때문이다. 그래서 비판 철학에서 칸트는 '직관 없는 사유는 공허'하다는 유명한 말을 한다. 그리고 직관이 강조되는 한 칸트의 선 험적 주체 역시 현존재처럼 세계에 정황적으로 존재한다.

하지만 현존재가 세계에 정황적으로 존재하는 방식과 칸트의 선 험적 주체가 세계에 관여해 있는 방식은 근본적으로 다르다. 인식을 구성하는 데 있어 감각적 재료만을 인식의 필연적 요소로 간주하는 칸트의 선험적 주체는 오로지 자연적 세계에 정황적으로 존재한다. 따라서 칸트의 선험적 주체에서 형성된 사유 또한 정황적 사유로 특 징지어질 수 있음에도 불구하고, 이 같은 사유방식은 여전히 자연세 계에만 관여되어 있다고 볼 수 있다. 이와 달리 하이데거가 현존재의 정황성을 말할 때, 그는 현존재가 자연세계가 아니라 사회적 세계에 관여하고 있음을 의미한다. 또는 역으로 현존재의 세계가 사회적 세 계로 이해되었을 때, 우리는 정황적 사유의 올바른 의미를 비로소 파

---

25) M. Heidegger, *Sein und Zeit*, p.133.

악할 수 있다. 기초존재론에서 하이데거가 말하는 현존재의 정황적 사유는 칸트의 경험 개념뿐만 아니라 후설 지향성과도 근본적으로 구분된다.

인간의 의식은 고립되지 않고 본질적으로 무엇을 향해 있다는 지향적인 구조를 발견함으로써 후설은 새로운 철학적 사유의 길을 열어 밝힌다. 그에 따르면 지향적인 선험적 의식은 더 이상 데카르트 철학에서 파생된 고립된 자아에 찾아지지 않는다. 그럼에도 불구하고 하이데거는 후설 지향성이 여전히 전통적인 선입견에 머물러 있다고 비판한다. "비판적인 반성은 그의 가장 고유한 주제인 지향성에 대한 근원적인 규정이 관건일 경우 바로 현상학적 탐구도 전통의 속박에 매여 있다는 것을 보여 준다. 현상학은 가장 본래적인 그의 원칙에 반해 그의 가장 고유한 주제를 사태 자체를 토대로 해서가 아니라 전통적인 선입견을 토대로 규정한다."[26] 정황적 사유에서 우리는 하이데거가 왜 후설 지향성 개념을 이처럼 비판하는지를 이해할 수 있다. 정황적 사유를 간과한 후설에게서 지향성은 여전히 세계와는 구분되는 의식에 기원을 두고 있는 반면, 하이데거의 정황적 사유는 의식에 선행하는 세계로부터 파생된다. 그러므로 세계에서 처해 있는 정황적 사유에서 하이데거는 데카르트 이래로 근대 철학을 지배해 온 세계로부터 고립된 의식 철학과 완전히 결별하게 된다.

하이데거가 주장하는 바와 같이 현존재의 사유가 사유하는 자아

---

26) M. Heidegger, *History of the Concept of Time*, trans. T. Kisiel(Bloomington: Indiana University Press, 1992), p.128.

에서 유래되는 범주적 사유에 선행하는 정황적 사유로 규정된다면, 사유하는 자아에서 근원적으로 철학적 사유의 원리가 성립될 수 없다. 더 나아가 사유하는 자아는 데카르트가 생각한 것처럼 '흔들림이 없는 토대'가 아니라 작은 불꽃에 불과한데, 이 점에 대해 가다머는 다음과 같이 말한다. "우리는 우리 자신을 되돌아보면서 스스로를 이해하기 훨씬 이전부터 이미 삶의 터전인 가족과 사회와 국가를 통해 우리 자신을 이해하고 있다. 주관성이라는 렌즈는 대상을 왜곡시켜서 보여 주는 거울이다. 개인의 자기의식이라는 것은 역사적 삶이라는 거대한 전기장 안에서 명멸하는 작은 불꽃에 지나지 않는다. 그렇기 때문에 개개인이 갖는 선입견은 개개인의 올바른 판단보다 훨씬 더 강력하게 개인적 존재의 역사적 현실성을 규정한다."[27] 사유하는 자아에 기초해 있는 개인의 자기의식이 작은 불꽃에 불과한 이유는 사유하는 자아는 필연적으로 역사적 세계를 전제로 하기 때문이다.

현존재의 범주적 사유에 앞서 이미 세계 속에서 인간 현존재는 실존이라는 고유한 방식으로 존재한다. 그리고 기존의 하이데거 철학 연구들은 이 점만을 강조한다. 하지만 현존재는 세계 속에서 실존이라는 고유한 방식으로 존재할 뿐 아니라 실존에 기초해 있는 실존 범주에 의거해 전통 철학적 사유, 즉 이성에서 발원하는 범주적 사유 또는 지향성과는 다른 방식으로 사유한다. 세계로부터 분리된 범주적 사유는 비관여적 사유를 나타나는데, 전통 철학적 사유가 이러한 사유에 머물러 있다는 것을 드레이퍼스는 다음과 같이 밝힌다. "우리

27) 가다머, 『진리와 방법 2』, 152쪽.

는 그리스인들로부터 모든 영역—인간의 활동을 포함해—에서 이론적 지식을 얻을 수 있다는 가정뿐만 아니라, 실재 세계로부터 일정한 거리를 둔 이론적 관점이, 실재 세계에 참여하는 실천적 관점보다 우월하다는 가정까지 함께 물려받았다. 이러한 철학 전통에 따르면—합리론자든 경험론자든—우리가 실재를 발견하는 것은 오직 실재로부터 일정한 거리를 둔 비관여적 관조를 통해서이다."[28] 그런데 세계로부터 분리된 사유하는 자아에서 유래된 비관여적인 범주적 사유와는 달리 실존범주는 세계와 관여되어 있는 정황적 사유를 일컫는다.

　실존범주가 세계에서 만나는 사물의 연관맥락에 기원을 두고 있는 정황적 사유라는 점을 우리는 하이데거의 다음과 같은 진술에서 발견한다.

　잠정적으로나마 명확히 해야 할 것이 있다. 사유하는 사물res cogitans과 연장을 지닌 사물res extensa, 자아과 비자아 간의 존재론적 구별이, 형식적으로 말해, 가령 피히테가 '여러분, 벽을 생각해 보십시오. 그런 뒤 그 벽을 생각하고 있는 그 사람을 생각해 보십시오'라고 말하면서 문제를 시작하는 형식으로 직접적이고 단순하게는 결코 파악될 수 없다는 것이다. '벽을 생각해 보십시오' 하고 요구하는 데에는 이미 행위 구성 계기에 대한 어떤 구성적인 강압이, 말하자면 어떤 비현상학적인 단초가

28) H. L. Dreyfus, *Being-in the World: A Commentary on Heidegger's Being and Time, Division I*(Cambridge: MIT Press, 1991), p.6.

놓여 있다. 왜냐하면 사물들과의 자연적인 행동 관계에 있어 우리는 결코 하나의 사물만을 생각하지 않으며, 특히 그것을 그 자체에 있어 고유하게 파악하려 할 때에는 우리는 언제나 그것을, 그것이 그 사태 내용상으로 속하고 있는 연관맥락, 말하자면 벽, 방, 주의 연관맥락에서에서부터 파악하기 때문이다.[29)]

여기서 볼 수 있듯이 현존재의 실존범주는 사물을 연관맥락 속에서 파악함을 뜻하기 때문에 정황적 사유로 특징지어진다. 그리고 이 정황적 사유는 자연세계가 아니라 사회적 세계에서 파생된다. 더나아가 나중에 보겠지만 주위세계, 즉 사회적 세계에서 만나는 '도구 사물'을 다룸에 있어 현존재는 그 나름대로의 앎을 지니고 있으며, 이 도구의 앎이 바로 실존에 근거해 있는 정황적 이해이다. 요약하자면 범주적 사유와 실존적 범주의 차이점은 다음과 같다. 첫째, 세계로부터 분리된 이성에 기원을 두고 있기 때문에 비-관여적으로 있는 범주적 사유와는 달리 실존적 범주는 사회적 세계에 관여되어 있는 정황적 사유를 일컫는다.[30)] 둘째, 세계와 관여하지 않는 범주적 사유는 세계에 의존하지 않으며, 따라서 무제약적인 특징을 띠고 있다. 이에 반

---

29) 하이데거, 『현상학의 근본문제들』, 238쪽.
30) 『진리와 방법』에서 가다머는 정황적 사유를 언급하지 않지만, 해석학에서 핵심적인 개념으로 간주되는 '이해'를 이런 방식으로 파악한다. "이해라는 것은 주관성의 활동이라기보다는 과거와 현재가 부단히 상호매개 작용을 하는 전통의 전승이라는 사건 속에 참여하는 것을 뜻한다." 가다머, 『진리와 방법 2』, 171쪽 참조. 그런데 여기서 이해는 주관성의 활동이 아니라고 말할 때, 이 주관성의 활동은 무세계적인 주관성을 일컫는다는 사실에 유의할 필요가 있다. 만약 주체가 전통의 전승이라는 사건 속에 참여한다면, 이해는 주관성의 활동으로 간주될 수 있다.

해 던져진 가능성에 기초해 있는 실존적 범주는 필연적으로 역사적·사회적 세계에 의존하기 때문에 제약적인 사유로 규정된다.

이상에서 살펴본 바와 같이 사회적 세계에 관여해 있는 정황적 사유를 지칭하는 실존범주에서도 우리는 하이데거 존재사유가 사회존재론을 정초하는 데 방향 잡혀 있음을 볼 수 있다. 잘 알려진 바와 같이 『존재와 시간』에서 하이데거는 근대 철학적 사유의 원리를 제공한 데카르트의 '나는 사유한다. 그러므로 나는 존재한다'의 명제를 전복시킨다. 그에 있어서 현존재의 실존이 사유에 선행한다. '코기토 숨'cogito sum, 나는 생각한다. 나는 존재한다이 현존재에 대한 실존론적 분석론의 출발점으로서 기능해야 한다면, 그 순서가 뒤바뀔 필요가 있을 뿐만 아니라 그 내용도 새롭게 존재론적–현상학적으로 확증될 필요가 있다. 그럴 경우 첫째 발언은 '숨'sum, 나는 존재한다이며 그것도 '나는 하나의 세계 안에 존재한다'이다."(『존재와 시간』, 285~286쪽) 다시 말해 하이데거는 새로운 철학적 원리를 "나는 존재한다. 그러므로 나는 사유한다"라는 명제 위에 세운다. 그리고 앞에서 살펴본 바와 같이 존재와 사유는 정황성을 통해 근거 지어진다.

하지만 실존의 의미를 자유의 토대로만 이해한 실존주의가 유행한 이래 실존적 범주가 정황적 사유의 특징을 띠고 있다는 사실은 완전히 간과되었다. 기초존재론에서 하이데거가 말하는 실존은 모든 제약을 뛰어 넘는 '자유'의 토대를 의미한다고 생각한 실존주의자들은 역설적으로 현존재의 실존적 사유를 정황적 사유가 아니라 세계와 무관한 비관여적 사유의 전형으로 이(오)해했다. 그리고 현상학자들 또한 실존주의자들과 마찬가지로 실존적 사유를 제대로 파악하지 못했다. 만약 실존적 사유와 범주적 사유의 구분이 현상학자들이 주장하는 바와 같이 전-주제적인 사유와 주제적인 사유의 차이로 해석된다면, 이 해석에서 ―사실 이러한 해석은 이제까지 후설 현상학 연구와 더불어 하이데거 철학 연구에 있어서 주도적인 영향력을 행사했다― 우리는 하이데거의 독창적인 사유를 찾을 수가 없다. 왜냐하면 현상학적 사유에서 후설이 이미 추상적인 사유를 중시하는 실증주의와 신칸트주의에 맞서 전-주제적인 차원에 있는 생활세계에 입각한 인식론 또는 존재론을 확립하고자 했기 때문이다. 그러므로 후설 현상학과 구분되는 하이데거 존재사유의 독창성이 부각되기 위해서는 실존적 사유와 범주적 사유의 차이점은 다른 방식으로 규명되어야 한다.

하이데거 존재사유를 사회존재론으로 보는 우리의 해석에 따르면 범주적 사유는 여전히 사회적 세계로부터 분리된 자연적 사물을 이론이성에 입각해 탐구하는 사유방식을 일컫는다면 사회적 세계에 관여해 있는 실존적(정황적) 사유는 자연적 사물에 앞서 주어지는 사회적 사물을 이론적 사유가 아니라 실천적 행위에 입각해 탐구하는 사유방식을 지칭한다. 이처럼 실존을 통해 현존재의 사유가 사회적 세계에 관여되어 있다는 것이 파악되었을 때, 우리는 비로소 범주적 사유와 구분되는 실존적인 사유의 고유한 의미를 올바르게 이해할 수 있다. 더 나아가 이와 같은 실존적인 사유가 기원을 두고 있는 세계가 범주적 사유에 주어지는 주제적인 세계뿐만 아니라 현상학에서 말하는 직관에서 주어지는 전-주제적 생활세계까지도 선행하는 보다 근원적인 세계, 즉 행위에 의해 구성되는 사회적 세계라는 사실을 우리는 인간의 새로운 본질을 의미하는 현존재에 대한 고찰에서 보다 명확하게 파악할 수 있다.

3. 사회적 존재자로서의 현존재

기초존재론에서 하이데거가 근대 철학적 사유의 토대를 제공하는 의식 또는 선험적 주체를 한 번도 언급하지 않고 그 대신에 낯선 용어인 '현존재'Dasein를 사용한다는 사실은 잘 알려져 있다. 그래서 기초존재론에 입문하기 위해서는 현존재라는 명칭이 붙어 있는 첫 번째 관문을 통과해야 하는데, 여기서 우리는 이미 어려움에 봉착한다. 왜냐하면 근대 철학적 사유에서 유래되지 않은 현존재 개념은 우리에게 낯설게 다가오기 때문이다. 기초존재론에서 가장 중요한 주제인 현존재분석에 대한 기존의 연구들은 두 방향으로 전개되었다. 첫 번째 방향은 실존주의자들에 의해 제시되었는데, 그들은 세계로부터 분리되어 있는 고립된 주체에 대립되는 현존재를 세계 속에 있는 구체적인 '인간실재'humain realite[31]로 이해했다. 두 번째 방향은 데리다와 구조주의자들에 의해 열어 밝혀졌다. 이들의 해석에 따르면 인간과 무관한 존재의 지평을 의미하는 현존재는 반-주체주의의 원형으로 특징지어진다. 데리다의 해체주의 철학이 각광을 받은 이후 현존재를 인간

---

31) 이 번역을 프랑스에 처음으로 소개한 사람은 사르트르의 동료이자 제자인 콜뱅(H. Corbin)이다. 그가 1938년에 하이데거의 저서 『형이상학은 무엇인가?』를 번역한 불어판에서 '현존재'는 '인간실재'로 번역되었다. M. Borch-Jacobson, *Lacan: The Absolute Master*(Stanford: Stanford University Press, 1991), pp.15~16 참조.

실재와 동일시하는 실존주의 해석은 많이 퇴색했다.

그러나 사실 『존재와 시간』에서 제시된 여러 개념들, 예를 들어 '도구', '불안' 그리고 '죽음'과 같은 개념들은 현존재가 인간으로 이해되었을 때 비로소 파악되는 개념들이기 때문에 반-주체주의자들의 해석 또한 한계를 지닌다고 볼 수 있다. 다시 말해 주위세계에서 만나는 도구를 사용하며 더 나아가 죽음에 대한 불안을 존재이해를 갖고 있는 인간만이 느낄 수 있는데, 이러한 사실을 간과한 채 현존재를 인간과 무관하다고 보는 해석은 무리가 있어 보인다. 그럼에도 불구하고 하이데거 철학에 관한 많은 연구들은, 특히 프랑스의 구조주의 철학으로부터 영향을 받은 연구들은 현존재를 인간실재로 파악하는 것은 현존재에 대한 오해라고 주장한다. 그 이유는 만약 현존재가 인간을 지칭하는 것으로 이해된다면 기초존재론에서 전개된 하이데거의 철학은 존재론적 사유가 아니라 존재자적 차원에 놓여 있는 철학적 인간학을 표방하는 사상으로 간주될 수 있기 때문이다. 그리고 기초존재론을 구성하는 데 있어 핵심적인 개념으로 여겨지는 현존재에 대한 이와 같은 상반된 해석은 하이데거 철학을 이해하는 데 있어서 많은 혼동을 야기한다. 하이데거 철학에 관한 연구가 과거에 머물러 있지 않고 미래지향적으로 한 걸음 더 나아가기 위해서는 현존재에 관한 이와 같은 주체주의와 반-주체주의의 해석 사이에 놓여 있는 대립 구도로부터 벗어나야 한다.

전통 존재론과 구분되는 하이데거의 기초존재론은 존재자들 중에 유일하게 존재이해를 가지고 있는 현존재분석에서 출발하기 때문에, 기초존재론을 이해하기 위해서는 인간 현존재의 의미가 우선적으로 규명되어야 한다. 그리고 인간 현존재분석에서 하이데거는 인간의 새로운 본질을 열어 밝힌다. 우리는 현존재에 관한 주체주의와 반-주체주의의 해석에서 파생되는 대립을 극복하기 위해 기초존재론에서 제시된 인간의 새로운 본질을 사회존재론에 의거해 해명하고자 한다. 비록 하이데거는 현존재분석에서 직접적으로 주제화하지 않았지만, 우리는 현존재의 본질을 자연세계에 놓여 있는 '이성적 동물'이 아니라 사회적 인간의 관점에서 해석하고자 한다. 더 나아가 사회적 인간으로서의 현존재를 강조함으로써 현존재에 관한 '철학적 인간학'과 '반-인본주의'라는 대립되는 해석을 넘어서 현존재에 대한 포괄적인 이해를 제시하고자 한다. 왜냐하면 나중에 보겠지만 사회적 인간으로서의 현존재는 필히 인간을 전제로 하지만, 동시에 사회적 세계 속에서 '존재자들의 주인'으로 존재하지 않는 현존재는 '반-인간중심주의'에 의해 특징지어지기 때문이다. 자기중심적인 근대적 주체를 비판하는 데 있어 하이데거 철학과 데리다 철학 사이에서는 분명히 유사성이 존재한다. 하지만 데리다의 '반-주체주의'와는 달리 사회적 인간으로 규정되는 현존재에서 발견되는 '반-인간중심주의' 또는 '반-주체성'에서 하이데거는 인간에 대한 전통적 또는 근대적 규정만을 문제 삼을 뿐 인간 그 자체를 거부하지는 않는다. 이와 같은 차이점을 파악하기 위해서 먼저 현존재를 반-주체성으로 규정하는 데리다의 해체주의적 해석을 살펴보고자 한다.

데리다는 자신의 유명한 논문인 「인간의 종말」에서 현존재 개념을 인간중심주의 입장에서 이해하는 실존주의의 해석을 거칠게 비판한다. 그는 이러한 해석이 현존재를 인간실재humain realite로 잘못 이해하고 번역하는 데에 기인한다고 주장하며, 인간실재는 "여러 관점에서 터무니없는 번역~monstrous translation~"[32]이라고 지적한다. 그리고 그는 한발 더 나아가 적어도 프랑스에서 올바른 철학이 가능하기 위해서는 먼저 "『존재와 시간』을 인간주의 관점으로 변형된 방식으로 읽는"[33] 태도를 극복해야 한다고 역설한다. 실존주의자들의 해석과는 달리, 현존재 개념이 인간실재와 무관하다고 생각하는 데리다는 자신의 주장을 하이데거의「휴머니즘 서간」을 분석함으로써 전개해 나간다.

데리다의 해석에 따르면,「휴머니즘 서간」의 주제는 전통 인본주의 사상이 윤리학에서 유래된 것이 아니라 본질적으로 형이상학에

---

32) J. Derrida, *Margins of Philosophy*, trans. A. Bass(Chicago: The University of Chicago Press, 1982), p.115.

33) *Ibid.*, p.126. 비슷한 관점에서 하이데거 철학의 권위적인 주석가로 잘 알려진 폰 헤르만 또한 『존재와 시간』을 인간(주체)중심주의 입장에서 접근하는 것은 커다란 오해라고 지적한다. "이 저서의 부제를 통해 쉽사리 떠오르기도 하는 이런 추측은 다음과 같은 뿌리 깊은 견해에서 생겨난 것이다. 즉 터 있음(Dasein)은 주관에 근거하고 있을 뿐이요, 또 인간을 터 있음으로 규정하고 해석함은 주관의 주관성을 규정하는 하나의 새로운 규정 방식에 지나지 않으며, 이 새로운 규정은 구체적인 실존현상들을 존재론적으로 해석함으로써 주관성을 단지 탈형식화했을 뿐이라는 것이다. 그러나 이러한 예상과 추측은 잘못된 것이다. […] 터 있음이라는 하이데거의 철학적 발판은 주관성의 새로운 규정이 아니라, 그러한 주관성과 결별함에 있다[Heideggers philosophischer Ansatz beim Dasein ist keine Neubestimmung der Subjektivität, sondern iher Verabschiedung]." 프리드리히 빌헬름 폰 헤르만, 『하이데거의 존재와 시간을 찾아서』, 신상희 옮김(한길사, 1997), 25~26쪽 참조. 만약에 이 인용문에서 언급되는 주체 개념이 보편적인 주체를 지칭하는 것이라면 우리는 하이데거의 터 있음은 주관성의 새로운 규정이 아니라, 그러한 주관성과 결별함에 있다는 헤르만의 주장에 전적으로 동감한다. 그럼에도 불구하고 이러한 전통적 주관성과의 결별만을 강조해서는 현존재의 의미가 제대로 드러나지 않는다. 터 있음(Dasein)에 대한 폰 헤르만의 탁월한 해석은 현존재를 소극적인 정의에만 국한시키는 데 반해, 이 책『하이데거의 사회 존재론』에서는 현존재를 사회존재론적 관점에서 보다 적극적으로 정의하려고 한다.

기초한다는 사실을 제시하는 데 있는데, 이 같은 해석의 근거를 그는 하이데거 자신이 설파한 "모든 인본주의는 형이상학적으로 남아 있다"[34]는 명제에서 찾는다. 이 명제에서 주지할 점은 하이데거가 '형이상학적'이라는 표현을 쓸 때, 그가 의미하는 바는 다름 아니라 근대적 "형이상학적 주관주의"metaphysical subjectivism[35]라는 사실이다. 이와 같은 관점에서 볼 때, 모든 인본주의 또는 인간중심주의는 본질적으로 근대적 형이상학적 주관주의에 근거하고 있다. 하지만 어떻게 모든 인간중심주의가 형이상학적 주관주의에서 유래되었는가?

형이상학의 주제는 존재자에 대한 존재 내지는 근거에 관하여 탐구하는 것이다. 그리고 존재자에 대한 최종근거는 근대에 와서는 데카르트의 철학적 사유를 통해 인간의 사유에서 찾아진다. 이렇게 볼 때, 근대 형이상학의 근본적인 특징은—적어도 하이데거의 해석에 따르면[36]—더 이상 절대적인 신이 아니라 인간이 모든 존재자의 근거가 되는 주체로서 확립되었다는 사실에 있다. 그리고 주체로 규정된 인간은 모든 존재자들을 주체에 의해 정립되는 '객체' 또는 '대상'으로만 관계한다. 이 관계 속에서 대상들은 주체에 귀속되며, 따라서 주체에 의해 지배되며 통제된다. 이러한 지배를 통해 인간은 모든 존재자들의 중심이 된다. 여기서 우리는 하이데거가 왜 인본주의 또는 인간중심주의는 필연적으로 형이상학적이다라고 주장하는지를

---

34) M. Heidegger, "Letter on Humanism", ed. W. McNeil, *Pathmarks*(Cambridge: Cambridge University Press, 1998), p.245.

35) Ibid., p.263.

36) M. Heidegger, "Die Zeit des Weltbildes", pp.96~98.

알 수 있다. 모든 대상을 포섭하고 이해하는 사유 위에 존재자의 근거를 확립한 데카르트의 근대 형이상학적 주관주의는 인간중심주의의 원형으로 간주될 수 있다.

하지만 데카르트와는 달리 하이데거는 존재자들을 지배할 수 없기 때문에 인간은 모든 존재자들의 중심이 아니며, 따라서 존재자들과의 관계에서 인간중심주의는 불가능하다고 역설한다. 인간중심주의 사상의 필연적 조건을 제공하는 근대적 형이상학적 사유에 속해 있지 않은 탈-형이상학적 관점에 입각해 하이데거는 인간을 정의하고자 하는데, 이 정의에서 "인간은 존재자들의 주인이 아니다"Der Mensch ist nicht der Herr des Seienden.[37] 탈-형이상학적 관점에서 그는 "인간은 존재의 목자이다"Der Mensch ist der Hirt des Seins.[38]라고 규정한다. 그리고 다른 존재자들 가운데 인간만이 존재를 돌볼 수 있는 것은 존재가 바로 인간(현-존재)에게만 자신을 드러내 보이기 때문이며, 존재 그 자체가 드러나는 장소가 바로 '현' 또는 '거기에'Da이다. 그래서 하이데거가 말하는 현존재의 '현' 또는 '거기에'를 논하는 데 있어 데리다는 '거기에'Da가 근원적으로 단지 현존재의 특성을 표현하는 것이 아니라 "존재의 '거기에'the Da of Sein"[39]를 표현한다고 주장한다. 다시 말해서, 현존재의 '거기에'는 인간실재와는 전혀 무관한 존재가 드러나는 장소를 뜻한다. 이렇게 볼 때, 하이데거가 현존재에 대한 실존론적

---

37) M. Heidegger, "Letter on Humanism", p.260.
38) Ibid., p.260.
39) J. Derrida, *Margins of Philosophy*, p.130.

인 분석에서 추구하는 것은 인간의 본질을 새롭게 확립하는 것이 아니라 새로운 존재의 의미를 규명하는 것이라고 데리다는 해석한다. 그리고 인간 주체적 관점이 아니라 존재론적 관점에서 접근된 현존재 개념은 더 이상 인간중심주의나 주체 개념을 허용하지 않는다. 현존재 개념을 존재의 장소로 파악함으로써 데리다는 「인간의 종말」에서 하이데거 사상에 대한 인간학적이고 인간중심주의적인 그릇된 해석을 극복하려고 한다. 또한 동시에 그는 자신의 해체주의의 중심 개념인 반-인간중심주의 또는 반-주체주의 사상의 원천이 궁극적으로 하이데거의 철학 사상에서 유래된다고 주장한다.

현존재에 대한 논의에서 구조주의자들이 반-주체주의를 강조하기 이전에 하이데거는 이미 현존재 개념을 근대적 주체 또는 인간과 연관 지어 파악하는 것은 기초존재론을 오해한 것이라고 역설한다. 이러한 오해를 피하기 위해서는 현존재 개념은 인간이 아닌 '존재' 개념에 초점을 맞추어 분석되어야 하며, 또한 존재론적 관점에서 볼 때 현존재는 인간에 대한 규정이 아니라 '존재의 장소'로 파악되어야 한다.[40] 이처럼 현존재분석은 인간에 방향 잡혀 있지 않고 인간에 선행하는 근원적인 토대인 존재의 의미를 밝히는 데 그 목적이 있기 때문에 하이데거 철학은 인간과 무관한 '반-인본주의' 사상의 원조라고 구조주의자들은 해석한다. 하지만 과연 하이데거는 데리다가 주장하듯이 현존재 개념을 통해 인간 개념 그 자체를 완전히 폐기하는가?

---

40) W. Richardson, "Letter to Father William J. Richardson", *Heidegger: Through Phenomenology to Thoughts*(Hague: Matinus Nijoff, 1963), p.18 참조.

더 나아가 『칸트와 형이상학의 문제』에서 자주 등장하는 "인간에 있는 유한한 현존재"[41]라는 표현을 접할 때 우리는 과연 하이데거의 현존재 개념을 '인간실재'로 번역하는 것은 정말 '터무니없는 번역'인가라는 의구심을 갖게 된다.

『존재와 시간』을 자세히 읽어 보면 현존재 개념을 인간실재로 이해하는 것은 데리다가 생각했던 것처럼 터무니없는 번역은 아니다. 왜냐하면 하이데거는 분명히 현존재를 인간과 결부시켜 설명하기 때문이다. "학문들은 인간의 행동관계로서 이 존재자(인간)의 존재양식을 가지고 있다. 이 존재자를 우리는 현존재라는 용어로 파악한다 Wissenschaften haben als Verhaltungen des Menschen die Seinsart dieses Seienden(Mensch). Dieses Seiende fassen wir terminologisch als Dasein."(『존재와 시간』, 27쪽) 다른 곳에서도 그는 '현존재'는 인간을 일컫는다고 주장한다. "각기 우리 자신인 그런 존재자, 즉 인간으로서의 존재자를 우리는 인간 현존재 Menschliches Dasein, 또는 짧게 말해 현존재라고 부른다."[42] 만약 『존재와 시간』에서 짧게 약칭하지 않고 하이데거가 일관성 있게 인간 현존재라는 용어를 사용했다면, 현존재는 당연히 인간을 의미하는 것으로

---

41) M. Heidegger, *Kant and the Problem of Metaphysics*, p.161.

42) 마르틴 하이데거, 『철학 입문』, 이기상·김재철 옮김(까치, 2006), 77쪽. 하이데거는 1953년 출판된 『존재와 시간』 7쇄본에서 1935년의 강의록인 『형이상학 입문』을 자신의 존재사유를 이해하는 데 있어 좋은 안내서라고 소개한다. 물론 『형이상학 입문』은 좋은 안내서이다. 그런데 이 저서 외에 필자는 1928년의 강의록인 『철학 입문』을 『존재와 시간』을 이해하는 데 있어 어려움을 겪는 독자들에게 적극 추천한다. 『철학 입문』이 좋은 안내서인 이유는 이 저서에서 하이데거는 『존재와 시간』의 주제를 전문적인 용어가 아니라 쉬운 용어로 풀어서 설명하기 때문이다. 특히 하이데거 철학에서 핵심적인 개념인 '진리'와 '공동존재'가 『존재와 시간』에서보다 더 자세하고 쉽게 설명되어 있다.

이해됐을 것이다. 더 나아가 존재이해를 가능케 하는 '현' 또는 '거기에'das Da에 인간만이 존재한다고 그는 다음과 같이 말한다. "존재이해에 기초해 있는 인간은 '거기'das Da에 존재한다."[43] 이 인용문에서 하이데거는 분명하게 용어 현존재 대신 인간을 사용하며, 존재이해를 가지고 있는 인간을 '거기에 있음', 즉 현존재로 규정한다. 다시 말해 현존재는 존재가 드러나는 '열린 장소'뿐만 아니라 새롭게 규정된 인간의 본질을 지칭한다. 현존재가 인간을 일컫는다는 사실은 기초존재론에서 하이데거가 전통 형이상학적 사유에서 망각된 인간 존재의 의미를 밝히고자 한다는 데에서도 확인할 수 있다.

기초존재론에서 하이데거가 전통 존재론에서 망각된 새로운 존재의 의미를 제기한다는 것은 잘 알려져 있다. 그런데 존재의 의미 외에 그는 인간 존재의 의미 또한 망각되었다고 주장한다. "전통적 인간학의 중요한 근원들인 그리스의 정의와 신학적인 실마리가 보여주고 있는 것은 '인간'이라는 존재자의 한 본질 규정 안에서 인간의 존재에 대한 물음은 망각된 채로 남아 있다."(『존재와 시간』, 76쪽) 그리고 현존재분석에서 하이데거는 인간 존재의 의미를 새롭게 밝히고자 한다. 이처럼 인간이 강조되기 때문에 실존주의자들은 현존재를 인간실재로 이해했다. 하지만 여기서 중요한 것은 현존재로 지칭되는 인간은 전통 형이상학이 규정한 '이성적인 동물' 내지는 '자기의식'으로서의 근대적 인간(주체) 개념이 아니라는 점이다. 따라서 현존재를 인간실재로 이해하는 것은 터무니없는 해석이라는 데리다의

---

43) M. Heidegger, *Kant and the Problem of Metaphysics*, p.156.

주장은 현존재로 규정된 인간(주체) 개념을 전통적 내지는 근대적 인간 개념과 동일시할 경우에만 정당화될 수 있다. 하지만 만약에 인간을 전통 형이상학적 정의가 아니라 하이데거 방식으로 새롭게 규정된 인간(주체) 개념으로 이해한다면, 현존재를 인간실재로 파악하는 것은 그리 터무니없는 해석이 아닐 것이다. 왜냐하면 하이데거가 기초존재론에서 배격하고자 하는 것은 전통 형이상학적 사유에 바탕을 두고 있는 잘못 규정된 인간(주체) 개념이지, 인간(주체) 개념 그 자체는 아니기 때문이다. 현존재 개념에서 그가 염두에 두고 있는 것이 근대적 주체의 부정일 뿐, 인간 개념 그 자체가 아니라는 사실은 인간중심주의에 대한 비판에서 드러난다.

「휴머니즘 서간」에서 하이데거는 왜 자신이 인간중심주의를 비판하는지를 다음과 같이 설명한다. "인간의 이러한 본질 규정을 통해 우리는 인간을 이성적 동물로서, '인격'으로서, 정신적–심적–육체적 존재로서 인간을 인간중심주의적으로 해석하는 것을 거짓이라고 주장하거나 배격하는 것이 아니다. 오히려 우리가 주장하는 것은 인간의 본질에 대한 인간 중심주의적 규정도 인간 고유의 존엄성 die eigentliche Würde des Menschen을 아직도 모르고 있다는 것이다. 이와 같은 관점에서 『존재와 시간』의 사유는 인간중심주의에 반대한다."[44] 이 인용문에서 분명히 볼 수 있듯이, 하이데거는 인간의 본질 그 자체를 부정하지 않고, 다만 인간의 존엄성을 잘못된 방식으로 파악한 전통 형이상학적 규정을 비판한다. 비슷한 맥락에서 그는 인간중심주

---

44) M. Heidegger, "Letter on Humanism", p.156.

의 그 자체를 거부하는 것이 아니라, 전통 형이상학에서 유래된 인간 중심주의를 거부한다. 왜냐하면 전통 인간중심주의는 인간의 본질에 대한 잘못된 이해에 바탕을 두고 있기 때문이다. 전통 인간중심주의에 반대하여 하이데거는 기초존재론에서 올바른 인간의 본질, 즉 인간 고유의 존엄성이 드러나는 근원적인 토대를 현존재에 입각해 새롭게 확립하려고 시도한다.

기초존재론에서 근대 철학적 사유의 토대를 제공하는 의식 개념을 의도적으로 배제하고 그 대신에 현존재를 부각시키는 하이데거에게서 현존재는 의식-존재에 선행하는 근원적인 토대를 지칭한다. "의식-존재는 항상 현존재를 전제로 한다. 그 역은 성립하지 않는다."[45] 데카르트와는 달리 하이데거는 의식에 근원적인 토대가 놓여 있지 않다고 생각하는데, 그 이유는 의식의 본질적인 특징은 보편적인 '인식'에 있기 때문이다. 이러한 사실에 대해 그는 다음과 같이 말한다. "순수한 언어학적 관점에서 볼 때, 의식Bewußt-sein은 필연적으로 지식Wissen을 지칭한다. 지식이 의미하는 바는 […] 무엇에 대해 알고 있는 것Bewissen 그리고 지식을 갖고 있는bewisst 사람을 지칭한다."[46] 한국어 번역에서는 인지될 수 없지만, '의식'Bewußt-sein을 나타내는 독일어 표현에서 'wußt'는 지식 또는 인식을 의미하는 'Wissen'과 밀접하게 연관 지어져 있다. 그런데 하이데거는 사물을 표상하는 능력인 의식은 주제적인 영역에 있는 사물을 경험하는 데 있어서는 근대 철

---

45) M. Heidegger, *Zollikoner Seminars*, p.207.
46) *Ibid.*, p.145.

학자들이 생각했듯이 인간의 근원적인 토대가 될 수 있지만, 전-주제적 사물을 경험하는 데 있어서는 근원적인 토대로 간주될 수 없다고 주장한다. 의식에 선행하는 근원적인 토대가 있는데, 이 근원적인 토대는 '현-존재'에서 열어 밝혀진다. "그것들(철학적인 문제들)이 철학함에 주어진 임무를 제대로 수행하기 위해서는 다음과 같은 사실은 필수적이다. 인간의 의식Bewußt-sein을 기술하는 것이 아니라, 인간 안에 있는 현존재Da-sein를 불러오는 작업이다."[47] 이처럼 하이데거에 있어서 인간의 본질은 더 이상 근대 철학에서 핵심 개념인 의식이 아니라 현존재로 규정된다.

더 나아가 하이데거가 의식 대신에 현존재Dasein 개념을 사용할 때, 그는 이 개념을 어떤 경우에는 'Da-sein'으로 분절해서 쓰는데, 사람들은 하이데거가 이와 같은 표현을 쓰는 이유는 존재가 바로 '거기에'Da에 개시되어 있다는 것을 강조하기 위해서라고 생각한다. 하지만 존재의 개시만을 부각해서는 '현' 또는 '거기에'Da의 의미가 분명하게 드러나지 않는다. 왜냐하면 전통 존재론 역시 존재는 이성 또는 의식의 지평에서 인간에게 현시된다고 주장하기 때문이다. 따라

---

47) M. Heidegger, *The Fundamental Concepts of Metaphysics*, trans. W. McNeil(Bloomington: Indiana University Press, 1995), p.174. 하이데거의 현존재는 의식과 대비되는 개념으로 이해되어야 하는데, 아쉽게도 우리는 이 두 개념의 관계에 관한 분석을 그의 저서에서 찾아볼 수 없다. 만약 이러한 작업이 수행되었다면 현존재에 관한 오해는 많이 해소되었을 것이다. 현존재와 의식의 관계를 세밀하게 분석하는 대신 하이데거는 단지 이 두 개념의 관계가 매우 중요하다는 것만 언급한다. "현존재와 의식과의 관계는 특별한 논의가 요구된다. 이 관계는 '세계-내-존재'로서의 현존재와 의식의 지향성의 근본적인 연관성의 문제에서 부각된다. 그러나 이 문제는 우리 주제와 너무 동떨어진 것으로 우리를 인도한다." M. Heidegger, *Zollikoner Seminars*, pp.120~121 참조.

서 '현-존재'를 해명함에 있어 중요한 것은 단순하게 '거기에'서 존재가 개시된다는 것을 반복하는 것이 아니라 '거기에'의 의미를 밝히는 것이다. 의식에 선행하는 현-존재Da-sein에서의 접두어 '현' 또는 '거기에'Da는 무엇을 의미하는가? 더 나아가 왜 하이데거는 인간의 본질을 '거기에'에 입각해 새롭게 규정하려고 하는가? 이 물음들은 우리를 기초존재론에서 하이데거가 확립한 인간의 고유한 본질 개념으로 이끈다.

현존재를 규정하는 데 있어 하이데거는 "본질essentia에 우선한 '실재'existentia의 우위"(『존재와 시간』, 68쪽)를 강조한다. 보편적 본질에 입각해 인간을 규정한 전통 형이상학과는 달리 현존재분석에서 실재, 즉 실존을 본질보다 우위에 둔 하이데거의 시도 이후에 인간에 대한 논의에서 사람들은 실존 개념에 주목했으며 따라서 실존주의 철학도 확립되었다. 그런데 전통 철학적 관점에서 볼 때, 모든 인간들을 포함한 보편적인 실재를 의미하는 본질이 실존에 놓여 있다는 명제는 성립될 수 없다. 왜냐하면 본질이 개별적인 실존에 의존되어 있다면 보편성은 확보될 수 없기 때문이다. 그래서 전통 형이상학에서는 실존보다 보편적 본질이 우위를 점한다. 그런데 현존재분석에서 하이데거는 이러한 전통 형이상학적 입장과는 달리 실존을 본질보다 우위에 둔다. 그리고 비록 현존재에 대한 상이한 입장을 취하고 있지만, 이러한 현존재의 규정을 접한 실존주의자들과 구조주의자들 모두 하이데거의 철학에서는 인간의 보편적 실재는 더 이상 중요하지 않다고 생각한다. 왜냐하면 그들에 따르면 개별적이고 우연적인 실존에 귀속되는 한 인간의 보편적 실재는 성립될 수 없기 때문이다. 더 나아가 이와 같은 해석이 가능했던 것은 그들이 현존재분석에서의 '본질' 개념을 전통 철학적 방식으로 이해했기 때문인데, 사르트르 또한 자신의 실존주의 철학에서 전통 철학적 사유를 거침없이 비난했음에도 불구하고 이 같은 입장을 취한다.

사르트르에 있어서 존재자들은 두 가지의 방식에 의해 존재한다. 먼저 존재자들의 존재방식에서 존재자의 본질이 개별적인 '실존'(현존)에 선행하는데, 그는 『실존주의는 휴머니즘이다』에서 이러한 존재방식을 쿠우프 파피에(종이칼)의 예를 통해 설명한다. "우리가 이를테면 한 권의 책이라든가 한 자루의 쿠우프 파피에처럼 만들어진 하나의 물건을 생각할 때 그 물건은 하나의 개념이 머리에 떠오른 공장工匠에 의해서 제조된 것임을 알 수 있다. 즉, 만든 사람은 쿠우프 파피에의 개념에 따른 것이며, 역시 그 개념의 일부분을 이루는 예비적인 생산 기술에 의거한 것이다. 이처럼 그 쿠우프 파피에는 동시에 일정한 방법으로 만들어진 것이며, 한편으로는 한정된 효용을 가진 물건이다. 따라서 우리는 그 물건이 무엇에 소용될 것인가를 모르고서는 쿠우프 파피에를 만들 사람을 생각할 수조차도 없다. 그러므로 우리는 쿠우프 파피에에 대해서는 본질 ─즉, 그것을 생산하게 하고 그것을 정의하게 하는 수단과 성질 전부─이 존재에 앞선다고 말할 수 있을 것이다. 그러니까 내 앞에서는 그러한 쿠우프 파피에나 책의 현존은 한정적인 것이 되고 만다."[48] 그리고 그에 따르면 전통 형이상학적 사유에서 인간을 포함한 모든 존재자들에 대한 탐구는 현존, 즉 실

---

48) 장 폴 사르트르, 『실존주의는 휴머니즘이다』, 방곤 옮김(문예출판사, 1999), 13~14쪽.

재보다 본질이 우위에 있는 방식에 입각해 수행되었다.

그런데 실존주의 철학에서 사르트르는 다른 존재자들과는 달리 인간의 실존(현존)은 본질에 귀속되지 않는다고 주장하는데, 이 점에 대해 그는 다음과 같이 말한다.

> 가령 신이 없다면 적어도 본질보다도 앞선 하나의 존재, 또는 어떠한 개념으로도 정의되기 전에 존재하는 하나의 존재가 있게 된다. 그러면 그 존재는 사람이거나 혹은 하이데거가 말했듯이 인간의 실체일 것이다. 여기에 본질보다 존재가 앞선다는 것은 무엇을 의미하는 것일까? 그것은 사람은 먼저 있어 가지고 세상에서 존재하고 세상에 나타난다는 것을 의미하며, 그는 그다음에 정의된다는 것을 의미한다. 실존주의자가 상상하는 사람이란 그것이 정의될 수 없는 것이다. 그것은 처음에는 아무것도 아니기 때문이다. 그는 나중에야 비로소 무엇이 되어 그는 스스로가 만들어 내는 것이 될 것이다. […] 그리고 사람은 존재 이후에 스스로를 원하는 것이기 때문에 사람은 스스로가 만들어 가는 것 이외엔 아무것도 아니다. 이것이 실존주의의 제1원칙이다.[49]

사실 사르트르의 실존주의 철학은 현존재의 실존 개념 외에 『존재와 시간』에서 제시된 실존은 본질을 선행한다는 명제에서도 많은 영향을 받았다. 그리고 이 명제를 전적으로 받아들인 그는 대문자로서의 인간성은 있을 수 없다고 주장하는데, 여기서 말하는 인간성이

---

49) 앞의 책, 15~16쪽.

모든 인간의 속성을 아우르는 보편적 본질을 의미한다면, 이런 인간성 개념은 하이데거 철학에서도 당연히 부정된다. 비록 현존재분석에서 본질 개념이 언급되지만, 하이데거가 말하는 본질은 전통 철학에서처럼 시간과 역사를 초월해 있는 보편적 실재를 의미하지 않는다. 하지만 보편적 실재가 부정된다고 해서 현존재가 사르트르가 주장한 바와 같이 우연적인 개별자로만 존재하는 것이 아니다. 전통(자연) 존재론적 관점에 서서 인간 본질을 여전히 보편적 실재와 개별적 존재자의 대립 속에서 규정한 사르트르와는 달리 하이데거에게서 인간의 본질은 보편적 실재와 개별적 존재자의 대립으로부터 벗어나 있는 역사적·사회적 세계에 놓여 있다.

『존재와 시간』에서 하이데거는 '본질에 우선한 실존의 우위' 외에 인간 현존재의 본질을 다음과 같이 정의한다. "현존재의 '본질'은 그의 실존에 있다Das 'Wesen' des Dasein liegt in seiner Existenz."(『존재와 시간』, 67쪽) 이 인용문에서 우리가 주목해야 할 것은 실존 개념뿐만이 아니라 실존주의자들이 관심을 갖지 않았던 본질 개념이다. 사실 실존주의자들뿐만 아니라 기초존재론에 관한 연구에 있어서 현존재의 실존만을 강조하는 표준적인 해석에서도 간과되었지만 하이데거 사유에서 현존재의 본질은 전통 철학적 본질 개념과는 근본적으로 다른 독특한 의미를 함축하고 있다. 이 점을 보여 주기 위해 그는 현존재의 '본질'을 말할 때 본질이라는 단어에만 따옴표를 쳐서 강조한다. 그리고 하이데거 철학을 연구하는 데 있어 이 새로운 본질 개념이 부각되었다면 그의 현존재 개념은 실존주의자들이 주장한 것과는 전혀 다른 방식으로 이해되었을 것이다. 하이데거가 따옴표로 강조하면서 현존재의 본질을 말할 때, 그가 염두에 둔 것은 전통 철학에서 말하는 역사를 초월해 있는 보편적 실재(인류) 또는 대문자로서의 인간 일반이 아니다. 이와 달리 그가 기초존재론에서 인간 현존재의 본질을 새롭게 정립하고자 할 때, 여기서의 본질 개념은 역사적 세계에 의해 제약된 서구적 인간성의 본질을 뜻한다. "만약 주해들 중 여기를 포함한 모든 곳에서 '인간'에 대하여 말해진다면, 그때 우리는 항상 그 안에 우리 자신도 속해 있는 역사 안에서 역사적 인간의 본질을: 즉 서구 인간성의 본질을 말하는 것이다. '인간'은 '인간 그 자체'도, '일반적인 인류'도, 또한 단순히 '개별적인' 인간도, 또한 단지 다수 인간을 합일시킨 형태를 의미하지도 않는다."[50] 여기서 우리는 개별적 인간과 추상적 보편성으로 이해되는 인류의 대립에서만 고찰된 전통 철학적 인간의 본질 개념과는 전혀 다른 새로운 인간의 본질 개념을 발견한다.

하이데거는 인간의 본질은 역사를 초월해 있는 추상적 보편성으로서의 인류에서가 아니라 인간이 속한 각기 다른 역사적 세계에서 드러난다고 주장한다. 그리고 비록 『존재와 시간』에서 하이데거는 이런 표현을 사용하지는 않았지만, 역사적 세계에서 드러나는 인간의 본질은 한 집단 또는 한 민족에 속해 있는 '구체적 보편성'으로 특징지어질 수 있다. "인간의 의지에 방향을 제시해 주는 것은 이성의 추상적 보편성이 아니라, 한 집단, 한 민족, 한 국가 또는 인류 전체의 공

---

50) 마르틴 하이데거, 『횔덜린의 송가 〈이스터〉』, 최상욱 옮김(동문선, 2005), 70~71쪽.

동성을 나타내는 구체적 보편성이다."[51] 이 '구체적 보편성' 개념에 의하면 서양적 인간의 본질은 서양 역사에서 형성된 서양 인간성에서 그리고 동양적 인간의 본질은 동양 역사에서 형성된 동양 인간성에 의해 규정된다. 하이데거가 현존재의 '본질'을 말할 때, 그의 '본질' 개념은 바로 이러한 '구체적 보편성'을 의미한다. 인간의 본질이 이처럼 역사적 세계에 의해 제약되는 구체적 보편성으로 파악되었을 때 우리는 왜 하이데거가 현존재의 규정에서 실존을 강조했는지를 알 수 있다.

나중에 자세하게 고찰하겠지만 자연세계에 속해 있는 다른 존재자들과는 달리 인간의 본질은 역사적·사회적 세계에 의해 구성되며, 이에 따라 인간의 본질은 당연히 역사적 세계에 존재하는 방식을 의미하는 실존을 전제로 한다. 그리고 이렇게 이해된 하이데거의 새로운 본질 개념에 입각해 우리는 현존재분석에서 가장 유명한 명제인 "현존재의 '본질'은 그의 실존$_{Existenz}$에 있다"를 재공식화할 수 있다. 이 명제에서 하이데거가 진정으로 말하고자 하는 바는 "'거기에'에서 드러나는 서구 인간의 본질은 서양의 역사적 세계에 실존하는 것에 놓여 있다"이다. 그리고 이 명제에 입각하여 볼 때 하이데거의 새로운 본질 개념을 완전히 간과한 채 현존재의 실존을 단순히 보편적 실재와 대립되는 것으로만 이해한 사르트르의 해석은 완전히 잘못된 해석이라는 것을 우리는 알 수 있다. 사회존재론적 관점에서, 현존재의 실존(현존)은 보편적 실재를 부정하는 개별적 존재자의 존재방식

---

51) 한스 게오르크 가다머, 『진리와 방법 1』, 이길우 외 옮김(문학동네, 2012), 46쪽.

을 의미하는 것이 아니다. 이와 달리 현존재의 실존 또는 '거기에'는 초역사적인 대문자로서의 인간 일반에 대립되는 역사적 세계에 의해 형성된 구체적 보편성, 즉 서구적 인간성에 필연적으로 속해 있는 서구적 현존재가 자연세계에 대립되는 역사적·사회적 세계에 존재하는 방식을 일컫는다.

비록 실존주의자들과 기존의 하이데거 연구들에서는 완전히 간과되었지만, 『존재와 시간』을 읽으면서 우리가 항상 염두에 두어야 할 것은 하이데거에 있어서 현존재의 본질은 보편적인 인간 일반과 구분되는 서구적 인간성에서 드러난다는 점이다. 다시 말해 하이데거는 전통 형이상학에서 말하는 보편적 본질과 개별적 사물의 대립으로부터 벗어나 있는 제3의 영역, 즉 역사적 세계로부터 제약받는 구체적 본질에 의거해 현존재를 규정한다. 그리고 현존재의 본질이 역사적 세계에서 형성된 서구 인간성을 지칭한다는 것이 강조될 때 우리는 하이데거가 왜 인간의 본질을 의식bewußt-sein 또는 선험적 주체보다는 현존재Dasein에 의거해 규정하는지를 이해할 수 있다. 앞에서 언급한 바와 같이 그가 탐구하는 인간의 본질은 보편적 인류성이 아니라 서구적 인간성의 본질이며, 이 같은 본질은 세계로부터 분리된 의식이나 역사에 초월해 있는 선험적 주체에서 성립될 수 없다. 역사적 인간의 본질은 역사적·사회적 세계에 존재하는 현존재에서만 드러날 수 있다. 이렇게 볼 때 '현-존재'Da-sein에서의 접두어 '현'Da 또는 '거기에'는 '의식'Bewußt-sein에 대립될 뿐만 아니라 보편적인 실체 개념에 의해 규정되는 자연세계와도 상반된다. 즉 서구적 인간의 본질이 드러나는 지평으로서의 현-존재에서 '현'은 자연세계에 대립되는 역사적·사회적 세계를 의미한다.

그런데 현존재의 본질을 서구적 인간성과 연관 지어 고찰하지 않은 기존의 연구들에서 이 점은 완전히 간과되었다. 현존재에 대한 표준적인 해석은 오로지 현존재와 의식 사이의 대립만을 강조한다. 표준적인 해석과는 달리 현-존재의 '현'$_{Da}$이 역사적 세계를 지칭한다는 사실을 우리는 하이데거의 다음과 같은 주장에서 발견할 수 있다. "사람들은 폴리스$_{polis}$를 국가 또는 도시 국가라고 번역한다; 이 번역은 이 말의 완전한 의미를 옮겨 주고 있지 않다. 오히려 폴리스는 그 안에서 그리고 그것에 의해서 현-존재가 역사적인 존재로 존재하는 그와 같은 장소, 저곳$_{Da}$을 의미한다. 폴리스는 그 안에서, 그곳으로부터, 그것을 위해서 역사라는 것이 이루어지는 그와 같은 역사적 장소인 것이다."[52] 이 인용문은 표준적인 해석에서 간과된 현-존재의 '현'의 진정한 의미를 제시한다. 서구적 인간이 놓여 있는 근원적인 토대인 '현' 또는 '거기에'는 자연적 세계에 대비되는 공적인 세계$_{polis}$, 즉 역사적으로 형성된 '사회적' 세계를 의미한다.

사실 공적인 영역을 표현하는 데 있어 그리스 사람들은 'polis'라는 단어만 사용했다.[53] 이에 반해 라틴어에서 공적인 영역에 대한 표현은 'polis' 외에 '사회'를 지칭하는 단어 'socialis'가 존재한다. socialis와 polis는 동일한 의미를 함축하고 있다. 그래서 아리스토텔

---

52) 마르틴 하이데거, 『형이상학 입문』, 박휘근 옮김(문예출판사, 1994), 248쪽.
53) 하지만 여기서 유의할 점은 하이데거의 해석에 따르면 용어 'polis'는 매우 광범위한 의미를 함축하고 있다는 사실이다. 'polis'에 대한 하이데거의 해석에 관해서는 다음 책을 참고할 것. 하이데거, 『횔덜린의 송가 〈이스터〉』, 134~141쪽.

레스의 '정치적 동물'zoon politikon을 라틴어로 번역할 때 세네카는 '사회적 동물'이라는 표현을 사용한다.[54] 그는 이처럼 '정치적인' 것은 '사회적인' 것을 함축하고 있기 때문에, 하이데거가 분명하게 지적한 바와 같이 polis를 의미하는 현-존재에서의 '현'은 '사회적'으로 이해될 수 있다. 결과적으로 인간의 본질을 규정하는 현-존재, 즉 '거기에' 있음이 의미하는 바는 인간은 자연적 세계에 대립되어 있는 '역사적 세계'—『존재와 시간』외에 다른 저서에서도 하이데거는 이 표현을 사용한다—또는 사회적 세계에 존재한다는 것을 말한다. 더 나아가 '현-존재'에서의 '현'에서 서구적 인간의 본질과 더불어 존재가 이미 현시한다는 것은 존재는 일차적으로 의식 또는 자연적 세계에서보다는 이 세계에 선행하는 사회적 세계에서 열어 밝혀진다는 것을 의미한다.

인간만이 자연세계로부터 벗어난 역사적 세계에 존재하는데, 그 이유는 현존재로 규정되는 인간만이 역사적 장소Da에 머물러 있기 때문이다. 그리고 역사적 장소에 존재하는 인간 현존재의 본질은 역사적으로 제약된다. 역사적으로 제약된 서구적 인간의 본질을 이해하기 위해서는 새로운 지평이 요구되는데, 이 지평이 바로 현존재이

---

54) 인간의 본질은 타자와 함께 행위하는 것에 있다고 보는 한나 아렌트에 따르면 세네카의 이러한 번역은 정당한 번역이다. "행위와 인간의 공동생활 간의 이러한 특별한 관계는 아리스토텔레스의 '정치적 동물'(zoon politikon)이 일찍이 세네카에게서 '사회적 동물'(animal socialis)로 번역된 것을 완전히 정당화하는 듯하다. 이것은 후에 토마스 아퀴나스의 표준적 번역으로 변한다: homo est naturaliter politicus, id est, socialis(인간은 본성적으로 정치적이다. 즉 사회적이다)." 한나 아렌트, 『인간의 조건』, 이진우·태정호 옮김(한길사, 1996), 74쪽 참조.

다. 하이데거에 의하면, 현존재는 인간이 역사적·사회적 세계에 존재할 수 있게 하는 근거를 의미한다. 현존재의 '현'이 사회적 세계의 가능조건을 의미한다는 사실은 '현'과 고향세계와의 연관성에서도 제시될 수 있다. 『횔덜린의 송가 〈이스터〉』에서 하이데거는 현존재에서의 '현'Da을 'polis'뿐만 아니라 고향세계와도 동일시한다. "왜냐하면 강물은 고향적이-됨이 도래하는 '그곳'Dort과 '현'Da을 규정하기 때문이며, 이곳들로부터 고향적이-됨은 자신의 출발점을 얻기 때문이다."[55] 여기서 볼 수 있듯이 서구적 인간이 놓여 있는 근원적인 토대인 '현' 또는 '거기에'는 자연적 세계에 대비되는 고향, 즉 사회적 세계를 일컫는다. 그리고 현-존재의 '현'을 역사적·사회적 세계로 이해했을 때, 우리는 현존재를 해석함에 있어 도출된 주체주의와 반-주체주의 대립을 극복할 수 있는 단초를 마련할 수 있다.

앞에서 보여진 바와 같이 현존재분석에서 하이데거는 실존주의적 인간중심주의와 구조주의자들이 주장하는 반-인간주의 모두를 거부한다. 현존재분석에서 그가 추구한 것은 새로운 인간의 본질을 열어 밝히는 것이다. 그리고 하이데거가 의미하는 인간의 본질은 대문자로서의 보편적 인류가 아니라 역사적·사회적 세계를 전제로 하는 서구 인간성의 본질이다. 그러므로 기초존재론을 해명하는 데 있어 강조되어야 하는 것은 기존의 방식처럼 의식과 현존재 또는 주체와 반-주체의 구분만이 아니라 보편적 인류와 서구 인간성의 대립이다. 그리고 보편적 인류는 역사적·사회적 세계로부터 초월해 있는

---

55) 하이데거, 『횔덜린의 송가 〈이스터〉』, 60쪽.

반면 서구의 인간성이 놓여 있는 토대는 역사적 세계인데, 이 역사적 세계의 의미는 사회존재론에서 해명될 수 있다. 이렇게 볼 때 기초존재론은 사회존재론으로 해석될 수 있는데, 그 까닭은 기초존재론에서 하이데거가 밝히고자 하는 인간의 본질이 바로 역사적·사회적 세계에 거주하는 서구 인간성의 본질을 의미하기 때문이다. 그리고 이와 같이 현존재의 본질이 서구 인간성으로 이해되었을 때 현존재는 한편에서는 인간과 연관되어 있지만 다른 한편에서는 역사적·사회적 세계로부터 필연적으로 제약을 받기 때문에 반-주체중심적인 성격을 띤다고 볼 수 있다. 더 나아가 하이데거 있어서 현존재의 근본적인 특징인 '거기에'는 보편적 주체와 반-주체주의의 대립을 지양하는 서구 인간성의 본질이 드러나는 역사적·사회적 세계를 지칭하는데, 이와 같은 사실은 현존재의 주위세계 분석을 통해 보다 명확하게 밝혀질 수 있다. 1929/1930년에 행한 강의 『형이상학의 근본개념들』에서 하이데거는 인간세계와 동물세계의 차이점에 관해 분석하는데, 이 차이점에서 우리는 현존재의 세계는 다름 아니라 자연세계에 대립되는 사회적 세계라는 것을 분명하게 제시하게 될 것이다.

2장·현존재의 '세계-내-존재'와 사회존재론

1. 현존재의 '세계 형성'과 동물의 '세계 빈곤'

하이데거 철학의 표준적인 해석에 따르면 기초존재론의 의의는 반성적 오성의 활동에 선행하는 현존재의 '세계-내-존재'에 의거해 철학적 원리를 정초함에 있는데, 사실 오성의 활동에 앞서 주어지는 (사회적) 세계 개념은 하이데거가 최초로 고안한 것이 아니다. 그에 앞서 이미 셸러가 지식사회학에서 인식의 조건은 선험적 의식에서가 아니라 사회적 세계에 놓여 있다고 강조했으며, 앞장에서 지적한 바와 같이 하이데거는 이 지식사회학으로부터 강한 영향을 받았다. 하이데거와 셸러 모두 선험적 의식에 선행하는 사회적 세계를 강조하지만, 현존재의 세계와 셸러가 말하는 사회적 세계 사이에는 근본적인 차이점도 존재한다. 셸러에게서 사회적 세계는 단순히 주제적 인식에 대립되어 있는 것으로 간주되는데, 현존재의 세계-내-존재에서 하이데거가 추구하는 것은 이러한 사회적 세계가 아니다. 이와 달리 현존재의 세계는 전-주제적 영역에 놓여 있다. 그리고 그에 따르면 그와 같은 전-주제적 세계는 동물의 '세계 빈곤'과 구분되는 현존재의 '세계 형성'에서 유래된다.

현존재는 지각 또는 반성적 오성의 활동에 입각해 사물을 경험하기 이전에 이미 세계 속에 살고 있다. 그리고 살아 있는 현존재는 '주위세계'와 관계하는데, 주위세계란 살아 있는 생명체로 존재하는 현존재가 주변 환경에서 만나는 사물들과의 교류 속에서 형성한 세계를 지칭한다. 이와 같이 살아 있는 생명체에 의해 형성되는 주위세계의 의미를 하이데거는 비-생명체인lebloses 책상의 세계와의 비교를 통해 설명한다.[1] 그에 의하면, 비-생명체인 책상은 주위세계를 갖고 있지 않은데, 그 까닭은 책상은 옆에 놓여 있는 의자와 절대로 교류를 할 수 없기 때문이다. 책상과 의자는 바로 옆에 있음에도 불구하고 서로 영향을 주지 않고 각각 분리되어 존재한다. 따라서 주위사물과 어떠한 교류를 할 수 없는 책상은 무세계적인 존재자로 규정되는 데 반해 살아 있는 현존재는 옆에 있는 의자와 교류할 수 있다. 예컨대 만약 의자가 망가져 사용할 수 없을 경우 현존재는 휴식을 취할 수 없기 때문에 다른 의자로 교체한다.

그러나 『존재와 시간』에서 제시된 살아 있는 인간 현존재만이 주위세계를 갖고 있다고 보는 하이데거의 주장은 아직 미흡한 점이 있다. 왜냐하면 세계 속에 있는 존재자들 중에 현존재만이 유일하게 살아 있는 존재자가 아니기 때문이다. 현존재와 마찬가지로 동물들 역시 살아 있는 존재자들로 규정되며, 생물학자 윅스퀼J. Uexküll이 자신

---

1) M. Heidegger, *Sein und Zeit*(Tübingen: Max Niemeyer Verlag, 1986), p.55.

의 연구에서 증명한 바와 같이 동물들 또한 주위사물들과의 교류를 통해 주위세계를 형성한다. 따라서 동물과 비교했을 때 현존재만이 주위세계와 교류하며 존재한다는 명제는 성립될 수 없다. 하지만 주위세계를 지니고 있음에도 불구하고 동물의 세계는 현존재의 세계와 근본적으로 구분된다. 현존재의 세계와 비교되었을 때 동물은 '세계 빈곤'Weltarmut 속에 존재한다고 하이데거는 주장한다.

1929~1930년 겨울학기에 행한 강의록 『형이상학의 근본개념들』에서 하이데거는 다음과 같은 논제들에 대한 비교를 통해 현존재에만 국한되어 분석된 세계 개념의 미흡한 점을 보완하고자 한다. "1. 돌(물질)은 세계 없음Weltlosigkeit 속에 존재한다. 2. 동물은 세계 빈곤Weltarmut 속에 존재한다. 3. 인간은 세계 형성Weltbildung 속에 존재한다."[2] '세계' 분석에 있어서 '돌(물질)은 세계 없음 속에 존재한다'는 첫 번째 논제는 이미 『존재와 시간』에서 개진된 논제지만, 동물과 인간의 비교는 새로운 시도이다. 그리고 여기서 제시된 바와 같이 인간의 세계와 비교했을 때 동물은 세계 빈곤 속에 존재한다. 동물의 세계 빈곤은 무엇을 의미하는가? 하이데거에 있어서 세계는 주위세계를 가능케 하는 토대이기 때문에, 동물의 세계 빈곤을 이해하기 위해서는 우리는 먼저 동물이 어떤 방식으로 주위세계와 교류하는지를 살펴보아야 한다.

세계 빈곤으로 규정되지만, 주위사물들과의 관계를 통해 주위세

---

2) M. Heidegger, *Die Grundbegriffe der Metaphysik*(Frankfurt am Main: Vittorio Klostermann, 1983), p.263.

계를 형성하는 동물 또한 어떤 면에서 세계 속에 존재한다고 볼 수 있는데, 이와 같은 사실을 하이데거는 햇빛에 반응하는 도마뱀의 활동을 예로 들어 설명하고 있다.[3] 삶을 지탱하는 데 따스한 햇볕이 필요한 도마뱀은 항상 햇볕을 쬐고 있거나, 아니면 햇볕에 데워진 돌을 찾아가 그 곁에 머문다. 이러한 과정에서 도마뱀은 데워진 돌 또는 따스한 빛을 방출하는 해와 그 나름의 고유한 관계를 맺고 있다. 그러나 여기서 도마뱀과 돌의 관계는 돌이 땅과 갖고 있는 관계와는 본질적으로 다른데, 그 까닭은 따스한 돌은 땅과는 무관하지만, 도마뱀의 삶에는 큰 영향을 끼치기 때문이다. 이와 같이 자신의 삶에 영향을 끼치는 사물들과 관계하면서 도마뱀은 감각적 의식에 갇혀 있지 않고 세계 속에 있으며 주위세계를 형성한다.

그런데 여기서 주목해야 하는 점은 비록 동물은 주위세계에 관계를 하고 있지만, 이 주위세계는 동물 눈앞에 있지 않다는 것이다. 다윈론에서도 전제로 하고 있는 이 같은 세계 개념을 하이데거는 그릇된 견해라고 비판한다. "이와 같은 탐구는 다윈론Darwinismus에서 다음과 같이 근본적으로 그릇된 견해를 전제로 삼고 있다. 즉 동물은 눈앞에 있으며, 그리고 그러다가 그것은 눈앞에 있는 하나의 세계에 자기를 적응시키고 그렇게 자기를 적응시킨 그 세계에 따라 적절히 태도를 취하며, 그리고 거기에서부터 가장 우수한 것이 가려내어진다는 것이다."[4] 하이데거에게서 동물의 주위세계는 한편에서는 지각하

---

3) *Ibid.*, p.291~292.
4) 마르틴 하이데거, 『형이상학의 근본개념들』, 이기상 · 강태성 옮김(까치, 2001), 427쪽.

는 동물과 다른 한편에서는 지각된 사물이 서로 대립되어 있는 것이 아니다. 다시 말해 도마뱀이 따뜻한 돌을 지각할 때 이 돌은 도마뱀의 감각적 의식 외부에 있는 것이 아니다. 이와 달리 동물은 이미 지각 또는 의식에 앞서 주어지는 세계와의 교류를 통해 사물들을 경험한다. 예컨대 감각적 의식에 선행하는 세계에 종속되어 있기 때문에 도마뱀은 생명의 위협을 알리는 주변의 나뭇잎 밟는 작은 소리에 민감한 반응을 보이지만 바로 옆에서 나는 엽총의 큰 소리에는 아무런 반응을 보이지 않는다.[5] 나뭇잎 밟는 소리에 비해 엽총 소리가 훨씬 크게 들림에도 불구하고 도마뱀이 이 큰 소리에 어떤 반응도 보이지 않는 까닭은 엽총의 소리는 도마뱀의 삶에 영향을 끼치는 주위세계에 속해 있지 않기 때문이다. 이런 점에서 동물 역시 현존재처럼 감각적 지각에 앞서 주어지는 세계 속에 존재한다고 볼 수 있다. 하지만 여기서 보여 준 바와 같이 도마뱀 또한 세계 속에 있음에도 불구하고 하이데거는 도마뱀은 여전히 세계 빈곤 속에 존재한다고 주장하는데, 그이유는 주위세계에서 이루어지는 동물과 사물의 관계는 자연세계에 기원을 두고 있는 충동Trieb으로부터 벗어날 수 없기 때문이다.

동물의 세계 빈곤에 관한 분석에서 주목해야 할 사실은 동물의 주위세계는 지각에서 최초로 주어지지 않는다는 것이다. 하이데거에 따르면 인간을 포함한 모든 살아 있는 생명체와 세계의 관계는 근원적으로 지각에서가 아니라 충동에서 이루어진다. "보고 포착하고 포획하고 하는 따위의 일은 언제나 무엇인가를 하려는 그런 충동에 따

---

5) G. Picht, *Zukunft und Utopia* (Stuttgart: Klett-Cotta, 1992), p.102.

라서 일 맡는 것을 해낼 수 있는 능력이 촉진되어 있음에서부터 일어난다."[6] 이처럼 동물이 주위세계를 구성할 수 있는 최초의 지반은 충동에서 주어진다. 즉, 동물은 무엇을 보고자 하는 충동이 있기 때문에 사물을 지각할 수 있으며 포착할 수 있다. 어떤 사물을 지각하고자 하는 충동이 사물의 지각에 선행한다는 사실을 하이데거는 꿀벌의 눈의 예를 들어 설명한다. "그러므로 예를 들어 꿀벌 눈의 수행과 기관 성격은 꿀벌이 지닌 그런 특수한 봄을 해낼 수 있는 능력에서부터 규정되고 그로써 개념 파악될 수 있는 것이지, 가령 그와는 거꾸로 '봄을 해낼 수 있는 능력'이 꿀벌의 '눈'에서부터 규정되고 그로써 개념 파악될 수 있는 것이 아니다."[7] 예컨대 꿀벌의 지각은 눈에서가 아니라 보고자 하는 충동에 그 기원을 두고 있다. 그런데 여기서 우리는 동물의 충동은 인간의 충동과는 근본적으로 다르다는 것에 유의할 필요가 있다.

하이데거에 있어서 인간의 충동과는 다르게 동물의 충동은 규제되어 있다. 그리고 동물의 충동이 규제되어 있는—그는 이것을 다르게 표현하여 "얼빠져 있음"Benommenheit이라 부른다[8]—이유는 동물은 개개의 종의 본능에 각인되어 있는 테두리Ring를 벗어나는 법이 결코 없기 때문이다. "충동에서 충동에로 몰아붙여져 있음으로서의 몰아대어져 있음은 동물을 하나의 테Ring 안에 붙여 두고 몰아대는데,

---

6) M. Heidegger, *Die Grundbegriffe der Metaphysik*, p.349.

7) *Ibid.*, p.336.

8) *Ibid.*, p.360.

그 테 너머로 동물은 뛰쳐나가는 법이 없고, 그 테 내부에서 어떤 것이 열려 있다."[9] 더 나아가 하이데거는 이러한 동물의 얼빠져 있음은 다름 아니라 동물이 항상 주위사물에 압도당하고 있는 상태를 의미한다고 말한다. "이렇듯 동물의 얼빠져 있음이라 함은 […] 바로 무엇인가에 의해 압도되어 있음을 뜻한다."[10] 얼빠져 있음에서 우리는 테두리에 의해 규정된 충동 외에 동물 충동의 또 다른 특징을 발견할 수 있다. 사물에 의해 압도되어 있는 동물의 충동은 '억제'Hemmung가 되지 않는다. 이와 같은 이유 때문에 하이데거는 얼빠진 동물의 충동은 '억제에서 풀려나도록 함'Enthemmung으로 특징지어진다고 주장한다. "바로 그러한 타자가 동물의 이 같은 열려 있음 안으로 받아들여지는데, 그것은 우리가 억제에서 풀려나도록 함Enthemmung이라고 지칭하는 그런 방식으로 일어난다."[11] 더 나아가 사물을 대함에 있어 충동이 억제되지 않기 때문에 동물은 주위세계에서 주어지는 사물들을 단순히 "없애 버림"Vernichten이라는 방식으로 관계한다.[12] 그래서 동물의 주위세계에서 사물은 두 가지의 방식으로 존재한다. 주위세계의 사물은 한편에서는 존재하지만 다른 한편에서는 사라져 버린다. 하지만 그와 같이 '있음'과 '없음'으로 규정되는 억제되지 않은 충동의 세

---

9) *Ibid.*, p.363.

10) *Ibid.*, p.360.

11) *Ibid.*, p.369. 한국어 번역에서는 전혀 드러나지 않지만 독일어 'Ent-hemmung'은 '억제 (Hemmung)의 제거' 또는 '억제에 풀려나도록 함'을 뜻한다. 나중에 보겠지만 자연적 본능에 종속되어 있는 동물의 충동은 'Ent-hemmung', 즉 '억제되지 않음'으로 규정되지만, 인간의 충동은 억제되어(gehemmt) 있다.

12) *Ibid.*, p.363.

계에서는 '있음'과 '없음'의 사이에 존재하는 가능적인 사물은 경험될 수 없다.

억제되지 않은 충동에 각인되어 있는 테두리 안에서 동물은 이미 주어진 실제적인 사물과는 관계할 수 있지만 주어지지 않은 가능적인mögliche 사물과는 절대로 관계를 맺을 수 없다. 동물은 주위세계에서 가능적인 사물과 관계를 맺을 수 없다는 사실을 하이데거는 딱정벌레와 풀줄기의 교류에서 보여 준다. "딱정벌레 한 마리가 풀줄기에 붙어 그 풀줄기를 기어오르고 있다. 이때 이 풀줄기는 그 딱정벌레에게는 어떠한 풀줄기도 아니며 그리고 그것은 결코 나중에 농부가 자신이 기르고 있는 암소에게 사료로 주려고 건초로 만들어 묶어 놓게 될 그런 가능적인 건초가닥으로서의 한 가닥 풀줄기도 아니다."[13] 충동이 근원적인 토대로 간주되었을 때, 인간과 동물의 차이점은 합리주의자들이 생각한 것처럼 인간은 사물을 인식할 수 있는 반면 동물은 이런 능력이 부재하다는 데 있지 않다. 이 차이점은 인간과 동물이 서로 다른 방식으로 사물과 교류하는 데 놓여 있다. 예를 들어 억제되지 않은 충동에 각인되어 있는 주위세계에서 소는 풀줄기를 절대로 가능적인 건초가닥으로 관계할 수 없다. 소는 충동에 주어지는 풀줄기를 단순히 먹어 없애 버린다. 하지만 소와는 달리 농부는 풀줄기를 가능적인 사물로 경험한다. 나중에 자세하게 설명하겠지만, 하이데거에게 '세계 형성'에서의 '세계'란 현존재가 가능적인 사물과의 관계 맺음을 할 수 있게 해주는 토대를 의미한다. 그리고 이렇게 이해

13) *Ibid.*, p.292.

된 세계 개념의 관점에서 볼 때 우리는 왜 동물은 세계 빈곤 속에 존재하는지를 알 수 있다. 자연에서 유래되는 억제되지 않은 충동에 기초해 있는 동물의 삶에서 가능적인 세계는 닫혀 있으며, 이 같은 이유로 인해 동물의 세계는 세계 빈곤으로 특징지어진다.

하지만 동물의 세계와는 달리 인간의 세계는 세계 형성으로 규정된다. 그리고 인간만이 세계를 형성할 수 있는 이유는 인간의 충동이 동물의 충동과는 본질적으로 다르기 때문이다. 하이데거에 따르면 인간과 동물 모두 충동에서 최초로 주위세계에서 주어지는 사물을 경험하지만, 인간은 억제된 행동관계Verhalten에 입각해 사물과 관계한다. "[…] 인간에게는 일종의 '무엇인가에 열려 있음'이 속한다. 존재자에 자신을 관련 지음의 이러한 양식을 우리는 동물의 대거리와는 구별해서 억제된 행동관계라고 지칭하고 있다."[14] 동물과는 달리 인간은 억제된 충동을 통해 사물과 관계하기 때문에 주위사물에 압도되어 있지 않으며, 이와 같은 이유로 인해 인간만이 세계를 형성할 수 있는 능력을 지니고 있다.

하이데거가 말하는 억제된 행동관계Verhalten에 의해 형성되는 세계 개념을 이해하기 위해서는 그가 사용하는 이 용어를 올바르게 파악해야 한다. 'Verhalten'은 일반적으로 억제된 행동관계가 아니라 '행동관계'로 번역되는데, 이것은 틀린 번역이 아니다. 하지만 Verhalten을 단순하게 행동관계로 이해한다면, 우리는 동물이 주위세계에서 사물과의 관계를 맺는 방식과는 근본적으로 다른

---

14) *Ibid.*, p.443.

Verhalten의 고유한 의미를 전혀 파악할 수 없다. 왜냐하면 동물도 충동에 의거해 사물과 관계하는데, 이 관계 역시 '행동관계'로 규정될 수 있기 때문이다. 행동관계를 하이데거 철학의 문맥 속에서 이해하고자 한다면, 이 용어는 일반적인 방식과는 다르게 번역되어야 한다. 어원적으로 고찰할 때 'Ver-halten'에는 '멈춤'Haltung의 의미가 있는데 인간이 세계와 관계 맺는 방식인 'Verhalten'을 논하는 과정에서 하이데거는 이 점을 강조한다.

> 그와 같은 '어떤 것에 대한 관련'을 우리는 얼빠져 있음에서의 대거리하고는 구별하여 '억제된 행동관계'Verhalten라고 부르기로 한다. 그러나 일체의 모든 억제된 행동관계 오직 […] '억제함'Verhaltung에서만 가능하며, 그리고 그러한 멈춤Haltung은 오직 하나의 존재자가 자기Selbst라는 성격을 띠고 있는 그런 곳에서만 있다.[15]

여기서 제시된 바와 같이 Verhalten에서 '멈춤'Haltung이 강조된다면, 하이데거 사유에서 Verhalten은 억제된 행동관계를 의미한다. 그리고 동물의 대거리와는 달리 억제된 충동에 기초해 있는 행동관계

---

15) *Ibid.*, p.397. 우리가 인용한 문장을 이기상은 다음과 같이 번역한다. "그와 같은 '어떤 것에 대한 관련'을 우리는 얼빠져 있음에서의 댓거리하고는 구별하여 '행동관계'(Verhalten)라고 부르기로 한다. 그러나 일체의 모든 행동관계는 오직 […] '머무름'(Verhaltung)에서만 가능하며, 그리고 그러한 태도(Haltung)는 오직 하나의 존재자가 자기(Selbst)라는 성격을 띠고 있는 그런 곳에서만 […] 있다." 그러나 이렇게 번역된 문장에서는 우리는 하이데거가 말하고자 하는 댓거리로 규정되는 동물의 억제되지 않은 충동과 인간의 억제된 충동과의 차이점을 전혀 파악할 수 없다. 하이데거, 『형이상학의 근본개념들』, 443쪽 참조.

에서 인간은 자연적인 상태에서 주어진 현실적인 주위사물에만 매몰되어 있지 않고 가능적인 사물과도 관계를 맺는다. 보다 정확하게 말해 자연적인 풀줄기를 접했을 때 인간은 이 풀줄기를 자신의 식량으로 생각하여 먹어 없애 버릴 수도 있지만 동시에 나중에 소의 먹이로 사용될 수 있는 가능적인 건초로도 관계한다. 그런데 여기서 중요한 것은 나중에 자세하게 고찰하겠지만 인간은 실천적인 행위, 즉 노동을 통해 풀줄기를 건초로 만든다는 점이다. 이처럼 가능적인 사물은 억제된 충동에서 주어지기 때문에 하이데거는 인간이 맺는 사물과의 관계를 억제된 행동관계라고 지칭한다. 더 나아가 인간이 풀줄기에서 가능적인 건초를 발견할 수 있는 이유는 동물과는 달리 인간은 이미 자유의 영역을 지칭하는 세계와 관계하기 때문이다. 결론적으로 동물의 세계 빈곤과 인간의 세계 형성의 차이점은 동물의 주위세계는 단순히 실제적인 자연-사물로 둘러싸여 있는 데 반해, 인간의 주위세계는 실제적인 자연-사물뿐만 아니라 가능적인 유용한 사물, 즉 도구들로 둘러싸여 있다는 데 있다.

하이데거에 있어서 억제되지 않은 충동에 지배를 받는 동물의 자연세계와는 차별화되는 인간의 주위세계는 우선적으로 가능적 사물, 즉 도구들에 둘러싸여 있다. 그런데 『전체성과 무한』에서 레비나스는 이러한 하이데거의 명제를 비판한다. 그에 있어서 인간의 세계는 삶의 수단으로 간주되는 도구들에 의해서만 둘러싸여 있지 않다. "우리는 '맛 좋은 수프'와 공기와 빛과 풍경과 노동과 생각과 잠 등등으로 산다. 이것들은 재현의 대상이 아니다. 우리는 이것들로 산다. 우리가 그것으로 사는 이것은, 펜이 펜으로 쓰는 편지에 대해 수단이듯이 '삶의 수단'이 아니다. 또 의사소통이 편지의 목적이듯이 삶의 목적인 것도 아니다. 우리가 그것으로 사는 것들은 연장들이 아니며, 그 용어의 하이데거적인 의미에서 도구들도 아니다."[16] 여기서 말하는 '맛 좋은 수프'는 '향유의 대상'이다. 따라서 레비나스는 주위세계에 일차적으로 만나는 사물은 향유의 대상인데, 도구 또한 향유의 대상에 포함된다고 주장한다. "그것들은 언제나 어느 정도로는─그리고 망치와 바늘과 기계조차 그러한데─이미 질서 잡히고 다듬어진 채로 '미감'에 주어지는 향유의 대상이다. 더욱이 수단에 기대는 것이 목적성을 전제하고 다른 것에 대한 의존을 나타내는 반면에, ~로 삶은 독립성 자체를, 향유와 그 향유의 행복이 갖는 독립성을 보여 준다. 그것이 모든 독립성의 본래적 구도다."[17] 도구를 사용하기에 앞서 인간이 공기와 빛을 향유한다는 사실은 명확하다. 또한 도구를 사용하는 과정에서 인간은 향유를 경험한다. 예를 들어 앉기 위해 만들어진 도구로서의 의자의 편리함을 인간은 향유한다. 그래서 레비나스는 향유의 대상으로 구성된 세계가 도구로 둘러싸인 현존재의 주위세계보다 더 근원적인 세계라고 주장한다.

하지만 앞에서 제시된 동물의 세계 빈곤과 인간의 세계 형성에 대한 고찰에 입각해 볼 때 이러한 레비나스의 주장에 의문을 제기할 수 있다. 물론 현존재의 세계와 관련하여 하이데거가 추구하는 것은 직관과 오성의 활동 이전에 주어지는 근원적인 세계를 정초하는 것

---

16) 에마뉘엘 레비나스, 『전체성과 무한』, 김도형·문성원·손영창 옮김(그린비, 2018), 154쪽.
17) 앞의 책, 154~155쪽.

인데, 이 세계는 레비나스가 주장한 바와 같이 향유의 대상에 둘러싸여 있을 수 있다. 그런데 하이데거에 따르면 근원적인 세계는 직관과 오성의 활동에 앞서 주어지는 세계일 뿐 아니라 동물의 세계와도 근본적으로 다른 세계를 의미한다. 그리고 그는 레비나스 철학에서 발견되는 향유의 대상만을 강조해서는 동물 세계와 인간 세계의 차이점이 드러나지 않는다고 주장한다. 왜냐하면 동물 또한 주위 세계에서 만나는 사물을 향유의 대상으로 경험하기 때문이다. 예를 들어 햇빛에 데워진 돌은 도마뱀에게는 향유의 대상으로 간주된다. 따라서 세계 형성으로 특징지어지는 하이데거의 세계 개념에서 인간의 근원적인 세계는 향유의 대상에 앞서 가능적인 사물로 둘러싸여 있는 세계에서 먼저 드러난다.

직관과 오성의 활동에 앞서 주어지는 현존재의 세계 분석에서 하이데거는 억제된 충동으로 인해 형성된 인간의 세계는 동물의 세계와 근본적으로 다르다는 것을 보여 주고자 한다. 충동에 종속되어 있는 동물은 세계 빈곤 속에 있지만 충동을 억제할 수 있는 인간은 세계를 형성할 수 있다. 그리고 인간의 세계 형성을 이해하기 위해서는 세계 형성에서의 세계가 무엇을 의미하는지를 제대로 파악해야 하는데, 여기서 우리는 하이데거가 세계 형성을 말할 때 그가 의미하는 세계는 결코 자연적 세계가 아니라 사회적 세계라는 사실을 유의해야 한다. 왜냐하면 자연적 세계는 신에 의해 창조된 세계를 일컫는다면, 인간에 의해 창출된 세계는 사회적 세계이기 때문이다. 다시 말해 세계 형성에서의 세계는 억제된 충동에서 유래된 인간의 노동을 통해 형성된 자연세계와 구분되는 사회적 세계를 의미한다. 인간은 자연적 세계를 창조할 수는 없지만 자연적 세계를 변형시켜 사회적 세계를 건설할 수 있다. 따라서 세계 형성은 '사회적 세계 형성'으로 이해되어야 한다.

그런데 하이데거 철학에 대한 기존의 연구들에서는 이 점이 완전히 간과되었다. 사람들은 동물세계와 인간세계의 차이점에 관한 논의에서 빈곤과 형성의 구분에만 주목을 했을 뿐 세계 빈곤과 세계 형성에서 제시된 세계의 의미는 간과했다. 결과적으로 세계 형성에 관한 기존의 연구들에서 현존재의 사회적 세계는 결코 주목을 받지 못했다. 세계 빈곤으로 특징지어지는 동물의 세계는 자연적 세계로 그리고 노동을 통해 형성된 인간세계는 사회적 세계로 이해되어야 한다. 더 나아가 인간의 세계가 사회적 세계로 이해될 수 있는 것은 이 세계만이 인간에 의해 만들어진 유용한 사물들, 즉 실용적인 도구들로 둘러싸여 있기 때문이다. 그러므로 주위세계에서 만나는 실용적인 사물에 대한 분석에서 우리는 현존재의 세계가 자연적 영역에 머물러 있는 동물의 세계와는 달리 사회적 특징을 띠고 있다는 것을 볼 수 있다.

2. 현존재의 세계와 실용적 사물로서의 도구

세계 빈곤 속에 있는 동물과는 달리 세계를 형성하는 능력을 가지고 있는 현존재는 '세계-내-존재'로 규정된다. 그리고 현존재의 세계에 대한 분석에서 하이데거가 추구하는 것은 존재론을 새롭게 확립하는 것이다. 고대 그리스 철학자들에 의해 처음으로 주제화된 존재론은 '존재자'onta를 탐구하는 학문을 지칭하는데, 근대 철학에 들어서서 존재자의 의미는 근본적으로 변한다. 하이데거에 따르면 근대 철학, 특히 칸트의 선험적 철학에서 사물은 더 이상 존재자로 특징지어지지 않는다. 이와 달리 근대 철학에서의 사물은 그리스 철학적 사유에서는 존재하지 않는 표현인 '대상'objekt으로 인식된다고 그는 주장한다. "초월론적 방법은 본질적으로 사물이 우리에게 대상으로 있게 만든다. 대상성으로 투사됨으로써 존재는 새로운 방식으로 열어 밝혀진다. 그리스 철학자들한테 존재자들은 절대로 대상으로 인식되지 않았다."[18] 따라서 사물을 고찰하는 데 있어 고대 그리스 존재론은 존재자를, 근대 존재론에서는 대상을 주제로 삼고 있다. 그런데 그리스 존재론과 근대 존재론에 비교했을 때 우리는 하이데거의 존재사유에서 특이한 점을 발견한다. 존재론을 정초하고자 함에도 불구하고 그는 기초존재론에서 존재자 또는 대상이라는 표현을 전혀 사용하지 않을 뿐만 아니라 주위세계에 만나는 사물을 존재자로 규정하지 않는다.

『존재와 시간』에서 주위세계에 만나는 사물들을 설명하는 데 있어 하이데거는 근대 철학적 사유에서 핵심적인 개념인 대상이라는 표현은 언급하지 않는데, 그 이유는 현존재가 일차적으로 만나는 사물들은 이런 방식으로 주어지지 않기 때문이다. 하이데거에 따르면 현존재가 주위세계에서 우선적으로 만나는 사물은 인식의 대상이 아

---

18) M. Heidegger, *The Principle of Reason*, trans. R. Lilly(Bloomington: Indiana University Press, 1996), p.87.

니라 '사용된 것'으로 규정된다. "이때 이러한 존재자는 어떤 이론적인 '세계'-인식의 대상이 아니라 사용된 것, 제작된 것Hergestellte 등이다."(『존재와 시간』, 99쪽) 그리고 그는 이론적인 세계-인식에 앞서 있는 전-주제적인 차원에서 주어지는 사용된 것을 '도구'Zeug라고 지칭한다. "우리는 배려에서 만나게 되는 존재자를 도구라고 이름한다. 주로 왕래하게 되는 것은 필기도구, 재봉도구, 작업도구, 운전도구, 측량도구 등이다."(『존재와 시간』, 100쪽) 이론적 사유에 선행되어 있는 현존재의 주위세계는 전통 존재론에서 탐구되는 '실체적 사물'Ding-realia과는 구분되는 '도구 사물'Zeug-Ding로 둘러싸여 있다. 물론 도구를 만들기 위해서는 자연적 재료가 필요하다. 예를 들어 돌도끼는 자연에서 주어지는 돌과 나무를 조합해서 제작된다. 하지만 하이데거는 자연조차도 주위세계에서는 무엇을 위해 사용되는 것으로 경험된다고 주장한다. "사용된 도구에서 사용을 통해서 '자연'—자연생산물의 빛 안에서의 '자연'—이 함께 발견된다. 그러나 여기에서 자연이 단지 그저 눈앞에 있는 것으로서 이해되어서는 안 되며 또한 자연의 힘으로 이해되어서도 안 된다. 숲은 삼림이며, 산은 채석장이며, 강은 수력이고, 바람은 '돛을 펼쳐 주는' 바람인 것이다. 발견된 '주위세계'와 함께 그렇게 발견된 '자연'도 만나게 된다."(『존재와 시간』, 103쪽) 이와 같이 현존재의 주위세계에서 우선적으로 주어지는 사물들은 무엇을 하기 위해 사용되는 도구 사물로 규정되며, 하이데거의 존재론에서 탐구되는 존재자들은 바로 이 도구들이다.[19)]

---

19)『존재와 시간』이 이해하기 어려운 저서로 간주되는 이유는 이 저서에서 근대 철학적 문맥

기초존재론을 이해하기 위해서는 우선적으로 실체적 사물과 구분되는 도구 사물의 특징을 파악해야 한다. 하이데거에 있어서 실체적 사물은 전체와 무관한 채 개별적으로 있지만, 도구 사물은 필연적으로 전체에 속해 있다. "엄밀히 말해서 하나의 도구는 없다. 도구의 존재에는 그때마다 각기 언제나, 그 안에서 도구가 그것이 무엇인 바로 이 도구일 수 있는 일종의 도구 전체가 속한다."(『존재와 시간』, 100쪽) 다시 말해 다른 사물과의 연관성 없이 독립적으로 있는 실체적 사물과는 달리 무엇을 하기 위해 사용되는 도구 사물은 언제나 다른 도구와 관계를 맺고 있는 사용사태의 문맥 속에 있다. 더 나아가 전통 존재론적 사유의 대상인 실체적 사물은 사물의 보편적 '속성'res을 나타내는데, 이 보편적 속성은 사물의 현실성이 아니라 사물의 '무엇-내용'을 의미한다. 그런데 하이데거가 사물의 본질을 말할 때, 그가 의미하는 본질은 이러한 보편적인 속성이 아니다. "'가정'Hauswesen,

---

에 속해 있지 않은 낯선 개념들이 제시되기 때문이다. 예를 들어 근대 철학적 사유에서 주된 주제는 의식에 기초해 있는 주관과 이것에 대립되어 있는 객관적 사물의 통일성을 정초하는 것인데, 현존재분석에서 하이데거는 '의식', '주관', 그리고 '객관적 대상'이라는 표현을 전혀 쓰지 않는다. 이런 표현들 대신에 그는 근대 철학적 문맥에 속해 있지 않은 용어 '현존재'와 '도구 사물'을 사용한다. 이처럼 도구 사물 개념은 근대 철학적 사유에서는 찾아볼 수 없기 때문에 근대 철학적 문맥에 익숙한 사람들은 하이데거의 도구 사물 분석을 접할 때 이해하는 데 어려움을 느낀다. 하지만 근대 철학의 고찰대상인 자연세계보다는 문화(사회)세계가 부각된다면 이와 같은 어려움은 해소될 수 있다. 사실 하이데거 철학의 표준적인 해석에서는 간과되었지만, 역동적인 유용성으로 규정되는 '실용적 도구' 개념은 프레이어(Freyer)의 문화 철학으로부터 많은 영향을 받았다. 하이데거에 앞서 프레이어는 1923년에 출판된 『객관적인 정신의 이론: 문화철학 입문』에서 인간의 문화세계는 도구들에 둘러싸여 있다고 주장한다. H. Freyer, *Theory of Objective Mind: An Introduction to the Philosophy of Culture*, trans. S. Grosby(Athens: Ohio University Press, 1998), pp.56~63 참조.

'국가'Staatwesen라 할 때 벌써 우리는 어떤 종류의 보편을 뜻하지 않는다."[20] 전통 존재론적 사물을 일컫는 실체적 사물과는 달리 무엇을 할 수 있는 기능을 가지고 있는 도구적 사물의 본질은 '유용성'Dienlichkeit에서 드러난다고 그는 주장한다. "도구는 본질적으로 '무엇을 하기 위한 어떤 것'이다. 유용성, 기여성, 사용성, 편의성 등과 같은 '하기 위한'의 여러 상이한 방식들이 하나의 도구전체성을 구성한다."(『존재와 시간』, 101쪽) 도구적 사물이 유용성으로 규정된다면 실체성은 이차적인 것으로 남는다. 다시 말해 망가진 도구는 유용성이 결여됐기 때문에 더 이상 도구의 존재방식을 지닐 수 없지만 여전히 실체성을 가지고 있다.

더 나아가 도구의 유용성을 알기 위해서는 도구를 사용해야 한다. 예컨대 망치의 유용성은 망치질을 하는 실천적 행위를 통해서만 파악될 수 있다고 하이데거는 강조한다. "망치질das Hämmern을 함 자체가 망치의 독특한 '편이성'Handlichkeit을 발견한다."(『존재와 시간』, 101쪽) 이처럼 실체적 사물과는 구분되는 도구 사물의 본질은 실천적 행위에서 인식된다. 그리고 하이데거는 실천적 행위에서만 주어지는 도구 사물을 존재자onta가 아니라 실용적 사물pragmata이라고 부른다. "그리스인들은 '사물'에 대한 적합한 용어를 가지고 있었다. 프라그마타pragmata, 즉 사람들이 배려하는 왕래(프락시스)praxis에서 그것과 상관이 있는 그것이다."(『존재와 시간』, 100쪽) 여기서 우리는 보편성과 실체성으로 규정되는 전통 형이상학에서 말하는 실체적 사물Ding-

---

20) 마르틴 하이데거, 『강연과 논문』, 이기상·신상희·박찬국 옮김(이학사, 2008), 41쪽.

realia과 유용성으로 규정되는 도구 사물의 구분 외에 하이데거 존재론의 또 다른 특징을 발견한다. 하이데거의 존재론에서는 실체적 사물을 인식하는 이론적 사유보다 도구 사물을 인식하는 실천적 행위가 우위에 있다.

존재자onta와 사유ratio에 입각해 사물을 고찰한 전통 형이상학적 태도에 대해 하이데거는 의구심을 표방한다. "서구 형이상학에서 관건이 되는 것은 존재자성과 사유이다. '사유'— 라치오ratio — 이성은 존재자성의 해석을 위한 주도적 실마리이며, 또한 그러한 해석을 앞서 붙잡음이다. 이러한 서구 형이상학을 주도하는 근본태도가 지금 물음으로 제기된다."[21] 그리고 이와 같은 근본태도로부터 벗어나 있는 새로운 존재사유를 그는 실천적 행위에서 만나는 '유용적인 도구'에 입각해 정초하고자 한다. 실천적 행위에서 만나는 유용적인 도구와 이론적 사유에서 주어지는 실체적 사물과의 구분에서 우리는 기초존재론과 전통 존재론의 차이점을 보다 구체적으로 파악할 수 있는데, 이 차이점은 '온톨로지'ontology와 '프라그마톨로지'pragmatology의 대비에서 드러난다. 다시 말해서 전통 존재론과는 달리 기초존재론에서 탐구되는 사물은 존재자onta에 대립되는 실용적 사물pragmata이기 때문에, 이 실천적인 행위에서 주어지는 실용적 사물을 주제로 삼는 하이데거의 존재론은 온톨로지가 아니라 프라그마톨로지로 지칭될 수 있다. 이처럼 실용적인 사물과 현존재의 실천적 활동에 기반을 두고 있는 하이데거의 기초존재론과 전통 존재론의 차이점은 다음과

---

21) 마르틴 하이데거, 『철학에의 기여』, 이선일 옮김(새물결, 2015), 266쪽.

같이 제시될 수 있다.

전통 존재론		기초 존재론
실재 사물(Ding-realia)		도구 사물(Ding-Zeug)
실체성	vs.	유용성
온톨로지		프라그마톨로지
이론적 사유		실천적 활동

이와 같이 기초존재론을 프라그마톨로지로 이해했을 때, 우리는 전통적 의미의 존재자 또는 대상에 대한 논의가 없음에도 불구하고 실용적 사물의 근거를 탐구하는 하이데거의 사유는 존재론으로 특징 지어질 수 있음을 볼 수 있다. 더 나아가 존재자가 아니라 실용적 사물을 탐구하는 프라그마톨로지에서는 이론적 사유보다 실천적 행위가 우위에 있는데, 이 같은 사실은 현존재의 존재이해에 대한 분석에서 제시될 수 있다.

하이데거에 따르면 모든 존재자들 중에 현존재만이 존재이해 Seinsverständnis에 의거해 존재자들과 관계를 맺을 수 있다. 더욱이 그는 현존재의 고유한 특징은 존재이해에 있다고 강조한다. "이 존재자(현존재—인용자)에게 고유한 점은 자신의 존재와 더불어 자신의 존재에 의해서 그 자신에게 그의 존재가 열어 밝혀져 있다는 그것이다. 존재이해는 그 자체가 곧 현존재의 규정성의 하나이다."(『존재와 시간』, 28쪽) 일반적으로 '이해'는 이론적인 사유를 의미하는데, 여기서 우리는 현존재의 실천적 행위와 존재이해 사이에 어떤 모순이 있음을 볼 수 있다. 왜냐하면 하이데거는 한편에서는 현존재의 실천적 행위가 근원적이라고 주장하지만, 다른 한편에서는 존재이해를 강조함으로써 다시 이론적인 사유로 되돌아가는 것처럼 보이기 때문이다. 이와 같은 모순을 피하기 위해서 우리는 하이데거가 말하는 존재이해의 의미를 올바르게 파악해야 한다. 비록 현존재는 존재이해에 의해 규정되지만, 하이데거가 말하는 이해 개념은 이론적인 사유, 즉 이성을 가진 인간이 사물 또는 존재에 대해 어떤 표상을 가지고 있는 상태를 의미하는 것이 아니다. "여기서 존재이해는 결코 주체로서의 인간이 존재를 표상으로 지니고 있는 것을 나타내는 것이 아니다. 존재는 그저 한낱 표상일 뿐임을 뜻하는 것이 아니다. 니콜라이 하르트만과 많은 동시대 학자들은 『존재와 시간』의 출발점인 존재이해를 자신의 방식, 즉 이런 일반적인 방식으로 해석했다."[22] 니콜라이 하르트만과 다른 많은 철학자들이 생각했던 것과는 달리 하이데거에게서 존재이해는 '비-표상적인 사유', 즉 실천적 행위와 연관되어 있는데, 그 까닭은 이해는 '할 수 있음'Seinkönnen에 기초해 있기 때문이다.

할 수 있음에서 유래되는 현존재의 존재이해를 파악하기 위해서는 우리는 두 종류의 이해를 구분해야 한다. 한편에서는 '의식의 이해'가 있다면, 다른 한편에서는 '현존재의 이해'가 있다.[23] 전자는 이

---

22) M. Heidegger, *The Principle of Reason*, p.86.
23) 하이데거 해석학의 전통을 이어받은 가다머는 『진리와 방법』에서 의식에서 발원되는 이해와 구분되는 현존재의 이해는 오성의 활동이 아니라 역사성에 참여하는 것이라고 주장한다. "반면 역사주의의 자기비판은 결국 역사적 사건뿐 아니라 그 사건을 이해하는 과정 역

론적인 인식에 관계하지만, 후자는 실천적 활동을 지칭한다. 그리고 실천적인 행위에서 파생되는 이해 개념을 하이데거는 현존재의 사유 능력보다는 할 수 있음$_\text{Seinkönnen}$과 관련 지어 해명한다. "이해에는 실존론적으로 존재할 수 있음$_\text{Seinkönnen}$이라는 현존재의 존재양식이 놓여 있다."(『존재와 시간』, 199쪽) 이처럼 이해가 현존재의 할 수 있음에 그 기원을 두고 있기 때문에 그에게서 '어떤 것을 이해한다'라는 표현은 "어떤 일을 주관할 수 있다', '그 일을 처리할 능력이 있다', '어떤 것을 할 수 있다'"(『존재와 시간』, 199쪽)의 의미를 함축하고 있다.[24]

주위세계에서 만나는 '실용적 도구'의 인식은 행위에서 드러나는 '실천적 이해'에서 성립된다. 예를 들어 실용적 도구로 간주되는 사다리의 인식은 사다리를 사용하는 행위에서만 드러난다. 이 점에 대해 윅스퀼은 다음과 같이 말한다. "나는 매우 똑똑하고 재치 있는 흑인 청년을 중앙아프리카에서 다르에스살람으로 데려왔다. 그에게

시 역사적 가변성의 제약을 받는다는 인식에 도달했다. 이해(Verstehen)라는 것은 주관성의 활동이라기보다는 과거와 현재가 부단히 상호매개 작용을 하는 전통의 전승이라는 사건 속에 참여하는 것을 뜻한다." 한스 게오르크 가다머, 『진리와 방법 2』, 임홍배 옮김(문학동네, 2012), 171쪽. 앞 장에서 지적된 바와 같이 하이데거에게서 인간의 본질은 보편적인 인류성에 놓여 있는 것이 아니라 역사적 세계에 제약을 받는다. 따라서 우리는 서구적 또는 동양적 인간의 본질만을 탐구할 수 있다. 그리고 이와 같이 인간의 본질이 역사적 세계로부터 제약을 받는다면, 이 본질에서 유래되는 이해의 활동 역시 역사적 과정에 필연적으로 참여할 수밖에 없다.

24) 사실 일반적인 견해와는 달리 현존재분석에서 '이해'를 실천적인 행위와 연관 짓는 하이데거의 생각은 자의적으로 보일 수 있다. 하지만 하이데거에 의해 이해가 실천적 이해로 파악되기에 앞서 이미 독일어 사용에 있어서 이해(Verstehen)는 일상세계에서 무엇을 할 수 있는 능력을 가리킨다. 이 점에 대해 가다머는 다음과 같이 말한다. "독일어에서 '이해'라는 말은 실생활에서는 어떤 일을 해낼 수 있는 능력을 가리키기도 한다. (예컨대 '그는 읽기를 이해하지 못한다'는 말은 '그는 글을 읽을 줄 모른다'는 것과 같은 말이다.)" 가다머, 『진리와 방법 2』, 129쪽 참조.

부족한 유일한 것은 유럽인들의 일상적인 대상들에 대한 지식이었다. 내가 그에게 긴 사다리를 오르라고 요구하자 그는 이렇게 대답했다. '어떻게요? 내 눈에는 막대기들과 구멍들만 보이는걸요?' 다른 흑인이 그 앞에서 사다리를 오르자마자 그는 똑같이 행동할 수 있었다. 그 순간부터 그에게 '막대기들과 구멍들'은 '오르다'라는 내포적 의미를 갖게 되었으며 마침내 사다리로 인식되었다. '막대기들과 구멍들'의 지각적 이미지는 개별적 행동의 능동적 이미지에 의해 완성되었다."[25] 사다리를 구성하는 '막대기들과 구멍들'은 지각될 수 있으나, 어떤 곳을 오르는 데 사용되는 사다리의 유용성은 막대기의 지각에서 인식되지 않는다. '실용적 사물'인 사다리의 본질은 실천적 행위, 즉 오르는 행위를 통해 비로소 이해된다. 이처럼 실용적 사물을 인식하는데 있어 사물의 이해는 실천적인 의미를 띠고 있기 때문에 '실천적 행위'와 '이해' 사이에는 모순이 존재하지 않는다.

---

25) 야콥 폰 윅스퀼, 『동물들의 세계와 인간의 세계』, 정지은 옮김(도서출판b, 2012), 79쪽. 『존재와 시간』에서 하이데거는 도구의 인식에 대한 논의에서 윅스퀼을 언급하지 않지만, 그는 윅스퀼의 이론에 정통했다. 왜냐하면 윅스퀼을 "오늘날 가장 총명한 생물학자들 가운데 한 사람"(하이데거, 『형이상학의 근본개념들』, 353쪽)으로 생각하는 하이데거는 1929/1930년 강의 『형이상학의 근본개념들』에서 그의 이론에 대해 다음과 같이 말하기 때문이다. "윅스퀼 이래로 동물의 주위세계에 관해서 이야기하는 것이 관례처럼 되어 있다는 것을 우리가 상기해 본다면, 우리의 논제는 그러한 관례에 입각해 오히려 '동물은 세계 빈곤 속에 존재한다'고 말하고 있는 것이다. 만약 우리가 지금, 새로운 생명이론에 대해서 상세하게 그러면서 또한 철학적으로 해석해 보이면서 보고하는 일에 관여할 수 있다고 한다면, 우리는 그러한 일에서 많은 것을 배울 수 있을 것이며 그리고 또한 그것이 우리가 당면하고 있는 문제의 틀을 이해하는 데에도 유익할 것이다."(320쪽) 더 나아가 윅스퀼의 이론에 대해 하이데거가 잘 알고 있다는 사실은 다음과 같은 그의 지적에서도 확인될 수 있다. "이러한 관련을 밝혀 보이는 방향으로 두 번째 발걸음이 성공적으로 일어난다. 이 발걸음은 거의 동시대 윅스퀼의 여러 연구들을 통해서 수행되었는데, 그 연구들의 거의 대부분은 『생물학지』에 수록되어 있다." 하이데거, 『형이상학의 근본개념들』, 427쪽 참조.

앞에서 제시한 바와 같이 하이데거의 존재사유는 이론적 사유보다 우위에 있는 실천적 행위에서 만나는 실용적 도구의 본질을 규명하는 것에 방향 잡혀 있다. 그런데 하이데거가 도구를 다루는 현존재의 실천적 활동을 말할 때, 그가 의미하는 바는 전통 형이상학에서처럼 실천이성에 기원을 둔 주제적인 행위가 아니라 전-주제적인 행위이다. 여기서 우리는 실용적 도구의 의의를 발견한다. 실용적 도구의 분석에서 하이데거가 추구하는 근대 자연과학 방법론이 암묵적으로 전제로 하고 있는 근원적인 토대를 열어 밝히는 것이다. 더 나아가 우리는 근대 자연과학자들이 탐구한 사물의 기능은 자연세계에서 경험되는 반면 인간에 의해 제작된 실용적 도구는 필연적으로 사회적 세계를 전제로 한다는 점에 주목해야 한다. 다음 장에서 우리는 비록 하이데거가 『존재와 시간』에서 직접적으로 논의하지 않았지만 전-주제적 영역에서 실용적 도구를 다루는 현존재의 실천적 행위는 다름 아니라 노동에 그 기원을 두고 있으며, 노동에 의해 형성된 세계는 사회적 세계라는 것을 보여 주고자 한다.

3. 현존재의 전-주제적인 실천적 행위로서의 노동

현상학에서 후설은 사물의 본질이 직관에서 최초로 주어진다고 주장한다. 그리고 이처럼 후설 현상학에서 직관이 중요한 위치를 차지하고 있기 때문에 사람들은 하이데거 철학과 후설 현상학의 차이점은 다음과 같은 사실에 있다고 해석한다. 전자는 인식의 근거를 현존재의 '실천적 행동관계'에서 정립했다면, 후자는 이를 선험적 의식의 '이론적인 태도' 위에 기초한다. 하지만 이것은 일면적인 해석일 수 있다.[26] 왜냐하면 후설 또한 생활세계에 대한 분석에서 실천적 활동의 중요성을 강조하기 때문이다. 그에 따르면 생활세계의 근본층을 형성하는 감성적 경험은 신체와 결부되어 있는데, 이 경우 신체는 단지 감성적 경험만을 구성하는 것이 아니라 실천적인 행위를 수행한다. "이 경우 지각의 영역에서는 결코 빼놓을 수 없는 우리의 신체Leib가 자명하고도 불가피하게 관여되며, 더욱이 그것에 상응하는 감각기관들(눈, 손, 귀 등)이 […] 봄·들음 등에서 그 기관에 속한 자아의 운동성, 소위 운동감각Kinästhese과 일치하여 기능한다. 각각의 '내가 움직인다', '내가 실행한다'와 같은 운동감각들은 모두 보편적인 통일 속에 서로 결합되어 있으나, 이 경우 운동감각을 정지하는 것도 '내가 실행한다'의 한 양상이다."[27] 여기서 제시된 바와 같이 신체운동감각에서 유래되는 실천적인 행위는 후설의 현상학에서도 중요한 위치를 차지하고 있다. 그럼에도 불구하고 후설의 '실천적인 행위'와 하이데거의 '실천적 행동관계'가 동일한 것은 아니다. 왜냐하면 신체에 기초해 있는 행위는 궁극적으로 개별적인 신체운동감각을 통일시키는 선험적 의식에 귀속되는데, 이 선험적 의식에서 직관은 실천적인 행위보다 우위에 있다고 후설은 생각하기 때문이다.

---

26) 이러한 해석에 관해서는 다음 글들을 참고할 것.M. Okrent, *Heidegger's Pragmatism*(New York: Cornell University Press, 1988), p.123; R. Rorty, "Heidegger, Contigency, and Pragmatism", *Heidegger: A Critical Reader*(Oxford: Blackwell, 1992), p.209~230; R. Brandom, "Heidegger's Categories in Being and Time", *Heidegger: A Critical Reader*(Oxford: Blackwell, 1992), pp.45~64.

27) 에드문트 후설, 『유럽학문의 위기와 선험적 현상학』, 이종훈 옮김(한길사, 1997), 201쪽.

신체운동감각을 강조했음에도 불구하고 후설은 선험적 의식에서 사물은 실천적인 행위에서가 아니라 감각에서 주어진다고 주장한다. "우선 세계는 그 핵심에서 감각적으로 나타나고 '현존하는' 것으로 특성지어진 세계, 단적인 경험적 직관 속에 주어지고 경우에 따라 현실적으로 파악된 세계이다."[28] 그리고 후설에 따르면 감각에 일차적으로 주어진 사물의 전제하에 실천적인 행위와 여기서 유래되는 평가작용이 성립된다. "이 경우 단순한 직관적 표상작용의 토대 위에 평가작용이 구축된다."[29] 다시 말해 실천적인 행위는 직관적 토대 위에 기초 지어져 있으며, 직관에서 주어지는 최초의 세계는 감각적, 즉 자연적 세계이다. 이와 달리 하이데거는 주위세계에서 만나는 사물과의 관계가 일차적으로 실천적 행위에서 이루어진다고 주장한다. 더 나아가 실천적 행위에서 만나는 사물은 자연적 사물이 아니라 실용적 사물을 의미한다. 여기서 우리는 후설이 말하는 신체운동감각에서 유래되는 실천과 하이데거의 실천적인 행위가 동일하지 않다는 것을 볼 수 있다. 신체운동감각에서 후설은 자연적 사물이 일차적으로 주어진다고 생각하지만, 하이데거에서 현존재에게 우선적으로 주어지는 사물은 인간의 실천적 행위에 의해 제작된 실용적 사물이다. 그리고 이러한 실천적 행위는 노동을 의미한다.

현존재분석에서 이론적 사유보다 실천적 행위가 우위에 있다

---

28) 에드문트 후설, 『순수현상학과 현상학적 철학의 이념들 2』, 이종훈 옮김(한길사, 2009), 251쪽.
29) 앞의 책, 251쪽.

는 것은 잘 알려진 사실이다. 그리고 사람들은 실천적 행위를 단순하게 이론에 대립되는 것으로만 파악했다. 그런데 실천과 이론의 대립만을 강조해서는 도구와의 관계에서 드러나는 실천적 행위의 철학적 함의를 발견할 수 없다. 하이데거에 있어서 현존재의 실천적 행위는 실천과 이론의 대립에 선행하는 근원적인 토대를 의미한다. 그리고 이렇게 이해된 실천적 행위의 의미를 우리는 노동과의 연관성에서 분명하게 이해할 수 있다. 물론 『존재와 시간』에서 하이데거는 현존재의 실천적인 행위를 노동과 연관 지어 논의하지 않지만, 현존재의 실천적인 행위에 대한 분석에서 그는 "작업 중에 있는 물품"Werk das in Arbeit befinliche(『존재와 시간』, 103쪽) 또는 "수공업자의 작업세계" Werkwelt des Handwerkers(『존재와 시간』, 164쪽)라는 표현을 사용한다.[30] 이렇게 볼 때 현존재의 실천적 행위는 노동과 밀접한 연관성을 지니며, 이 같은 사실을 우리는 하이데거에게서 실천적 행위는 이성에서 유래되는 것이 아니라 궁극적으로 손의 활동에 그 기원을 두고 있다는 데서 확인할 수 있다.

현존재의 실천적인 행위가 근원적으로 손의 활동에서 유래한다는 것을 밝히기 위해 하이데거는 주위세계에서 만나는 도구들에

---

30) 타미니오(Taminiaux)는 아리스토텔레스 철학에서 발견되는 '작업'(poesis)과 '행위' (praxis)의 구분에 입각하여 현존재의 실천적인 행위는 작업을 지칭하는 것으로 해석했는데, 이 해석은 하이데거 철학 연구에 큰 영향을 끼쳤다. J. Taminiaux, *Heidegger and the Project of Fundamental Ontology*, trans. M Gendre(New York: State University of New York Press, 1991), pp.111~137 참조. 하지만 그리스 시대의 작업과 근대적 노동 개념의 차이점이 간과된 그의 해석에서 하이데거가 말하는 실천적 행위의 진정한 의미를 제대로 이해할 수 없다. 엄격하게 말해서 실천적 행위의 진정한 의미는 근대 시대에 긍정적으로 받아들여진 노동과의 연관성에서 드러난다.

대한 존재론적 규정을 '실용적인 사물'pragmata 외에 "유용한 사물" chremata[31]로도 특징짓는다. 그리고 그에 따르면, 어원적으로 볼 때 유용한 사물은 '손'cher에서 유래되었다. "유용성Chre은 동사 chrao, chresthai에서부터 왔다. 이 단어는 손cher의 파생어이다."[32] 이 인용 문에서 볼 수 있듯이, 유용한 사물chremata과 손cher은 밀접한 관계를 맺 고 있으며, 이러한 관계를 통해 우리는 또한 왜 하이데거가 기초존재 론에서 유용한 사물, 즉 도구의 존재양태를 '손안에-것'Zu-handenheit으 로 규정했는지를 알 수 있다. 하이데거에 있어서 도구는 다름 아닌 손 의 활동에 의해 제작된 사물을 의미한다.

현존재는 실천적인 행위에서 주위사물과 우선적으로 만난다. 여 기서 유의할 점은 하이데거에게서 '실천적인 활동'Handlung은 이성적 주체에서가 아니라 '손'Hand에서 유래한다는 사실이다. "인간 자신은 손Hand에 의거하여 활동handelt한다."[33] 즉, 사물과의 활동적인 교섭의 토대는 인간에서 찾아지는 것이 아니라 손에서 찾아진다. "손이 활동 한다Die Hand handelt."[34] 더 나아가 그는 '손의 활동'을 통해 현존재는 최 초로 세계와 관계를 맺는다고 주장한다. "손은 그 본질상 존재자들과 인간 사이의 상호관계를 가능케 해준다. 그리고 손은 오직 존재자들

---

31) M. Heidegger, *What is called Thinking?*, trans. G. Gray(New York: Harper & Row Publisher, 1968), p.186.

32) *Ibid.*, p.186.

33) M. Heidegger, *Parmenides*, trans. A. Schuwer and R. Rojcewicz(Bloomington: Indiana University Press, 1992), p.80.

34) *Ibid.*, p.84. 여기서 우리는 한국어에서는 잘 드러나지 않지만 '손'(Hand)과 '활동' (Handlung)이 독일어에서는 어원적으로 유사하다는 사실에 주목할 필요가 있다.

자체가 비은폐성에서 드러나고 인간이 개시적인 방식으로 존재자들과 관계하는 곳에서만 드러난다."[35] 그런데 여기서 중요한 점은 하이데거가 '손의 활동'을 말할 때, 그는 후설의 경우처럼 하나의 감각기관der Apparat으로 설정된 손의 활동을 의미하는 것이 아니라는 사실이다. 감각기관으로 간주된 손은 이성적인 인간이 가지고 있다.

이와 달리 하이데거의 경우에는 손이 이성적인 인간을 지니고 있다. 이 점에 대해 그는 다음과 같이 말한다. "인간은 손을 '가지고' 있지 않다. 손이 인간의 본질을 지니고 있다."[36] 일반적으로 손이 인간의 본질을 가지고 있다는 것은 이해하기 힘든 주장이다. 특히 실천적인 행위보다 이론적인 사유를 우위에 두는 주지주의 철학에서는―선험적 의식에 기초해 있는 엄밀한 학을 강조하는 한 후설 현상학도 여전히 주지주의에 머물러 있다―손의 활동에서 인간의 본질이 성립된다는 것은 전혀 가능하지 않다.[37] 하지만 주지주의와는 달리 하이데거에 있어서 손의 활동에 인간의 본질이 속해 있다. 그리고 이처럼 자연사물의 감각에 연관되어 있는 후설의 실천 개념과는 달리 주위세계에서 우선적으로 주어지는 도구와의 관계에서 이루어지는 현존재의 실천 행위, 즉 손의 활동은 노동으로 이해될 수 있다. 더 나아가 현존재의 실천적 행위가 노동으로 이해될 수 있는 이유는 직

---

35) *Ibid.*, p.84.

36) *Ibid.*, p.80.

37) 하지만 주지주의 철학의 전통에 속해 있지 않은 헤겔의 사변적인 철학에서는 충분히 가능한 주장이다. 그리고 1부에서 지적한 바와 같이 하이데거의 철학적 사유는 헤겔의 사변적인 철학 전통에 속해 있다. 손이 인간의 본질을 지니고 있다는 것을 헤겔식으로 표현하자면 손의 활동, 즉 노동에 의해 인간의 본질이 형성된다는 것을 의미한다.

관에 선행하는 노동에서 인식의 가능조건이 확립되기 때문이다.[38]

---

38) 그런데 여기서 우리는 하이데거 철학에서 현존재의 노동 개념은 마르크스주의에서 말하는 경제적 영역에서 이루어지는 신체 행위를 의미하지 않는다는 사실에 유의할 필요가 있다. 노동을 인식의 토대로 파악한 셸러의 지식사회학으로부터 영향을 받은 하이데거에게서 노동 또는 노동자 개념은 부르주아와 프롤레타리아의 대립을 넘어 서 있는 포괄적인 의미를 함축하고 있다. 하지만 『존재와 시간』의 주제가 현존재의 실천적 행위가 아니고, 더 나아가 하이데거는 현존재의 실천적 행위를 일컫는 이러한 노동 개념을 직접적으로는 논의하지 않았기 때문에 우리는 현존재의 노동이 함축하고 있는 포괄적인 의미를 파악하기가 정말 어렵다. 마르크스주의적 노동과 근본적으로 구분되는 현존재의 고유한 노동의 의미를 우리는 1932년에 출판된 윙거(E. Jünger)의 『노동자』에서 발견할 수 있다. 윙거가 말하는 노동자는 계급적 편견에 사로잡힌 근로자를 지칭하지 않는다. 이와 달리 역설적으로 노동자는 영웅적 기술 지배시대에서 프로이센 정신을 계승한 귀족 유형을 일컫는다. 『노동자』에서 윙거는 맑스주의에서는 찾아볼 수 없는 이와 같은 새로운 노동자 개념에 대해 다음과 같이 기술한다. "기초적인 것을 향하는 정향은 바로 프로이센적인 의무 개념 속에서 생겨난다. 우리는 이것을 군대 행진의 리듬 속에서, 왕위 계승자들을 지키기 위한 죽음의 고통 속에서, 폐쇄적인 귀족정과 분연히 나선 병사들 덕분에 승리를 거두었던 찬란한 전투 속에서 확인할 수 있다. 프로이센 정신을 계승할 수 있는 유일한 상속자는, '기초적인 것'을 배제하지 않고 도리어 끌어들이는 노동자다. 그는 무정부 상태라는 학교를, 모든 전통적 연관의 해체를 거쳐 왔다. 그런 연유로 노동자는 자신의 사유의지를 새로운 시대에, 새로운 공간에, 새로운 귀족정을 통해 실행할 수밖에 없다." 피에르 부르디외, 『나는 철학자다: 부르디외의 하이데거론』, 김문수 옮김(이매진, 2005), 62쪽에서 재인용. 하이데거는 새로운 방식으로 규정된 윙거의 노동자 개념을 적극적으로 수용하는데, 이 같은 사실을 우리는 그가 프라이부르크 대학 총장으로 재임하던 1933년에 발표한 강연의 요약문에서 확인할 수 있다. "국가사회주의의 의미에서 볼 때 앎과 이 앎의 소유는 계급들로 분화되지 않으며, 정반대로 조국의 성원들과 여러 신분들을 국가의 유일하고 위대한 의지 속으로 통합하고 묶어 준다. 이렇게 해서 '앎', '학문', '노동자', '노동' 같은 낱말은 다른 의미의 새로운 음가를 받아안게 되었다. '노동자'는 마르크스주의가 원했던 것과는 달리 오직 착취의 대상만은 아니다. 노동자 신분(Die Arbeitstand)은 혜택받지 못한 박복한 계급, 그래서 계급투쟁 일반을 떠맡게 된 계급이 아니다." 앞의 책, 65쪽에서 재인용. 이러한 연관성에서 볼 때 우리는 왜 하이데거가 윙거의 사상을 높게 평가했는지를 알 수 있다. 사실 그는 1939년에 자신의 세미나에서 윙거의 사상에 대해 깊이 있게 다뤘는데 그 당시 아마도 하이데거만이 윙거의 노동 개념에 관심을 갖고 있었던 유일한 철학자였을 것이다. "나는 1939년 말엽에서 1940년 초엽에 이르는 그해 겨울에 대학교수들로 구성된 소모임에서 『노동자』를 다루며 해명한 적이 있습니다. 그토록 해맑은 책이 이미 몇 년 전에 출간된 상태였지만, 그들 자신이 '노동자'의 광학 속에서 현실을 비춰 보면서 전 지구적으로 사유해 보려는 시도를 단 한 번도 감행한 적이 없을 만큼 아무것도 배우지 못했다는 사실에 그들은 놀라워했습니다." 마르틴 하이데거, 「존재물음에로」, 『이정표 1』, 신상희 옮김(한길사, 2005), 327~328쪽 참조. 더 나아가 하이데거는 「기

하이데거 철학에 관한 연구에 있어서 실천적인 행위가 이론적인 사유에 선행한다는 것은 잘 알려졌지만, 현존재의 실천적인 행위가 노동과 연관 지어져 있다는 점은 완전히 간과되었다.[39] 더 나아가 실용적 사물을 다루는 실천적인 행위와 인식과의 관계 또한 전혀 주목을 받지 못하고 있다. 왜 하이데거는 직관이 아니라 노동에서 근대 과학 인식의 가능조건을 정초하고자 하는가? 하이데거가 노동을 강조하는 이유는 셸러의 지식사회학으로부터 영향을 받은 그가 실험을 통해 얻는 근대 자연과학적 인식과 노동이 밀접하게 연관되어 있음을 발견했기 때문이다. 사실 20세기 철학자들 중에 셸러와 하이데거 그리고 실용주의자들을 제외한 다른 철학자들은 근대 자연과학이 성립되는 과정에서 실험실에서 수행되는 실천적인 행위의 중요성에 대

술에 대한 물음」 또한 윙거의 『노동자』로부터 깊은 영향을 받았다고 다음과 같이 고백한다. "당신의 서술이 보여 주었고 처음으로 언급하였던 것 가운데 많은 부분을 요즘은 누구나 보고 있으며 또 말하고 있습니다. 게다가 「기술에 대한 물음」(Die Frage nach der Technik)은 『노동자』에서 서술된 내용 덕분에 지속적으로 촉구될 수 있었습니다. 당신의 '서술'에 대해서 한 마디 하자면, 그것은 당신의 서술이 이미 잘 알려진 현실적인 것을 단지 모사하고 있는 것이 아니라, 거기에서는 '새로운 사상이나 새로운 체계가 거의 문제시되지 않는' 어떤 '새로운 현실'에 접근하고 있다는 것입니다." 앞의 책, 329쪽 참조. 하지만 하이데거가 이처럼 윙거를 직접적으로 언급했음에도 불구하고 하이데거의 기술 비판에 대한 연구에서 윙거의 노동자 개념은 거의 다루어지지 않고 있다. 이러한 논의에서 우리가 반드시 유의할 점은 윙거의 저서 『노동자』를 알기 전에 노동을 인식의 근거로 파악한 셸러의 지식사회학을 통해 하이데거는 이미 마르크스적인 노동과는 근본적으로 다른 노동 개념을 인지하고 있었다는 사실이다. 다시 말해 셸러의 노동 개념과 지식사회학에서 열어 밝혀진 철학적 문맥 속에서 하이데거 철학을 고찰할 때 우리는 하이데거 철학과 윙거 사상과의 연관성을 보다 분명하게 파악할 수 있다.

39) 『전체성과 무한』에서 레비나스만이 현존재의 거주함을 노동과 연관 지어 분석한다. 하지만 이 분석에서도 소유와 노동의 연관성만 강조되었을 뿐 이 소유가 사회적 세계를 전제로 한다는 사실은 간과되었다. 레비나스, 『전체성과 무한』, 222~251쪽 참조.

해 거의 주목하지 않았다. 근대 자연과학의 문제를 깊이 있게 고찰한 후설 현상학에서도 이 점은 간과되었다.

갈릴레이에서 유래된 근대 자연과학에 관한 고찰에서 후설은 노동 개념을 도외시한 채 '순수 오성'만을 강조한다. 그에 따르면 고대 자연철학과 근본적으로 구분되는 근대과학의 특징은 자연을 수학의 원리에 의해 파악하는 데 있다. "갈릴레이가 자연을 수학화함에 있어 자연 자체는 실로 새로운 수학의 주도 아래 이념화되고 자연은 근대적으로 표현하자면, 그 자체로 수학적 다양체가 된다."[40] 그리고 여기서 말하는 '수학적 자연'은 자연에서 일어나는 모든 운동은 수학적 공식으로 표현되는 보편적 법칙에 따른다는 것을 의미한다. "자연은 그 것의 '참된 존재 그 자체'에서 수학적이다. 시간공간성의 순수수학을 필증적 명증성에서 이들 자체의 존재로부터 절대적으로 보편타당한 것으로서 법칙들의 층을 인식시킨다."[41] 기하학에 입각해 자연은 고대 자연철학자에 의해서도 수학적으로 이해되었다고 볼 수 있다. 그럼에도 불구하고 고대 자연철학에서 자연은 수학적 자연 개념에 이르지 못했는데, 그 까닭은 자연 운동을 탐구하는 데 있어 그들은 수학적 원리에 기초해 있는 보편타당한 법칙을 발견하지 못했기 때문이다. 이와 달리 근대과학자들은 자연의 모든 분야들에서 보편적 법칙을 수립한다.

이와 같은 자연의 보편적 법칙은 반성적 오성의 사유에 의해 가

---

40) 후설, 『유럽학문의 위기와 선험적 현상학』, 88쪽.
41) 앞의 책, 129쪽.

능하다. 그래서 자연과학적 인식의 가능조건을 탐구하는 칸트는 비판철학에서 오성의 논리적 구조를 심도 있게 분석한다. 후설 또한 이념의 옷을 걸치고 있는 수학적 자연과학은 선험적 오성의 활동에 기초해 있다는 점을 전적으로 받아들인다. 물론 칸트와는 달리 수학적 원리에 의거해 모든 것을 추상화하는 근대과학적 사유를 비판적으로 보는 후설의 현상학은 선험적 오성의 사유에 머물러 있지 않는다. 후설 현상학은 반성적 오성 이면에 있는 직관의 세계, 즉 생활세계에 기초해 있는 근원적인 사유로 우리를 인도하고자 한다. 후설에 있어서 근대과학은 자연을 파악하는 하나의 방법에 불과하다. 자연에 관한 참된 존재는 생활세계에 기초해 있는 현상학적 사유에서 비로소 열어 밝혀질 수 있다. 그런데 하이데거는 생활세계를 은폐시키고 망각한 근대과학에 대한 이와 같은 후설의 비판을 높게 평가하지 않는다. 왜냐하면 근대 자연과학적 사유의 특징은 자연을 수학화하는 것 외에 실험하는 행위에 있는데 후자를 간과한 후설의 주장은 근대과학에 대한 일면적 이해에 기인하기 때문이다.

후설을 포함한 다른 근대 철학자들은 근대 자연과학이 고대 자연철학과는 근본적으로 다르다는 것을 인지했다. 하지만 이 차이점이 자연의 수학화에 있다고만 생각한 그들에게서 근대 자연과학적 인식이 실험하는 행위, 즉 노동에 의해 유래되었다는 사실은 간과되었다. 결과적으로 근대 자연과학적 인식에 관한 그들의 분석은 불충분한 것으로 남아 있다. 그런데 만약 근대 자연과학 방법론에 대한 논의에서 이론적인 사유 외에 실험이 강조된다면, 우리는 근대 자연과학적 인식의 가능조건을 근대 철학자들과는 다르게 이해할 수 있다.

근대 자연과학적 인식의 가능조건을 해명하기 위해서는 오성의 활동에서 유래되는 자연의 수학화와 더불어 실천적인 행위에 대한 분석이 포함되어야 한다. 그래서 후설과는 달리 하이데거는 근대 자연과학 방법론의 특징이 실험을 행하는 실천적인 행위에 있다는 사실에 주목한다. 근대 자연과학 방법론에 있어 실험이 중요하다는 것에 대해 그는 다음과 같이 밝힌다. "그리고 실천에 나름의 특수한 시야(이론)가 고유하듯이, 이론적 탐구에도 나름의 고유한 실천이 없지 않다. 어떤 실험의 결과로서 수치를 읽어 내는 일은 흔히 실험순서의 복잡한 '기술적' 구성을 필요로 한다. 현미경에 의한 관찰은 '실험용 재료'(표본)의 제작에 의존해 있다. '출토물'의 해석에 선행하는 고고학적 발굴은 대단히 조잡한 조작을 필요로 한다."(『존재와 시간』, 471쪽) 여기서 볼 수 있듯이 하이데거는 근대 자연과학 방법론에서 실험하는 행위, 즉 노동이 매우 중요하다는 것을 명확하게 파악했다.

지식사회학에서 셸러가 주장한 바와 같이 고대 자연철학자들과는 달리 근대 자연과학자들이 자연의 진리를 발견할 수 있었던 것은 그들이 이론적 이성에서 유래되는 수학적 사유와 더불어 실험(노동)을 했기 때문이다. 하이데거 철학에서 이론적 사유보다 우위에 있는 실천적 행위의 철학적 의의를 파악하기 위해서 우리는 이 실천적 행위의 의미를 자연과학적 인식에서 노동보다는 오성의 활동만을 강조한 근대 철학자들에 의해 간과된 이와 같은 문맥 속에서 고찰해야 한다. 셸러가 열어 밝힌 바와 같이 근대 자연과학에서 정초된 사물의 진리는 노동에 기초해 있기 때문에 하이데거 또한 현존재분석에서 실천적 행위는 이론적 사유에 선행한다고 주장한다. 그런데 여기서 주목해야 할 점은 현존재분석에서 강조되는 노동으로서의 실천적 행위는 단순히 셸러의 노동 개념을 반복하는 것이 아니라는 것이다. 실험실에서 수행되는 셸러의 노동은 주제적 영역에 놓여 있다면, 실용적 사물을 다루는 현존재의 실천적 행위는 전-주제적 세계에 있다.

셸러 지식사회학 외에 후설 현상학으로부터도 깊은 영향을 받은 하이데거는 세계를 주제적 세계와 전-주제적 세계로 구분하며, 근대과학의 실험을 가능케 하는 실천적인 행위의 조건을 전-주제적인 차원에서 확립하고자 한다. 그리고 오성의 활동에 앞서 주어지는 주위세계에서 만나는 실용적 사물이 전-주제적인 사물로 규정된다면, 이 사물을 다루는 실천적 행위 또한 전-주제적 행위로 간주될 수 있다. 따라서 근대 자연과학적 인식을 정초하는 데 있어 하이데거에게서 중요한 것은 셸러가 지식사회학에서 보여 준 것처럼 실천적 행위, 즉 노동과 이론적인 사유의 통일이 아니다. 이론적 사유보다 우위에 있는 현존재의 실천적 행위에서 그가 추구하는 것은 주제적 행위에서 이루어지는 사물 인식의 조건이 전-주제적 영역을 전제로 하고 있다는 것을 보여 주는 것이다. 그러므로 현존재분석에서 근본적인 것은 전-주제적인 실천적 행위와 주제적인 실천적 행위의 대립이며, 하이데거는 주제적인 차원에서 이루어지는 근대과학의 실험을 전-주제적인 실천적 행위에서 정초하고자 한다. 그리고 자유로운 작업이 주제적 행위와 전-주제적 행위로 구분된다는 사실을 우리는 '손안에 있음'Zuhandenheit과 '눈앞에 있음'Vorhandenheit의 차이점에서 보다 분명하게 이해할 수 있다.

전-주제적인 주위세계에서 주어지는 도구의 존재방식을 하이데거는 손안에 있음이라고 지칭한다. "도구가 그 안에서 그것 자체에서 부터 스스로를 내보이고 있는 도구의 존재양식을 우리는 손안에 있음이라고 부른다."(『존재와 시간』, 101쪽) 이와 달리 전통 존재론에서 논의되는 존재자의 존재방식을 그는 눈앞에 있음이라고 규정한다. "다시 말해 현존이며, 또는 현존하고 있는 것으로서의 눈앞의 것이라고 말할 수도 있다."[42] 그리고 하이데거에 있어서 '눈앞에 있음'은 자연적 존재자의 존재방식을 의미한다. "물질적인 사물들, 아주 특정한 의미에서 '자연'은 눈앞에 존재하는 것이다."[43] 더 나아가 현존재의 연구에 있어서 손안에 있음은 실천적인 행위에 그리고 눈앞에 있음은 이론적인 사유에 관계하는 것으로 해석된다. 하지만 실험의 행위에서 볼 수 있듯이 근대과학적 사유에서는 실천과 이론이 대립되어 있지 않다. 오히려 근대과학적 인식은 실천적인 행위와 이론적 사유의 통합을 전제로 하기 때문에 눈앞에 있음 또한 실천적인 행위의 대상으로 이해되어야 한다. 왜냐하면 근대과학자가 실험을 통해서 자연에서 주어지지 않은 현상, 예를 들어 진공을 산출$_{zeugen}$할 때, 이것은 실천적인 행위를 통해서만 가능하기 때문이다. 결과적으로 하이데거에 있어서 눈앞에 있음은, 주제적인 차원에서 수행되는 이론적인 사유와 실천적인 행위에 의해 파악되는 존재자의 존재방식을 의미한다.

　　그러나 하이데거에 따르면 주제적인 차원에서 의도를 가지고 어

---

42) 마르틴 하이데거, 『현상학의 근본문제들』, 이기상 옮김(문예출판사, 1994), 163쪽.
43) 마르틴 하이데거, 『철학 입문』, 이기상·김재철 옮김(까치, 2006), 78쪽.

떤 것을 산출하는 실천적인 행위는 이미 전-주제적인 의도를 전제로 하는데, 이 전-주제적인 의도는 도구의 사용에서 드러난다. 왜냐하면 전-주제적인 주위세계에서 만나는 도구를 사용하는 행위가 주제적인 행위에 선행하는 의도를 이미 포함하고 있기 때문이다. 이렇게 볼 때, 실험을 통해 진공을 산출하는 행위는 이미 인간이 전-주제적인 주위세계에서 도구Zeug를 만들 수 있는 능력이 있기 때문에 가능하다. 여기서 우리는 인식의 가능조건을 탐구하는 데 있어서 하이데거가 왜 굳이 도구를 다루는 현존재의 실천적 행위를 강조하는지를 파악할 수 있다. 사실 근대 철학에서 전-주제적 행위에 의거하여 인식의 가능조건을 해명하고자 시도한 철학자는 하이데거가 유일하다. 그에 따르면 근대 자연과학에서 사물의 진리를 열어 밝히는 주제적인 영역에 있는 실험(노동)은 사실 도구를 제작하는 전-주제적 행위에서 유래되었다. 나중에 좀 더 자세하게 설명되겠지만, 여기서 말하는 전-주제적 행위에서 드러나는 인식의 가능조건은 다름 아닌 자유이며, 이 자유는 실용적 사물, 즉 도구의 제작에서 최초로 드러난다.

　현존재의 주위세계에서 만나는 실용적 사물에 대한 분석에서 하이데거가 데카르트 철학 이래로 근대 철학을 지배해 온 이론적 사유를 실천적인 행위로 대체한다는 사실은 잘 알려져 있다. 하지만 이제까지 현존재의 실천적 행위를 해명하는 데 있어 실천적 행위가 이론적 사유와 대립된다는 것만 강조되었을 뿐, 전-주제적인 실천적 행위의 의미에 대해서는 심도 있게 논의되지 않았다. 전-주제적인 차원에 놓여 있는 손의 활동에서 유래되는 현존재의 실천적인 행위는 노동을 의미한다. 더 나아가 근대 철학적 사유의 출발점은 데카르트의 '나는 사유한다'에 있다고 보는 일반적인 해석과는 달리 하이데거에 따르면 근대 형이상학적 사유는 "인간인 이성적 동물이 노동하는 동물로 확립하는 것을 통해서 수행된다."[44] 그에게서 동물과 구분되는 인간의 고유한 본질은 전통 철학에서 주장한 바와 같이 이성에 있지 않다. 이와 달리 동물과 인간의 차이점은 인간만이 이성의 활동과 무관한 노동을 통해 도구를 제작할 수 있는 존재자이며 이 도구를 통해 자연세계가 아니라 사회적 세계에 존재하는 데 있다. 그리고 이와 같은 노동하는 현존재 개념에서 우리는 데카르트 철학 이래로 근대 철학적 사유를 지배해 온 '나는 생각한다'의 철학적 원리를 대체하는 새로운 원리를 발견한다. 데카르트의 철학적 원리와 하이데거의 철학적 원리의 차이점은 다음과 같이 제시될 수 있다.

데카르트		하이데거
나는 생각한다.	vs.	나는 행위하고 노동한다.
그러므로 나는 (자연적 사물에 둘러싸여 있는 세계에) 존재한다.		그러므로 나는 (사회적 사물에 둘러싸여 있는 세계에) 존재한다.

데카르트에서 무세계적인 '사유하는 자아' 역시 경험적인 영역에서는 신체와 결합하여 세계 속에 존재한다. 그런데 하이데거에 따르면 데카르트적 세계에서 사물은 자연적으로 주어진 사물로만 경험된다. "데카르트는 세계에 대한 물음을 우선 접근 가능한, 세계내부

---

44) 하이데거, 『강연과 논문』, 91쪽.

적인 존재자로서의 자연사물성_{Naturdinglichkeit}으로 축소시키는 것을 첨

예화시켰다."(『존재와 시간』, 142쪽) 이와 대비되어 노동하는 현존재

의 주위세계는 도구, 즉 사회적 사물로 둘러싸여 있다.

　'나는 노동을 통해 사회적 세계에 존재한다'라는 명제에 바탕을

두고 있는 철학적 원리는 데카르트에서 시작되어 칸트를 걸쳐 후설

현상학까지 이어져 온 근대 철학적 사유에서는 결코 주제화되지 않

았던 새로운 원리이다.[45] 이 새로운 원리의 관점에서 볼 때, 근대 철학

과 하이데거의 철학의 차이는 기존의 해석들이 주장하는 바와 같이

사물의 근거가 전자는 고립된 주체에서 그리고 후자는 '세계-내-존

재'에 있다는 데서 발견되지 않는다. 물론 세계-내-존재는 고립된 사

유하는 주체와는 분명하게 대립된다. 하지만 하이데거가 말하는 세

계의 의미가 불분명하게 남아 있는 한, 이러한 해석들에는 한계가 있

다. 더 나아가 후설 또한 지향성 개념을 통해 고립된 주체를 극복한

다. 따라서 세계-내-존재에서 하이데거 사유의 독창성이 드러난다

는 것을 보여 주기 위해서는 이 세계 개념에 '사회적'이라는 수식어가

---

45) 이처럼 기초존재론에서 노동이 부각되었을 때 우리는 국가사회주의와는 별개로 왜 하이데
거가 「독일 교육자들에게 고함」과 「노동자들에 대한 연설」에서 노동이 학문과 연결되었다
고 주장하는지를 알 수 있다. 「노동자들에 대한 연설」에서 하이데거는 "지금까지 '시민들이
라는 특권계급의 소유물'이었던 과학의 지위 변화, 반면 '노동자들'과 '참다운 과학적 지식
을 소유하고 있지 못한 자들이 대립하는 범주에 속하지 않는다'는 사실, 그리고 한 명의 학
자가 가진 지식은 '절대로 농부들, 장작을 패는 자, 농부, 광부, 장인이 가진 지식과 다르지
않다'는 사실, 결국 '각각의 노동자는 그 나름의 방식으로 진정한 지식을 가진 자'라는 확신
과 '노동자들이 일할 수 있는 것도 결국에는 그들 나름대로의 진정한 지식을 소유하고 있
기 때문'이라"고 확신한다. 베르나르 앙리 레비, 『사르트르 평전』, 변광배 옮김(을유문화사,
2009), 291~292쪽 참조.

첨가되어야 한다. 그리고 현존재분석에서 사회적 세계가 강조된다면, 노동 개념은 자연스럽게 부각된다. 왜냐하면 사회적 세계는 노동에 의해서만 형성될 수 있기 때문이다. 하지만 이제까지 진행된 하이데거 철학 연구에서 현존재의 실천적 행위는 결코 노동 개념과 연관되어 규명되지 않았다. 결과적으로 하이데거의 세계는 여전히 난해한 개념으로 남아 있으며, 이 점이 극복되기 위해서는 노동 개념이 필히 주목되어야 한다.

전-주제적인 주위세계에서 현존재는 실천적 행위를 통해 도구와 만나는데, 이 실천적 행위는 노동으로 이해되어야 한다. 그리고 사유하는 주체보다 노동하는 주체를 우위에 둠으로써 하이데거는 근대 철학적 사유로부터 유래된 어려운 문제, 즉 칸트가 '철학의 스캔들'이라고 불렀던 외부세계의 증명에 관한 문제를 간단하게 해결한다. 세계로부터 고립된 사유하는 주체에서 사물의 최종근거가 찾아진다면, 이 주체와 외부세계와의 관계가 문제가 된다. 만약 사유하는 주체가 외부세계와 단절된 의식에 놓여 있다면, 이 주체는 어떻게 외부세계와 관계할 수 있는가? 후설 현상학이 높게 평가받는 이유는 지향성 개념에서 철학적 스캔들이 해소되기 때문이다. '[…] 무엇에 관한 의식'을 의미하는 지향성에서 주체는 고립된 의식으로부터 벗어나 세계와 관계한다. 그런데 하이데거에 있어서 만약 인간의 본질이 노동하는 주체로 규정된다면 외부세계의 증명은 철학적 문제가 아니다. 왜냐하면 사회적 세계를 형성하는 노동하는 주체는 이미 의식으로부터 나와 세계와 관계하기 때문이다. 그러므로 철학의 스캔들은 칸트가 말하는 것처럼 외부세계가 아직 증명되지 못한 데 있는 것이 아니라 노동하는 주체를 간과한 철학자들이 이러한 증명을 계속 요구하는 데 있다고 하이데거는 주장한다. "'철학의 스캔들'은 이러한 증명이 아직까지 제시되지 못하고 있다는 데에 성립하는 것이 아니라, 오히려 그러한 증명이 거듭거듭 다시 기대되고 시도된다는 그 사실에 성립한다."(『존재와 시간』, 278쪽) 더 나아가 노동 개념을 통해 하이데거는 칸트 인식론의 이율배반을 해소한다.

칸트의 이론 철학에서 사물은 현상과 물자체로 구분된다. 그리고 직관에서 주어지는 현상은 인식될 수 있는 반면 직관과 오성의 활동 너머에 있는 물자체는 절대로 인식될 수 없는데, 이 같은 이유로 인해 칸트의 인식론은 이율배반에 봉착한다. 그러나 이와 달리 노동하는 주체와 도구의 관계에서는 이율배반은 성립되지 않는다. 왜냐하면 노동하는 주체에 의해 만들어진 도구의 본질은 유용성으로 규정되며, 이 유용성에서 도구는 '그 자체로 있음'$_{\text{An-sich}}$으로 인식되기 때문이다. "가까운 '사물들'의 독특하고 자명한 '그 자체로 있음'을 그 사물들을 사용하면서도 명확하게 주목하지 않는 배려─이것은 사용 불가능한 것에 부딪칠 수 있다─속에서 만나게 된다."(『존재와 시간』, 108쪽) 다시 말해 노동을 통해서 만들어진 도구는 노동하는 주체에 의해 전적으로 파악되기 때문에 노동하는 주체와 도구 사이에는 인식의 한계가 성립되지 않는다. 더 나아가 도구가 사물 그 자체로 인식될 수 있는 이유는 도구가 차지하고 있는 공간은 주관적 직관에서 구성되는 것이 아니라 세계에 놓여 있기 때문이다. 즉 현존재의 노동에 의해 제작된 도구는 주관으로부터 벗어나 있는 주위세계 안에 있기 때문에 그 자체로 인식될 수 있다.

전통 철학에서 인식의 근거는 지각 또는 오성의 활동에 놓여 있다. 그런데 근대 자연과학방법론에서 새로운 인식의 근거가 발견된다. 근대 자연과학자들에 따르면 사물의 인식은 자연의 수학화와 더불어 실험하는 행위에서 성립된다. 자연과학적 인식은 실험하는 행위와 본질적으로 관계 맺고 있다고 주장하는 셸러의 지식사회학을 전격적으로 수용한 하이데거는 인식의 가능조건을 고찰함에 있어서 현존재의 실천적 행위, 즉 노동을 강조한다. 그리고 하이데거 사유에 있어서 노동이 중요하다는 것이 인지되었을 때 우리는 왜 독일 대학을 개혁하고자 한 그가 「독일대학의 자기주장」에서 '지식봉사'와 더불어 '노동봉사'를 강조했는지를 이해할 수 있다. 그에 따르면 '관조적 삶'에 기초해 있는 고대 그리스 철학과 근본적으로 구분되는 근대 자연과학은 이론과 노동이 결합되었을 때 비로소 성립된다. 그래서 그는 현존재의 실천적 행위에 인식의 근거를 마련하고자 한다.

그런데 여기서 우리가 유의할 점은 하이데거가 현존재의 실천적 활동을 노동으로 규정할 때, 그의 노동 개념은 마르크스주의자들이 생각하듯이 신체의 활동이 아니라 독특한 의미의 정신의 활동을 지칭한다는 사실이다. 이 점에 대해 그는 다음과 같이 밝힌다. "'노동자'는 마르크스주의가 규정하듯이 단순한 착취대상이 아니다. 노동자 계층은 보편적인 계급투쟁에 떨쳐 나서야 하는 무산계급이 아니다. […] 또한 노동은 단순히 임금을 버는 기회와 수단에 불과한 것이 아니다. 오히려 '노동'은 우리들에게 있어서 개인, 단체 나아가 국가의 책임에 위해 담당되고 그리하여 민족에게 이바지할 수 있는 모든 규칙적인 행위와 행동에 대한 명칭이다. 노동은 인간의 자유로운 결단

력과 끈기가 의지와 임무의 관철을 위해 발휘되는 바로 그곳에서 존
재하지만, 또한 그러한 곳이면 어디에나 존재한다. 따라서 노동으로
서의 노동은 어디까지나 정신적인 것이다."[46] 이처럼 하이데거에 있
어 현존재의 실천적인 행위, 즉 노동이 정신의 활동을 일컫는다는 것
은 노동자들처럼 자연과학자 역시 사물의 지식을 얻기 위해 노동을
하기 때문이다. 더 나아가 현존재의 전-주제적인 실천적 행위에서 일
차적으로 주어지는 세계는 자연적 세계가 아니라 사회적 세계이다.

　지식사회학에서 셸러는 인식의 새로운 토대를 마련하는 데 있어
노동 외에 사회적 세계를 강조한다. 기초존재론에서 하이데거는 인
식의 토대를 정초하는 것에 방향 잡혀 있는 셸러의 사회적 세계 개념
을 인간의 전체적인 삶의 토대로 확장시킨다. 그에 있어서 주위세계
를 둘러싸고 있는 실용적 도구뿐만 아니라 주위세계에서 경험되는
공간과 '더불어 있음' 역시 사회적 세계를 전제로 한다. 이처럼 기초
존재론에서 핵심적인 개념인 현존재의 세계는 사회적 세계를 의미하
는데, 이를 우리는 주위세계 속에서 현존재는 우선적으로 자연적 공
간에 선행하는 사회적 공간에 있다는 사실에서 확인할 수 있다.

---

46) M. Heidegger, *Nachlese zu Heidegger*, ed. G. Schneeberger(Bern: Classen Verlag, 1962), pp.201~202.

3장·현존재의 세계와 사회적 공간 개념

1. 현상적 신체로서의 현존재의 신체 개념과 사회적 공간 개념

새로운 철학적 원리를 정초하고자 하는 하이데거는 현존재는 일차적으로 세계 속에 있다고 주장한다. 그리고 일반적으로 사람들은 현존재의 '세계-내-존재'가 의미하는 바는 현존재는 세계로부터 고립된 자아가 아니라는 것을 보여 주는 데 있다고 생각한다. 그런데 고립된 의식으로부터 벗어나 있다는 사실 외에 세계 속에 있기 위해서는 현존재는 우선 육화된 존재자로 규정되어야 한다. 이처럼 세계-내-존재는 육화된 현존재의 전제하에 가능하기 때문에 하이데거는 현존재가 본질적으로 신체와 결부되어 있다고 주장한다.

> 또한 중요한 것은, 현존재는, 이를테면 육체에 속박in einem Leib gefesselt되어 있고 또한 육체에 속박된 상태에서 존재자와 고유한 결합을 이루며, 존재자의 한복판에 처해 있는 그러한 인간의 연관성의 근원적 통일성

이자 내재적 구조라는 점입니다.[1]

신체에 속박되어 있는 한 육화된 현존재는 의식에만 머물러 있지 않고 필연적으로 세계 속에 존재한다. 그런데 여기서 중요한 점은 현존재의 신체 개념은 데카르트 철학에서 제시된 연장된 사물로서의 신체 또는 동물의 유기체적인 신체가 아니라는 것이다. 하이데거는 "인간신체는 동물 유기체와는 다른 어떤 것이다"라고 밝힌다.[2] 그리고 이와 같은 차이점을 보여 주기 위해 그는 현존재의 신체를 말할 때 일반적인 단어 '몸통'Körper 대신에 '신체'Leib라는 용어를 사용한다.

현존재가 세계 속에 존재한다는 것은 현존재는 필연적으로 육화된 존재자로 규정되어 있음을 제시한다. 그러므로 현존재의 세계-내-존재에 관한 분석은 현존재의 신체를 전제로 한다. 하지만 세계-내-존재에 대한 고찰에서 현존재의 신체에 대한 논의는 전혀 찾아볼 수 없는데, 그 이유는 하이데거가 현존재의 신체성은 현존재분석에서는 다룰 수 없는 고유한 문제라고 간주하기 때문이다. "여기에서는 다룰 수 없는 고유한 문제를 자체 안에 지니고 있는 자신의 '신체성'Leiblichkeit에서의 현존재의 공간화는 이러한 방향에 맞추어 함께 두드러지고 있다."(『존재와 시간』, 153쪽) 물론 하이데거의 이와 같은 입장은 이해될 수 있다. 왜냐하면 현존재분석의 일차적인 목표는 시간성

---

1) 마르틴 하이데거, 『칸트와 형이상학의 문제』, 이선일 옮김(한길사, 2001), 377쪽.
2) M. Heidegger, "Letter on Humanism", ed. W. McNeil, *Pathmarks*(Cambridge: Cambridge University Press, 1998), p.247.

에 입각해 현존재의 본질을 밝히는 것이기 때문이다. 그리고 현존재의 본질이 시간성에 있기 때문에, 현존재의 신체와 그리고 여기서 유래되는 공간성 개념은 이차적인 것에 불과하며, 이로 인해 하이데거는 기초존재론에서 신체에 관한 심도 있는 분석을 전개하지 않았다. 그렇지만 앞에서 상술된 바와 같이 하이데거의 세계 개념은 독특한 신체 개념을 전제로 하고 있다. 우리는 하이데거가 전제로 하고 있는 새로운 현존재의 신체 개념의 단초를 메를로-퐁티의 '현상적 신체'와의 연관성 속에서 해명할 수 있다.[3] 더 나아가 그와 같은 시도를 통해 우리가 의도하는 바는 자연에 환원되지 않은 현존재의 신체는 사회적 세계를 전제로 하고 있다는 것을 보여 주는 데 있다. 먼저 메를로-퐁티의 현상적 신체에 대해 살펴보기로 하겠다.

하이데거의 육화된 현존재를 메를로-퐁티의 현상적 신체와 관련 지어 해명하고자 하는 우리의 시도가 낯설어 보이는 까닭은 『존재와 시간』이 출판되고 난 한참 후에 전개된 메를로-퐁티의 철학적 사유로부터 하이데거는 어떠한 철학적 영향도 받지 않았기 때문이다. 연대기 순으로 보면 하이데거 철학이 먼저 세상에 알려졌고 그 이후에 메를로-퐁티의 철학이 등장했기 때문에 현존재의 신체를 메를로-퐁티의 현상적 신체와 연관 짓는 것은 무리한 시도라고 생각될 수 있다. 하지만 현상적 신체는 메를로-퐁티에 의해 최초로 확립된 것

---

3) 메를로-퐁티의 현상적 신체, 즉 신체도식에 대한 자세한 논의와 실존적 함의에 대해서는 다음 논문을 참조할 것. 하피디, 「메를로-퐁티와 쉴더에 있어서 신체도식 개념」, 『철학연구회』 85호, 2009, 199~226쪽.

이 아니다. 이 개념은 이미 20세기 초에 등장한 형태심리학자들, 예를 들어 E. 옌쉬, P. 쉴더에 의해 논의되었으며, 이들로부터 영향을 받은 후설 또한 『이념들』에서 운동감각Kinästhese에서 형성된 신체Leib를 언급한다. "신체는 이와 같이 촉각성 속에서만, 또 따뜻함, 차가움, 고통 등과 같이 촉각감각들에 의해 장소화된 모든 것 속에서만, 근원적으로 구성될 수 있다. 더구나 여기에는 운동감각들이 중요한 역할을 한다."[4] 그리고 후설 현상학에 정통한 하이데거는 이와 같은 새로운 신체 개념에 대해 잘 알고 있다고 볼 수 있다. 더 나아가 메를로-퐁티와 마찬가지로 하이데거 또한 현존재의 신체는 자연의 영역에 있는 생리학적 신체로 환원되지 않는다고 주장한다. "그런데 바로 그렇기 때문에 사람에게 신체성은 애초부터 순전한 자연이 아니다. 그것은 근원적으로 존재추구 안으로 끼워져 있다. 그것이 처음에는 순전히 동물적이었다가 그다음 거기에 어떤 것이 추가되는 식으로 그런 것은 아니다. 사람은 결코 동물이 아니다. 다시 말해서 결코 자연이 아니다."[5] 그와 같은 공통점이 존재하기 때문에 현존재의 신체를 메를로-퐁티의 현상적 신체와의 연관성 속에서 설명하고자 하는 우리의 시

---

4) 에드문트 후설, 『순수현상학과 현상학적 철학의 이념들 2』, 이종훈 옮김(한길사, 2009), 207쪽. 사실 『의미와 무의미』에서 메를로-퐁티는 현상학과 형태심리학 사이에는 유사성이 존재한다고 주장한다. "이러한 (형태)심리학과 현상학 혹은 실존 철학은 고전 철학에서 절대 정신에 환원함으로써 설명하려 했던 것과는 달리, 대부분 이러한 세계와 타인 속에의 자아의 내재성에 대한 경이로움의 표현이며, 이 파라독스와 혼돈에 대한 기술로서 우리에게 주체와 세계, 그리고 주체와 타인 간의 유대 관계를 보여 주려는 시도이다." 모리스 메를로-퐁티, 『의미와 무의미』, 권혁면 옮김(서광사, 1990), 90쪽 참조.
5) 마르틴 하이데거, 『진리의 본질에 관하여: 플라톤의 동굴의 비유와 테아이테토스』, 이기상 옮김(까치, 2004), 248쪽.

도는 결코 무리한 시도가 아니다.

이성을 최종근거로 보는 철학적 입장을 거부하는 메를로-퐁티는 하이데거와 마찬가지로 인간의 본질은 신체와 본질적으로 결부되어 있다고 주장한다. 그리고 자연적 사물로 환원되지 않는 인간의 신체를 규명하는 데 있어서 그는 객관적인 신체와 현상적 신체를 구분한다. "따라서 문제는 영혼이 객관적 신체에 어떻게 작용하는가를 아는 것이 아니다. 왜냐하면 그것이 작용하는 것은 객관적 신체가 아니라 현상적 신체phenomenal body이기 때문이다."[6] 인간의 신체를 규정하는 현상적 신체는 동물의 몸통과 동일시될 수 없다. 왜냐하면 동물의 신체는 지성에 의해 파악되는 객관적인 신체를 지시하는 데 반해, 현상적 신체는 주관과 객관의 '사이'에 있는 신체, 즉 신체도식을 나타내기 때문이다.

메를로-퐁티에 따르면 신체도식이란 근육, 힘줄, 관절의 운동에서 전달되는 감각의 흐름이 하나의 복합성unit으로 체험되는데, 이 복합성에 의거해 신체가 하나의 통일된 이미지로 인지됨을 의미한다. 예를 들어 인간은 생리학적 눈을 가지고 태어나지만 이 외에 관절, 신경의 운동에서 느끼는 내적 감각proprioception을 통해 형성된 눈의 도식을 가지고 있다. 그리고 지각의 활동에 있어서 생리학적인 눈의 기능뿐만 아니라 눈의 도식 또한 매우 중요한데, 그 까닭은 만약 눈의 도식이 부재한다면 인간은 생리학적 눈을 가지고 있음에도 불구하고 지각할 수가 없기 때문이다. 따라서 갓난아이의 눈은 근육 조절을

---

6) 모리스 메를로-퐁티, 『지각의 현상학』, 류의근 옮김(문학과지성사, 2002), 177쪽.

통해 시각적으로 적응할 때 비로소 세계를 지각할 수 있으며, 이러한 지각활동은 눈의 도식에 의해 가능하다고 메를로-퐁티는 주장한다. "어린이 삶의 가장 초기 단계에 있어서 외적 지각은 불가능한데 그 이유는 어린이의 눈은 아직 시각적 적응과 근육 조절을 제대로 할 수 없기 때문이다."[7] 더 나아가 사물을 지각하는 데 있어 눈의 도식이 필요하듯이 걷는 데 있어서도 생리학적 발 외에 발의 도식이 필요하다. 걷기 위해서 갓난아이는 걷는 것에 적응하기 위해 부단히 연습을 해야 한다. 이 과정에서 갓난아이가 갑옷처럼 느끼는 생물학적 발은 발의 움직임을 통해 근육, 힘줄, 관절에서 전달되는 흐름이 조직화되면서 신체도식으로서의 발로 전환되는데, 이렇게 형성된 신체도식은 생리학적 신체와 근본적으로 다르다. 이와 같은 생리학적 신체에 환원되지 않은 신체도식의 의미는 오성적인 활동과 '생식적인 것'genital 사이에 존재하는 '성적인 것'sexual에 대한 분석에서 보다 명확히 파악될 수 있다.

프로이트의 정신분석에서 성적인 것과 생식적인 것의 구분은 이미 발견되었으나,[8] 메를로-퐁티는 현상적 신체에 의거해 이 구분이 함축하고 있는 의미를 철학적으로 한층 심화시킨다. 그에 따르면 감각 또는 오성의 활동에 국한시켜 모든 것을 이해하고자 하는 전통 사유에서 성적인 행동은 오성과는 무관한 생식적인 것으로 간주된다.

---

7) M. Merleau-Ponty, *The Primacy of Perception*, ed. J. Edie(Northwestern University: Chicago, 1964), p.122.
8) 메를로-퐁티, 『지각의 현상학』, 250쪽.

따라서 성적인 문제는 생식적인 차원에서만 다루어진다. 그러나 메를로-퐁티는 환자 슈나이더의 사례를 들어 성적인 것은 전통 철학이 생각했던 것처럼 생식적인 차원으로 환원될 수 없음을 보여 준다. 대뇌에 상처를 입었을 뿐 생식적인 것에 아무런 문제를 가지고 있지 않은 슈나이더는 성적 반사나 쾌락 상태에 자연스럽게 반응한다. 그럼에도 불구하고 슈나이더는 정상적인 성적 행동을 수행할 수 없다고 메를로-퐁티는 역설한다. "환자는 더 이상 스스로 성적 행동을 추구하지 않는다. 그에게 외설 장면들이나 성적 주체에 관한 대화들, 신체의 지각 등은 어떤 욕망도 탄생시키지 않는다. 그 환자는 결코 입 맞추지 않고 그에게 입맞춤은 성적 자극의 가치를 갖지 않는다."[9] 성적 장애에 관한 고전적 분석에 따르면 슈나이더의 문제는 생식적인 것의 장애에서 기인한다. 하지만 생식적인 것은 정상임에도 불구하고 이러한 성적 장애를 가지고 있는 환자의 문제는 모든 성적인 것을 생식적인 것으로 환원하는 고전적 생리학적 관점에서는 결코 이해될 수 없다.

메를로-퐁티에 있어서 정상적인 신체를 지니고 있음에도 불구하고 슈나이더는 여자 신체를 성적 용모를 갖춘 신체로서가 아니라 단순히 가시적 대상으로서의 신체로만 인식할 수 있는데, 그 까닭은 성적 장애를 겪고 있는 슈나이더에게는 세계로 기투하여 성적 상황을 구성하는 신체의 능력이 부재하기 때문이다. "환자에게 사라진 것은 자기 앞에서 성적 세계를 기투하고 자신을 성적 상황 속에 놓는 능

---

9) 앞의 책, 245쪽.

력이며, 또는 그러한 상황이 윤곽적으로 잡혀지기만 해도 이를 유지하거나 만족에 이르도록 실천하는 능력이다."[10] 성적 장애로 인해 성적인 신체도식이 사라진 슈나이더는 성적 상황에 처해 있을 수 없기 때문에 여자의 성적 용모를 구성할 수가 없다. 그리고 슈나이더의 경우에서 볼 수 있듯이, 성적 활동에서조차 인간은 자동적인 생리학적 본능이나 반성적 오성에 환원되지 않으며, 이 능력들 이면에 있는 신체도식의 활동, 즉 '실존의 운동'이 요구된다고 메를로-퐁티는 주장한다. "그럼에도 불구하고 오랫동안 신체적 기능의 유형으로 간주되어 왔던 성에서조차도 우리는 말초적인 자동운동과 관계하는 것이 아니라 실존의 일반적 운동을 따라간다."[11] '실존의 운동'에서 감각과 반성적 오성은 종합이 이루어지는데, 이 종합을 구성할 수 없는 슈나이더는 여자의 성적 용모를 지각할 수 없다. 더 나아가 실존의 운동은 세계로 기투하는 활동을 의미하는데, 이러한 활동은 생리학적 신체와는 전혀 다른 현상적 신체, 즉 신체도식에 의해 열어 밝혀진 공간에서 수행된다.

메를로-퐁티에 있어서 현상적 신체에 의해 규정되는 인간은 고립된 의식으로부터 벗어나 세계 속에 존재한다. 그리고 세계 속에 있다는 것은 동시에 공간 속에도 존재한다는 것을 의미한다. 하지만 메를로-퐁티는 현상적 신체가 공간에 존재하는 방식은 사물이 공간에 있는 방식과 근본적으로 다르다고 주장하는데, 이 차이점을 보여 주

---

10) 앞의 책, 247쪽.
11) 앞의 책, 248쪽.

기 위해 그는 공간에 대한 논의에서 '위치의 공간성'과 '상황의 공간성'을 구분한다. "그리고 사실상 신체의 공간성은 외부 대상의 공간성 또는 '공간감각'의 공간성처럼 위치의 공간성이 아니라 상황의 공간성이다. 내가 내 책상 앞에 서서 두 손으로 그것을 누르고 있다면, 나의 손들만이 두드러지게 되고 나의 신체는 혜성의 꼬리처럼 그 뒤에 처지게 된다."[12] 메를로-퐁티에게서 상황의 공간성이란 공간에 있는 사물이 신체도식에 의해 지각될 때, 이 사물은 항상 뒷배경을 전제로 하고 있는 것을 의미한다. 그리고 뒷배경에 따라 사물은 두드러지거나 아니면 모호하게 지각될 수 있다. 이와 달리 위치의 공간성에서 경험되는 사물은 이와 같은 뒷배경을 전제로 하지 않는다. 요약하자면 현상적 신체에 의해 구성되는 상황의 공간성은 어떤 문맥을 전제로 하고 있는 공간을 의미한다면, 생리학적 신체만을 전제로 하는 위치의 공간성은 모든 문맥이 사라진 공허하고 평면적인 기하학적 공간을 나타낸다.

사물에 의미를 부여하는 현상적 신체가 공간을 차지하는 방식은 위치의 공간성이 아니라 상황의 공간성[13]으로 규정된다. 그러나 상황의 공간성에서 현상적 신체는 데카르트의 연장된 신체처럼 공간 안

---

12) 앞의 책, 168쪽.
13) 『존재와 시간』에서 하이데거 역시 현존재가 공간 속에 있는 방식을 상황의 공간성으로 묘사한다. "각기 가능한 결단을 내린 현존재의 실존론적 규정성은 지금까지는 건너뛴 실존론적 현상, 즉 우리가 '상황'(Situation)이라고 이름하는 그 현상의 구성적 계기들을 포괄한다. 상황(처지―'처지에 놓여 있다')이라는 용어에는 일종의 공간적인 뜻이 함께 맴돌고 있다. 우리는 이 공간적인 뜻을 제거해 버리려고 시도하지는 않을 것이다. 왜냐하면 그것은 현존재의 '거기에'(Da)에도 놓여 있기 때문이다."(『존재와 시간』, 399쪽)

에 단순히 놓여 있는 것이 아니라 공간에 거주한다고 메를로-퐁티는 주장한다. "따라서 우리의 신체는 공간 안에 있다고, 더욱이 시간 안에 있다고 말해서는 안 된다. 그것은 공간과 시간에 거주한다."[14] 메를로-퐁티의 현상적 신체처럼 하이데거 또한 육화된 현존재가 거주하는 방식으로 세계 속에 있다고 강조한다. "'있음'bin은 고대어의 건축함bauen에 귀속하는 바, 그 고대어는 다음처럼 답한다. '나는 있다'ich bin 혹은 '너는 있다'라는 것은 나는 거주한다 혹은 너는 거주한다를 의미한다. 네가 있고 내가 있는 그 양식, 즉 우리 인간이 지상에, 즉 이 땅 위에 있는 그 방식은 Buan, 즉 거주함이다."[15] 여기서 우리는 하이데거 철학과 메를로-퐁티 현상학과의 유사성을 발견한다. 메를로-퐁티의 현상적 신체와 육화된 현존재 모두 사물처럼 단순하게 공간에 놓여 있지 않고 이 공간에서 거주한다. 그리고 거주함에서 드러나는 공간은 사회적 공간을 의미한다.

비록 『지각의 현상학』에서 '거주함'의 의미는 현상적 신체가 고유한 방식으로 공간에 있다는 사실에 초점이 맞춰져서 고찰되었을 뿐 사회적 공간과 연관되어 직접적으로 주제화되지는 않았다. 그렇지만 메를로-퐁티에게서 현상적 신체가 공간을 차지하고 있는 방식을 일컫는 거주함은 사회적 세계에 존재하고 있음을 나타낸다. 왜냐하면 거주함은 현상적 신체의 습관에 바탕을 두고 있기 때문이다.

---

14) 메를로-퐁티, 『지각의 현상학』, 223쪽.
15) 마르틴 하이데거, 「건축함 거주함 사유함」, 『강연과 논문』, 이기상·신상희·박찬국 옮김(이학사, 2008), 187쪽.

"지팡이에 습관을 들인다는 것은 거기에 거주한다는 것이거나, 역으로, 이것들로 하여금 고유한 신체의 부피에 가담하게 한다는 것이다. 습관은 우리가 우리의 세계-에로-존재를 확장시킬 수 있는 능력이나 새로운 도구들에 의해 우리를 합병시킴으로써 존재를 변화시킬 수 있는 능력을 표현한다."[16] 물론 메를로-퐁티는 거주함을 가능케 하는 신체의 습관을 사회세계와 연관지어 분석하지 않았다. 하지만 습관은 필연적으로 역사적·사회적 세계에서 유래되는 관습을 전제로 하기 때문에 살아가면서 습관에 의해 형성된 현상적 신체가 거주하는 세계는 당연히 자연적 세계가 아니라 사회적 세계로 특징지어질 수 있다.

하이데거 존재사유를 사회존재론으로 해석하고자 하는 시도에서 우리가 메를로-퐁티의 현상적 신체에 주목하게 된 이유는 세계 속에 있는 현존재 또한 육화된 존재자로 규정되기 때문이다. 그리고 '몸통'과 구분되는 현존재의 신체는 메를로-퐁티의 현상적 신체와 유사한 점을 지닌다. 특히 현상적 신체의 관점에서 볼 때 세계에서 거주하는 육화된 현존재가 차지하는 공간은 상황의 공간성, 즉 사회적 세계의 공간성이라는 점이 하이데거의 기초존재론에서도 전제되어 있다. 더 나아가 메를로-퐁티 현상학에서 핵심적인 개념으로 간주되는 '신체', '세계' 그리고 '시간'은 하나의 공통적인 특성을 지니고 있는데, 이 특성이란 바로 '애매성'이다. "이처럼 요약컨대, 세계-에로-존재의 애매성은 신체의 애매성으로 번역되고 신체의 애매성은 시간의

---

16) 메를로-퐁티, 『지각의 현상학』, 229쪽.

애매성에 의해서 이해된다."[17] 기초존재론에서 모든 것을 투명하게 밝히고자 하는 전통적 이성 개념을 비판하는 하이데거는 현상학적 신체 외에 인간의 삶은 필연적으로 애매성에 놓여 있다는 이와 같은 메를로-퐁티의 주장을 긍정적으로 받아들인다.[18]

이상에서 살펴본 바와 같이 비록 세계 속에 존재하는 한에 있어 현존재는 신체에 결부돼 있지만, 현존재의 신체는 동물의 몸통과 근본적으로 다르다. 동물의 몸통은 전적으로 자연적 영역에 있는 생리학적 신체로 규정되는 데 반해 현존재의 신체는 한편에서는 생리학적 신체 그리고 다른 한편에서는 습관에 의해 형성된 현상적 신체로 존재한다. 그리고 세계와의 적응을 통해 형성된 현상적 신체는 공간 안에 단순히 놓여 있지 않다. 현상적 신체는 세계 속에서 거주한다. 더욱이 현상적 신체에 의해 열어 밝혀진 상황의 공간성은 자연세계의 공간과 구분되는 사회세계의 공간으로 이해될 수 있다. 여기서 우리는 세계 속에 있는 육화된 현존재와 메를로-퐁티의 현상적 신체와의 유사성을 발견한다. 육화된 현존재와 현상학적 신체가 거주하는

---

17) 앞의 책, 148쪽.
18) 여기서 우리는 왜 하이데거가 한 번도 만나지 않았음에도 불구하고 프랑스 철학자들 중에 메를로-퐁티를 최고의 철학자로 간주하는지를 이해할 수 있다. "따라서 하이데거는 가혹하게 아연실색한 다른 대화 상대자 앞에서 메를로-퐁티를 '자신의 가장 충실한 프랑스 철학자'로, '프랑스의 살아 있는 최고의 철학자'라는 이름으로 축성했던 것이다. 즉 '자유롭고 솔직한 정신', 바로 그 사람이야. 그는 '사유라는 것이 뭔지를 알고, 또한 그것이 요구하는 바가 뭔지를 아는 사람'이야! '친구'(실제로 하이데거는 메를로-퐁티를 만난 적이 없다. 그리고 사르트르와는 달리 메를로-퐁티는 프라이부르크로 여행을 한 적이 없다. 하지만 그것이 무슨 대수랴! 그는 하이데거의 '친구'였다!), 한 명의 친구야." 베르나르 앙리 레비, 『사르트르 평전』, 변광배 옮김(을유문화사, 2009), 246~247쪽 참조.

세계는 자연적 세계가 아니라 사회적 세계이다. 그런데 하이데거에 있어서 육화된 현존재뿐만 아니라 주위세계에서 만나는 도구들도 공간 속에 있는데, 이 도구들 역시 자연세계의 공간에서가 아니라 사회적 세계의 공간 속에 있다. 그렇기 때문에 상황의 공간성 외에 현존재가 거주하는 세계의 공간은 사회적 성격을 띠고 있는데, 이 같은 사실은 주위세계에서 만나는 도구들의 공간성의 분석에서 드러난다.

2. 도구의 공간성(사회적 공간)과 사물의 공간성(자연적 공간)

기초존재론에서 하이데거는 신체에 결부되어 있는 현존재를 '세계-내-존재'로 규정하는데, 세계-내-존재는 현존재가 내면적인 의식으로부터 벗어나 있음을 보여 주는 개념이다. 그러나 내면적 의식과의 대립 외에 세계-내-존재$_{In-der-Welt-sein}$에서 우리는 현존재가 독특한 방식으로 세계 속에$_{in}$ 있다는 것을 볼 수 있다. 일반적으로 'in'은 어떤 사물이나 인간이 세계 또는 공간 속에 놓여 있는 상태를 의미한다. 그런데 여기서 유의할 점은 많은 경우 현존재분석에서 하이데거가 사용하는 개념들은 일상적인 의미와는 다른 의미로 사용되고 있다는 사실이다. 상황의 공간성에 대한 분석에서 제시된 바와 같이 'In-der-Welt-sein'에서의 '안에'$_{in}$는 현존재가 단순하게 공간 속에 있는 사태만을 지칭하는 것이 아니다. 예컨대 현존재의 세계 안에 있음은 현존재가 눈앞에 있는 의복이 상자 속에 들어 있는 방식으로 세계 속에 있음을 의미하지 않는다. 이와 달리 현존재의 '안에 있음'은 세계 또는 공간 속에 거주함을 의미한다고 하이데거는 주장한다.

안에-있음은 눈앞에 있는 것들의 공간적인 '서로 안에 있음'을 뜻하지 않는데, 더구나 '안에'in도 근원적으로 결코 언급한 종류의 공간적인 연관을 의미하지 않는다. 'in'은 '거주하다, 체류하다'를 의미하는 innan-에서 유래한다.(『존재와 시간』, 82쪽)[19]

따라서 여기서 제시된 어원적인 문맥을 감안해서 볼 때 현존재의 In-der-Welt-sein은 기존의 방식에서처럼 세계-내-존재로만 번역되어서는 안 된다. In-der-Welt-sein은 '세계 속에 거주하고 있음'으로 새롭게 번역되어야 한다. 그리고 만약 In-der-Welt-sein이 처음부터 세계 속에 거주하고 있음으로 번역되었다면 하이데거 철학에서 사회적 세계는 자연스럽게 부각되었을 것이다. 왜냐하면 인간의 거주함은 사회적 세계에서 비로소 성립될 수 있기 때문이다. 더 나아가 이 같은 거주하는 세계에서 현존재가 우선적으로 만나는 사물은 자연적 사물이 아니라 인간의 실천적 행위에 의해 만들어진 도구인데, 이 도구는 물질적인 사물임에도 불구하고 실체성으로 규정되는 자연적 사물과 같은 방식으로 공간 안에 있지 않다. 이와 달리 도구는 특정한 방식의 공간성에 놓여 있다. 현존재의 In-der-Welt-sein은 사

---

19) 사실 『존재와 시간』에서 하이데거가 언급한 바와 같이 'in'은 어원적으로 'innan'(거주하다)에서 유래되었다는 것을 최초로 주제화한 사람은 언어학자 J. 그림(Grimm)이다. 그림은 'in'에 대한 앵글로 색슨어와 고대 독일어를 비교 분석하면서, 여행 도중에 숙박할 수 있는 장소를 지칭하는 영어 단어에서의 '여인숙'(Inn)이 사실 'in'에서 유래되었다는 것을 발견한다. 그래서 이와 같은 어원적 관계에 착안하여 그는 'in'의 원래 의미는 공간 속에 있는 사태를 일컫는 것이 아니라 '거주함'에 있다고 주장한다. W. J. Stoher, "Heidegger and Jacob Grimm On Dwelling and the Genesis of Language", *The Modern Schoolman*, vol.62, 1984, pp.45~46 참조.

실 현존재가 세계에 거주하고 있음을 의미하며, 이 세계가 사회적 세계에 바탕으로 두고 있다는 사실을 이해하기 위해서 우리는 자연적 사물의 공간에 환원되지 않은 도구의 독특한 공간 개념에 주목해야 한다.

하이데거의 철학을 근대 철학적 문맥에서 고찰할 때, 현존재분석에서 우리는 두 종류의 대립을 발견한다. 한편에서는 세계 속에 존재하는 현존재와 데카르트의 '사유하는 주체'의 대립이 있는 반면, 다른 한편에서는 도구의 공간성에 대립되는 자연적 사물의 공간성이 있다. 현존재분석에서 전자는 단편적으로 제시된 반면, 후자는 『존재와 시간』 19절에서 23절에 걸쳐 포괄적으로 다루어진다. 이와 같은 이유 때문에 현존재에 관한 연구에서 자연적 사물의 공간과 대립되는 도구의 공간은 크게 부각되지 않았다. 하지만 기초존재론에서 세계-내-존재로 있는 현존재와 고립된 주체와의 대립뿐만 아니라 도구의 공간성과 자연적 사물의 공간성의 대립 또한 현존재분석에서 매우 중요한 위치를 차지한다. 그리고 도구의 공간에 대한 분석에서 하이데거는 데카르트를 비판적으로 고찰하는데, 그 이유는 데카르트가 세계로부터 고립된 사유하는 주체를 강조함으로써 현존재의 세계-내-존재를 간과하였을 뿐만 아니라, 도구들이 주위세계에서 고유한 방식으로 차지하고 있는 공간성을 오로지 균등한 연장성으로만 파악했기 때문이다. "연장성이 물체적 사물의 모든 규정성에 대한 전제라는 것을 근본적으로 끄집어내 옴으로써 데카르트는 일종의 선험적 토대에 대한 이해를 예비한 셈이다."(『존재와 시간』, 143쪽) 그런데 하이데거에 있어서 현존재의 주위세계에서 만나는 도구의 고유한 공간성은 연장성으로 규정되지 않는데, 이 점을 보여 주기 위해 그는 먼저 공간을 오로지 실체의 연장성으로만 이해한 데카르트의 공간 개념을 비판적으로 고찰한다.

모든 실체적 존재자들을 '사유하는 사물'res cogitans 과 '물체적인 사물'res corporea로 구분하는 데카르트는 공간 속에 있는 물체적인 사물의 본질은 '연장된 사물'로 규정된다고 주장한다. 그는 이 같은 사실을 밀랍에 대한 관찰을 통해 보여 준다. 밀랍은 지각에서 주어지는 딱딱함, 향기 또는 색깔들과 같은 속성을 지니고 있는데, 밀랍의 항구적인 본질은 이러한 속성들에서 찾아지지 않는다. 왜냐하면 향기 또는 색깔 등과 같은 속성들은 상황에 따라 변하거나 밀랍에서 사라질 수 있기 때문이다. 예를 들어 딱딱한 밀랍은 사용하면서 부드러워질 수 있으며, 밀랍의 향기는 오랜 시간이 지나면 없어질 수 있다. 그런데 감각의 작용에서 주어지는 이러한 속성들이 제거되어도 밀랍은 여전히 실체적인 사물로 남아 있다. 데카르트는 밀랍의 실체성을 구성하고 있는 것은 바로 연장성이라고 다음과 같이 밝힌다. "이리하여 지성만을 사용한다면, 일반적 의미에서의 물체의 본질인 물질은 굳기나 무게, 색깔, 또는 그 밖에 어떤 방법으로든 감각을 자극하는 존재가 아니라, 길이, 폭, 깊이 등의 연장을 가진 존재임을 알 수 있다."[20] 따라서 물질적인 사물의 본질은 감각적 성질이 아니라 연장성에 놓여 있다.

---

20) 르네 데카르트, 『방법서설/성찰/철학의 원리/정념론』, 소두영 옮김(동서문화사, 2007), 228~229쪽.

자연세계에서 경험되는 물질적 사물이 연장성에 의해 규정되기 위해서는 이 사물이 이미 공간 안에 있다는 사실이 전제되어야 한다. 그리고 자연과학자들은 수학적 원리에 기초해 공간 안에 있는 연장된 사물의 운동법칙을 정초하고자 하는데, 이 운동이 법칙으로 수립되기 위해서는 공간은 일상적인 세계에서 경험되는 공간과는 다른 양식을 띠어야 한다. 데카르트에 있어서 기하학적 공간이라고도 불릴 수 있는 이 공간은 모든 운동을 동일하게 파악할 수 있게 하는 순수한 차원의 중립화된 공간을 의미한다. "따라서 공간을 채우고 있는 물체의 연장 자체는 변화가 가능하지만 전체 공간의 연장 자체는 변화하지 않고 여전해 동일하다고 간주되고 있다."[21] 다시 말해 데카르트의 공간 개념은 "순수한 차원으로 중립화"된(『존재와 시간』, 157쪽) 공간을 의미한다. 그리고 이러한 중립적이고 동질적인 공간에서는 원래 정해진 좌표 없이 모든 장소가 편의에 따라 좌표의 중심점이 될 수 있다. 이처럼 기하학적 공간은 동질적인 공간으로 이해되기 때문에 이 공간에서 운동의 보편적 법칙이 수립될 수 있다.

더 나아가 동질적인 공간에서 물질적인 사물은 특정한 방식으로 공간 속에 있다. 데카르트는 이 특정한 방식을 '위치'라고 지칭한다. "즉, 장소 또는 공간이라는 명칭은 그 장소에 있는 물체들과 아무 연관성이 없지는 않고, 다만 이 물체의 크기와 모양, 그리고 그 물체가 다른 여러 물체들 사이에서 차지하는 위치까지 모두 포함하여 그 각

---

21) 앞의 책, 228~229쪽.

각의 위치를 지적하고 있다."[22] 요약하자면 데카르트의 공간 개념은 두 가지의 특징을 갖고 있다. 첫째, 기하학적 공간으로 이해되는 공간은 동질적인 공간을 지칭한다. 둘째, 동질적인 공간에 있는 사물의 장소와 운동은 '위치'로 이해된다.

사물의 근거를 신에서가 아니라 사유하는 주체에 놓음으로써 데카르트는 근대 철학의 토대를 마련한 철학자로 간주되지만, 그가 열어 밝힌 근대 철학적 사유의 특징은 사유하는 자아에서만 찾아지지 않는다. 데카르트의 철학에서 공간 개념 또한 그 이전 철학과는 근본적으로 다르게 규정된다. 고대 철학자들에게서 공간은 동질적인 것이 아니라 구체적으로 위와 아래, 앞과 뒤로 나누어졌다. 이 점에 관해 아리스토텔레스는 다음과 같이 밝힌다.

이 방향들—위와 아래, 오른쪽과 왼쪽—은 우리에 의해서만 결정되지 않는다. 우리 입장에서 볼 때 이 방향들은 우리가 어떤 위치에 자리 잡느냐에 따라 달라질 수 있다. 그래서 우리가 위치를 바꾸면 위가 아래가 되고, 오른쪽은 왼쪽이 되며, 앞은 뒤가 된다. 그러나 자연에서는 모든 방향이 제각기 정해져 있다. 위는 임의의 방향이 아니라 불꽃과 가벼운 물체가 이동하는 방향이다. 아래도 임의의 장소가 아니라 흙과 무거운 물체가 있는 곳이다. 따라서 방향은 위치에 의해서만 구별되지 않고 그 작용을 통해서도 구별된다.[23]

---

22) 앞의 책, 230쪽.
23) Aristotle, "Physics", ed. R. McKeon, *The Basic Works of Aristotle*(New York: Random

이와 달리 근대 자연과학으로부터 영향을 받은 데카르트는 공간을 구체적인 방향들이 배제된 동질적인 공간으로 규정한다. 이후에 전개된 근대 철학적 공간 개념은 근대 자연과학으로부터 유래된 이 규정으로부터 벗어나지 않는다. 공간을 근대과학과는 다른 방식으로 고찰하는 칸트의 비판 철학에서도 공간의 특성은 변하지 않는다. 비록 칸트는 공간은 물질적인 세계에서가 아니라 직관의 형식에 있다고 주장하지만, 그에게서 공간은 여전히 순수한 기하학적 차원에 놓여 있는 동질적인 것으로 파악된다. 만약 세계 속에서 인간이 대상을 이론적으로 관조만 한다면, 공간은 동질적인 공간으로 이해될 수 있다. 그러나 세계 속에서 인간은 오로지 이론적 활동에 의거해서만 사물과 관계하지 않는다. 이와 달리 인간은 실천적 행위를 통해서도 사물과 관계하는데, 하이데거는 실천적인 행위에서 만나는 사물을 포괄적인 의미에서 '도구'라고 부른다. 그리고 도구가 주위세계에서 차지하고 있는 공간은 이론적 사유에서 경험되는 자연적 사물, 즉 눈앞에 있는 존재자의 공간과는 근본적으로 구분된다.

현존재의 주위세계를 둘러싸고 있는 도구들은 자연적 사물로 규정되지 않지만, 자연적 사물처럼 공간 속에 있다. 하지만 주위세계에서 도구는 실체성으로 규정되는 자연적 사물과 같은 방식으로 공간 속에 있지 않다. 이 점을 보여 주기 위해 하이데거는 도구의 '자리'Platz

---

House, 1941), p.208b. 아리스토텔레스는 공간을 동질적인 것으로 파악하지 않았다는 사실에 관해서는 다음 저서를 참조할 것. 오토 프리드리히 볼노, 『인간과 공간』, 이기숙 옮김(에코리브르, 2011), 30~32쪽.

와 임의적 사물의 '위치'~Stellung~를 구분한다. "둘러봄에서 해방된 그저 단지 바라보기만 하는 공간의 발견은 주위세계적인 방면을 순수한 차원으로 중립화시킨다. 자리들~Plätze~과 손안에 있는 도구의 둘러보며 방향 설정된 자리전체성은 무너지고 임의의 사물들을 위한 위치의 다양성으로~Stellenmannigfaltigkeit für beliebige Dinge~ 가라앉아 버린다."(『존재와 시간』, 157쪽) 여기서 지적된 바와 같이 도구의 자리와 임의적 사물의 위치는 서로 다른 방식으로 공간에 있다. 하지만 도구의 공간을 의미하는 자리와 임의적 사물의 공간을 나타내는 위치의 차이점은 무엇인가?

기초존재론에서 존재사유를 새롭게 확립함에 있어 하이데거는 일차적으로 사물들을 전통 존재론과는 다른 방식으로 규정한다. 그에 있어서 사물은 실천적 행위에서 만나는 도구의 '손안에 있음'~Zuhandenheit~과 이론적 사유에 주어지는 순전한 사물의 '눈앞에 있음'~Vorhandenheit~으로 구분된다. "그러나 이때 손안의 것은 아직 단순히 눈앞의 것으로 고찰되거나 멀거니 바라보아지지 않고 있다. […] 이 도구가 아직은 자신을 순전한 사물~bloßen Dignge~로서 드러내고 있지 않다."(『존재와 시간』, 108쪽) 그리고 하이데거 연구에서 도구와 순전한 사물의 구분은 잘 알려졌다. 하지만 연장된 사물로 규정되는 한 도구와 순전한 사물 모두 공간 속에 있는데, 공간에서 도구가 차지하고 있는 방식인 자리와 순전한 사물의 위치의 차이점에 대해서는 많은 연구가 이루어지지 않았다. 우리는 도구의 자리와 순전한 사물의 위치의 차이점을 사회적 세계의 공간에 입각해 규명하고자 하는데, 그 까닭은 인간은 원초적으로 사회세계에서 자신의 공간을 마련하기 때문이다.

　주위세계에서 만나는 도구는 공간 속에 있는데, 이 공간은 현존재의 '공간마련'에 바탕을 두고 있다고 하이데거는 주장한다. "세계-내-존재를 위해서 구성적인, 세계내부적인 존재자를 만나게 함은 일종의 '공간 내줌'이다. 공간마련Einräumen이라고도 칭하고 있는 이러한 '공간 내줌'은 손안의 것을 그것의 공간성에로 자유롭게 내어 줌이다."(『존재와 시간』, 156쪽) 이처럼 도구를 만나게 해주는 공간마련은 기초존재론에서 매우 중요하다. 하지만 하이데거는 공간마련 개념에 대해 자세하게 분석하지 않았기 때문에 이 개념은 아직도 모호하게 남아 있다. 공간마련의 일차적인 의미를 우리는 우선적으로 현존재가 공간을 자연세계가 아니라 사회적 세계에서 열어 밝힌다는 사실에서 발견할 수 있다.

　비록 기초존재론에서는 주제화되지 않았지만, 하이데거에 있어서 공간은 자연세계의 공간과 사회세계의 공간으로 구분된다. 그리고 공간은 자연세계에서처럼 직관에서 주어지는 것이 아니라 인간이 거주하는 사회세계에서 최초로 드러나는데, 이 같은 사실을 그는 용어 '공간화'의 어원적 분석을 통해 제시한다. 어원적 분석에서 공간은 '숲에서 나무들이 제거된 빈터'에서 유래되었다고 그는 다음과 같이 말한다. "공간이란 단어는 치우고, 제거하고, 비워서 공간을 마련한다는 공간화räumen를 말한다. 이것은 원래 숲에서 나무들이 제거된 빈터Lichtung를 의미한다."[24] 다시 말해 공간화에서 유래되는 공간마련은

---

24) M. Heidegger, *Die Kunst und der Raum*(St. Gallen: Classen Verlag, 1969), p.8. 사실 하

이러한 의미의 빈터에 바탕을 두고 있다. 한국어 번역에서는 볼 수 없지만 독어에서 'Lichtung'은 이중적인 의미를 함축하고 있다. 이 단어는 한편에서는 '빛을 비춤'을 그리고 다른 한편에서는 '숲에서 나무들이 제거된 빈터'를 뜻한다. 그리고 인간의 이성은 메타포로서 '자연의 빛'으로 표현된다. 사물이 빛에 비춰질 때 우리는 사물을 비로소 인식할 수 있다. 그런데 이성보다 실천적 행위를 우위에 두는 하이데거는 이성적 인식의 가능근거로서의 자연적 빛을 대체하는 새로운 '빛'Lichtung을 강조한다. 이 새로운 빛은 다름 아닌 실천적 행위의 가능근거로서의 공간, 즉 빈터를 의미한다.

공간화가 다르게 표현하여 '숲에서 나무들이 제거된 빈터'를 뜻한다면, 공간은 근대과학자들이 생각했던 것처럼 그 자체로 이미 자연세계에 존립해 있는 것이 아니다. 더욱이 공간화의 관점에서 볼 때, 자연세계에 있는 우거진 숲은 아직 공간에 있지 않은 것으로 간주될 수 있다. 더 나아가 하이데거에 따르면 공간은 근원적으로 직관에서 주어지는 것이 아니라 인간의 거주지를 가능케 하는 숲에서 나무

이데거는 이와 같은 공간의 원래적인 의미를 그림(Grimm) 사전에서 발견한다. 그림 사전에 의하면 여러 고문헌에 나오는 공간이라는 말의 뜻은 다음과 같다. "정착민들이 아주 오랜 옛날부터 사용한 표현으로서 […] 일차적으로 숲을 정착지로 만들기 위해 벌목하고 개간하는 행위를 뜻하며 […] 그렇게 해서 얻은 정착지 자체를 의미하기도 한다." 볼노, 『인간과 공간』, 39~40쪽 참조. 나중에 더 자세하게 살펴보겠지만, 하이데거는 공간뿐만 아니라 자유 또한 '벌목함'에서 유래된다고 주장한다. "우리는 '숲에서 나무들이 제거된 빈터'(Waldlichtung)에 대해 말한다. 그것은 나무로부터 자유롭고(frei), 통로와 투시를 자유롭게-내어 주는 자리를 지시한다. 따라서 비춘다(Lichtung)는 것은 자유롭게 내어 줌, 자유롭게 함(freimachen)을 일컫는다. 빛은 비추고, 침투를 자유롭게 내어 주며, 자유롭게 한다." M. Heidegger, *Vom Wesen der Wahrheit: Zu Platons Höhlengleichnis und Theätet*(Frankurt: Vittorio Klostermann, 1988), p.59 참조.

들이 제거된 빈터와 이 빈터에서 이루어지는 인간의 실천적 행위에서 드러난다. 다시 말해 공간화는 인간의 거주를 위한 열린 공간을 의미한다고 그는 주장한다. "공간화는 인간의 정착과 거주를 위해 트인 공간과 열린 공간das Offene을 가져온다."[25] 여기서 우리는 근대 철학과 근대과학을 지배한 공간 개념과 구분되는 하이데거의 독특한 공간 개념을 발견할 수 있다. 하이데거의 공간 개념, 즉 인간의 거주지를 가능케 하는 공간화는 빽빽이 있는 나무들이 제거된 빈터를 통해 비로소 얻어지며, 이와 같은 공간과 이 공간에서의 인간의 실천적 행위의 전제하에서 자연세계는 인간이 거주하는 사회세계로 전환된다. 물론『존재와 시간』에서 제시된 공간 분석에서 그는 이러한 빈터에 대해 전혀 언급하지 않는다. 만약『존재와 시간』에서 현존재의 공간마련이 숲에서 나무들이 제거된 빈터와 연관되어 설명되었다면, 도구가 주위세계에서 차지하고 있는 공간은 사회적 공간이라는 것이 당연하게 받아들여졌을 것이다.

하이데거가 주장하는 바와 같이 공간이 근원적으로 실천적 행위의 가능조건으로서의 이러한 빈터에서 열어 밝혀진다면, 현존재는 단순히 공간 속에 있지 않고 공간을 마련하고 그 안에서 거주한다. 그리고 현존재가 거주하는 공간은 우선적으로 사물들로 둘러싸여 있는 집에서 마련된다. 예를 들어 현존재의 집에는 밀랍이라는 사물이 존재하며, 이 밀랍은 공간을 차지하고 있다. 그런데 밀랍은 데카르트가 생각했던 것처럼 눈앞의 사물, 즉 감각적 속성을 지닌 연장적인 사물

---

25) M. Heidegger, *Die Kunst und der Raum*, p.9.

로 우리에게 최초로 주어지지 않는다. 현존재는 우선적으로 밀랍을 유용한 도구로서 관계한다. 하이데거에 있어서 도구는 무엇을 하기 위한 어떤 목적을 가지고 있는데, 밀랍에 의해 만들어진 양초의 목적은 방 안을 밝히는 데 있다. 그리고 이 목적을 수행함에 있어 양초는 임의적인 위치에 놓여 있으면 안 되고 다른 도구들과의 연관성 속에서 고유한 방식으로 공간 안에 있어야 한다. 예를 들어 책상을 밝히기 위해 사용되는 양초는 반드시 책상 위에 놓여 있어야 한다. 도구의 자리란 바로 이와 같은 목적에 맞게 도구가 균등한 공간에 환원되지 않고 고유한 공간 속에 놓여 있음을 의미한다. 임의적인 위치와는 구분되는 도구의 고유한 자리는 창문의 예에서도 제시될 수 있다.

현존재가 거주하는 모든 집들에는 창문이 있다. 그리고 도구로서의 창문의 목적은 빛을 최대한 집 안으로 들어오게 하는 것 외에 안에서 바깥세계를 관찰하는 데 있다. 창문의 기능이 바깥세계를 관찰하는 것에 있다는 것은 고대 독일어에서 근거를 찾을 수 있다. 고대 독일어에서 창문은 '눈문'Augentor을 지칭한다.[26] 고대 게르만인들은 창문, 즉 '눈문'을 통해 주변을 조망하면서 위협이 될 만한 낯선 사람의 접근을 살폈다. 그리고 이와 같은 기능 때문에 집을 지을 때 창문의 자리는 항상 정해져 있다. 바깥세계를 효율적으로 관찰하기 위해 창

---

26) "원래 게르만어였다가 훗날 라틴식 차용어에 밀려난 '눈문'(Augentor) 같은 낱말이 이 장치를 가리킨다. 눈문은 집의 벽과 지붕 마룻대 사이 측면에 만든 입구를 뜻한다. 바람눈(Windauge)과 황소(Ochsenauge) 같은 명칭이나 다른 인도게르만에 존재했던 이름에서도 창문은 집의 눈으로 해석되는데, 원래 창문 자체가—일례로 버들가지를 엮어 만든 벽의 입구처럼—눈 모양으로 만들어졌음을 말해 준다." 볼노, 『인간과 공간』, 207쪽 참조.

문은 주로 집의 벽과 지붕 사이에 자리하고 있다. 여기서 우리는 창문의 독특한 공간성을 확인할 수 있다. 바깥세계를 관찰하는 목적에 맞게 설치된 창문은 무차별적이고 동질적인 위치가 아니라 특정한 자리에 설치된다. 그러므로 순전한 사물의 위치와 구분되는 도구의 자리는 이와 같은 특정한 공간에 놓여 있음을 의미한다. 그리고 도구의 자리는 고유한 공간을 차지하고 있기 때문에 사물의 동질적인 위치로 환원되지 않는다.

하이데거에 의하면 도구는 "순전히 어딘가에 눈앞에 있어 공간 속에 자기의 위치_{Stelle}를 가지고 있음이 아니라 오히려 도구로서 본질적으로 설치(비치)되고 보관되고 장치(배치)되고 정돈되어 있다."(『존재와 시간』, 145쪽) 주위세계에서 도구가 정돈되어 있는 까닭은 도구는 임의적으로 놓여 있는 것이 아니라 각각의 목적에 맞게 지정된 고유한 공간에 있기 때문이다. 그리고 이러한 고유한 공간은 순수한 차원에 있는 동질적인 공간이 아니라 배분되어 있는 공간을 전제로 한다. 하이데거에 있어서 도구의 자리는 목적에 따라 배분된 고유한 공간에 놓여 있음을 의미한다. 요약하자면 도구의 자리와 주제적 사물의 위치의 차이점은 다음과 같다. 첫째, 도구의 자리는 사회적 공간에 있는 반면 주제적 사물은 자연적 공간을 전제로 한다. 둘째, 사회적 공간은 실천적인 행위에서 열어 밝혀지지만 자연적 공간은 직관에서 경험된다. 셋째, 사회적 공간에서 도구의 자리는 고유한 공간으로 규정되지만 자연적 세계에 있는 주제적 사물의 위치는 동질적인 공간으로 규정된다. 더 나아가 이렇게 도구의 자리에서 드러나는 사회적 공간 개념에서 우리는 왜 하이데거의 철학에서 사회적 세계가 중요한지를 이해할 수 있다. 하이데거에 따르면 만약 인간의 삶이 지향하는 바가 평준화된 삶에 귀속되지 않은 고유한 삶이라면, 이와 같은 삶의 존재론적 근거는 이미 고유한 공간에 바탕을 두고 있는 사회적 세계에서만 찾을 수 있다. 그리고 현존재의 주위세계의 공간이 사회적 공간으로 이해되었을 때, 우리는 도구의 자리가 함축하고 있는 의미를 파악할 수 있다. 도구의 자리는 자연세계의 동질적 공간에서 경험되는 이론적 사물이 차지하고 있는 임의적 위치로 환원되지 않는 고유한 공간을 일컫는다.

명상하는 삶vita contemplativa에서 경험되는 기하학적이고 이론적인 공간만을 중시한 전통 철학의 자연공간 개념과는 달리 하이데거는 현존재의 실천적인 행위에 기초해 있는 사회적 공간 개념을 확립하고자 한다. 그리고 이 사회적 공간은 동질적인 공간에 놓여 있는 주제적 사물의 위치와는 달리 주변세계를 네트워크로 구성하는 도구의 자리에서 우선적으로 주어진다. 하지만 도구의 자리와 주제적 사물의 위치의 구분에서 하이데거가 추구하는 목적은 단순히 동질적인 자연공간에 환원되지 않은 사회적 공간을 정초하는 것이 아니다. 이것 외에 그는 사회적 공간은 자연적 공간에 앞서 주어진다는 점을 밝히고자 시도하는데, 이와 같은 시도에서 우리는 근대 철학적 사유를 지배해 온 주지주의를 넘어서는 새로운 원리를 발견한다. 앞에서 언급한 바와 같이 인간의 세계는 공간화를 전제로 하는데, 공간화는 직관에서 주어지는 것이 아니라 실천적 행위를 가능케 하는 나무가 제거된 빈터, 즉 전-주제적 지평에서 원초적으로 드러난다. 이 공간화를 바탕으로 사회적 세계는 성립될 수 있다.

세계-내-존재로 규정되는 현존재의 분석에서 거주함이 강조되었다면, 현존재의 세계 또한 자연스럽게 사회적 세계로 이해되었을 것이다. 그리고 자연세계처럼 사회적 세계 역시 공간 안에 놓여 있는데, 이 사회적 공간은 근대 철학자들이 생각하듯이 주관에 의해 구성된 것이 아니다. 이 점에 대해 하이데거는 다음과 같이 말한다.

> 공간이 주관 안에 있는 것도, 세계가 공간 안에 있는 것도 아니다. 오히려 공간은 현존재에게 구성적인 세계-내-존재가 공간을 열어 밝힌 이상, 세계 '안에' 있는 것이다.(『존재와 시간』, 156쪽)

여기서 우리는 하이데거가 말하는 사회적 공간의 의의를 발견할 수 있다. 사회적 공간에서 그는 공간을 바라보는 두 극단적인 입장들, 즉 객관주의와 주관주의로부터 벗어나 있는 제3의 길을 열어 밝히고자 한다. 전-주제적인 지평을 지칭하는 공간화를 통해 현존재는 이미 주관으로부터 벗어나 세계 속에 있다. 그런데 이 세계는 사회적 성격을 띠고 있기 때문에 객관적(자연적) 세계로 환원될 수 없다. 따라서 사회적 세계는 객관적 세계와 주관 사이에 존재한다. 그리고 이렇게 이해된 사회적 세계에서 현존재는 자리라는 특정한 방식으로 공간 안에 있는 도구를 만난다. 주위세계에서 도구들은 균등적인 위치에 환원되지 않은 각자의 자리를 차지하고 있으며, 또한 도구의 공간은 현존재의 주위세계가 사회적 세계로 이해될 때 비로소 마련될 수 있다. 더 나아가 이 도구들에 둘러싸여 있는 주위세계에서 인간 현존재는 자신만의 고유한 거주지를 마련하는데, 하이데거는 현존재의 거주지는 문화와 연관되어 있다고 주장한다.

> 여기에서의 '거주함'Bauen은 돌봄과는 구별되는 것으로서 건립함을 의
> 미한다. 거주함의 두 방식들은—즉 라틴어로는 colere 혹은 cultura
> 인 돌봄이란 의미의 bauen과 건물의 건립 […] 즉 거주함 안에 포함된
> 다.[27]

이 인용문에서 분명하게 볼 수 있듯이, 하이데거는 현존재가 거
주하는 세계를 '문화'cultura와 동일시하는데, 어원적으로 밭을 경작하
는 농업agricultura에서 유래된 '문화'는 자연세계와 대립되어 있다. 결
과적으로 고유한 공간 안에 있는 도구를 사용하며 거주하는 현존재
의 주위세계는 다르게 표현해서 문화를 지칭하기 때문에, 이 세계를
우리는 사회적 세계로 이해할 수 있으며, '탈세계화'Entweltlichung 개념
에서도 우리는 도구의 공간성은 자연세계로부터 독립된 사회세계에
서 드러남을 볼 수 있다.

『존재와 시간』에서 하이데거는 이론적인 사유에서 경험되는 눈
앞에 있는 연장된 사물은 자연공간에 놓여 있으며, 이 자연공간에서
세계는 탈세계화된다고 주장한다. "세계는 특수한 주변성을 상실하
게 되며 주위세계는 자연세계Naturwelt가 된다. 손안에 있는 도구 전체
로서의 '세계'는 단지 그저 눈앞에 있는 연장된 사물들의 연관으로 공
간화되어 버린다. 동질적인 자연공간은 만나게 되는 존재자를 발견

---

27) 하이데거, 「건축함 거주함 사유함」, 187쪽.

하는 양식들 가운데 오직 손안의 것의 세계적합성을 특수하게 탈세계화하는 성격을 가지는 그런 발견 양식의 길 위에서만 제시된다."(『존재와 시간』, 158쪽) 일반적으로 탈세계화란 현존재의 세계가 사라짐을 의미한다. 그런데 어떻게 자연공간에서 현존재의 세계가 사라질 수 있는가? 그는 탈세계화를 언급만 할 뿐 이것에 대한 자세한 논의는 생략했기 때문에 현존재세계의 탈세계화가 대체 무엇을 의미하는지는 모호하게 남아 있다.

그런데 우리는 사회적 세계와의 연관성 속에서 현존재세계의 탈세계화가 함축하고 있는 의미를 파악할 수 있다. 탈세계화란 현존재가 더 이상 세계 속에 있지 않음을 뜻하지 않는다. 세계-내-존재로 있는 한 이것은 불가능한 일이다. 하이데거에게서 탈세계화란 도구의 세계가 눈앞에 있는 존재자의 세계로 또는 도구의 자리가 눈앞에 있는 존재자의 동질적인 위치로 전환됨을 나타낸다. 이렇게 볼 때 탈세계화에서 현존재는 더 이상 도구에 둘러싸여 있는 세계, 즉 사회적 세계에 속해 있지 않고 자연세계의 존재로 전환되는 것을 의미한다.

이러한 해석에 천착해서 볼 때, 존재사유를 새롭게 밝히고자 하는 하이데거 해석학의 중요한 성과는 단지 자연과학적 방법에 환원되지 않는 정신과학의 방법론을 정초하는 데 있지 않고, 정신과학이 바탕을 두고 있는 세계는 다름 아니라 사회적 세계라는 점을 밝힌 데 있다. 그리고 현존재의 세계에 관한 논의에서 사회적 세계가 부각된다면 우리는 전통 존재론에서 파생된 실체 개념과 공간, 즉 실체가 공간에 놓여 있는 방식을 일컫는 위치 개념이 '장소'로 특징지어지는 도구의 공간성, 즉 사회적 존재자의 공간성을 규명하는 데 적합하지 않다는 것을 깨닫게 된다. 왜냐하면 주위세계에서 만나는 도구는 새로운 존재론적 규정과 더불어 균등한 공간에 환원되지 않는 특정한 공간에 입각해서만 파악될 수 있는데, 이 공간은 사회적 세계에서만 드러나기 때문이다.

앞서 제시된 「역사학에 있어서 시간 개념」에 대한 분석에서 본 바와 같이 하이데거는 역사세계에서의 시간 운동은 양적 측정보다는 질적 측정과 관련을 맺고 있다는 사실을 발견함으로써 자연과학과 구분되는 역사과학의 토대를 마련한다. 그런데 『존재와 시간』에서 그는 한발 더 나아간다. 시간에서뿐만 아니라 공간에서도 현존재는 균등한 공간에 귀속되지 않은 질적으로 다른 고유한 공간을 발견한다. 그리고 주위세계에서 만나는 각각의 도구들이 질적으로 차이가 나는 고유한 공간 속에 있다는 것은 균등한 공간을 전제로 하는 자연세계에서는 경험될 수 없다. 이와 달리 균등한 위치에 환원되지 않는 도구의 고유한 장소는 현존재의 사회적 세계에서만 열어 밝혀질 수 있다. 현존재의 세계가 사회적 특성을 띠고 있다는 사실은 도구의 고유한 공간 개념 외에 현존재의 '자기성'die Selbstheit에서도 확인될 수 있다. 근대 철학에서 인간의 자기성은 이론적인 자기의식Selbst-bewußtsein에서 찾아진다. 하지만 세계-내-존재와 비교했을 때 이론적인 사유를 이차적인 것이라고 간주하는 하이데거는 이와 같은 자기성 개념을 부정한다. 그는 이론적인 자기의식에서 파생된 자기 개념과는 달리 현존재의 자기는 세계 속에 존재한다고 주장한다. 그리고 현존재의 세계가 사회적 세계로 규정된다면, 이 세계 속에 존재하는 현존재의 자기성 역시 사회적 자기로 이해될 수 있다. 따라서 현존재의 사회적 자기 개념에서 우리는 하이데거의 존재사유가 지향하는 것은 사회존재론이라는 것을 확인할 수 있다.

4장 · 현존재의 사회적 자기성 개념

1. '존재가능'으로서의 현존재 자기성 개념

잘 알려진 바와 같이 현존재를 규정하는 데 있어서 '의식'보다는 '세계-내-존재'에 강조점을 두는 하이데거는 세계로부터 분리된 내재적인 의식에 갇혀 있는 '사유하는 자아'에 기초한 근대 철학적 주체 개념을 비판한다. 그리고 이러한 비판을 근거로 삼아 많은 연구자들은 하이데거의 사유는 근대 철학과는 완전히 단절된 것으로 해석한다. 하지만 현존재의 논의에서 핵심적인 주제인 현존재의 자기성 개념을 접할 때 이 같은 표준적인 해석은 설득력을 잃을 수 있는데, 그 까닭은 현존재의 자기성은 근대 철학에서도 매우 중요하게 다루어지는 자기das Selbst 개념과 밀접하게 연관되어 있기 때문이다. 현존재분석에서 하이데거가 자기성 개념을 강조했듯이, 근대 철학자들 또한 자기의식에 놓여 있는 근대 주체에 관한 논의에서 자기 개념을 매우 중요하게 다룬다.

데카르트에 의해 열어 밝혀진 근대 철학적 사유의 특징은 '나는 사유한다'cogito에만 있지 않다고 하이데거는 주장한다. 그에 따르면 '나는 사유한다'는 본질적으로 자기의식으로 전환된다. "그런데 데카르트에 따르면 사유함cogitare은 언제나 '나는 [내가] 사유함을 사유한다'cogito me cogitare이다. 개개의 표상함은 모두 [내가 표상한다]이다."[1] 여기서 볼 수 있듯이 사유는 필연적으로 개개의 표상에 동반되는 의식, 즉 자기의식을 전제로 하며, 자기의식은 동일한 자기에 기초해 있다. 그리고 자기의식에서 철학적 원리를 도출하는 근대 철학적 사유에서 자기 개념이 중요한 것처럼 기초존재론에서도 현존재의 자기성은 핵심적인 위치를 차지한다. 특히 현존재의 세계에 관한 논의에서 자기성 개념이 중요한데, 그 까닭은 자기성이 부재한 동물은 세계 빈곤 속에 있는 반면, 현존재는 자기성에 의거해 세계를 형성할 수 있기 때문이다. "결국 존재자가 존재자로서 개방되어 있는 바로 거기에서 이 존재자에 대한 관련은 '만나게 되는 바로 그것을 존재하게 해주거나 존재하게 해주지 않음'이라는 의미에서 '자신을-거기에-개입시킴'의 성격을 필연적으로 띠고 있게 마련이다."[2] 이와 같이 동물의 '세계 빈곤'과는 구분되는 현존재의 세계는 자기성을 전제로 하는데, 이 자기성 개념에서 우리는 하이데거의 철학이 근대 철학적 문맥을 전제로 하고 있음을 발견한다. 그럼에도 불구하고 현존재의 자기성 개념은 데카르트의 자기의식에서의 자기와 동일한 것이 아니다. 현

1) 마르틴 하이데거, 『현상학의 근본문제들』, 이기상 옮김(문예출판사, 1994), 186쪽.
2) M. Heidegger, *Die Grundbegriffe der Metaphysik*(Frankfurt am Main: Vittorio Klostermann, 1983), p.397.

존재의 자기성을 이해하기 위해서 우리는 데카르트에서 보여지는 자기의식으로서의 자기동일적 자기 개념과 하이데거가 말하는 현존재의 자기성 개념의 차이점에 대해 자세히 살펴보아야 한다.

하이데거가 정확히 지적한 바와 같이 사물을 인식하는 데 있어 현존재는 자기의식의 경우와 마찬가지로 다양한 변화 속에서도 자기로 있기 위해서 자기동일성을 유지해야 한다. 의식의 활동에서 자기동일성은 사물과의 관계뿐만 아니라 자기와의 관계를 가능케 하는 토대를 의미하는데, 이 자기관계에서 나는 한편에서 대상으로, 그리고 다른 한편에서는 나를 대상으로 삼는 주체로 존재한다. 그리고 대상으로 존재하는 나는 변화할 수 있지만 확실한 인식을 담보하기 위해서는 주체로서의 자기는 모든 변화 속에서도 자기동일적인 것으로 남아 있어야 한다. 자기의식에서의 자기 개념처럼 현존재의 자기성 또한 변화 속에서 자기동일성을 유지하는 것을 의미한다고 하이데거는 주장한다. "이 주체는 다양한 상이함 속에서도 동일한 것으로서 자기 자신Selbst이라는 성격을 지니고 있다."(『존재와 시간』, 160~161쪽) 의식의 본질이 자기의식으로 규정되듯이 현존재가 자기동일적 자기로 특징지어져 있다면, 현존재 역시 현존재분석에서 이 표현이 사용되지 않았지만 '자기현존재'Selbst-dasein로 규정되어야 한다.

그런데 여기서 우리는 비록 변화 속에서 동일한 것으로 존재한다는 것에서는 유사하지만, 현존재의 자기동일성은 근본적으로 데카르트가 말하는 자기의식에서의 자기동일성과 구분된다는 사실에 유의할 필요가 있다. 현존재의 자기동일성과 데카르트에서 자기의식의 자기동일성의 차이점을 보여 주기 위해 하이데거는 자기성Selbstheit과

'동일함'Selbigkeit을 구별한다. "왜냐하면 주체의 존재론적 개념은 자기로서의 '나'의 자기성을 성격 규정하고 있는 것이 아니라 오히려 언제나 이미 눈앞에 있는 것의 동일함과 지속성을 성격 규정하고 있기 때문이다nicht die Selbstheit des Ich qua Selbst, sondern die Selbigkeit und Beständigkeit eines immer schon Vorhandenen." (『존재와 시간』, 424~425쪽) 그런데 언뜻 보기에 현존재의 자기동일성을 지칭하는 자기성과 자기의식의 자기동일성을 나타내는 동일함의 구분은 철학적으로 큰 의미가 없어 보인다. 왜냐하면 두 용어 모두 다양한 변화 속에서도 이 변화에 영향을 받지 않고 지속적으로 있는 실체를 전제로 하는 것처럼 보이기 때문이다. 과연 현존재의 자기성과 자기의식에서의 동일함은 차이가 없는 것일까?

하이데거는 현존재의 자기성을 동일함으로 규정하지 않는데, 그 이유는 동일함은 고정적이고 현실화되어 있는 실체적인 동일성을 의미하기 때문이다. 그리고 자기의식에서의 자기가 실체적인 동일성을 유지할 수 있는 것은 비록 시간 속에서 이루어지는 변화하는 운동 속에 있지만, 자기는 이러한 다양한 변화로부터 어떤 근본적인 영향을 받지 않기 때문이다. 다시 말해 동일함은 부단히 변화하는 운동과 시간적 차원으로부터 초월해 있는 무–시간적인 실체로 규정된다. 이렇게 이해된 실체로서의 자기는 중세 철학에서 '동일성'idem으로 표현되며[3] 데카르트에서도 이 점은 다르지 않다. 이제까지 전통 존재론에

---

3) P. Ricoeur, *Oneself as Another*, trans. K. Blamey(Chicago: The University of Chicago Press, 1992), p.116.

서 탐구되어 왔던 인간을 포함한 모든 존재자의 자기동일성 개념은 고정적이고 불변하는 동일성의 범주에 입각하여 해명되었다. 그래서 현존재의 자기성 또한 동일성으로 이해되었다. 그러나 기초존재론에서 하이데거는 현존재의 자기성이 불변적이고 실체적인 동일성으로 이해되어서는 안 된다고 주장한다.

현존재는 변화 속에서 자신을 유지하기 위해서 어떤 지속적인 속성을 지닌 자기동일성, 즉 동일한 자기성을 전제해야 하지만, 하이데거에게서 현존재의 자기성은 고정적이고 실체적 본질에 바탕을 두고 있지 않다. 이와 달리 현존재의 자기성은 역동성으로 표현되는 동사적인 본질로 구성되어 있다고 하이데거는 주장한다. "인간의 본질은 동사적으로 이해된 본질과 관계하는 존재 그 자체에 의해 규정된다."[4] 더 나아가 동사적인 본질에 기초해 있는 현존재의 자기동일성은 주어진 존재$_{Sein}$에 머물러 있지 않고 '앞으로 나아가는 존재'$_{Zu-sein}$로 규정된다. 이 구분을 칸트식으로 말하자면 현존재의 자기성은 사물처럼 단순히 존재하는 인간의 자기동일성으로 있는 것이 아니라 이념을 향해 나아가는 인간의 자기동일성을 표명한다. 그리고 이렇게 이해된 현존재의 자기성은 '명사적 동일함'$_{idem}$과 구분되는 '동사

---

4) M. Heidegger, *Nietzsche*, Vol. 4, trans. D. F. Krell(San Francisco: Harper & Row Publishers, 1982), p.140. 하이데거에게서 본질(Wesen) 개념은 명사적 의미로서의 essentia가 아니라 동사적인 의미의 "An-wesen"으로 이해된다는 사실은 다음 인용문에서도 확인된다. "올바로 사유된 망각은, 즉 존재의 여전히 탈은폐된 본질(동사적)의 은닉은, 아직 파내지 못한 보물을 간직하고 있어서, 그것은 적절히 발견되기만을 기다리고 있는 어떤 보물을 앞으로 꼭 찾아내고 말 것이라는 굳은 약속과도 같은 것입니다." 마르틴 히이데거, 「존재물음에로」, 『이정표 1』, 신상희 옮김(한길사, 2005), 358쪽.

적 동일성'ipse으로 표현된다. 예컨대 현존재의 본래적 자기를 묘사할 때, 하이데거는 '유일한 그것'solus idem 대신에 "유일한 자기"solus ipse라는 표현을 쓴다.[5)]

현존재의 자기성을 해명하는 데 있어 명사적 동일함과 동사적 동일성의 구분은 매우 중요하다. 그리고 하이데거에게서 현존재의 자기성이 동사적 동일성으로 규정될 수 있는 것은 '존재가능'Seinkönnen에 기초해 있는 현존재는 끊임없이 앞으로 기투하는 운동 속에서 자신을 유지하기 때문이다. "이러한 존재가능에서 정확히 현존재의 본질이 드러난다. 나는 항상 가능성으로서의 나의 존재가능으로 있다."[6)] 현존재가 근원적으로 무엇을 향해 나아가는 존재가능에 놓여 있기 때문에, 현존재의 자기는 부동적이지 않고 동사적으로, 즉 행위하는 자기로 특징지어질 수 있다. 사실 서양 철학사에서 하이데거만이 유일하게 존재가능에 입각해 역동적인 존재자를 강조한 철학자가 아니다. 하이데거 이전에 이미 아리스토텔레스 또한 존재자의 본질을 실체성이 아닌 '잠재태'dynamis로 규정한다.[7)] 그리고 잠재태로 있는 존재자 역시 고정적인 실체가 아니라 동사적인 성격을 띤다.

---

5) 이기상, 『존재와 시간: 인간은 죽음을 향한 존재』(살림, 2008), 257쪽. 다른 곳에서도 하이데거는 idem에 상응하는 명사적 동일성(das Gleiche)과 ipse에 상응하는 동사적 동일성(das Selbst)을 구분한다. 마르틴 하이데거, 「헤겔의 경험 개념」, 『숲길』, 신상희 옮김(나남, 2008), 229쪽 참조.

6) M. Heidegger, *Zollikoner Seminars*(Frankfurt am Main: Vittorio Klostermann, 1987), p.209.

7) 사실 저명한 하이데거 연구자인 베르너 마르크스(Werner Marx)가 자신의 저서 『하이데거와 전통』에서 지적한 바와 같이 하이데거의 기초존재론을 구성하는 많은 개념들은 아리스토텔레스의 철학적 개념들과 밀접하게 연관되어 있다. W. Marx, *Heidegger and Tradition*(Evanston: Northwestern University Press, 1971), pp.17~37 참조.

그러나 하이데거는 현존재의 존재가능은 사물의 잠재태와는 동일하지 않다고 다음과 같이 밝힌다. "나의 존재가능은 눈앞에 있는 사물의 가능성이 아니다."[8] 그러므로 존재가능에 기초해 있는 동사적 동일성의 독특한 의미를 이해하기 위해서는 하이데거가 말하는 현존재의 가능성이 어떻게 아리스토텔레스 철학에서 제시되는 사물의 잠재태와 차별화되는지가 해명되어야 한다.

아리스토텔레스에게 있어 모든 존재자들은 정적인 상태에 있는 것이 아니라 어떤 목적을 향해 나아가는 운동 과정 속에 있다. 그리고 목적이 실현되어 현실화되면 잠재적인 힘의 운동은 멈춘다. 그래서 존재자의 운동은 잠재태와 '현실태'의 관계성에 놓여 있다. 아리스토텔레스에 따르면 모든 존재자들의 운동은 다름 아니라 "잠재적으로 존재하는 한, 잠재적인 것이 현실화energeia되는 이행 과정"[9]으로 이해될 수 있다. 다시 말해 존재자가 유동적으로 규정될 수 있는 것은 존재자의 속성에는 항상 현실태로 나아가게 해주는 잠재적인 힘이 전제되었기 때문이다. 역으로 만약 실현될 현실태가 존재하지 않는다면, 현실태의 가정하에 아직 실현되지 않은 상태를 의미하는 잠재태 또한 성립될 수가 없다. 이처럼 목적을 향해 가는 존재자의 운동은 잠재태와 현실태의 범주에 입각해 설명된다. 그런데 여기서 유의할 점은 목적에 도달하면 잠재태는 현실태로 전환되는데, 이러한 전환 과

---

8) M. Heidegger, *Zollikoner Seminars*, p.209.
9) Aristotle, "Physics", ed. R. McKeon, *The Basic Works of Aristotle*(New York: Random House, 1941), section III, p.201a 10.

정에서 잠재적인 힘은 소진되어 멈춰 버린다는 사실이다. 아리스토텔레스는 목적에 도달하면 멈추는 이와 같은 잠재태의 범주를 인간을 포함한 모든 존재자들의 운동을 설명하는 데 적용한다.

그러나 하이데거는 현존재의 존재가능은 사물의 잠재태로 환원될 수 없다고 주장한다. 다시 말해 현존재의 존재가능은 잠재태의 경우처럼 현실태에 도달하면 다시 본래의 상태로 회복될 수 없는 그런 가능성이 아니다. 그는 가능성이 소진되어 버리는 잠재태의 특징을 '들보가 될 수 있음'Balken-sein-können의 가능성을 가지고 있는 나뭇가지의 예를 들어 설명한다.[10] 나무에서 잘려진 나뭇가지는 분명히 일상생활에서 사용될 수 있는 도구로서의 들보 또는 바구니로 만들어질 수 있는 잠재적인 힘을 가지고 있지만, 나뭇가지에 내재되어 있는 잠재적인 힘에 입각해 나뭇가지는 바구니보다는 들보로 만들어진다.

그런데 이처럼 주어진 나뭇가지가 가공되어 들보로 만들어지기까지 나뭇가지는 바구니나 들보가 아니라 그저 어떤 도구로 만들어질 수 있는 잠재적인 사물로만 존재한다. 즉 수동적이고 잠재적인 힘을 지니고 있는 나뭇가지의 '할 수 있음'können은 여러 도구들로 전환될 수 있는 가능적인 힘으로만 존재할 뿐 아직 실제적으로는 존재하지 않는다. 가능적인 힘은 오로지 이 힘이 실현되었을 경우에만 실제적으로 존재한다. 하지만 나뭇가지의 잠재적인 할 수 있음können이 실현되었을 경우—예컨대 들보로 완성됐을 경우—이 힘은 더 이상 잠재적인 힘으로 남아 있지 않다. 따라서 들보로 만들어진 나뭇가지는

---

10) M. Heidegger, *Zollikoner Seminars*, p.209.

더 이상 "들보가-될 수 있음"으로서의 나뭇가지로 남아 있지 않다. 이 점에 관해 하이데거는 다음과 같이 말한다. "눈앞에 존재하는 사물로서, 들보로 될 수 있는 가능성은 본질적으로 나뭇가지에 속해 있다. 그러나 내가 이 나뭇가지를 들보로 만들었을 때, 이것은 더 이상 나뭇가지로 남아 있지 않다."[11] 여기서 제시된 '더 이상 나뭇가지로 남아 있지 않다'가 의미하는 바는 들보로 만들어질 수 있는 잠재적인 힘이 사라진 상태를 말한다. 여기서 우리는 아리스토텔레스가 말하는 가능적인 잠재태에서 드러나는 근본적인 두 가지의 특징을 발견할 수 있다. 첫째, 가능적인 잠재태는 실현하는 과정에서 가능성을 소멸시키는 경향을 띠고 있다. 둘째, 실현된 가능적인 잠재태는 최초의 원본적인 가능성으로 복구될 수 없는 성격을 지니고 있다. 그리고 이렇게 이해된 아리스토텔레스의 잠재태는 나뭇가지의 가능적인 힘뿐만 아니라 인간을 포함한 모든 존재자의 가능적인 힘을 지시한다.

현존재 또한 존재가능을 실현시키면서 자신의 가능적인 힘을 완성시킬 수 있다. 그러나 현존재의 존재가능은 나뭇가지의 잠재태와는 다른 방식으로 자신의 힘을 실현시킨다. 하이데거는 이러한 차이점을 '성취'Vollzug와 '실현'Aktualisierung의 구분을 통해 보여 주고자 시도한다. 그에 따르면 현존재의 존재가능에서 가능적인 힘은 성취되는 반면 나뭇가지의 잠재태는 단순히 실현된다. 그리고 현존재의 존재가능에서 이루어지는 잠재태의 성취는 잠재태의 실현과 구분되는데, 그 까닭은 잠재태의 실현에서는 가능적인 힘이 감소되거나 소멸

11) *Ibid.*, p.209.

되는 반면, 현존재의 존재가능의 성취에서는 가능성은 오히려 더욱 강화되기 때문이다. "이것[들보가 될 수 있음]과는 정반대로 현존재의 탈자적인 존재가능은 존재가능의 성취Vollzug와 이 성취의 실행 속에서 더욱 더 강화된다. 내가 나의 존재가능을 자주 반복하거나 행위할수록 나의 존재가능은 더욱 쉬워지며, 풍부해진다."[12] 여기서 제시된 바와 같이 나뭇가지의 잠재태가 들보로 실현되는 방식과는 달리 성취되면 될수록 더욱 더 풍부해지는 가능성 개념에서 우리는 현존재의 존재가능이 함축하고 있는 독특한 특징을 발견할 수 있다.

하이데거에 있어서 현존재의 존재가능이 끊임없이 가능성의 영역으로 향할 수 있는 이유는 이 존재가능은 잠재태의 가능적인 힘의 경우처럼 '현실태'energeia에 도달하면 완성되어 멈추는 것이 아니기 때문이다. 다시 말해 현존재의 존재가능은 이 가능적인 힘에 척도를 부여하는 현실태와 어떠한 연관성도 없다. 이 점에 대해 그는 다음과 같이 말한다.

> 다시 말해서 그 가능성은 도대체 아무런 척도도, 아무런 많고 적음도 모르며 그저 실존의 무한정의 불가능성을 의미하는 그런 가능성으로 드러난다. 그 본질상 이 가능성은 어떤 것을 기대하여 긴장하고, 가능한 현실적인Wirkliche 것을 '그려 내어', 그로 인해서 가능성을 잊을 수 있는 어떤 받침대도 제공하지 않는다.(『존재와 시간』, 351쪽)

---

12) *Ibid.,* p.210.

하이데거에게서 현존재의 가능성은 자연세계에 있는 사물의 잠재태의 경우처럼 현실태에 의해 제약받는 것이 아니라, 이것으로부터 완전히 벗어나 있다. 현존재의 존재가능이 이와 같이 현실태로부터 완전히 벗어날 수 있는 것은, 앞 장에서 제시된 바와 같이 '기투'할 수 있는 능력을 지닌 현존재는 가능적인 미래로 열려 있기 때문이다. 그리고 이렇게 이해된 존재가능으로 자기성이 규정되기 때문에 현존재는 '세계 형성'에 대한 논의에서 보여 준 바와 같이 주위세계에서 만나는 풀줄기를 암소의 먹이로 사용될 수 있는 가능적인 건초로 변형시킬 수 있다. 다시 말해 존재가능으로 있는 현존재의 자기는 이론적 사유보다는 실천적 행위에서 사물을 우선적으로 만나며, 바로 이 존재가능에서 우리는 사회적 세계를 형성하는 실천적 행위의 토대를 발견한다. 더 나아가 존재가능으로 규정되는 현존재의 실천적 자기는 내재적인 의식에서 이루어지는 자기관계에서가 아니라 주위세계에서 주어지는 사물과의 관계에서 드러난다.

1927년에 행한 강의록인 『현상학의 근본문제들』에서 하이데거는 실천적 현존재가 자기와 맺는 관계는 '반성'Reflexion을 통해 이루어진다고 주장한다. "그럼에도 현사실적 현존재 안에 자기가 그 자신에게 밝혀져 있는 방식을 합당하게 반성이라고 이름할 수 있다."[13] 그런데 그에게서 '반성'의 의미는 내적 지각 또는 내적 성찰이라는 일반적인 의미가 아니라는 것에 유의할 필요가 있다. 세계-내-존재로 규정되는 현존재는 이론이성 또는 실천이성에서 유래되는 내적 성찰을

---

13) 하이데거, 『현상학의 근본문제들』, 235쪽.

통해 자기와 관계를 맺지 않는다. 이와 달리 하이데거 사유에서 반성은 '어떤 것에 부딪쳐 굴절되다'라는 헤겔식의 의미를 함축하고 있는데, 이 점에 대해 그는 다음과 같이 말한다.

> 여기에서 「반성하다」가 뜻하는 시각적 의미란 「어떤 것에 부딪쳐 굴절하다」, 「그로부터 되비치다」, 말하자면 「어떤 것으로부터 반사되는 자신을 내보이다」이다. '반성'이라는 용어가 갖는 이러한 시각적인 의미는, 비록 다른 맥락이나 의도이기는 하지만 일찍이 헤겔에게서 들리기 시작했다. […] 우리는 이렇게 이야기하고자 한다. 즉 현존재는 자기 자신에로 되향할 필요가 없다. 마치 현존재가 자기 자신을 독특하게 그의 등 뒤에 달고 다니면서 우선은 사물들에로 뻣뻣이 향해 그것을 향해 그것들 앞에 서 있거나 한 것처럼 말이다. 그러나 오히려 현존재는 자기 자신을 어떤 다른 곳이 아니라 바로 사물들 자체의 한가운데에서, 그것도 일상적으로 그의 주위를 에워싸고 있는 사물들 가운데에서 발견한다. 현존재는 일차적으로 그리고 항상 사물들 가운데서 자신을 발견한다. 왜냐하면 현존재는 사물들을 보살피고, 사물들에 의해 억눌린 채 언제나 어떤 방식으로건 사물들 가운데 머물러 있기 때문이다. 사람은 누구나 다 그가 영위하고 있고 배려하고 있는 그것이다.[14]

이 인용문에서 분명하게 볼 수 있듯이 현존재의 자기관계를 구성하는 반성 개념은 헤겔의 반성 개념처럼 세계에 있는 사물과 관계

---

14) 앞의 책, 233~234쪽.

하는 것을 의미한다. 그리고 헤겔의 반성 개념을 적극적으로 받아들인 하이데거 역시 인간의 실천적 행위의 결과물로 간주되는 주위세계의 사물로부터의 반사에 의해 현존재의 자기관계는 형성된다고 주장한다. "[…] 행하는 것, 그 안에서 우리 누구나 그때마다 자신의 일을 행하는 것, 이러한 것이야말로 그가, 혹은 우리가 그때마다 누구인지 규정하게 하는 것이기 때문이다. 어떤 사람이 신발을 만든다면, 그는 바로 제화공으로 존재하는 것이다."[15] 현존재의 실천적 자기는 내재적인 의식에서가 아니라 주위세계, 즉 사회적 세계에서 만나는 도구와의 관계 속에서 성립된다. 이와 같은 관점에서 볼 때 존재가능으로 규정되는 현존재의 실천적 자기는 사회적 세계 속에서 주어지는 도구와의 관계성 속에서 성립되는 사회적 자기로 규정될 수 있다.

이상에서 살펴본 바와 같이 현존재의 자기동일성은 '동사적 동일성'을 일컫는데, 그 까닭은 동사적 동일성이 바탕을 두고 있는 존재가능은 자연세계에 놓여 있는 존재자들의 경우처럼 외부의 자극을 받아 현실태로 실현되는 사물의 잠재적(가능적)인 힘과는 달리 자기 추진력self-propulsive에 의해 스스로 운동하지만, 결코 현실화될 수 없는 가능성을 의미하기 때문이다. 자연세계에서 경험되는 사물의 '지속성'과 구분되는 현존재의 '자립성'은 이처럼 자기 추진력을 지닌 존재가능에서 자신의 동일성을 유지하는 상태를 나타내는데, 이 존재가능에 기초해 있기 때문에 현존재는 이론적 사유가 아니라 실천적 행위에 입각해 사물과 관계한다. 더 나아가 현존재의 실천적 자기는 사

---

15) 마르틴 하이데거, 『횔덜린의 송가: 게르마니엔과 라인강』, 최상욱 옮김(서광사, 2009), 93쪽.

회적 세계로 이해되는 주위세계에서 거주하는 사회적 자기로 있다. 그런데 현존재의 실천적 자기를 사회적 자기로 이해하고자 하는 우리의 해석에 대해 많은 사람들은 의구심을 가질 것이다. 특히 『존재와 시간』에서 '사회적 자기'라는 표현이 한 번도 언급되지 않았을 뿐만 아니라 현존재의 자기는 지금까지 사회적 자기와 관련 지어 논의되지 않았기 때문에 이 의구심은 더욱 가중된다. 하지만 현존재의 '공동존재'에서 우리는 그와 같은 의구심을 해소할 수 있다. 그러므로 존재가능에 기초해 있는 현존재의 실천적 자기가 사회적 자기로 존재한다는 것을 이해하기 위해서는 현존재의 '더불어 있음'이 파악되어야 한다.

2. 현존재의 실천적 자기와 사회적 공동존재

앞 장에서 살펴 본 바와 같이 이론적 사유보다는 실천적 행위에 기초해 있는 현존재의 자기는 '반성'에서 자기관계를 형성한다. 하지만 여기서 말하는 반성은 내재적인 자기의식에서 이루어지는 반성이 아니라 주위세계에서 만나는 도구로부터의 '반사'라는 것에 유의할 필요가 있다. 그리고 이처럼 인간에 의해 제작된 도구와의 관계성 속에서 드러나는 현존재의 실천적 자기는 '사회적 자기'로 규정된다. 더나아가 사회적 자기로 특징지어지는 한 현존재는 고립된 주체가 아니라 당연히 세계 속에서 타인과 더불어 존재하기 때문에, 하이데거는 현존재의 세계는 공동세계라고 주장한다. "현존재의 세계는 공동세계이다. 안에-있음은 타인과 더불어 있음(공동존재)이다."(『존재와 시간』, 166쪽) 사회적 자기로 존재하는 현존재는 필히 타인과 함께 존재한다. 다시 말해 비록 이 인용문에서 하이데거는 직접적으로 언급은 하지 않았지만, 현존재의 공동세계에서 그가 보여 주고자 하는 것은 현존재의 사회적 자기는 의식에 갇혀 있는 주체에 앞서 타인과 함께 존재한다는 사실이다. 왜냐하면 현존재의 사회적 자기가 성립되기 위해 현존재는 본질적으로 타인과 함께 있음을 전제로 하기 때문이다. 하지만 사회적 세계와 사회적 자기 개념을 전혀 고려하지 않고 진행된 이전 연구들에서 현존재의 공동존재는 데카르트의 고립된 주체로부터 야기된 상호주관성의 문제와의 연관성 속에서만 분석됐다.

상호주관성의 관점에서 볼 때, 현존재의 공동존재가 함축하고 있는 것은 현존재는 더 이상 고립된 의식에 있는 것이 아니라 세계 속에서 타인과 함께 존재함을 의미한다. 그리고 사람들은 현존재의 공동존재에서 하이데거 철학의 독창성이 드러난다고 생각하는데, 그 까닭은 공동존재에서 세계로부터 고립된 주체 위에 철학적 원리를 정초한 데카르트부터 유래된 독아론의 문제가 비로소 해결되었기 때문이다. 하지만 현존재의 '더불어 있음'에서 근대 철학의 난제로 간주되었던 독아론이 해소된다는 해석은 형식적으로는 맞다고 하더라도 근본적인 사태를 규명하는 데에는 미흡하다. 왜냐하면 현상학자들이 주장하는 바와 같이 하이데거에 앞서 후설 현상학에서 독아론은 이미 극복되었기 때문이다. 특히 『데카르트적 성찰』에서 후설은 현상학에서 말하는 선험적 주관성은 고립된 의식에 놓여 있는 것이 아니라 본질적으로 타인과 함께 있는 상호주관성을 전제로 한다고 역설한다. 여기서 우리는 하나의 결정적인 질문과 마주한다. 과연 후설의 선험적 주체에 의해 구성되는 상호주관성과 현존재의 공동존재는 동일한 사태를 의미하는가?

일반적으로 후설의 선험적 주체와 데카르트의 사유하는 자아에는 근본적인 차이점이 있다고 여겨진다. 왜냐하면 후설의 선험적 주체는 데카르트의 논리적 자아 개념과 달리 육화된 주체로 규정되기 때문이다. 그러나 다른 한편에서 후설 현상학과 데카르트 철학 사이에는 공통점도 존재하는 것처럼 보인다. 왜냐하면 사물의 근거를 객관주의보다는 선험적 주체에서 찾는 후설은 사유하는 자아에 철학적 원리를 근거 짓는 데카르트 철학에 주목하며, 자신의 현상학적 사유를 '신데카르트주의'라고 부르기도 하기 때문이다.[16] 더욱이 후설은 자연적 사물에 대한 현상학적 판단중지를 통해 선험적 주관성에 도달하는데, 여기서 그는 고립된 의식으로부터 야기된 심각한 철학적 문제, 즉 독아론에 봉착하게 된다. 이 점에 대해 그는 다음과 같이 기술한다. "만약 성찰하는 자아인 내가 현상학적 판단중지를 통해 나 자신을 나의 절대적인 선험적 자아로 환원할 때, 나는 이 경우 고립된 자아$_{solus\ ipse}$가 되는 것은 아닌가?"[17] 하지만 엄밀하게 말해 현상학적 판단중지를 통해 선험적 자아로 환원된다는 것이 강조되지만, 그렇다고 해서 후설 현상학이 데카르트 철학으로 회귀하지 않을뿐더러 독아론에도 빠지지 않는다. 왜냐하면 데카르트의 사유하는 자아와는 달리 후설의 선험적 주관성에서는 다른 자아와의 관계를 가능케 하

---

16) 에드문트 후설, 『데카르트적 성찰』, 이종훈 옮김(한길사, 2002), 39쪽.
17) 앞의 책, 151쪽.

는 토대가 마련되기 때문이다.

비록 후설은 현상학적 판단중지를 통해 드러나는 선험적 주체를 강조하지만, 선험적 주체는 고립된 주체로 있지 않고 본질적으로 세계 속에서 상호주체성을 형성한다. 그리고 그는 선험적 주체가 의식으로부터 벗어나 타자와 함께 있다는 것을 주제적 사유 이전에 주어지는 '생활세계'Lebenswelt에서 제시한다. 생활세계에서 선험적 주체는 고유한 권리를 지닌 인격으로 규정되는데, 이 인격 개념은 이미 타자와의 관계를 전제로 한다. 다시 말해, 타인과 함께 있는 공동세계로서의 생활세계가 이미 우리에게 주어져 있다. 그래서 후설은 생활세계에서 인격으로 존재하는 한 선험적 주체는 고립되어 있지 않고 타자와 공동세계를 이룬다고 주장한다. "이 세계(생활세계─인용자)는 우리의 동료 인간성의 지평에서 인격들로서, 따라서 타인들과의 생생한 모든 연결에서 '이' 세계, 즉 모두에게 공통적인 세계로서, 우리 모두에게 자연적으로 미리 주어져 있다."[18] 더 나아가 생활세계에 바탕을 두고 있는 선험적 주체의 상호주관성은 육화된 주체에서도 확인된다. 의식에 머물러 있는 사유하는 자아가 아니라 신체와 결부되어 있는 육화된 주체로 규정되는 선험적 주체는 생활세계에서 다른 육화된 주체와 필연적으로 상호 주관적관계를 맺고 있다.

사물의 경험뿐만 아니라 육화된 타자와의 원초적 관계 역시 직관에 의해 구성된다고 후설은 주장한다. 그에 따르면 직관에서는 타

---

18) 에드문트 후설, 『유럽학문의 위기와 신험적 현상학』, 이종훈 옮김 (한길사, 1997), 220~221쪽.

인의 표상이나 모사물이 아니라 신체를 지닌 타인 그 자체가 직접적으로 주어진다. "내가 실제로 보는 것은 [타인의] 기호나, 단순한 유사물, 그 어떤 자연적 의미의 모사물이 아니라, 바로 타인이다."[19] 더욱이 육화된 주체가 타자와 상호주관적 관계를 맺을 수 있는 것은 세계 속에서 선험적 주체의 신체Leib는 특정한 장소를 차지하고 있는데, 이와 같은 신체의 장소는 언제나 다른 자아의 관계성을 통해 성립된다. 예를 들어 나의 신체가 '여기에' 있다는 것이 확증되기 위해서는 다른 자아의 신체는 '저기에' 있어야 한다. 후설은 선험적 주관성이 세계에서 차지하고 있는 공간은 이미 다른 자아의 신체를 암묵적으로 전제할 때 비로소 가능하다는 사실을 다음과 같이 밝힌다. "나의 물체적 신체는 자기 자신으로 되돌아가 관계된 것으로서, 그 중심인 '여기'라는 자신의 주어진 방식을 갖는다. 다른 모든 물체와, 즉 타인의 물체[몸체]도 '거기'라는 양상을 갖는다."[20] 이와 같이 내가 차지하고 있는 공간은 언제나 다른 자아의 신체적 공간과 관계를 맺고 있기에 선험적 주관성은 고립된 자아로 있지 않다. 이와 반대로 '여기에' 있는 나는 필연적으로 '거기에' 있는 다른 자아와 함께 존재한다.

후설의 선험적 주체가 본질적으로 타자와 함께 있다는 것은 '짝짓기' 개념에서도 제시될 수 있다. 그는 신체에 결부되어 있는 선험적 주체가 언제나 타자와 함께 주어진다는 사태를 짝짓기라고 부른다. "자아와 타인의 자아가 항상, 그리고 필연적으로 근원적 짝짓기

---

19) 후설, 『데카르트적 성찰』, 191쪽.
20) 앞의 책, 182쪽.

Paarung 속에서 주어진다는 점은 첫 번째 특성과 밀접히 관련되어 있다. 짝으로, 더 나아가 집단으로 다수성으로 함께 형태를 이루고 나타나는 '짝짓기'는 선험적 영역(그리고 이와 평행하는 지향적-심리학적 영역)의 보편적 현상이다."[21] 여기서 제시된 바와 같이 '짝짓기'로 존재하는 한 선험적 주관성은 고립된 자아로부터 벗어나 타자와 함께 있는 상호주관적 세계를 형성한다. 이처럼 후설 현상학에서 선험적 주체는 타자를 필히 전제로 하고 있기 때문에 독아론에 빠지지 않고 공동세계에 존재한다. 더 나아가 독아론으로 다시 회귀할 수 있다는 오해를 무릅쓰고 후설이 선험적 주체에 입각해 상호주관성을 정초하고자 하는 이유는 소박한 자연적 태도에 머물러 있는 상호주관성이론을 극복하기 위해서이다. 그에 따르면 선험적 주체가 배제된 현존재의 공동세계는 소박한 자연적(경험적) 태도에 머물러 있는 반면, 선험적 주체의 짝짓기에서 자연적 태도로부터 벗어나 있는 근원적인 상호주관성이 성립된다. 그래서 후설 현상학의 지지자들은 선험적 주체의 '짝짓기'와 비교했을 때, 하이데거가 말하는 현존재의 공동세계 개념은 독창적인 것이 아니라고 생각한다.

하지만 이런 견해와는 달리 우리는 현존재의 사회적 자기에 기초해 있는 공동세계는 후설의 상호주관성이론과는 근본적으로 다르다는 것을 보여 주고자 한다. 엄밀하게 말해서 후설은 선험적 주체로부터 벗어나 세계에 이미 존재하는 사회적 자기 개념을 염두에 두지 않고 상호주관성이론을 전개했기 때문에 그에 의해 확립된 선험적

---

21) 앞의 책, 178쪽.

주관성의 공동세계는 타인과 함께 있음을 지시함에도 불구하고 현존재의 '더불어 있음과' 동일하지 않다.

현존재의 더불어 있음과 선험적 주체의 상호주관성의 차이점을 이해하기 위해서 우리는 자기의식이 최초로 주어진다는 데카르트적 편견에 머물러 있는 후설 현상학과 하이데거 철학의 출발점은 근본적으로 다르다는 것을 파악해야 한다. 후설이 신데카르트주의를 표방하는 데에서도 볼 수 있듯이 신체에 결부되어 있는 선험적 주체를 강조함에도 불구하고 그의 철학적 출발점은 의식 또는 '사유하는 나'에 놓여 있다. 그리고 사유하는 나가 모든 것의 최종근거로 간주되기 때문에 선험적 자기는 일차적으로 사유의 자기반성 속에서 찾아진다. 이와 같이 선험적 자기가 내재적인 의식에 놓여 있기 때문에 후설 현상학에서는 독아론의 문제가 다시 대두된다. 또한 선험적 주관성에 대한 분석에서 상호주관성을 강조하는 것 자체가 선험적 주체는 타자로부터 분리되어 있다는 것을 보여 준다. 즉, 후설 현상학에서 선험적 주체는 우선적으로 타자와 분리된 고립된 주체로 있다. 이와 달리 하이데거 철학의 출발점은 고립된 자아가 아니라 타자와의 공동존재이다. "현존재는 현사실적인 것으로서 각기 남성 또는 여성이다. 현존재는 성적 본질을 가진다. […] 그러나 바로 이 성관계는 현존재가 자신의 형이상학적 중립성에서 이미 서로 함께함을 통해서 규정되고 있기 때문에 단지 가능하다. 현사실적으로 각기 남성 또는 여성으로서 모든 현존재가 이미 그 본질상 서로 함께함이 아니라면, 인간으로서의 성관계란 전혀 불가능한 것이다."[22] '나는 사유한다'를 근원적인 철학적 원리로 삼은 근대 철학적 사유에서 우선적으로 주어지는 것은 고립된 자아이며 타자와의 공동존재는 그 이후에 이루어진다. 현존재의 더불어 있음에서 하이데거는 그와 같은 입장을 뒤집는다. 그에게서 최초로 주어지는 것은 고립된 자아가 아니라 타자와의 공동존재이다. 그리고 만약 현존재가 이미 다른 자아와 더불어 세계에 존재한다는 것이 확증된다면 상호주관성의 문제는 굳이 주제화될 이유가 없다.

하이데거에 따르면 상호주관성이론은 세계로부터 고립된 사유하는 나가 최종근거라고 보는 철학적 사유에서만 유래될 수 있는 가공의 주제이다. 현존재가 사유하는 나에서 우선적으로 드러나지 않는다면, 상호주관성 또한 성립될 수 없다. 그러므로 의식에 갇혀 있는 사유하는 나를 최종근거로 받아들이지 않은 현존재분석에서 공동세계는 상호주관성과는 무관하다고 그는 주장한다. "'현존재는 본질적으로 공동존재이다'라는 현상학적인 발언은 하나의 실존론적-존재론적 의미를 지니고 있다. 그 발언은 존재적으로 내가 현사실적으로 혼자 눈앞에 있지 않고 나 같은 종류의 타인들도 있음을 확인하려는 것이 아니다."(『존재와 시간』, 168쪽) 그런데 상호주관성에 있어 후설과 하이데거의 차이점은 전자는 고립된 선험적 주체를 그리고 후자는 고립된 자아보다 세계 속에 타자와 함께 있음을 우선시하는 데에만 있지 않다. 이러한 구분 외에 전-이론적 사유에 놓여 있음에도 불

---

22) 마르틴 하이데거, 『철학 입문』, 이기상·김재철 옮김(까치, 2006), 152쪽.

구하고 후설의 선험적 주체는 사유하는 나에 연관되어 있다면, 사회적 세계에 존재하는 하이데거의 현존재는 '행위하는 나'에 기초해 있다. 따라서 상호주관성은 두 가지의 방식으로 확립된다고 볼 수 있다. 한편에서는 후설 현상학에서 발견되는 이론적 상호주관성이 있다면, 다른 한편에서는 하이데거의 실천적 공동존재가 존재한다. 이렇게 볼 때 상호주관성에 관한 논의에서 후설과 하이데거의 차이점과 더불어 현존재의 공동존재가 지각에서 경험되는 소박한 자연적 태도에 머물러 있지 않다는 것을 이해하기 위해서는 이론적 상호주관성과 실천적 공동존재의 구분이 파악되어야 한다.

앞 장에서 지적한 바와 같이 후설에서는 사물의 경험뿐만 아니라 타자와의 관계 또한 직관을 통해 구성된다. 이와 달리 하이데거는 도구의 경험과 마찬가지로 주위세계에서 이루어지는 타자와의 만남 역시 직관에서가 아니라 실천적 행위를 통해서만 가능하다고 주장한다. "타인이 비록 그들의 현존재에서 흡사 주제가 되고 있을 때라도 타인을 눈앞에 있는 인격사물로서 만나지 않고 오히려 우리는 타인을 '작업 중에'bei der Arbeit, 다시 말해서 일차적으로 그들의 세계-내-존재에서 만난다."(『존재와 시간』, 168쪽) 여기서 우리는 현존재 공동존재의 독특한 특징을 발견한다. 사실 직관을 강조하는 후설과는 달리 하이데거에 있어서 주위세계에서 만나는 도구는 이론적 사유 또는 직관에 선행하는 실천적 행위에서 만난다는 것은 잘 알려져 있다. 하지만 현존재는 주위세계에서 실천적 행위를 통해 도구와만 관계를 맺는 것은 아니다. 후설 현상학과 대립되는 기초존재론에서는 도구와의 관계뿐만 아니라 현존재의 자기관계 그리고 공동존재 역시 현존재의 실천적 행위에 근거해 있는데 이 점은 하이데거 철학 연구에서 크게 부각되지 않았다.

하이데거에게서 현존재의 공동존재는 실천적 행위에서 구성된다. "앞에서 언급한 두 나그네의 경우를 들어 보자. 그들은 저녁에 자신들의 오두막으로 돌아왔다. 한 사람은 장작을 패고, 다른 사람은 감자껍질을 벗긴다. 여기에서 우리는 주저없이 다음과 같이 말할 것이다. 그 두사람은 서로 함께 있다―이것은 그들이 서로 가깝게 있기 때문만은 아니다. 비록 그들이 동일한 의도에서, 즉 식사준비, 나아가 오두막에 체류하기 위한 배려의 의도에서 다른 것에 몰두하고 있지만, 그들은 서로 함께 있다."[23] 이 인용문에서 우리는 하이데거는 말하는 공동존재는 현존재가 단순히 타자와 나란히 있는 것이 아니라 서로 상호 침투되어 있음을 의미한다. 그리고 이와 같은 현존재의 공동존재는 동일한 의도를 갖고―인용문에서 제시된 두 나그네의 동일한 의도는 식사준비이다―자연에서 주어진 것을 자기 것으로 만드는 실천적 행위를 통해 비로소 가능하다. 더 나아가 이와 같은 동일한 의도를 갖고 수행되는 실천적 행위에서는 사회적 문맥이 형성되는데, 이 사회적 문맥 속에 있는 현존재는 당연히 눈앞에 타자가 없음에도 불구하고 타자와 더불어 존재한다. 예를 들어 신발을 만드는 제화공으로 존재하는 현존재는 사회적 문맥 속에서 손님이 눈앞에 존재하지 않음에도 불구하고 신발을 주문한 손님과 더불어 세계 속에 존재한다.

---

23) 앞의 책, 97~98쪽.

그러나 후설의 상호주관성에서는 선험적 주체에 선행하는 사회적 문맥이 간과되었다. 이와 같은 이유로 인해 하이데거는 사회적 문맥이 배제되었기 때문에 타자를 인격사물로만 만나는 후설의 짝짓기 이론은 현존재의 공동존재 개념에 비해 이차적인 것이라고 주장한다. 더 나아가 현존재의 공동존재의 의의는 이론적 상호주관성에 대립되는 실천적 공동존재를 정초하는 것에서만 찾아지지 않는다. 현존재의 공동존재에서 하이데거가 궁극적으로 보여 주고자 하는 것은 역설적으로 다른 자아와의 관계가 아니라 사회적 세계에서 만나는 타자에 의해 구성되는 독특한 현존재의 자기관계이다. 왜냐하면 현존재가 본질적으로 공동존재로 규정된다면, 현존재의 자기관계는 자기의식에서가 아니라 타자와의 관계에서 성립되기 때문이다.

주위세계에서 만나는 도구 또는 타자와의 관계를 맺기 위해서는 현존재는 일차적으로 자기와의 관계를 맺어야 한다. 따라서 후설과는 달리 하이데거가 현존재의 공동세계를 말할 때, 그가 목표로 삼은 것은 고립된 주체로부터 벗어나 있는 상호주관성이론을 정초하는 것이 아니라 자유에 기초해 있는 실천적 행위에서 성립된 상호인격성에서 드러나는 현존재의 독특한 자기성을 해명하는 것이다. 다시 말해 현존재의 더불어 있음에서 그가 추구하는 것은 타자와 본질적으로 함께 있는 구체적인 인격(자기)의 사회적 발생을 밝히는 데 있다. 하이데거에 있어서 타자와 본질적으로 더불어 있는 현존재의 자기는 생득적으로 이미 존재하는 것이 아니라 타자와의 관계에서 성립된다. 왜냐하면 갓난아이의 의식은 이미 바깥세계로 향하여 있기 때문이다. 이 점에 대해 그는 다음과 같이 말한다. "유아는 첫 일주일을 지내면서 비로소 닫힌 주체에서 나와 객체들에로 나아가는 것이 아니라, 이미—반수면 상태에서 벗어났을 때 비로소 그런 것이 아니다—벗어나 …에로 향해 있다. 유아는 이미 바깥으로 나가 …곁에 있다."[24] 예를 들어 갓난아이는 자의식이 생기면서 자신을 갓난아이로 인식할 수 있는데, 이와 같은 인식은 자기를 보살펴 주는 엄마와의 관계성 속에서 성립할 수 있다.[25] 그리고 이처럼 타자와 본질적으로 함께 있는 현존재의 사회적 자기가 부각된다면, 우리는 왜 하이데거가 『존재와 시간』 25장에서 현존재의 자기성을 소개한 이후 갑자기 26장과 27장에 자기성 개념과는 무관해 보이는 현존재의 더불어 있음을 심도 있게 분석했는지를 알 수 있다. 현존재의 자기는 필연적으로 사회적 과정을 거치면서 형성되기 때문에 현존재의 자기를 규명하기

---

24) 앞의 책, 130쪽.

25) 인간이 사회적 동물로 존재하는 이유는 모든 인간의 삶은 사회적 세계의 최초의 층을 구성하는 가족 공동체에서 부모의 보살핌을 받으면서 시작하기 때문이다. 철학자의 자기의식 또한 과거로 거슬러 올라가면 가족들의 보살핌을 받는 갓난아이의 의식에서 유래되는데, 아직 자기의식에 도달하지 못한 갓난아이의 의식에는 독특한 특징이 있다. 갓난아이의 의식에 우선적으로 주어지는 것은 자기의식이 아니라 타자의 의식이다. 다시 말해 배고픔이라는 원초적인 욕구의식을 제외하면 자신보다는 타자들의 배려 속에서 살아가는 갓난아이의 의식을 지배하는 것은 형제들과 부모이다. 이와 같이 타자들에 의해 결정되는 갓난아이의 의식에 대해 셸러는 『동감의 본질과 형태』에서 다음과 같이 기술한다. "아동이 들어가서 사는 관념, 감정, 그리고 추구 방향들은 배고픔과 갈증 등과 같은 일반적인 것을 제외하면 우선적으로 전적으로 그의 환계(환경세계—인용자), 부모, 친척, 더 큰 형제자매, 교육자, 그의 고향, 그의 민족 등의 것이다. 가족적인 정신 속에 융해되어서 자신의 고유한 삶은 우선 거의 완전히 은폐된다. 그의 실제적인 환계 관념들과 감정들에 의해서 마치 황홀경에 빠진 듯이 자신을 상실하고 마치 최면에 걸린 듯하다." 막스 셸러, 『동감의 본질과 형태들』, 조정옥 옮김(아카넷, 2006), 488쪽 참조. 그런데 이 저서에서 셸러는 인간의 자기는 이론적 사유에 선행하는 감정에서 형성된 가족 공동체에서 타자와 함께 있다는 점을 강조하지만, 이 가족 공동체를 사회적 세계의 기초로 확대해 나가지는 않는다.

위해서는 현존재의 공동세계가 강조되어야 한다.

타자와의 더불어 있음에서 드러나는 현존재의 자기, 즉 현존재의 사회적 자기를 이해하기 위해서는 후설의 선험적 주체 개념에까지 영향을 끼친 데카르트의 자기성 개념으로부터 벗어나야 한다. 데카르트에게서 사유하는 자아의 자기는 자기의식의 반성을 통해 성립된다. 그런데 하이데거는 현존재의 자기가 이와 같은 의식에 놓여 있는 자기성 개념에서 찾아지지 않는다고 주장한다. "현존재의 존재규정으로서 자기성은 이 존재자가 자기 자신에 대해서 가지는 의식 속에 존립하지도 않으며, 일차적으로 거기에만 있지 않다. 오히려 자기의식과 반성은 항상 자기성의 결과일 뿐이다."[26] 여기서 볼 수 있듯, 자기의식의 반성에서 파생되는 자기성이 거부되는 이유는 이 자기성은 현존재의 자기성과 비교할 때 이차적인 것에 불과하기 때문이다. 더 나아가 자기의식을 통해 자기성에 도달하기 때문에 데카르트적 자기는 세계로부터 분리된 의식의 영역에 놓여 있다고 볼 수 있다.

이와 달리 20세기 초에 등장한 유기체이론, 즉 유기체는 환경세계와 필연적으로 상호관계를 맺고 있다는 이론에 영향을 받은 하이데거는 현존재의 자기성을 결코 고립된 자기로 규정하지 않는다. 그에게서 현존재와 세계는 상호작용을 하는데, 여기서 중요한 점은 현존재의 세계는 타자와 함께 존재하는 사회적 세계로 규정된다는 사실이다. 그리고 비록 현존재의 더불어 있음에 대한 분석에서 하이데거는 이 점에 대해 전혀 논의를 하지 않았지만, 타자와 상호관계를 맺

---

26) 하이데거, 『철학 입문』, 320쪽.

고 있는 현존재의 자기성은 사회적 세계에 그 기원을 두고 있다. 더욱이 현존재 자기성이 타자와 함께 있는 사회적 세계에 기원을 두고 있다는 사실이 부각될 경우, 현존재분석은 근본적으로 의식철학으로부터 결별하고 있음을 볼 수 있다.

일반적으로 하이데거 철학은 난해한 철학으로 여겨지는데, 현존재의 더불어 있음에서도 그 원인을 발견할 수 있다. 현존재분석은 의식 철학과 이 철학에서 유래되는 문제들과는 무관함에도 불구하고 사람들은 현존재 개념을 여전히 의식 철학적 문맥 속에서 고찰하고자 한다. 그렇기 때문에 사람들은 현존재의 더불어 있음 또한 의식 철학의 연장선에 놓여 있는 상호주관성의 새로운 이론으로 이해했다. 실존주의를 통해 하이데거 철학을 대중에게 알린 사르트르도 예외가 아니다. 그 역시 현존재의 더불어 있음의 의의는 독아론을 해결하는 데 있다고 생각했다. 사르트르는 하이데거 철학을 높게 평가하는데, 그 이유는 현존재의 더불어 있음에서 비로소 근대 철학에서 난제로 남아 있었던 독아론이 극복되었기 때문이다. 그럼에도 불구하고 『존재와 무』에서 사르트르는 하이데거의 더불어 있음을 다음과 같이 비판한다. "난해한 문제의 실마리를 풀어 보려고 노력하기보다는 차라리 그것을 일도양단하는 성급하고 좀 난폭한 그의 방식으로 하이데거는 하나의 순수하고 단순한 정의에 의해 이 문제에 대답하고 있다."[27] 물론 사르트르가 지적한 바와 같이 기초존재론에서 하이데거는 상세한 분석을 건너뛴 채 단순하게 현존재는 타자와 함께 있다고

---

27) 장 폴 사르트르, 『존재와 무 1』, 손우성 옮김(삼성출판사, 1995), 417쪽.

단언한다.

하지만 '사회적 자기'가 부각된다면, 우리는 하이데거의 그와 같은 입장을 이해할 수 있다. 일반적으로 '사회적'이란 표현은 타자와 함께 있음을 의미한다. 그리고 사회적 자기라는 표현 속에 현존재는 고립된 주체가 아니라 이미 타자와 함께 존재한다는 사실이 함축되어 있기 때문에 굳이 현존재의 더불어 있음이 논리적으로 증명될 필요가 없다. 하지만 현존재의 사회적 자기 개념을 간과한 채 오직 의식 철학에 머물러 있었던 사르트르는 기초존재론에서 제시된 현존재의 더불어 있음의 논의 방식이 성급했다고 잘못 비판한다. 결론적으로 의식에 기반을 두고 있는 상호주관성과 구분되는 현존재의 더불어 있음의 의의는 인간의 자기성이 의식에 기원을 두고 있는 것이 아니라 사회적 세계에서 유래한다는 사실에서 찾아야 한다는 데 있다.

세계 속에 있는 현존재의 자기는 본질적으로 타자와 더불어 존재한다. 그리고 이제까지 하이데거 철학 연구들에서 현존재의 공동존재의 의미는 현존재와 타자가 상호주관적 관계를 맺는 것으로 파악되었다. 하지만 『존재와 시간』 제 25절에 볼 수 있듯이 현존재의 공동존재에서 하이데거가 목표로 삼은 것은 단순히 타자와의 관계만을 보여 주는 것이 아니라 현존재는 누구인가라는 물음에 대한 답을 제공하는 것이다. 그리고 현존재의 자기를 일상적인 자기로 규정하는 그는 현존재의 공동존재에 관한 논의를 일상적인 자기를 분석하면서 끝맺는다. 여기서 우리는 근대 철학에서 어떤 철학자도 상호주관성을 자기성과 연관 지어 고찰하지 않았다는 점에 유의할 필요가 있다. 하이데거만이 현존재의 공동존재에 입각해 독특한 자기성을 밝히고자 한다. 그리고 고립된 의식에 놓여 있는 것이 아니라 타자와 본질적으로 더불어 존재하는 현존재의 자기는 사회화 과정을 통해 형성되며, 이렇게 이해된 자기는 '사회적 자기'로 특징지어진다. 그런데 공동존재에 관한 논의와 관련하여 하이데거는 현존재의 사회적 자기는 한편에서는 비-본래적인 '그들'das Mann과 그리고 다른 한편에서는 본래적인 유일한 자기로 존재한다고 주장한다. 우리는 먼저 공동존재에 바탕을 두고 있는 현존재의 자기가 사회적 자기라는 것을 일상적인 현존재의 비-본래적 자기를 지칭하는 그들das Mann에 대한 분석에서 확인할 수 있다.

5장·사회적 자기로서의 현존재의 비-본래적 자기와 본래적 자기

1. '그들'로서의 현존재의 자기성

『존재와 시간』에서 하이데거는 의식으로부터 벗어나 세계 속에 있는 현존재는 본질적으로 타자와 더불어 존재한다고 주장한다. 그런데 여기서 우리는 현존재의 공동존재에서 하이데거의 궁극적인 관심은 후설 현상학과는 다른 방식으로 현존재가 어떻게 타자와 만날 수 있는가를 해명하는 것이 아니라 '현존재는 누구인가?'라는 질문에 대한 답을 제시하는 데 있다는 것에 유의할 필요가 있다. 그리고 '현존재는 누구인가?'의 답은 자기성 개념에서 찾을 수 있는데, 공동존재로 있는 일상적인 현존재의 자기는 우선적으로 무차별적인 '그들'Das Mann 로 규정된다고 그는 역설한다. "그 '누구'는 이 사람도 저 사람도 아니고, 사람들 자신도 아니며, 몇몇 사람들도 아니고, 모든 사람의 총계도 아니다. 그 '누구'는 중성자(불특정 다수)의 그들(세인)이다."(『존재와 시간』, 176쪽) 여기서 볼 수 있듯이 그들은 공동존재보다는 현존재의 자기성과 관계한다. 그런데 자세히 살펴보면 일상적인 현존재의 자기를 나타내는 그들은 역설적인 개념이다. 앞 장에서 제시된 바와 같이 사물의 본질과 구분되는 현존재의 본질은 보편적 실체가 아니라 구체적인 인격으로 규정되기 때문에, 현존재의 본질에 관한 질문은 '현존재는 무엇인가'가 아니라 '현존재는 누구인가'라는 방식을 띠고 있다. 하지만 일상적인 현존재분석에서 하이데거는 현존재의 자기는 구체적인 인격에 대립되는 무차별적인 그들로 특징지어진다고 주장하기 때문에 우리는 하나의 모순을 발견한다. 과연 현존재의 자기는 동시에 구체적인 인격과 그들로 규정될 수 있는가? 그들로 규정되는 일상적인 현존재의 자기를 올바르게 이해하기 위해서는 이 관계가 일차적으로 해명되어야 한다.

한편에서는 개별적인 인격으로 그리고 다른 한편에서는 무차별적인 그들로 존재하는 일상적인 현존재의 자기성에서 유래되는 문제점을 해결하기 위해서는 '자기'Selbst가 의식에 놓여 있는 인격적 '나'Ich로 파악돼서는 안 된다. 만약 현존재의 구체적인 인격이 타자로부터 독립된 '자율적 나'를 지칭한다면, 현존재는 결코 동시에 익명적 그들로 규정될 수 없다. 하지만 엄밀하게 말해서 현존재의 구체적인 인격과 그들은 서로 모순적인 관계가 아니라 밀접하게 연관되어 있다. 왜냐하면 사회화 과정을 통해 형성되며, 사회적 문맥 속에 있는 '자기'로 특징지어지는 현존재의 구체적인 인격은 필연적으로 주위 세계에서 만나는 타자와의 관계에서 성립될 수밖에 없기 때문이다.

근대 철학에서 자기 개념은 두 방향으로 전개된다. 한편에 '경험적 자아'로서의 자기가 있다면, 다른 한편에는 경험적 자아를 가능케 하는 '초월론적 자아'로서의 자기가 있다. 그리고 경험적 자아는 홀로 있는 개별적 자기를 일컫는 반면, 초월론적 자아는 보편적인 자기를 의미하는데, 자기 개념에 대한 철학적 논의는 후자에 해당한다. 현존재의 자기성 분석에서 하이데거는 경험적 자아와 초월론적 자아로부터 벗어나 있는 제3의 길을 열어 밝히고자 한다. '세계-내-존재'로 규정되는 현존재는 경험적인 영역에 있지만, 여기서 중요한 점은 현존재는 세계 속에서 결코 홀로 있지 않고 이미 타자와 공동체를 이루며 거주하고 있다는 사실이다.

그런데 현존재의 공동체는 사람들이 일반적으로 생각하는 것처럼 서로 분리되어 있는 개별적 주체(나)들이 합쳐져 구성된 것이 아니다. 하이데거는 그와 같은 견해는 잘못된 것이라고 주장한다. "나-너 관련이 현존재 그 자체를 규정하기 위한 토대라고 생각하는 것은 서로 함께 있음을 조각난 나ichrumpf에서 생겨 나오게 하는 것만큼이나 잘못이다."[1] 다시 말해 개별적인 현존재 또는 현존재의 자기성이 우선적으로 주어지고 공동체는 차후에 생겨난 결과물이 아니라는 것이다. 이와 달리 하이데거에게서 현존재의 자기성은 공동체의 전제하에 가능하다. "나아가 나에 대한 자기파악과 자기성에 대한 개념도 서로 함께함에 근거에서 비로소 생겨나는 것이다."[2] 여기서 분명하게 볼 수 있듯이 세계-내-존재에서 우선적으로 주어지는 것은 홀로 있는 현존재가 아니라 타자와의 공동존재이며, 그들의 방식으로 존재하는 그와 같은 공동체의 전제하에 현존재의 자기성은 성립된

---

1) 마르틴 하이데거, 『철학 입문』, 이기상·김재철 옮김(까치, 2006), 152쪽.
2) 앞의 책, 151쪽.

다. 이렇게 볼 때 하이데거 철학에서 그들은 현존재의 자기성의 근거를 제공하는 존재론적 함의를 띠고 있다. 하지만 그동안 진행된 현존재의 자기성에 관한 연구들은 이 점에 대해 전혀 주목을 하지 않았다. 더 나아가 사회화 과정을 거쳐 형성된 현존재 자기의 가능조건을 지칭하는 그들을 간과한 사람들은 일상적 현존재의 자기를 지칭하는 그들을 단순하게 근대 산업화 도시에서 등장한 문화적 현상으로서의 대중으로만 이해했다.

　근대 사회의 특징은 신분제도로부터 해방된 자유로운 개인의 등장 외에 산업화에서도 찾을 수 있는데, 산업화가 진행되는 과정에서 인구가 농촌에서 도시로 유입되면서 근대 도시는 중세 시대의 도시와는 비교도 안 될 정도로 팽창한다. 그리고 이렇게 산업화에 의해 탄생된 근대 도시는 중세 도시와는 전혀 다른 면모를 띠고 있는데, 오르테가 이 가세트는 산업화된 근대 사회의 특징은 사람들의 밀집에 있다고 생각한다. "나는 이것을 밀집, '충만'이라고 이름 붙이겠다. 도시는 사람으로 충만해 있다. 집들은 세입자로 가득하고 호텔은 여행객으로 가득하고 기차는 승객으로 가득하다. 또 찻집은 손님으로 가득하고 거리는 보행자로 가득하고 명의의 진찰실에는 환자로 가득하다. 때를 놓치지 않았다면 극장은 관객으로 가득, 해안은 해수욕객으로 가득하다."[3] 중세 도시와는 달리 근대 도시에서는 어딜 가나 많은 사람들이 밀집해 있는 것을 볼 수 있다. 그리고 도시에 밀집해 살고

---

3) 호세 오르테가 이 가세트, 『대중의 반란/철학이란 무엇인가』, 김현창 옮김(동서문화사, 2009), 13쪽.

있는 많은 사람들은 큰 무리로 있는 대중이라 불리는데 이 점에 대해 그는 다음과 같이 기술한다. "이 큰 무리가 돌연히 눈에 보이는 것이 사회의 고급스러운 장소에 들어와 박혔다. 옛날에는, 만약 존재했었다 해도 사회라는 무대의 구석에 틀어박혀 있었기 때문에 알아차리지 못하고 지나갔지만 지금은 각광을 받는 장소에 넉살 좋게 앞에 나섰다. 그들이야말로 주요 인물인 것이다."[4] 오르테가 이 가세트에 따르면 산업화에 의해 형성된 도시에서 개인은 이와 같이 거대한 집단, 즉 대중의 방식으로 존재한다.

신분제도가 사라지고 산업화된 근대 시대에서 도시를 지배하는 계층은 대중을 구성하는 개인이다. 특히 다수가 모든 것을 결정하는 민주주의가 도입된 이래로 도시의 삶을 결정하는 데 있어 대중의 힘은 과거와는 비교가 안 될 정도로 큰 영향력을 행사한다. 도시에서 일어나는 많은 현상들, 예를 들어 투쟁, 유행, 음악 등은 대중에 의해 주도된다. 그리고 이처럼 대중에 매몰되어 있는 도시 삶에서 개인이 자립적인 판단을 내리기는 매우 어려운데, 그 이유는 도시에서 대중의 방식으로 존재하는 개인의 판단은 대중에 의해 지배받기 때문이다. 따라서 근대 개인적 인간의 자기는 대중으로 규정된다고 볼 수 있다. 근대 도시에서 이와 같은 대중의 막강한 힘을 인지한 사람들은 현존재의 공동존재의 분석에서 하이데거가 말하는 '그들'은 다름 아니라 대중을 의미하는 것이라고 해석한다.

사실 『존재와 시간』에서 하이데거 자신도 이와 같은 해석에 힘을

---

4) 앞의 책, 15쪽.

실어 주는 것처럼 보이는데, 그 이유는 그들에 대한 분석에서 하이데 거 역시 일상적 현존재는 대중의 지배를 받는다고 주장하기 때문이 다. "우리는 남들이 즐기는 것처럼 즐기며 좋아한다. 우리는 남들이 보고 판단하는 것처럼 읽고 보며 문학과 예술에 대해서 판단한다." (『존재와 시간』, 177쪽) 하지만 이처럼 현존재는 대중으로부터 영향을 받고 있다는 것이 제시됨에도, 일상적 현존재의 자기를 지칭하는 그 들을 문화적 현상인 대중에 입각해 해명하는 시도는 하이데거의 의 도에 반하는 것이다. 왜냐하면 하이데거는 한편에서 현존재가 그들 로부터 영향을 받는다고 주장하지만, 동시에 그들은 문화적 현상과 는 무관하다고 분명하게 단언하기 때문이다.

> 우선 요구되는 것을 '그들'의 열어 밝혀져 있음, 다시 말해서 말, 시야, 해석 등의 일상적 존재양식을 특정한 현상들에서 보일 수 있도록 하는 것이다. […] 즉 우리의 해석은 순수하게 존재론적인 의도를 가지고 있 으며, 일상적 현존재에 대한 도덕적인 비판이나 '문화 철학적' 발상과 는 거리가 멀다.(『존재와 시간』, 230쪽)

여기서 지적된 바와 같이 현존재분석은 문화 철학과 연관 지어 져 있지 않기 때문에 '그들'이 문화적 현상인 대중을 일컫는다고 이 해해서는 안 된다. 이와 달리 '그들'은 현존재의 자기를 존재론적으로 해명하는 데 그 목적이 있다. 그리고 하이데거에게서 존재론적 해명 은 현존재의 자기를 경험적 차원에서 기술하는 것이 아니라 현존재 자기의 기원을 밝히는 것을 말한다. 일상적 세계에서 현존재의 자기는 그들 또는 대중으로부터 지배를 받는다는 사실과 현존재의 자기는 그들로부터 유래된다는 것은 전혀 다른 주제이다. 현존재분석에서 하이데거가 관심을 갖고 해명하고자 하는 것은 후자이다. 더 나아가 그들에 기원을 두고 있는 현존재의 자기는 일차적으로 근대 정치철학자들이 주장한 바와 같이 모든 행위를 관장할 수 있는 자율적 자기로 존재하지 않는다. 이와 달리 그들에 의해 구성되는 현존재의 자기는 어떤 면에서 비-자율적이며 동시에 비-개인적으로 규정된다.

앞 장에서 지적한 바와 같이 근대 철학적 사유에서 인간 현존재의 자기는 두 방향으로 전개된다. 한편에는 이론적 자기의식에서 유래되는 보편적인 자기 개념이 있다면, 다른 한편에는 실천적 이성에 기원을 두고 있는 인격적(개인적) 자기 개념이 있다. 그리고 근대 철학자들은 보편적 자기이건 개인적 자기이건 이성의 활동에 기초해 있는 그와 같은 자기 개념을 근원적이라 생각한다. 그런데 하이데거는 그들에 관한 논의에서 이 견해에 이의를 제기한다. 그에 있어서 실천 이성에 기초해 있는 개인적 자기는 이차적인 자기에 불과하다. 왜냐하면 실천적인 현존재의 자기는 이성의 활동에 앞서 이미 익명적인 그들이 주도하는 사회화 과정에 의해 형성되기 때문이다. 그리고 이처럼 개인적 자기에 앞서 현존재의 자기는 익명적인 그들로 지칭하는 집단적 공동체와 이 공동체에서 이루어지는 사회화 과정에서 유래되기 때문에 비-자율적 자기로 규정된다. 더 나아가 이와 같은 실천적 이성에 선행하는 그들에 의해 구성되는 현존재의 비-자율적 자기 개념을 우리는 프로이트의 무의식 개념에서 발견한다.

역설적으로 일상적 현존재의 자기를 일컫는 그들에서 하이데거가 보여 주고자 하는 것은 비-자율적 자기인데, 이 비-자율적 자기는 프로이트의 무의식 개념과 연관지어 해명될 수 있다. 현존재의 자기를 그들로 규정한 하이데거의 현존재분석에 앞서 인간은 자율적 자아로만 존재하지 않는다고 주장한 프로이트는 정신분석학에서 인간의 의식을 의식과 무의식으로 나눈다. 그에 따르면 의식은 자율적 주체의 영향력에 놓여 있는 반면, 의식으로부터 벗어나 있는 무의식의 세계에서 자율적 주체는 어떠한 주도권도 행사하지 못한다. 무의식을 통해 프로이트가 비판하고자 하는 자아는 모든 것을 의식적으로 통제할 수 있다고 생각하는 자율적 자아이다. 자율적 자아의 주도권은 무의식의 세계에서는 영향력을 행사할 수 없기 때문에, 무의식은 비-자율적 의식으로 이해될 수 있다. 이처럼 무의식을 강조하는 프로이트의 사유에서도 인간의 자아는 근원적으로 비-자율적 자아로 규정될 수 있다.

만약 인간의 본질이 비-자율적인 무의식에 있다는 것이 올바른 이론으로 받아들여진다면, 그들의 방식으로 존재하는 현존재의 자기는 비-자율적이라는 하이데거의 주장은 결코 억지스러운 것이 아니다. 여기서 우리는 비록 그들에 대한 분석에서 하이데거가 프로이트와 무의식 개념을 한 번도 언급하지 않았지만, 그들 사이에는 하나의 유사성이 있다는 것을 알 수 있다. 이 유사성이란 하이데거와 프로이트 모두 자율적인 자아는 이차적인 것으로 간주한다는 점이다. 프로이트의 무의식 개념처럼 익명적인 그들로 규정되는 현존재의 '자기'는 자율적 자아에 앞서 존재한다. 하이데거에게서 현존재의 자기가 비-자율적이고 익명적인 그들로 특징지어지는 이유는 현존재의 자기는 반성적인 의식의 활동에 선행하는 사회화 과정, 즉 타자와의 상호작용을 통해 형성되기 때문이다. 이와 같은 사실은 갓난아이 삶의 관찰을 통해 보다 구체적으로 해명될 수 있다.

앞에서 언급한 바와 같이 모든 인간의 삶은 갓난아이 상태에서 출발한다. 그리고 갓난아이는 홀로 생존할 수 있는 능력이 아직 없기 때문에 부모의 배려에 전적으로 종속되어 있는데, 이러한 이유 때문에 인간은 본질적으로 타자와 더불어 있을 수밖에 없다. 더 나아가 부모의 배려로 성장하는 과정에서 갓난아이의 삶에서는 동물의 삶에서는 결코 볼 수 없는 독특한 특징, 즉 사회화의 과정이 발견된다. 사회화 과정이란 신생아가 이미 정착된 사회적 규범에 편입되는 것을 의미하는데, 사회화가 성공적으로 수행되기 위해서는 신생아의 의식은 어떤 선천적인 인식이 배제된 텅 빈 석판처럼 있어야 한다. 신생아의 텅 비어 있는 의식은 타자로부터 주어진 지식에 의해 채워진다.

이렇게 볼 때 동물과는 달리 사회화 과정을 필연적으로 겪는 현존재의 자기는 그들에 의해 규정된다. 즉 현존재의 자율적 자기 이면에는 그들의 지배가 있으며, 이 같은 이유 때문에 현존재의 자기성을 정초하는 데 있어 하이데거는 타자로부터 완전히 독립된 자율적 자아보다는 그들을 강조한다. 하이데거에게 그들은 단순히 신생아에 대립되는 타자, 예를 들어 어머니 또는 아버지만을 의미하지 않는데, 그 이유는 부모나 형제들 역시 그들에 의해 사회화 과정을 거쳤기 때문이다. 엄격하게 말해서, 그들은 눈앞에 있는 어떤 집단이 아니라 사회화 과정을 가능케 하는 총체적인 집합체를 의미하며, 하이데거는 이 집합체를 비-개인적 또는 익명적으로 있는 '중성자'das Neutrum로서의 그들이라고 지칭한다. 그런데 여기서 유의할 점은 하이데거가 그들을 규정하는 데 있어 비-개인적인 중성자로 표현하는 것은 개인주의에 대항하는 어떤 유기체적 또는 전체주의적 공동체를 옹호하기 위해서가 아니라는 사실이다. 근대적 주체와는 달리 인간을 본질적으로 사회적 세계 속에 있는 존재자로 생각하는 하이데거는 인간의 사회화 과정에서 자율적인 자아에 선행하는 지평 또는 구조로서의 익명적인 그들이 필히 전제되어야 한다는 점을 보여 주고자 한다.

후설은 오성의 활동에 앞서 있는 직관에 기초해 있는 전-주제적 의식에서 현상학을 그리고 근대 합리주의를 비판하는 프로이트는 의식 이면에 있는 무의식의 발견을 통해 정신분석학을 정초했다면, 하이데거는 데카르트의 사유하는 자아에 선행하는 현존재 위에 기초 존재론을 확립한다. 여기서 볼 수 있듯이, 이들이 지향하는 것은 근대 합리적 주체의 극복이지만, 후설의 전-주제적 의식과 프로이트의 무의식과는 달리 현존재의 자기는 의식으로부터 벗어나 세계 속에서 타인과 함께 그들의 방식으로 존재한다. 그리고 그들에서 하이데거가 염두에 둔 것은 단순히 현존재의 상호주관성을 확립하는 것이 아니라, 사회적 세계에서 타자와 합일되어 있는 현존재의 공동세계를 해명하는 데 있다. 타자와 합일되어 있는 그들에서 현존재는 상호주관적 관계를 맺기에 앞서 타자와 서로 상호 침투되어 있다. 그리고 이와 같은 상호침투성 또는 타자와의 합일은 현존재가 비-개인적으로 있는 그들로 있기 때문에 가능한데, 그 이유는 그들의 존재방식은 개인적인 특징이 배제된 '거리 없음', '평균성' 그리고 '균일함'으로 규정되기 때문이다.

앞에서 지적한 바와 같이 세계 속에 있는 현존재는 이미 타인과 더불어 있다. 따라서 현존재분석의 출발점은 타자로부터 분리된 고립된 주체가 아니라 타자와 합일을 이루고 있는 '공동존재'이다. 그런데 여기서 말하는 공동존재는 의자가 책상 옆에 있듯이 자율적인 현존재가 눈앞에 있는 다른 자율적인 현존재 옆에 병존해 있는 것을 의미하지 않는다. 만약 공동존재에서 각각의 현존재가 자신들의 자율적 주체만을 고집한다면 집단적 합일은 성립되지 않을 뿐만 아니라 이미 존재했던 공동존재마저 와해될 수 있다. 공동존재에서 각각의 현존재가 결속되기 위해서는 자율적 주체를 약화시켜 타인과의 근본적인 차이를 최소화해야 한다. 하이데거에 있어서 그들의 방식으로 있는 현존재의 공동존재는 자율적 자아에 앞서 타자와의 교류 속에서 형성된 집단적 합일을 의미하며, 그와 같은 이유 때문에 그는 공동존재로 있는 현존재의 자기를 중성자로서의 그들로 규정하는 것이다. 그들에서 현존재는 타자와 함께 사회적 결속감을 형성할 수 있는데, 그 까닭은 그들에게는 타인과의 차이를 유지하는 거리감이 부재하기 때문이다. "그런데 더불어 있음에 속하는 이러한 거리감Abständigkeit에는 다음과 같은 점이 놓여 있다. 즉 현존재는 일상적인 서로 함께 있음으로서 타인의 통치 안에 서 있다."(『존재와 시간』, 176쪽)5) 예컨대 가족들 관계에서는 서로 간의 거리감이 없기 때문에 아

---

5) 일반적으로 '거리'(Ab-stand)에서 유래된 Abständigkeit는 거리감을 의미한다. 그래서 Abständigkeit는 한국어 그리고 영어에서는 거리감으로 번역되었다. 하지만 독일어에서 전치사 'Ab'은 부정적인 의미 또한 함축하고 있기 때문에 Abständigkeit를 직역한다면, 일반적으로 사용되는 것과는 반대로 '거리 없앰'으로 이해될 수 있다. 그리고 타자와의 거리 없

이는 부모와 합일되어 있다. 그런데 집단적 합일은 가족에서만 드러나지 않는다. 그들을 통해 드러나는 현존재와 타자와의 사회적 합일은 작업세계에서도 찾아질 수 있다.

현존재는 그들의 작업세계에서도 서로 간의 거리가 부재한 타인과의 사회적 합일을 형성한다. 왜냐하면 작업세계에서 현존재는 공통적인 관심을 갖고 일을 하기 때문이다. 만약 공통적인 일이 부재한다면, 작업세계에서 사회적 합일은 이루어질 수 없다. 예를 들어 구두를 만드는 사람이 열쇠를 만드는 사람과 함께 있을 수 있지만, 그들 사이에는 사회적 합일이 성립되지 않는데, 그 이유는 구두를 만드는 사람과 열쇠를 만드는 사람 사이에는 어떤 공통분모가 존재하지 않기 때문이다. 사회적 합일은 똑같은 작업을 하는 사람들 사이에서만 형성되는데, 이 같은 작업을 수행하는 데 있어 그들은 평준화되어 있다. 하이데거에 있어서 그들의 존재방식은 '거리 없앰' 외에 '평준화'에서 찾아질 수 있다. "감행될 수 있는 것과 감행되어도 좋은 것을 앞서 윤곽 짓는 이러한 평균성이 중뿔난 모든 예외를 감시한다. 모든 우위는 소리없이 억압된다. 모든 근원적인 것은 하룻밤 사이에 이미 오

앰으로 인해 비-본래적 그들에서 현존재는 평준화가 된다. 그럼에도 불구하고 현존재분석에서 Abständigkeit는 거리감의 의미 또한 내포하고 있다. 왜냐하면 나중에 보겠지만 하이데거는 인간들 사이에 거리감이 있는 공동존재, 즉 비-본래적인 공동존재와 인간들 사이에 거리감이 부재하는 공동존재, 즉 본래적인 공동존재를 구분하기 때문이다. 타자와 단일체를 이루는 본래적인 공동존재의 관점에서 볼 때, 그들에서 발견되는 Abständigkeit는 거리감으로 이해되어야 한다. 아마도 이러한 것을 염두에 두고 있었기 때문에 하이데거는 현존재분석에서 이중적인 의미를 띠고 있는 Abständigkeit를 사용했을 것이다. 요약하자면 현존재분석에서 사용되는 용어 Abständigkeit에는 거리감과 거리 없앰이라는 의미가 모두 함축되어 있다.

래전에 잘 알고 있는 것으로 다듬어진다. […] 평균성의 염려가 다시 금 우리가 모든 존재가능성의 평준화(균등화)라고 칭하는, 현존재의 본질적인 경향의 하나를 드러내 보인다."(『존재와 시간』, 177쪽) 사실 작업세계에서 노동자들은 균등한 작업복을 입고 일하는데, 이 작업 복을 통해 그들은 집단에 대한 강한 소속감을 느낀다. 이와 같이 개인 적인 주체가 빠진 비-개인적 또는 익명적 그들의 존재방식을 의미하 는 '거리없음', '평균성', 그리고 '균일함'으로 존재할 때, 현존재와 타 자는 사물의 존재방식처럼 단순하게 옆에 나란히 있는 것이 아니라 집단적인 합일을 이룬다. 그리고 하이데거에게 이와 같은 집단적인 합일은 자율적 자아에 선행해 있다. 자율적 주체로 있는 것보다 타자 와의 합일을 우위에 두는 그들의 방식으로 존재하는 현존재의 자기 성의 의미는 후기 구조주의 철학의 주체 개념과의 비교를 통해 더욱 분명해질 수 있다.

데카르트의 사유하는 자아 또는 칸트의 자율적 나에 선행하는 근원적인 자기성을 정초하고자 하는 하이데거는 현존재의 자기성은 우선적으로 자율적 주체가 배제된 그들의 방식으로 존재한다고 주장 한다. 근대 주체를 비판하는 후기 구조주의자들 특히 하이데거 철학 으로부터 깊은 영향을 받은 들뢰즈 또한 탈-근대적 주체를 익명적 그 들로 규정한다. "개체화하는 차이는 물론이고 개체화는 어떤 나-선 행자, 어떤 자아-선행자이고, 미분적 규정과 독특성은 그에 못지않게 전前-개체적이다. 어떤 비인격적 개체화의 세계와 어떤 전-개체적 독특성의 세계, 그것이 곧 익명인 아무개on의 세계, 또는 '그들'의 세계이다."[6] 비록 들뢰즈 역시 익명적 그들을 강조하지만, 들뢰즈가 말하는 그들은 하이데거의 그들과 근본적인 구분이 된다. 하이데거와는 달리 들뢰즈의 익명적 그들은 여전히 자연 상태에 머물러 있는데, 이 같은 사실은 전-개체적 주체를 비유적이긴 하지만 '애벌레-주체'로 규정한다는 사실에서 확인 할 수 있다.

이런 관점에서 볼 때, 철학 체계의 고유한 역동성을 구성하는 사유가 데카르트의 코기토에서 그렇듯이 깔끔하게 구성되고 완성된 어떤 실체적 주체와 묶일 수 있는지는 확실치 않다. 사유는 오히려 애벌레-주체를 규정하는 조건들 안에서만 견뎌 낼 수 있는 이 끔찍한 운동들에서 나온다. 체계는 오로지 그런 주체들만을 허용한다. […] 심지어 철학자조차 자신의 고유한 체계의 애벌레-주체일 뿐이다.[7]

물론 수동적인 애벌레-주체에 관한 논의에서 들뢰즈 또한 습관의 중요성을 강조하지만,[8] 그는 이 습관 개념을 사회적 세계와 연관 지어 논의하지 않는다. 즉 애벌레-주체는 수동적으로 존재하지만, 이 수동성은 타자의 도움이 필히 요구되는 '유약한 인간'homo docilis을 특징짓는 것으로까지 나아가지 않는다. 이와 달리 하이데거에 있어서 인간 삶은 타자의 도움 없이는 생존할 수 없는 유약한 인간에서 시작

---

6) 질 들뢰즈, 『차이와 반복』, 김상환 옮김(민음사, 2004), 581쪽.
7) 앞의 책, 267쪽.
8) 앞의 책, 175~188쪽 참조.

한다. 다시 말해 고매한 철학자의 삶 또한 모든 사람들과 마찬가지로 유약한 갓난아이의 삶에서 출발한다. 그리고 이렇게 유약한 인간에 기원을 두고 있는 인간의 자기는 사회화 과정을 거치면서 삶뿐만 아니라 사유까지도 타자로부터 영향을 받기 때문에 자율적 나에 선행하는 익명적 그들로 규정된다.[9]

이상에서 살펴본 바와 같이 사회화 과정을 통해 형성되는 유약한 자기성 개념을 염두에 둘 때, 자유에 기초해 있는 현존재의 각자적 자기와 그들은 모순적인 관계가 아니다. 오히려 세계 속에 던져진 일상적인 현존재의 자기는 필연적으로 그들의 방식으로 존재하며, 이로 인해 현존재는 세계 속에서 타자와 공동존재로 있다. 그런데 일상적인 현존재의 자기를 지칭하는 그들에서 하이데거가 궁극적으로 보여 주고자 하는 점은 현존재가 일차적으로 고립된 자아가 아니라 타자와 함께 공동존재를 이루고 있다는 것이 아니다. 그는 한발 더 나아간다. 하이데거에 있어서 현존재의 자기는 한편에서는 비-본래적 방식으로 그리고 다른 한편에서는 본래적 방식으로 존재하는데, 그들

---

9) 사실 현존재분석에서 하이데거는 '유약한 인간'이라는 표현을 전혀 사용하지 않는다. 하지만 진리의 토대가 인간 본질의 무상함과 연약함보다 불멸적이며 영원한 것에 있다고 보는 전통 형이상적 사유를 비판적으로 보는 하이데거는 파스칼처럼 인간의 본질은 '흔들리는 갈대'로 규정된다고 생각한다. 마르틴 하이데거, 「진리의 본질에 관하여」, 『이정표 2』, 이선일 옮김(한길사, 2005), 104~105쪽 참조. 그리고 생존하는 데 있어 사회적 배려를 필요로 하는 갓난아이, 즉 유약한 인간(homo docilis) 또는 흔들리는 갈대 개념에서 우리는 왜 각자적 자기로 존재함에도 불구하고 현존재는 동시에 그들로 특징지어지는지를 이해할 수 있다. 비록 자유에 근거해 있지만, 유약한 인간의 자기는 타자로부터 독립된 꼿꼿한 자립적 주체로 규정되지 않는다. 이와 달리 부모의 배려 속에서 성장할 수밖에 없는 유약한 인간의 자기는 태어날 때 이미 사회적 세계에 속해 있기 때문에 그들의 방식으로 존재한다.

은 비-본래적인 자기성을 의미한다. 그리고 이 구분에서 우리는 현존재의 자기성이 본질적으로 내재적인 의식에 갇혀 있는 사유하는 자아뿐만 아니라 자율적인 나로부터 벗어나 타자와 함께 존재하는 사회적 자기로 있음을 보다 구체적으로 파악할 수 있다. 먼저 우리는 일상적 현존재의 자기를 일컫는 그들이 세계 속에서 존재하는 방식을 뜻하는 비-본래성에 대해 살펴보기로 하겠다.

2. 현존재의 비-본래성과 사회적 자기

이전 장에서 보여 준 바와 같이 사물의 인식은 오성의 활동이 아니라 사회적 세계에 의해 조건 지어져 있다는 셸러의 지식사회학과 인간의 정신은 사회화 과정을 통해 등장한다고 하는 헤겔 철학으로부터 영향을 받은 하이데거는 현존재의 자기성을 자기의식에서가 아니라 사회적 세계에 입각해 정초하고자 한다. 그리고 세계로부터 고립된 자기의식에서 형성되는 근대적 주체의 자기관계와 비교했을 때, 세계 속에서 타자와 더불어 있는 그들로 규정된 현존재의 자기는 급진적인 개념이다. 현존재의 자기를 일상적 그들로 규정함으로써 하이데거는 의식 철학과 완전히 결별한다. 하지만 그는 의식에 기원을 두고 있는 근대 철학적 자기 개념과 대립되는 사회적 자기를 정초하는 데 만족하지 않고 여기서 한발 더 나아간다. 하이데거에 따르면 공동세계에서 타자와 더불어 있는 현존재의 자기는 사회적 자기로 존재하지만, 이 사회적 자기는 우선적으로 '본래적 자기'das eigentliche Selbst 와 구분되는 '비본래적 자기'das uneigentliche Selbst로 규정된다.

그러나 현존재는 또한 그의 존재를 타자에 의해 규정되도록 내버려 두어, 일차적으로 자기 자신에 대한 망각 속에서 비본래적으로 실존할 수도 있다. [⋯] 현존재는 우선 이러한 존재자에서부터 자신을 이해한다. 다시 말해 현존재는 우선 비본래적 자기성 속에 밝혀져 있다.[10]

사실 현존재분석에서 하이데거가 가장 심혈을 기울여 해명하고자 한 부분은 바로 비-본래적인 존재 방식과 그리고 본래적인 존재 방식으로 있는 현존재의 자기성 개념이다. 그래서 1편과 2편으로 나뉜『존재와 시간』에서 그는 1편의 주제를 비-본래적 자기에 대한 분석으로 설정한 반면 2편의 주제는 본래적 자기에 대한 분석으로 삼았다. 그리고 타자와 더불어 존재하는 현존재의 사회적 자기는 우선적으로 비본래적 자기에서 드러난다. 따라서 현존재의 사회적 자기를 이해하기 위해서는 비본래적 자기가 우선적으로 파악되어야 한다. 하지만 비본래적 자기를 해명하는 데 있어 유의할 점은 비본래적 자기는 한편에서는 긍정적인 의미를 그리고 다른 한편에서는 부정적인 의미를 함축하고 있다는 사실이다. 본래적 자기와 비교했을 때, 비본래적 자기는 당연히 부정적으로 보일 수 있다. 특히 사르트르가 비본래성을 '불성실성'으로 이해(오해)한 이래로 비본래성을 부정적으로 보는 것이 표준적인 해석이 되었다. 그러나 엄밀하게 말해 현존재분석에서 비본래적 자기는 본래적 자기로의 이행을 가능케 하는 계기로서 긍정적인 의미도 내포하고 있다.

---

10) 마르틴 하이데거,『현상학의 근본문제들』, 이기상 옮김(문예출판사, 1994), 250쪽.

하이데거에 있어서 '본래적'인 것은 나에게 귀속된 고유성과 더불어 내재적인 의식에 선행해 세계에 존재하는 실재성을 의미한다. 이렇게 볼 때, 본래성과 대립되는 비본래적인 현존재는 실재적인 것이 아닌 허구적인 것을 지시하는 것으로 간주될 수 있는데, 사르트르는 비본래적인 자기를 이러한 방식으로 이해했다. 하지만 현존재를 비본래성으로 규정함에도 불구하고, 하이데거는 비본래적 자기가 허구를 의미하는 것이 아니라고 다음과 같이 밝힌다. "현존재의 이러한 비-본래적인 자기이해란 결코 진짜가 아닌 자기이해를 의미하지 않는다. 그러기는커녕 반대로 현사실적으로 실존하면서 사물들에 열렬하게 몰입해 있는 중의 이러한 일상적인 자신을 가짐을 진짜일 수 있다."[11] 여기서 우리는 현존재의 비본래적 자기가 함축하고 있는 긍정적인 의미를 발견할 수 있다. 현존재의 자기는 자기의식에서가 아니라 주위세계에서 만나는 유용한 도구와의 관계에서 드러나는데, 이렇게 이해된 자기 개념은 우선적으로 비본래적인 방식으로 존재한다. 그리고 하이데거가 그와 같은 비본래적인 자기를 진짜라고 주장하는 이유는 비본래적 자기는 관념론적인 자기로 환원되지 않고 사회적 세계 속에 있는 실재적인 것으로 규정되기 때문이다. 다시 말해 세계로부터 분리된 자기의식에서의 자기와 비교했을 때, 주위사물을 소유함으로써 형성된 자기만의 세계에서 드러나는 비본래적 현존재의 사회적 자기는 진정한 자기를 의미한다. 하지만 다른 한편에서 현존재의 자기의 또 다른 존재방식인 본래성에 비추어 볼 때 현존재의

---

11) 앞의 책, 235쪽.

비본래적 자기는 부정적인 의미 역시 함축하고 있다고 볼 수 있다.

현존재의 자기성에서 하이데거는 내재적 의식에 갇혀 있는 선험적 주체에 환원되지 않은 세계 속에 있는 실재적 자기를 정초하고자 시도하지만, 이 같은 자기 개념을 확립하는 것이 그의 진정한 목표가 아니다. 현존재의 자기성에서 그가 궁극적으로 추구하는 것은 의존적 또는 '비자립적'un-selbständig 자기와 구분되는 독립적 또는 '자립적' selbständig 자기를 정초하는 것이다. 현존재의 자기동일성은 현존재의 자기가 어떤 변화 속에서도 자신을 지속하는 상태를 말하는데, 현존재의 비본래적 자기 또한 자기동일성을 유지하기 위해서는 지속성을 전제로 한다. 그런데 하이데거에게서 자기동일성을 규정하는 지속성은 한편에서 자립성으로 그리고 다른 한편에서 비자립성으로 특징 지어지는데, 비본래적 자기는 비자립성에 바탕을 두고 있다. "지금까지 끄집어낸 존재성격들, 즉 일상적인 서로 섞여 있음, 거리감, 평균성, 평준화, 공공성, 존재부담 면제, 환대 등에는 현존재의 가장 가까운 '지속성'Ständigkeit이 놓여 있다. 이러한 지속성은 어떤 것이 계속해서 눈앞에 있다는 것과 상관되는 것이 아니라 더불어 있음으로서의 현존재의 존재양식과 상관이 있다. […] 사람들은 비자립성과 비본래성의 방식으로 존재하고 있다."(『존재와 시간』, 178쪽) 여기서 볼 수 있듯이 현존재의 비본래적 자기는 비자립성에 기인한다.

자기동일성에 관한 논의에서 지속성이 중요하다는 사실은 잘 알려져 있지만, 이 지속성이 비자립성과 자립성으로 구분 지어져 있다는 것은 많이 알려지지 않았다. 사실 근대 철학적 사유에서 자기성 개념을 자립성과 비자립성에 입각해 규명을 시도한 최초의 철학자는 헤겔이다.[12] 자유에 근거해 있는 자기의식을 자립적 의식과 비자립적 의식으로 구분하는 그는 진정으로 자유로운 자기의식은 자립적 의식에서 찾아진다고 주장한다. 헤겔 철학으로부터 영향을 받은 하이데거 역시 현존재의 자기성에서 정초하고자 하는 것은 단순히 자유로운 자기가 아니라 진실로 자유로운 자기, 즉 자립적 자기이다. 그런데 비본래적 자기에서 현존재는 진정으로 자유로운 자기에 도달할 수 없는데, 그 이유는 비본래적 자기는 비자립성으로 규정되기 때문이다. 따라서 하이데거의 철학에서 비본래적 현존재가 부정적인 의미를 띠는 것은 이처럼 자유로운 자기로 존재하지 않기 때문이다. 더 나아가 다음 장에서 자세히 제시되겠지만, 하이데거에게서 진정한 자유가 드러나는 본래적 현존재의 자립적 자기는 과거로부터 전수된 전통적인 공동체에 기초해 있는 단일의지에서만 가능하다. 하지만 비본래적 현존재는 단일의지가 부재한 비자립적 자기의 방식으로 존재하는데, 그 까닭은 비본래적 현존재는 과거로부터 전수된 공동체적 사회로부터 뿌리 뽑혔기 때문이다.

『존재와 시간』에서 비자립적인 그들로 있는 비본래적인 현존재를 해명하는 데 있어 하이데거는 여러 개념들을 사용한다. 예를 들어 그는 '잡담', '호기심', 그리고 '애매함'에 의거해 비본래적인 현존재를 규정한다. 그리고 비록 잡담, 호기심, 그리고 애매함은 서로 다른 의미를 띠고 있지만, 이 개념들은 '뿌리 뽑힘'entwuzelt이라는 하나

---

12) G. W. F. Hegel, *Phenomenology of Spirit*, trans. A. Miller(New York: Oxford University Press, 1977), pp.111~118.

의 공통점을 가지고 있다. "특징지은 방식으로 닫아 버리고 있는 잡 담은 뿌리가 뽑힌 현존재 이해의 존재양식이다. 그렇지만 잡담은 눈앞에 있는 상태로서 어떤 눈앞의 것에 나타나는 것이 아니라, 그 자체가 끊임없는 뿌리 뽑음의 방식으로 실존적으로 뿌리가 뽑혀 있다." (『존재와 시간』, 233쪽) "호기심은 도처에 있으면서 어디에도 없다. 세계-내-존재의 이러한 양태는 일상적 현존재가 그 안에서 끊임없이 뿌리 뽑히고 있는 그런 새로운 존재양식을 드러낸다."(『존재와 시간』, 236~237쪽) "애매함은 현존재 이해에게 아무것도 숨기지 않지만, 단지 세계-내-존재가 뿌리 뽑힌 채 도처에 있으면서 아무 데에도 있지 않도록 억누르고 있기 위해서인 것이다."(『존재와 시간』, 242쪽) 이 인용문들에서 분명하게 볼 수 있듯이 비본래적 현존재를 분석하는 데 있어 하이데거는 현존재의 '뿌리 뽑힘'을 강조한다. 그리고 세계에서 뿌리 뽑힘의 존재방식으로 있다는 것이 비본래적 현존재의 자기를 일컫는다는 사실은 도시에서의 거주함과 농촌에서의 거주함의 차이점에 대한 분석에서도 해명될 수 있다.

현존재는 눈앞의 사물처럼 세계 속에 단순하게 '있는' 것이 아니라 집을 짓고 세계 속에 거주한다. 그런데 하이데거에 따르면 근대 시대에 형성된 대도시의 집에서 거주하는 것과 농촌의 집에서 거주하는 것에는 근본적인 차이점이 있다. 도시에서의 집은 단순하게 숙소를 제공하는 장소에 불과하다. 더 나아가 이와 같은 도시의 거주함에서는 과거의 전통이 부재한다. 하지만 이와 달리 농촌의 집은 과거 세대의 삶이 녹아 있는 장소를 의미한다고 하이데거는 주장한다. "2백 년 전 농부의 거주가 건축해 놓았던 슈바르츠발트의 한 농가를 잠시 생각해 보자. […] 그것은 공동 식탁 뒤에 모신 십자가상의 구석진 자리를 잊지 않았고, 또한 방들 안에는 분만과 망자의 관대 Totenbaum —그곳 슈바르츠발트의 농가에선 관을 의미하는—를 위한 성스런 장소들을 마련해 놓았으며, 이로써 한 지붕 아래 거처하는 각각의 세대들에게 그들의 인생 역정이 담긴 특성을 예시해 놓았다.”[13] 그리고 이와 같이 과거의 전통이 단절되지 않고 연속적으로 이어져 내려온 농촌에서 거주함을 하이데거는 '뿌리내림'Bodenständigkeit이라고 규정한다. “슈바르츠발트와 그곳에 사는 사람들에게 각자의 고유한eigene 일이 친밀하게 귀속해 있다는 것은 그 무엇을 통해서도 대치될 수 없는, 수백 년 동안 이어져 내려온, 독일 서남부 알레만 지역의 슈바벤풍의 뿌리내림에서 유래된다.”[14] 이처럼 뿌리내림으로 규정되는 농촌의 거주함과 도시의 거주함은 근본적으로 다르다.

---

13) 마르틴 하이데거, 「건축함 거주함 사유함」, 『강연과 논문』, 이기상·신상희·박찬국 옮김(이학사, 2008), 206~207쪽.

14) 마르틴 하이데거, 「창조적 풍광: 우리는 왜 시골에 사는가」, 『사유의 경험으로부터』, 신상희 옮김(길, 2012), 23쪽. 1934년에 하이데거는 독일의 모든 교수들의 선망의 대상인 베를린 대학으로부터 두 번씩이나 교수초빙 제안을 받았다. 하지만 하이데거는 주위의 예상과는 달리 이 제안을 뿌리치는데, 「창조적 풍광: 우리는 왜 시골에 사는가」라는 짧은 에세이에서 그 이유를 밝힌다. 그가 교수초빙 제안을 거부한 이유는 번잡하고 뿌리 뽑힌 대도시 베를린에서는 창조적인 철학적 사유를 할 수 없기 때문이다. 창조적인 철학적 사유는 과거의 전통 속에 뿌리내리고 있는 농촌의 삶에서 비로소 가능하다. “깊은 겨울밤 오두막 산장을 내리치는 사나운 폭설이 맹위를 떨치면서 모든 것을 뒤덮고 감춰 버릴 때, 바로 그때 철학의 지고한 시간은 피어오른다. 바로 그때 철학의 물음은 필히 단순하고 본질적으로 된다. […] 철학적 작업은 세상과 동떨어진 어떤 기인의 노고로써 진행되는 것이 아니다. 그 작업은 농부들이 하는 일 한가운데에 속해 있다.”(「창조적 풍광: 우리는 왜 시골에 사는가」, 22쪽) 더 나아가 그는 이와 같은 '뿌리내림'에 현존재의 고유한 역사가 기초해 있다고 말한다. “그 역사는 결코 인류의 역사를 통해서 무차별하게 아무래도 상관없이, 단순하게 오직 그렇게 거기에 있지는 않다. 오히려 그것 자체는 우리가 인간의 토착성(Bodenständigkeit, 땅에 뿌리 박고

세계 속에서 현존재는 한편에서는 비본래적인 '뿌리 뽑힘'의 방식으로 그리고 다른 한편에서는 본래적 뿌리내림의 방식으로 존재한다. 그런데 『존재와 시간』에서 하이데거는 비본래적 현존재의 뿌리 뽑힘만 강조할 뿐, 본래적 현존재의 '뿌리내림'에 대해서는 전혀 언급을 하지 않는다. 만약 본래적 현존재의 뿌리내림이 부각되었다면, 비본래적 뿌리 뽑힘은 보다 쉽게 이해되었을 것이다. 왜냐하면 이와 같은 대비 속에서 뿌리 뽑힘의 의미가 보다 분명하게 드러나기 때문이다. 뿌리내림과의 비교에서 볼 때, 비본래적 현존재가 세계에서 뿌리 뽑혀 있다는 것은 과거로부터 내려온 전통과 단절된 채 현존재는 현재성에 매몰되어 있음을 의미한다. 더 나아가 비록 하이데거는 명시적으로 주제화하지 않았지만, 비본래적 현존재의 뿌리 뽑힘은 사회적 관습을 적극적으로 부정하는 근대 자율적 주체에 그 기원을 두고 있다.

전-근대적 사회에서 사람들은 이전 세대로부터 전해 내려온 삶의 양식을 따르면서 살았는데, 이처럼 과거의 전통을 중시하는 사회에서 사람들은 자신들의 행동규범을 오랜 세월을 걸쳐 형성된 사회적 관습에서 찾는다. 하지만 근대 시대에 자율적 주체가 등장하면서 이러한 상황은 급변한다. 자율적 주체로 규정되는 근대적 인간의 행동규범은 더 이상 사회적 관습에 놓이지 않고 자율성에 기초한 '자기주장'self-assertion에 기초한다. 더 나아가 자율적 주체와 사회적 관습과

있음)이라고 이름하는 바로 거기에 뿌리를 내리고 있다." 마르틴 하이데거, 『진리의 본질에 관하여: 플라톤의 동굴의 비유와 테아이테토스』, 이기상 옮김 (까치, 2004), 220쪽 참조.

의 관계는 대립적인 특징을 띠고 있다. 만약 외적 조건으로부터 독립되어 있다고 생각하는 자율적 주체가 강화된다면, 사회적 관습은 이에 상응하여 약화되거나 또는 와해될 수밖에 없다. 그런데 반대로 사회적 관습의 영향력이 자율적 주체보다 우위에 있다면, 자율적 주체의 자유로운 행위는 상대적으로 위축될 수밖에 없다. 이처럼 자율적 주체와 사회적 관습이 대립적인 관계에 있다면, 자율적 주체에 의해 주도된 근대 사회에 살고 있는 현존재는 필연적으로 과거의 전통으로부터 뿌리 뽑혀질 수밖에 없다. 인간의 자율성을 옹호하는 철학자들은 이와 같은 근대 사회에서 경험되는 과거 삶으로부터 뿌리 뽑힘을 긍정적으로 받아들인다. 왜냐하면 과거 전통과의 단절을 의미하는 뿌리 뽑힘이 가속화될수록 자율적 주체의 입지가 강화될 수 있기 때문이다.

하지만 근대 철학자들과는 달리 현존재분석에서 하이데거는 무제약적인 자기주장을 관철시키고자 하는 자율적 주체와 자율적 주체의 뿌리 뽑힘을 부정적으로 생각한다. 그는 비본래적 현존재의 자기는 뿌리 뽑힘에 바탕을 두고 있다고 주장한다. 특히 근대 자율적 주체가 절정에 도달한 러시아의 사회주의와 미국의 자본주의를 경험한 하이데거는 자율적 주체의 뿌리 뽑힘을 다음과 같이 강력하게 비판한다. "형이상학적 견지에서 볼 때, 러시아나 아메리카는 둘 다 동일한 것이다: 눈을 뜨고 볼 수 없는 쇠사슬이 끊긴 기계문명의 발광 그리고 규격화된 인간들의 바탕(뿌리—인용자) 없는 조직."[15] 하이데거

---

15) 마르틴 하이데거, 『형이상학 입문』, 박휘근 옮김(문예출판사, 1994), 74쪽.

가 뿌리 뽑힘을 부정적으로 보는 이유는 과거의 전통을 망각했기 때문에 오로지 현재성에 머물러 있는 현존재는 모든 것을 현재화시키며 동시에 이렇게 현재화된 것들을 무제약적으로 지배하기 때문이다. "그렇지만 비본래적인 존재 속에서의 이러한 안정이 정지 상태나 무행위로 유혹해 가는 것이 아니라 오히려 억제를 모르는 '사업' Hemmungslosigkeit des Betriebes 속으로 몰아넣는다."(『존재와 시간』, 243쪽) 더 나아가 이와 같이 과거의 공동체로부터 뿌리 뽑힌 상태에서 공공의 선보다는 자신의 사업적 이익만을 무제약적으로 추구하는 비본래적 현존재는 단일의지로 있지 않고 흩어져 있다.

타자와 더불어 공동세계에 존재하지만 현존재의 비본래적 자기는 단일의지로 있지 않고 '흩어짐'의 존재방식으로 있는데, 이 점에 대해 하이데거는 다음과 같이 말한다. "일상적 현존재의 자기는, 우리가 본래적인 자기, 다시 말해서 고유하게 장악한 자기와 구별하고 있는 그들-자기이다. 그들-자기로서 그때마다의 현존재는 '그들' 속에 흩어져zerstreut 있어서 이제 비로소 자기 자신을 발견해야 한다. 이러한 흩어짐이 우리가 우선 만나게 되는 세계 속에 배려하면서 몰입함으로 알고 있는 그러한 존재양식의 '주체'를 성격 규정하고 있다." (『존재와 시간』, 180쪽) 사실 하이데거는 현존재의 비자립성, 세계 속에 몰입함 그리고 흩어짐을 동일시한다. "[…] 그는 있지-않는 것, […] 여러 조각으로 부서지는 것, 불-확실성, 들어맞지 않음, 무질서라는 것의 들이닥침을 받아들여야만 하는 것이다."[16] 그러므로 현존

---

16) 앞의 책, 261쪽.

재가 이와 같이 흩어져 있는 방식으로 존재하는 것은 현존재가 비자립적인 그들로 있기 때문이다. 더 나아가 그들 속에 흩어져 존재하는 것은 공동존재에서 현존재가 단일의지로 있지 않고 서로 간의 적대감을 가지고 있는 것을 의미한다고 하이데거는 말한다. "'그들' 속에서 서로 함께 있음은 절대로 폐쇄되어 무관심하게 옆에 나란히 있는 것이 아니고, 긴장 속에 애매하게 서로를 살피며, 몰래 엿들으며 있는 것이다. 서로를 위한다는 가면 아래 서로를 적대하는 연출을 진행하고 있다."(『존재와 시간』, 239쪽) 타자에게 열려 있는 현존재는 공동세계 속에 존재한다.

그런데 현존재의 공동세계는 한편에서는 나보다는 공동체의 안위를 우선시하는 단일의지에 기초해 있기 때문에 통합되어 있을 수 있는 반면, 다른 한편에서 서로 간의 불신과 적대감으로 인해 분산되어 있다. '그들'로 있는 현존재의 비본래적 공동세계는 후자의 공동세계를 표방하기 때문에, 이 세계에서 비본래적 현존재는 비자립적 자기로 규정된다. 더 나아가 단일의지에 놓여 있는 것이 아니라 서로를 적대시하여 세계 속에 흩어져 있는 비본래적 현존재의 비자립적 자기에서는 공동선에 바탕을 두고 있는 단일의지와 진정한 자유 또한 획득될 수가 없다.

앞에서 살펴본 바와 같이 하이데거에게서 현존재의 자기는 '존재가능', 즉 자유에 놓여 있다. 그리고 현존재의 자기는 비본래적과 본래적이라는 두 방식으로 존재한다. 그런데 비본래적 자기와 본래적인 자기의 대립은 사르트르가 생각했던 것처럼 개별적인 주체에서 유래되는 비성실한 자기(자유)와 성실한 자기(자유)의 대립으로 이해되어서는 안 된다. 사회적 세계에 존재하는 한 현존재의 자기는 고립된 자아로 있는 것이 아니라 타자와 함께 있다. 그리고 공동존재에서 현존재는 서로를 적대시하는 비자립성과 타자와 결속되어 있는 자립성의 방식으로 존재하는데, 전자는 비본래적 자기를 그리고 후자는 본래적 자기를 지칭한다. 하이데거에 따르면 비본래적인 현존재의 자기(자유)는 공동체로부터 뿌리 뽑혀 있기 때문에 비자립적인 자기(자유)로 간주되는 반면, 공동체에 속해 있기 때문에 단일의지로 있는 본래적 현존재의 자기는 자립적 자기로 규정된다. 더 나아가 하이데거는 후자에서 비로소 진정한 자유가 드러난다고 주장한다. 사실 현존재분석에서 그가 궁극적으로 해명하고자 한 것은 본래적 현존재의 자기에 기초해 있는 진정한 자유이다. 그러므로 사회적 세계에서 드러나는 현존재의 진정한 자유를 이해하기 위해서는 본래적 현존재의 자기성이 규명되어야 한다.

3. 본래적 현존재의 '유일한 자기'(solus ipse)와 '질적 개인주의'

후설의 현상학이 여전히 높게 평가받는 이유들 중에 하나는 그가 의식의 지향성을 통해 철학적 원리를 고립된 자아에서가 아니라 상호주관적 관계에서 도출했기 때문인데, 기초존재론에서 하이데거 역시 현존재는 내재적인 의식에 갇혀 있는 고립된 점으로 있는 것이 아니라 이미 세계 속에서 타자와 더불어 존재하고 있다고 주장한다. 그런데 현존재의 '더불어 있음'에 대한 분석에서 하이데거가 의도하는 바는 후설의 상호주관성의 경우처럼 공동존재로 있는 사회적 자기를 제시하는 데 있지 않다는 점에 우리는 유의할 필요가 있다. 현존재분석에서 그는 고립된 주체와 상호주관성의 대립으로부터 한발 더 나아간다. 하이데거에게서 공동존재로 있는 현존재의 자기는 '비본래적 자기'와 '본래적 자기'로 구분되는데, 비본래적인 '그들'과 구분되는 본래적인 자기는 '불안'의 현상에서 드러난다. 이 점에 대해 그는 다음과 같이 밝힌다. "불안은 현존재를 그가 그 때문에 불안해하는 그것으로, 즉 본래적인 세계-내-존재-가능으로 되던져 준다."(『존재와 시간』, 256쪽) 그리고 현존재의 자기에 대한 분석에서 하이데거가 궁극적으로 밝히고자 한 것은 비본래적 그들과 대립되는 본래적 자기의 의미이다.

도구의 분석에서 보여 준 바와 같이 현존재는 이론적 사유가 아니라 전-주제적인 영역에 있는 실천적 행위, 즉 노동을 통해 주위세계에서 만나는 사물과 관계를 맺는다. 그리고 노동을 통해 주위사물을 자신의 '소유물'Eigentum로 전환시킴으로써 현존재의 주위세계를 형성한다. 더 나아가 주위세계뿐만 아니라 현존재의 자기성 또한 소유물을 전제로 한다. 비록 『존재와 시간』에서 하이데거는 이 점에 대해 전혀 언급을 하지 않았지만, 독어 표현에서 비본래적과 본래적은 어원적으로 '소유'에서 유래된다. 『근거율』에서 그는 이에 대해 다음과 같이 말한다. "이 본래성Eigenschaft은 '존재'가 거기에서 고유한 본질을 자신의 소유물로서 보유하고 있는 그런 것을 의미한다."[17] 영어 표현에서도 소유property와 본래적proper은 어원적으로 연관되어 있다.

---

17) M. Heidegger, *Der Satz vom Grund*(Pfullingen: Verlag Gunther Neske, 1957), p.121.

현존재의 자기성에 관한 논의에서 하이데거가 진정으로 확립하고자 하는 것은 현존재의 본래적 자기 개념이다. 하지만 자기성에 관한 근대 철학적 논의에서 본래적 자기는 매우 생소한 개념이다. 더나아가 현존재분석을 구성하는 여러 개념들 중에 논란의 여지가 가장 많은 개념은 아마도 현존재의 본래적 자기일 것이다. 왜냐하면 비본래적 '그들'에 관해 비교적 길게 분석한 다음 하이데거는 본래적인 현존재를 잠깐 언급한 후 어떠한 예비적인 분석을 제공하지 않은 채, 갑자기 본래적인 현존재의 자기는 비-본래적인 '그들'로부터 개별화_{vereinzelte}된 '유일한 자기'_{solus ipse}라고 주장하기 때문이다. 현존재의 본래적 자기는 유일한 자기로 규정된다는 사실을 그는 다음과 같이 밝힌다. "열어 밝힘이 열어 밝혀진 것과 실존론적으로 동일하다는 것, 그래서 이 열어 밝혀진 것 안에서 세계가 세계로서, 안에-있음이 개별화된, 순수한, 내던져진 존재가능으로서 열어 밝혀져 있다는 사실이, 불안의 현상과 더불어 하나의 탁월한 처해 있음이 해석의 주제가 되었다는 것을 분명히 해준다. 불안은 현존재를 개별화시키며 그래서 그를 이렇게 '유일한 자기'로서 열어 밝힌다."(『존재와 시간』, 257쪽) 여기서 우리는 왜 본래적 자기 개념이 하이데거 철학에서 논란을 야기시키는지를 볼 수 있다. 앞 장에서 보여 준 바와 같이 그들이 의미하는 바가 현존재의 공동세계라면, 이 그들과 구분되는 유일한 자기는 공동세계로부터 분리되어 있는 개별적 자기로 이해될 수 있다. 그런데 만약 현존재의 본래적 유일한 자기가 세계 속에서 홀로 있는 자기를 일컫는다면, 유일한 자기는 하이데거가 기초존재론에서 열어 밝히고자 한 사태에 직접적으로 반한다. 그 이유는 유일한 자기는 현존재의 본질을 특징짓는 세계-내-존재와 대립되는 것처럼 보이기 때문이다.

세계와 타자로부터 분리되어 의식에 고립되어 있는 자아 개념을 이차적인 것이라고 간주하는 하이데거는 현존재의 본질을 세계-내-존재로 규정한다. 그래서 사람들은 하이데거 철학의 의의는 현존재를 세계-내-존재로 규정함으로써 고립된 주체에 기반을 두고 있는 근대 철학적 사유로부터 결별하여 새로운 철학적 원리를 확립하는 데 있다고 믿는다. 하지만 본래적 현존재의 유일한 자기를 접하면서 사람들은 당혹감에 빠진다. 왜냐하면 유일한 자기가 강조되는 본래적 현존재에서 하이데거 철학은 고립된 주체를 지향하는 근대 주관주의 철학으로 다시 회귀하는 것처럼 보이기 때문이다. 다시 말해 현존재분석을 이해하는 데 있어 유일한 자기solus ipse가 혼란을 야기시키는 이유는 유일한 자기에서 하이데거의 사유는 여전히 근대 철학에서 난제로 간주되는 독아론Solipsisimus으로 되돌아가는 것처럼 보이기 때문이다. 사실 『존재와 시간』에서 하이데거는 명시적으로 "실존론적인 '유아론'"existentiale Solipsismus(『존재와 시간』, 257쪽)이라는 표현을 사용한다. 또한 1929~1930년에 행한 강의 『형이상학의 근본개념들』에서 그는 현존재가 본질적으로 '세계', '유한성', 그리고 '고독'으로 규정된다고 주장한다. 이 규정에 따르면 타자와 떨어져 홀로 있기 때문에 유일한 자기로 존재하는 현존재는 고독할 수밖에 없다. 물론 하이데거는 실존론적인 유아론이 고립된 주체가 아니라고 역설한다. "그러나 이러한 실존론적 '유아론'은 하나의 고립된 주체사물을 무세계적 사건발생의 해가 없는 공허 속으로 옮겨 놓는 것이 아니다."(『존재와 시간』, 257쪽) 하지만 그는 자세한 설명은 생략한 채 현존재의 유일한 자기는 고립된 주체와 무관하다고만 주장하기 때문에 이 독아론의 의미는 여전히 불명확하게 남아 있다.

근대 인식론에서 야기된 여러 문제들 중에 하나는 세계와 타자로부터 고립된 유일한 자기에 기초해 있는 독아론인데, 독아론의 기원을 우리는 의식에 갇혀 있는 데카르트의 사유하는 자아에서 찾을 수 있다. 데카르트에 따르면 근대 철학적 사유의 토대를 제공하는 사유하는 자아는 세계로부터 분리되어 있는 고립된 주체로 규정된다. 여기서 그는 의식에 갇혀 있는 주관이 어떻게 세계와 관계를 맺을 수 있는가라는 문제에 봉착하게 된다. 데카르트의 철학에 기원을 두고 있는 독아론의 문제는 20세기에 들어서서 후설 현상학에서 다시 등장하게 된다. 외부세계에 대한 판단중지를 강조하는 현상학적 사유에서 후설 또한 인식의 조건은 세계로부터 물러나 있는 선험적 의식에 있다고 주장한다. 그리고 이와 같은 선험적 의식이 인식의 궁극적 토대로 받아들여진다면 선험적 독아론의 문제가 필연적으로 발생한다고 그는 다음과 같이 밝힌다.

따라서 객관적 존재에 관한 문제들을 해결하려고 하고 스스로 이미 '철학'으로서 등장하려고 하는 현상학은 '선험적 독아론'이라는 낙인이 찍히는 것은 아닌가?[18]

---

18) 에드문트 후설, 『데카르트적 성찰』, 이종훈 옮김(한길사, 2002), 151쪽.

여기에서 제기된 선험적 독아론의 문제를 그는 앞 장에서 제시한 바와 같이 모나드론적 상호주관성에서 해결한다. 육화된 의식으로 존재하는 선험적 의식은 의식으로부터 벗어나 타자와 관계한다. 따라서 비록 판단중지로 인해 선험적 의식에서 인식의 토대가 찾아지지만, 후설 현상학적 사유는 독아론에 빠지지 않는다. 그리고 이러한 현상학적 관점에서 볼 때, 기초존재론에서 여전히 유일한 자기를 강조하는 하이데거의 철학적 사유는 현상학을 한 단계 발전시킨 사유가 아니라 오히려 현상학으로부터 퇴보한 사유로 간주될 수 있다. 즉 세계와 타자로부터 분리된 본래적 현존재의 유일한 자기 개념에서 하이데거의 철학적 사유는 다시 현상학에 의해 극복된 극단적인 객관주의와 대립된 주관주의 철학으로 되돌아간 것으로 여겨질 수 있다.

사실 본래적 현존재가 유일한 자기로 규정된다는 하이데거의 주장을 접한 많은 연구자들은 하이데거 철학이 여전히 근대 주관주의 철학에 머물러 있다고 믿는다. 다시 말해 비록 하이데거는 현존재를 세계-내-존재로 규정함으로써 고립된 주체를 해체시키지만, 그가 동시에 현존재의 본래적 자기성을 설명하는 데 있어 실재하는 것은 오직 자아뿐이라는 유아론과 그리고 1929~1930년에 행한 강의 『형이상학의 근본개념들』에서 본래적 현존재의 '고독'Einsamkeit을 강조하기 때문에 그들은 하이데거 철학이 다시 근대 주관주의로 회귀했다고 주장한다.[19] 특히 후설 현상학과 하이데거 철학에 정통한 장 마리

---

19) J. Taminiaux, *Heidegger and the Project of Fundamental Ontology*, trans. M

옹 같은 학자는 본래적 현존재의 유일한 자기를 '절대적 주권자'로 해석하면서, 이와 같은 하이데거의 주체 개념은 근대 주체와 완전히 동일하지는 않지만 적어도 자아 중심적인 근대 주체를 모방하거나 또는 이와 같은 주체의 연장선에 놓여 있다고 주장한다.[20]

레비나스 또한 『우리 사이: 타자 사유에 관한 에세이』에서 분명하게 현존재분석에서 제시된 본래적 현존재의 유일한 자기는 자기중심적인 근대 주체의 완성이라고 주장한다. "저는 이 체계에서 원초적인 본래성의 개념, 즉 본래성 ─나의 것으로부터, 자신만의 모든 것으로부터, 나만의 것에서 나의 근원적 수축인 각자성으로부터, 양도할 수 없는 자기-소속에서의 자기에게 귀속됨과 자기를-위함으로부터 사유된 ─이라는 개념을 언급할 것이다."[21] 그리고 『존재와 시간』이후 전개된 철학적 사상들 중에서 레비나스 철학이 각광을 받게 된 이유는 자기 안으로 모든 것을 귀속시키는 본래적 현존재에 대립되는 타자의 철학을 제시했기 때문이다. "무한의 무한화는, 자신의 동일성

Gendre(New York: State University of New York Press, 1991), p.210; D. Janicuad, "The Question of Subjectivity in Heidegger's Being and Time", *Deconstrucitive Subjectivities*, eds. S. Critchley and P. Dews(New York: 1996), pp.52~53; J-L Marion, "The Final Appeal of the Subject", *Deconstrucitive Subjectivities*, eds. S. Critchley and P. Dews(New York: 1996), p.91; P. Buckley, "Stromdichtung and subjectivity in the later Heidegger", *Self-awareness, Temporality and Alterity*, ed. D. Zahavi(London: 1998), p.231; M. Zimmerman, *Eclipse of the Self*(New York: 1981), pp.69~71.

20) J-L Marion, "The Final Appeal of the Subject", p.90. 하이데거 철학을 연구하는 데 있어 국제적으로 인정받고 있는 타미니요 또한 하이데거의 현존재분석은 근대 주체 철학의 정점에 서 있다고 역설한다. J. Taminiaux, *Heidegger and the Project of Fundamental Ontology*, p.19.

21) 에마뉘엘 레비나스, 『우리 사이: 타자 사유에 관한 에세이』, 김성호 옮김(그린비, 2019), 333쪽.

에 고정된 분리된 존재인 동일자이자 자아가 자신의 동일성에 힘입는 것만으로는 도저히 포함할 수도 받아들일 수도 없는 것을 그럼에도 불구하고 자신 안에 포함하고 있다는, 있을 법하지 않은 사태 속에서 생산된다. 주체성은 이러한 불가능한 요구─포함할 수 있는 것보다 더 많은 것을 포함한다는 놀라운 사태─를 실현한다. 이 책은 주체성을 타인을 맞아들이는 것으로서, 즉 환대로서 제시할 것이다."[22] 자기중심적 주체에 결코 환원될 수 없는 '타자' 개념을 확립함으로써 레비나스는 하이데거의 주장과는 달리 현존재의 유일한 자기는 더 이상 존재의 근원적인 지평이 아니라고 역설한다.

　　만일 현존재의 유일한 자기가 근대 주체의 완성으로 간주되고 더 나아가 하이데거의 철학이 '실존적인 독아론'을 지향하는 것으로 해석된다면, 하이데거 기초존재론을 사회존재론으로 해석하고자 하는 우리의 시도 또한 타당성을 잃을 수 있다. 왜냐하면 유일한 자기로 존재하는 현존재는 사회적 세계에서 타자와 더불어 존재할 수 없기 때문이다. 하지만 여러 연구자들이 주장한 바와 같이 근대적 주체의 해체를 지향하는 하이데거의 철학적 사유는 본래적 현존재의 유일한 자기에서 근대적 주체로 다시 회귀하는 것인가? 더 나아가 이와 같은 의구심은 짐멜 철학과의 연관성에서 고찰할 때 더욱 가중된다. 하이데거에게서 현존재의 유일한 자기가 고립된 주체는 아니지만 근대에 새롭게 부각된 개인 개념으로 해석되기도 하는데, 이 개인 개념은 다

---

22) 에마뉘엘 레비나스, 『전체성과 무한』, 김도형·문성원·손영창 옮김(그린비, 2018), 16쪽.

름 아니라 '양적 개인'과 구분되는 짐멜의 '질적 개인'을 의미한다.[23]

근대 사회의 여러 분야들을 탐구한 짐멜이 특히 관심을 가진 주제는 근대 시대에 도래된 개인주의 개념이다. 짐멜에 있어서 근대적 개인주의는 두 가지 관점에 입각해 구분되는데, 하나는 18세기 칸트에 의해 정초된 '양적 개인주의'$_{Einzelheit}$[24]이고, 다른 하나는 19세기 괴테의 예술적 사유에 의해 구성된 '질적 개인주의'$_{Einzigkeit}$이다. 양적 개인주의는 추상적인 이성이 부과하는 보편적 도덕 법칙으로 개인이 필연적으로 종속되어야 한다는 사상에 기초하고 있다. 따라서 양적 개인주의에서 모든 개인들은 보편적 도덕 법칙 앞에서 동일하고 평등하다. 그런데 양적 개인주의와는 달리 질적 개인주의는 모든 사람이 다른 누구와도 동일하지 않고 고유하다는 이상형을 실현시켜야 한다는 점, 즉 다른 인간과의 차이를 최고의 가치로 간주한다. 이처럼 근대 개인 개념은 다양한 모습을 지니고 있다. 그리고 양적 개인주의와 질적 개인주의의 구분에서 볼 때, 비-본래적인 방식으로 존재하는 그들은 무차별적이고 평준화된 개인들로 있는 양적 개인주의에 상응하며 유일한 자기는 홀로 있는 질적 개인주의를 지칭하는 것으로 이

---

23) 사실 하이데거는 짐멜의 철학으로부터 깊은 영향을 받았다. 이와 같은 사실에 대해 가다머는 다음과 같이 증언한다. "하이데거는 짐멜의 철학이 자신을 철학으로 인도하는 데 큰 기여를 했다고 말했다." H. Gadamer, "Erinnerungen an Heideggers Anfänge", *Diltbey-Jahrbuch* 4(1986/1987), p.24 참조. 더 나아가 짐멜의 사유에 정통해 있는 하이데거는 『존재와 시간』에서 죽음과 역사성을 논의하는 과정에서 이 주제를 선구적으로 연구한 짐멜의 철학적 사유에 관해 언급한다.

24) 여기서 말하는 '양적 개인주의'는 개개인의 독특한 고유성과 개별성에 초점을 맞추고 있다기보다는 모든 개인들을 무차별적이고 보편적인 규정에 귀속되는 하나의 개별자로 파악하는 방식을 의미한다.

해될 수 있다.[25] 먼저 짐멜이 말하는 양적 개인주의의 의미를 살펴보도록 하겠다.

근대 주체 개념은 보편적인 자아에서 출발하여 양적 개인주의를 거쳐 질적 개인주의로 발전해 나가는데, 짐멜에 따르면 양적 개인주의는 칸트 실천 철학에서 확립된 개인주의를 의미한다. "이들 사상—칸트, 피히테, 그리고 자유주의—은 그저 동일한 원리가 두 가지 상이한 방식으로 분출된 것일 따름이다. 인간을 일체의 속박에서 해방된 본래적인 자아의 토대 위에 정립하는, 그러나 이 자아를 모든 사람들에게 동일한 가치가 있는 보편적으로 인간적인 자아로 해석하는 (양적—인용자) 개인주의가 바로 그 원리이다."[26] 여기서 말하는 양적 개인주의란 개별적 개인 또는 개인의 고유한 개성보다는 보편성을 우선시하는 개인주의를 의미한다. 다시 말해 양적 개인주의에서는 칸트가 주장한 바와 같이 특정한 인간보다는 보편적인 인간성이 더 중요하다. "도덕 법칙은 신성하다. 인간은 비록 충분히 신성하지는 못하지만, 그러나 그의 인격에서 인간성은 그에게 신성하지 않

---

25) 오르테가 이 가세트 또한 자신의 저서 『대중의 반란』에서 근대적 개인이 어떻게 19세기를 거쳐 20세기 들어서서 무차별적인 대중으로 전환되는지를 철학적으로 심도 있게 다룬다. 가세트, 『대중의 반란/철학이란 무엇인가』, 13~46쪽 참조.

26) 게오르그 짐멜, 『근대 세계관의 역사』, 김덕영 옮김(길, 2007), 121쪽. 사실 여기서 짐멜은 '양적 개인주의'라는 용어를 쓰지 않지만 그의 사유의 문맥에서 볼 때 양적 개인주의로 이해될 수 있다. 다른 저서에서 그는 '질적 개인주의'에 대비되는 것으로 용어 '수적 개인주의'(numerical individualism)를 사용한다. "This individualism could be called qualitative, in contrast to the numerical individualism of the eighteenth century." G. Simmel, *On Individuality and Social Form*, ed. D. Levine(Chicago: The University of Chicago Press, 1972), p.224 참조.

을 수 없다."[27] 그런데 양적 개인주의에서 개인은 획일성에 빠질 위험이 있다. 왜냐하면 모든 개인이 실현해야 하는 보편적인 도덕 법칙 앞에서 가치의 내용에 평균화가 존재하기 때문이다. "칸트와 피히테는 자아의 무제한성, 무한한 자유를 윤리적 규범의 중점에 설정했지만, 자아가 실현시켜야 하는 가치의 내용에는 평균화가 존재했다. 법칙 앞에서의 또는 법칙 안에서의 평등이 그들의 윤리학을 지배했던 것이다."[28] 요약하자면 양적 개인주의는 자율적이고 특정한 개인들이 보편적인 도덕 법칙 앞에서 개성적인 것을 배제한 채 평등하게 존재하고 있는 방식을 의미한다.

그러나 짐멜에 의하면 양적 개인주의는 진정한 개인주의를 의미하지 않는다. 왜냐하면 양적 개인주의에서는 각자적인 고유성을 견지한 개인보다 모든 사람들을 무차별적으로 포괄하는 보편적인 인간을 우선시하기 때문이다. 엄격하게 말해서 양적 개인주의에서의 개인은 초-개인적이다. 이와 달리 진정한 개인주의에서 개인은 동질적인 개인으로 환원되지 않은 채 타자와 구별되는 고유한 개인으로 남는다. 짐멜은 이러한 개인주의를 질적 개인주의라 부른다.

19세기에 들어서서 근대적 인간은 질적 개인주의라는 새로운 개인주의를 경험한다. 평등을 강조하는 양적 개인주의에 대비되어 질

---

27) 임마누엘 칸트, 『실천이성비판』, 백종현 옮김(아카넷, 2002), 195쪽. 짐멜에 따르면 인간보다 보편적인 인간성을 중요시하는 칸트의 개인주 개념은 다음과 같은 피히테의 명제에서 보다 분명하게 볼 수 있다. "이성적 존재는 **오로지** 개인이어야지, 이러저러한 **특정한** 개인이어서는 안 된다." 짐멜, 『근대 세계관의 역사』, 119쪽 참조.
28) 짐멜, 『근대 세계관의 역사』, 123쪽.

적 개인주의는 차이에 의해 특징지어진다고 짐멜은 주장한다. "인간적인 것의 차이 역시 도덕적 요구라는 점, 모든 사람은 다른 누구와도 동일하지 않은 이상형을 실현시켜야 한다는 점—이는 모든 가치를 자유로운 자아의 형식에 설정한 개인주의에 비하면 전혀 새로운 가치평가이다. 그것은 질적 개인주의다."[29] 다시 말해 질적 개인주의는 다른 사람들과 차별화되는 질적 유일성과 연결되는 개인주의를 의미한다. 그리고 이러한 질적 개인주의의 원본은 괴테의 사상—특히 『빌헬름 마이스터의 수업 시대』에서 제시된 사상—에서 찾아질 수 있다고 짐멜은 역설한다. "개인주의의 이 형식은 (질적 개인주의) 예술 작품에서 최초로 완전하게 형성된다. 그것은 빌헬름 마이스터이다. 왜냐하면 『빌헬름 마이스터의 수업 시대』에는 처음으로 전적으로 개인의 개별적 특징에 의존하고 오로지 이를 통해 조직되고 발전하는 세계가 그려져 있다."[30] 짐멜의 해석에 따르면 괴테에게서 질적 유일성은 예술적 경험에 의해 구성된다. 따라서 질적 개인주의를 이해하기 위해서는 먼저 예술적 경험의 의미를 파악해야 한다.

『빌헬름 마이스터의 수업 시대』에서 괴테가 추구하는 것은 다른 누구와도 동일하지 않은 '개성' 즉 질적 개인주의의 가능성을 시민사회와 구분되는 예술세계에서 탐구하는 것이다. 물론 이 두 세계들은 중세 신분제도로부터 결별된 근대 개인주의적 사회이다. 그런데 개

---

29) 앞의 책, 123쪽.
30) G. Simmel, *On Individuality and Social Form*, p.223. 괴테뿐만 아니라 슐라이어마허, 막스 슈티르너(1806~1856), 그리고 니체의 사상에서도 질적 개인주의의 단초를 발견할 수 있다고 짐멜은 주장한다. 짐멜, 『근대 세계관의 역사』, 122~128쪽.

인은 시민사회와 예술세계에서 다른 양태를 띤다. 시민사회에서의 개인은 상인의 정신에 입각해 안락하고 동질적인 삶을 얻고자 하며, 이 같은 삶은 빌헬름의 친구인 베르너에 의해 대변된다. "나는 진정한 상인의 정신보다 더 폭넓고, 또 더 폭넓어야 마땅한 정신이 이 세상 어디에 또 있는지 모르겠어. […] (보편적인—인용자) 질서는 우리가 개별적인 것 때문에 혼란을 일으킬 필요 없이 언제나 전체를 내려다볼 수 있게 해준단 말이야. 복식부기가 상인에게 얼마나 이익을 주는가! 그건 인간 정신이 고안해 낸 가장 아름다운 발명품들 중의 하나지."[31] 하지만 빌헬름은 베르너의 견해에 동의하지 않는다. "자네(베르너—인용자)의 존재방식 및 사고방식은 무한한 소유와 가볍고 즐거운 향락을 목표로 하고 있네. 두말할 필요도 없는 노릇이지만, 나는 거기서는 내 흥미를 끄는 것이라곤 아무것도 발견할 수 없다네."[32] 이처럼 예술적 삶을 갈망하는 빌헬름은 근대 시민사회의 평균화된 삶을 거부한다.

빌헬름은 두 가지 이유에서 근대 시민사회적 평균화된 삶을 거부한다. 첫째, 근대 시민사회는 인간의 존재보다는 이득과 소유를 중요하게 여긴다. "그는 '너는 어떤 사람이냐?'라고 자문해서는 안 되고, 다만, '너는 무엇을 가지고 있느냐? 어떤 통찰, 어떤 지식, 어떤 능력을 가지고 있느냐? 그리고 재산은 얼마냐?' 하고 자문할 수 있을 뿐

---

31) 요한 볼프강 폰 괴테, 『빌헬름 마이스터의 수업 시대 1』, 안삼환 옮김(민음사, 1999), 59쪽.
32) 앞의 책, 444쪽.

이지."[33] 하지만 인간 삶에서의 중요한 것은 무엇에 대한 소유가 아니라 어떤 인간이 되는가이다. 둘째, 근대 시민사회에서는 인간의 개성보다는 업적이 강조된다. "시민계급으로 태어난 자는 업적을 낼 수 있고, 또 최고로 애를 쓴다면, 자기의 정신을 수련시킬 수는 있겠지. 그러나 그가 아무리 발버둥을 친다고 해도 자신의 개성만은 잃어버리지 않을 수 없어."[34] 결과적으로 근대 시민사회에서는 인간의 개성을 발전시킬 수 없다. 이와 달리 괴테에 있어서 인간의 개성, 즉 자율적 주체성에 의거해 다른 누구와도 동일하지 않은 질적 유일성은 예술적 경험에서 드러난다. 예술적 경험을 통해 인간이 질적 유일성으로 규정될 수 있는 이유는 참된 개인의 자율성은 보편적인 도덕 법칙을 지향하는 실천적 이성이 아니라, 개인적인 감각에 기초해 있기 때문이다.

이성보다는 감각적인 세계를 우위에 두는 질적 개인주의는 양적 개인주의와는 엄격하게 구분된다. 이와 같은 질적 개인주의의 표본을 괴테는 '아름다운 영혼'[35]에서 찾는다. 그리고 그에게서 아름다운 영혼의 본질은 이성이 아니라 본능에 기초해 있다. "저는 계명이라

---

33) 앞의 책, 447쪽.

34) 앞의 책, 445쪽.

35) 여기서 언급되는 '아름다운 영혼'은 18세기에 많은 낭만주의자들에 의해 널리 퍼져 있던 개념이다. 특히 쉴러는 자신의 사상에서 이 개념을 중요하게 다뤘다. 칸트 윤리학을 비판적으로 보는 쉴러에게서 아름다운 영혼은 보편적인 의무(Pflicht)와 개별적인 취향(Neigung)이 서로 대립되지 않고 잘 조화를 이루고 있는 인격체를 의미한다. M. Gram, "Moral and Literary Ideals in Hegel's Critique of 'The Moral World-View'", *The Phenomenology of Spirit Reader*, ed. Jon Stewart(New York: State University of New York Press, 1988), pp.307~333 참조.

곤 거의 기억하고 있지 않으며, 법의 형태를 띠고 저에게 나타나는 것은 더 이상 아무것도 없습니다. 저를 다스리고 언제나 올바르게 인도하는 것은 본능입니다."[36] 감성과 이성을 엄격하게 분리하고 감성의 영역에 있는 자연을 "계모"[37]로 파악하는 칸트의 철학적 문맥에서 볼 때, 본능을 강조하는 것은 비합리적인 주장이다. 더 나아가 자연적 본능에서는 자유가 부재하기 때문에 자율적인 개인은 성립될 수 없다. 이 같은 주장에 맞서 괴테는 이제까지 본능 또는 감각은 제대로 이해되지 못했다고 역설한다. "지금까지 한 처녀를 망쳐 놓을 수 있었던 갖가지 나쁜 교육들 중에서도 가장 나쁜 교육 탓이지요. 감각과 애정을 오도하는 최악의 교육적 표본 때문이란 말씀입니다."[38] 여기서 중요한 점은 괴테가 단순히 이성 대신 감각을 강조하는 것이 아니라는 사실이다. 그는 칸트 철학에서 찾아볼 수 없는 새로운 감각 개념을 제시하고자 한다.

질적 개인주의는 양적 개인주의와는 근본적으로 다른 토대에 놓여 있다. 이 근본적인 토대는 감각의 세계이다. 그런데 질적 개인주의가 임의적인 개인주의로 전락되지 않기 위해서는 감각은 개별적인 경험 내용만을 수용하는 단순히 주관적인 감각으로 이해되어서는 안 된다. 여기서 논의되는 감각은 '개인적'이라는 의미에서의 개별성을 지시하지만, 이 개별성은 개인이 속한 공동체의 보편성을 자기 내

---

36) 요한 볼프강 폰 괴테, 『빌헬름 마이스터의 수업 시대 2』, 안삼환 옮김(민음사, 1999), 117쪽.
37) 임마누엘 칸트, 『윤리형이상학 정초』, 백종현 옮김(아카넷, 2005), 79쪽.
38) 괴테, 『빌헬름 마이스터의 수업시대 1』, 384쪽.

에 체화하고 있는 개별성이다. 그렇기 때문에 이 개별적인 감각에서 드러나는 보편성은 칸트의 경우에서처럼 개별성과 대립되어 개인적이고 감각적인 행복을 억압하는 당위로서의 보편성을 의미하지 않는다. 이와 달리 괴테에게서 질적 개인주의의 보편성은 감각적인 행복과 조화를 이룬다고 짐멜은 주장한다. "이처럼 개인적이고 감각적인 행복을 지향하는 이상을 이성적 이상과 통합시키면서, 괴테는 칸트 윤리학의 토대인 쾌락주의적 도덕과 합리주의적 도덕 사이의 모순을 완전히 극복한다."[39]

괴테에 따르면 이렇게 이해된 질적 개인주의에서 보편적인 선은 억지로 쟁취되는 것이 아니라 사람들은 방임의 상태에서 오히려 자연스럽게 선하게 된다. "이것(선)은 인간의 반성의 산물이 아니라 우리가 이 세상에 태어날 때 신이 내려 주신 아름다운 천성인 것이야."[40] 다시 말해 인간을 선하게 만드는 아름다운 천성은 초감각적인 보편성에서 구성되는 것이 아니라 이미 감각적인 것에 의해 통일되어 있기 때문이다. "칸트의 신념과 똑같이 거론할 만한 가치가 있는 괴테의 신념은 정반대로 심연을 메운다. 왜냐하면 인간의 진정한 활동은 그를 감각적인 것과 초감각적인 것, 그리고 경험과 이념이 분열되지 않은 통일성을 형성하는 존재의 총체성에 편입시키기 때문이다."[41] 이처럼 초감각적인 것을 포함한 감각에 기초해 있는 괴테의 질

---

39) 짐멜, 『근대 세계관의 역사』, 60쪽.
40) 요한 페터 에커만, 『괴테와의 대화』, 곽복록 옮김(동서문화사, 2007), 612쪽.
41) 짐멜, 『근대 세계관의 역사』, 92쪽.

적 유일성은 보편적 실천이성에 기반을 두고 있는 개인으로 환원되지 않는다.

비록 근대적 인간은 자율적 개인으로 존재하지만, 이 자율적 개인은 양적 개인주의와 질적 개인주의라는 두 가지의 방식으로 규정된다. 그리고 질적 개인주의는 한편에서는 보편적인 법칙에 귀속되는 개인과 다른 한편에서 평준화된 대중으로 환원되는 개인으로부터 벗어나 있는 고유한 개성을 지닌 개인을 의미한다. 짐멜의 철학을 높이 평가한 하이데거는 그의 철학적 사유를 통해 근대 자율적 주체가 양적 개인주의와 질적 개인주의로 구분된다는 점을 잘 알고 있다. 더 나아가 비본래적 '그들'과 구분되는 본래적 현존재의 유일한 자기는 규격화되고 평준화된 양적 개인주의에 환원되지 않는 질적 개인주의와 유사한 점이 있다. 하지만 이러한 유사성이 존재함에도 불구하고 본래적 현존재의 유일한 자기와 짐멜의 질적 개인 사이에는 근본적인 차이점이 존재한다.[42] 이러한 근본적인 차이점을 파악하기 위해서 우리는 하이데거가 말하는 유일한 자기의 의미를 정확하게 이해해야 한다.

비본래적 그들과 대비되는 본래적 현존재는 유일한 자기로 특징

---

42) 『차이와 반복』에서 동일적인 자기성에 대립되는 차이성에 근거해 있는 자기성을 확립하고자 한 들뢰즈 또한 하이데거 철학과는 다른 문맥에서 차이에 기초해 있는 자기성 개념을 아름다운 영혼—짐멜의 표현을 사용하자면 질적 개인주의—으로 파악하는 것은 오해라고 주장한다. "동일자에서 벗어나 있고 부정적인 것에 의존하지 않는 순수한 차이들을 불러들이는 데에는 많은 위험이 따른다. 가장 큰 위험은 아름다운 영혼의 표상들로 전락하는 데 있다. 그것은 피 흘리는 투쟁들과는 거리가 먼 차이, 서로 연합하고 화해할 수 있는 차이들에 그치고 마는 위험이다. 아름다운 영혼은 이렇게 말한다. '우리는 서로 다르지만 대립하지 않는다'." 들뢰즈, 『차이와 반복』, 19쪽 참조.

지어진다. 그리고 사람들은 본래적 현존재의 유일한 자기를 세계로부터 고립된 유아론적인 자아 또는 평준화된 대중에 환원되지 않은 질적 개인으로 이해했다. 그와 같은 오해는 하이데거 자신의 설명에서도 일정 부분 비롯되는데, 그 까닭은 유일한 자기를 설명하는 데 있어 그는 타자와 평준화된 비-본래적 그들과 대립되는 유일한 자기를 고독한 자기로 표현하기 때문이다. 1929~1930년에 행한 강의록『형이상학의 근본개념들: 세계-유한성-고독』에서 하이데거는 본래적 현존재는 고독한 존재자로 있다고 주장한다. 그리고 표준적인 해석에 따르면 고독한 존재자로 있다는 것은 비-본래적 그들로부터 떨어져 홀로 있는 상태를 의미한다.[43] 즉 무차별적인 그들로 환원되지 않는 유일한 자기는 '고독한 나'로 존재할 수밖에 없다.

하지만 본래적 현존재의 유일한 자기를 올바르게 이해하기 위해서는, 유일한 자기를 일반적으로 생각하듯이 타자와 무차별적으로

---

43) 엄격하게 말해서 하이데거 철학에서 고독, 즉 '홀로 있음'(a-lone) 또는 '혼자 있음'(Allein)은 타자로부터 분리된 채 혼자 있는 것이 아니다. 역설적으로 홀로 있음에서 '고독한 자아'(lonely ego)는 배제된다. 이와 같이 홀로 있음이 함축하고 있는 역설적인 의미를 우리는 'a-lone'의 원적 분석에서 찾을 수 있다. 라틴어에서 유래된 홀로 있음을 지칭하는 영어 'alone'과 'lone'은 일반적으로 동일하게 사용되지만, 엄격하게 말해서 이 단어들은 상반된 의미를 나타낸다. 왜냐하면 단어 a-lone에서 lone은 부정되기 때문이다. lone이 타자로부터 떨어져 홀로 있음을 일컫는다면 a-lone은 홀로 있음이 배제된 것을 의미한다. 이 외에 중세 영어에서 용어 alone은 어원적으로 'All-ein'과 동의어인 'all-one'에서 유래되었다. *Merriam-Webster's Collegiate Dictionary*(Massachusetts: Merriam-Webster, 1998), p.49. 그리고 all-one을 직역하자면 '모든 것이 하나'로 있는 것을 의미한다. 하이데거가 고독한(einsames) 현존재를 말할 때, '고독'은 타자로부터 떨어져 홀로 있는 lone이 아니라 alone, 즉 모든 것이 하나로 있는 것을 표명한다. 따라서 현존재의 'Einsamkeit'를 하이데거 철학 문맥 속에서 고찰할 때 Einsamkeit는 고독이 아니라 '모든 사람이 하나로 있는 친숙한 공동체'로 번역되어야 한다.

함께 있는 그들과 대립되어 홀로 있는 자아로 파악해서는 안 된다. 사실 『존재와 시간』에서 하이데거는 세계 속에서 홀로 있는 현존재는 불가능하다고 주장하는데, 그 이유는 현존재의 홀로 있음은 여전히 타인과의 더불어 있음을 전제로 하기 때문이다. "현존재의 혼자 있음도 세계 안에 더불어 있음인 것이다. 타인은 오직 더불어 있음 안에서만 그리고 더불어 있음에 대해서만 결여될 수도 있는 것이다. 혼자 있음은 더불어 있음의 결여적 양태의 하나이며, 그 가능성은 더불어 있음에 대한 증명이다."(『존재와 시간』, 168쪽) 그런데 여기서 말하는 '혼자 있음'das Alleinsein과 유일한 자기는 근본적으로 다르다는 사실에 우리는 유의할 필요가 있다.

하이데거에서 현존재의 혼자 있음은 타인과 함께 있음에도 불구하고 친숙한 관계를 맺지 못한 상태를 의미한다. "그렇지만 여러 사람 '가운데' 혼자 있음은 다수의 존재와 연관해서 다시금 그들이 이때 단지 눈앞에 있을 뿐임을 말하는 것은 아니다. […] 그들의 함께 거기에 있음을 무차별성 또는 낯설음의 양태에서 만나게 된다."(『존재와 시간』, 169쪽) 이와 달리 현존재의 유일한 자기는 본래적 또는 친숙한 공동체에 속해 있음을 일컫는데, 이 같은 사실에 대해 하이데거는 다음과 같이 밝힌다. "다만 현존재가 '때문에'를 통해서 구성되고, '자기로 있음'에서 실존하고 있기 때문에 인간 공동체와 같은 것이 가능하다."[44] 여기서 제시된 바와 같이 비록 하이데거는 비-본래적 그들과

---

44) 마르틴 하이데거, 『논리학의 형이상학적 시원근거들』, 김재철·김신태 옮김 (길, 2017), 279쪽.

떨어져 있는 유일한 자기 또는 '고독한 자기'를 말하지만, 그가 의미하는 현존재의 유일한 자기는 의식에 갇혀 있는 고립된 주체 또는 낯선 군중 속에 있는 고독한 자아가 아니라 친숙한 공동체에 속해 있는 주체를 의미한다.

유일한 자기를 공동체와 연관 지어 파악했을 때 우리는 왜 하이데거가 역설적으로 본래적인 유일한 자기를 획득하기 위해서는 현존재는 고립된 '나'를 포기해야 한다고 주장하는지를 이해할 수 있다. "공현존재와 더불어 있음 안에서 현존재는 자신을 본래적 자기로서 획득하기 위해 나임_Ichheit을 포기할 수 있다."[45] 여기서 제시된 바와 같이 본래적 현존재의 유일한 자기에서 '나임'은 포기된다. 그리고 유일한 자기는 '나임'과 무관하기 때문에 하이데거의 철학은 현존재의 유일한 자기를 강조함에도 불구하고 독아론에 빠지지 않을 뿐만 아니라 질적 개인을 지향하지도 않는다. 왜냐하면 보편성을 지향하는 양적 개인과는 구분됨에도 불구하고 질적 개인은 여전히 의식에 갇혀 있는 근대 주체 개념에서 유래된 타자와 분리되어 있는 개별적인 자아를 전제로 하고 있기 때문이다. 현존재의 유일한 자기가 질적 개인으로 환원되지 않는다는 것은 유일한 자기를 열어 밝히는 불안의 현상에서도 제시될 수 있다.

하이데거는 '불안' 또는 '권태'_Langeweile에서 비본래적인 그들의 방식으로 있는 현존재는 본래적인 유일한 자기로 전환된다고 주장한다. 그런데 만약 유일한 자기가 개별화된 자아를 의미한다면, 무를

---

45) 마르틴 하이데거, 「근거의 본질에 관하여」, 『이정표 2』, 이선일 옮김(한길사, 2005), 91쪽.

드러내는 불안 속에 있는 현존재에 대해 하이데거는 다음과 같이 표현했어야 한다. '나는 무das Nichts 앞에서 불안해한다' 또는 '나 자신이 지루해하고 있다'. 하지만 하이데거는 기초존재론에서 이러한 표현을 절대로 사용하지 않는다. 이러한 표현 대신 그는 불안 또는 권태에 대해 다음과 같이 말한다. "처해 있음은 '그것이 어떤지'wie einem ist를 드러내 보여 준다. 불안 속에서는 그것이 섬뜩해진다In der Angst ist einem unheimlich."[46] 이 인용문에서 보여진 바와 같이 불안과 관련하여 하이데거는 비인칭적 주어를 사용한다. 한국어에서는 독어 문장 'wie einem ist'가 '사람이 어떤지'로 번역되었는데, 이러한 번역은 오해의 소지가 있다. 왜냐하면 '사람이 어떤지'로 번역할 경우 어떤 개별적인 사람이 능동적으로 무엇인가를 느끼는 것으로 생각될 수 있기 때문이다. 다시 말해 '사람이 어떤지'가 강조되었을 경우 이 문장에서 주어는 인간을 지칭하는 것으로 이해될 수 있다.

하지만 불안 또는 권태를 설명하는 데 있어 하이데거는 결코 인간을 주어로 삼지 않는다. 더 나아가 그는 불안은 인간의 중심적 현상과 무관하다고 주장한다. "불안에 대한 분석도 한 하나의 기능만을 갖습니다. 즉 그 기능은 인간에서의 중심적 현상을 가시화하는 기능이 아닙니다."[47] 인간을 중심적 현상으로 가시화하는 것과는 달리 불안에서 드러나는 실존을 설명하는 데 있어 하이데거는 실존의 무아성을 강조한다. "그러므로 인간을 실존으로 규정하는 과정에서 본질

---

46) M. Heidegger, *Sein und Zeit*(Tübingen: Max Niemeyer Verlag, 1986), p.188.
47) 마르틴 하이데거, 『칸트와 형이상학의 문제』, 이선일 옮김(한길사, 2016), 370쪽.

적인 것은 인간이 아니라 실존의 무아성ecstasis der Ex-istenz의 차원으로서의 존재라는 사실이 중요하다."[48] 그리고 이처럼 무아성이 강조되기 때문에 불안을 경험하는 데 있어 주어는 '그것'einem이라고 하이데거는 주장한다.

더 나아가 이처럼 불안의 현상에서 '그것'으로 존재하는 현존재의 유일한 자기를 하이데거는 고립된 '나임'이 아니라 형이상학적 중립성으로 규정한다. "순수한 '자기로 있음'이 현존재의 형이상학적 중립성으로 받아들여진다면 동시에 그것은 존재론에서 현존재의 형이상학적 고립을 위한 표현이기도 하다. 이 존재론은 그 고립을 결코 자신의 개체성을 자아중심적-유아론적 고양과 동일시해서는 안 된다."[49] 불안에서 드러나는 현존재의 유일한 자기가 자아로부터 벗어나 있는 형이상학적 중립성을 일컫는다는 사실을 이해하기 위해서는

---

48) M. Heidegger, "Letter on Humanism", ed. W. McNeil, *Pathmarks*(Cambridge: Cambridge University Press, 1998), p.254.

49) 하이데거, 『논리학의 형이상학적 시원근거들』, 277쪽. '불안'이나 '권태' 외에도 『존재와 시간』에서 하이데거는 '양심'에 관한 논의에서도 고립된 자아보다는 '그것'(Es)을 강조한다. 현존재는 양심의 부름에 대답하지만, 이 부름은 '그것'에서 유래된다고 그는 주장한다. "지금까지의 현존재의 존재구성틀에 대한 분석은 부르는 자의 존재양식과 그로써 또한 부름의 존재양식도 존재론적으로 이해하도록 만들 길을 제시하고 있는가? 부름이 명시적으로 나에 의해서 수행되지 않고 도리어 '그것'(Es)이 부른다는 사실은 아직 부르는 자를 현존재적이 아닌 존재자에게서 찾을 것을 정당화하지는 않는다."(『존재와 시간』, 368쪽) 더 나아가 '그것'은 소위 말하는 하이데거의 후기 사유에서도 등장한다. 후기 사유에서 그는 '그것이 준다'(Es gibt), '그것이 말한다'(Es spricht), 또는 '그것이 부른다'(Es ruft)라는 표현들을 쓴다. 후기에서 하이데거의 철학적 사유는 현존재에서 존재로 전환된다고 해석하는 연구자들은 현존재(주체) 대신 '그것'(Es)을 강조하는 후기 사유에서 비로소 주체 철학이 폐기되었다고 주장한다. 그러나 이미 언급한 바와 같은 전기 사유로 간주되는 『존재와 시간』에서도 '그것'은 중요하게 다루어진다. 즉, 불안의 현상에서도 주체는 '그것'에 의해 대체된다면 이미 전기 사유에서도 근대 주체 개념은 극복되었다고 볼 수 있다.

불안을 느끼는 것은 개별적인 자아가 아니라 '그것'이라는 점이 강조되어야 한다. 더 나아가 하이데거에 있어서 형이상학적 중립성이란 현존재의 유일한 자기는 '이것'Es의 방식으로 존재하는 것을 의미한다. 따라서 현존재의 유일한 자기에서 '자기'를 형이상학적 중립성으로 이해한다면, 현존재의 유일한 자기는 질적 개인과 동일시될 수 없다. 이와 달리 형이상학적 중립성으로 존재하는 현존재의 유일한 자기는 공동체 속에서 개별적인 자아를 지양하고 전체 속에 몸담고 있는 사태를 의미한다. 즉 역설적으로 현존재는 고독한 자기에서 '나임'과 질적 개인이 지양된 공동체에 존재한다. 그리고 '나임'과 질적 개인이 포기된 공동체에 속해 있는 현존재의 유일한 자기를 우리는 과거로부터 전수된 관습에 따라 모든 마을 사람들이 한데 어울려 벌이는 축제에서 발견할 수 있다.

앞 장에서 서술된 바와 같이 비록 현존재의 자기는 이론적인 자기의식에서의 자기라기보다는 실천이성에 기원을 두고 있는 자율적으로 행위하는 자기에 더 가깝지만, 전-주제적 행위를 강조하는 하이데거는 현존재의 자기는 실천적 이성에서가 아니라 노동 행위를 통해 성립된다고 주장한다. 그리고 그에게서 현존재의 자기성은 비-본래적인 그들과 본래적인 유일한 자기로 구별되는데, 전자는 노동에서 그리고 후자는 노동이 멈추는 '휴식'Feiern, 즉 '축제의 거행'에서 드러난다.

그러나 엄밀히 말해서, 축제는 단지 일을 중단했을 뿐인 한적한 빈 시간과는 다른 것이다. 노동을 단순히 중지하고 있을 때, 그때는 이미 자제함이 결정적인 역할을 하고 있을 수 있다. 그 안에서 우리는 우리 자신에게로 다가온다. 이러한 것은, 우리가 이기적으로 우리 '자신(자아)'에게로 되돌아가는 것과는 다르다.[50]

이 인용문에서 볼 수 있듯이 하이데거에 따르면 불안 외에 일상적인 세계로부터 벗어나 있는 축제에서도 현존재는 '그들'의 방식으로 있는 것이 아니라 유일한 자기로 존재한다. 그리고 노동에 대립되는 축제의 거행은 마을 공동체의 행사를 지칭하는데, 노동으로부터 벗어난 축제 분위기에서 드러나는 마을 사람의 자기는—이 자기가 질적 개인이건 고립된 자아이건—이기적 자아로 있지 않고 공동체 속으로 사라진다. 즉 축제에서 사람들은 자신들이 개인적 자아로부터 벗어나 이 자아보다 우위에 있는 공동체에 속해 있음을 자각한다. 하이데거가 말한 축제에서 현존재가 자신으로 다가온다고 하는 것은 바로 그와 같은 사태를 의미한다. 여기에서 우리는 세계로부터 분리된 사유하는 자아에 기원을 두고 있는 근대 철학에서의 '고립된 주체 사물'ein isoliertes Subjektding과 구분되는 실존적인 유일한 자기solus ipse의 의미를 올바르게 파악할 수 있다. 하이데거에 있어서 유일한 자기란 이기적이고 자율적인 자아가 부재한 공동체에 존재하는 자기를 나타낸다.

이처럼 본래적 현존재의 자기성이 유일한 자기로 규정됨에도 불구하고 하이데거 철학이 근대 주체성 완성으로 이해되어서는 안 된

---

50) 마르틴 하이데거, 『횔덜린 시의 해명』, 신상희 옮김(아카넷, 2009), 201~202쪽.

다. 왜냐하면 현존재의 유일한 자기는 자기중심적 세계만을 고집하는 꼿꼿한 자아가 사라진 공동체에 속해 있는 자기를 의미하기 때문이다. 그리고 하이데거에 있어서 유아론의 근본적인 실수는 홀로 있음에 앞서 현존재가 이미 타자와 공동체를 이루고 있다는 사실을 간과한 데 있다.

> 유아론Solipsismus의 근본실수는 모든 '나 홀로'가 홀로 있음으로서 이미 본질적으로 서로 함께함이라는 사실을 그 홀로 자체solus ipse에서 진지하게 다루는 것을 잊어버린 데 있다.[51]

여기서 제시된 바와 같이 현존재는 홀로 있는 자아에 앞서 이미 공동체에 속해 있기 때문에 현존재의 유일한 자기는 근대 철학에서 말하는 '나임'에 기초해 있는 고립된 주체로 환원되지 않을 뿐만 아니라 사회세계와의 관계에 있어서도 모순적이지 않다. 그런데 현존재의 사회적 세계에 대한 논의에서 주목해야 할 점은 하이데거 철학에서 타자와 더불어 있음을 통해 형성되는 사회적 세계는 이중적인 의미를 띠고 있다는 사실이다. 기초존재론에서 하이데거는 타자와 함께 있는 사회적 세계를 비-본래적 공동체와 본래적 공동체로 구분한다. 사실 비-본래적 현존재 또한 본질적으로 세계 속에서 타자와 함께 있기 때문에 공동체에 속해 있지만 이 공동체란 '흩어져'zerstreut 있는 현존재의 상호적인 관계로 이루어진 집단을 의미한다. 하지만 축

---

51) 하이데거, 『철학 입문』, 125쪽.

제에서 드러나는 본래적인 현존재의 유일한 자기가 속해 있는 공동체는 이러한 공동체를 표명하는 것이 아니다. 이와 달리 유일한 자기의 공동체에서 하이데거가 정초하고자 하는 공동체는 상호적인 관계로 이루어졌음에도 불구하고 흩어져 있는 비본래적인 집단에 앞서 근원적으로 형성된 결속된 공동체를 의미한다. 이 점에 대해 그는 다음과 같이 밝힌다.

들을 수 있음이 비로소 일자와 타자와의 관계성, 즉 공동체를 만드는 것이 아니라, 오히려 공동체를 전제로 한다. 근원적인 공동체는 상호적인 관계성—그렇게 생겨나는 것이 사회이다—을 받아들임을 통해 비로소 발생하는 것이 아니라, 오히려 공동체는 각각의 개별자를 넘어서서 묶어 주고 규정하는 것에, 각각의 개별자가 연결됨을 통해 존재한다.[52]

여기서 언급된 바와 같이 본래적 현존재에 바탕을 두고 있는 근원적인 공동체에서 현존재는 흩어져 있지 않고 서로 묶여 있다. 따라서 하이데거에 있어서 근원적인 공동체는 다르게 표현하여 비-본래적인 '흩어짐'Zerstreuen에 대립되는 타자와 결속되어 있는 '단일체'Einheit를 표명한다. 다음 장에서 자세하게 고찰하겠지만 단일체로 존재하는 유일한 자기의 의미를 우리는 본래적 현존재가 속해 있는 민

---

52) 마르틴 하이데거, 『횔덜린의 송가: 게르마니엔과 라인강』, 최상욱 옮김(서광사, 2009), 111쪽.

족 공동체와 연관지어 해명할 때 비로소 이해할 수 있다.

4. '단일체'로서의 '유일한 자기'와 민족 공동체

앞에서 지적한 바와 같이 '누구인가?'wer ist es?라는 질문에서 드러나는 현존재의 본질은 보편적인 실체가 아니라 각자적 자기 또는 개별적 자기로 규정된다. 그리고 세계-내-존재로 규정되는 현존재의 개별적 자기는 본질적으로 세계 속에 있는 타자와 더불어 공동세계를 형성한다. 그런데 근대 사회에서 비로소 등장하는 개별적 자기가 존재하는 공동세계는 전-근대적 공동세계와 근본적으로 구분된다. 신분 제도가 폐지된 근대 사회에서 모든 인간은 자유에 바탕을 두고 있는 개별적 자기, 즉 자율적 개인으로 규정되는데, 개인의 자율성은 타자의 간섭과 지배로부터 벗어나 있는 양도할 수 없는 개인의 권리에 기초해 있다. 그리고 공적인 법 없이 모두가 자신들의 권리만을 주장하는 자연 상태에서 필연적으로 일어나는 투쟁을 피하기 위해서는 모든 개인의 권리는 타자의 인정을 통한 사회적 승인하에 이루어진 법적 계약을 전제로 해야 한다. 즉 모든 사람들의 권리를 인정하는 법적 계약하에서만 나의 권리뿐만 아니라 타인의 권리 또한 존중될 수 있다. 따라서 근대 사회에서 확립된 법적 공동체에서 모든 사람들이 타자로부터 독립된 자율적 개인으로 존재함에도 불구하고, 자율적 개인들이 서로의 권리를 침해하지 않고 평화적으로 공존할 수 있다.

　'자율적 개인'의 탄생을 지지하는 자유주의 철학자들은 이처럼 추상적 법의 계약에 입각해 이루어진 공동체가 근대 사회에서 구축할 수 있는 최선의 공동체라고 생각한다. 그리고 이러한 공동체는 자율적 개인들의 집합체로 이해된다. 즉 자유주의 철학자들이 말하는 공동체는 자기중심적인 개인들이 모여서 형성한 일반의지를 의미하는데, 엄격하게 말해서 이 공동체에서 개인은 '흩어져'zerstreut 있다. 하이데거에 있어서 비-본래적인 그들에 의해 형성된 공동체는 이와 같은 '분할된'dividual 개인들이 모인 공동체를 지칭한다. 더 나아가 자유주의 철학자들, 특히 신칸트주의자들의 견해에 반대하는 하이데거는 법적 계약에 입각해 자기중심적이고 분할된 개인들이 모여서 형성된 공동체에서는 진정한 공동체가 성립될 수 없다고 주장한다. 그에 따르면 진정한 공동체에서는 전체가 개인에 앞서 주어지는데, 이러한 진정한 공동체는 '분할되지 않은 개인'individual, 즉 '단일체'를 의미하는 '유일한 자기'에서 열어 밝혀진다.[53)]

하이데거 철학의 표준적인 해석에 따르면 현존재의 유일한 자기는 공동존재에 더 이상 속해 있지 않은 홀로 있는 주체로 이해된다. 그러나 엄격하게 말해서 현존재의 유일한 자기와 진정한 의미의 공

---

53) 헤겔 또한 『법철학』에서 인륜성의 두 번째 단계인 시민사회에서 타자와 직접적 통일을 이루었던 인륜성의 첫 단계인 가족이 수많은 단위로 분화된다고 주장한다. 다시 말해 시민사회에서는 모든 개인들이 서로 외적으로 관계한다. "인륜은 이 단계(시민사회)에서는 스스로 양극으로 분열·상실되었으니, 결국 가족의 직접적 통일은 수많은 단위로 분화되고 붕괴되어 버렸다. 이렇게 나타난 실제상은 개념의 외면성과 그의 해소 및 자유분방한 현존재적 계기들의 자립성일 뿐이다. 그런데 시민사회에서는 특수성과 보편성이 양분되어 있긴 하지만 그러면서도 이들은 서로가 교호적으로 묶여 있는 제약된 상태에 있다." 게오르그 빌헬름 프리드리히 헤겔, 『법철학』, 임석진 옮김(지식산업사, 1996), 307쪽 참조. 더 나아가 그에게서 시민사회의 또 다른 특징은 이 사회에서 인간은 자기 이익만을 추구하는 '사인'(Privatpersonen)으로 존재한다. "개인은 이 외적인 국가의 시민으로서 사인이며 바로 이 사인이란 자기 자신의 이익을 스스로의 목적으로 삼게 마련이다."(앞의 책, 311쪽)

동존재는 반대되는 것이 아니다. 이와 달리 하이데거에게서 현존재의 유일한 자기에 대립되는 것은 '흩어져 있는' 방식으로 있는 '그들'의 공동존재이다.[54] 사실 individual을 직역하자면, 이 용어는 분할된 개인이 아니라 쪼개져 있지 않은 '단일체'를 의미한다. 그리고 '흩어져 있는 그들'과 대립되는 현존재의 유일한 자기solus ipse에서의 '자기'는 진정한 공동체에 속해 있는 단일체를 일컫는데, 이 같은 사실은 용어 solus의 어원적 분석에서 제시될 수 있다. 라틴어 solus는 통속적으로 홀로 있는 것을 의미한다. 그리고 solus를 이처럼 통속적으로 파악했을 때 유일한 자기는 당연히 자기중심적인 고립된 자아를 일컫는다. 하지만 통속적인 의미 외에 용어 solus는 세분화되지 않은 집합체 또는 단일체를 뜻한다.

하이데거가 유일한 자기를 말할 때 그가 염두에 두고 있는 의미는 타자와 공동체를 이루고 있는 단일체로서의 solus이다. 사실 어원적으로 solus에서 유래된 고독을 의미하는 solitudo 또한 이중적인 의미를 함축하고 있다. solitudo는 홀로 있음을 나타내지만 동시에 세분화되지 않은 단일체를 의미한다. 그리고 유일한 자기를 '세분화되지 않고 모든 사람들이 단일체로 있는 것'으로 파악했을 때 우리는 왜 하이데거가 본래적 현존재는 비본래적인 흩어져 있음Zerstreutheit과 대립되어 있다고 주장하는지를 이해할 수 있다. 엄밀하게 말해서

---

54) 1928~1929년에 행한 강의록 『철학 입문』 제37절 3장의 제목은 현사실성과 내던져져 있음. 현존재의 부정성과 유한성. 분산과 개별화(Vereinzelung)이다. 이 제목에서 볼 수 있듯이 하이데거는 현존재의 '유일한 사기'를 흩어져 있는 '그들'과 내비시킨다. 하이데거, 『철학 입문』, 327쪽.

현존재의 근본기분은 불안에서 드러나는 유일한 자기는 고립된 자아가 아니라 타자와 공동체를 이루고 있는 '우리'이다. 이 점에 대해서 하이데거는 다음과 같이 밝힌다. "성스럽고 비통하며, 준비하는 압박이라는 근본기분으로부터 말하는 자는 더 이상 '나'가 아니라, '우리'이다."[55] 다른 곳에서도 하이데거는 유일한 자기는 '나 홀로' 있는 것이 아니라 타자와 함께 존재하는 것이라고 주장한다. "유아론의 근본 실수는 모든 '나 홀로'가 홀로 있음으로서 이미 본질적으로 서로 함께함이라는 사실을 그 홀로 그 자체solus ipse에서 진지하게 다루는 것을 잊어버린 데 있다. 오직 내가 이미 타인과 함께 있기 때문에만, 나는 타인을 이해할 수 있다. 나는 우선 타인 없이 유일한 것이었다가 그다음 서로 함께하기 위해서 어떤 수수께끼 같은 길을 가는 그런 존재가 아니다."[56] 이 인용문들에서 제시된 바와 같이, 유일한 자기는 고립된 자아가 아니라 공동세계에서 단일의지로 결속된 단일체를 지칭한다.[57]

---

55) 하이데거, 『횔덜린의 송가: 게르마니엔과 라인강』, 157쪽.
56) 하이데거, 『철학 입문』, 125쪽.
57) 우리는 공동세계에서 타자와 단일의지로 있는 것을 나타내는 현존재의 유일한 자기 개념을 홉스의 단일체 개념과의 연관성에서 보다 분명하게 이해할 수 있다. 홉스에 있어서 타자와 더불어 있는 자율적 개인은 본질적으로 공동세계 속에 존재하는데, 이 공동세계는 두 가지의 방식으로 존재한다. 『시민론』에서 그는 자율적 개인이 속해 있는 서로 다른 두 개의 공동세계를 다음과 같이 기술한다. "끝으로 국가체제(civil government), 특히 군주제에 중대한 걸림돌이 되는 것은 사람들이 민중(a people)과 군중(a multitude)을 제대로 구별하지 않는 것이다. 민중은 단일체(one)이고, 단일 의지를 가지며, 단일 행동을 그 속성으로 가질 수 있다. 그러나 군중을 두고 단일체, 단일 의지, 단일 행동 등을 얘기하는 것은 결코 적절하지 않다."토마스 홉스, 『시민론: 정부와 사회에 관한 철학적 기초』, 이준호 옮김(서광사, 2013), 208~209쪽. 여기서 언급되는 홉스의 '군중' 개념은 하이데거가 말하는 비본래적 그들에 상응한다. 군중이 단일체로 특징지어질 수 없는 이유는 군중에서 모든 자율적 개인들

현존재분석에서 유일한 자기는 단일체를 의미하기 때문에 하이데거는 전선에서 개별적으로 죽음을 맞이하는 군인들에게 진정한 공동체가 형성된다고 주장한다.

전선에 있는 군인의 동료애는, 알지 못하는 다른 사람이 죽었기 때문에 서로 모이는 것에 그 근거가 있는 것도 아니고, 또한 사람들이 공통의 감격 속에서 약속했다는 점에 그 근거가 있는 것도 아니다. 오히려 가장 깊고 유일한 근거는 희생되는 죽음의 가까움이 무엇보다도 각자를 동일한 무화 앞에 세우고, 이 무화가 무조건적인 서로 속함을 위한 원천이 된다는 점 안에 있다. 각각의 모든 사람이 스스로 죽어야만 하는 그러한 죽음, 각각의 개별자를 극단적으로 개별화시키는 죽음, 바로 이러한 죽음과 희생을 준비하는 것이 비로소 공동체를 위한 공간을 만들며, 이 공동체로부터 동료애는 생겨난다.[58]

이 자신들의 자립성을 서로 적대적으로 내세우기 때문이다. 이와 같이 통합되지 않은 자율적 개인의 비본래적인 자립성을 하이데거는 '비자립성'이라 부른다. 군중의 공동세계와는 달리 '민중'의 공동세계는 단일체(one)의 방식으로 존재 한다.

58) 하이데거, 『횔덜린의 송가: 게르마니엔과 라인강』, 111~112쪽. 그런데 여기서 우리가 유의할 점은 비록 이 주제에 대해 하이데거는 자세하게 고찰하지 않았지만, 그에게서 전투에서 경험되는 개별적인 죽음은 '개인적 죽음'(der persönliche Tod)과 '비개인적 죽음'(der unpersönliche Tod)으로 구분된다는 사실이다. 그리고 엄격하게 말해서 타자와의 결속, 즉 동료애를 가능케 하는 전투에서의 개별적인 죽음은 비개인적 죽음을 의미한다. 헤겔 철학에서도 우리는 전투에서 경험되는 개인적 죽음과 비개인적 죽음의 차이점을 발견하는데, 그는 이 차이점에 대해 다음과 같이 밝힌다. "군인 신분과 전쟁은 각각 자기의 현실적인 희생이며 개별자에 대한 죽음의 위험인데, 전쟁과 더불어 개별자의 직접적으로 긍정적인 자기(Selbst)는 이와 같이 자신의 추상적인 직접적 부정성을 직관하게 되며, 그리하여 이러한 개별자로서의 각자는 스스로를 절대적인 위력으로서 창조해 내어, 절대적으로 자유로운 것으로서 다시 말해서 독자적이고 또한 타자에 대해서 실재적으로 보편적인 부정성으로서 자기 자신을 직관한다. […] 죽음은 냉혹하게 받아들여지고 또 그렇게 주어지지 않

여기서 하이데거는 전장에서 경험되는 개별화된 죽음에서 결속된 공동체, 즉 동료애가 형성된다고 강조한다. 표면적으로 볼 때, 이러한 하이데거의 주장은 모든 개별자를 배격하고 전체로서의 공동체만을 강조하는 전체주의적인 사상을 옹호하는 것처럼 보인다. 그런데 여기서 하이데거가 강조하고자 하는 바는 진정한 단일체로서의 공동체는 자기주장을 하는 원자적 개인의 집합체가 아니라 자기주장을 배제한 개인들이 서로 유기적으로 결속을 이루는 공동체라는 점이다. 사실 독일어에서 부대는 군인들이 세분화되지 않고 하나로 있는 '단일체'Einheit를 지칭한다. 그리고 하이데거는 이처럼 공동으로 투신함으로써 타자를 위해 자신을 희생하고 개별화시키는 죽음을 통해 비본래적인 집합체와는 근본적으로 구분되는 타자와의 결속성에 바탕을 두고 있는 공동체 의식이 비로소 형성된다고 역설한다.

동일한 일에 고용되어 있는 사람들의 서로 함께 있음은 흔히 오직 불신에 의해서만 지배되고 있다. 반대로 동일한 일을 위해서 공동으로 투신함은 각기 고유하게 장악한 현존재에서부터 규정되고 있다. 이러한 본래적인 결속성이 비로소 타인을 그의 자유에서 그 자신에로 자유롭게 내어 주는 그런 올바른 사태성을 가능케 한다.(『존재와 시간』, 171쪽)

을 수 없지만, 이때의 죽음은 개별자가 적을 주시하면서 직접적인 증오감에 불타 살해하는 백병전이나 근접전을 통하여 받아들여지고 주어지는 것이 아니라 공허하게 즉 '비개인적으로'(unpersönlich) 포연 속에서 주어지고 받아들여진다." G. W. F. Hegel, *Jenener Real philosophie*, Bd. II, p.261 참조.

요약하자면 하이데거에 따르면 타자와 함께 있는 현존재의 공동세계는 두 가지 방식으로 규정된다. 한편에서는 공동세계에서 현존재가 자기만의 세계를 고집하기 때문에 타자와 적대적으로 존재할 수 있다. 하지만 다른 한편에는 현존재가 공동세계에 투신함으로써 각자의 자율성을 제한하고 단일의지를 형성하며, 이를 통해 타자와의 강한 연대감을 형성할 수 있다. 현존재분석에서 전자는 '그들'에 의해 형성된 비본래적 공동세계를 그리고 후자는 유일한 자기의 단일의지에 기초해 있는 본래적 공동세계를 의미한다.[59]

사실 자율적 개인이 등장하기 이전인 전-근대적 사회는 단일의지에 의해 통합된 사회로 규정된다. 하지만 근대 사회와 기계문명과 자본주의가 가속화된 20세기 현대 사회에서 모든 사람들은 독립된 개인으로 존재하기 때문에 사회는 사회적 통합이 부재한 바탕 없는 조직으로 전환된다고 하이데거는 주장한다. "형이상학적 견지에서 볼 때, 러시아나 아메리카는 둘 다 동일한 것이다: 눈을 뜨고 볼 수 없는 쇠사슬이 끊긴 기계문명의 발광 그리고 규격화된 인간들의 바탕 없는 조직."[60] 사회적 통합, 즉 바탕 있는 조직을 형성하기 위해서는

---

59) 사실 그리스 철학자 헤라클레이토스는 본래적과 비-본래적이라는 표현은 사용하지 않았지만, 하이데거에 앞서 그 또한 인간은 두 개의 존재방식으로 존재한다고 주장한다. 그에 있어서 인간은 한편에서 깨어 있는 방식과 그리고 다른 한편에서 잠들어 있는 방식으로 존재한다. "깨어 있는 자들에게는 하나이고 공통의 세계(kosmos)가 있다. 반면에 잠들어 있는 자들 각각은 자기만의 세계로 돌아간다." 여기서 깨어 있는 자의 세계는 본래적 현존재의 세계에 그리고 잠들어 있는 자의 세계는 비-본래적 현존재의 세계에 상응된다고 볼 수 있다. 『소크라테스 이전 철학자들의 단편 선집』, 김인곤·강철웅·김재홍 외 옮김(아카넷, 2007), 231쪽 참조.

60) 하이데거, 『형이상학 입문』, 74쪽.

현존재의 단일의지가 재정립되어야 한다. 여기서 우리는 왜 하이데 거가 비본래적 그들과 구분되는 유일한 자기를 강조하는지를 파악할 수 있다. 현존재의 유일한 자기 개념에서 하이데거는 과거 신분제도 에 의존하지 않으면서 사회적 통합을 가능케 하는 단일의지를 정립 하고자 한다. 현존재분석에서 그는 이와 같이 분산되지 않고 서로 합 일을 이루는 단일체 또는 단일의지로 있는 상태를 본래적인 유일한 자기로 표현한다. "이러한 동일한 것에서 우리는 서로 합일에 이르게 되고, 또한 이러한 동일한 것을 바탕으로 삼아 우리는 하나가 되며, 그리하여 본래적으로 우리 자신이 된다."[61] 여기서 볼 수 있듯이, '그 들'과 구분되는 본래적인 우리 자신, 즉 유일한 자기에서 현존재는 사 회적 통합을 가능케 하는 타자와 합일되어 있는데, 이 합일은 타자와 의 연대감$_{solidarity}$이 형성되었을 때 비로소 드러난다. 즉 타자와의 사 회적 연대감은 현존재의 자기가 단일의지로 있는 유일한 자기의 방 식으로 존재할 때 비로소 성립될 수 있다. 사실 라틴어에서 연대감의 어근인 'solidus'와 'solus'는 서로 밀접하게 연관되어 있는데, 그 까 닭은 이 단어들 모두 집합체를 의미하기 때문이다. 더 나아가 단일의 지로 존재하는 유일한 자기에서 드러나는 사회적 연대감에서 우리는 왜 하이데거가 본래적 현존재를 '공동운명'$_{Ge-schick}$에 기초해 있는 '민 족 공동체'와 연관지어 분석하는지를 분명하게 이해할 수 있다.

『존재와 시간』에서 하이데거는 죽음의 불안에서 드러나는 본래 적 현존재의 자기는 '운명'$_{Schicksal}$으로 규정된다고 주장한다. "오직

---

61) 하이데거, 『횔덜린 시의 해명』, 73쪽.

죽음에로 앞질러 달려가 봄만이 모든 우발적이고, '잠정적인' 가능성을 몰아낸다. 오직 죽음에 대한 자유로움만이 현존재에게 단적으로 목표를 제공하며 실존을 그 유한성에 부딪치게 한다. 이렇게 장악된 실존의 유한성이 유쾌함, 경솔함, 책임회피 등과 같은, 자신에게 제공된 가까운 가능성들의 끝없는 다양함에서부터 현존재를 다시 떼어내어 그의 운명의 단순함die Einfachheit seines Schicksals에로 데려온다."(『존재와 시간』, 502쪽)

그런데 앞에서 논의한 바와 같이 본래적 현존재의 자기는 결코 세계와 타인으로부터 분리된 고립된 자아로 존재하지 않기 때문에 여기서 언급된 운명적인 현존재 또한 고립된 자아로 이해되어서는 안 된다. 이와 달리 운명적인 본래적 현존재의 자기는 본질적으로 타인과 더불어 존재한다. 이 점에 대해 하이데거는 다음과 같이 말한다. "그러나 운명적인 현존재가 세계-내-존재로서 본질적으로 타인들과 함께 더불어 있으면서 실존할 때, 그의 생기는 공동생기이고 역운(공동운명—인용자)으로 규정된다. 이로써 우리는 공동체, 민족의 생기das Geschehen des Volkes를 지칭하고 있는 셈이다."(『존재와 시간』, 503쪽) 『존재와 시간』 전체에서 '민족'이라는 표현은 이 인용문에서 딱 한 번 사용된다. 그런데 여기서 우리는 민족 공동체는 자기의식을 여전히 고수하는 주체들이 함께 모여 있음을 의미하지 않는다는 것에 유의할 필요가 있다. 하이데거에게서 공동운명에 바탕을 두고 있는 민족 공동체란 자기주장 또는 자기중심적인 의지가 억제되어 있는 주체들이 함께 모여 형성된 공동체를 일컫는다. 본래적 현존재의 유일한 자기가 고립된 주체가 아니라 주체가 배제된 연대감에 기초한 단일의지를 의미한다는 사실을 우리는 공동운명에서 의해 형성된 민족 공동체에 발견할 수 있다.

현존재의 본래적 공동세계를 구성하는 민족 개념은 이미 근대 독일 정치 철학에서 중요한 위치를 차지하고 있는데, 그 이유는 이 개념에서 철학자들은 단일의지로 있는 공동체의 가능조건을 발견했기 때문이다. 그런데 독일 철학자들이 말하는 '민족'das Volk 개념은 사실 영어 표현인 '민중'a people을 독일어로 번역하는 과정에서 성립된 것이다. 『존재와 시간』에서 하이데거는 '민중' 또는 '민중의 단일체'에 관해서는 전혀 언급을 하지 않지만, 본래적 현존재에 대한 분석에서 그는 민족 공동체를 강조한다. 그가 본래적 현존재의 공동세계와 민족 공동체를 동일시하는 이유는 민족 공동체에서 현존재는 흩어져 있지 않고 단일의지로 통합되어 있기 때문이다. 다시 말해 현존재의 유일한 자기에 기초해 있는 본래적 공동세계란 현존재가 다른 현존재와 대립되어 적대적으로 있는 것이 아니라 단일체, 즉 민족 공동체로 존재하는 방식을 의미한다. 그래서 유일한 자기로 존재하는 고독한 시인—하이데거에 있어서 이 시인은 횔덜린을 지칭한다—은 본질적으로 민족과 함께 있다고 하이데거는 역설한다.

> 그러나 그는 이러한 밤의 무das Nichts 안에 굳건히 서 있다. 시인은 이렇게 자신의 사명으로 인해 최고의 고독 속에서 홀로 머무름으로써, 그는 자기 민족을 대표해서 진실로 그 민족을 위해 진리를 성취한다.[62]

---

62) 앞의 책, 90~91쪽.

그런데 현존재의 유일한 자기에서 열어 밝혀지는 본래적인 더불어 있음을 의미하는 하이데거의 '민족 공동체' 개념은 조심스럽게 다루어져야 한다. 여기서 주목할 점은 비록 하이데거가 민족 공동체를 독일 민족과 연관시켜 고찰하지만, 그에게서 민족은 나치즘의 이데올로기를 추종하는 사람들이 생각했듯이 독일인의 피$_{Blut}$와 토양$_{Boden}$에 기초해 있는 것이 아니라는 사실이다. 이와 달리 그의 민족 개념은 모든 서구인을 포함하는 광범위한 의미를 함축하고 있다.

현존재의 본래적 공동세계를 지칭하는 민족 공동체를 규명하는 데 있어 민족 개념은 중요하다. 그렇지만 하이데거가 말하는 민족 개념을 이해하는 것은 매우 어렵다. 왜냐하면 민족에 대한 분석에서 하이데거는 기존의 용어를 차용하지만 그가 부여하는 의미는 전통적 의미, 특히 낭만주의자들이 말하는 민족과는 근본적으로 다르기 때문이다. 사실 독일 철학사의 문맥에서 볼 때, 하이데거에 앞서 민족 또는 민족 공동체 개념은 보편적 가치를 강조하는 계몽주의에 대립되는 독일 낭만주의 철학자들에 의해 주제화됐다.[63] 세계시민주의를 지향하는 계몽주의적 이성을 거부하는 낭만주의 철학자들은 보편주의에 결코 귀속될 수 없는 구체성에서 비로소 진정한 삶의 의미가 드러난다고 주장한다. 더 나아가 그들에게서 이 같은 구체적인 삶을 가능케 하는 민족은 피와 토양에 의해 규정된다. 하지만 낭만주의와는 달리 하이데거가 민족을 말할 때, 그가 의미하는 민족의 토대는 피와 토양에 의해서만 형성되지 않는다. 이 같은 점에 대해 그는 다음과 같

---

63) 이사야 벌린, 『낭만주의의 뿌리』, 강유원·나헌영 옮김(이제이북스, 2005), 39~76쪽 참조.

이 말한다. "민족을 규정하는 데 있어 피와 고향은 필요하다. 그러나 이것들은 민족의 실존에 대한 필요충분조건이 아니다."[64] 다시 말해 하이데거의 민족 개념은—나치즘이 표방하는 민족 개념의 경우처럼—피상적으로 지형학적이고 생물학적인 특징에 의거해 정의되지 않는다.[65]

하이데거의 현존재분석에서 우리는 낭만주의적 민족 개념과는 구분되는 새로운 민족 개념을 발견한다. 혈연을 넘어선 하이데거의 민족 개념은 단지 하나의 개별 국가의 토양—한 예로 독일의 토양—에 뿌리박고 있는 공동체를 의미하지 않는다. 이와 달리 민족은 유럽문화의 세계 속에 뿌리박고 있다. "우리는 오늘날 미국주의의 앵글로 색슨 세계가 유럽을, 즉 고향을, 즉 서구의 시원을 포기하기로

---

64) M. Heidegger, *Sein und Wahrheit: Die Grundfrage der Philosophie; 2. Vom Wesen der Wahrheit*, ed. H. Tietjen(Frankfurt am Main: Vittorio Klostermann, 2001), p.263.

65) 그런데 사실 하이데거 이전에 이미 헤르더에 의해 생물학적 토대에 기초해 있는 민족 개념은 비판받는다. 낭만주의 전통에 서 있지만 헤르더는 혈연을 강조하는 협소한 낭만주의적 민족 개념을 거부한다. 따라서 그는 자신의 철학적 사유에서 중요한 위치를 차지하고 있는 민족 개념을 규정할 때 "혈연을 기준으로 삼지 않으며, 인종이라는 기준도 사용하지 않는다." 벌린, 『낭만주의의 뿌리』, 100쪽 참조. 하지만 여기서 중요한 점은 비록 하이데거와 헤르더 모두 탈-혈연적인 민족 개념을 강조하지만, 그들이 말하는 민족 개념은 서로 다르다는 사실이다. 하이데거는 헤르더의 민족 개념이 주체에 반대되는 것이 아니라 오히려 역설적으로 주체성에 토대를 두고 있다고 주장한다. "민족 개념은 자아 또는 주체의 본질에 기초되어 있다. 오로지 전체 존재자의 진리를 규정하는 형이상학이 주체나 자아에 근거 지어졌을 때 '국가' 내지는 '민족' 개념이 얻어질 수 있다 […] 데카르트 철학 없이, 즉 주체의 형이상학적인 기초 없이 헤르더는 결코 민족개념을 철학적으로 정립할 수 없다." M. Heidegger, *Parmenides*, trans. A. Schuwer and R. Rojcewicz(Bloomington: Indiana University Press, 1992), p.137 참조. 요약하자면 하이데거에 있어서 민족 개념은 혈연 그리고 주체에 근거해 있는 민족을 의미하는 것이 아니다.

결정한 것을 안다. 시원적인das Anfängliche 것은 파괴될 수 없다."[66] 이 인용문에서 볼 수 있듯이, 하이데거에게서 민족이 머물고 있는 장소, 즉 고향Heimat은 독일에만 국한되어 있는 것이 아니라 유럽의 시원과 연관 지어져 있다. 더 나아가 이미 앞에서 언급한 바와 같이 현존재분석에서 그가 관심을 갖고 규명하고자 하는 것은 보편적 인류 또는 개별 국가에 한정되어 있는 민족이 아니라 서구 역사의 인간이다. 이와 같은 이유 때문에 횔덜린의 시를 논의하는 과정에서 그는 독일 전통과 정서를 밑바탕에 두고 있음에도 불구하고 횔덜린의 시가 추구하는 것은 서구적인 인간의 역사라고 주장한다. "이 시인이 시를 짓는 것은 그 자체로 역사적이고 서구적인 인간의 역사 존재이다."[67] 여기서 우리는 하이데거의 독특한 민족 개념을 발견할 수 있다. 그가 말하는 '민족'은 한 국가, 즉 독일에 국한되어 있는 공동체가 아니라 그리스에서 시작한 시원적인 존재사유와 관계를 맺고 있는 서구적 인간 공동체를 의미한다. 하지만 '민족'에 대한 분석에서 하이데거는 이 점을 분명하게 설명하지 않았기 때문에 그의 민족 개념은 많은 오해를 야기시켰다. 그의 민족 개념이 서구적 인간 공동체를 지칭한다는 것은 용어 '게르마니엔'Germanien에 대한 해명에서도 제시될 수 있다.

1942년의 강의록 『횔덜린의 송가』에서 하이데거는 횔덜린이 지은 시 「게르마니엔」에 대해 심도 있게 논의한다. 독일어에서 이중적인 의미를 띠고 있는 '게르마니엔'은 한편에서는 '독일적인' 그리고

---

66) 마르틴 하이데거, 『횔덜린의 송가 〈이스터〉』, 최상욱 옮김(동문선, 2005), 90쪽.
67) 앞의 책, 103쪽.

다른 한편에서는 '서구적인' 것을 지칭한다. 만약 「게르마니엔」에서 의도된 것이 독일적인 것과 조국이라면, 이 시를 지은 횔덜린은 국수주의자로 간주될 수 있다. 그러나 하이데거는 횔덜린이 국수주의자가 전혀 아니라고 주장한다. "즉 조국이라고 명명하고 있다. 그 시인 (횔덜린)에게 조국은 아주 의심스럽고 소란스러운 국수주의를 뜻하지 않는다."[68] 왜냐하면 횔덜린에게서 게르마니엔은 독일적인 것보다는 '아시아적인' 것에 대립되는 '서구적인' 것을 의미하기 때문이다. "마찬가지로 그 이름은 그 자체로 모든 세계인들의 사유를 위한 정형도 아니다. 오히려 그 이름은 처음으로 아시아인과 논쟁을 벌인 서구적-게르만적인 역사적 현존재의 근원적 힘을 위한 이름이다."[69] 이처럼 횔덜린의 시적 사유에서 게르마니엔은 국수적인 성격을 띠는 독일적인 것보다는 서구적인 것을 의미한다. 물론 『존재와 시간』에서 서구 인간의 본질에 관해서는 언급되지 않는다. 그 대신에 하이데거는 민족이라는 표현을 쓴다. 그에 있어서 실존 또는 (사회적) 세계-내-존재로 규정되는 본래적 현존재의 본질은 세계와 매개되어 있는 민족에서 드러난다. 하지만 지적한 바와 같이 우리는 여기서 말하는 민족 개념이 횔덜린의 시 「게르마니엔」에서 언급된 서구 인간의 공동체를 의미한다는 사실에 유의할 필요가 있다.

이처럼 하이데거에 있어 민족은 단일의지로 있는 공동체를 의미하는데, 이 공동체는 그리스에서 유래된 시원적인 존재에 의해 근원

---

68) 하이데거, 『횔덜린의 송가: 게르마니엔과 라인강』, 173쪽.
69) 앞의 책, 190쪽.

적으로 형성되었다. 그리고 이 민족 공동체는 고대 그리스 문화에까지 확대되기 때문에 그는 존재사유를 가능케 하는 언어에는 독일어 외에 그리스 언어 또한 포함된다고 주장한다.[70] 그리고 이렇게 이해된 민족 개념을 통해 하이데거는 한편에서는 협소한 민족주의를 그리고 다른 한편에서는 전수된 전통으로부터 뿌리 뽑힌 비본래적 현존재를 비판한다. 하지만 비록 하이데거가 시원적인 사유와 전통을 중시하는 민족 공동체를 통해 바탕 없는, 즉 뿌리 뽑힌 근대적 주체를 대체하려고 시도하지만, 이러한 시도에서 그가 추구하는 것은 전근대적 시대로 회귀하여 단순히 전수된 전통 문화적 삶을 복구하는 것이 아니다. 이와 달리 유럽의 시원에서 드러나는 '존재'와 관계하는 하이데거의 민족 개념은 '도래'로 기투되어 있다. "이러한 시원은 과거의 것이 아니라 그것이 모든 다가오는 것을 결단했기 때문에 오히려 항상 도래Zukunft적인 것이다. 우리는 시원을 이러한 도래적인 것으로서 고려해야만 한다."[71] 사실 민족이 도래에 기투된다는 것은 다르게 말해서 민족은 자유의 영역에 열려 있다는 것을 의미한다. 그리고 근대성을 정의하는 데 있어 중요한 개념인 자유가 이처럼 민족과 관계하는 한에서 하이데거가 민족 개념을 통해 추구하는 것은 단순하

---

70) G. Figal, *The Heidegger Reader*, trans. J Veith(Bloomington: Indiana University Press, 2007), p.331.

71) 마르틴 하이데거, 『근본개념들』, 박찬국·설민 옮김(길, 2012), 37쪽. 다른 곳에서도 하이데거는 시원은 미래와 동근원적이라고 말한다. "우리 역사의 시원에 대한 상기는 서양의 인류를 현재 규정하고 있고 미래에도 규정할 저 결단에 대한 앎을 일깨우는 것이다. 시원에의 상기는 그러므로 과거의 것으로부터 도피가 아니라 미래의 것에 대한 각오이다."(앞의 책, 44쪽)

게 전근대적 세계로의 회귀가 아니다. 본래적 현존재의 자기가 궁극적으로 민족으로 규정되었을 때, 현존재는 비본래적 그들과는 달리 전통에 뿌리내리고 있는 진정한 공동체에 속해 있을 수 있으며, 더 나아가 이 공동체는 단일체를 일컫는 유일한 자기에서만 가능하다.

위에서 살펴본 바와 같이 현존재의 유일한 자기solus ipse를 단일체로 이해함으로써 우리는 유일한 자기를 고립된 자아가 아니라 타자와 결속되어 있는 민족 공동체의 토대로 해석하고자 한다. 그리고 도래에 향해 있는 민족 공동체에 속해 있는 본래적 현존재는 자유의 영역에 열려 있다. 사실 현존재의 본질은—비본래적 현존재건 본래적 현존재이건—자유로 규정된다. 그런데 현존재분석에서 하이데거가 추구하는 것은 단순하게 현존재가 자유로운 존재자라는 것을 보여주는 것이 아니라 현존재의 진정한 자유를 정초하는 것인데, 이 진정한 자유는 본래적 현존재의 자기에서 열어 밝혀진다. 일반적인 의미에서 자유는 어떤 물리적인 제약과 타자로부터의 해방이나 또는 '나는 내가 의지하는 바를 행할 수 있다'는 능력을 의미하는데, 그와 같은 방식으로 이해되었을 때 자유는 필연적으로 의지하는 주체를 전제로 한다. 만약 '나'가 배제된다면, 자유는 결코 성립될 수 없다. 그래서 '나' 또는 '자기'와 '자유'는 필연적으로 공속적이다.

이러한 관점에서 볼 때, 불안의 현상에서 그들로부터 결별함으로써 진정한 자유를 열어 밝히는 본래적 현존재, 즉 유일한 자기는 당연히 유아론적 자기처럼 보일 수 있다. 하지만 이처럼 불안에서 드러나는 진정한 자유가 자율적 나를 필연적으로 전제함에도 불구하고, 본래적 현존재의 자유에서 하이데거가 의도하는 바는 근대 철학에서의 유아론적 자아로 회귀하는 것이 아니다. 본래적 현존재가 자주 유아론적 자아로 오해를 받는 이유는 사람들이 본래적 현존재에서 드러나는 자유를 자율적 나의 자유로운 선택 능력으로 간주하기 때문이다. 그러나 현존재분석에서 일반적인 자유를 지칭하는 '자의'Willkür와 '자유'는 엄격하게 구분된다. 자의적인 행위는 여전히 행위 이면에 있는 주체를 전제로 하고 있기 때문에 비본래적 그들에 속해 있는 반면, 주체가 부재한 자유로운 행위는 본래적 현존재에 의해 수행된다. 즉 본래적 현존재에 있어 자유로운 행위는 '나'에서 유래되지 않고 과거로부터 전수되는 공동체에 속해 있는 '우리'에 기원을 두고 있다. 그러므로 자의와 구분되는 자유 개념에서 우리는 본래적 현존재의 유일한 자기가 고립된 자아가 아니라 타자와 단일체를 이루는 사회적 자기라는 것을 궁극적으로 이해할 수 있다.

5. 현존재의 '습속적 자기'(das sittliche Selbst)와
   본래적인 '정황적 자유'(die befindliche Freiheit)

하이데거의 철학이 난해하다고 간주되는 이유들 중에 하나는 기초존재론에서 가장 핵심적인 개념인 현존재를 규정함에 있어 근대 철학에서는 찾아볼 수 없는 낯선 개념들, 즉 실존, 염려, 또는 세계-내-존재 등이 사용되기 때문이다. 근대 철학적 사유에 익숙한 사람들이 이런 개념들을 처음 접하게 되면 당연히 당혹감을 느낀다. 하지만 이러한 낯선 개념들 중에 우리는 하나의 익숙한 개념을 발견하는데, 이 개념이 바로 현존재의 자유이다. 기초존재론에서 하이데거는 근대 철학에서도 중요한 개념으로 간주되는 자유에 입각하여 현존재를 규정한다.

> 그러나 '때문에'Um-willen는 결코 자유롭게 부유하는 것이 아니라 자유 속에서 자신을 시간화한다. 자신의 존재가능을 향해 탈자적으로 자신을 기투하는 것으로서 자유는 존재가능으로부터 이해되고 동시에 이것은 구속성으로서 앞서 보유된다. 따라서 자유는 근거와 같은 것의 근원이다. 우리는 아주 간결하게 다음과 같이 말할 수 있다. 초월하면서 실존하는 현존재의 형이상학적 본질은 자유이다.[72]

여기서 하이데거는 분명하게 현존재의 형이상학적 본질, 즉 자기는 자유에 근거해 있다고 주장한다. 하이데거 철학의 표준적인 해석에 의하면 기초존재론에서 사유하는 자아로 규정되는 근대 주체는 강력하게 거부된다. 그리고 이러한 해석으로 인해 하이데거 철학은 근대 철학적 사유와 무관한 것으로 이해되었다. 하지만 현존재의 자유 개념이 강조된다면 상황은 달라진다. 현존재의 자유 개념에서 우리는 하이데거 철학이 여전히 근대 철학적 사유와 관련성을 지니고 있음을 알 수 있다.

근대 철학에서 최초로 자유 개념을 철학체계의 원리로 삼고, 이를 통해 인간의 본질을 새롭게 파악한 철학자가 바로 칸트이다. 하이데거에 앞서 칸트는 자신의 도덕 철학에서 인간의 본질은 자유에 있

---

72) 하이데거, 『논리학의 형이상학적 시원근거들』, 311쪽.

다고 주장한다. "이제 나는 말하거니와, 자유의 이념 아래서밖에는 행위할 수 없는 모든 존재자는 바로 그렇기 때문에, 실천적인 관점에서 실제로 자유롭다."[73] 사실 독일 근대 철학의 역사는 칸트 이전과 칸트 이후로 나뉜다고 볼 수 있다. 특히 칸트의 실천 철학 이후 독일에서 전개된 철학들─예를 들어 피히테 철학, 셸링 철학 그리고 헤겔 철학─의 출발점은 이론적 이성에 있지 않고 실천적 이성에서 드러나는 자유에 있다. 다시 말해 비록 칸트, 피히테, 셸링 그리고 헤겔이 각기 다른 철학적 체계를 구축했지만, 이들의 철학을 관통하는 공통적인 개념이 있는데, 이 개념이 바로 자유이다. 이렇게 볼 때, 우리는 근대 주체에 관한 논의에서 사유하는 자아 외에 행위하는 자아에 역시 주목해야 한다. 하지만 자유에 기초해 있는 독일 관념론이 19세기 중반에 붕괴된 이후 철학적 관심은 실천 철학에서 인식론의 문제로 다시 전환되면서, 자유 개념은 더 이상 철학적 사유의 주제로 주목받지 못했다. 신칸트주의 철학과 후설 현상학에서 사물의 이론적 인식이 어떻게 성립될 수 있는가에 대해서만 깊이 있게 고찰되었을 뿐 실천적 영역에 있는 자유 개념은 현상학의 중심 주제로 다루어지지 않았다.

그러나 하이데거의 기초존재론에서 이와 같은 상황은 전환된다. 사물의 인식의 가능조건을 오성의 활동에서 찾는 신칸트주의자들이나 또는 직관을 강조하는 현상학자들과는 달리 실천적 행위를 강조하는 하이데거는 현존재분석에서 이론적 이성 개념은 배제하지만 자

---

73) 임마누엘 칸트, 『윤리형이상학 정초』, 백종현 옮김(아카넷, 2005), 182쪽.

유는 가장 중요한 개념으로 삼는다. 그리고 현존재의 자유가 강조되는 한, 하이데거의 철학은 표준적인 해석이 주장하는 바와 같이 근대 철학적 사유와 무관한 것이 아니라 오히려 근대적 주체성과 연관되어 있다고 볼 수 있다. 하지만 자세히 살펴보면 자유를 강조함에도 불구하고 하이데거의 현존재분석은 근대 자율적 주체로 회귀하지 않는다. 왜냐하면 현존재의 자유와 근대 주체의 자유 개념 사이에는 근본적인 차이가 존재하기 때문이다.

비록 현존재의 본질은 자유에 있다고 하이데거는 주장하지만, 그가 말하는 자유는 독특한 의미를 함축하고 있다. 이 독특한 의미를 이해하기 위해서는 우선적으로 현존재의 자유와 일반적으로 생각되는 자유의 차이점이 파악되어야 한다. 일반적인 의미에서 볼 때, 인간의 자유는 선택적 가능성을 놓고 자유롭게 선택할 수 있는 능력, 즉 '나는 내가 의지하는 바를 행할 수 있다'는 능력을 지칭하는데, 이 능력은 '무차별적인 의지의 자유'liberum arbitrium indifferentiae로 표현된다. 예컨대 동물과는 달리 자연으로부터 독립된 인간이 자유로운 행위를 할 수 있는 이유는 인간만이 동물처럼 자연적 본능에만 의지하지 않고 많은 선택지들 중에서 자유롭게 하나를 선택할 수 있는 능력을 지니고 있기 때문이다.

그러나 기초존재론에서 확립하고자 한 현존재의 자유는 이처럼 임의적으로 선택할 수 있는 능력을 의미하는 것이 아니라고 하이데거는 주장한다. "자유는 평범한 지성이 이러한 이름하에서 즐겨 유포해 온 것, 즉 선택할 때 이쪽 또는 저쪽으로 기울어지는 그런 따위의 이따금씩 나타나는 임의성에 불과한 것이 아니다. 자유는 [그렇게] 행동할 수도 있고 또는 행동하지 않을 수도 있다는 그런 비구속성이 아니다."[74] 현존재의 자유에 대한 오해를 피하기 위해서는 이 점이 분명히 파악되어야 한다. 더 나아가 현존재의 자유로운 행위가 임의적인 행위와 동일하지 않다는 것을 보여 주기 위해 그는 의지와 자의Willkür를 구분한다.

일반적으로 사람들은 자유 개념을 '나는 내가 의지하는 바를 행할 수 있다'라는 것으로 이해하는데, 이러한 자유 개념에서는 의지가 반드시 전제되어야 한다. 그런데 독일어에서는 행위의 근거인 의지를 표현하는 데 있어 용어 의지 외에 다른 용어, 즉 자의 또한 사용한다. 그리고 현존재의 자유에 관한 논의에서 하이데거가 일반적인 자유 개념을 거부하는 이유는 이 자유는 의지가 아니라 자의Willkür에 근거해 있기 때문이다. "사람들이 자유를 자유롭게 부유하는 절대적인 자의로서 고립시킬 때 자유를 가장 순수하게 그것의 본질에서 이해한다고 믿는 것은 잘못된 생각이다. 오히려 정반대가 타당하다. 자유는 그것의 유한성에서 파악되고, 구속됨을 증명한다고 해서 자유가 침해되지 않으며, 그것의 본질도 단절되지 않는다는 사실에서 통찰되어야 한다."[75] 현존재의 자유를 이해하는 데 있어 필히 염두에 두어야 할 핵심은 의지와 자의의 구분이다. 나중에 보겠지만 현존재의 자유는 자의가 아니라 의지에서 유래된다.

이 구분을 염두에 두었을 때 우리는 난해하게 보이는 현존재의

---

74) 하이데거, 「진리의 본질에 관하여」, 『이정표 2』, 108쪽.
75) 하이데거, 『논리학의 형이상학적 시원근거들』, 287쪽.

자유에 대한 하이데거의 다음과 같은 정의를 올바르게 파악할 수 있다. "인간이 자유를 속성으로서 소유하는 것이 아니다. 오히려 기껏 해야 그것의 역이 타당하다. 즉 자유가, 다시 말해 탈-존적이며 탈은폐하는 현-존재가 인간을 소유한다."[76] 여기서 말하는 인간의 속성으로 있는 자유는 자의를 일컫기 때문에 진정한 의미로서의 자유가 아니다. 진정한 자유는 의지에서 유래되는 현존재의 자유에서 드러나는데, 이 자유는 인간의 속성으로 존재하지 않는다. 하지만 근대 철학사에서 의지와 자의의 구분은 하이데거에 의해 최초로 고안된 것이 아니다. 칸트 또한 자유를 논하는 도덕 철학에서 의지와 자의를 지칭하는 '의욕'을 구분한다. 사실 현존재의 자유 개념뿐만 아니라 의지와 자의를 구분함에 있어 하이데거는 기초존재론에서 직접적으로 언급을 하고 있지는 않지만 칸트 철학을 전제로 하고 있다. 그러므로 칸트의 도덕 철학적 문맥에서 고찰할 때, 우리는 하이데거가 말하는 의지와 자의의 구분을 보다 분명하게 이해할 수 있다.

『윤리형이상학 정초』에서 칸트는 실천이성에 기초해 있는 자유에 입각해 기존의 도덕 철학과는 근본적으로 다른 새로운 도덕 철학을 확립하고자 한다. 그리고 이 과정에서 그는 '순수의지'와 의욕을 구별한다. "그것(볼프의 도덕 철학)은 일반 실천 철학이어야만 했던 바로 그 이유 때문에, 어떤 특수한 종류의 의지, 가령 일체의 경험적 동인empirische Bewegungsgründe 없이 온전히 선험적 원리들로부터 규정되고, 그래서 사람들이 순수의지der reine Wille라고 부를 수 있을 터인,

---

76) 하이데거, 「진리의 본질에 관하여」, 『이정표 2』, 109쪽.

그러한 의지를 고찰하지 않았고, 오히려 의욕Wollen 일반을, 일반적 의미에서 이것에 속하는 모든 행위들 및 조건들과 함께 고찰하였다."[77] 비록 이 인용문에서 자의라는 표현은 사용되지 않았지만, 칸트가 말하는 의욕은 사실 자의에 상응하는 개념이다. 왜냐하면 의지의 자유를 논하는 다른 곳에서 그는 의지의 자유는 "자의적인 행위willkürliche Handlungen들의 조건"[78]이라고 제시하기 때문이다.

전통 도덕 철학의 주제는 인간의 선한 행위를 평가하는 절대적 기준을 마련함에 있는데, 이 과정에서 가장 중요시되는 개념이 바로 자유의지이다. 그 까닭은 자유의지가 철학적으로 증명되지 않는다면, 인간 행위에 대한 도덕적 책임을 물을 수가 없기 때문이다. 그런데 전통 도덕 철학에서 인간 행위의 도덕적 책임을 자유의지와 연관 지어 논의했음에도 불구하고 선한 행위의 기준을 마련하는 데는 실패한다. 왜냐하면 경험적 차원에 있는 의욕에서 행위의 근거를 찾고자 하는 한 전통 도덕 철학에서 자유의지 개념은 확보될 수 없기 때문인데, 이와 같은 사실을 칸트는 다음과 같이 밝힌다.

무릇, 윤리 형이상학은 가능한 순수 의지der reine Wille의 이념과 원리들을 연구해야 하는 것으로, 인간의 의욕Wollen 일반의 작용들과 조건들을 연구해야 하는 것이 아니다. 이런 것들은 대부분 심리학에서 얻을 수

---

77) 칸트, 『윤리형이상학 정초』, 71쪽.
78) 앞의 책, 208쪽.

있다.[79]

여기서 볼 수 있듯이 칸트는 전통 도덕 철학을 매우 강하게 비판한다. 그에 따르면 전통 도덕 철학은 철학적 지위를 얻을 수 없다. 왜냐하면 도덕적 논의가 철학적 담론이 되기 위해서는 행위의 기원은 순수의지에서 찾아져야 하는데, 전통 도덕 철학에서 논의되는 행위는 의욕에 기초해 있기 때문이다. 그래서 인간의 선한 행위의 조건을 탐구하는 데 있어 경험적 차원에 있는 의욕에 머물러 있는 전통 도덕적 이론은 도덕 철학이라는 표현 대신에 도덕 심리학으로 규정된다. 이와 달리 도덕 철학의 지위는 순수의지를 주제로 삼고 있는 칸트의 윤리형이상학에서만 획득될 수 있다. 더 나아가 칸트가 전통 도덕 철학을 도덕 심리학으로 평가 절하한 이유는 자유로운 행위의 가능조건은 전통 도덕 철학에서 말하는 경험적 차원에 놓여 있는 의욕에서는 성립될 수 없기 때문이다.

이처럼 윤리형이상학에서 인간의 본질을 자유 개념에 의거해 정초하고자 하는 칸트는 하이데거가 현존재분석에서 행한 것처럼 의지를 자의 또는 의욕과 엄격하게 구분한다. 그런데 칸트가 인간의 의욕이 자유롭지 않다고 말할 때, 그가 의미하는 바는 인간의 의욕은 동물처럼 자연적 충동에 종속되어 있다는 것이 아니다. 자기보존을 하기 위해 행위를 하는 인간과 동물은 의욕에 의해 규정된다. 하지만 인간의 의욕과 동물의 의욕은 근본적으로 구별된다. 사물을 경험하는 데

---

79) 앞의 책, 72쪽.

있어 지각적 표상 외에 어떠한 표상도 갖고 있지 않은 동물의 의욕은 직접적으로 주어지는 동기에 의해서만 반응한다. 따라서 동물의 의욕은 동기로서 작용하는 자연적 충동에 종속되어 있다. 이와 달리 사물에 대한 경험에서 인간은 지각적 표상 외에 추상적으로 표상할 수 있는 능력을 가지고 있다. 그리고 이 같은 비지각적 표상 능력으로 인해 인간은 지각에서 주어지는 직접적 충동으로부터 자유로울 수 있다. 즉 숙고하는 능력을 지닌 인간은 동물과는 달리 사물들과의 관계에서 광범위하게 선택할 수 있다.

숙고하는 능력에 의해 인간의 의욕은 현존하는 대상에 의존하지 않고 독립적으로 결정할 수 있다는 사실에 입각해 사람들은 인간의 행위가 자유롭다고 생각한다. 하지만 여기서 유의할 점은 사유하는 자아에 근거해 있는 인간의 의욕은 상대적 자유를 누릴 뿐 절대적 자유는 아니라는 사실이다. 칸트에게서 절대적 자유란 모든 경험적 동인으로부터 독립되어 있는 상태를 의미한다. 그런데 숙고하는 인간의 의욕은 지각에서 주어지는 자연적 충동으로부터는 독립되어 있지만 여전히 경험적 동인, 즉 개인적 안위를 도모하는 동기로부터 결코 자유롭지 않다. 칸트에 있어서 인간의 행위는 한편에서는 외적 원인에 의해 그리고 다른 한편에서는 내적 동기에 의해 결정되는데, 내적 동기는 경험적으로 형성된 성격에 놓여 있다. 그리고 이와 같은 성격을 우리는 경험을 통해 파악할 수 있다. 더 나아가 만약 어떤 사람의 경험적 성격을 알고 있다면, 우리는 그 사람들의 성격에서 유래되는 행위를 미리 예측할 수 있다. 다시 말해 인간의 성격이 완벽하게 인식되었다면, "사람들은 인간의 미래에 대한 태도를 월식이나 일식처럼 확실하게 계산 할 수" 있다고 칸트는 역설한다.[80] 결과적으로 성격에서 유래되는 행위에서는 자유가 성립될 수 없다는 사실을 칸트는 다음과 같이 밝힌다.

> 이 경험적 성격empirischer Charakter 자신은 현상들로부터 작용결과로서, 경험이 직접 제공하는 그것들의 규칙으로부터 도출되지 않으면 안 되기 때문에, 현상에서의 인간의 모든 행위 작용들은 그의 경험적 성격 및 함께 작용하는 다른 원인들로부터 자연의 질서에 따라 규정되어 있다. 그리고 만약 우리가 인간 의사의 모든 현상들을 그 근거까지 탐구할 수 있다면, 우리가 확실하게 예언할 수 없고, 선행 조건들로부터 필연적인 것으로 인식할 수 없는 인간의 행위 작용은 단 하나도 없을 것이다. 그러므로 이 경험적 성격과 관련해서는 아무런 자유도 없다.[81]

여기서 우리는 칸트가 말하는 경험적 성격의 중요한 특징을 발견한다. 그는 경험적 성격이 기계론적인 자연질서에 종속되어 있는 것으로 이해하며, 이로 인해 한 인간의 행위는 결코 자유로운 행위로 규정될 수 없다고 주장한다.

칸트에 있어서 인간의 자유가 가능하기 위해서는 행위는 경험적 동기로부터 완전히 독립되어 있는 토대에 근거 지어져야 한다. 그는 경험적 동기에 종속되지 않는 토대를 경험적 성격에 대비되는 '예지

---

80) 칸트, 『실천이성비판』, 217쪽.
81) 임마누엘 칸트, 『순수이성비판 2』, 백종현 옮김(아카넷, 2006), B577~578.

적 성격'이라 부른다. "[…] 우리는 첫째로 하나의 경험적 성격을 가질 것인데, 이로 인해 현상들로서 그것의 작용들을 항존적인 자연법칙들에 따라 철두철미 다른 현상들과 연관되어 있고, 그 작용의 조건들인 현상들로부터 파생될 수 있을 것이며, 그러므로 이것들과 결합하여 자연질서의 유일한 계열의 항[분절]들이 되겠다. 둘째로 우리는 그것에게 또한 하나의 예지적 성격을 허용하지 않으면 안 되는데, 이 성격으로 인해 그것은 현상들로서의 저 작용들의 원인이긴 하지만, 그것은 어떤 감성의 조건 아래에 있지도 않고, 현상이지도 않다."[82] 이처럼 예지적 성격에서 유래되는 행위는 자연적 질서에 놓여 있는 경험적 원인으로부터 완전히 벗어나 있기 때문에 자유로운 행위로 규정될 수 있다. 그러므로 칸트에서 자의와 구분되는 의지는 자연적 질서에 종속되지 않은 이러한 예지적 성격에 기초해 있다.

　더 나아가 칸트에 따르면 의지의 자유는 자율로 규정된다. "우리가 목적들의 질서 안에서 윤리 법칙들 아래에 있다고 생각하기 위해, 우리는 우리가 작용하는 원인들의 질서 안에서 자유롭다고 상정하며, 그러고 나서 우리는, 우리가 자신에게 의지의 자유를 부가했기 때문에, 우리가 이 법칙들에 종속되어 있는 것으로 생각하는 것이다. 무릇, 자유와 의지의 자기 법칙 수립은 둘 다 자율이고, 그러니까 교환 개념들이다."[83] 그리고 '자율'Autonomie은 스스로에게 도덕 법칙을 부과하는 자유로운 행위를 의미하는데, 이때 도덕 법칙은 경험적인 자

---

82) 앞의 책, B567.
83) 칸트, 『윤리형이상학 정초』, 187쪽.

의의 관점에서 볼 때 정언명령 또는 하나의 당위로 드러난다. 다시 말해 예지적 성격에서 유래되는 의지의 자유 또는 자율은 칸트에서 우리가 목적으로 추구해야 할 당위로서의 이념으로 정립된다. 요약하자면 칸트에게서 인간의 자유는 자연적 질서에 놓여 있는 경험적 자의와 대립되어 있는 예지적 성격에 기원을 두고 있는 의지에 기초해 있다.

하이데거 역시 현존재의 자유를 논의함에 있어 칸트와 마찬가지로 자의가 아닌 의지 개념에 초점을 맞춘다. 그러나 하이데거는 현존재분석에서 경험적 세계와 대립되어 있는 당위나 이념으로서의 의지의 자유 개념을 거부한다. 자유 개념을 경험적 세계로부터 벗어나 있는 예지적 성격에서 확립하고자 한 칸트와는 달리 하이데거는 현존재의 자유는 경험적 영역에 놓여 있다고 주장한다. 그런데 여기서 중요한 점은 하이데거가 말하는 경험적 영역은 칸트의 경우처럼 자연세계를 일컫는 것이 아니라 역사적 세계를 의미한다는 사실이다. 하이데거에게서 현존재의 자유는 경험적 영역에 있는 역사적 세계에서 드러난다. "즉 정신은 아직 근원적인 것에 대한 자유로운 사유와 사용 안에 있는 것은 아니다. (자유로운—인용자) 정신이 정당하고도 본질적으로 '집에 있는 것'은, 정신이 역사적인 인간 자체의 '집에-있음'을 근거짓기 때문이다."[84] 이 인용문에서 '집에 있음'은 현존재는 본질적으로 역사적·사회적 세계에 존재한다는 것을 보여 준다. 따라서 경험적 성격에서 유래되는 자의와 대립되는 칸트의 자유 개념과

---

84) 하이데거, 『횔덜린의 송가 〈이스터〉』, 203쪽.

는 달리 구체적인 역사적 현실성에서 구현되는 자유를 의미하는 하이데거의 자유 개념은 경험적 성격과 밀접하게 연관되어 있다.

현존재의 자유에서 하이데거가 추구하는 것은 칸트의 실천 철학에서 결코 가능하지 않은 새로운 자유 개념을 확립하는 것이다. 세계-내-존재로 있는 한 현존재는 경험적 세계에 거주하기 때문에 현존재의 자유는 경험적 차원에 놓여 있다고 볼 수 있다. 즉 거주하는 과정에서 형성된 경험적 성격을 바탕으로 하여 현존재의 자유는 성립된다고 여겨질 수 있다. 그런데 그동안 이루어진 하이데거 철학 연구들에서는 주목받지 못했지만 세계 또는 경험적 성격에서 유래되는 현존재의 자유를 이해하는 데 있어 우리는 어려움에 봉착한다. 현존재의 자유에서 야기되는 이와 같은 어려움은 현존재가 거주하는 세계 개념을 자연세계로 그리고 현존재 성격을 자연적 질서에 종속되어 있는 경험적 성격으로 잘못 이해한 데서 기인한다. 이러한 어려움을 피하기 위해서는 하이데거가 말하는 경험적 성격의 자세하게 살펴보아야 한다. '경험적 성격'의 의미를 해명하기 위해 하이데거는 먼저 '성격' 개념을 심도 있게 분석한다.

현존재의 자유를 논하는 데 있어 중요한 위치를 차지하고 있는 용어 성격을 이해하기 위해서 우리는 이 성격 개념은 사실 칸트 철학에서가 아니라 그리스 철학에서 최초로 등장했다는 사실을 유의할 필요가 있다. 칸트 이전에 헤라클레이토스 또한 인간을 규정하는 데 있어 성격을 강조한다. "인간에게서 성품ethos이 수호신daimon이다."[85]

---

85) 『소크라테스 이전 철학자들의 단편 선집』, 263쪽. 여기서 우리가 주목해야 할 점은 그리스

일반적으로 이 인용문에서 언급되는 그리스 용어 ethos는 모든 언어에서 성격Charakter 또는 성품으로 번역된다. 칸트가 말하는 경험적 성격에서의 성격 역시 ethos에서 파생된 것이다. 그런데 하이데거는 이 번역에 이의를 제기한다. 그에 따르면, ethos를 성격으로 번역한 것은 근대적 사유에 기인한 것이며, 이 번역에서는 그리스적으로 사유되어 온 ethos의 원래적 의미가 드러나지 않는다.

현존재의 성격, 즉 ethos에 대한 분석에서 하이데거는 근대적 사유에서 파악되는 ethos와 그리스적 사유에서의 ethos를 구분한다. "헤라클레이토스의 격언(단편119)은 일반적으로 '인간에게서 그의 고유한 성격ethos은 그의 수호신daimon이다'라고 번역되곤 한다. 이 번역은 근대적으로 사유한 것이지, 그리스적으로는 사유한 것이 아니다."[86] ethos를 근대적으로 사유한다는 것은 자아중심적으로 사유한다는 것을 의미한다. 그리고 자아와 연관 지어졌을 때, ethos는 자아에 속한 선천적인 속성, 즉 성격을 지칭한다. 물론 인간에게는 태어날 때 부모로부터 부여받은 것과 더불어 경험을 통하여 구성된 개별적인 성격이 존재한다. 하지만 ethos는 근원적으로 개별적 인간의 성격을 일컫지 않는다. 이와 달리 그리스적 사유에서 ethos는 '거주함'을 의미하는데, 이와 같은 사실에 대하여 하이데거는 다음과 같이 말한다. "에토스ethos란 체류지Aufenthalt, 즉 거주의 장소Ort des Wohnens를

용어 'ethos'는 한국어에서도 '성품'으로 번역되었다는 사실이다.
86) M. Heidegger, "Letter on Humanism", p.269.

의미한다. 이 낱말은 인간이 거주하는 열려 있는 영역을 명명한다."[87]
내면적인 의식에 놓여 있는 자아에 앞서 주어지는 세계 속에서 인간은 거주하는데, 그리스적 사유에서 ethos는 바로 '거주함'을 뜻한다. 그러므로 엄밀하게 말해서 ethos는 내면적인 영역에 있는 '성격'Charakter을 지칭하는 것이 아니라 거주함에서 유래된 '습속적 자아'를 표명한다.

하이데거에 의하면 세계-내-존재는 세계 속에서 거주habitare하고 있음을 의미한다. 그리고 이 세계에서 인간은 습관habit을 형성하는데, 성격은 선천적인 특성도 지니지만 동시에 이 습관에 의해 결정된다. 그래서 그리스적 사유에서 볼 때 거주함을 전제로 하는 인간의 성격은 '습관적 자기(성격)' 또는 '습속적 자기(성격)'를 지칭하는데, 이와 같은 하이데거의 습속적 자기는 두 가지 면에서 칸트의 경험적 성격과 구분된다. 첫째, 습속적 자기에서 우리는 인간 의식은 필연적으로 내적 의식으로부터 벗어나 세계와 관계하는 '정황적'befindliche 의식이라는 사실을 발견한다. 둘째, 습속적 자기로 규정되었을 때 인간은 일차적으로 자연세계가 아니라 사회세계 속에 거주하는데, 이 사회적 세계는 경험적 차원에 있음에도 불구하고 필연적인 자연 질서로 환원되지 않는다.

따라서 사회적 세계와 자연세계를 엄격하게 구분하는 하이데거 철학에서 사회적 세계에서 형성되는 습속적 자기는 자연적 질서에 종속되지 않으며, 이와 같은 이유 때문에 습속적 자기는 경험적 차원

---

87) Ibid., p.269.

에 있음에도 불구하고 자유로울 수 있다. 여기서 우리는 기초존재론에서 확립된 현존재 자유의 새로운 토대를 발견한다. 하이데거에 의하면 현존재의 자유는 자연세계와 실천적 이성의 대립 또는 경험적(감각적) 세계와 예지적 세계의 이분법으로부터 벗어나 있는 사회적 세계에 놓여 있으며, 이와 같은 자유는 '정황적 자유'로 규정될 수 있다. 그리고 현존재의 자유가 습속적 자기에서 유래되는 정황적 자유라는 것은 그리스 용어 다이몬daimon에 대한 하이데거의 새로운 해석에서도 분명하게 드러난다.

헤라클레이토스의 단편에 대한 분석에서 하이데거는 'ethos'뿐만 아니라 '다이몬' 또한 기존의 방식과는 다르게 해석한다. 일반적으로 신을 지칭하는 'daimon'은 자연 상태에 있는 인간이 태어날 때부터 부여받은 것이며, 이 'daimon'에 의해 개인의 운명, 즉 '행복'eudaimon과 '불운'kakodaimon이 결정된다. 그런데 이와 달리 하이데거는 'daimon'이 태어날 때 부여받은 것이 아니라 인간의 거주함과 관계한다고 주장한다. 다시 말해 그에 따르면 신의 계시는 자연세계가 아니라 사회적 세계에서 일어난다. 그리고 헤라클레이토스가 말하는 신의 계시가 인간의 거주함, 즉 사회적 세계와 연관되어 있다는 하이데거의 해석은 아리스토텔레스가 보고한 헤라클레이토스의 격언과 일치한다. 아리스토텔레스의 저서에서 발견된 헤라클레이토스의 격언 내용은 다음과 같다. "헤라클레이토스를 방문하고자 했던 외국손님들에게 헤라클레이토스가 건네주었던 말이 사람들 사이에서 회자되고 있다. 외국손님들은 헤라클레이토스에게 가까이 다가서면서 그가 빵 가마 곁에서 불을 쪼이는 모습을 보았다. 그들은 소스라치게 놀라 제자리에 멈추어 섰는데, 그 까닭은 무엇보다, 헤라클레이토스가 머뭇거리는 그들을 격려했고 '여기에도 즉 신들이 현존한다'라고 말하면서 그들을 안으로 들어오게끔 유도했기 때문이었다."[88] 인간의 거주함은 우선적으로 집을 전제로 하는데, 집에서 가장 중요한 장소는 음식을 준비하는 부엌이다. 그리고 부엌에서 가장 핵심적인 것은 음식을 준비하는 데 있어 절대적으로 필요한 불인데, 인간 거주함의 관점에서 볼 때 다이몬을 일컫는 불은 기존의 방식과는 다르게 해석될 수 있다.

다이몬에 관한 하이데거의 새로운 해석에 따르면, 다이몬, 즉 인간에 의해서 만들어진 부뚜막의 불은 자연세계를 비추는 불(태양)이 아니라 사회세계에서 거주하는 인간 삶을 비추는 불을 의미한다. 다시 말해 다이몬은 사회세계에서 인간 생존을 가능하게 하는 근본적인 조건을 일컫는다.[89] 부뚜막의 불에 의지하여 사회적 세계에 거주하는 현존재는 '습속적 자기'로 규정된다. 그리고 자연세계와 대립되는 사회세계의 거주함에서 형성되는 습속적 자기에 기초해 있는 현존재의 자유는 '정황적 자유'로 규정된다. 이 정황적 자유에서 우리는 자연세계와 실천이성의 대립 구도에서 확립된 근대적 자유 개념과는 근본적으로 구분되는 하이데거의 독창적인 자유 개념을 발견한다. 하지만 사회적 세계에 던져져 있는 정황적 자유에서 이미 이념으

---

88) Ibid., p.269~270.
89) 헤겔, 『역사철학 I』, 242쪽; 만프리드 리델, 『헤겔 사유 속의 이론과 실천』, 이병창 옮김(이론 과실천, 1987), 75~76쪽에서 재인용.

로서만 존재하는 칸트의 자유 개념이 극복됨에도 불구하고, 하이데 거는 여기서 멈추지 않는다. 사회적 세계에서 현존재는 비-본래적 그리고 본래적인 방식으로 존재하는데, 이에 상응하여 현존재의 정황적 자유 또한 비-본래적 자유와 본래적 자유로 나뉜다. 기초존재론에서 하이데거가 진정으로 추구하는 것은 본래적 자유인데, 이 본래적 자유는 역사적인 세계에 정황적으로 놓여 있는 자유에서 열어 밝혀진다.

앞 장에서 지적한 바와 같이 비-본래적인 거주함은 현존재가 일상적인 주위세계에서 습관적으로 존재해 있는 것을 뜻한다. 이와 달리 '무'가 드러나는 불안에서 일상적 주위세계가 무너져 내리면서 '친숙한'heimlich 세계가 '친숙하지 않은'unheimlich 세계로 전환될 때 현존재는 세계 속에서 본래적으로 거주한다. 그런데『존재와 시간』에서 제시된 이와 같은 구분 외에 앞에서 언급된 헤라클레이토스의 단편에 대한 분석에서 우리는 현존재의 본래적 그리고 비-본래적 거주함이 새로운 방식으로 규정되는 것을 볼 수 있다. 이 보고에 따르면, 헤라클레이토스는 인간 거주함의 중심으로 여겨지는 부엌에 있는 빵가마 곁에서 불을 쬐고 있다. 빵을 굽는 가마가 있는 부엌은 모든 사람들에게 친숙한 세계로 여겨진다. 그리고 빵을 굽는 도구 곁에 있는 대부분의 사람들이 추구하는 것은 자신들의 생존을 위해 절대적으로 필요한 빵을 굽는 것이다. 하이데거는 이처럼 사적이고 친숙한 세계에 갇혀 개인의 생존만을 위해 빵 굽는 것에만 관심을 가질 뿐, 다이몬, 즉 수호신이 망각된 세계에 거주하는 방식을 '비-본래적'이라고 규정한다. 이와 달리 헤라클레이토스는 빵 가마 옆에 있음에도 불구하고 빵 굽는 일을 하지 않는다. 일상적인 친숙한 세계에 관심이 없어 보이는 그는 고대 그리스 사유에서 신을 지칭하는 불을 쬐는 것에 열중하고 있다. 그리고 불, 즉 다이몬에게만 관심을 갖고 있는 헤라클레이토스는 일상적인 현존재와는 달리 본래적인 정황적 자유를 경험할 수 있는데, 그 까닭은 다이몬은 도래에서 드러나기 때문이다. "인간의 체류지는 인간이 본질적으로 귀속되는 그것의 도래_{Ankunft}를 간직하며 보존한다. 헤라클레이토스의 낱말에 따르면, 그것은 다이몬, 즉 수호신이다."[90] 여기서 볼 수 있듯이, 현존재의 거주지는 '도래'에서 주어지는 다이몬과 함께 거주할 때 본래적인 체류지로 전환된다. 그리고 본래적인 현존재의 정황적 자유의 토대는 도래에 기초해 있다. "'의지'는 여기서 결코 자기 멋대로 계산한 욕망을 이기적으로 추구하여 강행하는 것을 의미하지 않는다. 의지는 역사적 운명에 귀속하기 위한 앎의 채비이다. 이러한 의지는 도래하는 것만을 의지한다."[91] 그런데 본래적 거주함에서 '의지는 도래하는 것만을 의지한다'는 것은 무엇을 의미하는가?

하이데거는 본래적 현존재의 자유를 가능케 하는 신의 현존은 도래에 있다고 주장하는데, 이 도래는 그의 사유에서 독특한 의미를 함축하고 있다. 이 독특한 의미를 살리기 위해 그는 독일어 'Ankunft', 'Ankommende' 외에 더 나아가 불어 'la-venant'를 사용

---

90) M. Heidegger, "Letter on Humanism", p. 269.
91) 하이데거, 『횔덜린 시의 해명』, 171쪽.

한다.[92] 일반적으로 Ankunft는 시제에 있어서 미래를 지칭한다. 그리고 현재에 주어지지 않았기 때문에 미래는 가능성의 영역에 있지만, 이 가능성은 시간이 지날수록, 즉 현재에서 미래로 다가갈수록 현실화될 수 있다. 그런데 하이데거가 말하는 Ankunft는 현재화될 수 있는 미래가 아니다. 현존재분석에서 하이데거는 가능성에 대한 새로운 범주를 발견한다. 가능성의 세계를 열어 밝히는 현존재의 도래는 현재에서 앞으로 나아가는 것이 아니라 거꾸로 미래가 우리에게 다가옴을a-venir 의미한다.

그리고 이렇게 이해된 도래는 결코 현실화될 수 없다. 이와 달리 본래적 현존재에 드러나는 도래의 가능성은 앞으로 다가갈수록 현실화되어 축소되는 것이 아니라 더욱 커진다고 하이데거는 주장한다. "이런 가능성으로 미리 달려가 볼 때 그 가능성은 '더욱더 커진다'. 다시 말해서 그 가능성은 도대체 아무런 척도도, 아무런 많고 적음도 모르며 그저 실존의 무한의 불가능성을 의미하는 그런 가능성으로 드러난다."(『존재와 시간』, 350~351쪽) 그에 있어서 본래적 현존재의 거주함과 관계하는 다이몬의 도래에서 열어 밝혀지는 이러한 가능성은 자연세계뿐만 아니라 일상적인 세계에서 결코 경험될 수 없다. 왜냐하면 무엇을 하기 위해 만들어진 도구들에 의해 둘러싸여 있는 일상적인 세계에서 만나는 가능성은 항상 현실화될 수 있는 가능성이기 때문이다. 이와 달리 어떤 척도도 지니지 않은 도래의 가능성은 일상적인 세계가 무너진 친숙하지 않은 세계, 즉 본래적 세계에서만 경험

---

92) M. Heidegger, "Letter on Humanism", p. 275.

될 수 있다. 따라서 본래적 현존재의 의지만이 도래에서 주어지는 이러한 가능성, 즉 결코 현실화되지 않고 항상 가능성으로 머물러 있는 가능성과 관계할 수 있다.

본래적 현존재의 정황적 자유는 과거와 현실성의 지배로부터 벗어나 있는 도래에서 드러나는 현실화되지 않은 가능성과 관련되어 있기 때문에 사회적 세계 속에 있음에도 불구하고 자유의 영역에 열려 있다. 다시 말해 도래에서 드러나는 친숙하지 않은 세계에서 본래적 현존재는 과거의 습관적 세계와 결별한다. 하지만 여기서 유의할 점은 하이데거에게서 과거는 두 가지의 의미를 함축하고 있다는 사실이다. 한편에서 과거의 세계는 개인의 삶 또는 민족의 역사에서 이미 '지나가 버린 것'das Vergangene으로 특징지어지지만, 다른 한편에서 이 세계는 시원적인 유럽 정신, 즉 고대 그리스의 철학적 사유로부터 유래되어 현재까지 영향을 미치고 있는 '있어 온 것'das Gewesene으로 규정된다. 그리고 하이데거가 과거와 단절된 '친숙하지 않은' 세계를 말 할 때, 그가 의미하는 과거는 후자가 아니라 전자, 즉 지나가 버린 것을 일컫는다.

친숙하지 않은 세계에서 본래적 현존재는 지나가 버린 과거의 세계와 더 이상 관계하지 않는다. 하지만 본래적 현존재의 세계에서 있어 온 것으로 규정되는 과거는 사라진 것이 아니라 여전히 현재에도 영향을 끼치는데, 그 까닭은 있어 온 것은 현재를 넘어 미래까지 연관 지어져 있기 때문이다. 이 같은 사실에 대해 하이데거는 다음과 같이 말한다. "'도래하는 것'das Kommende에 대한 생각은, 오로지 그 안에서 우리가 멀리서 아직도 현성하고 있는 것das fernher noch Wesenede을 이해하게 되는, 한낱 지나가 버린 것das nur Vergangene과는 구별되는 있어 온 것das Gewesene '에 대한 생각'일 수 있다."[93] 이처럼 시간의 흐름 속에서 '상주하고 있는 것'das Bleibendes을 의미하는 있어 온 것은 미래에서 다가오는 도래와 통일되어 있음을 뜻한다.

하이데거에 있어서 있어 온 것은 가능적인 영역을 열어 밝히는 도래와 통일되어 있는데, 그 이유는 과거 역사를 사라지게 하지 않고 현재까지 전승하게 해주는 있어 온 것은 자유와 연관되어 있기 때문이다. "전승은 우리에게 지나간 것으로서 다시는 돌이킬 수 없는 것을 강요하지 않는다. 전승한다Überliefern, délivrer는 것은 '해방한다' Befreien는 것이다. 즉 이미 있어-온 것das Gewesene과 대화할 수 있는 자유의 터전 가운데로 '자유롭게-풀어 준다'는 뜻이다."[94] 그리고 이처럼 자유에 바탕을 두고 있는 있어 온 것과 도래의 통일에서 역사세계에 뿌리박고 있는 정황적 자유가 가능하다. 더 나아가 하이데거는 이 통일에서 유일한 자기가 성립된다고 주장한다. "모든 위대한 것은 유일회적이다.

그러나 이러한 유일회적인 것은 자신의 항존성의 방식, 즉 역사적으로 변화되고 변화된 채 다시 회귀하는 방식을 지닌다. 여기서 유일회적이란 의미는 언젠가 사물처럼 존재했고 그다음 사라지는 것이 아니라, 오히려 있어 온 것, 즉 변화된 본질이 전개될 수 있게 하는 항존적인 가능성 안에서, 그리고 이러한 가능성을 전개될 수 있게 하는

---

93) 하이데거, 『횔덜린 시의 해명』, 165쪽.
94) 마르틴 하이데거, 『동일성과 차이』, 신상희 옮김(민음사, 2000), 78쪽.

항존적인 가능성 안에서, 그리고 이러한 가능성을 고유하게 하는 가운데, 끊임없이 새롭게 발견되고, 함을 갖게 된다는 것을 뜻한다."[95] 이 인용문에서 우리는 단일체로 규정되는 본래적 현존재의 유일한 자기와 본래적인 정황적 자유는 동일하다는 것을 볼 수 있다. 더 나아가 이렇게 이해된 본래적인 정황적 자유에서 우리는 현존재의 유일한 자기는 결코 자아중심적인 근대 주체의 완성이 아니라는 것을 확인할 수 있다. 있어 온 것과 도래의 통일에서 드러나는 항존적인 가능성으로 있는 정황적 자유에서만 현존재는 자기중심적인 자아로부터 벗어나 있는 보편적인 단일체로 특징지어진다.

칸트는 인간의 자유가 이기적 동기와 자의로부터 벗어나 있는 보편적 법칙에 기초해 있는 의지에 의거해 행위할 때 비로소 성립된다고 주장하는데, 하이데거는 이 주장에 동의한다. 하지만 자유를 근거하는 보편적인 법칙을 규정하는 데 있어 하이데거와 칸트는 서로 다른 입장을 취한다. 칸트에 있어서 인간의 자유를 가능케 하는 보편적인 법칙은 이념으로서 존재하는 인간의 보편적 본질을 전제로 하는데, 이 인간의 보편적 본질이란 경험적 차원에 놓여 있는 역사적·사회적 세계로부터 완전히 벗어나 있는 대문자로서의 '인간 그 자체', 즉 모든 인간을 포함하는 이데아로서의 '세계적인cosmo-politan 인류'를 뜻한다. 그러나 앞 장에서 제시된 바와 같이 역사적·사회적 세계에 본질적으로 거주하는 현존재의 본질은 초-역사적인 대문자로서의 인간 그 자체를 의미하지 않는다.

---

95) 하이데거, 『횔덜린의 송가: 게르마니엔과 라인강』, 203쪽.

이와 달리 역사적 현존재의 본질은 서구 역사의 발전에 의해 형성된 서구 인간성의 본질을 지칭하며, 이렇게 이해된 본질은 '세계적인 인류'와는 달리 역사적 세계에서 항상 있어 온 것으로 존재한다. 한국어에서는 드러나지 않지만 독일어에서 '본질'Wesen과 있어 온 것 das Ge-wesene은 어원적으로 밀접하게 관련되어 있다. 그리고 하이데거가 말하는 본래적 현존재의 정황적 자유는 바로 이와 같은 '서구 인간성의 본질'에 기초해 있는 자유를 의미한다. 여기서 우리는 현존재의 정황적 자유는 칸트의 실천 철학에서 제시된 자율적 주체의 자유와 근본적으로 다르다는 것을 볼 수 있다.

칸트에게서 절대적으로 보편타당한 법칙과 이 법칙에 기초해 있는 이념으로서의 자유는 결코 역사적·사회적 세계에 의해 제약받지 않는 반면, 과거 역사로부터 전수된 보편적 본질로부터 유래된 현존재의 정황적 자유는 역사적·사회적 세계에 의해 제약받는다. 사실 「예술작품의 기원」에서 하이데거는 예술작품을 창조해 내는 자유로운 행위는 민족이 살고 있는 역사적 세계에 기초해 있다고 주장한다. "진리의 시 짓는 기투는 […] 결코 공허하고도 무규정적인 것을 향해 이러한 것 속으로 들어오는 가운데 수행되지는 않는다. 진리는 작품 속에서 오히려 미래의 보존자를 향해, 다시 말해 역사적인 어떤 인류를 향해 던져지면서-다가오고 있다. 그러나 이렇게 던져진 채 다가오고 있는 그것은 결코 자의적으로 추정된 어떤 것이 아니다. 참답게 시 짓는 기투는, 그 안으로 터-있음이 역사적 존재자로서 이미 내던져져 있는 그러한 터전을 열어 놓는 행위이다. 이러한 터전이 바로 대지이며, 그곳은 어떤 역사적 민족을 위한 그 민족의 대지가 된다."[96]

하지만 현존재의 역사적·사회적 세계는 한편에서는 역사적·사회적 조건에 제약을 받지만, 다른 한편에서 이 세계는 결코 현실화될 수 없는 가능적인 도래로 향해 나아가기 때문에 역사적·사회적 세계에 존재하는 본래적 현존재는 필연성에 빠지지 않고 자유로울 수 있다. 그리고 이처럼 본래적 현존재의 자유는 역사적 세계로부터 뿌리 뽑혀 있는 비본래적 현존재의 자유와는 달리 역사적·사회적 세계에 뿌리박고 있는 정황적 자유를 의미하며, 이로 인해 본래적 현존재는 고립된 주체가 아니라 본질적으로 역사적·사회적 속에서 타자와 함께 있다. 더 나아가 기초존재론에서 확립된 이와 같은 새로운 자유 개념, 즉 본래적 현존재의 정황적 자유 개념을 우리는 하이데거의 존재 사유를 사회존재론을 해석하였을 때 비로소 이해할 수 있다.

이상에서 살펴본 바와 같이 역사적·사회적 세계에서 형성되는

---

96) 마르틴 하이데거, 「예술작품의 기원」, 『숲길』, 신상희 옮김(나남, 2008), 110~111쪽 참조. 하이데거와 마찬가지로 헤겔 또한 예술가의 창조적인 행위는 개인의 특수성에서가 아니라 예술가 속해 있는 인류적인 세계에서 유래된다고 주장한다. "만약 내가 이성적인 것을 바란다면 결코 나는 특수한 개인으로서가 아니라 인류 일반의 개념, 원리에 따라서 행동하게 마련이다. 이렇듯 인류적 행위 속에서 나는 나 자신이 아니라 오히려 사실, 사상을 타당, 유효하도록 만든다. 그러나 인간이란 그 어떤 그릇된 일을 할 때면 그의 특수성이 가장 잘 표출되는 법이다. 이성적인 것이란 마치 누구나 거닐 수는 있는 것이면서도 또한 결코 그 누구도 각별히 드나들지는 않은 그러한 가로와도 같은 것이다. 만약 위대한 예술가가 한 작품을 완성했을 경우에 우리는 흔히 '정말 훌륭하다'고들 말하는데 이것은 즉 그 작품 속에서는 예술가의 특수성이 완전히 소멸됨으로써 그의 손재간이 거기에 전혀 나타나 있지 않다는 것과도 같다. 예컨대 그리스의 조각가 피디아스도 아무런 기법을 사용함이 없이 다만 형상 자체가 살아 움직이도록 하였을 뿐이다. 그러나 탁월한 예술가가 아닐 경우에는 그럴수록에 더 사람들은 그 사람 자신을, 즉 그 개인의 특수성이나 자의를 눈여겨보게 된다." 헤겔, 『법철학』, 74쪽 참조.

서구 인간성의 본질에 기원을 두고 있는 본래적 현존재의 정황적 자유 개념은 칸트의 자유 개념과는 근본적으로 구분된다. 더 나아가 본래적 현존재의 정황적 자유 개념에서 우리는 하이데거의 존재사유가 사회존재론을 구축하는 데 방향 잡혀 있음을 볼 수 있다. 하지만 하이데거 철학에 관한 기존 연구들에서 현존재의 자유가 강조되었음에도 불구하고 정황적 자유는 전혀 논의되지 않았다. 결과적으로 본래적 현존재의 유일한 자기는 자기중심적 자아로 오해되었는데, 이 오해를 극복하기 위해서는 본래적 현존재의 정황적 자유가 강조되어야 한다. 더 나아가 기초존재론에서 하이데거가 말하는 본래적 현존재의 정황적 자유가 이념으로서 존재하는 '세계 시민적인 인류'에서가 아니라 역사적·사회적 세계에서 구성되는 서구 인간성에서 유래된 자유를 의미한다면, 기초존재론은 사회존재론으로 해석될 여지가 충분히 있다. 우리는 기초존재론에서 확립된 현존재의 새로운 본질을 나타내는 '염려'와 '인간적 인간'homo humanus의 관계에서 하이데거 존재사유가 궁극적으로 사회존재론을 정초하는 것에 방향 잡혀 있다는 것을 확인할 수 있다.

6장 · 사회적 현존재의 본질로서의 '염려'와 '인간적 인간'

1. 사회적 현존재와 '염려'(Sorge)

전 장에서 우리는 현존재의 독특한 자기성 개념에 관해 살펴보았다. 먼저 현존재의 자기는 이론적 자기관계에 선행하는 실천적 자기관계에서 성립된다. 그러나 근대적 자아와 구분되는 현존재의 자기를 이해하기 위해서는 실천적 자기관계만을 강조하는 것은 충분치 않으며, 이 실천적 관계를 가능케 하는 토대가 무엇인지가 제시되어야 한다. 예컨대 이론적 자기관계는 '사유하는 자아'를 전제로 하며 실천적 자기관계는 실천이성 위에 기초해 있다. 그런데 현존재의 실천적 자기관계를 강조함에도 불구하고, 하이데거는 기초존재론에서 실천이성에 대한 분석을 전혀 하지 않는다. 실천이성 대신에 그는 현존재의 실천적 자기관계는 '염려'Sorge에 바탕을 두고 있다고 주장한다. "염려와 자기성의 '연관'을 특징지음은 자기성이라는 특수 문제의 해명을 목표로 삼았다."(『존재와 시간』, 429쪽) 현존재분석을 구성하는 많은 개념들 중에 가장 이해하기 어려운 개념 중에 하나가 바로 '염려'이다. 왜냐하면 근대 철학에서 전혀 논의되지 않은 염려 개념을 처음 접할 때, 이 개념은 매우 낯설게 다가오기 때문이다. 하지만 근대 철학에서도 중요한 위치를 차지하고 있는 자기관계의 문맥에서 고찰 할 때, 염려는 사람들이 생각하는 것처럼 낯선 개념이 아니다. 근대적 주체의 자기가 자기관계에서 성립되었듯이 현존재의 자기성 또한 염려에 기초해 있는 자기관계에 놓여 있다. 따라서 현존재의 자기를 이해하기 위해서는 염려의 의미가 먼저 해명되어야 한다.

염려의 의의는 우선적으로 현존재의 자기성을 열어 밝히는 실천적 자기관계의 토대를 제시하는 데 있는 것처럼 보인다. 하지만 하이데거는 현존재의 염려는 실천적 자기관계와는 무관하다고 주장한다. "따라서 이 현상(염려—인용자)은 결코 이론적 관계에 대한 '실천적' 관계의 우위를 표현하고 있는 것이 아니다. 눈앞의 것을 직관하며 규정함이 '정치적 활동'이나 휴식 속의 태평스러움보다 덜 염려의 성격을 가지고 있는 것이 아니다. '이론'과 '실천'은 그의 존재가 염려로 규정되어야 하는 그런 존재자의 존재가능들이다."(『존재와 시간』, 264쪽) 지금까지 제시된 현존재분석의 관점에서 볼 때 하이데거의 이 같은 주장은 많은 오해를 불러일으킬 수 있다. 왜냐하면 도구를 우선적으로 만나는 실천적 행동관계 또는 이성보다는 '할 수 있음'Sein-können에 기초해 있는 현존재 개념은 실천이 이성보다 우위에 있다는 사실을 분명하게 제시하기 때문이다. 이러한 오해를 피하기 위해서 우리는 하이데거의 고유한 실천 개념에 유의할 필요가 있다.

하이데거가 앞에서 인용된 문장에서 '실천'을 말할 때, 그가 의미하는 바는 주제적 차원에서 경험되는 실천이다. 그리고 근대 철학에서 말하는 이론과 실천 모두 주제적 차원에 속해 있는 한, 실천적 행위가 이론적 사유에 비해 우위에 있다는 것은 성립될 수 없다. 이에 반해 도구를 만나는 실천적 행위 또는 염려에 바탕을 두고 있는 현존재의 실천적 자기 관계는 전-주제적 차원에서 경험된다. 다시 말해 하이데거 철학에서 실천은 주제적 실천과 전-주제적 실천으로 나뉘는데 후자는 염려에서 열어 밝혀진다. 그래서 하이데거는 주제적 차원에 있는 이론과 실천이 전-주제적 차원에 있는 염려에 의해 규정된다고 말하는 것이다.

하이데거에 있어 염려에 기초해 있는 현존재의 실천적 자기관계는 전-주제적 실천관계를 의미한다. 그러나 현존재의 자기에 관한 논의에서 전-주제적 차원에서 이루어지는 실천적 자기관계는 별로 주목을 받지 못했는데, 그 이유는 현존재의 자기성에 대한 논의에서 하이데거가 전-주제적 실천에 대해 전혀 논의하지 않았기 때문이다. 더 나아가 『존재와 시간』 64절 「염려와 자기성」에서 그는 현존재의 자기를 집중적으로 다루지만, 이 절에서 현존재의 자기는 칸트의 '이론적 나'와의 연관성 속에서만 분석된다. 하이데거에 따르면 칸트는 근대 철학자들 중에 자기성 개념을 가장 엄밀하게 고찰한 사상가이다. 그럼에도 불구하고 고립된 의식에 놓여 있는 칸트의 이론적 나는 거부되는데, 이 같은 사실에 대해 하이데거는 다음과 같이 지적한다.

칸트는 세계라는 현상을 보지 못했고, '표상'을 '나는 사유한다'의 선험적 내용과 떼어 놓을 정도로 충분히 결론적이지 못했다. 그러나 그로써 '나'가 다시 존재론적으로 전혀 규정되지 않은 방식으로 표상들을 수

반하는 고립된 주체로 도로 갇혀 버리고 만다.(『존재와 시간』, 426쪽)

칸트 선험적 주체로서의 '나'와는 달리 현존재의 자기는 세계 속에 존재한다. 하지만 현존재 자기의 의의는 세계로부터 고립된 이론적 '나'와는 달리 현존재의 자기가 세계 속에 있다는 사실에서가 아니라 주제적 차원에서 경험되는 실천적 자기관계에 대비되는 전-주제적인 실천적 자기관계 속에서 찾아져야 한다. 그리고 하이데거는 염려에서 드러나는 실천적 행위는 전-주제적 영역에 놓여 있기 때문에, 그와 같은 전-주제적 실천 행위를 '충동'과 연관지어 설명한다.

> 의욕과 소망은 존재론적으로 필연적으로 염려로서의 현존재에 뿌리를 박고 있으며, 단순히 존재론적으로 무차별적인, 그 존재의미상 전적으로 무규정적인 어떤 '흐름' 속에 출현하는 체험들이 아니다. 이것은 성향Hang과 충동Drang에도 마찬가지로 통용된다.(『존재와 시간』, 264쪽)

여기서 볼 수 있듯이 전-주제적 영역에 있는 염려는 충동과 연관되어 있다. 그리고 충동이 강조되는 이유는 사유에 앞서 있는 충동에서 사물이 최초로 주어지기 때문이다. 더 나아가 염려와 충동 사이에는 공통점이 존재한다. 충동은 항상 어떤 것을 향하여 나아감을 일컫는데, 충동과 마찬가지로 현존재의 염려 또한 하이데거에 있어서 어떤 것을 향하여 나아감을 뜻한다. "현존재는 자신의 존재를 향해 뻗어 나간다. 뻗어 나감은 존재하기 위해서다. 이처럼 염려는 바로 자신의 존재를 향해 뻗어 나감이다."[1] 그런데 『존재와 시간』에서 하이데 거가 충동에 입각해 현존재의 자기관계를 고찰하기 이전에 이미 셸 러가 충동에서 사물은 최초로 경험된다고 주장한다.

앞 장에서 제시된 바와 같이 셸러는 지식사회학에서 인식론의 토대로 새로운 방식으로 확립하고자 시도한다. 그에 따르면 기존의 인식론에서는 실재적 사물은 올바르게 파악될 수 없는데, 그 이유는 기존의 인식론이 잘못된 전제에서 출발하기 때문이다. 사물을 인식 하는 데 있어 기존 인식론은 실재적 사물이 최초로 경험되는 지평이 이론적 이성에 있다는 것을 전제로 하며, 이 전제하에 사물과 인식 관 계에서 파생되는 여러 문제점들을 해소하는 것에 초점을 맞춘다. 하 지만 이와 달리 지식사회학에서 셸러는 실재성이 인식 활동—이 활 동이 감각에 있건 또는 오성에 있건—에서 주어지는 것이 아니라 인 식에 선행하는 '본능'에서 경험된다고 주장한다.

실재성은 그 주관적 소여 속에서 우리의 내적인 비정신적·충동적 원 리가 경험하는 것이고, 우리 자신 속에 언제나 특수화되어 있는 어떤 통일적인 삶의 충박Drang이 경험하는 것이다.[2]

다시 말해 실재적 사물은 사유에서가 아니라 살아 있는 존재자

---

1) M. Heidegger, *History of the Concept of Time*, trans. T. Kisiel(Bloomington: Indiana University Press, 1992), p.294.
2) 막스 셸러, 『지식의 형태와 사회 2』, 정영도·이을상 옮김(한길사, 2011), 253쪽.

의 원초적인 활동으로 간주되는 충동에서 직접적으로 주어진다. 그리고 셸러의 충동 개념과의 연관성에서 우리는 왜 하이데거가 전-주제적 영역에 있는 현존재의 실천적 자기관계를 정초할 때 염려를 강조하는지를 알 수 있다. 셸러와 마찬가지로 하이데거 역시 실재적 존재자와의 원초적 관계는 충동에서 이루어진다. 그런데 만약 현존재가 충동에 근거해 있다면, 하이데거 존재사유를 사회존재론으로 해석하고자 하는 우리의 시도는 큰 어려움에 봉착한다. 왜냐하면 우리는 기초존재론에서 하이데거가 추구하는 것은 자연존재론과 구분되는 사회존재론을 정초하는 것이라고 주장했는데, 자연세계에 기원을 두고 있는 충동 개념에서 우리의 해석은 모순에 빠지기 때문이다. 염려에서 제시된 바와 같이 현존재가 사유에 선행하는 충동에서 사물을 최초로 경험한다면, 하이데거의 존재사유는 사회존재론을 지향하는 것이 아니라 자연존재론에 여전히 머물러 있는 것처럼 보인다. 하지만 염려에서 충동이 강조되었음에도 불구하고 하이데거 존재사유는 사회존재론을 확립하는 데 방향 잡혀 있는데, 이와 같은 사실을 우리는 충동에서 경험되는 사물의 분석에서 확인할 수 있다.

근대 철학적 사유를 지배해 온 이성을 거부하는 하이데거와 셸러는 사물을 경험하는 데 있어 이성 대신에 충동을 강조한다. 그리고 셸러에 있어서 삶의 충동에서 경험되는 사물은 판단의 경우에서처럼 '대상'Gegenstand이 아니라 '저항'Widerstand으로 규정된다. "실제적인 존재는 대상존재가 아니다. 다시 말하면 모든 지적 작용의 동일한 본질 존재적 관계항이 아니다. ―오히려 그것은 모든 종류의 의욕하고 주의하는 작용 속에 있는 동일한 것인 근원에서 용솟음치는 자발성에 대해 저항하는 존재다."[3] 현존재분석에서 셸러 철학을 잘 알고 있는 하이데거 또한 이 점을 강조한다. "실재적인 것은 충동과 의지에서 경험된다. 실재성이란 저항, 더 정확히 말해서 저항성이다."(『존재와 시간』, 283쪽) 여기서 우리는 근대 철학적 사유와 대립되는 새로운 사유방식을 발견한다. 근대 철학적 사유가 '이성-대상'으로 구성되었다면, 새로운 사유는 '충동-저항' 또는 '존재관계'로 공식화된다. 이 점에 대해 하이데거는 다음과 같이 말한다. "셸러는 딜타이와 마찬가지로, 실재성은 일차적으로 결코 사유와 파악에 주어지지 않음을 강조할 뿐 아니라, 또는 무엇보다도, 인식 자체가 다시금 판단이 아니며, 앎은 일종의 '존재관계'임을 지적한다."(『존재와 시간』, 284쪽) 그리고 현존재분석은 후자의 전통에 속해 있다. 하지만 현존재분석에서 하이데거는 '충동-저항' 공식에서 한발 더 나아간다. 앞에서 제시된 바와 같이 '충동-저항'은 여전히 자연세계에 머물러 있는 반면, 도구로 둘러싸여 있는 현존재의 세계는 사회적 세계로 규정되며, 염려는 바로 이 사회적 세계와 관련되어 있다. 현존재의 염려가 자연적 충동으로 환원되지 않고 사회적 성격을 띠고 있다는 사실을 신약성서에서 언급되는 염려의 또 다른 표현인 '근심'sollicitudo와의 연관성에서도 확인할 수 있다.

현존재의 실천적 자기관계는 염려에 기초해 있는데, 이 염려는 신약성서에서 근심으로 번역된다. 그리고 하이데거는『존재와 시간』 각주에서 염려의 실존론적 의미는 'sollicitudo'에서 유래되었다고 주

---

3) 앞의 책, 257쪽.

장한다. "스토아학파에서 이미 메림나merimna는 확고한 학술용어였으며 신약성서에 다시 나타나는데, 라틴어 번역본에서는 솔리키투도sollicitudo로 등장한다. 필자가 여기의 현존재에 대한 실존론적 분석론에서 좇고 있는 염려에 대한 시선 방향은, 아리스토텔레스의 존재론에서 달성된 원칙적인 기초들을 고려해서 아우구스티누스적 — 다시 말해서 그리스적-그리스도적 — 인간학을 해석하려는 시도와 연관해서 얻게 된 것이다."(『존재와 시간』, 270쪽) 신약성서에서 'sollicitudo'는 'Sorge'처럼 염려 또는 근심을 일컫는다. 하지만 중요한 점은 Sorge와는 달리 'solli-citudo'는 두 단어들인 'sollus'와 'ciere'가 합쳐져서 구성된 용어라는 점이다. sollus는 이전 장에서 분석된 solus ipse에서 보여진 바와 같이, 개별성을 지칭하는 것이 아니라 '단일성'을 뜻하며, 어원적으로 'ciere'는 '안전한 곳으로 이동'을 의미한다. 따라서 풀어서 번역하자면 sollicitudo는 '자기보존에 대한 근심에 사로잡혀 있는 인간이 단일체로 연대해 안전한 곳으로의 이동'으로 표현될 수 있다. 그리고 이 번역에서 우리는 자연적 충동에 환원되지 않은 염려의 사회적 성격을 발견할 수 있다. 동물들도 자기보존을 하기 위해서 집단적 행동을 하지만, 자기가 부재한 동물의 집단에서는 연대성이 형성될 수 없다. 이와 달리 자기를 소유하고 있는 인간은 자기보존에 대한 근심을 타자와의 연대 속에서 공동적으로 대처하는데, 이러한 연대성은 사회적 세계의 전제하에서만 가능하다. 이와 같이 인간의 염려는 사회적 특성을 띠고 있기 때문에 비록 충동과 연관 지어져 있지만 염려는 자연적 충동으로 결코 환원되지 않는다.

　하지만 이러한 설명에도 불구하고 사회존재론을 처음 접해 본

사람들에게는 현존재의 염려가 사회적 세계보다는 자연적 세계에 더 가깝다는 의구심이 생긴다. 이 의구심은 스토아 철학에서 전해 내려 온 '염려의 우화'에서 더욱 가중된다. 왜냐하면 이 우화에서 염려는 자연적 세계에서 발견되는 흙을 빚어 만들어진 인간과 관계되기 때문이다. 먼저 '염려 우화'의 내용을 살펴보자.

> 이름을 가지고 '염려'와 유피테르가 다투고 있을 때 텔루스(대지)도 나서서, 그 형상에는 자기의 몸 일부가 제공되었으니, 자신의 이름이 붙여지기를 요구했다. 이를 다투던 이들은 사투르누스(시간)를 판관으로 모셨다. 사투르누스는 다음과 같이 얼핏 보기에 정당한 결정을 내려 주었다. '그대, 유피테르, 그대는 혼을 주었으니 그가 죽을 때 혼을 받고, 그대, 텔루스는 육체를 선물했으니 육체를 받아 가라. 하지만 '염려'는 이 존재를 처음으로 만들었으니, 이것이 살아 있는 동안, '염려'는 그것을 그대의 것으로 삼을지니라. 그러나 이름 때문에 싸움이 생겼는 바로 그것이 후무스humus, 흙로 만들어졌으니 '호모'(인간)라고 부를지니라.(『존재와 시간』, 269쪽)

인간이 흙에서 유래되었다는 것은 인간을 지칭하는 영어 표현 'human'에서도 보인다. 영어에서 인간은 human이라 일컬어지는 데 그 이유는 어원적으로 human의 원어인 라틴어 humanus는 흙을 의미하는 후무스humus에서 파생되었기 때문이다. 그리고 염려의 우화에 따르면, 인간은 최초로 이성적 동물에 의해서가 아니라 흙에 의해 규정되는데, 이 우화의 의미를 구약성경에 입각해 설명할 수 있다.

구약성경에서 인간의 기원은 다음과 같이 제시된다. "야훼 하느님께서 진흙으로 사람을 빚어 만드시고 코에 입김을 불어 넣으시니, 사람이 되어 숨을 쉬었다."[4] 염려의 우화에 앞서 이미 구약성경에서 우리는 인간의 토대는 흙에 놓여 있음을 볼 수 있는데, 여기서 말하는 흙은 자연세계를 의미한다. 그리고 염려의 우화에서 보여 준 바와 같이 인간의 기원이 자연적 흙에 있다면 하이데거의 존재사유는 사회존재론을 정초하는 것에 방향 잡혀 있다는 우리의 해석이 설득력을 잃는다. 왜냐하면 자연적 흙을 빚어 사람을 만듦으로써 현존재의 자기를 구성하는 염려는 사회적 세계보다는 자연적 세계에 관여하기 때문이다. 하지만 과연 염려의 우화에서 말하는 흙 또는 대지는 자연세계에 경험되는 질료를 의미하는가? 그리고 인간은 자연적 흙에 그 기원을 두고 있는가?

『존재와 시간』에서 하이데거는 염려의 우화를 설명하는 과정에서 인간이 흙에서 유래되었다는 사실만 제시할 뿐 이 흙의 의미에 대해서는 전혀 언급하지 않는다. 이러한 이유 때문에 흙을 자연의 상징으로 간주하는 사람들은 당연히 인간은 자연적 흙(대지)에서 유래되었다고 생각한다. 하지만 「예술작품의 기원」에서 우리는 다른 해석의 단초를 발견한다. 세계와 대립되는 대지를 논하는 과정에서 하이데거는 현존재가 기초해 있는 흙은 자연적 사물이 아니라고 주장한다. "이 퓌시스phusis는 동시에, 인간이 근본적으로 거주해야 할 그 바탕과 터전을 환히 밝혀 주고 있다. 우리는 이것을 대지die Erde라고 부른다.

---

4) 「창세기」 2장 7절, 『성서』, 국제가톨릭성서공회 편찬(일과놀이, 1977).

여기서 말해지는 이 낱말의 의미는 층층이 쌓인 질료더미로서의 지층이나 혹은 하나의 행성으로서의 지구라는 천문학적 개념과는 무관하다."[5] 사실 하이데거는 현존재를 구성하는 많은 개념들에 관한 논의에서 이 개념들에 대한 부정적인 정의는 분명하게 내린다. 그리고 이 인용문에서도 그는 인간의 기원을 지칭하는 흙은 지질학에서 탐구되는 질료와는 무관하다고 주장한다.

그러나 이 같은 부정적인 정의만을 통해서는 흙의 진정한 의미를 파악할 수 없다. 흙의 진정한 의미는 긍정적인 정의에서 드러난다. 「예술작품의 기원」에서 하이데거는 이 흙에 대한 긍정적인 의미를 다음과 같이 제시한다. "대지란, 피어오르는(자라나는) 모든 것들의 피어남(자라남)이 그러한 것으로서 '되돌아가 [존재의 은닉 속에 다시] 간직되는' 그런 터전이다."[6] 여기서 모든 존재자들을 피어나게 하고 간직하는 터전은 존재를 일컫는다. 따라서 긍정적으로 정의될 때 대지는 존재를 의미한다. 이렇게 볼 때 대지에서 인간이 유래되었다는 것은 곧 존재가 인간의 근원이라는 것을 의미하는데, 전통 철학적 문맥에서 이러한 주장은 전혀 새롭지 않다. 왜냐하면 모든 철학자들은 존재가 인간의 근원이라는 사실에 동의하기 때문이다. 그런데 하이데거가 말하는 흙에 관한 분석에서 우리가 알고자 하는 것은 그와 같은 정의가 아니다. 이와 달리 우리가 밝히고자 하는 것은 하이데거의 기초존재론에서 과연 흙이 자연적 사물과 대립되는 사회적 특성

---

5) 마르틴 하이데거, 「예술작품의 기원」, 『숲길』, 신상희 옮김(나남, 2008), 55쪽.
6) 앞의 글, 56쪽.

을 띠고 있는가이다.

기초존재론에서 염려가 핵심적인 개념이라면 흙 또한 중요하게 다루어져야 한다. 사실 하이데거 철학 전문가인 알렉상드르 코이레에 따르면, 하이데거 철학이 20세기에 높게 평가받은 이유는 하이데거는 "전쟁이 끝난 후 하늘에 있던 철학을 땅으로 가지고 내려오고자 한, 그리고 우리에게 우리 자신에 대해 이야기하고자 한 최초의 사람"이기 때문이다.[7] 분명히 기초존재론에서 하이데거는 하늘(이성)에 있던 철학을 땅으로 가지고 내려오고자 했다. 하지만 여기서의 땅은 초월적인 하늘에 대립되는 내재적인 영역에 있는 자연적 사물을 의미하지 않는다. 땅을 사회적 세계와 연관 지어 고찰함으로써 그는 내재적인 영역에 있는 세계를 새로운 방식으로 정초하고자 한다.

『존재와 시간』에서 하이데거는 로마의 현인 세네카의 편지를 인용하면서 인간의 본질은 염려에 놓여 있다는 사실을 다시 한번 환기시킨다. "네 가지 실재하는 본질(나무, 동물, 인간, 신) 가운데 나중의 둘에게만 이성이 부여되어 있는데, 이 양자는 신은 불사이고 인간은 죽는다는 점에서 구별된다. 양자 중 일자, 즉 신의 선은 신의 본성을 완성하고, 다른 일자, 즉 인간에게서는 염려cura가 그의 본성을 완성한다."(『존재와 시간』, 270쪽) 여기서 핵심적인 것은 염려에서 인간의 본성이 완성된다는 사실이다. 그러나 이때 중요한 점은 인간 본성이 완성된 인간은 이성적 동물이 아니라 '동물적 인간'homo animalis에 대립되는 '인간적 인간'homo humanus 또는 직역하자면 '대지적 인간'을 의

---

7) 베르나르 앙리 레비, 『사르트르 평전』, 변광배 옮김(을유문화사, 2009), 237쪽 참조.

미한다는 사실이다. 이 대립에서 볼 수 있듯이 흙 또는 대지에서 유래되었음에도 불구하고 하이데거에게서 인간은 본질적으로 자연세계에 속해 있는 동물과는 다르다. 그리고 우리는 이 차이점을 자연세계와 사회세계의 구분에서 찾을 수 있다. 뒤에서 보겠지만 동물은 자연적 흙에서 거주하는 데 반해 인간의 삶은 사회적 흙, 즉 경작된 토지에서 이루어진다. 비록 하이데거는 명백하게 밝히지 않았지만, 염려의 우화에서 말하는 흙은 사회적 세계의 기초를 제공하는 '경작된 토지'를 의미한다. 그리고 우리는 이와 같은 사실을 하이데거의 세계 개념과 인간을 새롭게 정의한 '인간적 인간'에 대한 분석에서 제시할 수 있다.

2. 기초존재론에서 사회적 세계로서의 현존재의 세계 개념

주체 중심적인 근대 철학적 사유로부터 벗어나고자 하는 하이데거는 의도적으로 '의식'이라는 용어 대신 '현존재'를 사용하는데, 기초존재론에서 가장 핵심적인 개념인 현존재는 근대 철학적 사유를 열어 밝힌 데카르트의 '사유하는 자아'와 근본적으로 구분된다. 왜냐하면 하이데거가 주장하는 바와 같이 데카르트의 사유하는 자아는 세계로부터 고립된 내적 의식에 놓여 있는 반면, 현존재는 세계-내-존재로 규정되기 때문이다. "우리가 주장했던 논제는 다음과 같다. 즉 현존재는 가끔 세계와 관계를 맺는 것이 아니라, 세계연관은 현존재 자체의 본질, 현존재로서의 존재, 즉 실존에 속한다. 현존재는 근본적으로 세계-내-존재 이외의 다른 것을 뜻하지 않는다."[8] 그리고 하이데거에 있어서 세계-내-존재는 현존재의 상태를 말하는 것이 아니라 현존재 그 자체를 의미하기 때문에, 현존재의 본질이 이해되기 위해서는 세계-내-존재에 대한 분석이 요구된다. 사유하는 자아와 비교했을 때 세계-내-존재의 의미를 표면적으로 이해하는 것은 크게 어렵지 않다. 세계-내-존재는 현존재가 더 이상 내재적인 주관성에 갇혀 있는 고립된 주체가 아니라 바깥세계에 열려 있으며 세계 속에 있는 사물들과 함께 존재함을 의미한다. 현존재는 더 이상 세계로부터 고립된 주체가 아니라는 점은 기초존재론에서 개진된 논증을 통해서도 뒷받침되고 있다. 『존재와 시간』 13절에서 하이데거는 명확하게 세계 속에 이미 있는 현존재는 더 이상 근대 주체의 경우처럼 인식 내면의 영역에 갇혀 있는 상자나 용기처럼 파악되어서는 안 된다고 강조한다.

더 나아가 현존재는 세계-내-존재로 규정되기 때문에 '철학의 스캔들'은 칸트가 말하는 것처럼 외부세계가 아직 증명되지 못한 데 있는 것이 아니라 이러한 증명을 계속 요구하는 데 있다고 그는 주장한다. "'철학의 스캔들'은 이러한 증명이 아직까지 제시되지 못하고 있다는 데에 성립하는 것이 아니라, 오히려 그러한 증명이 거듭거듭 다시 기대되고 시도된다는 그 사실에 성립한다."(『존재와 시간』, 278쪽) 여기서 우리는 근대 철학적 사유와 하이데거 사유의 차이점을 발견할 수 있다. 세계-내-존재에서 출발하는 하이데거의 철학적 사유

---

8) 마르틴 하이데거, 『철학 입문』, 이기상·김재철 옮김(까치, 2006), 241쪽.

는 고립된 주체에 기초해 있는 근대 철학적 사유와 결별한다.

하지만 현존재의 본질을 구성하는 세계-내-존재에서 하이데거가 의도하는 바는 단지 내면적인 영역에 고립된 주체를 극복하는 것이 아니다. 더 나아가 현존재가 존재하고 있는 세계개념 또한 주체에 대립되는 객관적인 세계를 의미하지 않는다. 이와 달리 그에게서 현존재의 세계는 주관과 객관의 관계에서 성립되는 인식을 가능케 하는 근원적인 토대를 지칭한다. "즉 인식함 자체는 선행적으로vorgängig 일종의 이미 세계-곁에-있음 안에 근거하고 있다."(『존재와 시간』, 91쪽) 여기서 제시된 바와 같이 인식은 의식에서가 아니라 세계에서 유래된다. 그러므로 현존재의 세계-내-존재에서의 세계 개념은 주관에 대립되어 있는 객관적인 세계를 지칭하기보다는 '인식의 발생'die Genesis des Erkennens 조건으로 이해되어야 한다. 그리고 어떻게 인식이 세계에서 발생되는가를 탐구하는 자신의 철학적 작업을 그는 "존재론적인 발생die ontologische Genesis"(『존재와 시간』, 469쪽) 또는 "형이상학적 발생"의 탐구라고 부른다.[9]

논리 실증주의자나 신칸트주의자는 특정한 과학적 명제들 또는 특정한 논리적 명제들에 의해 구성되는 사물의 인식을 이론적인 사유에 입각해 정초하고자 하는 반면, 하이데거가 현존재의 세계-내-존재에 대한 분석에서 주안점을 두고 있는 것은 인식의 발생 조건이다. 그리고 논리 실증주의 입장에서 볼 때, 인식의 발생과 그 조

---

9) M. Heidegger, *Metaphysische Anfangsgründe der Logik im Ausgang von Leibniz*(Frankfurt am Main: Vittorio Klostermann, 1978), p.143.

건을 이론적인 사유에 선행하는 세계에서 확립하고자 하는 하이데 거의 시도는 독창적인 것으로 간주될 수 있다. 하지만 하이데거의 사 유를 현상학적 운동의 문맥에서 고찰해 보면, 세계 개념에 입각해서 인식의 '존재론적 발생'을 열어 밝히고자 한 시도는 전혀 새로운 것 이 아니다. 왜냐하면 인식의 발생 조건에 대한 탐구는 하이데거에 앞서 이미 그의 스승 후설에 의해 확립된 '발생적 현상학'die genetische Phänomenologie에서 수행되었기 때문이다.

후설에 따르면 발생적 현상학의 주제는 사물에 대한 인식의 기 원을 밝히는 것이다. 그리고 하이데거와 마찬가지로 후설 또한 인식 의 기원은 논리적 명제들에 대한 구조 분석에서 찾아지는 것이 아니 라 논리적 명제에 선행하는 인식 이전의 차원—후설은 이것을 선-술어적 감성 또는 직관의 차원에서 이루어지는 수동적 종합이라 부 른다[10]—에서 찾아져야 한다고 주장한다. 그리고 이와 같은 인식 이 전의 차원은 능동적이고 이론적인 사유에서 구성되는 객관적 세계에 선행하는 '생활세계'Lebenswelt에 있다고 그는 주장한다. "그러한 고찰 들은 더욱더 우리에게 다음과 같은 통찰을 부여해 준다. 즉 객관적-논리적 단계의 보편적 아프리오리—수학적 학문이나 일상적 의미에 서 그 밖의 모든 아프리오리한 학문들의 아프리오리—는 그 자체로 보다 앞선 아프리오리, 곧 순수한 생활세계의 보편적 아프리오리 속 에 근거한다는 통찰이다."[11] 다시 말해 사물에 대한 인간의 전-주제

---

10) 에드문트 후설, 『수동적 종합』, 이종훈 옮김(한길사, 2018), 380쪽.
11) 에드문트 후설, 『유럽학문의 위기와 선험적 현상학』, 이종훈 옮김(한길사, 1997), 247~248쪽.

적 인식능력은 어떤 지평을 전제로 하는데, 생활세계가 바로 이러한 지평을 일컫는다. 그리고 이성에 선행하는 '생활'Leben 위에 기초된 생활세계에서 이루어지는 선-술어적 명증성의 토대 위에서 인식 내지는 논리적 판단이 발생한다. "객관적-학문적 세계에 관한 지식은 생활세계의 명증성 속에 근거하고 있다."[12] 이와 같이 생활세계에서 인식의 발생 조건을 정초하려고 시도한 후설은 하이데거의 세계-내-존재에 관한 분석이 자신의 이론과 크게 다르지 않다고 생각한다.[13] 더 나아가 하이데거가 현존재분석에서 개진한 실존론적인 세계에는 세계를 궁극적으로 구성하는 선험적 자아가 배제되었는데, 이 점에 주목한 후설은 하이데거의 세계-내-존재에 관한 분석은 근원적인 토대가 결핍된 발생적 현상학에 불과하다고 주장한다.[14]

후설에게서 인식 발생의 근원적인 토대는 오직 선험적 자아와 관계를 맺고 있는 생활세계에서만 발견될 수 있다. 후설 현상학에 정통한 메를로-퐁티 또한 하이데거가 말하는 세계는 후설의 생활세계와 동일하다고 주장한다. "그러나 『존재와 시간』은 전체적으로 후설에서 발원하며 궁극적으로 후설이 말년에 현상학의 근본 주제로 간주한 '자연적 세계 개념'natürliche Weltbegriff 또는 생활세계의 설명일 뿐

---

12) 앞의 책, 222쪽.
13) '발생' 개념에 관한 후설과 하이데거의 유사점에 관해서는 다음 논문을 참고 할 것. 이남인, 「후설의 발생적 현상학과 하이데거의 해석학적 현상학」, 『철학』 제 53집(철학과현실사, 1997), 183~208쪽.
14) 후설은 『존재와 시간』 13절을 읽으면서 여백에 다음과 같은 주석을 달았다. "이 모든 분석은 근원적인 토대가 결핍된 나의 이론[발생적 현상학]에 불과하다." A. Diemer, *Edmund Husserl: Versuch einer systematischen Darstellung seiner Phänomenologie*(Meisenheim am Glan: A. Hain, 1959), p.30 참조.

이다."[15] 하지만 비록 반성적 사유보다는 직관에서 드러나는 사물의 사실성에 입각하여 인식의 발생 조건을 정초한다는 점에서 후설의 '생활세계'와 하이데거의 '실존론적 세계' 사이에는 유사한 점이 있을 수 있지만, 사실상 두 철학자들의 세계 개념은 근본적으로 다르다. 그렇다면 후설의 생활세계와 구분되는 하이데거의 세계는 무엇인가? 다시 말해, 현존재의 세계-내-존재에서 '세계'는 무엇을 의미하는가?

하이데거의 실존적인 세계가 후설의 생활세계와 근본적으로 다르다는 점은 이 두 철학자들이 사물의 인식이 전제로 하는 지평을 각기 다른 방식으로 정초한다는 데서 찾을 수 있다. 현상학에서 후설은 인간의 인식능력은 사유하는 자아에 선행하는 지평, 즉 직관에서 주어지는 세계를 전제로 하고 있다는 것을 열어 밝혔는데, 하이데거는 기초존재론에서 이 점을 적극적으로 받아들인다. 하이데거에게서도 고립된 의식에 앞서 인간은 세계 속에 존재한다. 하지만 여기서 말하는 '실존적인 세계'는 이론적인 인식의 지평이 아니라 실천적 행위의 지평이라는 사실에 우리는 유의할 필요가 있다. 왜냐하면 주위세계에서 만나는 사물은 우선적으로 직관에 앞서 있는 실천적 행위에서 주어지기 때문이다. 따라서 생활세계와 실존론적 세계의 차이점은 이론적 인식의 지평으로서의 세계와 실천적 지평으로서의 세계와의 구분에서 찾아질 수 있다. 그리고 하이데거에 있어서 전자는 고대 그리스 철학에서의 세계 개념에 그리고 후자는 기독교의 세계 개념에

---

15) 모리스 메를로-퐁티, 『지각의 현상학』, 류의근 옮김(문학과지성사, 2002), 14쪽.

상응한다.

　서양 역사를 지탱하는 두 기둥인 고대 그리스 철학과 기독교에는 각기 다른 세계 개념이 존재한다. 먼저 코스모스cosmos로 이해되는 그리스 철학에서의 세계는 존재자 일체의 종합을 의미한다.[16] 코스모스는 신과 인간을 포함한 모든 존재자들이 함께 모여 비로소 형성된다. 그래서 코스모스에는 신, 인간 그리고 다른 모든 존재자들이 함께 존재한다. 그리스 철학 전통에 머물러 있는 후설은 세계를 이처럼 코스모스, 즉 "단순한 사실들의 전체Universum로서 세계"[17]로 이해했다. 그리고 이렇게 포괄적으로 이해된 세계는 앞에서 메를로-퐁티가 지적한 바와 같이 이론적 인식의 대상으로 간주되는 '자연적 세계'로 규정될 수 있다. 하지만 기독교에서 말하는 세계는 단순한 사실들의 전체를 의미하지 않는다.

　기독교에서의 세계는 인간학적 의미를 띠고 있다. 기독교의 세계 개념이 인간의 실존과 밀접하게 연관되어 있다는 사실을 하이데거는 『근거의 본질에 관하여』에서 다음과 같이 밝힌다. "기독교에서 불현듯 나타났던 새로운 존재자적 실존이해와 관련해서 코스모스와 인간 현존재의 연관 및 세계 개념 일반은 날카롭게 부각되었고 또한 명확해졌다. […] 사도 바울로Palus에게서(「고린도전서」와 「갈라디아

---

16) 물론 그리스 철학자들 중에는 이와 같은 일반적인 그리스 철학적 세계 개념을 따르지 않는 철학자도 있는데, 하이데거에게 그 철학자는 다름 아닌 헤라클레이토스이다. 하이데거에 따르면 헤라클레이토스의 세계 개념은 존재자 일체의 총합을 의미하는 것이 아니라 인간 현존재의 실존과 관계를 맺고 있다. 하이데거, 『철학 입문』, 53~54쪽 참조.
17) 후설, 『유럽학문의 위기와 선험적 현상학』, 69쪽.

서」 참고) 이 코스모스는 코스모스적인 것의 상태만을 의미하거나 그런 것을 우선적으로 의미하지 않고, 오히려 인간의 상태와 상황, 다시 말해 코스모스에 대한 인간의 태도 양식 및 재물에 대한 인간의 평가 양식을 의미한다. 코스모스는 신으로부터 등을 돌린 채 생각하는 방식 속에 있는 인간의 존재이다. 이 코스모스는 '이미 시작된 다른 실존'과 구별되는 특정한 역사적 실존 속에 있는 인간 현존재를 의미한다."[18] 그리고 인간학적 의미를 띠고 있는 기독교적 세계에서 인간은 다른 사물처럼 단순히 존재하는 것이 아니라 이 세계로부터 철저히 지배를 받는다. 왜냐하면 기독교적 세계는 신(빛)의 세계로부터 분리된 어둠(죄)의 세계를 의미하기 때문이다. "이 완전히 인간학적 세계 개념의 중심적 의미는 이렇게 표현된다. 즉 이러한 세계 개념은 생명, 진리, 빛으로 개념 파악되는 신의 아들 예수에 대한 반대개념으로서 기능한다."[19] 더 나아가 기독교적 세계의 관점에서 볼 때 다른 존재자들, 예를 들어 돌, 나무, 말들은 단순히 세계 안에 놓여 있는 반면, 원죄를 지은 인간만이 어둠의 세계에서 '실존'한다. 인간학적 의미 외에 고대 그리스 철학에서의 세계와 기독교적 세계 사이에는 또 다른 차이점이 있다.

고대 그리스 철학에서 세계는 명상적 삶의 대상으로 간주되는 반면, 기독교에서 말하는 세계에서 인간은 실천적 활동, 즉 노동을 통해 최초로 세계와 만난다. 선악의 열매를 따 먹은 죄로 낙원에서 쫓

---

18) 마르틴 하이데거, 「근거의 본질에 관하여」, 『이정표 2』, 이선일 옮김(한길사, 2005), 54쪽.
19) 앞의 글, 55쪽.

겨난 아담이 이 세계에서 최초로 한 행위는 노동이다. "그리고 아담에게는 이렇게 말씀하셨다. […] 너는 죽도록 고생해야 먹고살리라. 들에서 나는 곡식을 먹어야 할 터인데, 땅은 가시덤불과 엉겅퀴를 내리라. 너는 흙에서 난 몸이니 흙으로 돌아가기까지 이마에 땀을 흘려야 낟알을 얻어 먹으리라. […] 그리고 땅에서 나왔으므로 땅을 갈아 농사를 짓게 하셨다."[20] 그리고 인간만이 노동을 통해 이 세계에 거주한다. 이와 같은 이유 때문에 아우구스티누스의 주장을 인용하는 하이데거는 기독교적 세계 개념, 즉 '문두스'Mundus는 세상에 거주하는 인간을 지칭한다고 주장한다. "아우구스티누스에 따르면 문두스Mundus[세계]는 때때로 피조물 전체를 의미한다. 그러나 마찬가지로 종종 문두스는 세상에 거주하는 사람들을 상징한다."[21] 여기서 우리는 고대 그리스 철학에서의 세계와 기독교적 세계와의 차이점을 볼 수 있다. 그리스 철학에서의 세계와는 달리 기독교적 세계는 노동하는 인간이 거주하는 세계, 즉 사회적 세계를 일컫는다. 하지만 이러한 기독교에서의 세계가 함축하고 있는 독특한 의미를 전혀 알지 못한 후설은 직관에 최초로 주어지는 생활세계를 오로지 고대 그리스의 코스모스와 연관지어 고찰했다. 이와 달리 인간의 실천적 활동과 관계하는 하이데거의 실존적인 세계는 활동을 강조하는 기독교적 세계 개념에 가깝다.

인식의 지평을 강조하는 후설의 발생적 현상학으로부터 영향을

---

20) 「창세기」, 3장 17~23절.
21) 하이데거, 「근거의 본질에 관하여」, 『이정표 2』, 55쪽.

받은 하이데거 사유의 출발점은 의식에서가 아니라 세계에서 찾아진다. 그리고 하이데거가 실존적인 세계에서 밝히고자 한 것은 생활세계에 대한 분석에서 후설이 수행한 것처럼 인식이 최초로 발생하는 조건이다. 후설에 따르면 인식의 발생은 직관에서 주어지는 생활세계에서 이루어진다. 사실 인식의 발생조건을 탐구하는 데 있어 직관을 강조하는 것은 자연스러운 일인데, 그 까닭은 직관 또는 '생활' Leben이 오성의 활동에 앞서 있기 때문이다. 그런데 인식은 최초로 직관에서 주어지는 생활세계에서 유래되지 않는다고 생각하는 하이데거에서는 직관에 선행하는 보다 근원적인 세계, 즉 실존적인 세계가 있다. 그리고 현존재의 실존과 관계 맺고 있는 이 세계는 후설 현상학이 여전히 전제로 하고 있는 고대 그리스 철학에서 다루어지는 세계보다는 기독교적 세계에 더 가까우며, 이 세계는 직관에서가 아니라 실천적 활동을 통해 형성된다. 그러므로 실천적 활동을 중시하는 하이데거의 세계 개념에서 인식 발생의 조건은 후설의 경우처럼 직관에서 주어지는 관조적인 삶에서가 아니라 행위(노동)하는 삶에서 드러나며, 이렇게 이해된 세계는 사회적 세계로 특징지어진다.

현존재의 세계가 실천적 행위에 의해 형성되는 사회적 세계라는 특징을 지니고 있다는 것은 존재의 열려 있음과의 연관성에서도 확인될 수 있다. 하이데거는 세계-내-존재에서의 '세계'는 '존재의 열려 있음' die Offenheit des Seins을 일컫는다고 말한다. "그렇지만 세계-내-존재라는 명칭에서 세계란 결코 천상의 존재자와 구별되는 지상의 존재자를 의미하지 않으며 또한 정신적인 것과 구별되는 세속적인 것을 의미하지도 않는다. 앞서의 저 규정에서 세계란 여하튼 존재자나 존재자의 영역을 의미하지 않고 오히려 존재의 열려 있음을 의미한다."[22] 언뜻 보기에 세계가 존재의 열려 있음을 지칭한다는 것은 파악하기가 어렵다. 이 관계를 이해하기 위해서는 '존재의 열려 있음'을 풀어서 설명해야 한다. 하이데거 철학에서 '열려 있음' 또는 '비춤' Lichtung은 실천적 행위에서 만나는 도구와의 관계를 가능케 하는 조건이다. 더 나아가 '존재의 비춤'은 현존재가 자유의 영역에 존재해 있다는 것을 의미한다. 하지만 여기서 중요한 점은 현존재의 자유는 이론이성에 대비되는 실천이성에서 유래되는 것이 아니라 '나무들이 제거된 숲의 빈터'Waldlichtung라는 전-주제적 지평에 그 기원을 두고 있다는 사실이다.

도구에 관한 분석 장에서 보여 준 바와 같이 실천적 행위에서 일차적으로 주어지는 현존재의 주위세계는 전-주제적 영역에 있는 세계를 의미한다. 그리고 엄밀한 학으로서의 현상학에서 후설은 주제적 인식의 발생적 조건을 전-주제적 영역에 있는 지각의 활동에서 확립하고자 했다면, 기초존재론에서 하이데거가 의도하는 바는 자유로운 전-주제적인 행위의 토대를 마련하는 것이다. 후설 현상학이 증명한 바와 같이 오성의 활동에 의해 구성된 인식이 근원적인 인식이 아닌 것처럼, 하이데거는 기초존재론에서 자유로운 행위 역시 칸트가 주장한 바와 같이 실천이성의 자기입법에서 최초로 유래되지 않는다고 주장한다. 주제적 인식과 마찬가지로 주제적 행위 또한 실천이성

---

22) M. Heidegger, "Letter on Humanism", ed. W. McNeil, *Pathmarks*(Cambridge: Cambridge University Press, 1998), p.266.

에 선행하는 근원적인 토대를 전제로 하는데, 그에 있어서 자유로운 행위의 전-주제적 토대는 벌목하는 행위, 즉 노동을 가능케 하는 빈터로서의 자유에 기초해 있다.

우리는 '나무들이 제거된 숲의 빈터'Waldlichtung에 대해 말한다. 그것은 나무로부터 자유롭고, 통로와 투시를 자유롭게-내어 주는 자리를 지시한다. 따라서 비춘다Lichten는 것은 자유롭게 내어 줌, 자유롭게 함을 일컫는다. 빛은 비추고 침투를 자유롭게 내어 주며, 자유롭게 한다. 빛이 환하게 만듦은 자유롭게 만들며 두루 통과함을 가능케 해준다.[23]

---

23) M. Heidegger, *Vom Wesen der Wahrheit, Zu Platons Höhlengleichnis und Theätet*(Frankfurt: Vittorio Klostermann, 1988), p.59. 독일어에서 '나무들이 제거된 숲의 빈터'를 지칭하는 단어는 'Waldlichtung' 외에 'Lichtung'도 있는데, 'Lichten'은 '비춘다'와 더불어 '벌목함'을 뜻하는 것으로도 이해할 수 있다. 그리고 하이데거 철학 입문서인 『하이데거』에서 귄터 피갈은 Waldlichtung 또는 Lichtung에서 드러나는 '자유롭게 내어 줌'은 『존재와 시간』에서 말하는 도구의 '사용되어짐'과 연관되어 있다고 주장한다. "'자유롭게 내어 줌'이라는 말은 하이데거에게 있어서 새로운 것이 아니다. 『존재와 시간』에서 이 말은 어떤 것이 '사용되어짐'으로써 그 사용 연관에서 적절하게 이해되고 지시되고 있는 것과 관계를 맺고 있을 때 적용되는 말이다." 귄터 피갈, 『하이데거』, 김재철 옮김(인간사랑, 2008), 134쪽 참조. 그런데 한국어에서 Waldlichtung은 '숲의 환해짐'으로 번역되었다. "우리는 '숲의 환해짐'(Waldlichtung)이라는 표현을 사용한다. 그것은 나무들을 베어 내어 훤하게 터놓아서 통로를, 두루 질러 봄을 자유롭게 만듦을 뜻한다. 따라서 환해짐(Lichtung)은 자유롭게 내어 줌, 자유롭게 만듦을 말한다." 마르틴 하이데거, 『진리의 본질에 관하여: 플라톤의 동굴의 비유와 테아이테토스』, 이기상 옮김(까치, 2004), 68쪽 참조. 물론 Waldlichtung은 숲의 환해짐으로 그리고 Lichtung은 환해짐 또는 밝음으로 번역될 수 있다. 하지만 그와 같은 번역에서 우리는 현존재의 자유가 현존재의 실천적 행위 또는 노동의 가능근거를 이루고 있다는 사실을 결코 발견할 수 없다. 하이데거의 고유한 자유 개념을 이해하기 위해서 우리는 Waldlichtung 또는 Lichtung이 '나무들이 제거된 숲의 빈터'라는 의미도 함축하고 있다는 사실에 주목해야 한다.

여기서 분명하게 볼 수 있듯이 '비춤'은 자유와 밀접하게 연관지어져 있다. 그리고 하이데거 철학에서 실천적 행위에서 주어지는 존재자를 열어 밝혀 주는 근원적인 토대인 자유를 지칭하는 'Lichtung' 또는 'Waldlichtung'은 매우 중요한 개념인데, 표준적인 해석에서 용어 Lichtung은 언제나 '밝음' 또는 '환해짐'으로 이해되었다. 하지만 독일어 Lichtung은 일차적으로는 밝음을 뜻하지만 이 외에 벌목함이라는 노동의 가능조건으로서의 빈터 또는 자유라는 의미 또한 함축하고 있다는 사실에 우리는 유의할 필요가 있다.[24] 그런데 여기서 제시되는 자유는 주체의 능동적 활동이 아니라 오히려 이 활동을 가능하게 하는 전-주체적 지평을 지칭한다. 이 문맥에서 하이데거는 자유가 주체의 속성이 아니라 역으로 '자유가 인간을 소유한다'고 주장한다.[25]

사실 전통 형이상학에서도 이론적 이성의 빛 또는 실천적 이성의 빛의 전제하에 존재자의 진리는 열어 밝혀지는데, 하이데거 또한 진리를 밝음과 연관되는 밝힘Enthüllen으로 규정한다. "우리는 이 진리 현상에 대한 이해에 좀 더 가까이 접근하려고 시도한다. 참임이란 밝힘을 의미한다. 그로써 우리는 발견함의 양태는 물론 열어 밝

---

24) 하이데거가 태어난 프라이부르크 도시 주변에 산림지대가 있는데, 햇빛이 들어오지 않을 정도로 나무들이 빽빽이 들어선 이곳을 사람들은 '어둠의 숲'(Schwarzwald)이라 부른다. 이런 산림지대에서는 나무들이 벌목되어야만 사람들은 '빛'을 경험할 수 있다. 이와 같이 독일에서는 지형적으로 나무들이 빽빽이 들어선 산림지대가 많기 때문에 독일어 '빛'(Lichtung)과 '나무들이 제거된 숲의 빈터'(Lichtung)는 동일한 의미를 함축하고 있다고 볼 수 있다.
25) 마르틴 하이데거, 「진리의 본질에 관하여」, 『이정표 2』, 이선일 옮김(한길사, 2005), 109쪽.

힘의 양태를, 다시 말해 현존재적이지 않은 존재자의 밝힘과 우리 자신이 그것인 존재자의 밝힘을 포괄하고 있는 셈이다. 우리는 참임을 이렇게 전적으로 형식적인 의미에서 밝힘으로 파악한다."[26] 더 나아가 그는 현존재는 '밝힘'에 입각해 존재자를 최초로 만난다고 주장한다. "현존재가 세계-내-존재로서 실존하고 있는 한, 그는 언제나 이미 존재자 곁에 머물러 있다. 우리는 「존재자 곁에」라고 말하고 있는데, 이는 이 존재자가 어떠한 의미로든 밝혀져 있다는 것을 의미한다. 밝힘으로서의 현존재에게는 본질적으로, 밝혀져 있음 가운데 있는 밝혀진 것Enthülltheit이, 다시 말해 밝힘이 자신의 지향적 구조에 따라 관련되어 있는 그 존재자가 속해 있다."[27] 그런데 여기서 언급되는 Enthüllen 또는 Lichtung을 밝음 또는 밝힘으로만 번역해서는 전통 형이상학적 사유와는 다른 방식으로 존재자를 열어 밝히고자 하는 하이데거의 고유한 존재사유를 파악할 수 없다.

이성의 빛을 강조하는 전통 형이상적 사유와 구분되는 자유에 기초해 있는 하이데거의 고유한 존재사유를 이해하기 위해서는 용어 Lichtung은 하이데거 철학에서 밝음 외에 나무들이 제거된 숲의 빈터라는 뜻도 지니고 있다는 점과 Enthüllen 또한 이 빈터와 연관되어 있다는 사실에 각별히 주목해야 한다. 그리고 칸트의 자유 개념과 구분되는 이러한 빈터로서의 자유에서 우리는 세계를 형성하는 현존재의 전-주제적 실천 행위를 가능케 하는 하이데거의 독특한 자유 개념

---

26) 마르틴 하이데거, 『현상학의 근본문제들』, 이기상 옮김(문예출판사, 1994), 310쪽.
27) 앞의 책, 312쪽.

을 발견할 수 있다. 하이데거에 있어서 자연세계의 필연적 법칙과 대립되는 자유로운 행위는 최초로 능동적 행위를 가능케 하는 빈터라는 지평 속에서 비로소 성립된다.

현존재는 세계 속에서 거주하는데, 이 세계는 필연적으로 공간에 놓여 있다. 도구의 공간 분석에서 보여 준 바와 같이 현존재는 주위세계의 전-주제적 '공간화'räumen를 우선적으로 자유로운 지평으로서의 빈터에서 경험한다. 더 나아가 현존재의 주위세계는 공간화 외에 현존재의 자유로운 실천적 행위가 요구되는데, 이 자유로운 행위 또한 이 빈터에 근거해 있다. 인간은 이 빈터에서 실천적 행위를 통해 자연으로부터 독립된 자신의 거주지를 마련하는데, 이 거주지가 현존재의 사회적 세계의 기초를 마련한다. 따라서 현존재의 세계가 이러한 자유로운 지평으로서의 빈터에서 드러나는 존재의 자유에 토대를 두고 있다면, 이 세계는 직관에서 주어지는 후설의 현상학적 세계 개념과는 근본적으로 구분된다.

고립된 주체보다는 세계-내-존재를 우위에 두는 하이데거 철학과 후설 현상학 사이에는 분명히 공통점이 존재한다. 이들 모두 자신들의 세계 개념에서 칸트가 선험적 주체에서 구축한 주관과 객관의 통일에 앞서 있는 보다 근원적인 통일을 정초하고자 한다. 극단적인 주관주의와 극단적인 객관주의의 근원적인 통일은 선험적 의식에 선행하는 세계에서 이루어진다. 그런데 주관과 객관의 근원적인 통일을 가능케 하는 세계를 규정하는 데 있어 하이데거와 후설은 다른 입장을 취한다. 직관을 강조하는 후설의 생활세계는 여전히 자연적 세계의 영역에 놓여 있는 반면, 직관보다 우위에 있는 실천적 행위에 의해 구성된 현존재의 세계는 사회적 세계로 특징지어진다. 물론 습관을 강조하는 후설의 생활세계 또한 행위와 사회적 특성을 함축하고 있지만, 후설에서 직관에 비해 행위는 언제나 이차적이다. 이 점에 그는 다음과 같이 밝힌다.

> 예를 들어 나는 석탄을 연료로 본다. 즉 나는 석탄을 인식하고, 이것을 쓸모 있으며 가열하는 데 유용한 것으로 이에 적절하고 게다가 일정한 열기를 산출할 수 있는 것으로 인식한다.[28]

이론적 이성을 최종근거라고 생각하는 후설에 있어서 인간은 직관을 통해 사물과 최초로 만나며, 행위는 직관을 통해 사물이 인식된 후에 뒤 따라온다. 또는 석탄의 유용성 또한 직관에서 주어진다고 그는 역설한다. 하지만 이론적 사유보다 실천적 행위를 우위에 두는 하이데거는 주위세계에서 주어지는 사물에 관한 분석에서 후설과 다르게 생각한다. 석탄을 연료로 사용하는 행위가 석탄에 대한 직관에 선행한다고 보는 그는 석탄의 유용성은 실천적 행위에서만 드러난다고 주장한다. 그리고 이론적 사유의 우위에 있는 실천적 행위에 기초한 삶에서 형성되는 세계는 고대 철학에서부터 시작되어 근대 철학까지 지배해 온 '자연적 세계'가 아니라 바로 '사회적 세계'이다.

주위세계에서 주어지는 사물과의 관계를 정초하는 데 있어 현상

---

28) 에드문트 후설, 『순수현상학과 현상학적 철학의 이념들 2』, 이종훈 옮김 (한길사, 2009), 252쪽.

학적 직관보다는 실천적 행위를 강조하는 하이데거가 주관과 객관의 근원적인 통일로서의 세계를 말할 때 그가 의미하는 세계는 사회적 세계로 해석될 수 있다. 다시 말해 현존재의 본질을 규정하는 세계-내-존재에서의 세계는 '사회적 세계'를 의미한다. 따라서 하이데거에서 현존재의 세계-내-존재는 '사회적 세계-내-존재'로 이해되어야 한다. 물론 현존재의 세계 분석에서 하이데거가 사회적 세계라는 표현을 전혀 사용하지 않기 때문에 사람들은 이와 같은 해석이 잘못됐다고 생각할 수 있다. 우리의 해석을 정당화하기 위해서는 하이데거가 말하는 세계가 사회적 세계라는 사실이 보다 명확하게 밝혀져야 한다. 현존재의 세계가 사회적 세계를 지칭한다는 사실은 현존재의 다른 표현인 '인간적 인간'에 대한 분석에서 보다 분명하게 파악될 수 있다.

3. 사회적 현존재와 인간적 인간(homo humanus)

19세기 중반에 다윈의 진화론적 인간 개념이 등장한 이래로 서양에서 인간에 대한 규정은 끊임없이 논란에 휩싸였다. 다윈 이전에 사람들은 유대-기독교적 전통에서 유래된 인간 또는 고대 그리스 철학에서 정초된 이성적 인간 개념에 입각해 인간에 대한 확실한 이해를 가지고 있었다. 이 확실한 이해란 바로 신에 의해 창조된 인간 또는 고대 그리스적인 이성적 인간은 자연세계에 있는 동물과 본질적으로 구분된다는 사실에 방향 잡혀 있다. 그리고 이 이해는 존재자들의 위계질서 속에서 가장 꼭대기에 전능한 신이 그다음에 인간이 존재하며 가장 낮은 단계에는 동물이 있다는 믿음을 전제로 한다. 하지만 방대한 생물학적 자료를 토대로 다윈이 인간은 '존재의 대사슬'Great Chain of Being에서 상위 단계에 위치해 있는 것이 아니라 하위 단계에 있는 동물에서 진화됐다는 것을 과학적으로 증명하고자 했을 때, 서양 사람들이 이제까지 가지고 있었던 인간 이해는 근본적으로 흔들렸다. 다윈의 진화론 이후로 서양 현대에서 인간에 대한 이해는 혼란에 빠졌는데, 이러한 사태에 대해 셸러는 큰 관심을 갖게 된다.

20세기 철학자들 중에 유일하게 셸러만이 유대적-기독교적 인간 개념과 고대 그리스 인간 개념을 부정하는 다윈의 진화론에 맞서 인간의 본질을 새롭게 규정하고자 한다. 그는 인간의 새로운 이해를 정립하기 위해 쾰른 대학에서 철학적 인간학에 관한 강의를 최초로 개설한다. 더 나아가 그는 『철학적 인간학』을 저술하고자 계획했지만, 이 계획은 이루어지지 않았고, 그 대신에 이 저서의 기본 구성이 압축된 『우주에서 인간의 지위』를 1928년에 출판한다. 『우주에서 인간의 지위』에서 셸러는 서양 역사에서 현대처럼 인간 개념이 혼란스러웠던 시대는 없었다고 주장한다.

따라서 우리는 서로 참견하지 않은 자연과학적 인간학, 철학적 인간학, 신학적 인간학을 가지고 있지만, 인간에 대한 하나의 통일된 이념을 갖고 있지 못하다. [⋯] 특히 인간의 기원에 관한 문제에 대한 다윈적인 해결조차 심히 동요되고 있다는 것을 고려해 본다면, 유사 이래 현대처

럼 인간 자신이 문제시된 시대가 없다고 말할 수 있을 것이다.[29]

　여기서 지적된 바와 같이 인간은 자연과학적 인간학, 철학적 인간학 그리고 신학적 인간학이라는 각기 다른 방식으로 규정되기 때문에 인간을 이해하는 데 있어 사람들은 혼란에 빠진다.

　철학적 인간학에서 인간의 본질을 새롭게 밝힘으로써 셸러는 다윈의 진화론에서 야기된 인간 이해의 혼란을 극복하고자 한다. 그에 따르면 인간의 본질은 고대 그리스 철학자들이 생각한 바와 같이 이성에 있지 않다. 왜냐하면 형태심리학자들, 특히 셸러가 실험을 통해 확실하게 제시한 바와 같이 동물 또한 지능을 지니고 있기 때문이다. 하지만 동물도 지능을 갖고 있다고 해서 셸러가 인간과 동물의 궁극적 차이를 부정하는 다윈의 입장을 지지하는 것은 아니다. 그는 인간에 관한 규정에 있어서 고대 그리스적 인간 개념과 다윈의 진화론적 인간관 모두를 거부한다. "나의 입장을 말한다면, 나는 이 두 학설을 모두 거부한다. 나는 다음과 같이 주장하고 싶다. 인간의 본질 그리고 인간의 '특수지위'라고 사람들이 부를 수 있는 것은, 지능과 선택 능력이라고 불리어지는 것을 훨씬 넘어서 있다."[30]

　이성에 초점을 맞춘 전통적 인간 규정과는 달리 셸러는 자신의 철학적 인간학에서 인간의 새로운 토대를 소개한다. 그에게서 동물과 인간의 차이점은 정신에 근거해 있는 인간만이 세계를 형성하는

---

29) 막스 셸러, 『우주에서 인간의 지위』, 진교훈 옮김(아카넷, 2001), 18쪽.
30) 앞의 책, 62쪽.

데 있다. "인간은 무제한하게 세계개방적으로 행동할 수 있는 X이다. 인간이 된다는 것은 정신의 힘에 의하여 세계개방성에로 고양된다는 것이다. 동물은 어떤 대상도 가지고 있지 않다. 다시 말해서 동물은 그것의 환경에 몰아적으로 몰입해서 살고 있다. 달팽이가 어디로 가든지 자기의 집을 구조로서 짊어지고 다니는 것처럼 동물은 이와 마찬가지로 그런 환경을 어디서든지 짊어지고 다닌다. 동물은 이 환경을 대상으로 만들 수는 없다."[31] 인간의 '세계개방성'에 입각해 셸러는 이성적 인간과 자연주의적 진화론에 환원되지 않는 새로운 인간 개념을 확립한다. 그런데 셸러의 세계 개념에 영향을 끼친 하이데거의 기초존재론에서도 우리는 전통적 인간 개념과 다윈의 진화론적 인간 개념으로 환원되지 않는 새로운 인간 개념을 발견한다.

하이데거 철학의 표준적인 해석에 따르면 기초존재론은 철학적 인간학과 무관한데 그 까닭은 하이데거는 인간이란 개념을 멀리하고 그 대신 용어 '현-존재'를 사용하며, 존재의 지평을 의미하는 현-존재는 단순히 인간을 지칭하지 않기 때문이다. 하지만 이러한 표준적인 해석과는 달리 하이데거에 있어서 현존재는 인간의 새로운 본질을 의미한다. "거기서(『존재와 시간』―인용자) 인간의 본질은 명확히 획정된 의미에서 현-존재로서 지칭되고 있다."[32] 여기서 제시된 바와 같이 현존재는 존재가 드러나는 지평뿐만 아니라 인간의 새로운 본질을 지칭한다. 그러나 그동안 진행되었던 하이데거 철학 연구에서

---

31) 앞의 책, 68쪽.
32) 마르틴 하이데거, 『니체 II』, 박찬국 옮김(길, 2012), 176쪽.

는 현존재를 인간으로 이해하는 것은 금기시되어 왔기 때문에 현존재분석은 결코 인간 본질과 연관 지어 고찰되지 않았다. 따라서 전통적 인간 개념과 구분되는 현존재 개념은 서양 현대에 대두된 인간 이해의 혼란을 극복하는 데 기여할 수 있음에도 불구하고 이와 같은 주제와 무관한 것으로 간주되었다. 왜냐하면 하이데거 철학 연구자들은 셸러가 해결하고자 했던 문제에 초점을 맞춰 현존재개념을 해명할 경우, 현존재분석을 철학적 인간학으로 오해할 수 있게 해주는 단초를 제공해줄 수 있다고 생각했기 때문이다. 하지만 이러한 하이데거 철학 연구자들의 의견과는 달리 하이데거는 『존재와 시간』에서 전개된 현존재분석의 의의가 전통 철학적 인간 개념인 '이성적 동물'과는 다른 방식으로 인간을 규정하는 데 있다고 주장한다.

> 이러한 형이상학적인 인간관에서 사람들이 라티오날리타스rationalitas, 합리성과 의식성 그리고 정신성를 우위에 놓든 혹은 아니말리타스animalitas, 동물성과 육체성를 우위에 놓든, 혹은 양자 사이에 그때마다 적절한 균형을 구하든 인간의 본질은 결코 충분히 근원적으로 파악될 수 없는 것이다. 이러한 사태에 대한 통찰이 『존재와 시간』이라는 논고를 위한 동기다.[33]

철학적 인간학에서 셸러가 이성에 바탕을 두고 있는 전통 철학적 인간 개념을 거부하듯이 하이데거 또한 현존재분석에서 이성적 동물에 대해 이의를 제기하는데, 그 까닭은 이 이성적 동물에서는 인

---

33) 앞의 책, 176쪽.

간의 근원적인 본질이 제대로 드러나지 않기 때문이다. 더 나아가 철학적 인간학에서 셀러가 시도한 바와 같이 하이데거 역시 현존재분석에서 전통 철학적 인간 개념과 구분되는 새로운 인간 개념을 정초하고자 하는데, 이 새로운 인간을 그는 '인간적 인간'homo humanus이라 부른다.

인간을 이성적 동물로 보는 전통 철학에서 인간의 새로운 본질, 즉 인간적 인간 개념은 간과되었다고 하이데거는 주장한다. 그리고 이 새로운 인간 개념을 통해 셀러처럼 그 또한 인간과 동물의 차이를 부정하는 다윈의 진화론적 인간 개념 역시 극복하고자 한다. 왜냐하면 그에게서 인간은 동물과 근본적으로 구분되기 때문이다. "형이상학은 인간을 동물성animalitas에 입각해 사유할 뿐 그의 인간다움humanus을 향해서는 사유하지 않는다."[34] 그런데 여기서 우리는 인간을 동물로 환원시키는 진화론적 인간관에 대한 하이데거의 비판이 셀러에 비해 더 근본적임을 볼 수 있다. 셀러에 따르면 인간이 동물에서 유래되었다는 진화론의 역사는 길지 않은데, 그 까닭은 진화론이 19세기에 다윈에 의해 비로소 성립되었다고 생각했기 때문이다.

그러나 셀러와는 달리 하이데거는 다윈의 진화론은 최근에 등장한 급진적인 이론이 아니라 긴 역사를 가지고 있다고 주장한다. 그에 따르면 다윈의 생물학에 앞서 인간의 본질은 그리스 형이상학에서도 이미 동물성으로 규정된다. "사람들은 원칙적으로는 항상 동물적 인간homo animalis만을 사유한다. 그러한 정립이 형이상학의 양식인 것이

---

34) M. Heidegger, "Letter on Humanism", p.247.

다."35) 하이데거가 이렇게 주장하는 이유는 인간을 이성적 동물로 보는 그리스 철학에서 인간을 동물과 구분하기 위해 '이성'을 강조하였지만 인간은 사실 애초부터 '동물성'과 연관되어 정의되었기 때문이다. 그리스 철학에 따르면 인간은 본질적으로 동물성에 기초해 있으며, 이성은 동물성에서 유래된 이차적인 속성이다. 이렇게 볼 때, 인간이 동물에서 유래됐다는 주장은 다윈 진화론에 의해 최초로 확립된 것이 아니라 사실 그리스 철학까지 거슬러 올라간다. 이러한 관점에서 하이데거는 진화론을 논박하기 위해서는 셸러가 생각한 것처럼 다윈의 생물학과 대결하는 것이 아니라 그리스 형이상학과 대결해야 한다고 믿는다. 다시 말해 하이데거는 인간의 본질을 동물성에 입각해 규정한 그리스 철학이 극복되었을 때 우리는 비로소 인간과 동물 사이에 궁극적인 차이점이 없다는 다윈의 진화론을 극복할 수 있다고 보았으며, 이 새로운 인간 개념을 그는 그리스 철학에서 간과된 인간적 인간 개념에서 확립하고자 한다.

앞에서 우리는 자연적 존재자onta를 탐구하는 전통 존재론을 자연존재론으로 지칭했다. 그리고 전통 존재론이 자연존재론에 방향 잡혀 있다는 것을 우리는 전통 존재론에서 인간은 동물적 인간에 입각해 규정되었다는 사실에서도 확인할 수 있다. 모든 존재자들은 자연적 세계의 범위에서 최초로 경험된다고 생각했기 때문에 전통 존재론은 인간을 규정함에 있어서도 동물성을 강조한다. 그런데 기초 존재론에서 하이데거는 자연적 존재자에 초점이 맞춰진 전통 존재론

---

35) Ibid., p.246.

과 구분되는 새로운 존재론을 확립하는데, 우리는 이 존재론을 사회존재론으로 특징짓고자 한다. 그리고 인간의 새로운 규정을 지칭하는 인간적 인간의 의미는 사회존재론적 관점에서 바라볼 때 비로소 이해될 수 있다. 또는 역으로 동물적 인간과 구분되는 인간적 인간에서 우리는 하이데거의 존재론적 사유가 사회존재론을 정초하는 것에 방향 잡혀 있음을 분명하게 파악할 수 있다.

기초존재론에서 인간은 의식이 아니라 현존재의 관점에서 규정되었다는 사실은 잘 알려져 있는 반면, 하이데거 철학에서 인간이 인간적 인간homo humanus으로 정의되었다는 사실은 상대적으로 잘 알려지지 않았다. 그렇기 때문에 하이데거 사유에서 인간적 인간이 함축하고 있는 독특한 의미는 사람들로부터 전혀 주목을 받지 못했다. 그 까닭은 아마도 하이데거 철학 연구자들 사이에서 하이데거 존재론을 철학적 인간학과 연관 지어 고찰하는 것은 금기시되어 왔기 때문일 것이다. 그러나 앞에서 지적한 바와 같이 하이데거에게서 인간은 동물적 인간homo animalis 또는 이성적 인간homo rationalis이 아니라 인간적 인간homo humanus으로 규정된다. 따라서 현존재분석에서 하이데거가 정초하고자 한 인간의 새로운 본질을 이해하기 위해서는 인간적 인간의 의미를 파악해야 한다. 하지만 용어 인간적 인간이 함축하고 있는 독특한 의미를 파악하는 것은 쉽지 않다. 더욱이 한국어에서 'homo humanus'는 '인간다운 인간'으로 번역되었는데, 동어반복적인 이 번역에서 homo humanus의 독특한 의미는 잘 드러나지 않는다. 독일어와 영어에서는 번역하는 대신 원래 라틴어 homo humanus를 그대로 사용하는데, 여기에서도 'humanus'는 '인간'을 뜻하는 것으로 이해되기 때문에 원어를 그대로 사용하는 것도 크게 도움이 되지 않는다. 이 용어를 더 자세하게 번역 또는 직역하자면 라틴어 humanus는 흙을 가리키기 때문에 homo humanus는 대지적 인간으로 번역될 수 있다. '대지적 인간'은 어떤 의미를 띠고 있는가?

　　homo animalis와 대립되는 용어 homo humanus를 직역하자면, 이 용어는 대지적 인간을 의미하는데, homo humanus에 관한 논의에서 '대지'는 전혀 주목받지 못했다. 왜냐하면 하이데거 자신도 대지 개념을 상세하게 다루지 않았기 때문이다. 「휴머니즘 서간」에서 제시된 homo humanus에 관한 분석에서 하이데거는 homo humanus를 인문학과 연관지어 설명할 뿐 대지개념은 전혀 언급하지 않는다.

> 인간다움이 인문학humanitas이라는 명칭하에서 처음 명백히 숙고되고 추구되었던 것은 로마 공화정 시대다. 인간다운 인간homo humanus은 야만적인 인간homo barbarus에 대립된다. 여기에서 인간다운 인간이란 그리스인들로부터 물려받은 교양paideia를 체득함으로써 로마의 덕을 고양하고 순화시킨 로마인을 의미한다. […] 이렇게 이해된 교양이 '인문학'으로 번역된다. 로마인의 본래적인 로마적 성격은 이러한 인문학 안에서 성립된다.[36]

　　여기서 제시된 바와 같이 하이데거는 인간다운 인간을 인문학과

---

36) Ibid., p.244.

연관지어 설명한다. 그리고 이 연관성에서 볼 때, 교육받은 인간다운 인간은 당연히 교육받지 못한 야만적 인간과 구분된다. 하지만 로마 공화정 시대에 교육은 모든 사람들이 받을 수 있는 것이 아니라 귀족 신분에 속해 있는 사람들에게만 허용되었다. 그래서 우리가 하이데 거의 설명을 따른다면 인간다운 인간은 귀족 신분에 속한 사람을 일 컫는다. 물론 라틴어에서 인문학과 관련되어 있는 인간다운 인간은 야만인과 대립되는 교육받은 사람 일반을 지칭하는 용어로 사용될 수 있다. 하지만 이외에 용어 humanus는 귀족과 평민 또는 야만인을 포함한 모든 인간을 표현할 때도 사용된다. 교육을 받지 못했더라도 평민 또한 귀족과 마찬가지로 동물과 구분되는 인간humanus으로 규정된다. 그리고 모든 인간을 지칭하는 humanus는 어원적으로 인문학이 아니라 대지에 그 기원을 두고 있다.

대지적 인간을 일컫는 homo humanus에 관한 논의에서 흙 또는 대지의 의미가 명확하게 해명되지 않았기 때문에 대지적 인간의 의미 또한 모호한 채 남아 있다. homo humanus를 이해하기 위해서는 용어 humanus의 어원을 살펴보아야 한다. 어원적으로 humanus는 돌봄Sorge의 분석에서 제시된 바와 같이 'humus'에서 유래되었는데, 우리는 라틴어 humus가 이중적인 의미를 함축하고 있다는 사실에 주목해야 한다. 한편에서 humus는 자연적 흙을 일컫지만 다른 한편에서는 '경작된 토지'Ackerland를 의미한다.[37] 만약 humus를 자연적 흙

---

37) E. Pertsch and H. Menge, *Langenscheidts Großes Schulwörterbuch*(Berlin: Langenscheidts, 1983), p.549.

으로 이해한다면, homo humanus와 동물 사이에는 어떠한 차이점도 존재하지 않는다. 왜냐하면 인간뿐만 아니라 동물 역시 자연적 흙에서부터 유래되었기 때문이다. 하지만 앞에서 지적한 바와 같이 하이데거는 대지적 인간$_{homo\ humanus}$과 동물적 인간$_{homo\ animalis}$을 엄격하게 구분한다. 그리고 이 구분이 성립되기 위해서 homo humanus는 자연세계에 있는 대지적 인간을 지칭하는 것이 아니라 욕구의 억제에서 유래되는 노동을 통해 만들어진 경작된 토지에 거주하는 인간을 뜻한다.

앞 장에서 우리는 인간의 본질은 '실존', 즉 '나는 있다'$_{ich\ bin}$에 놓여 있다는 것을 보여 주었다. 하이데거는 이 같은 '나는 있다'가 대지를 경작하는 행위를 일컫는 '밭을 갈다'를 의미한다고 주장한다. "'나는 있다'$_{ich\ bin}$ 혹은 '너는 있다'$_{du\ bist}$라는 것은 나는 거주한다 혹은 너는 거주한다를 의미한다. 네가 있고 내가 있는 그 양식, 즉 우리 인간이 지상에, 즉 이 땅 위에 있는 그 방식$_{Buan}$은, 즉 거주함이다. [⋯] 고대어 bauen은 인간은 그가 거주하는 한에서 있다라는 것을 의미하는데, 그러나 동시에 돌본다$_{hegen}$, 보호한다$_{pflegen}$, 즉 밭을 갈다 혹은 포도를 재배한다 등을 의미한다."[38] 이처럼 인간은 자연적 대지를 변형시킨 경작된 토지에 존재하기에 세계 속에 있는 인간의 존재방식은 동물의 존재방식과는 본질적으로 구분되는 실존으로 규정된다.

더 나아가 이 경작된 토지에서 인간은 자연세계로부터 완전히

---

38) 마르틴 하이데거, 「건축함 거주함 사유함」, 『강연과 논문』, 이기상·신상희·박찬국 옮김(이학사, 2008), 187쪽.

벗어나 있는 사회적 세계의 토대를 마련한다. 대지적 인간에서의 대지가 사회적 세계의 토대라는 사실을 우리는 요한 페터 헤벨의 글에서 확인할 수 있다. 앞 장에서 지적한 바와 같이 '정황적 사유'로 규정되는 인간의 사유는 세계로부터 분리된 채 허공에 떠 있는 것이 아니라 세계 속에 놓여 있다. 이 점을 보여 주기 위해 그는 요한 페터 헤벨이 한 말을 우리에게 상기시킨다. "요한 페터 헤벨은 한때 다음과 같은 글을 적어 두었습니다. '우리는 식물이라네 — 우리가 기꺼이 인정하고 싶든 아니든 간에, 우리는 지상[에테르]에 꽃을 피우고 결실을 맺기 위해 흙에 뿌리를 내려 그 흙에서 자라나야 하는 식물이라네'."[39] 이 인용문에서 볼 수 있듯이 식물로 규정되는 인간 또는 시인은 흙에 뿌리를 내리고 있다. 그런데 여기서 말하는 흙은 자연적 토양이 아니라 고향의 대지를 의미한다. 이 점에 대해 하이데거는 다음과 같이 말한다. "대지란, 피어오르는(자라나는) 모든 것들의 피어남(자라남)이 그러한 것으로서 '되돌아가 [존재의 은닉 속에 다시] 간직되는' 그런 터전이다. 피어오르는 것 속에서 대지는 간직하는 것으로서 현성한다. 신전이란 작품은 거기에 서서 세계를 열어 놓는 동시에 [대지의 품으로] 되돌아가 그 세계를 대지 위에 세운다. 이렇게 해서 대지 자체는 비로소 [터-있음으로서의 역사적인 인간존재가 본원적으로 거주하기 위한] 고향과도 같은 아늑한 터전der heimatische Grund으로서 솟아나온다."[40] 여기서 볼 수 있듯이 하이데거에게서 고향은 역사적인 현

---

39) 마르틴 하이데거, 「초연함, 내맡김」, 『동일성과 차이』, 신상희 옮김(민음사, 2018), 125쪽.
40) 하이데거, 「예술작품의 기원」, 『숲길』, 56쪽.

존재가 거주하는 대지를 의미하는데, 시인 헤벨이 뿌리를 내리는 대지는 바로 이러한 고향을 일컫는다. 그리고 이처럼 시인의 사유를 지탱하고 있는 대지가 역사적인 현존재의 고향을 일컫는다면, 역사적인 세계의 토대를 제공하는 대지는 자연세계와 대비되는 사회적 세계로 이해될 수 있다.

또한 라틴어에서 '경작'cultivation은 '문화'culture와 밀접하게 관련되어 있는데, 여기서도 우리는 homo humanus가 필연적으로 사회적 세계 속에 존재한다는 것을 볼 수 있다. 그리고 경작된 토지에 거주하는 homo humanus는 자연세계에 있는 homo animalis와는 근본적으로 구분된다. 더 나아가 인간을 '경작된 토지에 거주하는 인간'으로 이해했을 때 우리는 기초존재론에서 인간을 지칭하는 '현-존재'Dasein의 '현'에 대해서도 새롭게 파악할 수 있다. '의식'과 대비되는 현-존재의 '현'이 의미하는 바는 경작된 대지, 즉 사회적 세계의 지평을 일컫는다. 다시 말해 인간이 현존재의 존재방식으로 있다는 것은 인간은 자연세계로부터 벗어나 사회적 세계 속에 거주하고 있음을 나타낸다. 그러므로 경작된 토지에 거주하는 인간을 의미하는 homo humanus에서 우리는 자연세계에 기원을 두고 있는 동물성에 입각해 인간의 본질을 규정한 전통 철학적 인간 개념과 달리 사회적 세계에 기초해 있는 하이데거의 새로운 인간 개념을 발견할 수 있다. 더 나아가 하이데거의 존재 개념 또한 사회적 세계에 있는 경작된 토지에 뿌리를 두고 있다.

데카르트에 따르면 철학 전체는 하나의 나무에 비유될 수 있는데, 뿌리는 형이상학이고, 줄기는 자연학이고, 그리고 줄기로부터 뻗어 나온 가지들은 여타의 다른 학문들이다. 그런데 이와 같은 비유에 대해 하이데거는 다음과 같은 물음을 제기한다. "철학이라고 하는 나무의 뿌리는 어떤 땅에 뿌리를 내리고 서 있는가? 그 뿌리는 그리고 그 뿌리를 통해 전체의 나무는 어떤 흙(토양)으로부터 생명의 즙과 활력소를 받고 있는가? 땅 속 밑바탕에 감추어져 있으면서 그 나무를 지탱하고 기르는 그 뿌리들은 어떠한 원소들로 이루어져 있는가?"[41] 여기서 볼 수 있듯이, 모든 학문에 근거를 제공하는 하이데거의 기초존재론은 뿌리보다는 이 뿌리를 지탱하는 '흙'에 초점을 맞추고 있다. 그런데 하이데거와는 달리 철학을 규정하는 데 있어 데카르트는 형이상학(뿌리)에 영양분을 제공하는 흙에 전혀 관심을 두지 않았다. 아니면 관심을 가졌다고 하더라도 그는 흙을 모든 문화에 공통적으로 존재하는 자연적 흙으로 이해하였을 것이다. 이와 같은 이유 때문에 데카르트 철학에서 존재론적 사유는 모든 문화적 토양으로부터 벗어나 있는 자연존재론으로 이해될 수 있다. 그러나 하이데거에게서 흙은 사회적 세계에서 경험되는 경작된 토지를 의미하며, 이 흙에 그의 존재사유는 뿌리박고 있다. 그러므로 homo humanus, 즉 자연적 흙과는 근본적으로 구분되는 경작된 토지에 뿌리박고 있는 인간 개념, 즉 현존재에서 우리는 하이데거의 존재사유가 궁극적으로 역사·사회 세계의 근거를 밝히는 사회존재론을 정초하는 것에 방향 잡혀 있음을 볼 수 있다.

『지식사회학』에서 셸러는 인식의 조건은 선험적 의식에서가 아

---

41) 마르틴 하이데거, 『형이상학이란 무엇인가?』, 이기상 옮김(서광사, 1995), 13쪽.

니라 사회적 세계에 놓여 있다고 주장한다.『존재와 시간』에서 전개된 '(사회적) 세계-내-존재'로 규정되는 현존재에 대한 분석은 이와 같은 셸러의 지식사회학을 존재론적 사유로 확장시킨 것이라고 볼 수 있다. 하이데거에 따르면 인식뿐만 아니라 현존재의 자기성, 주위 세계에서 만나는 도구 사물과 도구의 공간성 그리고 현존재의 정황적 자유 또한 사회적 세계에서 유래되기 때문에 그의 존재사유는 사회존재론으로 이해될 수 있다. 더 나아가 하이데거의 존재사유가 사회존재론으로 이해될 수 있는 것은 인간의 본질을 새롭게 규정함에서 찾아질 수 있다. 인간의 본질을 자연적 세계와 사회적 세계에 의거해 규정하는 오랜 전통이 있었지만, 전통 철학과 근대 철학 모두 인간을 자연적 존재자로만 보고자 한다. 또는 자연세계에 존재하는 동물과 구분하기 위해 인간의 본질은 자연적 존재자, 즉 동물적 인간homo animalis에 대립되는 이성적 인간homo rationalis에 있다고 철학자들은 생각한다.

하지만 하이데거에 있어서 인간의 본질은 자연적 세계에 놓여 있지 않으며 더 나아가 자연세계에 대립되는 이성적 인간에 의해 정의되지 않는다. 이성을 중시하는 전통 철학적 인간과 구분되는 새로운 인간 개념을 정초함에 있어 하이데거는 인간의 본질은 사회적 세계 또는 역사적·문화적인 세계의 기초를 제공하는 경작된 토지에 거주하는 인간을 의미하는 homo humanus로 규정된다고 주장한다. 그에 있어서 homo humanus로 규정되는 인간은 한편에서 자연세계에 놓여 있는 동물성의 범위에 있지만 동시에 동물성에만 종속되어 있지 않고 궁극적으로 노동에 의해 형성된 사회세계에서 자신의 본질을 완성한다.

　이와 같은 자연 존재자와는 근본적으로 구분되는 사회적 존재자의 의미를 파악하기 위해서는 사회존재론적 사유가 요구되며, 더 나아가 사회존재론적 사유의 토대는 homo humanus에서 찾아져야 한다. 결론적으로 의식에 갇혀 있는 주체에 대립되는 '(사회적) 세계-내-존재'와 고립된 자아에 대립되는 '타자와 함께 있는 사회적 자기' 그리고 이성적 인간에 대립되는 homo humanus로 규정되는 인간 현존재분석에 바탕을 두고 있는 하이데거의 존재사유는 사회존재론으로 해석되었을 때 비로소 이해될 수 있다. 그리고 사회존재론에서 하이데거가 추구하는 것은 그동안 자연적 관점에서 인간을 포함한 모든 존재자들을 고찰한 전통 존재론에서 야기된 오성과 감각의 대립, 사유하는 자아와 세계와의 대립 그리고 경험적 자아와 선험적 주체의 대립으로부터 벗어나 있는 주관과 객관의 근원적인 통일을 사회적 존재로서의 인간의 새로운 본질을 열어 밝힘으로서 정초하는 것이다. 더 나아가 개별적 자아보다 사회 공동체를 우위에 두는 사회존재론에서 그는 궁극적으로 근대적 주체는 존재자의 능동적 주재자가 될 수 없음을 보여 준다.

나가는 말

'나는 사유한다. 그러므로 나는 존재한다'cogito ergo sum 는 명제 위에 데카르트가 철학적 원리를 세운 이후 이 철학적 원리는 칸트를 거쳐 20세기 후설 현상학에 이르기까지 큰 영향을 끼쳤다. 물론 위대한 철학자들은 자신들만의 고유한 방식으로 '사유하는 자아'를 재정립한다. 예를 들어 칸트는 '선험적 통각'을 통해 그리고 후설은 '범주적 직관'을 통해 세계로부터 분리되어 있는 사유하는 자아를 새롭게 확립한다. 그런데 기초존재론에서 근대 철학적 원리와는 다른 새로운 철학적 토대를 정초하고자 하는 하이데거는 데카르트에서 유래되어 후설 현상학까지 이어 온 이 명제를 뒤집는다. 그에게 철학적 원리는 바로 '나는 존재한다. 그러므로 나는 사유한다'sum, ergo cogito 는 명제로 표현된다. 이 명제에 입각해 사람들은 근대 철학적 사유와 하이데거 철학적 사유의 근본적인 차이점이 '이성'과 '실존'의 대립에 있다고 생각한다. 더 나아가 실존 개념이 하이데거 철학에서 핵심적인 위치를 차지하고 있기 때문에 하이데거는 실존주의 철학의 창시자로 간주되기도 한다. 하지만 여기서 말하는 실존의 의미가 불명확하기 때문에 하이데거 철학은 여전히 난해한 사상으로 남아 있다.

하이데거 철학에 입문하기 위한 첫 관문으로서 현존재의 실존 개념을 분명하게 이해하기 위해서는 이 실존, 즉 '있음'sum이 '나는 사회적 세계에 거주한다'로 파악되어야 한다. 다시 말해 『존재와 시간』에서는 명확하게 제시되지는 않았지만, '나는 존재한다. 그러므로 나는 사유한다'라는 명제는 '나는 사회적 세계 속에 거주한다. 그러므로 나는 사유한다'로 재해석되어야 한다. 물론 하이데거 또한 동물과 근본적으로 구분되는 인간의 특징은 사유하는 자아에 있다고 생각한다. 하지만 사유하는 자아의 토대는 사회적 세계로부터 분리된 내재적 의식에 놓여 있지 않다. 이와 달리 사유하는 자아는 타자와 본질적으로 함께 있는 사회적 세계에서 사회화 과정을 통해 형성되기 때문에, 사유하는 자아는 근원적인 토대가 아니라 이차적인 것이다. 이와 같은 관점에서 볼 때 근대 철학적 사유와 하이데거 철학적 사유의 차이점은 이성(주체)과 실존(반주체)의 대립에서만이 아니라 자연적 존재자와 사회적 존재자의 대립 또는 자연세계와 사회세계의 대립에서 찾아져야 한다.

전통 형이상학적 사물 개념을 비판하는 하이데거는 기초존재론에서 주위세계에서 만나는 도구를 고정적인 실체성이 아니라 역동적인 사물로 그리고 현존재의 본질을 '존재가능'으로 규정한다. 그런데 전통 형이상학과 기초존재론의 차이점은 전자는 정적인 사물을 그리고 후자는 역동성을 강조하는 데 있지 않다. 이 차이점을 보다 더 근본적으로 이해하기 위해서는 우리는 하이데거가 기초존재론에서 말하는 고유한 역동성 개념에 주목해야 한다. 앞에서 제시한 바와 같이

'도래'에 기투하는 현존재의 역동적인 존재가능은 가능성의 세계에 끊임없이 열려 있다. 그리고 이 도래는 자연세계가 아니라 역사적·사회적 세계에서만 경험될 수 있다. 더 나아가 실존에 놓여 있는 인간의 본질은 초역사적인 보편적 실재가 아니라 역사적·사회적 세계로부터 유래된다고 볼 수 있는데, 이 역사적·사회적 세계에서 우선적으로 주어지는 존재자의 근원을 탐구하는 것이 바로 사회존재론이다. 이와 같은 이유로 인해 우리는 현존재의 실존과 존재가능, 그리고 세계-내-존재에 바탕을 두고 있는 하이데거 존재사유를 사회존재론으로 해석하고자 시도했다.

지금까지 우리는 하이데거의 존재사유가 어떻게 사회존재론으로 해석될 수 있는지에 대해 서술하였다. 『존재와 시간』 이후 존재론은 '이성적 인간'homo rationalis 또는 '동물적 인간'homo animalis에 기초한 자연존재론과 노동하는 '대지적 인간'homo humanus에 기초해 있는 사회존재론으로 구분된다. 그리고 이성적 인간보다는 대지적 인간에 바탕을 두고 있는 하이데거 사회존재론이 지향하는 바는 세계로부터 분리된 비관여적 사유보다는 주위세계에서 만나는 사물들의 문맥 속에 있는 정황적 사유를, 전-이론적 사유보다는 '실천적 행위'(노동)를 그리고 '고립된 나-주체보다는 공동존재'를 우위에 둔 존재론을 확립하는 것이다. 현존재의 자기가 사회적 자기로 규정된다면, 현존재는 필연적으로 세계 속에서 타자와 더불어 존재한다. 이제 우리는 하이데거가 현존재분석에서 확립한 사회존재론의 의의가 무엇인지를 살펴보고자 한다.

하이데거 사회존재론의 의의는 후설을 위시한 다른 현상학자들,

특히 프랑스 현상학자들이 전혀 관심을 갖고 있지 않았던 자연과학에 대립되는 정신과학 또는 인문학과의 연관성에서 찾아진다. 자연과학적 사물과 구분되는 정신과학적 사물이 존재하는데, 정신과학적 사물은 오성의 범주에 의해 파악되지 않는다. 딜타이는 자연적 사물을 '설명'하는 인식과 구분되는 해석학적 '이해'에 입각해 자연과학적 인식으로 환원되지 않는 정신과학적 인식의 기초를 정초하고자 한다. 그럼에도 불구하고 그는 정신과학적 인식을 확립하는 데 있어 한편에서는 이해하는 주체를 그리고 다른 한편에서는 대상이 주체의 외부에 존재한다는 근대 인식론의 구조를 여전히 고수한다. 즉, 그에게서 정신과학적 사물은 여전히 주관과 대립되어 있다. 주관과 객관의 대립 외에도 정신과학적 인식에만 관심을 가지고 있었던 철학자들은 정신과학의 존재론적 토대를 간과하였다.

자연과학적 대상이 자연세계 속에 있는 사물이라면 정신과학에서 탐구되는 대상은 역사적·사회적 세계에서 경험되는 사물을 일컫는다. 다시 말해 자연과학과 정신과학이 대립된다면 자연세계와 역사적·사회적 세계 또한 상반되며, 정신과학은 후자의 세계와 관계한다. 그리고 사회적 세계에서 사물이 주어지는 방식은 자연적 세계에서 사물이 주어지는 방식과는 근본적으로 다르다. 예를 들어 사회적 세계의 공간과 시간은 자연세계에서 경험되는 동질적인 공간과 시간으로 환원되지 않는다. 따라서 정신과학적 인식을 정초하기 위해서는 이 인식이 전제로 하고 있는 존재론적 토대가 우선적으로 규명되어야 한다. 그러나 인식론에만 관심을 가지고 있었던 딜타이를 비롯한 다른 해석학자들은 자연세계와 전혀 다른 사회적 세계의 존재론적 토대의 중요성을 전혀 인지하지 못했다. 정신과학의 고유한 방법론을 확립함에 있어 사회적 세계의 존재론적 토대의 중요성을 인지한 하이데거는 기초존재론에서 현존재의 '(사회적)세계-내-존재'에 대한 분석에 심혈을 기울인다. 더 나아가 이 과정에서 그는 다른 철학자들과는 달리 정신과학을 올바르게 정초하기 위해서는 전통 철학적 규정과는 전혀 다른 인간 본질에 대한 새로운 규정이 필요하다는 것을 자각한다.

칸트가 비판 철학에서 자연과학적 인식의 토대를 마련한 것처럼 기초존재론에서 하이데거는 정신과학적 인식의 근거를 정초하고자 한다. 자연과학에 대립되는 정신의 학문을 독일에서는 'Geisteswissenschaft'라 일컫는데, 영미권에서는 Geisteswissenschaft 대신에 정신과학을 지칭할 때 인문학humanities을 사용한다. 인문학이라는 용어에서 우리는 정신과학Geisteswissenschaft에서는 드러나지 않는 새로운 의미를 발견한다. 자연과학에서 경험되는 사물이 신에 의해 창조되었다면 인문학에서 경험되는 사물은 인간에 의해 창출된 것이다. 그렇기 때문에 인문학을 정초하기 위해서는 인문학에서 가장 중심적인 주제인 인간의 본질이 우선적으로 이해되어야 한다.

해석학에서 딜타이는 인문학적 대상은 오성의 활동에서 유래되는 설명에서가 아니라 삶의 체험에 근거해 있는 이해에서 인식된다고 주장한다. 그리고 이 구분을 통해 딜타이는 인문학적 대상의 고유한 의미를 파악할 수 있게 해주는 새로운 토대를 마련하고자 시도하지만, 그가 생각한 인문학적 인식의 토대는 전통 형이상학적 사유로부터 완전히 단절되지 않는다. 왜냐하면 비록 이해는 오성의 활동에 환원되지 않지만 딜타이의 이해 개념은 여전히 인간이 이성적 동물이라는 전통 형이상학적 규정을 전제로 하기 때문이다.

그런데 딜타이와는 달리 하이데거에 있어서 인간의 본질은 이성에 놓여 있지 않다. 더 나아가 하이데거의 사회존재론의 관점에 볼 때, 인문학적 인식의 가능조건을 마련함에 있어 딜타이가 간과한 또 다른 특징이 있다. 자연과학적 대상과는 달리 인문학적 대상은 인간이 제작한 도구를 지칭하는데, 이 제작된 도구를 인식하기 위해서는 새로운 인간 개념이 요구된다. 인문학적 대상이 제작된 도구라면, 인문학에서의 인간 삶은 근원적으로 '관조하는 삶'vita contemplative이라기보다는 '행위하는 삶'vita activa으로 규정되어야 한다. 하이데거는 용어 '인간'humanus이 '경작된 토지'humanus를 의미한다는 것에 착안하여 인간의 본질을 '노동하는 인간'으로 규정한다. 그리고 그가 말하는 인문학에서의 인간 또는 정신은 전통 형이상학적 인간 규정과는 근본적으로 구분되는 행위하고 노동하는 인간을 의미한다.

우리는 두 가지 면에서 노동하는 인간 개념에 기초해 있는 인문학과 이성적 인간 개념에 기반을 두고 있는 인문학의 차이점을 볼 수 있다. 첫째, 사회적 세계에서 주어지는 인문학적 대상은 이해에서가 아니라 행위에서 인식된다. 둘째, 인간은 행위, 즉 노동을 통해 사회적 세계를 형성하고 인문학적 대상을 만들기 때문에, 이 세계에서 인간은 이미 자신이 만든 대상과 결합되어 있다. 그리고 인문학의 토대는 이 같이 행위하고 노동하는 인간과 제작된 사물과의 통일에 기초해 있다. 더 나아가 극단적인 주관과 극단적인 객관의 통일은 인간의 근원적인 세계가 사회적 세계로 규정되었을 때 비로소 가능한데, 기초존재론에서 하이데거가 추구하는 것은 이 사회적 세계의 존재론적 토대를 마련하는 것이다. 그러므로 독일에서만 활발하게 진행되었던 정신과학적 인식에 대한 탐구에 깊숙이 관여한 하이데거는 자연세계에 앞서 주어지는 사회세계를 존재론적으로 고찰하는 사회존재론로서의 기초존재론을 정초함으로써 딜타이의 해석학적 사유가 간과한 정신과학의 존재론적 토대를 열어 밝힌다. 또한 정신과학적 인식의 가능 조건을 정초하고자 하는 하이데거의 사회존재론의 의의는 역사적·사회적 세계에서만 열려 밝혀지는 본래적인 정황적 사유, 즉 '숙고적 사유'das besinnliche Denken에서 찾아질 수 있다.

근대 자연과학의 수학적 원리와 이 원리로부터 파생된 계산적 사유에 바탕을 두고 있는 현대 기술자는 지구를 무제약적으로 지배할 수 있는 능력을 얻는다. 더 나아가 인간을 포함한 모든 존재자들을 수학적 원리에 입각해 동일한 방식으로 파악하는 현대 기술의 시대에서 인간의 획일화는 피할 수 없다. 하이데거는 인간의 획일화를 극복하기 위해 기술 시대의 사유방식인 '계산적 사유'das Rechnende Denken에 대립되는 숙고적 사유das besinnliche Denken를 제시한다. "각자의 방식에 맞게 정당화될 수 있는 두 종류의 사유가 존재한다. 계산적 사유가 있다면 이에 대비되는 숙고적 사유가 있다."[1] 이 숙고적 사유는 과거로부터 전승된 전통 문화에 뿌리박고 있는 사유를 의미하는데, 각

---

1) M. Heidegger, *Discourse on Thinking*, trans. M. Anderson and E. Freund(New York: Harper&Row Publishers, 1966), p.46.

자의 고유한 삶이 유지되는 토착성Bodenständigkeit에서 인간은 결코 획일화될 수 없다. 기초존재론에서 새로운 '존재의 의미'das Sinn von Sein를 해명하고자 하는 하이데거의 존재사유가 추구하는 것이 바로 존재하는 모든 것에 내재해 있는 그 의미를 생각해 보는 숙고적 사유이다. 과거로부터 전승된 전통 문화에 뿌리박고 있는 숙고적 사유는 필연적으로 현존재가 역사적·사회적 세계에 존재하고 있음을 전제로 한다.

그런데 하이데거 철학에서 숙고적 사유의 토착성은 한 민족의 전통적 문화뿐만 아니라 서구 정신의 근원적인 토양까지 포함하고 있다. 그러므로 하이데거의 사회존재론의 의의를 우리는 다음과 같은 사실에서 찾을 수 있다. 하이데거는 근대 주체의 계산적 사유와 '무제약적 행위'를 부정적으로 본다. 그 이유는 '흔들림 없는 토대' fundamentum inconcussum에 기초한 근대적 주체가 기술을 포함한 모든 분야에서 근대 사회를 획일화된 사회로 전환시키는 데 결정적인 역할을 했기 때문이다. 그 대안으로 그는 '정황적이고 숙고적인 사유'와 '정황성에 제약받는 행위'를 제시한다. 이 제약된 행위와 전통에 뿌리박고 있는 숙고적 사유의 토대를 우리는 하이데거의 기초존재론을 사회존재론으로 해석할 때 비로소 잘 파악할 수 있다. 따라서 하이데거 존재사유가 사회존재론으로 이해되었을 때 우리는 인간의 사유뿐만 아니라 인간의 행위 또한 역사적·사회적 세계에 의해 제약받는다는 사실을 파악할 수 있다. 마지막으로 그와 같이 역사적·사회적 세계로부터 제약을 받은 인간의 사유와 행위에 기반을 두고 있는 하이데거의 사회존재론이 부각되었을 때 우리는 기존의 연구에서는 간과되었지만, 하이데거 존재사유가 사실 새로운 사회 이론의 토대가 될 수 있다는 것을 확인할 수 있다.

하이데거의 존재사유가 추구하는 것은 '현실적인 존재자'의 근거를 마련하는 것인데, 이 현실적인 존재자는 '자연적 현실' 외에 '사회적 현실'에 놓여 있다. 그리고 20세기 초 유럽, 특히 독일은 1차 대전이 끝난 이후 정치·경제·사회 분야에서 엄청난 혼란을 겪고 있었다. 사람들은 이 혼란을 한편에서는 러시아를 중심으로 한 사회주의 사상과 다른 한편에서는 미국을 중심으로 한 자유주의 사상에 의거해 극복하고자 했다. 하이데거 또한 이론적인 영역에 있는 인식론적 문제의 해결에만 초점을 맞춘 신칸트주의자들이나 현상학자들과는 달리 사회적 현실 문제에 큰 관심을 가지고 있었다.

하지만 그는 그 당시 사회적 문제를 해결하는 데 있어 유일한 대안으로 간주되었던 사회이론인 사회주의 사상과 자유주의 사상 모두를 거부한다. 왜냐하면 하이데거에 따르면 그 당시 혼란스러운 사회적 현실이 사회주의자들이 생각했던 것처럼 부르주아와 프롤레타리아의 대립에서 비롯된 것도 아니고 또한 자유주의자들이 생각했던 것처럼 인간 자유가 양적으로 완전히 실현되지 못한 데에서 기인한 것도 아니다. 하이데거는 근대 기계 기술에 기초한 사회주의와 자유주의가 오히려 계산적 사유에 의거해 모든 것을 지배할 수 있다는 사상, 즉 "능동적 허무주의"[2]를 더 가속화시키고 있다고 지적한다. "공

---

2) "노동자'는 니체가 말한 '능동적 허무주의'의 단계에 속해 있습니다. 그 작품이 지니고 있는 활동성은, 그것이 현실적인 모든 것의 '총체적인 노동 성격'을 노동자의 형태로부터 분명

간과 시간은 자연과 역사로서의 '세계'에 대하여 계산적으로 지배하는 질서를 위한 구조틀이다. 이렇게 계산하며, 발견하고, 정복하는 세계 측정을 근대인들인 다음의 방식으로, 즉 이러한 방식 중 가장 특출한 형이상학적인 특징이 근대 기계 기술인 그러한 방식으로 수행했다."[3] 따라서 하이데거에 있어서 사회적 세계에서 유래되는 현존재의 정황적 사유를 간과한 채 계산적 사유에 바탕을 두고 있는 기계 문명을 추구하는 사회주의와 자유주의는 존재론적으로 동일한 차원에 머물러 있다. "형이상학적 견지에서 볼 때, 러시아나 아메리카는 둘다 동일한 것이다: 눈을 뜨고 볼 수 없는 쇠사슬이 끊긴 기계문명의 발광 그리고 규격화된 인간들의 바탕 없는 조직."[4] 여기서 볼 수 있듯이 사회주의와 자유주의 모두 계산적 사유와 무제약적인 행위에 의거해 모든 것을 주체가 지배할 수 있다는 능동적 허무주의 사상을 전제로 한다. 그리고 하이데거는 능동적 허무주의에서는 사회적 문제가 해결되는 것이 아니라 더욱 가속화된다고 주장한다.

히 보여 주고 있다는 점에 존립하는데, 이러한 활동성은 변화된 기능 속에 아직도 여전히 존립하고 있습니다. 그래서 처음에는 단지 유럽에만 나타나기 시작하였던 허무주의는 이제는 지구 전체를 휩쓸어 가는 거대한 경합으로 나타납니다." 마르틴 하이데거, 「존재물음에로」, 『이정표 1』, 신상희 옮김(한길사, 2005), 327쪽 참조.

3) 마르틴 하이데거, 『횔덜린의 송가 〈이스터〉』, 최상욱 옮김(동문선, 2005), 79쪽. 하이데거에 따르면 근대 기술의 특징은 사물을 지배하는 데 있다. "근대 기술의 기계는 자신의 고유한 작용 과정과 힘의 재생이란 특징을 가지며, 따라서 인간의 손과는 전적으로 다른 수단이라는 점에서만 모든 종류의 '도구'와 본질적으로 구분되는 것은 아니다. 근대 기술의 특기할 만한 것은, 그것이 도대체 더 이상 단순한 '수단'이 아니고 단순히 다른 것을 위한 '봉사'에 그치는 것이 아니라, 그 자체가 하나의 고유한 지배 성격을 전개시킨다는 점에 놓여 있다."(앞의 책, 73쪽)

4) 마르틴 하이데거, 『형이상학 입문』, 박휘근 옮김(문예출판사, 1994), 74쪽.

이러한 능동적 허무주의를 우리는 하이데거의 고유한 노동 개념과도 연관지을 수 있다. 하이데거 철학에서 노동은 두 가지의 형태로 구분된다. 다음 인용문에서 우리는 그 차이를 발견할 수 있다. "농부들이 여전에 경작하던 밭은 그렇지 않았다. 그때의 경작은 키우고 돌보는 것이었다. 농부의 일이란 농토에 무엇을 내놓으라고 강요하는 것이 아니라 씨앗을 뿌려 싹이 돋아나는 것을 그 생장력에 내맡기고 그것이 잘 자라도록 보호하는 것이었다. 그러나 오늘날의 농토 경작은 자연을 닦아세우는, 이전과는 다른 종류의 경작 방법 속으로 흡수되어 버렸다. 이제는 그것도 자연을 도발적으로 닦아세운다. 경작은 이제 기계화된 식품공업일 뿐이다."[5] 하이데거에 따르면 과거에 농부가 손에 의지하여 한 노동은 제약적인 의지에 기초해 있는 반면 기계화된 노동은 무제약적인 의지에 바탕을 두고 있다. 그는 전자의 노동 방식을 긍정적으로 보지만 후자의 노동 방식은 부정적으로 평가한다. "왜냐하면 노동은 이제 의지에의 의지 안에서 현성하는 모든 현존하는 것들을 무제약적으로 대상화하는 형이상학적인 지위에 올랐기 때문이다."[6] 이와 같은 자신의 고유한 노동 개념을 통해 하이데거는 제약적 의지를 강조한다.

그러므로 하이데거 존재사유가 사회존재론으로 이해되었을 때 우리는 그의 존재사유가 단순히 과거부터 전수된 존재물음을 이론적

---

5) 마르틴 하이데거, 「기술에 대한 물음」, 『강연과 논문』, 이기상·신상희·박찬국 옮김(이학사, 2008), 21쪽.
6) 하이데거, 「형이상학의 극복」, 『강연과 논문』, 91쪽.

으로 해결하는 데 있는 것이 아니라 근대 자연과학에서부터 파생되어 현대의 우리 삶에까지 여전히 영향을 끼치고 있는 무제약적인 능동적 허무주의를 극복하는 것에 방향 잡혀 있음을 볼 수 있다. 결론적으로 현존재의 실존과 정황적 사유에 근거해 있는 하이데거 사회존재론의 의의는 이론적 문제만을 해결하는 데 초점이 맞춰진 우리의 철학적 사유를 사회·역사적인 현실문제에 대한 사유로 방향 전환하는 데 있으며, 사회변혁론에 대한 논의에서 사회주의와 자유주의 대립으로 벗어나 있는 제3의 길을 열어 밝히는 데 있다.

참고문헌

하이데거 저술

An Introduction to Metaphysics, trans. R. Manheim, New Haven: Yale University Press, 1959.

Beiträge zur Philosophie, Frankfurt am Main: Vittorio Klostermann, 1989.

Der Satz vom Grund, Pfullingen: Verlag Gunther Neske, 1957.

Die Grundbegriffe der Metaphysik, Frankfurt am Main: Vittorio Klostermann, 1983.

Die Kunst und der Raum, St. Gallen: Classen Verlag, 1969.

"Die Zeit des Weltbildes", *Holzwege*, Frankfurt Am Main: Vittorio Klostermann, 1980.

Discourse on Thinking, trans. M. Anderson and E. Freund, New York: Harper & Row Publishers, 1966.

History of the Concept of Time, trans. T. Kisiel, Bloomington: Indiana University Press, 1992.

Kant and the Problem of Metaphysics, trans. R. Takt, Bloomington: Indiana University Press, 1990.

Metaphysische Anfangsgründe der Logik im Ausgang von Leibniz, Frankfurt am Main: Vittorio Klostermann, 1978.

Nachlese zu Heidegger, ed. G. Schneeberger, Bern: Classen Verlag, 1962.

Nietzche, Vol.2, Pfullingen: Neske, 1961.

Nietzche, Vol. 4, trans. D. F. Krell, San Francisco: Harper & Row Publishers, 1982.

Parmenides, trans. A. Schuwer and R. Rojcewicz, Bloomington: Indiana

University Press, 1992.

Pathmarks, ed. W. NcMeil, Cambridge: Cambridge University Press, 1998.

"Preface to Richardson", *Heidegger: Through Phenomenology to Thought*, The Hague: Martinus Nijhoff, 1974.

Schelling's Treatise on the Essence of Human Freedom, trans. J. Stambaugh, Athens: The Ohio University Press, 1985.

Sein und Zeit, Tübingen: Max Niemeyer Verlag, 1986.

Sein und Wahrheit: Die Grundfrage der Philosophie; 2. Vom Wesen der Wahrheit, ed. H. Tietjen, Frankfurt am Main: Vittorio Klostermann, 2001.

"The Concept of Time in the Science of History", ed. I. Kisiel and T. Sheehan, *Becoming Heidegger: on the trail of his early occasional writings 1910-1927*, Evanston: Northwestern University Press, 2007.

The Fundamental Concepts of Metaphysics, trans. W. McNeil, Bloomington: Indiana University Press, 1995.

The Principle of Reason, trans. R. Lilly, Bloomington: Indiana University Press, 1996.

Vom Wesen der Wahrheit, Zu Plantons Höhlengleichnis und Theätet, Frankfurt am Main: Vittorio Klostermann, 1988.

What is called Thinking?, trans. G. Gray, New York: Harper & Row Publisher, 1968.

Zollikon Seminars, Frankfurt am Main: Vittorio Klostermann, 1975.

하이데거 저서 한국 번역본

『강연과 논문』, 이기상·신상희·박찬국 옮김, 이학사, 2008.

『논리학: 진리란 무엇인가?』, 이기상 옮김, 까치, 2000.

『논리학의 형이상학적 시원근거들』, 김재철·김진태 옮김, 길, 2017.

『니체 I』, 박찬국 옮김, 길, 2010.

『니체 II』, 박찬국 옮김, 길, 2012.

『동일성과 차이』, 신상희 옮김, 민음사, 2018(2000).

『숲길』, 신상희 옮김, 나남, 2008.

『이정표 1』, 신상희 옮김, 한길사, 2005.

『이정표 2』, 이선일 옮김, 한길사, 2005.

『존재와 시간』, 이기상 옮김, 까치, 1998.

『진리의 본질에 관하여: 플라톤의 동굴의 비유와 테아이테토스』, 이기상 옮김, 까치, 2004.

『철학 입문』, 이기상·김재철 옮김, 까치, 2006.

『칸트와 형이상학의 문제』, 이선일 옮김, 한길사, 2016.

『현상학의 근본문제들』, 이기상 옮김, 문예출판사, 1994.

『형이상학의 근본개념들』, 이기상·강태성 옮김, 까치, 2001.

『형이상학이란 무엇인가?』, 이기상 옮김, 서광사, 1995.

『형이상학 입문』, 박휘근 옮김, 문예출판사, 1994.

『횔덜린 시의 해명』, 신상희 옮김, 아카넷, 2009.

『횔덜린의 송가: 게르마니엔과 라인강』, 최상욱 옮김, 서광사, 2009.

『횔덜린의 송가 〈이스터〉』, 최상욱 옮김, 동문선, 2005.

번역 문헌

가다머, 한스 게오르크, 『진리와 방법 1』, 이길우··이선관·임호일·한동원 옮김, 문학동네, 2012.

_____, 『진리와 방법 2』, 임홍배 옮김, 문학동네, 2012.

가세트, 호세 오르테가 이, 『대중의 반란/철학이란 무엇인가』, 김현창 옮김, 동서문화사, 2009.

괴테, 요한 볼프강, 『색채론』, 장희창·권오상 옮김, 민음사, 2003.

꼬제브, 알렉상드르, 『역사와 현실 변증법』, 설헌영 옮김, 도서출판한벗, 1981.

데카르트, 르네, 『방법서설/성찰/철학의 원리/정념론』, 소두영 옮김, 동서문화사, 2007.

듀이, 존, 『하우 위 싱크』, 정회욱 옮김, 학이시습, 2011.

_____, 『존 듀이의 독일 철학과 정치』, 조상식 옮김, 교육과학사, 2016.

들뢰즈, 질, 『차이와 반복』, 김상환 옮김, 민음사, 2004.

딜타이, 빌헬름, 『정신과학과 개별화』, 이기홍 옮김, 지만지, 2011.

_____, 『정신과학입문』, 송석랑 옮김, 지만지, 2014.

_____, 『체험·표현·이해』, 이한우 옮김, 책세상, 2002.

_____, 『정신과학에서 역사적 세계의 건립』, 김창래 옮김, 아카넷, 2009.

_____, 『해석학의 탄생』, 손승남 옮김, 지만지, 2011.

레비, 베르나르 앙리, 『사르트르 평전』, 변광배 옮김, 을유문화사, 2009.

레비나스, 에마뉘엘, 『전체성와 무한』, 김도형·문성원·손영창 옮김, 그린비, 2018.

루카치, 게오르그, 『사회적 존재의 존재론 1』, 권순홍 옮김, 아카넷, 2016.

메를로-퐁티, 모리스, 『지각의 현상학』, 류의근 옮김, 문학과지성사, 2002.

_____,『의미와 무의미』, 권혁면 옮김, 서광사, 2008.

미드, 조지 허버트,『정신, 자아, 사회』, 나은영 옮김, 한길사, 2010.

벌린, 이사야,『낭만주의의 뿌리』, 강유원·나헌영 옮김, 이제이북스, 2006.

볼노, 오토 프리드리히,『인간과 공간』, 이기숙 옮김, 에코리브르, 2014.

부르크하르트, 야코프,『이탈리아 르네상스의 문화』, 이기숙 옮김, 한길사, 2003.

비너, 랄프,『유쾌하고 독한 쇼펜하우어 읽기』, 최홍주 옮김, 시아출판사, 2009.

사르트르, 장 폴,『실존주의는 휴머니즘이다』, 방곤 옮김, 문예출판사, 1999.

_____,『존재와 무』, 손우성 옮김, 삼성출판사, 1995.

셸러, 막스,『지식의 형태와 사회 1』, 정영도·이을상 옮김, 한길사, 2011.

_____,『지식의 형태와 사회 2』, 정영도·이을상 옮김, 한길사, 2011.

_____,『윤리학에 있어서 형식주의와 실질적 가치 윤리학』, 이을상·금교영 옮김, 서
광사, 1998.

_____,『동감의 본질과 형태들』, 조정옥 옮김, 아카넷, 2006.

_____,『우주에서 인간의 지위』, 진교훈 옮김, 아카넷, 2001.

쇼펜하우어, 아르투어,『의지와 표상으로서의 세계』, 홍성광 옮김, 을유문화사, 2009.

_____,『도덕의 기초에 관하여』, 김미영 옮김, 책세상, 2016.

_____,『자연에서의 의지에 관하여―저자의 철학이 그 출현 이후 경험과학을 통해
획득한 증명에 대한 논의』, 김미영 옮김, 아카넷, 2012.

슈펭글러, 오스발트,『서구의 몰락 1』, 박광순 옮김, 범우사, 1995.

아렌트, 한나,『정신의 삶』, 홍원표 옮김, 푸른숲, 2019.

_____,『인간의 조건』, 이진우·태정호 옮김, 한길사, 2015.

앙리, 미셸,『물질현상학』, 박영옥 옮김, 자음과모음, 2012.

에커만, 요한 페터,『괴테와의 대화』, 곽복록 옮김, 동서문화사, 2007.

제너웨이, 크리스토퍼,『헤겔의 관념론에 대항한 염세주의 철학자: 쇼펜하우어』, 신현
승 옮김, 시공사, 2001.

제이, 마틴,『변증법적 상상력―프랑크푸르트 학파의 역사와 이론』, 황재우 옮김, 돌베
개, 1981.

제임스, 윌리엄,『실용주의』, 정해창 엮고 옮김, 아카넷, 2008.

짐멜, 게오르그,『근대 세계관의 역사』, 김덕영 옮김, 길, 2007.

칸트, 임마누엘,『순수이성비판 1』, 백종현 옮김, 아카넷, 2006.

_____,『순수이성비판 2』, 백종현 옮김, 아카넷, 2006.

_____,『이성의 한계 안에서의 종교』, 백종현 옮김, 아카넷, 2001.

_____,『실천이성 비판』, 백종현 옮김, 아카넷, 2002.

_____, 『윤리형이상학 정초』, 백종현 옮김, 아카넷, 2005.

콩트, 오귀스트, 『실증주의 서설』, 김점석 옮김, 한길사, 2001.

헤겔, 게오르그 빌헬름 프리드리히, 『정신현상학』, 임석진 옮김, 한길사, 2005.

_____, 『법철학』, 임석진 옮김, 지식산업사, 1996.

_____, 『역사철학강의』, 권기철 옮김, 동서문화사, 2008.

_____, 『헤겔 예나 시기 정신철학』, 서정혁 옮김, 이제이북스, 2006.

헤르만, 프리드리히 빌헬름 폰, 『하이데거의 존재와 시간을 찾아서』, 신상희 옮김, 한길
사, 1997.

호네트, 악셀, 『인정투쟁』, 문성훈·이현재 옮김, 사월의책, 2011.

호르크하이머, 막스, 『도구적 이성 비판』, 박구용 옮김, 문예출판사, 2006.

홉스, 토마스, 『시민론: 정부와 사회에 관한 철학적 기초』, 이준호 옮김, 서광사, 2013.

후설, 에드문트, 『데카르트적 성찰』, 이종훈 옮김, 한길사, 2002.

_____, 『수동적 종합』, 이종훈 옮김, 한길사, 2018.

_____, 『유럽학문의 위기와 선험적 현상학』, 이종훈 옮김, 한길사, 1997.

_____, 『순수현상학과 현상학적 철학의 이념들 2』, 이종훈 옮김, 한길사, 2009.

국외 문헌

Aristotle, "Physics", ed. R. Mckeon, *The Basic Works of Aristotle*, New York: Random House, 1941.

Ayer, A. J., *The Origin of Pragmatism*, London: Macmillan Press, 1968.

Borch-Jacobson, M., *Lacan: The Absolute Master*, Standford: Standford University Press, 1991.

Brandom, R., "Heidegger's Categories in Being and Time", *Heidegger: A Critical Reader*, Oxford: Blackwell, 1992.

Derrida, J., *Margins of Philosophy*, trans. A. Bass, Chicago: The University of Chicago Press, 1982.

Diemer, A., *Edmund Husserl: Versuch einer systematischen Darstellung seiner Phänomenologie*, Meisenheim am Glan: A. Hain, 1959.

Dreyfus, H. L., *Being-in the World: A Commentary on Heidegger's Being and Time, Division I*, Cambridge: MIT Press, 1991.

Figal, G., *The Heidegger Reader*, trans. J Veith, Bloomington: Indiana University Press, 2007.

_____, *Martin Heidegger: Phänomenologie der Freiheit*, Frankfurt am Main:

Beltz, 1988.

Freyer, H., *Theory of Objective Mind: An Introduction to the Philosophy of Culture*, trans. S. Grosby, Athens: Ohio University Press, 1998.

Gadamer, H., "Heidegger und Sprache", *Gesammelte Werke*, Bd. 10, Tübingen: J.C.B. Mohr, 1995.

Gramm, M., "Moral and Literary Ideals in Hegel's Critique of 'The Moral World -View'", *The Phenomenology of Spirit Reader*, ed. Jon Stewart, New York: State Unversity of New York Press, 1998.

Hegel, G. W. F., *Phenomenology of Spirit*, trans. A. Miller, New York: Oxford University Press, 1977.

Kisiel, T., *The Genesis of Heidegger's Being and Time*, Los Angeles: University of California Press, 1995.

Levinas, E., *Otherwise than Being or Beyond Essence*, trans. A. Lingis, The Hague: Martinus Nijhoff Publisher, 1981.

_____, *Totality and Infinity*, trans. A. Lingis, Pittsburgh: Duquesne University Press, 1969.

Merleau-Ponty, M., "Hegel's existentialism", ed. R. Stern, *G. W. F. Hegel: Critical Assessments*, London: Routledge, 1993.

_____, *The Primacy of Perception*, ed. J. Edie, Northwestern University: Chicago, 1964.

Okrent, M., *Heidegger's Pragmatism*, New York: Cornell University Press, 1988.

Paci, E., *The Function of the Sciences and the Meaning of Man*, Evanston: Northwestern University Press, 1972.

Peirce, C., *Collected Papers of Charles Sanders Peirce*, Bd. 5, Cambridge: MIT Press, 1934.

Picht, G., *Zukunft und Utopia*, Stuttgart: Klett-Cotta, 1992.

Prauss, G., *Knowing and doing in Heidegger's "Being and Time"*, trans. G. Steiner and J. Turner, New York: Humanity Books, 1999.

Ricoeur, P., *Oneself as Another*, trans. K. Blamey, Chicago: The University of Chicago Press, 1992.

Rorty, R., "Heidegger, Contingency, and Pragmatism", *Heidegger: A Critical Reader*, Oxford: Blackwell, 1992.

Schopenhauer, A., *On the Fourfold Root of the Principle of Sufficient Reason*, trans. E. Payne, La Salle: Open Court Publishing Company, 1988.

_____, *The World as Will and Representation*, vol. 1, trans. E. Payne, New York: Dover Publication, 1969.

Simmel, G., *On Individuality and Social Form*, ed. D. Levine, Chicago: The University of Chicago Press, 1972.

Spiegelberg, H., *The Phenomenological Movement: A Historical Introduction*, Dordreht: Kluwer Academic Publishers, 1994.

Stoher, W. J., "Heidegger and Jacob Grimm On Dwelling and the Genesis of Language", *The Modern Schoolman*, vol. 62. 1984.

Taminiaux, J., *Heidegger and the Project of Fundamental Ontology*, trans. M Gendre, New York: State University of New York Press, 1991.

Voegelin, E., *Anamnesis*, trans. E. Niemeyer, London: University of Missouri Press, 1978.

Werkmeister, W. H., *Martin Heidegger on the Way*, ed. R. Hull, Amsterdam: Martinus Nijhoff Publisher, 1996.

국내 문헌

권순홍, 『유식불교의 거울로 본 하이데거』, 길, 2008.

김종욱, 『하이데거와 형이상학 그리고 불교』, 철학과현실사, 2003.

_____, 『원효와 하이데거의 대화』, 동국대학교출판부, 2013.

김진, 『하이데거와 불교』, 울산대학교출판부, 2004.

김형효, 『하이데거와 마음의 철학』, 청계, 2000.

_____, 『하이데거와 화엄의 사유』, 청계, 2002.

박찬국, 『원효와 하이데거의 비교 연구』, 서강대학교출판부, 2010.

이기상, 『존재와 시간: 인간은 죽음을 향한 존재』, 살림, 2006.

이남인, 『현상학과 해석학』, 서울대학교출판부, 2004.

찾아보기